保定名村名镇

保定历史文化名城丛书

《保定名村名镇》编委会 编

河北大学出版社
HEBEI UNIVERSITY PRESS

图书在版编目（CIP）数据

保定名村名镇 / 赵桂良主编. —— 保定 : 河北大学出版社，2018.4

ISBN 978-7-5666-1309-7

Ⅰ. ①保… Ⅱ. ①赵… Ⅲ. ①村史－保定②乡镇－地方史－保定 Ⅳ. ①K292.23

中国版本图书馆CIP数据核字（2018）第067948号

《保定名村名镇》

BAO-DING-MING-CUN-MING-ZHEN

出 版 人：耿金龙

责任编辑：刘 婷

装帧设计：王卫军

责任印制：靳云飞

出版发行：河北大学出版社

地址：河北省保定市七一东路2666号　　邮编：071000

电话：0312-5073033　0312-5073029

邮箱：hbdxcbs818@163.com　　网址：www.hbdxcbs.com

印　　刷：保定华泰印刷有限公司

开　　本：185 mm×260 mm　1/16

印　　张：45.75

字　　数：495千字

版　　次：2018年4月第1版

印　　次：2018年4月第1次印刷

书　　号：ISBN 978-7-5666-1309-7

定　　价：168.00元

《保定名村名镇》编委会

序

保定是尧帝的故乡，春秋、战国时期，燕国、中山均在境内建都，有三千年的历史积淀。保定之名始于元朝，取“保卫大都、安定天下”之意，大都即北京。保定素有京畿重地、首善之地、首都南大门之称。1986 年被国务院命名为国家历史文化名城。

保定市辖 24 个县（市、区，含定州市）、1 个国家级高新区和白沟新城，全市共有 6225 个行政村，323 个乡（镇、办），总面积 22 190 平方公里（其中平原占 50.3%，山区占 49.7%，最高海拔 2286 米，最低海拔 7 米），总人口 1169 万（其中市区人口 280.6 万）。

保定是一个充满神秘色彩的古城。在历史的演变过程中，古城凝结着历史的沧桑和各种看得见、摸得着的文化。作为历史文化名城，它不仅有众多的历史文化古迹，更有丰富的文化遗存，有很多与之相关的文化名人、历史典故、故事传说，由此形成了具有保定特色的文化传统、文化精神。

保定因名人众多而著名。古有帝王唐尧、汉昭烈帝刘备、宋太祖赵匡胤、郦道元、祖冲之、王实甫、关汉卿等名人志士。现有毛泽东、周恩来、刘少奇等一批革命家在保定留下佳话。

保定因文化底蕴深厚而被世人瞩目。燕下都、黄金台、直隶总督署、古莲花池、清西陵、保定军校等历史文化名胜，共同支撑起了保定这座历史文化名城，并且已经深深镌刻在人们心中。

保定因红色故事而备受尊崇。保定是一块英雄的土地，有着悠久的革命历史传统。在保定这块热土上曾涌现出许多名垂青史的英雄人物，让保定人民引以为荣和自豪。无论是抗日战争，还是解放战争，都涌现出了一批可歌可泣的英雄事迹。改革开放 40 年以来，保定人坚韧不拔的意志、改革创新的精神，在经济、社会发展、文化等诸多方面取得了一个又一个的辉煌成就，谱写了新时代保定奋力发展的新篇章。

保定在秀美壮阔的许多名胜古迹山水之间，有世界文化遗产 1 处，国家级文物保护单位 69 处，省级文物保护单位 111 处，市（县）级文物保护单位 504 处，星罗棋布的文物古迹不仅积淀了保定深厚的文化传统，而且也形成了独特的地方民俗文化，成为载入史册的人文地标。

鲁迅先生曾经说过，名人的业绩要靠名文记载下来，而名文的流传要凭借名人的影响才能长久。今天我在名村名镇、名人名居、名山名水、名家名作、名校名师的关系上，也不妨套用鲁迅先生这句话“人以城传，城以人传”。也就是说一个城市得以名扬四海又往往得益于某些名人的活动。例如曾国藩、李鸿章、袁世凯就与保定在清代的历史地位割舍不断，梁斌、徐光耀等就与保定的红色发展历程割舍不断，孙犁先生的成就与白洋淀这块独特的地域更是割舍不断，正是历代一批又一批保定名人才使保定成为名副其实的历史文化名城。

前有古人，后有来者。保定文化事业的繁荣，不能躺在前人创造的功劳簿上，而要发挥我们这一代人对保定文化的理解，从而让保定文化生生不息地传承下去，这是我们这一代人的责任和使命，更是担当。因此，为了宣传、弘扬、继承保定文化精神，追寻保定文化的标志，本着对保定负责的态度，力图从名村名镇入手，挖掘一批具有重大历史价值或纪念意义的，能较完整地反映一些历史时期传统风貌和地方民族特色的村和镇；把名人名居作为一种精神，来彰显古城保定的文化意识与胸怀；借助名山名水的影响力，传承城市文脉，塑造城市精神不可或缺的人文基础；整理名家名作，展现文化底蕴，来保留古城文脉的永久印迹；创建名校名师，来熟悉一座城市，来爱上一座城市，凝结成一种力量，以激发人们前行的动力。通过总结归纳和阐述保定历史文化，其本意是通过论据整理，更好地支撑起保定这座历史文化名城。

“能知古始，是谓道纪。”尊重历史，才会对未来负责。既然我们保定的先人能够创造出如此光辉灿烂的业绩，能够做出对中华文明如此伟大的历史贡献，我们这一代人处在中华民族伟大复兴的新时代，保定人怎么能不在现代与历史、本土文化与普世文明的碰撞交融中创造出更加光明的未来呢?

党的十九大开启了中国特色社会主义的新时代，这是全体中华儿女协力同心，奋力实现中华民族伟大复兴中国梦的时代，是我国日益走近世界舞台中央、不断为人类做出更大贡献的时代，保定乘着党的十九大的东风，在京津冀协同发展战略中，在雄安新区建设的发展格局中，这座古老而有魅力的城市，其文化特征必然是独树一帜的，今天的保定在古老的文化大背景下，一定会孕育出新的生机。

是为序。

保定市人大常委会主任 （签名）

2018 年 2 月

凡例

一、指导思想　坚持辩证唯物主义和历史唯物主义的立场、观点和方法，记载和传承保定市名村名镇的历史文化，留住名村名镇的历史记忆，展示名村名镇的现实发展，为建设新时代的新保定起到资政作用。

二、收录原则　本书共收入名村59个，名镇（乡、街道办事处）65个。其收录原则有四：第一，历史悠久。入选村镇具有年度久远的物质或非物质文化遗存。第二，特色鲜明。入选村镇所具有的地域性、乡土性或自然性等特色显著。第三，影响较大。入选村镇在人文、社科或经济的某一方面上影响较大。第四，事件或人物知名。入选村镇具有著名人物和历史事件。

三、记述范围　以保定市2017年年底行政区划为准，含定州市。

四、编写体例　采用纲目体，以县（市、区）为单元，白沟新城单列为一个单元。每个县（市、区）各选择具有特色的名村名镇，横排门类，纵述史实，突出重点，有详有略，有取有舍。在体例基本统一的格局下，根据各村镇的不同特点有所变化，以体现各村镇特色文化意蕴。

五、时间纪年　记述内容上溯不定时限，下限止于2017年。清及清以前采用历史纪年。清以后，除引文外一律使用公元纪年。

六、表述方式　除引用文字和附录文献资料外，统一使用现代语体文和记述体。以记述为主，一般不加评论，行文力求朴实、严谨、简洁、流畅。除引文外一律采用第三人称。

七、文字规范 使用文字为国家 1986 年公布的规范简化汉字。数字书写以 GB/T 15835—2011《出版物上数字用法的规定》为准。标点符号以 GB/T 15834—2011《标点符号用法》为准。涉及历史计量单位的内容保持历史原貌，不再换算为标准计量单位。

八、资料来源 本书资料主要来源于相关史志书籍、档案及党史文献，部分内容来源于调查资料。经济数据主要采用各县（市、区）统计部门的数据。

目录

涿州市

安国市

高碑店市

博野县

定兴县

阜平县

高阳县

涞水县

唐县

望都县

易县

竞秀区

莲池区

满城区

清苑区

徐水区

白沟新城

定州市

安新县

容城县

雄县

涿州市
ZHUOZHOUSHI

千年古郡 人文涿州

◎ 涿州为历史名城，有“天下第一州”之誉。涿州地理位置优越，交通便捷，位于保定市北部，距北京 60 公里。市域总面积 742 平方公里，全市总人口 60 万，辖 15 个乡镇、办事处、开发区，407 个行政村，30 个社区。城市人口 20 万，城市建成区面积 24 平方公里。

◎ 涿州历史悠久，源远流长，6000 年以前已有人类在此繁衍生息，有着 2300 多年的建制史。西周时有“涿”字币流通，时涿州手工业、商业发达，城市已经形成。涿州在春秋战国为“燕之涿邑”，秦置涿县，唐大历四年置涿州，1913 年降涿州为涿县。1948 年 11 月，涿县全境解放，恢复原建制，属冀中区十专区。1949 年 8 月，涿县划归河北省保定专区。1986 年改建为涿州市。

◎ 涿州是中华文明有史以来文化繁荣且多次辉煌的地区之一，具有丰厚的历史文化资源，在 2300 多年的历史长河中，涌现了汉昭烈帝刘备、汉桓侯张飞、东汉政治家卢植、中国地理学之父郦道元、北宋哲学家邵雍、宋太祖赵匡胤、禅宗六祖慧能等一大批历史名人。2006 年涿州被联合国命名为“千年古县”；2007 年被河北省人民政府公布为河北省历史文化名城。

◎ 涿州文化旅游资源丰富，拥有“中国优秀旅游城市”称号。涿州拥有标志性的历史建筑辽代双塔，被称为中国第一长石拱桥的永济桥，以及明代胡良桥、三义宫、学宫、清行宫、药王庙、清真寺、张飞古井，还有涿州市博物馆、中央电视台涿州影视基地、郦道元故居、刘备故里、京都和京南两个高尔夫球场等。

双塔办事处

千年古城 畿南门户

□历史沿革

涿州已有2300多年的建制史，春秋战国为燕之涿邑，秦于此置涿县，属广阳郡。西汉置涿郡，唐代设立涿州。从秦汉至元明清，其间虽屡经朝代更迭，或称郡、称州、称县，但均以此地为治所，政区沿革历尽沧桑。

明永乐七年至十一年，先后在涿州设立涿鹿卫、涿鹿左卫、涿鹿中卫。公元1421年，明朝帝都从南京迁至北京。涿州百里近京门，自此为畿南门户，得天独厚的地理位置，促进了城市经济与文化的繁荣。

1913改州为县，中华人民共和国成立后为涿县县城，设城关镇。1958年涿县与新城、雄县、涞水部分地区合并成涿县，原城关镇改为涿州镇。1962年恢复原县治。1965年改建为城关镇，1983年改称涿州镇。1986年9月24日经国务院批准涿县改建为涿州市，城区扩建，改建双塔、桃园、清凉寺 3 个街道办事处——自此涿州古城归属双塔办事处。

□涿州古城

古城由来已久，传说甚多。据清康熙版《涿州志》载：“涿城旧传筑自颛顼，周围九里有奇，形如凹字，因其地势也，或兴或圮皆莫究知。”《名胜志》载：“城周九里，形如凹字，相传颛顼时所筑。”另有传说：远古时期黄帝车裂蚩尤，部分尸骨弃于涿地，修筑古城时，西门凹入，为避蚩尤之孽。因涿州城西面凹进，东北缺角，形如卧牛，故名为“卧牛城”，又称“凹字城”。现西城墙外有蚩尤冢，为民国时期重修。

涿州古城初为土城，至明代重新筑城，清代重修。清同治版《涿州志》描述了古城的规制，并说拱极门有榜联：“日边冲要无双地；天下繁难第一州”，城外“池深七尺，广倍之，南北吊桥各一”。史料表明，明清之际的涿州城池，已呈“金汤之固”，为“畿南之门户，天下之咽喉”。

涿州古城墙现存西城墙南段、西北段，总长 1038.5 米。城墙夯土及暴露的灰坑遗迹中残存着许多春秋战国和秦汉时期的陶鬲足、陶釜口沿、豆柄等器物残片。由此，进一步证实了早在春秋战国时期，燕境有涿邑，秦代广阳郡置涿县，汉置涿县为涿郡治等历史记载。

作为夹城之上的通会楼，曾是涿州城内标志性的历史建筑。通会楼实为钟鼓楼，鼓楼大街由此得名。明嘉靖年间，知州何镔重修后，清康熙、乾隆、道光年间屡有修葺，成为“万户之门屏，一州之形胜”。其时远近行旅，中外官吏，“驱车挈徒而过者，莫不矫首而观，欢叹王都之壮丽，有如此也夫！”

清乾隆时期，涿州城内共有 76 条街巷，其中南大街有 15 街巷、北大街有 7 街巷、东大街有 4 街巷、西大街有 2 街巷，城内东南隅有 15 街巷、西南隅 15 街巷、西北隅 9 街巷、东北隅 9 街巷。街巷整齐划一、疏密有致、相互对称、布局严整。

鼓楼大街是涿州古城的主街，1984 年涿州市对鼓楼大街按仿清式建筑进行改建和扩建，共改建房屋 586 间，道路扩宽到 12 米，由此形成了一个格局古朴、典雅而富有变化的建筑群体，街道两侧店铺林立，成为市井繁华之地。

如今，古城格局及街巷依然保存，鼓楼大街繁华如初。从涿州城北永济桥至城南清行宫，五里长街衢通南北，古城仍呈显着千年古郡的历史风貌。

□文化遗存

【涿州双塔】位于涿州城内东北隅。两塔南北对峙，相距 300 米，南塔称“智度寺塔”，北塔称“云居寺塔”，塔因寺得名，两座寺院早年已毁，现各存佛塔1座，均为八角形砖仿木构楼阁式舍利塔，合称“涿州双塔”。南塔五级，通高44米，始建于辽太平十一年。北塔六级，通高56米，始建于辽大安八年，该塔一反佛教用奇数之法而建成六级，以偶称奇。双塔是代表涿州千年古郡的标志性建筑，由于双塔造型优美，历代文人学士赞咏者甚多，清人杨衔的《云居寺双塔诗》有“金鸦开翅维摩宫，画出白塔檀云中。七盘银赢倚碧宇，天外绰约双芙蓉”之赞句。传说天气晴朗之际，远望双塔，塔顶之上似有缕缕青烟飘入云霄，故“双塔晴烟”为涿州八景之一。民国周存培《双塔晴烟》诗云：“丰碑犹自纪金辽，双塔崚嶒逼九霄。佛火不明铃语寂，晴烟几缕逐风飘。”此外，民间还有“姑嫂修塔”的美丽传说。

1927年晋奉大战，战火殃及涿州，智度寺塔遭炮击，顶层东侧墙体塌毁。1976年唐山大地震，塔顶坍塌，塔体多处出现裂缝。2001年，国家文物局、河北省文物局、涿州市政府拨出专款，双塔修复工程开始进行。同年6月双塔晋升为第五批全国重点文物保护单位。现双塔“修旧如旧”，恢复了历史原貌。

【永济桥】涿州城北1公里有拒马河，4公里有胡良河，明万历二年分别建成“拒马河桥”“胡良桥”，均为圣母慈圣皇太后自以宫中供奉金募工建桥，“一夫不役于民，一钱不取于官”。

拒马河桥在明万历十五年堤损桥毁，圣母仍出宫中供奉金修之。明天启六年，该桥又一次重建。崇祯后，“河徙而南，水不由桥行”。清乾隆二十五年，直隶总督方观承奉旨在旧桥南建新桥，清帝乾隆为该桥赐名“永济”。自清代重建后，皇帝南巡、官吏进京、商贾往来、百姓出行等皆经于此。乾隆皇帝在为该桥题联中曰：“十八省通衢冠盖如云斗大一州供亿苦；两千年旧郡河梁落日车停片刻感怀多。”该桥规模宏大，形制优美，长如玉带，卧如彩虹，故涿州八景中有“拒马长虹”。中华人民共和国成立后，一直是京广公路桥。1987年107国道扩建后退役。经过近250年沧桑演变，主桥基本完好，但桥两端牌楼、碑亭无存，南北引桥逐渐被河沙淤平。

2004年，涿州市文物部门对永济桥进行了探查与试掘。探明永济桥由三部分组成，即主桥、南北引桥，全长约627.65米，涵洞达52孔。永济桥初步展露雄姿后，被国内文物界权威专家称为“中国第一长石拱桥”。2006年该桥被公布为第六批全国重点文物保护单位。

【学宫】位于城内文昌祠街，据《涿县志》记载，学宫始建于唐代，元明清均加以修葺。原庙规模宏大，是一组有60余间殿堂的古建筑群。现学宫内仅存的大成殿、戟门，是涿州现存古建筑中唯一大式的砖木结构建筑，1993 年 7 月公布为河北省文物保护单位。1994 年，此地发现一幢元代《涿州重修孔子庙碑》，时立于殿前右侧。1997 年，对大成殿进行重修，又将南侧的泮池石桥易地平移至戟门北侧，集中保护。

【清真寺】据 1936 年版《涿县志》载："涿县清真寺凡二，一在城内西北隅，一在城西秧坊村，两寺之设盖肇始于明初燕王北迁时，迄今已有

五百余年，均经数次重修矣。”城内清真寺位于涿州城内西北隅营房街南端路西，坐西向东，四合院布局，总建筑面积2426.34平方米。主要建筑有门楼、影壁、大殿、南北讲堂、沐浴室、教室。1992年5月涿州市人民政府公布为市（县）级文物保护单位。

【毛泽东进京前驻涿纪念址】位于涿州城内粉子胡同路北。1949年以前为天主教堂所在地。1949年3月23日中共中央领导人毛泽东、刘少奇、任弼时等与中央机关由西柏坡进北平时，24日途经涿州，于此院住宿一夜。中华人民共和国成立后，此院为涿县公安局所在地。2001年改建为县府街小学，现已合并为三义小学，称三义小学北院。此院现仅存原天主教堂一排建筑8间，建筑面积84.60平方米。2005年7月涿州市人民政府公布为市（县）级文物保护单位。

□历史事件

【毛主席等中央领导进京“赶考”驻涿县】1949年1月31日，北平和平解放。3月，党中央决定由河北平山县西柏坡村迁往北平，开始开展新中国的各项工作。3月23日，中共中央从西柏坡启程。3月24日，毛泽东、朱德、周恩来、刘少奇、任弼时等中央领导车队经保定进入涿县，住在粉子胡同路北。

毛主席进涿县时，发现这个素有“商旅辐辏，货物云集”之称的千年古郡冷冷清清，就在晚上听取县委书记王成俊汇报时询问原因。王成俊回答说，解放了，工作多，一时没顾上市场问题。毛主席指出，百姓关心的，正是我们要办的。工作多，要抓主要的，这就是领导和平建设。繁荣经济，没有市场经济不行，要尽快把市场迁回城里来。毛主席还询问了水稻种植情况。按照毛主席指示，涿县很快把市场迁回城里，曾经的“天下繁难第一州”重新呈现出繁荣景象。

叶剑英、滕代远等领导专程由北平来到涿县，向党中央汇报赴北平的具体安排。3 月 25 日凌晨，毛泽东、朱德、周恩来、刘少奇、任弼时，从涿县乘火车奔赴北平。

【傅作义守涿州】1927 年，当国民革命军在河南临颍大战中击溃奉军主力胜利北上时，阎锡山放弃了与奉系张作霖的联合，接受南京政府的委任，担任北方国民革命军总司令，将晋军改编为国民革命军第三集团军，并于 1927 年 9 月 29 日誓师“北伐”奉张，一路沿京汉铁路北进，一路沿京绥铁路东进。傅作义则率第四师附炮兵团奔袭涿州。10 月初，傅作义利用奉军换防之际，从太原深入奉军腹地，一举占取涿州，造成对奉军的致命威胁。可是晋军各主力部队连告失利，纷纷撤离京汉、京绥两铁路线，涿州成为孤悬于奉军包围中的唯一据点。傅作义只得采取固守待援之策。奉军凭借优势，对涿州发动 9 次总攻。傅作义以不足万人的无援之师，死守涿州达百日之久，陷于弹尽粮绝、兵民交困的绝境。阎锡山鉴于死守涿州已无意义，在各界劝和声中，遂授意傅作义与奉军停战议和。1928 年 1 月 12 日，第四师残部 7000 人出城接受奉军改编。

□传统文化

【通会灯市】涿州花灯始自汉唐，盛于明清，并有“南有扬州，北有涿州”之誉。每逢正月十五，涿州人不仅家家要煮元宵，还要上街观赏花灯。鼓楼大街搭起彩牌楼和灯棚，上挂各种形状的花灯、宫灯，透过灯光的照射，现出山水、花卉、人物，华丽夺目。家家户户都高挑花灯，燃烛通宵。各村的上百道花会进城串街表演，踩高跷、耍狮子、奏吹歌、舞旱船。元宵夜，灯彩满街，火树银花。元宵灯节这一热闹景象，被称为“通会灯市”，现已发展成为一年一度的“中国 · 涿州花灯节”，规模浩大，盛况空前。

（**撰稿**：张立国 葛龙 **摄影**：刘杨）

百尺竿镇

邵雍故里 北国江南

□名镇概述

百尺竿镇位于涿州市西北部，东临107国道，北与北京市房山区长沟镇、大石窝镇接壤，全镇总面积54平方公里，耕地4.7万亩，辖32个行政村，总人口4.3万。民族以汉族为主，另有满、朝鲜、回、蒙古、布依族等少数民族。1950年初属涿县一区。1953年建乡属冯村乡。1958年属先锋人民公社。1961年建百尺竿人民公社。1983年建乡，后撤乡建镇，为百尺竿镇。

该镇地理位置优越、环境优美、交通便利，邵村花田景区位于大邵村，涿长路、荷花路、高尔夫旅游大道等交通干道贯穿全境，纵横交错，十分便捷。近年来，百尺竿镇先后完成了荷花南路修建、泗长路改建、涿茂路改建、毛北路修建、毛屯村西荷花路与南水北调观光连接线、涿长路出口改道等一系列基础设施建设，镇域交通路网建设进一步完善。

相传，百尺竿村建于宋朝之前，原名殷记庄。宋朝时因一次大水，村庄被冲毁，只剩下约百尺的地方，后人在此居住，改名为百尺高竿，后简为百尺竿。

百尺竿镇镇域地势平坦，地下水丰富。土壤为潮土、盐化潮土、淹育型水稻土。年平均气温11.6 ℃，降水量347毫米，无霜期180天。胡良河从西北向东南蜿蜒流经镇域北部，大泉庄一带多自流泉，泉水缓缓东流注入胡良河。水源充足，土质肥沃，适宜种植水稻。

该镇种植水稻已有1400年的历史，稻米品种优良，色洁莹白如玉，与天津小站米齐名，自古有“稻地八村”之美誉，即挟河、丁蒋庄、冯村、大邵村、小邵村、葱园、杜村、大泉庄八个村庄。镇内大邵村为宋代哲学家邵雍故居，他曾写诗赞美家乡景色，“邵村花田”为“涿州八景”之一。

□历史名人

百尺竿镇历史悠久、文化底蕴深厚。易学文化源自北宋著名思想家、哲学家、象数易学家、历史学家和教育家邵雍，其故里在该镇的大邵村。邵雍创立的“先天象数字理论”，在世界上第一次用图像数字形式，揭示出二进制数率的奥妙规律。今天，由于电子计算机的成功运用，推动了科技的革命，实为邵雍所做的伟大贡献。邵雍还留有近百万言的著作，哲学方面的代表作有《皇极经世》等，文学方面的代表作有《伊川击壤集》等，其学术成就是一笔不可多得的宝贵文化资源，在中华文化发展史上占有着非常重要的地位。

邵雍（1011—1077）字尧夫，北宋著名哲学家，创立北宋象数先天之学，成为宋明理学的主要奠基人物之一。故里在镇内大邵村，幼随父徙居共城（今河南辉县）。邵雍自号安乐先生，30 岁后游河南，隐居苏门山，人称百源先生。死后谥康节，又称康节先生。故大邵村一带的村民习惯尊其为“邵康节”。

邵雍学贯古今，英才盖世，品德浑厚，待人至诚。对历史、地理和天文都有很深的研究，并形成了一套独特而完整的宇宙观，还创立了“邵氏易数”体系。按照邵康节易数的推演，天地间各种变化的规律，无不了然于胸。《皇极经世》乃象数学大成之作，也是邵雍一生易学思想的总结。邵雍易学的价值不在于对传统象数易学的继承，而在于继承传统象数易学基础上对易学所进行的精心的改造和创新。

邵雍对易学发展的最大贡献是在《先天图》的基础上创立了先天象数学思想体系，邵雍绕开《周易》的卦爻辞和《易传》的思想原理，绘制了“先天四图”，即《伏羲八卦次序图》《伏羲八卦方位图》《伏羲六十四卦次序图》《伏羲六十四卦方位图》，并运用“先天四图”的象数图式，进行逻辑推演，把丰富多样的“天地万物之理”，整合为整齐划一的象数序列，以之“上识天时，下尽地理，中尽物情，通照人事”，具有划时代的开创意义。

邵雍生前就受到当朝达官显贵、平民百姓的极力尊崇，“贤者服其德、不肖者服其化”，有“内圣外王”和“家先生”的美称。在他身后近千年来，历代朝廷均给予了很高的评价：南宋孝宗淳熙初从祀孔庙，追封“新安伯”；明嘉靖中祀称“先贤邵子”；清康熙皇帝曾赐予“学达性天”的匾额，乾隆帝也曾为他赋写赞诗，并下旨每年予以春秋祭祀。一介布衣学者，能博得历代天子如此推崇，数千年来罕见于史。

□文化遗存

百尺竿镇域内有不可移动文物6处，其中市县级文物保护单位1处，未定级不可移动文物5处。

市县级文物保护单位西秧坊清真寺：始建于明初，20世纪60年代拆毁。现寺庙于1985年在原址重建，1998年再次进行扩建。该寺占地1904平方米，总体布局为二进院。前院南向临街，有寺门3间，为券门洞单檐歇山式顶。后院内有大殿、讲学堂、望月楼等建筑，皆坐西向东。大殿前抱厦后庑殿，为绿剪边黄琉璃瓦顶，前出月台设白石栏杆，面阔3间，进深3间。殿两厢有讲堂各3间，均为单檐硬山顶。殿后有四角攒尖顶望月楼。殿前立有两次重修清真寺碑。

未定级不可移动文物5处：大邵村古井，汉代古建筑，现存两眼，东西向排列；观仙营村遗址，时代战国；张家庄村遗址，时代战国至汉代；重修灵云寺碑，时代明代；西秧坊遗址，时代明代。

□特色物产

涿州种植水稻始于南北朝，北齐孝昭帝皇建元年平洲刺史稽骅建议“开幽州督亢旧陂，长城左右营屯，岁收稻粟数十万石，此境得以周瞻”（见隋书《食货志》），迄今涿州种植水稻已有 1400 年多年的历史。涿州稻米，因品质优良，清代被朝廷选用，故称“御米”或“贡米”。涿州稻米产区主要是百尺竿镇的“稻地八村”，这一带地势低洼，水质天然，自古有“小江南”之称。每至夏季，稻花飘香，莲荷吐翠，别有一番景致。涿州大米色泽莹亮，洁白如玉，煮后清香扑鼻，吃起来润爽可口。

□特色旅游

百尺竿镇结合生态建设，制定了“万亩稻田、千亩莲藕、万亩油葵”的工作目标。近年来，恢复水稻种植 5000 亩；发展莲藕种植 900 亩；大力发展油葵（及花卉）种植 13 000 亩，提升道路沿线的景观效果，展示生态环境，发展农业旅游。

该镇一是以“葵花小镇”泗各庄为核心，大力发展乡村旅游，春夏秋三季，可以赏花、采摘、垂钓、游泳，吸引了大批的游客。尤其每年 10 月的葵花节，游人络绎不绝。被保定市评为乡村游精品线路之一；二是以“邵村花田”大邵村为核心的“我的北国江南”为主题的系列活动，宣传了生态建设成果，提升了知名度和美誉度。

邵村花田为涿州古八景之一，位于该镇大邵村东北方向，地处胡良河流

域，土地肥沃，水源充沛，沟渠纵横，被誉为“小江南”。每当稻田插秧后，方田披上新装，一块块莲花点缀，又有远处青山相衬，把人带入了“山光泼翠水托蓝，获稻分秧事事谙。十顷荷花万株柳，卜居须住小江南”的诗意中。邵村花田是指这一带农田景色。

邵村花田之地还有“千亩鱼塘”，现有鱼塘近 400 亩和莲藕种植基地 200 亩。2009 年，百尺竿镇结合发展乡村游，2011 年以邵雍诞辰 1000 周年为契机，重建邵雍祠堂，打造“万亩稻花风飘香，千亩鱼塘莲藕花”壮美景观。

邵村花田农业科技有限公司位于此地，是集农业新技术开发及花草苗木、蔬菜、水稻种植、休闲观光、科普教育、餐饮服务、休闲垂钓等多个项目为一体的综合型企业。公司秉承邵雍易学精神，遵循“不食不时”的经营理念，在国家水稻研究所的技术支持下研发出生长期长达 210 天的花田原生态米、花田香米、花田黑糯香米。邵村花田还有花田鱼、花田蟹、蔬菜水果采摘、荷花种植等特色产品，深受广大游客喜爱，也是周边市民旅游度假的好去处。

□名镇今貌

该镇民营企业发展迅速，共有530个集体、个体和股份制企业，初步形成了锅炉生产、起重工具、机械加工、贡米生产、铸造五大支柱产业。广汇钢构、元亨液压、连生牧业、飞达集团、凯伦锅炉、振鹰起重等全市知名民营企业就坐落在镇内。

为加快小城镇建设的步伐，百尺竿镇委托河北省信达城乡规划设计研究院编制了《涿州市百尺竿镇总体规划（2008—2020）》及《涿州市百尺竿镇镇区控制性详细规划》，并通过专家评审。百尺竿镇在推进小城镇建设中，严格按照两个规划文件逐步实施，基础设施及配套设施逐步完善，小城镇的发展框架已经基本形成。

近年来，百尺竿镇以“邵雍故里 北国江南”为主题文化，以邵村花田生态示范区建设为重点，重点打造万亩水稻种植区、千亩莲藕种植区、万亩油葵种植区，集历史文化、农业观光、休闲娱乐等于一体，一个白鹭翔天、蛙声阵阵、荷香馥馥的生态田园逐步呈现在人们面前。

（**撰稿**：张立国 葛龙 **摄影**：陈富友 徐博兰 刘杨）

楼桑村

刘备故里 蜀汉之源

□名村概述

刘备故里在今涿州市城南约 5 公里处的大树楼桑村。在该村西北方向的 4 公里范围内，还有几个叫楼桑的村子：楼桑铺，居于大树楼桑村西，因靠近大道开设旅店、商铺，以利行人，故名楼桑铺；黄楼桑，居于大树楼桑村西北，因黄姓较多，故名黄楼桑；泰楼桑，居于大树楼桑西北，因泰姓较多，故名泰楼桑；楼桑庙村，因村内建有三义宫而得名楼桑庙。这些村名主要根据大树楼桑村而来，其源流同属一脉，而且建有三义宫的楼桑庙村与张飞故里忠义店相隔约 3 里，曾经三分天下的蜀汉君臣本属乡邻。

千百年来，刘关张桃园结义的故事世代相传，随着古典名著《三国演义》的广为传播，桃园结义的故事传遍五湖四海，妇孺皆知。历代帝王、将相、文人、墨客纷纷来访楼桑村，寻千古一拜，觅忠义之魂，在此留下了众多咏史怀古的不朽诗篇——楼桑村成了三国文化的发祥地。

□历史名人

【刘备】（161—223）字玄德，东汉末年涿郡涿县人，故里在今涿州市城南十余里处的大树楼桑村。东汉远支皇族，幼时家贫，与母织席贩履为业。东汉末年起兵，初期寄人篱下、颠沛流离，凭着百折不挠的精神蹶而复起，终得三分天下，于公元 221 年称帝，都成都，国号汉，年号章武。死后谥号昭烈皇帝。

刘备是汉景帝之子中山靖王刘胜的后裔。刘胜生了 120 多个儿子，其第五子刘贞，元狩六年受封涿县陆城亭侯，因在宗庙祭祀时所献祭金违犯礼制，而触犯律令被削去爵位，于是便在涿县安居下来，遗留了这一脉后人在涿县繁衍。

《三国志》中记载，刘备家院内有棵五丈高的大桑树，远远望去，这棵桑树就像古代帝王出行时所乘车舆上的华盖一样，人们都说这家将来必出贵人。刘备与同族小伙伴们在树下玩耍时曾说过：“吾必当乘此羽葆盖车！”意思是说，我以后一定会坐这样的天子车舆。不想这句话恰好被刘备的叔父刘子敬听到，因这话在当时犯忌讳，被官方知道了要砍头的。所以刘子敬警告他，说话要谨慎：“汝勿妄语，灭吾门也！”

刘备祖父刘雄、父亲刘弘，均在州郡做过官。到了刘备这一辈，已是平民百姓。他“与母贩履织席为业”，与平民百姓无异，也要早出晚归、街头贩卖，为一日三餐而奔波，就算是个皇叔，也需卖草鞋讨生活。

刘备 15 岁时，其母决定让他外出行学。刘备与同族的刘德然、辽西人公孙瓒一起，拜原九江太守、同郡人卢植为师。刘备在卢植门下应该学的是孔孟儒学，讲的是仁义礼智信，行的是匡国救民大任。可以说卢植培养了他儒家本性与王道的理念，为他成为一代政治家奠定了基础。

《三国志》还记载：“（刘备）少语言，善下人，喜怒不形于色。好交结豪侠，年少争附之。”从这段文字可以看出，尽管当时的刘备是平民阶层，但他“好交结豪侠，年少争附之”，人脉关系广泛，得到许多人的拥戴。他

能日后桃园结义、敢于征战于乱世，且两位中山大商“与之金财”，应该说当时的刘备已经是一位很有名气的人物了。

刘备与关张二人在涿州桃园结义后，开始争雄于乱世，后得诸葛孔明辅佐，终得三分天下，于公元221年称帝，章武三年四月，刘备病逝永安宫（在今重庆奉节县白帝城），享年63岁，谥号为昭烈帝。

对于刘备的万年之地，古今以来人们通常认为葬于成都：即四月病逝，五月梓宫还成都，八月葬惠陵。后主从诸葛亮之意，先后将甘、吴两位夫人合葬于此。刘备墓史称惠陵，在成都市南郊武侯祠内。

还有两种说法：一是葬于奉节，有专家认为刘备病逝在白帝城，时为气温极高的夏天，凭借当时的交通，无法在尸身腐烂之前送回成都安葬，只得就地下葬；二是葬于莲花坝，因当地有首歌谣在代代相传：“要找刘备坟，新津出东门；离城三十里，金陵埂上寻。”

千百年来，刘备一直被百姓看作是理想君主、仁君典范。《三国志》评曰：“先主之弘毅宽厚，知人待士，盖有高祖之风，英雄之器焉。”刘备为人谦和、礼贤下士，宽以待人，志向远大，知人善用，素以仁德著称，为世人称赞。

□文化遗存

涿州三义宫，位于刘备故里大树楼桑西北方向数里而建，其所在地为楼桑庙村。传说当初原想建在刘备故里大树楼桑村，但运送砖瓦的马车走到此处怎么也走不动了，人们认为这里是风水宝地，就把庙宇建在了这里。

三义宫始建于隋代，唐、辽、元、明、清各代均有修葺，距今已有 1400 多年的历史。三义宫原名蜀先主庙，元代改名为汉昭烈帝庙。明正德三年，武宗皇帝朱厚燳亲赐玺书“敕建三义宫”。

历史上的三义宫，整座庙宇规模宏大，气势雄伟，宫内古柏参天，高大俊秀，人物塑像栩栩如生，是华北地区最大的木雕塑像群。元代名儒郝经在《涿郡汉昭烈帝皇帝庙碑》中写道，“涿郡为昭烈帝故里，故其庙祀尤盛”，“其父老过其祠下拜谒而致奠者，朝夕不绝”，就是对三义宫当时的真实写照。千百年来，这处幽燕胜景曾吸引了无数迁客游人、贤达名流乃至帝王将相来此凭吊，留下了诸多古风弥漫、荡气回肠的千古诗篇，如唐代周昙《蜀主》、宋代文天祥《经楼桑刘先主古宅作》、金代元好问《题楼桑庙》、元代王恽《谒楼桑昭烈帝庙》、明代王越《三义庙》；清代则以御诗为甚，尤其是乾隆皇帝，不惜笔墨，御笔题诗，吟咏涿州的风物与名人。

三义宫被毁于 20 世纪 60 年代末期，1996 年涿州市对其进行了修复。重建后的三义宫，其建筑形式采用了中国古代建筑对称式的特点，整座庙宇由三进院落组成，以主体建筑为中轴线，由外向里依次为山门、马神殿、关羽

殿、张飞殿、正殿、少三义殿、退宫殿、五侯殿等八部分组成。进山门后向前即为马神殿，马神殿内供奉着刘备的坐骑“的卢”和关羽的坐骑“赤兔”。东配殿和西配殿分别供奉着关羽和张飞，并且用塑像的形式塑造了关羽“錾打姚斌”和张飞“鞭打督邮”的故事。

正殿为整座庙宇的主体建筑，中间供奉汉昭烈帝刘备，左后为汉寿亭侯关羽，右后为桓侯张飞，东是诸葛亮、庞统等文臣，西是黄忠赵云等武将；后殿主要分三部分：退宫殿、少三义殿、五侯殿，分别以塑像的形式表现了少三义情同手足、刘备爱民如子、五虎上将的壮志豪情及诸葛亮、庞统的雄才伟略。三义宫共有塑像 87 尊，生动地体现了三国时期轰轰烈烈的场面，让人们回忆起那段久已逝去的刀光剑影的历史。

三义宫的楹联曰：三国演义从这里开始，桃园结义到此处寻根。我国古典名著《三国演义》以“宴桃园豪杰三结义”为开篇，“桃园结义”流传最为广泛、影响最为深远。其天下兴亡、匹夫有责的担当意识，精忠报国、振兴中华的爱国情怀，忠义诚信、患难与共的生死情谊，已成为中华优秀传统文化所蕴含着的道德理念和规范。

涿州人崇德重义，桃园结义千古传颂，涿州的桃园路、三义路、三义庙街、三义小学、三义楼、三义坊、桃园酒店以及桃园联谊会等命名都与三国有关。2006 年，涿州市被中国文联命名为“中国三国文化之乡”，并成立了“中国三国文化研究中心”。

三义宫年游客接待量约 20 万人次，2011 年底三义宫被河北省旅游局评为 3A 级景区。

【风雨竹碑】原嵌于三义宫东院照壁之上，属典型的图文碑，制作于明代。碑长 103 厘米，宽 61 厘米，厚 5 厘米，因以片片风雨摧动的竹叶组成诗文，遂称为“风雨竹”碑或“诗竹”碑。碑上，由竹叶组成一首五言绝句：“不谢东君意，丹青独立名；莫嫌孤叶淡，终久不凋零。”据说风雨竹画为关羽身陷曹营时绘制。

传说建安五年，徐州之战，刘备败逃，关羽为保护两位皇嫂留居曹营。曹操爱关羽勇武忠义，三日一小宴，五日一大宴，送美女、金银、战马，欲买动其心，使之归附。关羽在曹营，斩颜良，诛文丑，立下汗马功劳。曹操奏汉献帝，封他为“汉寿亭侯”。可当关羽得知刘备在袁绍处时，即欲辞曹。经一番揣摩，构思出这幅用五言绝句组成的“风雨竹”画，以竹喻志，以画藏诗，转送曹操手中，他“挂印封金”，保护两位皇嫂，千里走单骑，过五关斩六将，寻刘备而去。曹操见到这幅“风雨竹”，玩味良久，方悟关羽去

志已坚，愈加钦佩其忠义，于是派人追送，并以黄金、锦袍相赠。

【重修三义宫碑】明正德三年，明朝皇帝武宗朱厚熜下令修建。此碑高6.1米，碑身环绕着九条龙，故又称九龙碑。碑文曰："涿之楼桑故有三义庙，祀汉昭烈皇帝，而以其臣关穆侯羽、张桓侯飞配焉。侯为涿人，穆侯虽产解，而誓共死之盟，实始于此……"碑阴刻有当时捐款建宫的明正德朝各臣子之名字，可见其对刘备和楼桑三义宫的敬崇。

□传统文化

【楼桑春社】自古以来，楼桑村一带的百姓们把每年农历三月二十三作为刘备诞辰之日，举行盛大的祭祀活动，届时各方百姓云集于此，方圆数十里的乡邻，扶老携幼，纷纷到此赶庙，各家商号，争相开业，小商小贩，江湖艺人蜂拥而至。有诗称赞："父老相携载酒游，果然春社胜于秋，汉家宫殿皆禾黍，赢得荒村尚姓刘。"自元代列为涿州八景之一，清代乾隆时期名曰"楼桑春社"。2000年以来，楼桑庙村恢复了"楼桑春社"的民俗活动，成为涿州市每年一度的文化庙会。

（**撰稿**：张立国　葛龙　**摄影**：陈富友　徐博兰　刘杨）

忠义店村

张飞故里 忠义之乡

□村庄概况

忠义店村隶属于涿州市桃园办事处，位于涿州城区西南，距涿州市区 3.5 公里，是蜀汉名将张飞的故里。东汉末年，刘备、关羽、张飞曾在此桃园结义。据传忠义店最早叫“桃庄”，因后来出了位世人皆知的张飞张翼德，便称作了“张飞店”。到清代，有一位涿州知州觉得直呼张飞之名似有不敬，遂令改为“忠义店”。

该村历史悠久，据传建于汉朝，1949 年属涿县五区，1958 年为红旗人民公社忠义店大队，1962 年为松林店人民公社忠义店大队，1984 年为松林店镇忠义店村民委员会，1987 年为桃园街道办事处忠义店村民委员会至今。

□历史名人

【张飞】（？—221）字益德，又称翼德，东汉末年涿郡涿县人，三国时期蜀汉重要将领。他军事上颇有胆识，性情刚烈，勇猛善战，是著名的蜀汉三杰之一。但对部下过于严厉，章武元年死于暗杀，谥桓侯。《三国志》中载："张飞字翼德，涿郡人也，少与羽俱事先主。羽年长数岁，飞兄事之…… "

《三国演义》中描述张飞"身长八尺，豹头环眼，燕颔虎须，声若巨雷"，是一个豹头环眼，五大三粗的彪形大汉。在中国传统文化中，张飞以其勇猛、鲁莽、疾恶如仇而著称，虽然此形象主要来源于小说和戏剧等民间艺术，但已深入人心。张飞勇猛善战，与关羽同称"万人敌"，小沛拒曹、据水断桥、义释严颜、大破张郃，这都是张飞的战功。

关于张飞，也有一些资料说他有着很高的文化素养。比如"张飞立马铭"，位于今四川渠县东北八蒙的摩崖石刻，据说当年张飞以少胜多，把曹操名将张郃打得大败而退。张飞难抑喜悦，当即以石代纸，以丈八蛇矛作笔，在八蒙山上书写了"立马铭"两行隶体大字，以示记功勉士兼羞曹军："汉将军飞，率精卒万人，大破贼首张郃于八蒙，立马勒铭。"

张飞在刘备攻取四川后，被任命为巴西太守镇守阆中。张飞镇守阆中 7 年，保境安民，颇有政绩，有"虎臣良牧"之誉。传说张飞英魂千百年来一直护佑着阆中，阆中因此有了张飞巡城打更的独特风俗，爱民如子的张飞受到阆中人民深深的敬爱。

张飞同关羽跟随刘备争雄于乱世，血战沙场，立下汗马奇功，后刘备得诸葛孔明辅佐，终得三分天下，于公元 221 年称帝。

关羽被害之后，张飞在阆中准备挂孝伐吴，他命部将范强、张达在三日内赶制白盔白甲。范、张二人心怀不满，密谋杀害了张飞。之后，张飞遗体葬于阆中。

据传张飞在阆中被部将暗害后，二人取其首级投奔东吴，行至云阳，闻听吴蜀讲和，二人便将其首级抛弃江中，后为一渔翁捕鱼时打捞上岸，埋葬于飞凤山麓。世人在此立庙纪念，故有张飞"头在云阳，身在阆中"之说。

唐朝德宗建中三年，礼仪使颜真卿向唐德宗建议，追封古代名将 64 人，并为他们设庙享奠，当中就包括"蜀车骑将军西乡侯张飞"。

涿州的张飞墓在忠义店"张桓侯祠"内，1991 年重建庙宇时，墓冢取自四川阆中和云阳的一些张飞墓土，象征着张飞魂归故里。

□文物古迹

【张飞古井】据传乃三国时张飞储肉所用。清康熙三十九年，知州佟国翼重修并立碑为记，石碑正面书“桓侯古井”。1963年水患，井坍碑倒。1984年又依原貌重修。井台上立原碑，砌原井口。台下南侧有一饮马石槽属旧物，保存完好。1992年5月，该古井被列为涿州市文物保护单位。

【张飞庙遗址】原称张桓侯祠，原建筑毁于20世纪70年代，只存有明、清重修碑。现张桓侯祠于1993年重新复建，已成为对外开放的旅游文化景区。2005年7月，涿州市人民政府公布张桓侯祠为市（县）级文物保护单位。

桓侯祠整座庙宇建筑皆仿清式做法，且施以传统彩绘。庙为三进院，南向，按轴线由南向北依次排列为山门，单檐歇山顶1间；马殿，单檐歇山顶3间；正殿，单檐抱厦卷棚歇山顶7间；东西单檐硬山顶配殿各3间；享堂，单檐歇山顶1间；张飞墓，圆丘形式；马殿内塑有张飞坐骑乌骓马及马童；回廊抱厦的正殿大门悬一块乾隆帝题的“万古流芳”匾额。廊柱上一副楹联，为乾隆御笔：“雄赳赳吓碎老曹肝胆、眼睁睁看定汉室江山。”正殿塑有张飞坐像，傍祀文官、家将等像。

桓侯祠对面建有桃园，占地1793.4平方米，有桃树99棵，有刘关张三结义塑像和“张桓侯古井”亭及清代重修古井碑，再现了当年桃园结义的情景。东汉末年，刘备、关羽、张飞三个平民百姓在张飞家的桃园对天地盟誓、结拜为弟兄，从这里走上军事、政治舞台，他们同心协力、信守誓言、终生不渝，百折不挠、共创大业。他们结义的桃园，成了有志之士心中的圣地。他们的忠义精神，深受世人崇敬。他们的誓言，最终演变成了中华民族“忠义、诚信”的义文化。

□民间传说

张飞性格勇猛、鲁莽、疾恶如仇，在涿州及忠义店流传着许多关于张飞的传奇故事，其中有的传说故事流传深远、妇孺皆知。

【张飞少年学武】张飞小时候性情刚强，脾气暴躁，据说其父所请的几位老师都被他气走了，故张飞的舅父特地推荐了一位叫王养年的先生来教习。王老先生做过朝廷将官，兼有文武之才。张飞对其十分敬佩，在他跟前慢慢规矩起来。张飞刚满13岁时，已能读《春秋》《左传》，精通《孙子兵法》，并练成了一身好武艺。

【张飞画美人】“猛张飞工笔画美人——粗中有细。”这句话是有来历的。相传，张飞是个独生子，童年时性格非常粗暴，经常在外面惹是生非。其父张老对他又疼又恨，老得向找上门来的告状者赔礼道歉。对这孩子可怎么办呢？一天张飞的舅舅李老来了，张老就唉声叹气地向他诉苦。李老想了想，就推荐一位名叫王养年的先生。此人原是朝廷一员武将，辞官回家后，专以课徒为业，多年来积累了一套办法。他来到张家后，就教张飞单日学文，双日学武。张飞虽然性情暴躁，行动粗鲁，但是天资过人，书一读就会，武艺一教便精，师徒二人处得十分融洽。以后，王养年用画美人来约束张飞，折磨其火暴性格。张飞起初不通，就问“这画美人与安邦定国有什么联系？”王养年说：“自古名将都有高超的绘画技巧。当朝韩信就画过十面埋伏阵图，逼得霸王项羽乌江自刎。再如樊哙，因画美人画得精细惊人，所以才勇冠三军，成为汉朝开国名将。”就这样，在王养年的教育下，张飞画的美人用笔工细，活灵活现。同时，通过一笔一画地描画，使张飞有了耐性，锻炼得有勇有谋。他不但能精通经史，熟习《孙子兵法》，在马上使起兵刃来，如同遍洒梨花一般，上护其身，下护其马，真个风雨不透。3年下来，张飞的书画果然大有长进，特别是他的书法别具一格，大受称赞。清代《历代画征录》记载：“张飞，涿州人，善画美人。”

【张飞卖肉】这个故事是千古流传、妇孺皆知，谁都知道“张飞卖肉”，有关的歇后语更是流传甚广，什么张飞卖肉——一刀切、张飞卖肉——光说不割，等等。罗贯中在《三国演义》中说张飞是个“卖酒屠猪”之人，在人们心中，张飞乃燕赵慷慨之士，性格豁达豪爽，重义气。在形象上，戏曲中更是给了他黑脸的形象，是个燕颔虎须、豹头环眼的彪形莽汉。

【桃园三结义】传说张飞杀猪卖肉，天热之时把肉放进井中，并上盖一块千斤大石，他觉得这石头无人能挪，便在石上写下一行字："谁能揭开此石，可拿走好肉一刀！"

有一天关羽路过此处，见到石头上的字，就搬起巨石，手起刀落，割下一刀好肉，然后推起车直奔涿县城内粮食市上卖绿豆去了。

张飞听说后追到涿州城内的集市上，见关羽的小车上还放着那半扇猪肉，他上前抓起一把把绿豆使劲拈成了碎面，眼看关羽的绿豆都成了豆面，关羽忍不住与张飞争斗起来，二人打斗得难解难分，人们吓得不敢过来劝架。这时，正逢刘备卖草鞋来此，刘备上前一手一个地把二人分开，即涿州人流传至今的"一龙分二虎"的故事。

刘备、关羽、张飞三人互报姓名后，说起救困扶危、报效国家的心志来，三人越说越投机，英雄爱英雄，于是一同到张飞家中饮酒。后来，三人在张

飞家的桃园里结拜成了生死兄弟——这就是千古流传的“桃园结义”故事。《三国演义》第一回的题目就是“宴桃园豪杰三结义，斩黄巾英雄首立功。”

□名村今貌

忠义店村以打造历史文化名村为目标，充分挖掘、利用三国文化历史资源，紧紧抓住桓侯祠这个旅游景区，不断丰富景观文化内容，同时加强环境建设，硬化村内道路，进行垃圾处理、道路两侧绿化、营造文化氛围等改造提升项目，并在景区桃园东南侧新建张飞故居3间、增设了书画院。通过美丽乡村建设工作，忠义店人居环境进一步改善，旅游景区内容进一步丰富，历史文化氛围愈加浓厚。

（**撰稿**：张立国 葛龙 **摄影**：刘杨）

卢家场村

儒宗故里　卢氏祖地

□名村概述

卢家场村位于涿州市东北 5 公里处，清凉寺办事处东北，处于平原地区，涿州市腾飞大街从村东穿过，涿码路穿越村西，京港澳高速涿州北出口位于村北，交通便利。

卢家场村 1949 年属涿县四区，1958 年为东风人民公社卢家场大队，1962 年为塔上人民公社卢家场大队，1984 年为塔上乡卢家场村民委员会，1996 年为清凉寺街道办事处卢家场村民委员会至今。

全村现有 4 个村民小组，350 户，1500 人。耕地面积 1796 亩。村民经济收入以农业种植、外出务工为主。

如今的卢家场村成了远近闻名的文明生态村，其文明生态创建过程紧紧结合卢氏文化的挖掘和保护进行。村里建起了长达 670 米的卢氏文化墙，墙上描绘着卢氏的图腾、祖训、家训、名人、诗句等。此外，村里还定期举办卢氏文化知识竞赛，借此对村民尤其是青少年开展卢氏优良传统教育。

□卢氏文化

据考证，卢姓子孙是炎帝神农氏的后代。追踪卢姓历史，最早可以源于上古时代我国西部高原的一支游牧部族，史称“卢方”，周代又称“卢戎”。卢人即姜姓戎族中一支。据《汉书·西南夷列传》记载，姜即羌，意为牧羊人，逐水草而居，随畜迁留中原。

《唐书》宰相世系表载：“秦博士卢敖，子孙家于涿水（今拒马河）之上，遂为范阳涿人。”卢敖是有明确文字记载并明确籍贯的卢姓第一人，是卢氏开基祖。秦朝末年，卢敖裔孙卢绾随汉高祖起兵反秦，因功受封为燕王，封国也在涿郡一带。至三国时期，涿郡更名为范阳郡，郡治涿县（今涿州市）。因此，涿郡卢氏又称范阳卢氏。卢氏尽管还有其他来源，但在发展中只有范阳卢氏一枝独秀。所以天下出现了“言卢必称范阳”的倾向。一些出身于旁门别支的卢姓人也敬认范阳卢姓之祖为祖先。

卢氏文化既包括历代卢氏族人治国安邦的方略、经世济用的齐家之法，也蕴含着对社会、文学、艺术、科技、教育、宗教、民俗等学科和领域的主张、见解与贡献。

以卢植为始祖的涿州卢氏家族，诗礼传家，有功于国，世代簪缨、历朝显贵，汉末以降，成为北方四个高门大姓之一。仅从三国到唐代，正史记载的卢姓族人就超过800位，其中有宰相、尚书、刺史、太守、郡守等百余人。佛教禅宗六祖“惠能”，清代道光年间的两广总督、涿州人卢坤，都是卢植的嫡系后裔。海外卢氏宗亲中，有韩国的两位总统卢泰愚、卢武铉。

卢氏文化既是以儒、道、佛为结构主体的中华传统文化的有机组成部分，又是以家族为单位的“宗亲文化”，它绵延两千年，脉络清晰，支系庞大，宗亲意识强，远远超出了涿州、河北乃至中国的范畴，已成为世界文化的一部分。

据不完全统计，海内外卢植的嫡系子孙约有2000万人。其中大陆及港台地区1000多万人；朝鲜半岛约32万人；聚居于新加坡、马来西亚、菲律宾、泰国、印尼等东南亚国家的，约30多万人；散居在其他国家和地区的卢氏约4万人左右。

卢植及其子孙们，在汉魏南北朝所积累建树的学问业绩、品德风范，成为卢氏后裔千余年长盛不衰的声望基础和精神动力。卢氏文化展示了卢氏所具有的勇于进取、百折不挠、爱国敬业和艰苦创业的家族精神。史料证明，自东汉迄今，卢氏在政治、文化、科技、艺术等人文领域群星灿烂，成就骄人，正如卢植墓前之楹联曰：“诗书继世似锦宏杰横生五洲家乘，礼义传家如云冠盖纵贯中华史册。”

□文化遗存

【卢氏宗祠】位于卢家场村内，红墙蓝瓦，绿树掩映，肃穆幽雅。卢氏宗祠坐北朝南，南北长 102 米，东西长 48 米，占地 5000 平方米。正门 3 间牌楼，正门南面有影壁，院内东西厢房各 3 间，悬山式建筑，在中轴线上为卢植墓。整体建筑采用汉代建筑风格，古朴雄浑。

坐北向南的大门上，“范阳卢氏宗祠”匾额鲜明夺目。这里不仅是卢氏家族祭祖之地，而且有广泛而久远的社会影响。“范阳卢氏”使涿州名扬天下，涿州是“世界卢氏祖先的基地”，具体所指就是这个地方。韩国前总统卢泰愚曾为卢氏宗祠题词：“同祖连孙，和睦相交”。

【卢植墓】位于涿州市清凉寺办事处卢家场村北约 100 米处，为涿州市文物保护单位。卢植以名著海内，学为儒宗，士之楷模，国之桢干，为历代所敬重。曹操征柳城经涿县，曾命守令，遣丞掾修缮卢墓，并岁时祭扫。墓地占地 10 亩，修建于 2001 年。墓地坐北向南，南有停车场，自停车场向北，有一仿明清影壁遮掩山门，影壁高 4.8 米、宽 19.8 米，影壁后面是山门，山门为仿唐建筑，高约 7 米。山门以里有东西殿各三间，均为仿唐建筑。东殿曰范阳堂，西殿曰敦目堂，中轴线上为甬路，甬路向北为仿汉石桥，过金水河为仿汉牌楼，牌楼高宽各约 4 米，牌楼北有阶梯可到封土处，封土高约 3 米，直径 9 米，即为卢植墓。

□人物英才

【卢植】（约 121—192）字子幹，东汉涿郡涿县人。东汉末年著名政治家、军事家、经学家、教育家、文学家，称颂于青史，开范阳（涿州）卢氏文化之先河，被尊为卢氏的中兴始祖和范阳卢氏始祖，是历史上配享孔庙的 28 位大儒之一。两次上书朝廷，主张“强干弱枝”、以民为本、革除时弊，

其政治主张深受朝野称赞；军事家，践行有备无患、不战而屈人之兵的理念；经学家，校《五经》续《汉纪》、著有《尚书章句》《礼记解诂》；教育家，其弟子有汉昭烈帝刘备、经学家高诱，以及白马将军公孙瓒等。卢植才兼文武，刚毅豪迈，曹操称赞他“名著海内，学为儒宗，士之楷模，国之桢干”。唐太宗尊卢植为圣贤，配享孔庙。卢植被中华卢姓尊为中兴祖、范阳卢氏始祖。

【惠能】（638—713）祖籍涿州，生于广东，俗姓卢。年轻时到黄梅东山寺拜访禅宗五祖，在寺内做劳役。因一首偈词“菩提本无树，明镜亦非台；从来无一物，何处惹尘埃”被五祖选为衣钵继承人，成为佛教禅宗六世祖。他主张佛性人人皆有，创立顿悟成佛学说，使原本烦琐的佛教简易化，使从印度传入的佛教中国化，是禅宗的真正创始人，也是中国佛教的真正始祖。惠能的言行录，被其弟子整理成书，名为《法宝坛经》。这部中国特色的佛教经典，以其“佛性论”为世界观，“顿悟说”为方法论，突出了主观能动性，在中国思想史上是一个大跃进。惠能与老子、孔子并称中国古代三大思想家。

【卢照邻】（约 636—约 695）唐幽州范阳县（今河北省涿州市）人，字升之。因文学造诣和诗歌成就，与王勃、杨炯、骆宾王并称为“初唐四杰”。他年轻时深受邓王李元裕器重，曾任新都县尉。后因患风痹病，久治不愈，身心承受了悲苦的折磨，瘫痪了十余年。卢照邻是中国诗歌史上的开创性人物。他前期作品才气横溢、奔放有力，代表作《长安古意》被闻一多赞为“宫体诗中一个破天荒的突破”，但晚年作品多流露凄苦愤懑之情。大诗人杜甫很佩服卢照邻等“四杰”，认为四杰能以纵横的才气，驾驭龙文虎脊般瑰丽的文辞，他们的作品是禁得起时间考验的。卢照邻的作品，今存《幽忧子集》七卷。

（**撰稿**：张立国　葛龙　**摄影**：陈富友　徐博兰　刘杨）

西何各庄村

督亢腹地 美丽乡村

□名村概述

西何各庄位于涿州市区的东南方向 15 公里处，北邻廊涿高速公路，东与固安县接壤，南与高碑店市为邻，京白路由村西通过。现有人口 1038 人，1400 余亩耕地，因历史上有何姓在此建村，故名何各庄，后分为东西两村，该村居西，名为西何各庄。

西何各庄 1949 年属涿县三区，1958 年为幸福人民公社西何各庄大队，1962 年为柳河营人民公社西何各庄大队，1984 年为柳何营乡西何各庄村民委员会，1996 年为豆庄乡西何各庄至今。

西何各庄地处古督亢腹地。明代董其昌在《督亢道中》的诗中写道："谁知燕地有四湖，沃壤长堤督亢图。为问黄金台上客，得寻说剑酒人无？""督亢秋成”是涿州清代八景之一，“黄云复万里，丰年禾黍多”的诗句，就描述了督亢一带原野上庄稼丰收的景象。

近年来，西何各庄充分挖掘历史文化资源，通过村内企业家捐助，集体筹资等方式，开展了以建设“秋成生态园”农家游项目为主的村街环境建设，村内先后建成了长城公园、和谐公园、大佛公园等四个公园，建有20余条生态长廊、1座农家院、1座老年活动中心，使全村人居环境发生了根本性的改变。

该村自2009年开始，每年秋季隆重举办“督亢金秋节”，使其成为一个文化、商业载体，为该村的经济发展提供了平台。

西何各庄村党支部曾连续多年被评为先进基层党组织、红旗支部。同时，该村也先后被评为省级文明单位、文明生态创建省级示范村，成为远近闻名的民主法治示范村、文明生态村、旅游文化新村、省级精品示范村。

□文化遗存

【西何各庄遗址】遗址地势平坦，现为耕地，种植玉米、小麦。遗址中部因取土形成南北向长条状低地。遗址大致呈长方形，东西长约200米，南北宽120米，面积24 000平方米。遗址中部发现文化层，可分两层，包含物差异较大，但两层包含物均有陶片、瓷片、瓦片。根据采集的陶片、瓷片标本分析，遗址应该为战国、辽代两个时期，属未定级的不可移动文物。

【涿州高官庄商代至战国遗址】位于该村西二里处，遗址占地30 000平方米，台地高1.3米—1.8米，文化层上部距地表0.3米，文化层厚0.6米。因遗址地貌隆起高出地面，其所在地的北高官庄村民俗称为“大岗子”。1991年河北省文物考古队在此进行了考古发掘，出土了夹砂红陶鬲口沿、罐口沿、鼎足、骨簪等，发现西周竖穴式土坑墓2座。并征集到战国磨光黑陶壶1件、西周陶罍1件。战国磨光黑陶壶，长颈、鼓腹、带盖，抛光精细，古朴稳重，造型优美流畅，虽是陶器但通体透发着青铜器的神韵，体现了高超的制造工艺和美学价值；西周陶罍，为盛酒酿酒之器，佐证着此处先民们的烹饪饮食和生活水平。2007年修建廊涿高速公路又对遗址北部进行了发掘，代表性遗迹有房址，出土器物有鬲、盆等。

【宝胤寺】宝胤寺建于唐代初期，跨越千载，历经无数磨难。1948年7月，宝胤寺不幸毁于战火。21世纪初，欣逢盛事，政通人和，涿州市委、市政府深入贯彻落实宗教政策，顺应民意，于2009年8月批准在原址复建宝胤寺，前后约用5年时间建成。

复建后的宝胤寺占地 48.8 亩，总建筑面积 9645 平方米。建筑布局规整，左右对称。主要建筑分布在中轴线上，有南天王殿、妙通塔、大雄宝殿、卧佛殿、藏经楼、方丈楼等。天王殿前是照壁，壁上嵌“慈航普度”四个大字。寺院内，天王殿东侧是钟楼，西侧是鼓楼；妙通塔东侧有两殿：南文殊殿，北观音殿；西侧有两殿：南普贤殿，北地藏殿；大雄宝殿东侧是伽蓝殿，西侧是祖师殿；藏经楼东侧是法堂，西侧是讲堂；方丈楼东侧是戒堂，西侧是律堂；寺院内西侧有围墙相隔的是生活区。

大雄宝殿为寺院主殿，外观高大敞亮，气势雄伟，飞檐翘起，优美威风。殿门柱上镌有楹联：“普门示现证入甚深诸法性，梵宇重新度脱一切苦众生。”阶下置六牙白象一对。殿内正中供奉祖师释迦牟尼佛，左边东方净琉璃世界药师佛，右边阿弥陀佛，各尊佛像总高 9 米。两侧供奉十八罗汉，像高两米。佛像和罗汉像均采用传统泥塑贴金工艺，面目丰润，神态自若，简练准确，色调明快。

□名村今貌

西何各庄借助紧临廊涿高速公路和京白路的区位优势，充分挖掘“督亢”历史文化，发展以“乡村特色游”为重要内容的绿色生态农业项目，整合、集约利用全村土地资源，走发展观光生态旅游兴村之路。

西何各庄除了扶持主导印刷产业之外，注重丰富产业类型，发展农村特色产业。近年来，该村反季节蔬菜大棚效益明显提高，群众增建大棚的积极性空前高涨，温室大棚面积发展到 1200 余亩，占全村耕地面积的 80% 以上。一年四季这里都有不同品种的蔬菜供应市场，全村每年产出 1800 吨无公害蔬菜。村民单种蔬菜这一项，年收入达 10 万元以上的就有 50 多户。同时该村又成功引进了北京秋成成品树苗移栽基地项目，占地面积达到 800 亩，吸纳了数百名村内剩余劳动力，村民既获得了土地流转收入，还能在基地里获得打工收入，部分村民已转变为从事农业生产的产业工人。

西何各庄村大力发展农村休闲旅游，督亢公园、宝丰公园、长城公园等几大休闲景观依地形修建成功，风光旖旎、景色宜人。该村原有宝丰寺和督亢亭，曾因历史原因损毁无存。为了再现历史面貌、挖掘“督亢”历史文化，该村投资约 3000 万元建设了督亢公园。公园内有宝胤寺，寺院整体布局和谐紧凑、浑然一体，佛塔矗立、巍巍壮观，宝刹宏伟、法相庄严，把自然生态和人文景观有机结合起来。

督亢公园现已颇具规模，已建成了人工湖、督亢亭、秋成桥、荷花淀、宝胤寺偏殿、宝胤寺广场、停车场、上旗台，以及具有欧美典型特色的异国建筑风景区。

西何各庄的长城公园就修在家门口，由大块青石垒砌的仿长城景观建筑蜿蜒南行，与长城实景有“形体具而微之”异曲同工之妙。公园深处，一座

九龙壁巍然挺立，石狮横卧，九龙狂舞，双凤引颈长鸣。一团象征着生活蒸蒸日上的“火炬”在壁顶端“熊熊燃烧”。走在400米仿古长城上尽观全园风景，只见长城脚下流出水泉，小桥浮在水面，伟大领袖毛泽东主席的塑像站立中间挥手远眺，这一切都彰显着村庄祥和昌盛的繁荣景象。

长城公园内建有农民大舞台，又是一处休闲娱乐的好地方。现在农民的土地全部流转，农民结束了“日出而作、日落而息”的小农生活，日子富裕、时间宽裕、品位提升的农民更多地走出家门，进行体育健身活动，扭秧歌、赶庙会、组织篝火晚会。人们可以在这里观看村民自编自演的及周边县市民间艺人的演出，享受轻松闲暇的好时光。农民大舞台可以同时容纳30名演员演出、千名观众观看。村里还规划建起了1800多平方米的农民文化广场，配置了健身器材和娱乐设施。

为了建设美丽乡村，发展休闲旅游，该村把美化绿化作为改善村内环境的一项重头戏，对村南公路、长城公园环塘路及部分街道进行绿化，栽植绿化树木9000多棵，绿化面积达200多亩。其中法桐800棵、柳树400棵、白蜡200棵、国槐200棵、榆树200棵，小黄杨、大黄杨、国王枫等美化树种5000多棵。全村2条主路、6条街道、26个胡同全部落实了卫生管理措施，明确专人专户定期进行卫生清理，保持了全村环境卫生的干净整洁，村庄整体环境焕然一新。

进入该村，笔直宽敞的街道，两侧绿树成荫，花池内百花争艳，公园里风景如画。村内还建有农民阅览室、老年活动中心、篮球场、人工长城、垂钓园等。人们在这里休闲娱乐，享受幸福生活，正像村民所说：“长城脚下白鹤亭，兴河小桥浮水中，柳垂水面游鱼戏，草挂坡头映乐园，休闲娱乐神仙境，文明生态展新容。”

□发展愿景

面对未来，西何各庄制订了发展规划，发展目标是因地制宜，突出区域特色，以“生态果蔬种植”为主题打造良好生态环境，种植特色经济果蔬，建好园区生态支撑。通过生态采摘园区的建设丰富现代农业的内容，提升和改造传统的农业产业结构，丰富农区生态旅游，拓宽旅游业发展领域，实现生态农业和观光旅游的有机结合，促进农村经济发展。

园区总体规划建设结构为：“一带、四区、多景点”，形成点、线、面相结合的现代农业观光园区景观生态网络体系。

一带：通过园区道路绿化建设将综合管理区、村落区、水上垂钓区和生态采摘区联成一个有机的整体，形成园区休闲观光生态框架。

四区：根据园区特色板块建设，规划成综合管理区、村落区、水上垂钓区和生态采摘区四个特色功能区域。

多景点：各个功能分区由若干个自成体系又相互关联的景点组成，每一个景点表现一个主题，或承担一个游览观光项目。例如，长城公园主要展现吉祥楼、烽火台等建筑特色。

（撰稿：张立国 葛龙
摄影：刘杨 徐博兰）

泗各庄村

葵花小镇 最美乡村

□名村概述

泗各庄地处涿州市区西部5公里处，位于百尺竿镇中南部。清朝以前，有四家四姓逃荒的外来户迁此定居，取名叫四家庄。因居住分散，村里有4眼水井、4台碾子、4座五道庙，又因靠近拒马河，地里有泉水可以种水稻，于是就以水和四家四姓之意取名泗各庄，一直延续至今。

该村有420户，总人口1700人，耕地面积3379亩。1949年属涿县六区，1958年为百尺竿先锋人民公社泗各庄大队，1962年为百尺竿人民公社泗各庄大队，1984年为百尺竿乡泗各庄村民委员会，2007年为百尺竿镇泗各庄村民委员会至今。

泗各庄处于平原地带，属于暖温带半湿润季风区，大陆性季风性气候特点显著，温差变化大，四季分明，适合农业生产，原为产稻区。近年来，该村把文化和农业结构调整以及生态建设结合起来，走出了一条以“休闲农业与乡村旅游”为方向的发展之路，现耕种作物有小麦、玉米、花生等，并将油葵作为观赏作物进行大范围种植，以千亩油葵生态景观为依托，以特色花卉种植为产业支撑，以“乡愁文化”为品牌，走上了一条乡村游发展之路。2013年以来，该村

先后被评为“涿州市最美乡村”“省级美丽田园景观区”“保定市乡村游精品线路”。

□非遗文化

【泗各庄高跷会】泗各庄的高跷盛会兴起于清朝乾隆年间。创始人王理从山东带来了高跷盛会，拉起了“王家班”，村里人尊称他为“乡头”，由此泗各庄高跷盛会成立。该村高跷盛会具有明显的北方高跷色彩，表演者将高跷绑在双腿之上，以五彩绚丽的服装、头饰装扮，手舞足蹈，并配有锣鼓敲击和有板有眼的表演动作，行进在农村的主要街道上。表演者共扮有12

个角色。每个角色配有俊角和丑角，伴奏者也分丑鼓、俊鼓、丑锣、俊锣。表演内容以四大名著《水浒传》中的“三打祝家庄”为故事情节，24位演员分别扮演武松、吴用、扈三娘等角色，扮相随书中人物特点，各具特色，且各有各的唱腔歌词，其韵律曲调自成一派。在舞蹈动作上更是独具特色，有碎步、翻身、大背剑、小背剑、推车、斗鱼、走大凳、跳大板等，还有惊险的跳大马车环节，表演进入高潮时所有角色均要跳过约2米宽、1.5米高的马车，场面惊险刺激，充分展示出表演者超人胆量和扎实的基本功，成为最吸引观众的精彩环节。

泗各庄高跷盛会在各个历史时期，都有精彩演出记载。1949年北平和平解放，高跷会在涿县城北大道上演出，欢送解放军进京。涿州市历年元宵灯会都有他们的身影，1984年春节被邀请至北京解放军总政治部家属院演出，1986年农历正月十五被北京电视台邀请录制节目。如今，高跷盛会经常举办公益演出和葵花小镇的文艺表演活动，使高跷盛会成为泗各庄一道独特靓丽的风景线。

□名村今貌

泗各庄大力发展休闲农业旅游，以打造葵花小镇为目标，将葵园休闲娱乐项目与文化、休闲相结合，取得了很好的经济效益。葵园占地1200多亩，形成集餐饮、住宿、养老、游乐、垂钓、水果采摘、蔬菜种植、特色烧烤、农耕体验等项目的接待园区。园区内有农耕文化体验乐园、户外亲子主题乐园、户外婚礼草坪广场、田园木屋客栈、水上乐园，还有千亩葵花观赏、鲜果采摘、绿色蔬菜、婚纱拍摄基地、真人CS、骑马、西餐、美味烧烤、田园客栈风情等旅游项目，形成了“葵花小镇”的特色旅游品牌。

每年举办“葵花小镇寄乡愁”系列主题文化季活动吸引了众多京津冀及全国各地游客前来休闲旅游、赏花观景。游客们从村中的古街庭院到村外的

荷塘葵园，眺望远山、濯足近水，在大自然中感受泥土的芳香气息，只见柳绿荷香、朵朵葵花在风中摇曳生姿；花田之中，木屋凉亭、画廊茶座分布其间；走进庭院，欣赏书画、摄影、民间传统节目等文化活动。

2015年秋天，该村举办了为期三天的“金秋文化节”。2016年5月举办了“拒马葵园五一田园漫走节”。同年7月24日，举办了“葵花小镇寄乡愁”主题文化月启动仪式，安排“书画家、摄影家、小记者、婚纱摄影、国学大讲堂、民间艺术走进葵花小镇”等系列文化活动。游客们在这里追忆变迁岁月、展望美好未来，体验农耕生活、品尝葵油美食，乡情乡愁使游客充分感受到葵花小镇的独特魅力。

泗各庄村容整洁，风景优美，民风淳朴，勤劳善良。村庄文化底蕴深厚，有踩高跷、裱画、书法等文化项目传承，建设了文化示范街、德信文化长廊、景观路、景观桥、仿古门楼。村里的文体活动丰富多彩，有秧歌队、门球队，每当茶余饭后，乡亲们有的扭秧歌，有的跳广场舞、交谊舞，有的打门球，大家玩得开心快乐。

（**撰稿**：陈富友 徐博兰 刘杨 **摄影**：陈富友 徐博兰 刘杨）

安国市
ANGUOSHI

千年药都 曲圣故里

◎ 安国市位于保定南50公里，地处京、津、石三角中心地带，境内地势坦荡，沙河灌渠，孝义河、沙河蜿蜒过境，水土肥沃，物产丰富，尤以中药材久负盛名。全市辖11个乡镇，198个行政村，总面积486平方公里，耕地50万亩，人口40万。1991年撤县建市，是国内最早的对外开放县市之一，2005年被河北省确定为首批扩权管理市。

◎ 安国自汉代置县，北宋设州，元代立府，明清以州制。其名历更安国、义丰、立节、蒲阴、祁州、祁县，民国初期复名安国县。漫漫岁月，留下诸多文物古迹，也由此传承和见证了诸多的文化和文明。

◎ 药业是安国的优势支柱产业，三分天下有其一。安国药业历史悠久，是著名的中药材集散地，素有“药都”之称。明代，安国即成为大江以北发兑药材之总汇，至清朝更形成了“十三帮”“五大会”，药市贸易经年不断，堪称“天下第一药市”。药材贸易带动中药材种植、加工业发展，安国药材以品种多、品质纯、产量高著称，素有“草到安国方成药，药经祁州始生香”之誉。

◎ 1980年之后，安国药业沐浴改革开放春风，迅猛发展。当年恢复全国药材交流大会，1985年建成祁州药市，成为全国最大的中药材专业市场。1994年，经国家批准建立了“东方药城”。2017年5月，省部联建的国家级重大工程“数字中药都”正式开市，成为我国第一家全面以信息化、数字化为核心内涵的专业药材交易市场。

祁州路街道办事处

药王衍庆 古韵当风

□名镇概述

祁州路街道办事处，位于安国市中部，市政府驻地。西距京深高速公路、京广铁路、107 国道 35 公里。定河公路和保石公路交汇于办事处内，为全市

政治、经济、文化、交通中心。

祁州路街道办事处旧称祁州镇，1958 年建城关公社，后改祁州公社，1981 年改镇。2017 年 3 月经河北省民政厅批准，撤销祁州镇，设立祁州路街道办事处，驻祁州路 53 号。辖区面积 45.3 平方千米，人口 5.6 万，辖 11 个居委会和 17 个行政村。

□药业渊源

【药王传说】据《后汉书》记载，邳彤，信都（今河北冀州市）人，能文善武，原是东汉开国元勋，光武帝刘秀手下云台二十八将之一。据传邳彤生前精通医术，常为百姓治病，死后葬在祁州(今安国)南关，修造“邳王庙”作为祭所。

邳彤如何由武将被尊为药王，最早的记载见于清乾隆二十年的修《祁州志》，云“汉邳彤墓，在南门外。”“汉邳彤王庙，俗呼为皮场王庙。即药王也，在邑南关。”此后 200 多年间，安国医药业进入全盛时期，各地药商云集，对药王的朝拜活动日趋隆重。在当时背景下，各种关于药王的传说广泛流传，“药王邳彤说”深入人心。

【药王庙】安国是千年药都，药业三分天下有其一。安国以药闻名，源起明代建设的药王庙，以及由此衍生出的文化经济脉络，使得安国的药文化传承千年，持续繁荣。

药王庙坐落在祁州路街道办事处城南路东，初为北宋太平兴国年间修建的“药王庙”，明朝永乐二年依照宋代临安的药王庙，以邳彤墓为中心进行扩建，到清朝形成规模。药王庙占地 10 多亩，由牌楼、马殿、钟鼓楼、药王墓亭、碑房、十大名医殿、药王后殿组成。“药王庙”匾额为清朝体仁阁大学士刘墉所书。

药王庙在旅游资源品位上拥有全国三个之最：一是全国最大的药王庙建筑群；二是药王墓建于庙院在全国独一无二；三是庙外广场上立有高达 24 米，每根重 15 吨重的铸铁旗杆，旗杆上铸有两条盘龙，三重旗斗，顶铸翔凤，中部挂有一幅铸铁对联：“铁树双旗光射斗，神庥普荫德参天”。这一造型在全国独一无二。

1985 年始，县政府对药王庙进行了修复，庙貌焕然一新。药王庙建立后逐渐发展成安国庙会。四方商客云集，百货交流，形成全国规模最大的药材市场，有安国药业起源于药王庙之说。药王庙已被列为全国重点文物保护单位。

【祁州药市】安国药业的昌盛发展，渊源于药王庙的建立。封建社会由于缺医少药，人们把治疗疾病寄托于神灵。善男信女有病也纷纷去庙中上香，于是各地药商纷纷立铺于药王庙周围，庙前的大街称之为“药市街”。

宋代，药市初起，交易市场仅限于药王庙前，随着对药王崇拜者的增多和药材贸易的兴盛，药市不断扩大。到明代，药市成为“大江以北发兑药材之总汇”。至清乾隆以后，各地药商陆续组成帮口，号称“十三帮”“五大会”，药市建立管理组织“安客堂”，南关药市成为全国著名的中药材集散地。清末民初，药市范围进一步扩大。

1980 年群众自发地在东后街南河沿兴起了药材自由市场。1984 年 7 月，县政府将药材市场迁至长达 1.5 公里的西关街，后在街南侧建起占地 15 亩的交易中心。1985 年 10 月，药材市场迁往城北新建祁州药市。1988 年 10 月位于药市中心的交易大厅竣工交付使用。至此，全药市占地共 400 亩，建筑面积 15 万平方米，计 617 个建筑单元。1994 年之后，安国药市逐渐迁入东方药城进入药市办事处辖区，继续谱写安国药业新的辉煌。

【药王庙会及药材交流会】药王庙会是由药王香火会演变而来。据明万历年间药王庙内碑文记载，每年（清明寒食）举办一次药材庙会，清雍正间已“年年两会”，药材庙会有“春五（个月）秋七（个月）”之说，经年不断。春庙的正期是农历四月二十八日，传说为药王生日；冬庙则以农历十月十五为正期。药王庙会有其独特的酬神形式和参拜礼仪。

中华人民共和国成立后，党和国家非常重视医药事业发展。1955 年春季，毛泽东主席在中央常委会上对中医药工作指示说：“河北不是有个祁州吗？那是中药的集散地，商业部门必须加以研究”。翌年春，安国开始举办首次

全国性中药材交流大会，并正式命名为“安国药材交流大会”。1956—1966 年，共举办 22 次不同类型的药材交流大会，之后因历史原因，药交会中断 14 年。1980 年，恢复每年春秋两次药交会，1985 年之后，药交会随着药材市场迁往祁州药市举办。

□文化遗存

【太中山兴国寺】曾用名太中山三教庵，位于安国市南 3 公里处的东长仕村。该寺始建于西汉宣帝年间，初名“玉皇庙”。唐贞观年间，善导大师的弟子净业法师曾在此广弘净土教义，并增建佛殿，遂更名为“兴国寺”。随后因后唐李存续的三皇姑在此剃度出家，将兴国寺迁至西长仕，把此寺更名为“太中山三教庵”。

据县志所记载此庵为祁州八景之一的“古刹朝霞”。全庵金碧辉煌，飞檐斗拱，雕梁画栋，各殿内彩塑集三教之诸神，千姿百态，栩栩如生，引得香客游人络绎不绝，并有许多美丽的传说，如：八角井之圣水疗四方之病夫；透玲碑、磨铜钱消灾祈福；摸麒麟治疼痛之疾病。

1953 年，为盖安国礼堂而将兴国寺拆毁。1988 年，兴国寺首先恢复了每年一度的四月初四庙会。1993 年，兴国寺被政府批准原址恢复。目前已建成观音殿、天王殿、石牌坊、月牙井、石拱桥等。2007 年 9 月 18 日，兴国寺挖掘出沉睡多年的八角井，并出土石碑及瓷器等法物。

【张家药材货栈】张家货栈位于安国市药王庙大街 152 号，占地 745.56 平方米，东西长 34.2 米，南北宽 21.8 米。为坐西面东四合院，正房 7 间，

南北配房各 5 间，大门及门房 7 间，建于民国初年。所有房屋均为砖木结构，平顶，前出廊，木质门窗，额枋雀替，建筑精细，古朴庄重。原为舍二村药商张子荣货栈，也是安国市唯一保存完好的药业经营场所。2003 年 3 月，该货栈被列为县级文物保护单位。

【张家大院】张家大院位于安国市祁州路街道办事处舍二村东西大街道北，现占地 1190 平方米，房屋 42 间，是坐北面南、院落多进的民国初年建筑。张家大院原占地 34.7 亩，房屋 456 间，分东、西、南三院，为药商张子荣住宅。现南院已不复存在，东院为棉纺厂旧家属院，西院为市民住房。张家大院为张家族人居所、学徒住房和药材加工场地，拆货棚的药材均在此加工销往全国各地。此院见证了当时安国药业兴盛景况。

解放战争时期，晋察冀野战军司令部曾一度设在这里，朱德、聂荣臻、杨成武等首长在此筹划部署了解放石家庄战役。2003 年 3 月，张家大院被列为县级文物保护单位。

【卜家北院】卜家北院位于安国市祁州路街道办事处南大街，建于民国初年，占地 2868.65 平方米，现有房屋 56 间，建筑面积 1674.62 平方米。所有房屋均为四合院式，大门一律向东。院落为五间四进四合院，房屋高低错落，砖木结构，布瓦顶，单面坡，谓“四水归居”之势。前出回廊，木透雕雀替，檐瓦、滴水、墀头、门楣、窗楣均饰砖雕，与木雕别无二致。门脸磨砖对缝，走马板处镶牌匾，雕工精细。现存房屋中，住、客、厅、堂、厂门类齐全。2003 年 3 月，卜家北院被列为县级文物保护单位。

【古树名木】药王庙古树位于安国市药王庙南大街的药王庙院内，中文名为国槐，豆科槐属，植于明朝年间，树龄 600 年。2013 年 10 月被列为河北省城镇古树名木，保护等级为一级。

药王庙古树又为祈愿树，每逢正月十五，周围乡民来药王庙烧香祈福，来古树前领一条红丝带，写上对来年的期许，挂于古树树枝之上，祈求愿望成真。

□领袖足迹

【周恩来总理题词】1958 年 12 月 24 日周恩来总理在保定飞机场的专机上，接见并听取了河北省委书记解学恭、中共保定地委书记李悦农、中共安国县委书记处书记刘振宗工作汇报后，便一同来到安国视察。

下午 1 点 30 分，周总理来到安国县制药厂视察。周总理详细询问了工厂工人的生活、工作情况。在制剂车间，周总理观看酊剂生产作业一条龙的生产运转线，并夸赞道“这才是工人的力量”。视察结束，周总理在青年女工王淑英以及众多工人的邀请下，为安国县制药厂挥毫写下“敢想、敢说、敢干；苦干、实干、巧干”十二个充满着周总理对工人们勉励和关怀的大字。

（撰稿：吴健永 刘旭　摄影：王幸来 李君 杨燚康）

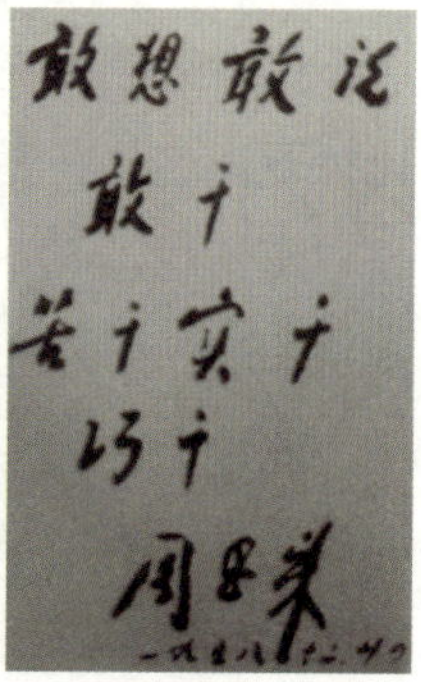

伍仁桥镇

祁南雄镇 曲圣故里

□名镇概述

伍仁桥镇，因桥而名。相传，明初伍仁村弟兄五人在此开店，取名五人店。明万历年间，朝廷拨银建成“万寿桥”后，改名为伍仁桥。一座古桥，饱览了伍仁桥镇的千古风月、见证了沙河两岸的市井繁华，至今巍然独秀。这里，比桥更出名的，是关汉卿，中国的“曲家圣人”，世界历史文化名人，自况是“蒸不烂、煮不熟、捶不匾、炒不爆、响珰珰一粒铜豌豆”，在中华大地家喻户晓。

此地自古为“八省通衢”，水陆航运发达，商业经济繁荣，自古为兵家必争之地，有“祁南雄镇”之称。早在秦汉时期，此地就设有驿站。明朝时设伍仁桥镇直至民国时期。1948 年晋察冀行署在伍仁桥设置了市级领导机构，天津解放后撤走。1953 年伍仁桥设立区公所，1958 年设东风人民公社，辖安国县南片 40 多个村庄。1964 年改为伍仁桥人民公社，管辖 8 个村。1983 年 10 月改为伍仁桥镇。1996 年合乡并镇，原郭村乡合并为伍仁桥镇，辖区扩大为 14 个村。

□关汉卿故里

关汉卿（约 1220—1300）号已斋（一作一斋）、已斋叟，祁州伍仁村人，元代杂剧作家，汉族，与马致远、郑光祖、白朴并称为“元曲四大家”。以杂剧的成就最大，一生写了 60 多种，今存 18 种，最著名的有《窦娥冤》；关汉卿也写了不少历史剧，如：《单刀会》《单鞭夺槊》《西蜀梦》等；散曲今在小令 40 多首、套数 10 多首。关汉卿塑造的“我却是蒸不烂、煮不熟、捶不匾、炒不爆、响珰珰一粒铜豌豆”（语出《不伏老》）的形象也广为人称道，被誉为“曲家圣人”。

关汉卿的杂剧内容具有极高的现实性和强烈的反抗精神。在关汉卿生活的时代，政治黑暗腐败，社会动荡不安，阶级矛盾和民族矛盾十分突出，人民群众生活在水深火热之中。他的剧作深刻地再现了社会现实，充满着浓郁的时代气息。1958 年，被世界和平大会理事会定为世界文化名人，在中外展开了关汉卿创作 700 周年纪念活动。同年 6 月 28 日晚，国内至少 100 种不同的戏剧形式，1500 个职业剧团，同时上演关汉卿的剧本。他的剧作被译为英文、法文、德文、日文等，在世界各地广泛传播，外国人称他为“东方的莎士比亚”。

【蒲水威观】据载这是关汉卿以伍仁桥北关外蒲水湖光秀色及镇内盛景所书写。元朝至治年间村上的人们在北关修建了一座两层牌楼，建成之后大家合意应在牌楼中间镶一石匾，以示牌楼的雄姿，当即有人提示伍仁村的关灿老先生书法最好，何不请他来写匾文。于是派人到关家园找关灿（关灿是关汉卿的叔父），可惜关灿早已出门给人医病，一时半会儿还不能回来。这时在家读书的关汉卿看了来人的请帖后说：“我叔父已出远门不能前去应请，我来试试如何。”说话间便让家人拿来笔墨纸张，俯案思之写什么匾文为好，这时他向窗外望去看到远处的蒲水波光粼粼，便见景生情提笔挥毫写下“蒲水威观”四个大字。来人拿回后人们感叹不已，便将关汉卿所书匾文刻石镶于牌楼上。此牌楼连同石匾于清乾隆十五年磁河、沙河发生水灾时毁于洪水。乾隆二十六年本村商户捐资重修北关牌楼，人们又按照原石匾的匾文字样刻于石镶在牌楼上。后由于战乱牌楼被火灾烧掉，石匾流落民间。后在 1984

年从中送村邢聚昌家中找到，现存于安国市文物馆内。

【关汉卿墓】位于县城南15公里处的伍仁村东偏北500米处。原有坟茔长4米，宽3米，高1.5米。墓前立“关汉卿之墓”石碑，后塌陷，墓碑遗失。1958年，全国剧协主席田汉视察后，国家拨款修成砖墓。1986年，县政府拨款重修。现为直径10米、高3米的砖基大墓，四周遍植松柏，墓前树碑。1993年被省政府确定为省级文物保护单位。

□文化遗存

【贵妃桥】又名万寿桥，位于安国市伍仁桥村南，桥长65米，宽6.7米，全部为石结构，桥面拱石之间都有铁腰和铁把勾连，桥基为山碳、石灰、白木桩、石板筑成，桥南抱鼓石两边各有一个石狮，雄居两旁，高1. 8米，北边一对石像长1.4米，高1.45米。此桥建于明万历二十六年，为明神宗朱翊均的贵妃郑氏所修，这个石桥为五孔连拱桥，中间中顶部镶嵌着大理石一块，这就是闻名遐迩的“贵妃石”，上刻“大明万历岁次庚子秋立，郑贵妃敕赐修万寿桥”。桥上护栏用飞云花纹艺术雕刻，石柱上刻有狮头，狮头上藏有千姿百态的小石狮，其建筑和艺术价值极高，2005年5月25日被国家定为文物保护单位。

【千里堤】明代称磁河堤，清代始称千里堤。此堤西起深泽县段家庄，东经安国市崔章村南、伍仁桥南，向东北流经昌村东，军诜村北，2公里入安平县北郭村东去。安国市境内长12.4公里，基宽21米，顶宽8米，高5米，有堤埝、堤钮。 此堤始建于宋熙宁六年，历代均有维修。保护范围以堤顶中心线内侧25米，外侧30米为绝对保护区，两侧各100米为安全保护区。

【千碑桥】千碑桥位于安国市城南15公里的伍仁桥村东400米处，横跨滋河之上，东端紧接千里堤。该桥为五孔六跨带闸式平面桥，长27米，宽5.2米，高5.5米，桥的材料是全县南片6个乡的各村石碑，1000多块。桥面两侧有砖砌50厘米高的栏板，桥底用石碑铺成。桥东头的石狮子已被砸毁，桥下面的石碑有丢掉的痕迹，现已用砖修砌。此桥集历代墓碑于一隅，多数碑文字迹或刚劲或清秀，楷草隶篆俱全。现桥南侧灰砖路沿约3米左右塌毁，西侧又有3米左右的路沿摇摇欲坠，其他地方基本完好。

□地方特产

【紫皮大蒜】伍仁桥紫皮大蒜种植历史悠久，因紫皮大蒜产量高，品质优良，富含蒜氨酸、大蒜素、蒜油和多种维生素，享誉省内外。紫皮大蒜耐低温，收获后放置阴凉处，可存放一年不脱水，保持原汁原味。将大蒜捣烂后放水稀释，蒜浆成混汤状，味辛辣。可鲜食，还可以加工蒜米、蒜片、蒜粉、蒜罐头等。伍仁桥大蒜，由于品质优良，是上等的灭菌、消毒、调味之佳品。20世纪70年代，种植面积很广，盛时多达几千亩，常大量出口到韩国和日本，吸引许多地方的商贩前来征购。

（**撰稿**：吴健永　刘旭　**摄影**：王幸来　李君　杨燚康）

西佛落镇

佛落之地 荟萃名门

□名镇概述

西佛落镇是安国市最古老的乡镇之一，相传宋太平兴国八年，洪水泛滥，从河上游冲来佛像两尊，于此分落两处，乡人为之修庙供奉，称东西佛庙，明初乔姓人家迁来西佛庙旁居住，取名为西佛落村。据史料记载，西佛落镇最早记载于明崇祯元年，设四乡、十八社、三十一屯，其中西佛落乡便是四乡之一，为北方要镇，后“佛”演化为“伏”。2009 年 9 月，经省政府批准，撤乡建镇，又将伏改为佛，即为西佛落镇。

西佛落镇位于安国市区北 13 公里，地处安国、望都、定州、清苑、博野五县交界，辖 10 个行政村，总面积 35.55 平方公里，2010 年末全镇总人口 22 745 人。

这样一个“边陲”小镇，经济本以农业为主。然而，2011 年 7 月，机遇似乎从天而降。省政府批准在这里建立省级工业园区——河北安国现代中药工业园区。同时，曲港高速东西贯穿，这里变得四通八达，于是，佛落镇迎来了一个高速发展的黄金期。

□名门荟萃

【安国现代中药工业园区】安国现代中药工业园区（北园）位于西佛落镇内，是安国市委、市政府立足安国药业优势，按照绿色循环理念建设的重点特色园区。园区始建于 2007 年 3 月；2011 年 7 月升级为省级园区；2012 年底成为省重点工程——安国中药都建设的重要组成部分，园区是省级循环经济示范园区、省级新型工业化产业示范基地和“国家火炬计划”安国现代中药产业基地；2013 年将园区规划面积调整为 23.3 平方公里。

园区以现代中药和健康食品为主导产业，同时发展装备制造、纺织、新能源等传统优势产业，入驻的项目主要是制药、中药饮片、中药提取、保健食品、药品物流配送及其他高新技术生产项目。目前工业园区已入驻企业 108 家，其中规模以上企业 48 家，2016 年，园区新征储土地 1500 亩，为下一步承接京津冀和全国知名药业企业入驻预留了空间。

【百年字号——同仁堂】北京同仁堂是中国中药行业最具盛名的老字号，也是中药行业的领军企业，是中国最大的生产、研发、仓储基地。在国家推进京津冀协同发展的大背景下，北京同仁堂集团计划将部分产能和今后新增产能移至安国，占地近 1800 亩，投资 42.9 亿元。

北京同仁堂集团安国中药产业园项目分别由：集团下属的股份集团、药材参茸集团、科技公司、健康药业股份有限公司、中药配方颗粒投资公司投资建设。

一期工程中药材净料加工和物流项目，由股份集团投资建设。项目占地 210 亩，总投资 2.8 亿元，目前，项目已基本建设完成并进行了 GMP 认证，近日将正式投入生产。建设有前处理、净料加工、饮片加工等生产车间、高标准仓库、产品质量检测中心及相关配套工程。预计年加工中药材净料 1 万吨，配送药材 1.4 万吨。

二期工程中药饮片生产项目，由药材参茸集团公司投资建设。项目占地170亩，总投资5.6亿元，主要建设现代化生产车间、仓库、综合楼及配套辅助工程等。项目建成后，年产中药饮片2万吨。该项目2016年底已竣工，2017年GMP认证完成后正式投产。

目前，项目前期工作启动的有：三期工程中药配方颗粒生产项目，由同仁堂中药配方颗粒投资公司投资建设。占地100亩，投资4亿元。

四期工程生产基地建设项目，由同仁堂健康药业股份有限公司投资建设。项目占地800亩，投资15亿元，主要建设中药提取中心、宠物产品生产中心、中药产品研发及质检中心等。

五期工程同仁堂集团计划占地550亩，投资15.5亿元，建设药酒生产、蜂蜡、制剂等项目。

北京同仁堂集团安国中药产业园建成后，每年可实现产值100亿元以上，利税16亿元，可安排就业约4000人。

【强强联手——红日药都】河北红日药都药业有限公司中药配方颗粒生产项目是由天津红日药业有限公司对药都集团新厂区进行资产重组成立的中药配方颗粒生产企业。通过把双方在资源和运营方面的优势结合起来，提升管理素质，扩大企业规模，打造国内一流的全新现代化中药企业。

该项目拟规划总投资约5亿元，分三期实施建设。一期工程通过对现有生产车间进行改造，增加生产设备，达到年加工提取中药材6000吨的生产规模。二期工程通过对现有颗粒剂车间进行改造，新建制剂生产车间，生产中药配方颗粒产品和中药制剂产品。三期工程扩建中药配方颗粒产品生产车间，扩大生产规模，将北京康仁堂药业大部分中药配方颗粒生产地址转移到河北红日药都药业有限公司。

该项目于2017年3月开工，全部工程计划2018年12月结束。项目全部完成，规划年生产中药配方颗粒2500—3000吨，年销售收入达到30—40亿元，年利润约3—4亿元，年税收约3—4亿元，可安排就业岗位500多人。

该项目的建设将为安国市中药产业的结构调整，实现中药产业创新升级产生巨大的推动作用，将大大提升安国中药产业的层次和水平，对加速安国中药都建设带来巨大的影响。

【女性健康品——百消丹】百消丹集团成立于1994年，是具有20余年历史的品牌企业，也是保健食品行业的领军企业，“漂漂亮亮做女人，健健康康百消丹”家喻户晓，百消丹已成为女性健康品的代名词。

河北百消丹药业有限公司安国项目，总占地200亩，总投资12亿元。

一期工程总占地 100 亩，总投资 6.5 亿元，总建筑面积 7.21 万平方米，涵盖了办公大楼、研发中心、生产车间、员工餐厅与宿舍及其他附属生产设施，主要生产保健食品、养生食品、化妆品及医疗器械、保健酒等。目前一期工程土建基本完工，生产车间进入设备调试和人员培训阶段，现已上报河北省食品药品监督管理局申请 GMP 认证。项目建成后，预计年销售收入 4.12 亿元，利税总额 0.6 亿元。

□**发展愿景**

城镇定位与职能结构：西佛落镇位于安国市域城镇三级结构中的第三级，为工业及三农服务的小城镇，镇域政治、经济中心。

空间发展方向：在远期规划布局的基础上，镇区远景向南、向西发展，各村之间已有连接之势，规划中将中佛落与东佛落合并，康庄与娄营合并，整合村庄用地。

中心村规划：确定大营、西伯章两个村为中心村。

经济发展布局：大力发展特色药材生产基地，主要种植板蓝根、祁白芷、知母等，压缩传统农作物种植，大力实施“种子工程”，力争建成国家商品粮基地；抓好肉牛养殖，围绕药业经济、生产基地、龙头企业、产品项目健康示范与推广，在西佛落镇域内建设中药与健康食品工业聚集区。

第三产业坚持生产化、产业化、社会化方向，拓宽领域，扩大总量，优化结构，以提高综合服务功能和服务水平为目标，不断提高服务业的比重和水平。

生态保护及产业发展方向：孝义河上游土地沙化控制；区域内发展中草药标准化种植，建设中药与健康食品产业基地。

到 2020 年，全镇生产总值达到 25 亿元，城镇化率达到 25%，财政收入

达到 700 万元，农民人均收入达到 13 000 元。

（**撰稿**：吴健永 刘旭 **摄影**：王幸来 李君 杨燚康）

药都街道办事处

东方药城 百草生香

□名镇概述

安国市药都街道办事处，原为祁州药市街道办事处，位于安国市区北部。面积 47.8 平方千米，人口 5.30 万人。保衡公路过境。1992 年 8 月设立。2017 年 3 月，祁州药市街道办事处更名为药都街道办事处，辖 6 个居委会、9 个村。

□东方药城

安国东方药城，位于安国市区东北部，是国家认定的 17 家中药材专业市场之一，被评为全国百强市场第 2 名，为安国市政府拥有和经营。它占地 1.5 平方公里，建筑面积 60 万平方米，分上下两层，于 1994 年建成，总投资 8 亿元，其规模是全国之最。1995 年 6 月，东方药城与韩国最大的中药材市场“汉城汉药商街”缔结姊妹市场，进一步加强了中药材国际贸易。

整个药城由“井”字形四条大街构成，内分为 9 个区，100 多条街巷道路纵横交接。内有商楼 1100 多座，中药材经营企业 1300 多家，其中有来自北京、天津、上海、内蒙古、西藏等全国各地的医药经销企业 80 多家。中心交易大厅是东方药城集中交易场所之一，占地 15 亩，经营面积 12 000 多平方米，有固定商位 4000 多个，分为杂药区、饮片企业展销区、精细药材区，设施和交易环境在全国同类市场中堪称一流。

每年 5 月安国市政府都要举办国家级规模的药交会，每年的交易额在 12 亿元人民币左右，客流量在 50 万人次左右，全国各地、港澳台、东南亚及欧美等 20 多个国家和地区的客人都来此参加交易会。

□数字中药都

安国数字中药都项目由天士力控股集团与河北省、保定市、安国市政府联手共同建设，属于省部共建的国家级重点工程和京津冀示范工程，于 2017 年 5 月正式开工。

安国数字中药都整体规划用地 2000 亩，“天圆地方”商业区为项目的核心区，建筑面积约 7 万平方米，规划理念承袭传统文化中“天人合一”的健康追求，是数字中药都项目的“灵魂”。“方城”建筑面积约 4.2 万平方米，主要包括天士力大健康展示区、知名药企品牌旗舰店、精品商铺、政府服务中心、金融保险中心、商务会议中心、服务配套等设施；“圆环”建筑面积约 2.5 万平方米，主要包括药材交易大厅、质检中心、追溯中心、精品商铺、商务办公等功能设施；“内圆”建筑面积约 0.3 万平方米，主要包括电子交易中心、数据机房、精品店铺等功能设施。

□红色文化

【八五村】位于安国市区北部。相传宋时建村，位于唐河故道旁，后河床移动留下一片高地建成村庄，名留村，后演化为流村。为纪念 1958 年 8 月 5 日，毛泽东主席来此视察，1969 年改名为“八五”。视察地建有“毛主席视察纪念馆”。

1958 年 8 月 5 日中午 12 点多钟，毛主席一行来到流村红星农业社。视察中毛主席详细询问了多穗高粱、玉米、甘薯、棉花等作物的产量，病虫害的防治以及增产工作。在苇席窝棚休息期间毛主席引用《三国演义》中“话说天下大势，分久必合，合久必分”详细地分析未来公社建设的发展趋势，并对当地公社的建设工作提出建议，为公社的建设指明了方向。

【毛泽东主席视察纪念馆】毛主席视察纪念馆坐落于安国市东方药城北侧，是纪念毛主席等老一辈无产阶级革命家亲临安国视察的建筑。

毛主席纪念馆占地面积 5527 平方米，建筑面积 2900 平方米，主要设施由牌楼（大门）、展览大厅、东西厢房、长廊、围墙等组成。大厅内四周展壁上张贴着毛泽东、刘少奇、周恩来、陈毅、贺龙、罗荣桓、李先念、李富春等中央领导及国际友人亲临安国视察时的珍贵照片 46 张，并重新搭建了毛主席在田间临时休息的芦苇席窝棚，还陈列着毛主席、周总理用过的物品，展厅两侧有长廊与牌楼相接，廊内展有 1958 年间安国人民平整土地、兴修水利的照片 14 张，牌楼两侧新建东西仿古厢房。现为安国市文物保护点。

□万亩生态公园

万亩生态公园，是安国市确定的美丽乡村建设的综合片区。该公园以森林资源为主体，以保护具有地域性、多样性的生态环境为主要功能，以“自然、生态、绿色、健康”为设计理念，整体规划布局为“两环、两轴、一中心、五区、八园、多节点”，是一个集游览、休憩、教育、养生、健身等多功能于一体的综合性生态公园。

“两环”是指一条外环路和一条环村健身道路，贯穿 6 个村庄，道路两侧设计观光带。“两轴”是指南北向和东西向的两条中心轴，中心轴两侧设计景观大道，连接园区主要节点和东西南北四个主要出入口。“一中心”是指园区中心区的集散广场，设置农贸交易区、养生馆、广场健身区、游客服务中心等。“五区”是指药文化体验区、药用植物种植区、彩叶植物观赏区、密林区、木屋度假区。“八园”是指结合 6 个村庄设计的主题游园和 3 个主要入口景观节点。

主题游园分别为“金康园”“万木园”“水韵园”“秋实园”“沃土园”。园区以金、木、水、火、土五行为主题，配以五色、五方的内涵，以道路为脉络，将全园巧妙连接成一个有机整体。“多节点”是指分布在规划范围内的多个主要景观节点。园区广场的园路铺装融合与中药材相关的元素，如中药材名称、图案等，主要节点设计主题雕塑、药文化景墙等。

万亩森林公园的建设，将致力打造一个生态效益、经济效益、社会效益相融合的人文自然景观。通过高起点、高标准、高质量地实施，把村庄建成旅游景点，把民居建成旅游支点，把片区建成秀美景区，着力打造一处“回

味乡愁、追梦药都”的绿谷小镇，对于推进中药都建设，提升城市现代品位，加快城乡一体化进程，提高城乡居民幸福指数具有现实而重要的意义。

□发展愿景

药都街道办事处属于典型农业发展乡，特色产业为苗木花卉种植、中药材种植和加工。近年来，药都街道办事处按照“立足优势，发展特色，两业并举，种养富民”的思路，大力开展产业结构调整：一是苗木花卉种植基地稳步发展。苗木花卉基地的发展带动作用进一步增强，在门东、北娄原种植基础上，逐步和临近的闫村、齐村、中阳、南娄连接成片，并向西面的于村、北河等村辐射，而且还影响带动了临近乡镇苗木种植业的发展，苗木花卉种植特色乡镇的发展格局初步形成。二是中药材种植和加工进一步规范，依托紧临东方药城的优势，积极规范和发展好辖区中药材种植和加工业。

（**撰稿**：吴健永 刘旭 **摄影**：王幸来 李君 杨燚康）

甄家庄村

红色家园 美丽甄庄

□名村概述

甄家庄村又称甄庄，坐落于安国市东10公里处，隶属于安国市西城镇。该村交通便利，县道从村中央穿过。全村共有478户，人口1452人，耕地2300亩，以养殖、种植、机械加工为主业。村容村貌整洁，历史遗存丰富，是首批河北保定市“美丽乡村”之一。

有史料可考的记载，甄家原为曲阳县望族，自明朝末期迁入安国县，距今已有近500年的历史。按照族谱记录，甄家分为五个院，分别是东、南、西、北、中院。其中南、北两院最大，人口多，并且每个院都设有自己的家堂。清朝时期的京杭运粮官甄殿元，就出自南院，当时家堂门上边挂着朝廷敕封的牌匾一块，但此匾在20世纪六七十年代遭到破坏，现仅存牌匾上的几块木板和文字。

甄家庄村人，民风淳朴，为人厚道，五个院当中，无论谁家有红白事，立即集在一起帮助解决，体现了甄氏一家亲的情感和天容万物、海纳百川的胸怀。从建村以来，陆续迁来了很多外姓，如刘、张、马、田、赵、陈、井、魏、安等姓氏的家族。现在这些家族人丁兴旺，号称甄家庄一朵花，从此甄家庄村便有了东、西、南、北、中外加一朵花的美誉。

□文化遗存

【光荣台】该台位于村中，它的前身为三圣庙，也是村民的娱乐活动中心。1949年前，村里所有的会议都在此召开。1949年后，因村里先进人物较多，该台更名为“光荣台”，台上悬挂着先进人物的光辉事迹报道。由于时代的变迁、村容的提升，光荣台现已不复存在，只留下了20世纪50年代后期的一幅图，现还在房后墙上，历经几十年的风雨已模糊不清，但它在同代人心中是抹不掉的记忆和辉煌。

【甄家祖墓】甄家祖墓位于村中偏南位置，占地大约1亩左右，有两座甄家老祖的祖坟。坟地四周松柏常青，汉白玉碑屹然矗立。虽然社会变迁，村民生活不断提高，但村民不忘祖训，自发募捐将祖坟重修。四面围墙，朱红大门，硬化地面，栽种松柏，矗立功德碑，让后人多加学仿，不忘祖先。

【甄庄村民村训】家以国为大，孝以顺为大，怨以和为大，商以诚为大，巧智以学为大，行事以实为大，做人以谦为大，夫妻以敬为大。

□红色文化

1937 年 9 月，甄庄村成立了村党支部。1942 年第二任村书记甄小本、村主任甄顺凯，在极其艰苦的条件下带领广大村民采取挖地道等措施坚决抗击日本侵略者，至今还流传着游击队员甄大颤用菜刀在自家地道劈死两名日本兵的佳话。

抗日战争时期，甄庄村的男丁都参加了游击队，在共产党领导下打游击。为了方便队员对敌斗争，甄庄村各家各户也都开挖地道，储存粮食。1944 年春，占据县城的日本兵四处抓夫抢粮。该村村民、游击队员甄大颤在回村途中遭遇了日本兵，受到两名日本鬼子的追捕。他机灵地藏进自家地道，两名日本鬼子尾随进入后进退不便，甄大颤用菜刀先后结果了他们的性命，大队鬼子搜索无果后撤离。

据统计，甄家庄村民在抗日战争中就有 16 人光荣牺牲，在解放清风店战役中又有 12 人牺牲。

□名村今貌

近年来，在“腾飞甄家庄”的活动中，村里产生了几位养殖大户和水泵加工厂、橡胶加工厂、被服厂、橱柜厂等众多企业。这些产业的发展不仅提高了村民的收入，同时也解决了村内闲散剩余劳动力问题，出现了多年不见的在家就业不再外出打工的现象。

在村两委的指引和帮助下，这些企业也纷纷注册商标，打造品牌，诚信守法的经营商圈已初见规模。在养猪大户甄永潮带动下，村里出现了 13 家有规模的养殖户，现存栏母猪达 2500 头之多，就业人员 200 多人。同时，村里还成立了一个养猪协会和饲料加工厂，正筹备建立一个现代化的养殖基地。在加工制造业方面，在甄龙雄的联轴器有限公司带领下，村里已经发展至 12 户水泵加工企业，就业人员达 350 多人。同时橡胶加工业、被服厂、橱柜厂、运输物流等也在不断壮大发展。

2015 年，甄家庄大力实施农村面貌改造提升行动，以最美甄家庄为目标，坚持高起点规划、高标准建设，全面推进净化、绿化、亮化、美化工程，大力实施环境综合治理和农村改造工程。村西口有新建的汉白玉大牌楼，进村是宽阔、平坦、洁净的沥青路面，沿街丰富多彩的文化墙成为乡村颇有特色的文化景观。同时，村里的道路照明工程全部完成，极大地方便了村民出行。

现在村里新放置的垃圾桶均匀分布，街道由专人清扫，原来的脏乱差得到了彻底治理。还建成了 2 个娱乐场，供村民健身休闲。全村男女老少笑逐颜开，处处呈现出美丽乡村幸福和谐的画卷。

甄家 15 代孙甄永昌，担任该村支部书记 20 多年，带领该村走上小康路。2017 年 8 月，甄永昌获得省级“好书记”荣誉称号。

进入新世纪，在红色文化的传承与推动下，旅游业逐渐成为甄家庄的新兴产业，文化游、生态游、采摘游成为该村村民致富的新途径。

（**撰稿**：吴建永 甄永昌 **摄影**：甄永昌）

高碑店市

GAOBEIDIANSHI

燕南赵北 魅力新城

◎ 高碑店市位于京津保三角腹地，北邻京师，南接雄安，距天安门 83 公里，距保定 60 公里，距天津 110 公里，距雄安新区核心区 40 公里。京广铁路、京广高铁、107 国道、京港澳高速贯穿南北，112 国道横贯东西，北京 838 公交车直达市区。辖 1 乡 8 镇 5 个办事处，拥有 1 个国家级科技创新园区（高碑店国家建筑节能技术国际创新园），1 个省级经济开发区和 1 个市级产业集中区，总面积 618 平方公里，人口 60 万。高碑店是全国中小城市综合改革试点城市，拥有“全国双拥模范城”“全国先进文化县”“全国农产品加工示范基地”“中国炉具之乡”等荣誉称号。

◎ 高碑店市古代就处在燕、赵两国分界线，因立有“燕南赵北”界碑而得名。夏时期，有易氏部落在此繁衍生息，开疆拓土。春秋战国时期为燕国督亢地，秦代属广阳郡，唐代置县，明代属北平府。1993 年经国务院批准，撤销新城县，建立高碑店市。境内共有商、周、战国、元代古遗址 10 处、古墓葬 5 处，古建筑 3 处，近现代遗址 3 处。全国重点文物保护单位开善寺建于唐代，佛像雕塑相传为吴道子手塑。

◎ 高碑店名人辈出，战国时期秦将樊於期在樊馆（今高碑店方官镇）杀身取义，北魏著名地理学家郦道元、元代御史中丞王寿、明代礼部刘道亨、清代莲池书院主讲王振纲、近代边吏王树楠、义和团首领张德成等一代代高碑店人用自己的勤劳和智慧创造了光辉灿烂的历史。

◎ 高碑店市文化积淀厚重，大义店冰雹会被列为省级非物质文化遗产名录，南虎南乐会、闫各庄吵子会、石辛庄民间古典音乐会、撞河村上四调被列为保定市级非物质文化遗产名录。

新城镇

千年古镇 文化记忆

□名镇概述

新城镇位于高碑店市中部，地处京津冀三角腹地，紧邻雄安新区，总面积72.8平方公里，辖65个行政村，全镇总人口5.2万人，耕地面积71 400亩。境内地势平坦，西北略高，东南略低。白沟河为东部界河，紫泉河、仓上河贯穿全境。国道112线、京白路、东高线纵横交错，距高铁高碑店东站仅8公里，多条公交线路从镇区经过，交通便捷。

新城镇乃一座千年古镇，早在夏商时期就已存在。春秋时期为燕国督亢地。战国时期属燕国方城，《后汉郡国志》记载，城有督亢亭，现新城镇区北约一里，华家店西，为督亢亭所在地。秦代属上古郡地。唐太和六年，新昌西境设立新城，新城之名自此始。

新城镇源远流长，人杰地灵，整个城的建筑，依照龟的形态而建，酷似一只浮游水面的巨大雄龟，由此得名龟城。悠久的历史为新城留下了许多具有历史研究价值和人文价值的文物古迹和文物遗存。境内有东周遗址、元代遗址、古督亢亭遗址、兰若佛塔遗址、宋辽古战道、古城墙、开善寺以及乾隆下江南的紫泉行宫等遗址遗迹。

□文物遗存

【大屯东周遗址】遗址位于新城镇大屯村西北，地势较高，村东100米处有一古河，河道内古陶片甚多，遗址面积22 500平方米，俗称王家培文化层，厚度80厘米，内藏丰富，出土文物有加砂灰褐陶鬲，加砂红陶釜，加砂红陶筒状鬲、袋足鬲、灰陶篮、陶豆等。还有土坑和骨骼。陶器的制法有

手制和轮制，纹饰有粗绳纹、弦纹，火候较高。

【开善寺】属全国重点文物保护单位，于 1996 年被国务院列为第四批国家保护文物。开善寺据传始建于唐代，古有“先有大佛寺，后有新城县”之说。据《新城县志》（1935 年王树楠编）记载，建于宋重庆二年。其坐落于新城镇区东北角，是一座保留有辽代建筑风格的佛寺，俗称“大佛殿”，亦称“大佛寺”。开善寺大雄宝殿在建造过程中使用了辽金建筑中常见的减柱法。殿内仅有立柱 4 根，视野宽阔，适应了在殿内布置众多佛教群像的需要，充分体现了辽代佛殿内部结构安排与实用要求紧密结合的设计思想。

开善寺作为目前仅存世的八大辽构之一，从 2000 年 11 月份开始，国家采取以古修古的方法，启动了开善寺大雄宝殿修缮工程。专家尽量保存了各个时期有价值的痕迹，对恢复部分也采取了以实物为依据的办法。目前，修缮后的大雄宝殿、天王殿、金刚殿等建筑重现了当时庄严肃穆、气势恢弘的古刹雄风。

【紫泉行宫】行宫为清朝皇帝南巡驻跸之所，建于清朝乾隆初年。清乾隆皇帝曾在此驻跸 14 次，每每触景生情，挥毫作诗，累计达 125 首之多，给新城人留下了诸多历史文化财富。其遗址位于新城镇南关处，现紫泉中学院内。

1794 年，乾隆皇帝已经是 84 岁高龄，最后一次驻跸紫泉行宫时，又写了《紫泉行宫杂咏十首》。由此可见，乾隆皇帝对紫泉行宫有着深深的喜爱和不舍的情结。

咸丰六年春，紫泉行宫改建为紫泉书院。光绪二十九年，废科举，兴学堂，紫泉书院改办为官立高等小学堂。此为高碑店市兴办学堂之始。民国二十六年，日寇侵占新城，学堂停办。1951 年 8 月，建立新城中学，校舍在新城城内路东张家大院，招收 2 个初中班。自此高碑店市始有中学教育。

【督亢亭】新城战国时期属燕国方城，《后汉郡国志》记载，城有督亢亭，现新城镇区北约 0.5 公里，华家店西，为督亢亭所在地。高三丈余，清朝时被毁，现保存遗址。

□新城八景

"新城八景"盛行于明清时期。依据《新城县道光志》《新城县民国志》有关记述，新城八景最晚成于明朝的正德年间。八景大体分为两种类型，一是自然风光及遗迹遗址，二是古代神话传说和奇闻轶事。八景名称均以四字命名，分别为"柳唐春早""文会诗亭""北浦莲池""紫泉垂钓""兰若佛塔""时林秋色""升仙晓月""白沟大渡"。

近几年，为更好开发新城八景旅游资源，新城镇实施了西城墙——紫泉河堤改造工程，通过对西城墙、紫泉河的整治改造、绿化和美化，重现了"柳塘春早"的昔日美景。实施了兰若佛塔重建工程，瓦灰色的主色调、古香古色的古建街与"兰若佛塔""柳塘春早""紫泉垂钓"等景色交相辉映，再现了"新城八景"特色，展示了千年古镇风貌。

□非遗文化

【石辛庄村音乐善会】起源于明朝万历年间，距今已有 400 年历史。音乐善会自成一派，最大特点就是反吹倒打。音乐善会有吹奏乐、咏颂两种（咏颂就是对口有吹有念），全用工尺谱。现保存工尺谱曲牌有 60 余部。乐曲分为三种，有吹奏乐、打击乐和武钹。吹奏乐主要有小管、笙、笛、云锣（古乐没有唢呐及丝弦）；打击乐器主要有钹、鼓、板。

音乐善会自明代建立，在清代白莲教盛行时衰落，为避灾祸，会首将乐谱、乐器藏匿于金陈庄庙堂。白莲教失败后，老艺人王有山、高殿旺又开始恢复音乐善会。在其鼎盛时期，方圆百里都知道石辛庄有音乐善会，上至老叟下至顽童，都能哼唱几句工尺谱。在抗日战争时期，音乐善会又一次衰落下来，幸好该村高老太将乐谱、乐器等全部藏在隔断墙内，这些国粹才得以流传。2007 年 8 月被定为保定市级非物质文化遗产，2017 年 4 月被定为省级非物质文化遗产。

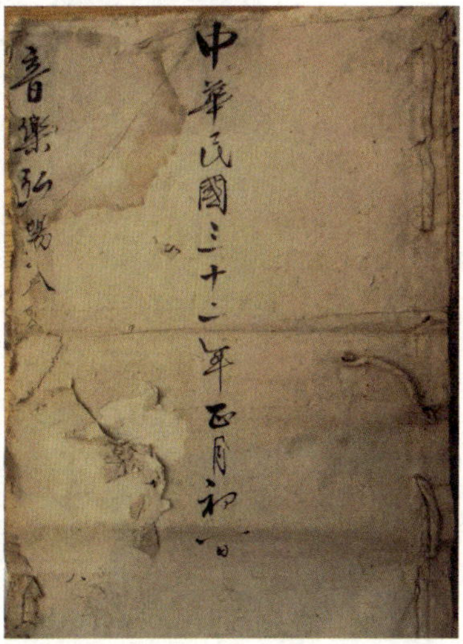

□人物英才

【樊於期】(？—公元前 227)，原名桓齮，今河北蠡县鲍墟乡南庄村人，战国末年武将，先后担任秦国、燕国大将。荆轲刺秦王虽未成功，但樊於期为国家甘愿一死，至今仍为人们所敬仰。后人言“燕赵之地重节义之风，多慷慨悲歌之士”，是对樊於期、荆轲不畏强暴、以身殉国壮举的高度评价和充分肯定。樊於期与荆轲为好友，亦深得太子丹器重，他死后，对其进行了厚葬。有一说，他葬于现新城樊庄，据考，明永乐二年，樊庄村为樊家墓地，清初，赫氏一家在此定居，改村名为樊庄。

【王棠】(生卒年不详)新城人，辽重熙十五年进士，从乡贡、礼部、廷试皆为第一名。官至上京监铁使，后被人诬陷，降为东京户部使。太康二年，辽东地发生饥荒，王棠请求去赈灾。三年后，回京为枢密副使，拜南府宰相。太安末年卒。

【时立爱】(生卒年不详)字昌寿，新城人，辽太康九年进士。曾任泰州幕官、知春州事、云内县令、吏部副督承、吏部督承、御史中丞、辽兴节度使、汉国督统。1115 年金太祖完颜阿骨打建立金国，收取辽国的土地、城池。时立爱降金，任知平州事、侍中知枢密院事、中书令、郑国公。时立爱为太

祖和太宗出谋划策，主要功绩是军队治理、行政管理，强调法纪，深得太祖、太宗的信任。终年 82 岁，谥号荣国公。

【王寿】（生卒年不详）字仁卿，元代新城人。年幼聪颖敏捷，以精通汉字为专长，为中书椽。后于至元十九年任兵部员外郎，至元二十八年任吏部郎中，二十九年任大司农，元贞二年任燕南河北道，大德三年任集贤直学士、侍读学士、台侍御史，大德九年为参议中书省事，大德十年升为吏部尚书，大德十一年升任左丞、御史中丞，至大三年任集贤大学士。在任期间，罚恶扬善，任用贤才。卒 64 岁，谥号蓟国公。

【刘庆】（生卒年不详）字本善，明代新城人。刘庆的父亲刘普安曾随明朝军队征讨，立过功，授官职贰不受，回家以教书为业。刘庆打破世俗，开始游历。正统丁卯年，任御史，成化初年，两广地区叛乱，刘庆带兵去清剿叛军，大胜。回朝后升为大理寺右少卿。卒年 58 岁。

□愿景前瞻

“十三五”期间，新城镇围绕建设“文化古镇、旅游重镇、魅力新城”的目标，确定了发展文化旅游产业和生态农业观光产业的总体发展思路，以镇区为中心，按照保护为主的原则，以“新城八景”为着力点，积极引进项目，打造生态旅游观光带和现代农业示范带。依托京白路与 112 线的交通优势，发展特色农业、高效农业、观光农业，逐步形成集观光、采摘、休闲、餐饮、度假为一体的生态旅游产业。永轩生态农业观光园占地 600 亩，已建成百果园采摘区、生态养殖区、绿色生态餐饮休闲娱乐区等六大区域，年接待游客 5 万余人。项目全部完成后，将成为集农家体验、乡村休闲、生态采摘为一体的现代农业示范园。今年 4 月，永轩生态园被农业部推荐为全国乡村踏青线路景点之一。

新城镇以美丽乡村建设重点村为引领示范，将美丽乡村建设和乡村旅游、现代农业、生态建设相结合，打造大屯、张赍营、太平庄等美丽乡村建设精品村。在加强公共基础设施建设的同时，结合本村特色，谋划产业发展的新思路，带领村民共同致富。在示范村的带动下，因村制宜，一村一策，逐步推进，提升全镇村庄面貌，改善农村群众的生活水平。

（**撰稿**：吴健永 刘旭 **摄影**：陆苗）

方官镇

千年古韵 现代新城

□名镇概述

方官镇地处京畿，高碑店市区东部，距市区 10 公里。面积 63.8 平方公里，人口 4.9 万，下辖 53 个行政村。京武铁路、京港澳高速、112 国道、京白旅游专线、高固线贯穿全境，距 107 国道 12 公里，距京广铁路 12 公里，距廊涿高速 10 公里，距京昆高速 17 公里，交通便利。

方官原名樊馆，是古督亢之地的核心，曾是燕国的膏腴之地，为燕国的强盛提供了坚实的后勤保障，早在战国时期开始这里就已成为孕育华夏文明的前沿阵地。战国时期秦将樊於期在樊馆舍生取义，传为佳话。

方官镇是高碑店市人口、经济、文化大镇，母亲河紫泉河自北向南缓缓流过，历史悠久，文化灿烂，物华天宝，人杰地灵。古往今来，方官人民在这片沃土上创造了无数宝贵的物质文明和精神文明财富，在高碑店市经济、文化以及各项事业飞速发展的绚丽篇章中，谱写下了浓墨重彩的一笔。

□紫泉传说

在方官东面，有一条通海河的小河，河上有一座石桥，人们叫它紫泉桥。相传，紫泉桥是一个小男孩变的。

在很早以前，村东头的那条河没有名字，也没桥。河的对面是一片坟地，那里住着一个妖精。每当他不高兴的时候，总是驾着云来到村里，吃小孩烧房屋。人们对此极为仇恨，决心除掉这个妖精。可是河上没有桥，过不去，大家干着急没办法。

有一天，村里来了一个老和尚，对大家说："过不去河，何不建桥？"人们说："一来大伙穷得什么也没有，用什么建啊！二来水流得这么急，也没法建啊。"和尚说："如得一仙童，即可变为桥。"人们又发起愁来，哪里去找仙童？就是找到了，他的父母也不会让他们的亲骨肉变成桥呀？正在这时，从人群里挤出一个小男孩，他叫紫泉，从小就无爹无妈，十五六岁，穿得十分破烂，开口便对和尚说："我变成一座桥吧！让人们过去，除掉这个妖精。"老和尚点了点头，说："你把这个小钉吞下，就会变成一座桥。"紫泉吞下钉子，刚咽到喉咙，人就不见了。眼前出现了一座桥。人们见有了桥，就拿着棍子、大刀冲过河去，赶到坟地里，打死了妖精。从此人们过上了舒心的日子。

为了纪念紫泉，人们就把这座桥起名为紫泉桥。这条河也起名叫紫泉河了。

□文化遗存

方官镇历史悠久，文化璀璨，总结为"两轴、三区、九点"。"两轴"：即贯穿境内南北的紫泉河、古御道，这两轴阴阳和谐，是推动方官乃至高碑店历史发展的两条快车道；"三区"：即方官樊馆遗址、马垈战国遗址、顺河楼宋辽遗址。马垈战国遗址在西马垈村北，面积 5100 平方米，西距紫泉河半公里，遗址上面有一片果园，出土文物有袋足鬲、加砂红陶釜、线刻花纹陶壶、灰陶豆、灰陶罐。另外还出土一件玉璜，此玉璜为青玉，满刻云纹，琢制光滑，做工精细。这三区遥相呼应，见证了这片区域在不同历史时代的辉煌；"九个点"自北向南依次是史辛庄宋代保定总督古墓遗址、三里铺望郦桥、后曲堤辽代经幢、方官大槐神、宋鱼池革命烈士墓、梁家井乾隆官井、康熙奶娘郁康太太浇花井、紫泉垂钓台、狮后街大寺。

□非遗文化

【史辛庄音乐会】史辛庄村的弘扬音乐善会，起源明朝万历年间，是道

教乐会，主要演奏道教曲目，现在还保存有宣统年间香炉。

【曲堤武术吵子会】方官镇曲堤村的武术吵子会，历史悠久。该会分两部分，前曲堤村是武术表演，后曲堤村是器乐伴奏。武术会在街上行进时，文场要演奏乐曲造声势；而到了固定场地进行武术表演时，器乐伴奏则只奏简单的锣鼓点来烘托。吵子会目前有约 15 人，吹奏乐器有唢呐 2 只，打击乐器有鼓、铙、钹、小锣等。演奏的曲目有《拾鼓》《醉太平》等。武术表演包括拳术、棍术、枪术、刀术、剑术等。

□人物英才

【樊於期】(？—公元前 227)，原名桓齮，今河北蠡县鲍墟乡南庄村人，战国末年武将，先后担任秦国、燕国大将。据考，樊於期与荆轲为好友，亦深得太子丹器重，他死后，其遗骸葬于故里南庄村，后人立祠祭祀。据清《蠡县志》载："南庄有大冢，呼为樊将军墓。旧有庙碑，今俱废。"因樊於期在樊馆（今方官）杀身取义，故建樊馆文化遗址公园以作纪念，该公园现正在建设中。

【赵士弟】（1898—？）方官镇方官村人，1898 年生。1940 年由第五游击总队情报组织发展为情报员，1940 年至 1945 年在方官一带为我军搜集

和传送了敌人活动的很多情报，做了大量的革命工作，有力地配合了对敌斗争。

【孙景瑞】（1922—）作家，笔名孙梅、幽草，1922年出生，河北高碑店方官村人。1949年毕业于清华大学，参加中国人民解放军，历任新华社第四野战军总分社记者、新闻助理员、总政治部创作员，1959年《解放军报》文艺编辑，1970年广州军区文艺创作室专业作家，文艺五级（副军级）。广东省作协理事。1985年离休。著有《在新事务面前》（报告文学）、《边卡驼铃》（短篇小说）、《那时光景》（散文集）等。

□今日风范

【农业立镇】全镇耕地面积5.9万亩，人均1.29亩，全部为水浇地，以种植小麦、玉米、蔬菜为主。畜牧业以猪、牛、羊、家禽为主。现代农业园区建设取得突破，规划占地2000亩的青沃谷现代农业科技示范园已完成一期土地流转800亩，建成温室大棚22座，种植有机蔬菜500多亩。以范鱼池为中心的蔬菜大棚总占地面积400余亩，辐射周边4个村，就业人员1500余人的规模化农业示范区，附近农民不断增收致富。以方官、大铺为中心的万亩小麦良种繁育基地不断增产提质。

【工业强镇】风机、铸造、农机具加工制造、炉具研发生产是镇内四大支柱产业。风机制造规模尤为突出，现有生产厂家83家，从业人员3000余人，年产值达1.5亿元。其中以高碑店市京津风机厂和高碑店市鼓风机厂为龙头，创省乡镇企业名牌2个，“草头王”“锦旭”。另外，建筑建材、箱包加工均有一定的生产规模。

【市场活镇】共有商业网点226个，从业人员2373人；社会商品零售

总额达 2.8 亿元，城乡集贸市场 3 个，年成交额 7200 余万元。全镇实现财政收入 1243 万元，乡镇企业总产值 46.5 亿元，人均纯收入 5772 元。

【项目兴镇】镇区西部是省级经济技术开发区，成为全市经济发展的增长点。京武高铁建成通车后，高碑店到北京的时间缩短到 20 分钟，使方官的区位优势更加突出；目前已圆满完成了高铁站前广场及配套设施建设，市气象局等城市基础设施不断完善，方官污水处理厂等项目投产运营，城乡一体化步伐明显加快。

【社会事业】全镇 53 个村均有文化活动中心，均建有农家书屋，藏书 35 989 册。有幼儿园 6 所，小学 8 所，初中 1 所。初中适龄人口入学率、小升初升学率、九年义务教育覆盖率均达 100%。镇级医疗卫生机构 1 个，村

级门诊所（室）53个。村民积极参加新型农村合作医疗，参合率97.86%。新型养老保险参保率95.2%。

【生态文明】按照“四清”“四化”标准，以康辛庄、八堵墙、庄窠、石家庄、狮后街等为代表的沿高铁、沿国道、沿高速、沿县道等“四沿”类的21个村为重点，结合“农村环境连片整治行动”的开展，完成了“四清”“四化”、屋顶改造、墙体改造、上下水处理、农村活动中心建设、生态环境建设等14小项工作。以点带面产生辐射效应，目前，全镇53个村全部建立卫生长效保洁机制，农村面貌得到明显改善，改造提升行动取得初步成效。

2014—2015年方官镇被保定市委、市政府评为“文明乡镇”；2015年、2016年被市委市政府评为“工作实绩突出的领导班子”。2013年、2014年被高碑店市委评为“先进基层党委”。

“羡子年少初得路，有如扶桑日初升”，我们相信一个崭新的方官正以日新月异的速度展现在世人的面前。

（**撰稿**：宋志华 孙娴 **摄影**：宋志华）

崔中旺村

军民共建 华夏之首

□名村概述

崔中旺村隶属于高碑店市军城办事处管辖，位于军城办事处驻地西北2.5公里处，紧邻驻地某部，南邻112国道，西离张石高速公路入口1.5公里，距高碑店市区3公里，交通便利。全村居民276户，人口1128人，耕地1210亩，主导产业为传统农业。崔中旺村是全国军民共建发祥地，有“全国军民共建第一村”之称。

□军民共建发祥地

十一届三中全会以后，经济社会形势发生了根本的变化，为化解长期以来形成的军民矛盾，1981年11月，崔中旺村与驻地部队从治理村庄“脏、乱、差”入手，首先发起了军民共建精神文明村活动，从此拉开了军民共建的序幕。

1982年1月，驻保定部队在崔中旺村召开了军民共建文明村的现场会，在各县大力学习推广崔中旺村军民共建的经验。从此，军民共建活动便在保定地区普遍展开。

1982年11月24日，中国人民解放军总政治部、北京军区领导同志余秋里、秦基伟、傅崇碧到崔中旺村视察军民共建情况，听取了村党支部的汇报，看了民兵之家，走访了农户，高度赞扬了军民共建活动，指示要在全军推广。

1983年1月13日至19日，驻保部队党委和中共保定地委联合召开军民共建精神文明现场会，交流全区军民共建文明村的经验。全国各大军区、各军兵种及北京军区师级单位也应邀出席了会议。省委副书记邢崇智参加会议并做了题为《认真学习推广保定地区军民共建精神文明的经验》的报告。会后，由中共北京军区党委、中共河北省委、河北省人民政府向中共中央、中央军委写了保定地区军民共建文明村的情况报告。

1983 年 8 月 1 日，总政在北京军事博物馆举办了保定军民共建精神文明活动展览，中共中央和中央军委领导人邓小平、叶剑英、聂荣臻、杨尚昆等观看了展览，并分别题词留念。邓小平看完展览后，挥笔写道：发扬我军拥政爱民的光荣传统，军民共建社会主义精神文明。

1983 年，在接到保定地区军民共建文明村的情况报告后，中央办公厅、国务院办公厅、中央军委办公厅以中办（1983）28 号文件加批语向全国转发了这个报告。自此，由保定地区掀起的军民共建文明村活动走向全国，崔中旺村被誉为军民共建第一村。

□军民共建发展历程

崔中旺村与驻军部队开展的军民共建活动始于 1981 年，双方从提高村民素质，改善村风民风和治理村内环境入手，开展了一系列的共建活动。30 多年来，军地双方同呼吸、共命运、心连心，充分发挥各自优势，积极整合资源，在促进社会主义两个文明建设中，取得了辉煌的成绩，实现了军地融合发展。

【光荣传统扛在肩，军民共建开新篇】1981 年秋，与崔中旺村一墙之隔的驻地部队工兵营的官兵们手拿扫把、肩扛铁锹，排着整齐的队伍，走进崔中旺村，他们清扫街道，运走陈年的垃圾，修整崎岖道路，乡亲们看到后纷纷回院拿起扫把、铁锹，推起小车加入到活动中来……这支英雄的部队就像当年进了“夹皮沟”一样和村民群众打成一片，为乡亲们做自己所能做的一切，群众也像对待自己的亲人一般，为战士们送吃、送穿、送慰问品。

改革开放初期，当时生产力低下，人们生活很不富裕，教育、文化、医疗、卫生等各方面条件都比较落后，部队充分利用自身的资源优势，帮扶困难群众，提高群众的知识水平、文化技能等，和党员群众一同劳动，一同宣传文明新风，把军民共建精神文明活动搞得如火如荼。

在过年过节喜庆的日子里，军地双方把业余文化生活也搞得丰富多彩，经常和村民一起娱乐，表演节目，极大地提高了乡风文明，文明如一股新风让百姓邻里和睦，婆媳关系融洽，尊老爱幼，互敬互爱，村里透着一派祥和气息。经军地双方精心组织，在村里广泛开展了精神文明户评选活动，把那些在活动中涌现出的各方面典型在全村大张旗鼓地宣传，使他们的事迹在村民和广大指战员中扎根、开花和结果，这项活动得到了百姓和广大指战员们

的一致认同和赞誉。这在当时为新时期农村的两个文明和军民关系树起了一面鲜明的旗帜。

【鱼水交融心相印，思想建设共奋进】1997 年十五大闭幕后，军地双方抽调理论骨干，组成宣讲团，深入到乡村、学校、企业宣讲十五大精神。2000 年深入贯彻和实践“三个代表”重要思想，军地双方又开展了“双思共教”活动，部队官兵与广大村民进行了“致富思源、富而思进”的大讨论，进一步增强了走改革开放富民强国道路的信心。部队官兵们，特别是那些年轻的战士耳闻目睹着农村的巨大变化，深感保家卫国责任重大。

军地双方还把“双思”教育与普法宣传、创建十星级文明家庭等活动相结合，开展了民主评选“好婆婆”“好儿媳”“好邻居”等活动。先后组织了文艺演出、电影放映、双思板报展览、小学生“双思”征文等活动，丰富了村里的文化生活。与此同时，把“双思共教”与农村经济发展、解决群众思想认识和精神文明建设紧密结合，有力加强了农村思想政治工作。驻地部队在支援地方经济发展上也做出了突出的贡献。“要想富，先修路”正是本着这样的思想，开展了道路村村通工程，军地双方共同修建了军民共建路、乡间路，实现道路村村通。军民共建为高碑店市率先实现小康村建设添上了浓墨重彩的一笔。

携手共建新农村，文明生态显特色。进入21世纪，军民共建活动不断与时俱进，开拓创新，积极参与文明生态村建设成为新时期军民共建活动的一道亮丽的风景线。在开展文明生态村创建过程中，崔中旺村率先与部队开展了座谈会，共同谋划，确立了创建思路。改善人居环境，整治村容村貌，军民一同掀起了创建文明生态村的热潮，干净整洁的街道顿时让人心里豁亮。在修建村内环村路时，部队铺设水泥路面3000米，在街道旁建起了绿化带，联合打造了文化长廊一条街，一起绘制了具有时代特色的墙壁画，展现了一个净化、硬化、绿化、美化、亮化的靓丽小村庄。

【继往开来谱新曲，共建奇葩竞绽放】2010年以来，军地双方在深入贯彻落实科学发展观基础上，全面贯彻十八大会议精神，军民共建的步伐踏着和谐的音符，在追梦的路上，以崭新的形式和内涵和拍着社会的脚步前进。

军地双方充分发挥自身优势，拓展共建内容，以不断创新的形式，开展了灵活多样的主题活动，使军民共建更加充满生机和活力。

“创先争优”活动开展以来，崔中旺村与部队某营结成共建对子，共同开展了“联创联争”活动，创新了创先争优活动载体，拓宽了军民共建的领域，促进了军地的共同发展。

村党支部和部队党组织按照“思想共建出成果、支部建设上水平、部队官兵受教育、农民群众得实惠”的原则，相互学习党建工作经验，取长补短，共同争创先进基层党组织。村党支部成员和结对单位官兵召开了座谈会，共同学习了中央、省、市委创先争优有关文件精神，并一同入户慰问、走访群众。通过走访调研、座谈交流，军地党员干部在为民服务问题上统一了思想，为部队确定活动主题、制定活动方案提供了可靠依据。同时，军地双方共同商讨，为崔中旺村确定了“服务群众创先进，建设新村争一流”的活动主题和“创建精神文明建设典型、党员发挥作用典型和新农村建设典型”的创建思路。

在该村商品粮基地项目建设过程中，结对单位派出官兵30余人，协助村民埋设防渗管道7730米，建设机井泵房13座，改善了全村农业生产条件。为进一步降低耕作成本，结对单位每年向该村提供约26 000余元的农用燃油3吨。通过开展“联创联争”活动，军民关系更加和谐融洽。

崔中旺村积极联系驻地部队师史馆，组织本村全体党员开展“军营一日”

体验教育活动。通过参观师史馆、深入了解部队的光荣历史，接受革命传统教育和爱国主义教育。

每年崔中旺村和驻地部队在建党节、建军节和国庆节期间，都会开展各类形式的双拥宣传教育活动，活动的开展进一步密切了军政军民关系。

1981—2017 年，军民共建整整经历了 36 年。36 年来，崔中旺村和驻地部队不断创新着军民共建的新模式，丰富着军民共建的新内容，赋予着军民

共建时代的新内涵。

（**撰稿**：吕晓燕　**摄影**：吕晓燕）

撞河村

古韵新音 春秋传颂

□名村概述

撞河村又名庄窠村，历史悠久，土地肥沃，民风淳朴，是高碑店地区最早建庄的村落之一。全村有 613 户，总人口 2313 人。附近有商、周、战国以及南北朝齐魏遗址，东临古驿道，西接宋、辽时期开凿的运粮河。运粮河自岐沟关南下，直冲撞河村北，是宋辽战争时的漕运必经运河。撞河村因有“宁让村撞河，不叫河撞村”的说法而得此名。

□非遗文化

【撞河上四调】相传明代万历年间，有兄弟二人流落到撞河村一带，其中一人留在撞河村定居，另一人到涿州横岐村落户。二人都将自己所会的戏传给了当地人。由于受当地语言和民间艺术形式的影响，逐步形成了派生在两地、同根异果的地方剧种。两个剧种在剧目、唱腔和表演方面大同小异。为了编制这种区别，撞河村人根据自己这一支的四个腔调（老调、尖调、平调、悲调）工尺调起于“上”落于“四”的特点，命名为“上四调”。

最初的“上四调”活动属于民间自娱自乐的“同乐会”性质。但随着该剧种的发展，它的作用越来越重要，一是它丰富了村民文化生活，提升了村的知名度；二是村里发生水患、火灾、兵匪、与外界发生冲突等重大事件，只要会里头锣一响，各家各户便立即赶赴现场；三是村民把上四调看作本村的荣誉，参加会务活动不讲代价，戏会的主要负责人由村民共同推举，选出那些能力强、办事公道、德高望重的人担当，从而促进了村落的和谐发展。

上四调原为“坐台腔”，伴奏乐队很简单。文场乐器主要有大弦、弦子、

小弦、笛子、唢呐，文场乐队坐在演员后排伴奏；武场只有两件打击乐器铙和钹，两人站在幕后伴奏。上四调演出主要用于以下场合：邻村邻县庙会时应邀表演；村中各种节日迎神送神时做道场；红白喜事时庆贺或祭祀；为邻村大户人家唱堂会。还曾多次进京为王府和大户人家唱堂会、做道场。

撞河上四调在演出中，不断学习和改进，吸收其他剧种的表演艺术，直至清末，逐渐发展成较为完整的地方戏。

清末及民国年间，上四调涌现出了一批表演艺术水平很高的演员。像祝有起的武生、清衣戏，张德元的猴儿戏，李万臣的生角等，都演得惟妙惟肖。他们还为后来培育了一大批上四调艺术骨干。

中华人民共和国成立后，文化事业得到飞速发展，尤其是全国普及《婚姻法》，各乡各村通过群众喜闻乐见的艺术形式组织宣传，民间戏曲音乐艺术十分活跃，上四调的艺术水平从这一时期得到快速提高。

撞河上四调在其 400 多年的发展历程中，汲取了其他剧种的艺术表现手法，经过不断改进和丰富，由当初的坐台腔逐渐形成如今特质鲜明的地方剧种。1953 年上四调《抱盔》《双拜堂》两戏多次在省电台播放。1954 年上四调剧团受省文化厅特邀到新华礼堂义演；同年《金钗记》参加河北省地方会演获优秀奖。1987 年《百日床前一朵花》获河北省地方戏会演创作表演优秀奖；同年，河北省文化厅将上四调《无底洞》全剧录音录像，作为资料存档。2007 年，撞河上四调被保定市人民政府列入非物质文化遗产名录。

□上四调特质风格

上四调不断学习其他剧种艺术，在生活中汲取营养，逐渐形成了自己的特质和风格。经过历年的积累和改进，上四调已拥有自身保留的剧目一百余出。这些剧目有可连演多日的“连本戏”，有单独出场的“整台系”，有可拆演的“折子戏”，还有大戏开演前的“帽儿戏”。

【适应时代】上四调既演古典剧目，也适应时代要求演现代戏，具有很强的时代感和鲜活感。新中国成立之初主要剧目有《新事新办》《女儿的亲事》《小女婿》等，这一时期的演出内容多是宣传《婚姻法》和进行爱国主义教育。20 世纪 60 年代主要剧目有《审椅子》《夺印》《三丑会》《沙家浜》《红灯记》等。改革开放后，又编演了一批社会主义教育和改革开放为主题的新剧目，主要有《墙头记》《唢呐新曲》《百日床前一朵花》《三开收音机》《游沪春梦》等。

【融汇生活】贴近百姓，融汇生活，是撞河上四调的又一特质。老演员李万臣、孔令秦等丑角儿，对村里的事物了如指掌，随时都能把村民生活中的故事搬上舞台，引起观众的共鸣。生活中的许多情节，都能成为剧目中的题材。通过这些题材引导观众动脑筋，观察生活，使观众在享受戏剧快乐的同时受到心智的启迪。戏中的包袱很多，农村左邻右舍、兄弟叔侄、朋友之间相互的玩笑趣闻等，都可在戏中出现。 外村人对撞河戏也十分喜欢，每有演出都来看戏。当地流传着这样的民瑶：“撞河村唱大戏，开台就是《小八义》”。

【一人多能】撞河上四调的演员，都是村里土生土长的村民，经世世代代口口相传，传承下来的戏艺十分纯熟。特别是上岁数的老演员个个都是多面手，能打吵子，能演戏，能反串许多其他角色，如这个时期的祝祥，他师承族中本家上辈祝有起，能演青衣、武生，能拉大弦四胡、小弦板胡，嗓音好，做戏认真。他演的武松，扮相大方、威武雄壮，被人们称为“京南保北活武松。”他演青衣戏，唱腔调高质美，扮相落落大方，魅力十足。

老演员李万臣扮演小生，轻狂不失文气俊秀；扮演穷生寒酸中不失志向，文丑幽默滑稽，深受观众喜爱，是有名的“戏篓子”。像这样的多能演员很多，他们是拿起家伙能打、抄起弦儿能拉、扮上角色能演、下台能打吵子的多面手。所有演员都会自己包头、描眉、勾脸、 拍红、扑粉定妆一气呵成。

上四调在演出中，任何角色空缺时，都能有人马上顶替。老演员王克东，勤奋学戏，师承著名老艺人张德元，深得真传。他为学戏常年和张老一起居住，为张老烧炕、打水、做饭，晚上熄灯后听张老说戏。因此学成后的他不仅唱得好，而且能反串很多角色。他演猴儿戏，把孙大圣刻画得如真猴儿一样，抽鼻、挤眼、举手、投足，一整套动作中透着顽皮、威武和聪明灵透。他客串的《天飞闸》中的鲶鱼精、《小松林》中的猪八戒、《全忠孝》中的秦子龙、《四明山》中的程咬金等，都得到观众好评。

【风趣多变】在演出过程中，演员从不死搬硬套，台词、作戏十分灵活。台上演员可随时和台下观众互动。台词可根据时下民情更改，内容风趣活泼。李万臣、祝有起、张佐军、王克明等老演员，台上忘词马上能改口出词，见什么说什么，从不露丑，反倒赢得观众的喝彩。在老一辈的演员中，陈国志、杨玉生二老先生最为幽默滑稽。他们每次上场都有自己编的新笑料。上台念台词既合辙押韵又贴近生活，观众一听就明白。

【唱腔音高灵活】上四调的尖、平、老三调，演员在保证基本唱腔调门的情况下，可根据个人嗓音高低条件，灵活掌握。嗓音高的演员可唱尖调；嗓音稍低的演员在表演时可唱平调或老调。尖、平、老三凋是同一高度调门，均为降 E 调，只是个别音符发音稍有变化。老演员祝祥、王会清等人嗓音较高，他们在演唱时多喜欢唱尖凋。孙庆瑞等演员嗓音稍低便喜欢唱平调或老调，既保证了唱腔的柔美，又弥补了嗓音低的不足。

□名村轶事

【问路】撞河人如何爱戏，还流传着一则外村人编的笑话：

一人去北京问路，正遇一撞河汉下地在拧轱辘浇菜。来人问道：“大哥去北京怎么走哇？"

汉子不答，再问，仍不答。连问数遍都不答。旁边有人支招儿说："你就是问到黑他也不会理你，必须唱上四调才行！"

路人不会唱上四调，便用顺口溜问道："叫声大哥你是听，兄弟我要去北京，不知前方怎么走，还望大哥说分明。"

汉子一听马上来了精神，边摇辘轳边用上四调回答："要去北京你往北行。"用手一指北方，却忘记手中的辘轳，辘轳忽然倒转，辘轳把"蹦"的一声打在头上，鲜血直流。

问路人见此急忙上前搀扶："大哥怎样啊？"

汉子继续唱道："辘轳把打了个大窟窿！"

以上虽然是玩笑之谈，但足见撞河村人爱戏程度之深。

【不颂帝王】早年曾有皇家"堪舆"（风水先生）自南方去北京从古驿道过，见撞河村街村形呈东西街长，中间宽、街中心有井泉，很像是一项官帽。东西侧展如帽翅，中间宽如帽盔，井泉如盔珠，将有贵人出现，便向皇家进言，此地将要出争王争位之人。皇帝故派人来在此传戏，所传之戏不得

有颂扬皇上的剧目，使人们娱乐而忘记争位，永不能出大官。传说是笑谈，但有一点可信的是撞河村剧团百余出大戏的角色中，有人、鬼、神、妖、仙、王爷、义士等等，唯独没有皇帝。

（**撰稿**：赵新洪 吕晓燕 **摄影**：吕晓燕）

博野县

BOYEXIAN

千年古县 卓尔不凡

◎ 博野县地处冀中平原腹地，河北中部，保定市南部，北距保定 50 公里，西南距石家庄 100 公里，北距北京 200 公里。境内交通便利，朔黄铁路、定河公路横贯东西，保衡公路跨越南北，城乡公路四通八达。全县辖 6 镇 1 乡 127 个行政村、11 个社区居委会，总面积 330.89 平方公里，人口 27 万。

◎ 博野历史悠久，人杰地灵，建县至今已有2000多年历史，据清代《博野县志》记载，博野在西汉时即立县，当时名蠡吾，属涿郡，蠡吾城址在今博野里村东南 60 米处。“蠡吾县城为滹沱河所湮。”东汉时这里设博陵县，又改称过博陵国、博陵郡，魏晋改名博陆，北魏时称博野。《水经注》称博水是众多水之意，博野县即以地居博水之野得名。

◎ 博野是千年古县、革命老区，先后走出了清代思想家颜元、当代国际生物学家牛满江、中国天体物理学奠基人程茂兰等名人，是保南地区第一个党支部所在地。

◎ 近年来，博野县委、县政府提出“改革创新、绿色崛起，建设产业新城、经济强县”的奋斗目标，全力开展“招大商、大招商”和“县城建设扩容提质”两个攻坚行动，全力打造承接京津等发达地区产业转移的“先进制造工业城”；加快产城融合，实行错位发展，打造“保石衡区域产业新城”；创建省级园林县城，打造 “生态宜居、文明靓丽之城”。

程委镇

理学源头 二程故里

□名镇概述

程委镇地处冀中平原中部，三河（滋河、沙河、孟良河）汇流而成潴龙河，在程委镇北部穿过。程委镇辖区明清时期为齐望乡，1937 年为博野县第三区。1957 年设大程委乡，1962 年设大程委公社，1983 年改大程委乡，1990 年改大程委镇，1996 年大程委镇、杜田庄乡、庄窠头乡合并组建程委镇，面积 59.5 平方公里，辖 33 个行政村。镇人民政府驻地大程委村。程委镇为北宋理学创始人程颐、程颢的祖籍地，博野县抗日战争时期的抗战老区，省级非物质文化遗产博野落子的诞生地。辖区有唐兴国寺汉白玉石塔和诚信文化的代表——还金井。2015 年程委镇被评为河北省民俗文化名镇。

□理学源头

程颐、程颢为北宋理学的创始人，世称“二程”，程委为其祖籍地。

唐中后期，程泽从篁墩迁到博野程委定居，子孙繁衍，成为中山博野程氏望族。曾孙程羽为宋太祖年间进士，历官开封府判官、给事中，以辅佐宋太祖有功，升兵部侍郎，卒赠礼部尚书。曷孙程琳为北宋大中祥符举人，服勤祠学高第，历官泰宁军节度使、开封府知府、吏部侍郎、工部尚书、卒赠中书令。程颐、程颢为程泽仍孙，程羽的玄孙。程琳为程颐、程颢的父亲程珦的伯仲辈。程颐、程颢的曾祖程希振迁出博野，葬于河南，始为河南人。

程颢、程颐虽生于河南，其学术也称“洛学”，但他们对自己的祖籍地有着强烈的认同。在博野县程委村北有程颐、程颢为其曾祖父所立的墓碑。《重建二程夫子祠碑记》记载：“程委为二程夫子五世以上祖居之墟，立有短碑。”元代博野程氏在程委村北祖茔建二程夫子祠，并立碑，铭刻“理学源头”。清代名宦博野人尹会一在其《谒二程夫子祠》中记载：“理学兴于河南，其源在博野。”

二程夫子祠屡次重修，“文革”时期被毁，今程委粮站即其旧址，碑刻犹存。

□文化遗存

【兴国寺石塔】兴国寺石塔建于唐景龙四年，位于程委镇解村学校院内，原为兴国寺内之建筑。 1907 年兴国寺改建为学校，兴国寺建筑今仅存此塔。

石塔为四方形十五层密檐式实心汉白玉石塔，高 7.51 米，分为塔基、塔身、塔刹三部分。塔基边长 1.73 米，由三层方石组成。塔身第一层由三块整石拼合为塔室，塔室券门左右各有持剑力士浮雕，塔室正面壁上雕刻一佛二弟子及供养人，并刻有 “景龙四年”等字样。第二层至第十五层为密檐式，每层为一块石料，檐均为石雕成叠涩式样， 塔刹为一石雕宝珠。石塔用白玉石料雕成，做工精细考究，对研究唐代建筑风格具有重要参考价值 。2001 年被列为全国重点文物保护单位。

【还金井】乾隆三十二年《博野县志 • 乡贤》记载：“貤赠河南左布政使徐公，讳恭，淋漓村人。灌园道左，

有大户携银袋置树下，饮水，遗之。既觉，从故路号泣奔寻，语以失银三百两。公即出而还之。大户拜谢，愿留其半，公固辞不受。其人祝曰：'愿徐氏子孙昌盛'。后人即其地竖碑，题曰'还金井'，遗迹犹存。"

程委镇南林里村东南隅今村民中心，现存还金井遗址和明代徐处士还金记碑刻。明代翰林院侍讲冯琦撰写碑文，记载了明代万历年间村民徐恭浇园拾金不昧还金的事迹。此外，碑文还记述了徐恭另一件拾金不昧的事迹。徐恭有一次到县城，在客店里拾到了客商丢失的银两，他就在原地等候失主，但没有等到。当第二天徐恭又到那家客店去等候失主时，店主人却因失主所告已被官府抓去了。徐恭立即赶到县衙，向失主还金，救出了店主人。徐恭的诚信德行留下千秋美名，至今仍为广大人民群众所传颂。还金井井口直径0.7 米，井深约 4.5 米，井壁由青砖砌成。1987 年 10 月被列为县重点文物保护单位。

□非物质文化遗产

【博野花鼓落子】程委镇北辛庄是省级非物质文化遗产——博野花鼓落子的起源地。民国时期，北辛庄民间艺人王老仙在本地花会演唱的基础上，创造了一种表演形式，表演时腰挎花鼓，右手拿双锤，左手拿镗锣，边敲边舞边唱，因形式新颖，曲调高亢，诙谐有趣，深受欢迎，称为博野花鼓落子。博野花鼓落子鼓点铿锵有力，节奏感强，动作刚健、豪放，服装色彩艳丽，地域性鲜明，是一朵不可多得的民间艺术之花。

1954 年，河北人民广播电台录制王老仙演唱录音，《河北日报》刊登文章《王老仙的锣鼓响了》。1958 年博野县文化馆对其挖掘整理，1961 年在北京中南海怀仁堂会报演出，周总理观看了整个演出，并给予好评。1978 年

参加河北省文艺会演，获一等奖。2009 年被列入河北省第三批省级非物质文化遗产名录。

□抗战老区

抗日战争时期，潴龙河成为天然屏障，程委辖区成为博野抗战老区。1937 年 7 月下旬，时任博野县公安局长的共产党员张仲瀚以自己领导的县警察局 55 名警察和县保安队的 66 名队员为骨干，选拔县守望队骨干 1000 余人，在大程委村向社会各界宣布成立河北民军，诞生了由共产党领导的抗日队伍——博野河北民军。这支队伍后来改编为冀中军区警备旅，在旅长王长江

（博野人）的领导下，成为坚守在冀中平原的抗战劲旅，是抗日时期唯一一支从未离开冀中的正规野战部队。

1939 年 5 月，贺龙率领一二〇师驻守潴龙河东程委辖区，在刘村、宋村击溃来犯日寇。大批热血男儿在这里参加了革命队伍。

抗日战争时期，程委为三区驻地，冀中军区二军分区司令部、冀中军区三十三团、七军分区独立营、冀中军区三十六支队、晋察冀军区第二纵队、博野县大队等先后在程委一带驻守，与日寇殊死搏斗。

□人物英才

【李茂贞】（856—924）原名宋文通，唐深州博野白塔宋村人，因平叛护驾有功，唐僖宗赐姓李名茂贞，并亲制字正臣，并入皇家典籍。宋文通生于农家，天资聪慧，自幼习文练武，才华超群。公元 887 年 2 月，宋文通受命任洋州刺使兼陇州使，率部平复盘踞在陇州叛乱的李昌符部，受命为武定节度使，赐名李茂贞，字正臣。924 年 2 月，唐庄宗改封李茂贞为秦王。924 年 4 月卒，谥号忠敬。

【程羽】（生卒年不详）字仲远，今河北省博野县程委村人，宋太祖年间进士，任山西虞乡（今永济市）、陕西醴泉、四川新都县令皆有政绩。程羽初任开封府判官时，太宗赵光义做京兆尹，对其非常敬重，太宗继位，拜羽为给事中，后为文明殿学士。羽辅佐太宗有功，升任兵部侍郎。太宗在京师赐羽住宅一套，羽死后追赠吏部尚书。北宋程朱理学创始人程颐、程颢即羽之玄孙。

【程琳】（986—1054）字天球，博野人，北宋名臣、诗人。程琳为理学家程颐、程颢之父程珦之伯仲，宋朝大中祥符举人，四年服勤辞学高第，试秘书省，校书郎，泰宁军节度，推官改著作佐郎。宋仁宗即位，升太常博士，会修《真宗实录》，追修《大中祥符》，八年后成书，遂修《起居注迁祠》。至和三年闰三月七日乙丑死于陈州，享年 69 岁，追赠中书令，谥号“文简”，次年，加赠太师、尚书令。

【刘吉】（？—1493）字祐之，河北省博野县大程委村人，明正统十三年进士，后改庶吉士，授编修，充经筵讲官。成化十一年成为内阁成员。成化二十三年十月至弘治五年八月任内阁首辅十八年，屡遭弹劾而不倒，权势煊赫。纂修《寰宇通志》《英宗实录》《文华大训》和《宪宗实录》。《明史列传第五十六》记载“吉多智数，善附会，自缘饰，锐于营私，时为言路所攻。居内阁十八年，人目之为‘刘绵花’”。1492 年，刘吉致仕还乡，逾年卒。赠太师，谥文穆。

【刘政】（1923—2009）1923 年 11 月生于博野县凤凰堡村，1937 年 3 月参加革命，1938 年 9 月加入中国共产党。抗日战争时期，刘政在冀中率部开展游击战争，先后参加百团大战、五一反扫荡等重大战役。解放战争时期，任晋察冀军区第 20 兵团 67 军 200 师 600 团团长。参加了抗美援朝战争，参加了第四五次战役，荣获朝鲜民主主义人民共和国二级国旗勋章、二级自由独立勋章。1955 年被授予上校军衔，1957 年晋升为大校军衔，1988 年荣获二级红星功勋荣誉章。

【牛满江】（1912—2007）程委镇东呈召村人，著名生物学家。早年就读于保定同仁中学。毕业后考入北京大学，攻读生物学，1936 年毕业后留校任助教。1937 年起，先后在南京、长沙、昆明等地大学任教。1944 年初留学美国斯坦福大学，1947 年获博士学位。先后在斯坦福大学、洛克菲勒大学和坦普尔大学从事教学和科学研究，任研究员、副教授、教授。退休后，坦普尔大学授予他终身教授荣誉，并任中国科学院动物所名誉教授、发育生物所科学顾问，中国多所大学及科研机构的名誉教授、顾问。

牛满江长期从事发育生物学研究，对细胞质遗传研究认为，细胞质里面的缺氧核糖核酸也能起作用，改变了过去认为只有细胞核才有遗传的作用的观点，在国际遗传学研究中开辟了一个新领域。其创立的“外基因学说”，开创了人工培育新物种的新思路，是人类在生物遗传工程方面的重要突破。

（**撰稿**：郑文林 顿莎莎 **摄影**：郑文林）

北杨村

颜元故里 实学圣地

□名村概述

战国时期，三个杨姓族人流浪到地处燕南赵北的博水流域，在古漳河南岸定居下来，人烟渐稠，聚成村落，名杨村。岁月沧桑，朝代更迭。明永乐年间，为与县境的同名村庄相区别，更名北杨村，村名沿用至今。

北杨村古来物阜粮丰，为博野西北富庶之地，是清初思想家、哲学家、教育家，颜李学派创始人颜元的故里。民国时期商号林立，行旅繁华，是名动海内的四存中学所在地。今为北杨镇人民政府驻地。

□颜元故里

中国历史上著名的清初教育家、思想家、哲学家颜元，北杨村人，他在中国教育史、中国哲学史和中国思想史上占有重要地位。

颜元（1635—1704），字浑然，号习斋。生于异乡，育于异姓，少年困于家变，中年扼于贫贱，备尝艰辛，而强国济世之心始终不泯。他摒弃浮华，躬行实践，创办学塾习斋，晚年主持漳南书院，从教 47 年。为弘扬其思想，他北上辽东，南下中原，问学辩难，影响遍及海内。他经过长期地思考和实践，逐渐形成了以实践和务实为特点的颜元实学，集传统实学大成于一身，开创了一个求真务实的学术流派——颜李学派，被誉为北学之宗。

颜元思想的核心是“实践”和“务实”，他创办的学校“习斋”，开创了中国新式教育的先河。其实事求是、实践务实的思想，成为中国现代社会普遍认同的核心理念。

□实学圣地

颜元是清初博野这块文化热土上产生的伟大的思想家、教育家、哲学家。他生活的时代处于明亡清兴的特殊时期，他亲身经历亡国之痛和清王朝野蛮统治政策，亲眼看见劳动人民颠沛流离的痛苦生活。

以博野颜元为代表的清初思想家，深刻反思宋明两朝亡于文明远远落后的塞外铁骑的历史现实，他们突破了朝代更迭的桎梏，抱着救世济民的理想，深刻反思盛行于世的理学，突破传统学术，在思想界举起了实学强国救民的大旗。颜元在继承传统文化的基础上，对虚幻无用的理学展开了猛烈批判，他针对理学的虚幻与无用，提出了实践和实用习行习动的主张，文而兼武，开创了求真务实的实学学派——颜李学派。

习斋新教育是颜元实学思想的教育实践，涵盖了体育、劳动、专业技术、文史，教授实践实用的学问。颜元满怀一腔热血，努力传播实学思想，革除时弊，他注重实践，强调习行，开创了中国新教育的先河。晚年的颜元学识声誉日隆，应邀主持漳南书院，他把书院规划为文事、经史、武备、艺能、帖括、理学六个学斋，强调实用和实践，集中体现了他的实学教育思想，俨然现代大学的模样，成为中国新旧教育转折的里程碑。

颜元实学对中国近现代社会，乃至当代社会产生了深远的影响。其实事求是、实践务实的思想，成为中国现代社会普遍认同的核心理念。民国初年，学术界面对国家和民族的危亡，在救亡图存的洪流中，掀起了对颜元实学研究的高潮，他们成立了四存学会，整理颜李学派的著作，大力宣传实践务实的思想，还创办四存学校，开展新式教育实践，培养文武工农兼备的实用人才。颜元的实学思想深刻影响了青年时代的毛泽东以及大批追求真理的革命志士。毛泽东发表于《新青年》的文章《体育之研究》高度评价颜元文而兼武的思想，他在《实践论》中对实践的论述和颜元对实践的论述如出一辙。实学思想对中国革命和社会主义建设起到了拨乱反正的重要作用，实践是检验真理的唯一标准的提出，新时期求真务实的治国理念，无不体现实学的思想核心。颜元开创的求真务实、躬行实践的实学思想，是中国古代优秀文化的结晶，在民族解放和复兴的大潮中深入人心，成为中华民族传统文化的思想核心。

颜元是中国古代实学思想的集大成者，诞生了颜元这位实学思想家的北杨村是实学思想的文化圣地，颜习斋先生祠堂是实学思想的文化象征。

□文化遗存

【颜习斋祠堂】颜习斋祠堂的前身是颜元创办的学塾习斋。康熙四十三年，弥留之际的颜元遗嘱以习斋为门人公聚学习之所。颜元去世后，门生李塨等共议在习斋悬挂“习斋学舍”匾额，书写 “颜习斋先生神位”神牌，供于习斋，以每年二、八月上辛日集会祭祀，讲习颜元实学。这就是最早的颜习斋先生祠堂，于雍正七年后逐渐圮坏。

康熙六十一年，顺天学政陈世倌提倡颜元之学，颜元被崇祀乡贤。乾隆九年吏部侍郎尹会一奏请重建颜习斋祠堂。咸丰十年重修。

1919 年，民国大总统徐士昌拜谒颜习斋祠堂，提倡颜李学说，拨款修缮。1963 年，河北省文物局修缮。20 世纪 60 年代，大门、二门、厢房、耳房夷为平地，仅余正堂 3 间山墙、4 根廊柱。1993 年，河北省文物局拨款修复正

堂三间和院墙。1995 年，河北省人民政府确定颜习斋祠堂为省级文物保护单位。1996 年 5 月北杨村村民捐资塑颜习斋先生塑像。

【四存中学遗址】四存中学遗址在今北杨村北孝义河两岸，占地约 200 亩，校址在抗日战争期间拆毁，地表今存四存桥遗址、习斋桥遗址，发电厂遗址。

民国时期，针对内忧外患的现实，学术界掀起了颜元思想的研究热潮，他们试图通过研究、宣传颜元实践务实的思想，来实现富国强民的愿望。学术界大力提倡颜元实说，成立四存学会，本着颜元务实实践的精神，在全国各地创办四存学校，救亡图存，掀起了实学救国的高潮。博野北杨村四存中学是其中的典范。

北杨村四存中学在教育家梁漱溟的指导下，开展了一系列以颜元的实学思想为核心、以改造社会为宗旨的新式教育，培养出了众多提笔能文、下地能生产、拿枪能保家卫国的优秀人才，在全国产生了重大影响，四存中学的大部分学生都投身于革命事业中，为抗战事业、解放事业和建设新中国做出了贡献。

四存学会在北平府右街成立了四存中学，1949 年与北平市立八中合并，成立北京市第八中学。博野作为颜李学派思想发源地，和北京八中同宗同源，2017 年 6 月，博野县委、县政府主要领导带队到北京八中考察对接，双方就对结合作达成了一致意向，通过多种方式，探讨合作渠道，继续发扬四存精神。

□人物英才

【傅继泽】（1918—1991）北杨村人，1938 年 3 月随博野河北民军去阜平整训，进入晋察冀军政学校学习，同年 4 月加入中国共产党。历任冀中军区津南抗日自卫军独立第二旅参谋长、冀鲁边军区运河支队参谋长、冀鲁边军区第一军分区司令员、渤海军区第一军分区司令员兼山东军区警备第八旅旅长等职。1946 年任北平军调处执行部第 18 小组（驻泊头）中共代表，参加了与美蒋的谈判斗争，出色地完成了任务。在解放战争中，先后担任华东野战军渤海纵队十一师师长、第三野战军第三十三军九十九师师长。1949 年 9 月从陆军调到海军，担任华东海军第一舰艇大队大队长兼政治委员，第六舰队参谋长，参加了人民海军的初创工作。1951 年初奉命创建中国第一支潜艇部队，不久又兼任潜艇学校校长。历任潜艇独立大队大队长兼政治委员、潜艇第一支队支队长、海军潜艇部部长，为潜艇部队的行政管理、军事训练、作风养成、作战勤务、战勤保障和思想政治工作等方面，打下了坚实的基础，培养了大批优秀潜艇指战员，使潜艇部队在较短时期内，成为一支能担负近、中海防御作战任务的骨干力量，为海军潜艇部队的创建和发展，做出了重要的贡献。他率先组建了“舰艇训练中心”和“海上舰艇机动编队”，为提高舰艇部队训练水平，加强海上战斗力建设，进行了开创性的工作。1955 年被授予海军少将军衔。1960 年起任海军副参谋长，北海舰队第一副司令员，南海舰队司令员，1981 年以后任海军副司令员。

（**撰稿**：郑文林　顿莎莎　**摄影**：郑文林）

沙窝村

金贵丰裕 千年梨乡

□古村概述

沙窝建于唐代，原名金阜堡，寓金贵丰裕之意。村庄地处滱水（唐代以后称唐河）南北枝分之东，因河流屡次改道，遗留遍地沙丘，村庄如在高大沙丘围成的窝里，俗名沙窝，久而久之，原名反被忘记，1911 年废村名金阜堡，改称沙窝。

□程茂兰故里

沙窝村是天体物理学家、中国现代实测天体物理奠基人程茂兰的故里。现存程茂兰故居、程茂兰墓、程茂兰天文科技馆，位于沙窝村北梨园西北部，占地 15 亩，落成于 2017 年 6 月，葛传宝捐建。

科技馆分为东西两部分，东侧为程茂兰天文科技馆，坐北朝南，东西长 40 米，南北长 8 米，二层中式传统建筑，顶部中为天文圆顶，左右阁楼耸立，白墙青瓦，典雅简洁。科技馆分为三个功能区，南侧西院为程茂兰故居复原，东院为沙窝村史馆，北侧为天文馆主体。天文馆主体共二层，一层是程茂兰生平和贡献展，二层是国内外天文成就展。

【程茂兰故居】程茂兰故居位于沙窝村中部偏南，南北街道东侧。建筑整体风格为 20 世纪二三十年代冀中平原典型的农家院落，占地 0.6 亩，大门为典型的圆拱砖砌结构，俗称大梢门，宽近 2.75 米，高 2.35 米。正房 5 间，西配房 4 间，门窗为顶部半圆砖拱结构。正房正门有砖雕门楼，青灰打底，装饰彩绘。窗户为八棱花棂木窗，西配房为七格花棂木窗。百年老宅，虽陈旧却不乏精致，门窗油漆脱落，木质暴露，透出古朴与沧桑。正房和配房门框上楹联痕迹斑驳，依稀可以辨认出“尊祖宗、教子孙”字样，这一切似乎诉说着彼时这个殷实家庭的文化传承。在这个看似普通的冀中农家院落里，诞生了 3 个不平凡的人物：天文学家程茂兰、冀中早期金融界的老干部程茂山、习近平的亲密战友程宝怀。

【程茂兰墓】程茂兰墓位于沙窝村北古梨园南部，占地约 80 平方米，程茂兰骨灰的一半葬于此处，另一半葬在八宝山革命公墓。墓前有程茂兰墓碑，碑高 1.8 米，碑阴镌刻程茂兰生平，墓碑周围护以汉白玉栏杆，碑前有约 0.7 米见方供石。

□特色产业

古代滱水（唐代以后称唐河）频繁改道，其流域土地荒芜，沙丘遍地。传宋太祖赵匡胤凿穿古代唐河与漳水以运军粮，运粮所经河道称赵家河，赵家河即从沙窝流过。清嘉庆六年，唐河改道，移至今清苑县南部温仁村北，入白洋淀，原河道废弃。沙窝恰好处于此特殊地理位置，也造就了独特的砂碱性土壤和纯净的地下水，虽不适合耕种五谷，却特别适宜梨树生长，所产

鸭梨，品质上乘，汁多味香，口感清脆，细腻滑爽，驰名河北。

沙窝村的梨园可追溯到唐代。传唐初丞相魏征回乡晋州省亲，选用上好鸭梨熬制梨膏治愈其母哮喘，沙窝梨园因之日益兴盛，到清初果树万余株。绵延至今，古梨园丰姿绝代，古树合抱，虬枝古朴，姿态奇异。春季梨花盛开，润洁如玉，莹白胜雪，丽质天然，近临有淡香悠幽，远眺如雪海凌波。

沙窝村有古梨园 1500 亩，2015 年 3 月，经河北省林业厅专家测量鉴定，古梨园百年以上古梨树近 8 万余株，其中 200 年以上 2500 余株，树龄最长的近 400 年。按照树龄超过 100 年为古树的评定标准，认定沙窝冯村古梨园为河北省面积最大、最集中、保存最完好的原生古梨树群落。整齐划一的街道、干净整洁的农家小院、功能齐全的村民服务中心、承载千年文化的古梨园，这些都是沙窝村给人留下的深刻印象。

□人物英才

【程襄文】（1914—1980）沙窝村人，曾用名程锦成。1932 年北杨村四存中学毕业，同年入伍，抗日战争时期任晋察冀军区司令部科长。1947 年，任晋察冀军区张家口办事处主任，1949 年 12 月任中国人民解放军西北二十二兵团独立第二军政治部主任，1952 年赴朝鲜参战。1955 年授大校军衔。1964 年 10 月任军事学院参谋系政委，军事学院哲学教研室主任，1972 年 9 月任内蒙古军区副政委。

【程茂兰】（1905—1978）字畹九，中国著名天体物理学家，1925 年赴法勤工俭学，1939 年获法国国家博士学位，1942 年任里昂和上普罗旺斯天文台副研究员，1945 年任研究员，1949 年 10 月成为法国国家研究中心的研究生导师，1956 年获法国教育部骑士勋章。1957 年 7 月绕道瑞士回国，任北京天文台第一任台长。1962 年任中国科学院数理学部天文委员会副主任委员。1962年8月至1978年任中国天文学会第二和第三届理事会副理事长，第二和第三届全国人民代表大会代表。

程茂兰是新中国天文事业的奠基人。他毕生从事实测天体物理研究，2008年11月，经国际天文学联合会小天体命名委员会批准，由中国科学院国家天文台兴隆站发现的国际永久编号为第47005号小行星被正式命名为程茂兰星。中华人民共和国成立后，他主持北京天文台光学观测基地的选址和兴隆观测站的建设，促成了2.16米望远镜的研制工作。提出并促成北京大学天体物理专业的设置、支持北京师范大学天文系的设置，为北京天文台和全国天文学界培养了一批优秀的骨干人才。

【程茂山】（1914—1985）沙窝村人。17岁去安国学习印刷技术。1935年在安国南关第一工厂做工人。1934年参加秘密进步组织，1937年冬吕正操司令员率部到冀中后，为扩大抗日影响，让南关第一印刷厂全部工人参加了抗日工作，后转移到阜平、曲阳、平山等地做边区油印工作。1938年7月入党，1944年秋上级调印刷局到冀东遵化筹建冀东行署印刷厂，到冀东的遵化、玉田、迁西一带，程茂山任业务科长。1949年随第四野战军进北京，接管国家金融企业，任北京市银行管理处主任，1950年任南昌市金融界军代表，江西省人民银行秘书主任，金融界工会主席。1951年到北京大学经济系学习，1959年由四机部调任武汉733厂副厂长。程茂山为冀中早期金融界的创办人之一，为新中国的金融事业做出重要贡献。

【程宝怀】（1936—）沙窝村人，1936年9月出生，1961年毕业于北京师范学院中文系，1997年退休。历任石家庄地委办公室秘书、赵县县委宣传部长、正定县长、河北省中医学院党委书记等职。1983年担任正定县长，期间和时任正定县委书记的习近平一起为正定的发展奠定了坚实的基础，成为河北省改革开放的先驱，被誉为“程解放”。

□名村今貌

2014年，沙窝村被评为全省美丽乡村。在改善村容村貌的同时，沙窝村开始发展特色产业，他们把目光盯在了老祖宗留下的古梨树上，大力发展集观光采摘、休闲娱乐为一体的乡村生态游。依托千年古梨园，建成了具有沙窝特色的村庄标识和千年古梨园标识，建设观光台一座，梨园内铺了景观路、步游路、环园路，并新建了一座游客接待中心。

漫步在梨园中，穿梭于树林间，品尝着香甜的梨果，仿佛置身于一个天然的大氧吧。古梨树形态各异，有的上面还挂着小牌子。这些都是游客认领的百年梨树，把认领游客的姓名、居住地等信息在梨树上进行挂牌。

为吸引更多的游客，自 2015 年起每年都在梨园内举办春季梨花节及秋季采摘节，其间还精心设置了丰富多彩的文娱活动，如：摄影风采“秋韵果香”、爱情宣言“永不分离（梨）”、书画创作“翰墨秋韵”、梨农 PK“梨园魁首”、戏曲票友“梨园采风”、单车比赛“梨园骑迹”、文学诗会“梨园抒怀”、休息娱乐“梨园漫步”等主题文化活动，让游客在游园过程中更能体会到浓厚的文化气息。每年都有 30 多万人到此游玩。目前，沙窝人正在积极谋划以“千年古梨”为主题的乡村生态游活动，努力打造具有田园特色，集“吃住行游购娱”为一体的生态化现代休闲娱乐场所。

为让大家看得见美丽，记得住乡愁，沙窝村还专门建立了村史馆。在村史馆里，一排排传统农具整齐排列，好像是一幅农业发展的画卷。墙面上“忆往昔、话当年、看今朝、想未来”的图片，向人们展示了沙窝村人自强不息的奋斗历程和对未来生活的美好向往。一个文化有传承、田园有风光、产业有发展的新沙窝正在初步建成。

（**撰稿：**郑文林 顿莎莎 **摄影：**江彦宁）

定兴县

DINGXINGXIAN

京南名城 元曲故乡

◎ 定兴县位于冀中平原腹地，京津保中心地带，总面积 714 平方公里，耕地面积 74 万亩，辖 7 镇 9 乡 1 个城区、274 个行政村，1 个省级经济开发区，总人口 60 万。定兴北距北京 89 公里，东距天津 122 公里，南距保定 54 公里，是京津冀协同发展前沿县市之一。京广铁路、京石高铁、107 国道、京港澳、京昆高速公路纵穿南北，京昆高速定易、固德引线横贯东西。

◎ 定兴历史悠久，文化底蕴深厚，秦置范阳县，金大定六年始置定兴，取大定兴盛之意。我国最早的音乐家高渐离，燕国名臣郭隗，东晋名将祖逖，唐朝诗人卢照邻、贾岛，元朝名将、保定府建造者张柔，元朝著名戏剧家、《西厢记》作者王实甫，清末军机大臣鹿传霖，中国第一位女试飞员张玉梅，乒乓球世界冠军牛剑锋等皆出于此。

◎ 定兴境内名胜古迹众多。位于高里乡的燕昭王所筑黄金台，开创了“招贤纳士”的先河；燕太子丹送荆轲于易水之上刺杀秦王嬴政，留下了“风萧萧兮易水寒，壮士一去兮不复还”的千古绝唱。北齐义慈惠石柱和元代慈云阁均为国保文物。市级以上非遗项目 26 个，其中，南大牛京绣列入国家级非遗项目保护目录。定兴还是元曲的故乡，河北梆子、孙式太极武学文化的重要发祥地，被列为“河北省黄金台文化艺术之乡”。

◎ 近年来，定兴县坚持走开放兴县、工业立县、强农富民之路，主动融入京津冀协同发展,建设“京南生态卫星城”,县域经济保持平稳较快增长。2016年，县域生产总值达到 117 亿元，全部财政收入达到 10.74 亿元，跻身保定市一类经济强县。定兴被工信部确定为全国产业集群区域品牌建设试点地区，被国家质检总局确定为创建全国质量强县示范县，被河北省确定为工业转型升级试点示范县、休闲食品产业特色名县。

定兴镇

畿辅重镇　大定兴盛

□名镇概述

定兴镇位于定兴县境北部，全镇总面积 66.8 平方公里，城内面积 1 平方公里，辖区内共有 42 个行政村，37 个自然村。据《定兴县志》记载，金世宗大定六年始置定兴县，取大定兴盛之意，以范阳之黄村（旧志为皇甫店）置县，金大定七年始建县城，因镇驻地在此，故名定兴镇。

镇内交通便利，京广铁路、公路 107 国道、S030 省道、京港澳高速引线、京昆高速引线贯通南北。

□文化遗存

【慈云阁】位于定兴县县城。慈云阁又名大悲阁，因阁内塑有大悲佛像而得名。占地面积 150 平方米。始建于元大德十年，明万历年间重加修葺，取佛教“心慈为贵，贵慈如云”，故更名为慈云阁。清康熙五十二年、嘉庆二十四年修葺。原为一组建筑群，分前、中、后三部，即前后山门、画廊、香亭、东西配殿，整个造型为一船形殿宇建筑。慈云阁工艺精巧，彩绘华丽，雄伟壮观，为元代建筑的典型作品，是中国古代建筑从宋代风格向明清风格过渡的最好例证。 1996 年 12 月，列为全国重点文物保护单位。1998 年慈云阁落地重修。

【文庙】又称大成殿，位于县治南，是历代官员祭孔的地方，也是旧时儒学所在地。现为定兴实验小学校址，占地面积 11 913 平方米，校内文庙

大成殿和月台为清代重修。据万历《保定府志》及清《定兴县志》载：文庙创于金大定年间，旋沦兵燹。明洪武四年又奉召设立。天启六年大水，黉宫为壑，周垣倾圮殆尽，邑人鹿正慷慨解囊，扩大成殿五楹、东西庑神、厨神库左右各十七楹、戟门三楹、棂星门又鼎然一新。清光绪年间，鹿传霖作西陵监工大臣，拨其银两，又重修。2008 年 10 月 23 日，公布为河北省文物保护单位。2014 年 4 月，定兴县委、县政府对其修缮一新。

【南肖庄遗址】南肖庄遗址位于定兴县城关镇南肖庄村北。为一高土台，高度 2—5 米不等，遗址北面有灰坑一处，采集标本有夹砂红陶翁棺碎片，大部分为手制，出土黑陶器壁薄。遗址南侧有灰坑二处，初步鉴定为龙山文化遗址，其中兼有雪山一期文化的遗存。1987 年 8 月，列为县级文物保护单位。

【巽阁遗址】巽阁遗址位于定兴县城东南 500 米处，东西长 240 米，宽 61 米，占地 14 640 平方米。巽阁又称文昌阁，据《定兴县志》记载："巽阁在城东南，奉文昌神，明崇祯年间范文源倡建，邑文士多集其上，会课赋诗。"因其风景秀丽，当时被列为定兴八景之一，后也曾做过定兴县文化活动场所。现仅存高台部分及清代嘉庆年间定兴知县赵锡蒲刻"巽阁笼烟"石碑一通。1987 年 8 月，列为县级文物保护单位。

【西辛告后土皇地祇庙】也叫后山奶奶庙，位于定兴县城东北 2 公里西辛告村，107 国道东侧，始建于清乾隆五十五年。据碑刻记载，当时的后土皇地庙坐落于西辛告村西部，有正殿、东西配殿、后殿和戏楼，1958 年被毁，仅存碑刻。1992 年重建，占地约 19 亩，建筑面积约 1378 平方米，是一长方形两进院落，建有山门、后土地宫、奶奶后殿、药王庙、护佑天尊殿、财神殿、观音殿及东西房。1994 年被河北省宗教厅定为宗教、道教活动场所。

【河阳书院】位于古城北大街十字路口西北处（原华建所在地）。清嘉庆九年，知县赵锡蒲倡修。清道光二十四年，知县梁宝书、邑人鹿传珣修建。该书院同保定莲池书院齐名，旧时享誉四方。中华人民共和国成立后是华建所在地，现为实甫中学使用。

□人物英才

【祖逖】（266—321）东晋名将。字士雅，范阳人，今定兴祖村店人。少年时与刘琨结好友，崇尚侠义，怀有大志。据《晋书·祖逖传》说“祖逖与刘琨俱为司州主簿，情好绸缪，共被同寝。中夜闻荒鸡鸣，蹴琨觉曰：‘此非恶声也，因起舞’。”“闻鸡起舞”这一成语即由此来，西晋末年，他率领亲朋党友数百家南移，避难于江淮间。后来上书要求北伐，晋元帝授他为奋威将军，豫州刺史，他率部渡江，至中流击楫，誓死收复中原。进军江阴后，屯田租谷“造作兵器”扩充军队，联络各地武装，与后赵相抗衡。数年间，收复河南很多失地，使石勒不敢窥司南下，当时匈奴刘曜与羯族石勒相攻击，时机对晋朝很有利。但东晋内部迭起纠纷，对祖逖不支持，反而派督戴渊相牵制。他因朝廷内明争暗斗，国事日非，忧愤而死。

【薛论道】（约 1531—1600）字谈德，号莲溪居址，定兴人，明散曲作家。天资聪慧，自幼好学，8 岁能写文章，因家贫而辍学。万历初，戚继光屯蓟，薛论道从戚军，前后从军 30 年，驰骋疆场，在抵御外患中屡建奇功。后由于当朝奸党弄权，弃官归里。由于他多年在边疆征战，对边疆风光和战斗生活感受颇深，写了 1000 多首散曲，内容多是表达边塞将士的怀乡之情和捍卫祖国的雄心壮志以及怀才不遇、报国受阻的感情。其慷慨悲歌，在明代散曲中最为突出，对当时社会的丑恶现象也有一定的揭露。有集《林石逸兴》。

【张槃】（1812—？）原名祚枝，宗小蓬，号图腹道人，直隶定兴人，著名画家，是清末民国画家张寿岩的祖父，官至山东武定同知，工篆隶，放情诗酒，余事作花鸟，亦能山水，《中国美术家人名词典》列有词条。清光绪七年，北京故宫博物院收藏他的扇面。现有作品陈列在北京荣宝斋和山东济南博物馆，被国家文物局限定为作品不能出口的画家之一。

【鹿传霖】（1836—1910）字滋轩，号迂叟。定兴县西江村人。父丕宗，官至贵州都匀知府，鹿传霖是其第五子。咸丰八年乡试中举，从钦差大臣胜保征讨捻军，以功授同知。同治元年中进士，历任广西兴安知县、桂林知府、福建按察使、四川布政使、河南巡抚。十一年调陕西巡抚，因病归故里。在家乡督办纂修《定兴县志》，并作序。十五年复任陕西巡抚，时值黄河西侵，将与洛河相通，鹿传霖增筑石坝30余座，免除水患。二十年中日交战，鹿传霖遣兵入卫。二十一年，升四川总督，创办四川中西小学堂，大兴教育。

光绪二十四年诏授广东巡抚，后转江苏巡抚摄两广总督。二十六年八国联军入侵北京，慈禧太后携光绪帝西逃，鹿传霖募兵三营人卫，奔及大同遇乘舆，护驾至太原，授两广总督，入值军机。后随光绪帝至长安，升左都御史，迁礼部尚书，兼署工部尚书。二十七年掌户部，兼督办政务大臣。三十年权工部尚书，转吏部尚书。三十二年实行新官制后，被罢值军机，专治部事。宣统元年与摄政醇亲王同授遗诏，加封太子少保，晋太子太保，历任体仁阁、东阁大学士，兼经筵讲官，德宗皇帝实录总裁，国史馆总裁。宣统二年春染病，七月卒。死后赠太保，谥号“文端”。著有《筹瞻疏稿》等。

【张寿岩】（1867—？）字第恩，定兴县城内一街人。清末民国画家，清著名画家张槃之孙。善花鸟，笔力精湛，备尽极能，声誉享满北京、天津等地。民国年间曾在北京、保定等地售画。民国十九年他将出售的书画作品所得捐出，用于定兴县四个城门楼的修缮工程，享年80余岁。

【郭葆昌】（1879—1942）字世五，号觯斋，河北定兴人。曾任袁世凯的“陶务总监督”，于瓷器之道尤为擅长。特别是在1915年至1916年间，他为袁世凯“登基”烧制了4万余件“洪宪御瓷”，为瓷器收藏家们追逐的宝物。郭葆昌不仅是烧制瓷器的名家，也是鉴赏家和收藏家，曾任故宫瓷器鉴定委员。1946年郭氏后人遵从遗愿，将瓷器全部捐给故宫博物院。“郭瓷”中不仅有罕见的宋瓷，也有连故宫都没有的清官窑“移栖耳尊”，后均运抵台湾。郭葆昌逝于1942年，著述甚多，应是中国瓷器史上的殿军人物。

□民俗文化

【定兴县澡堂子】有一句老话，叫作：“定兴县，三宗宝，开澡堂子带修脚，摇煤球的也不少。”据说，在清末民初，北京许多地方开澡堂子的多是定兴人，他们的服务方式是自成一体的，叫作“北方派”。

江湖中盛传，搓澡的分南派和北派，南派以扬州为主，搓澡的手法细腻，讲究手轻力匀，而且搓完澡按摩头部。北派的以定兴人为主，北派搓澡的讲究手法稳、劲头匀，功夫都在手劲儿上。搓完，要浑身通红。除去身上的污垢，止痒，给人以舒服轻松之感。可以说定兴县西半部的大小村庄，村村都有搓澡工，从业者几乎遍布全国各地，特别是天津、北京、西安、郑州、南京。由于公共浴池的发展，人们在洗浴后治疗脚病，修脚工走进了浴池，就有了“开澡堂子带修脚”之说。因为开澡堂子的定兴人多，所以掌握修脚技术的师傅多为定兴人。

搓澡、修脚这些特殊技术，尤其是修脚，是当时外县人所不能掌握，就是本县人，一般也是传给自己的得意门生，久而久之，定兴人开澡堂子、搓澡、修脚的便占了上风，形成了一大行业特色。

（**撰稿**：王振林　**摄影**：王振林）

高里乡

幽燕故地 满里名人

□名乡概述

高里乡地处定兴县西北 8 公里处，该乡面积 84.2 平方公里，辖 21 个行政村，7 个自然村。

据《定兴县志》载：高里乡为战国燕人高渐离故里，故取名高里。因乡驻地曾在高里故名高里乡，现乡驻地迁至古桑村，仍用原名。

该乡境内文物丰富。在平堽村，建有为纪念解放战争时期在此牺牲的“革命烈士纪念碑”，在陈村有黄金台，即燕昭王建的招贤台，在银台村有战国时燕国名将乐毅筑的点将台，还有国家级文物保护单位北齐石柱，沿村古柏，河内平章墓等。

□文化遗存

【义慈惠石柱】又称北齐石柱，系全国重点文物保护单位，北齐石塔古建筑。该石柱位于定兴县西北 10 公里的石柱村，建于北齐大宁二年。北齐石柱造型奇特，雕刻带有强烈南北朝风格，是少数北朝时代遗存至今难得的艺术佳作。

北魏孝昌元年至永安元年间杜洛周、葛荣、韩娄等人领导起义军转战数州，声势浩大。后在北魏举国兵力镇压下失败。起义失败后，当地百姓收拾义军残骨埋葬，并立木柱作为标志。后北齐统治者将木柱改为石柱，在柱身上遍刻约 3400 余字的《标义乡义慈惠石柱颂》，记叙起义、葬骨和立柱的经过。题额左下方有“大齐大宁二年四月十七日”的题刻。1961 年被国务院公布为第一批全国重点文物保护单位。

【黄金台遗址】位于定兴县金台陈村。黄金台又名金台、燕台，相传是战国时期燕昭王为招募人才而建。此台原为一方形土台，高 10 米，面积约 6600 多平方米。上有寺庙建筑，名为隆兴寺。现存台基已成为村中宅基地，其原土台夯土遗迹皆无。其他建筑已被毁。在未扰动的填土中曾发现绳纹陶片，陶质为灰陶、红陶和夹砂陶。现存明正德二年《重修黄金台上隆兴寺记》，明万历二十七年《黄金台燕昭王祠牌》，清道光十二年《观音大士碑》等碑记。1987 年 8 月，被列为县级文物保护单位。

【金台古井】金台位于定兴县城西南 15 公里处，系高里乡陈村，又称金台陈村。现金台已废，保存下来的文化遗物有古井 1 眼，碑刻 3 通和残石像多座，均系珍贵文物。相传，隆兴寺正殿前嵌一宝镜，每值夕阳照镜，光反射井内，辄呈现“干类松、叶似柏”的奇观影像，加台上环境幽美，宋元以来，“金台夕照”列为定兴八景之一。1984 年 12 月，被列为县级文物保护单位。

【究室村战汉遗址】该遗址位于定兴县高里乡究室村西南 50 米处，处于北易水河西岸的黄土台地上，台地高约 2.5 米。遗址范围为东西长 70 米，南北宽 50 米，土质肥沃，松软，适宜种植棉花、杂粮、蔬菜。东北两面已被破坏，形成断壁，断壁上发现文化层、灰坑。文化层深 0.8 米—1 米，灰坑厚 0.60 米，包含物比较丰富。采集遗物有夹砂红褐陶器口沿及其他陶片，泥质灰陶片及其口沿。初步判定为战国汉代遗址。

□人物英才

【郭隗】(约公元前 351—公元前 297）燕国大臣、贤者。战国中期燕国(今定兴县河内村）人。燕王哙七年，齐宣王攻破燕国，哙被杀。赵武灵王闻燕国内乱，将燕王哙的庶子职从韩国送回燕国。燕昭王元年，职被燕人拥立为王，称燕昭王。昭王为报齐灭燕之仇，并复兴燕国，拜访郭隗，求计问策。郭隗以古人千金买骨为例进谏，使昭王建筑“黄金台”，广纳社会贤才，昭王并尊郭隗为师。此举天下震动，各国贤士争相奔赴燕国，著名的有魏国的乐毅、齐国的邹衍、赵国的剧辛。昭王在郭隗的辅佐下，礼贤下士，与百姓同甘共苦，使燕国日渐富强。昭王拜乐毅为上将军，联合诸国共同伐齐，连破70余城，开创了“昭王中兴”局面。

【高渐离】（生卒年不详）著名乐士。今定兴县高里人。性格刚毅，善击筑，与荆轲为信义之交。公元227年，燕太子丹派荆轲刺秦王，渐离随燕太子丹及众宾客送至易水，渐离击筑，荆轲和律而歌：“风萧萧兮易水寒，壮士一去不复还……”歌筑之声悲壮慷慨，众人怒发冲冠，荆轲登车而去。荆轲行刺未遂被杀。因为他曾参与燕太子丹与荆轲刺杀秦王政的密谋，秦建立后，他为逃避搜捕，更名改姓，藏匿于宋子（今河北巨鹿），为人佣保。五年后秦灭燕。秦始皇爱他善击筑，免其死罪，将眼熏瞎，留在宫中为自己击筑。渐离思忖报仇时机已到，就把一个铅块放入筑中，增加筑的重量。秦始皇再次听筑时，渐离靠近秦始皇身边，突然以筑击始皇，未中。高渐离被杀，秦始皇一直到死不再接近诸侯使臣。

【王实甫】（1234—1294）名德信，字实甫，定兴县究室村人。所做杂剧今知有14种，现存《西厢记》《破窑记》《丽春堂》三种，《芙蓉亭》《贩船记》各存一折曲词，另存散曲数首。王实甫曾在金朝任县令，声誉颇佳，升陕西行台监察御史。因与台臣议事不恰，40多岁时就弃官隐居，从事杂剧创作。60岁时写成商调《集贤宾·隐退》一套散曲，描写他隐退后诗酒琴棋、啸傲林泉的生活。王实甫的杂剧以辞藻华丽著称，《太和正音谱》谓：“如花间美人，玉环之出浴华清，绿珠之采莲洛浦。”“铺叙委婉，深得骚人之趣”，被誉为“花间夺魁之作。” 明末金圣叹批注为“第六才子书”。

【张玉梅】（生卒年不详）女，定兴长安城村人。我国第一个女试飞行员，空军第三批飞行员。1984年，她以精湛的飞行技术入选空军试飞部队，成为我国试飞员行列中的唯一女性。曾荣立二等功12次，三等功2次，完成了6个机型、553个架次的科研试飞任务，安全飞行3124小时，先后出色完成了森林灭火、人工降雨、抢险救灾、科研试飞、新机出场试飞和定型试飞等任务。在展翅30年飞行生涯中曾受到毛泽东主席、周恩来总理亲切接见；被空军授予一级飞行员，航空工业总公司授予特级飞行员。1995年2月，按照空军有关部门规定，达到飞行员最高飞行年限，正式退出飞行行列。

【娄文彬】（1923—1984）定兴沿村人。14岁开始在河南新乡随父学徒，后去安阳拜许连元为师。出师后，到丰台涌泉阁澡堂当修脚工。中华人民共和国成立后，他潜心研究治疗脚病的方法，到1960年能治疗脚病40多种。国际友人扎伊尔总统蒙博托、喀麦隆总统阿西乔、越南总理范文同等也曾请他治过脚病，受到外宾赞誉，并受到周恩来总理的表扬，被誉为脚病治疗专家。

□非遗文化

【黄金台传说】黄金台又名金台、郭隗台，是战国时期燕昭王招贤纳士所筑，距今已有2300多年。当时的金台陈村黄金台台高20米，台面面积10亩，台上建有后人修筑的楼、殿、祠、阁25间，分三层，其中头层殿为昭王殿（明代修建），昭王居中而坐，左有郭隗，右有乐毅；第二层殿隆兴寺（元代修建）为佛殿，左有药王殿，右有观音阁，并有石像多尊，钟鼓楼矗立，其大钟高6尺，重1吨；第三层殿为圣人殿，有夫子像，也是陈村的私塾学馆。其台上有井一口，井深30米，供台上众人生活之用。

定兴有“八景”。其中“金台夕照”就是说的“黄金台”，传说每到傍晚太阳快下山时，从狼牙山鞍部西缝之间会有一道非常艳丽的余晖照射到黄金台上，别有一番景色。

【金台陈村九曲黄河阵灯会】据传，商朝末年，赵公明应闻太师之邀，携带胞妹“金蛟剪”助纣，大败武王兵将。后来矮脚道人用扎“稻草人”的法术将赵公明杀害。赵公明的胞妹发誓要为哥哥报仇，摆下九曲黄河阵打败武王。到了战国时期，燕昭王在黄金台招贤，设此阵考试前来应聘的各国名将，此阵按阴阳五行布局，分金、木、水、火、土，依八卦方位，中间设一指挥塔为八卦九莲之形。灯阵分四组组成。若是兵阵便是四营人马，进阵必须按“进六转六，六尽记五，过五望四，见三便走，一字拐弯，回头顿首”的秘诀循行，不然，只进不退，根本一个营也杀不出去。

灯会占地10亩，阵门坐北朝南，以中间木制牌为主，高粱秸秆为辅，用松柏枝装饰。阵内每五尺一灯，全阵共439盏灯；每6根2米长的高粱秸秆扎成一个耙子，耙子之间用秸秆连接组成甬道，交织成迷魂阵，进退循行，错综迷幻，又名八卦迷魂阵。

每年元宵节，八方来客观灯赏月。首先举行隆重的开阵仪式，燃放鞭炮礼花，点香申表祭天，以期盼来年风调雨顺，五谷丰登。接着南乐会奏起古乐步入灯阵，观众紧随其后，俗称转灯。整个灯场游人如织，欢歌笑语，一幅歌舞升平，太平盛世的景象。

（**撰稿**：王振林　**摄影**：王振林）

姚村镇

古风遗存 四方通衢

□名镇概况：

姚村镇位于定兴县西南36公里处，北与张家庄乡、贤寓镇交界，南同徐水县户木乡毗邻，东与固城镇相连，西同易县东部乡接壤。面积31.3平方公里，辖9个行政村，9个自然村。全镇交通便利，主要有京昆高速公路、固城—姚村引线、姚村—张家庄县级公路，通车里程50余公里。

据传，唐初有人从山西迁来定居，以烧砖为业，建窑甚多，故取名窑村，后以同音字演变为姚村。本地有三山、五井、二桥三孔、一百单八槐、石满坡等历史传说和幸木遗址、姚村行宫、直隶陆军小学旧址。

□文化遗存

【三山五井】姚村的地势西北两面高，东南两面低，每年夏秋两季，山水顺势而下流向姚村，年深日久逐渐冲刷成大小不等的无数条水沟，四周出现无数个深浅不一的坑塘。为了躲避水患，一些有识之士联合广大村民，集思广益，献计献策，建成了南北走向的三里长街，这条大街宽三丈六尺，但它不是笔直的，而是在中间拐了两个弯，把大街分成不等的三段，每段街的中心都修筑起漫坡形的小高地。这三处高起就是所谓的“三山”。

“有山不见山，五井在西边”。在构建三里长街的同时，经过认真勘察，人们在大街两侧开凿出五口水井。这五口分布均匀的水井砌起，井口周围用两丈见方的石块筑好井台。在每个井台的北边还都设立一个一丈见方的水槽。街两旁的居民以及往来商客不仅可以取水饮用，还可以在石槽上喂食牲畜。

【九门九关】明代，姚村为京保之间的重镇，除了农业之外，商业、手工业、服务业等也都得到迅速发展。明朝时，又有京保之间的大马路横穿姚村，成为一条经济大动脉，其中比较有名的作坊和店铺就达 60 多家。为了协调相互关系，处理工商事务，在南街的山西会馆里建立了姚村商会。

多少年来的发展改建，又衍生出 10 多条小街道，东西南北进出姚村形成了九个主要的道口。为防盗贼，姚村的管理者在这几个主要进出口上分别建造了关门。门洞门楼全用石头砌成。门洞高两丈有余，宽一丈五尺，在砌墙时已安放好坚固的石凿门墩和一尺宽五寸厚的木质门楣。门洞砌好后，上盖一间宽大的门楼，门洞内安装两扇大门。靠门洞北边又盖了一间门房，供看门人住宿。大门两边分别垒起高墙，这两边的高强与住户的围墙相接。村里的青壮年，每天轮流看守大门，并有专人负责为大门上锁。全村九个进出口建造起九个关门，使整个姚村形成一个外观十分雄伟的城堡。这就是所谓的九门九关。

【七十二箍钉】坐落于三里长街的护国观音寺，是姚村诸多庙宇中最为宏伟壮观的建筑。它占地五六亩，有东西南北四座大殿，筑有一座高高的莲花座，莲花座上端坐面北向南的观世音菩萨的塑像，两旁有十八罗汉护法，在东西南三座配殿中均塑有造型奇特、面目各异的神像。四座殿成口字型矗立，殿前左右各有一处小房，西边小房角建有鼓楼一座。值得一提的是，这座护国观音寺的山门，从大街拾级而上，登上九级台阶就到了山门外，雄伟壮观的山门门楼镶嵌一块长约六尺宽二尺的牌匾，上书“护国观音寺”五个红色大字，门楼两旁砌有一丈多高的青砖花墙，门楼下则是两扇棕红色的山门，每扇大门上嵌有五排共三十五个圆形箍钉，每个箍钉都有拳头大小，另外加两个兽形门钹，这总共七十二个装饰物就被称为“七十二箍钉”。它与“三山五井一百单八槐”并列为古镇姚村的奇观。

【百步三桥】姚村西门外约二百米处，还建有一座“北岳庙”，内有五座大殿，分别塑有北岳王、五都奶奶、送子奶奶、千手千眼佛和火神的神像，还有数块石碑矗立当院。庙西南不远处是一座戏台，每年农历四月初四的大庙会就在这里举行。这座宏伟的北岳庙建在高台上，三面环水，数条小河流经这里长年不断，我们的祖先在建庙的同时，整治了这里的河沟，并在河上架起了走向不同的三座石拱桥。这样，不但防治了水患，还为北岳庙增添了一大景观。因为这三座石桥之间的距离都不超过一百步，所以就又有了“百步三桥”之称。

【一百单八槐】相传，这里唐代建村，宋代即成为京、保之间的重镇，街道整齐，布局合理，南北大街三华里，两旁高阶瓦房鳞此栉比。宋代杨六郎（杨延昭）镇守三关时在此植国槐 108 棵，俗称一百单八槐。现仅存九株，枝叶繁茂，郁郁葱葱。

【姚村行宫】姚村行宫位于姚村古镇西北侧，是清光绪二十七年为慈禧太后从西安返京路过此地所建。行宫西依太行山脉，东临平地泉湖，占地 50 亩，分前后两院和一个后花园。南端有一座气势威严的宫门，门口有一对造型别致的彩陶狮子，眼球是水晶石的，熠熠发光。宫里由大殿和以对称格局并排的几个具有典型民族风格的“四合院”组成的前院。行宫所有房子均为青砖所砌，前廓后檐，双层玻璃门窗，非常考究。行官周围用高墙所围，整个行宫苍松翠柏，雄伟壮观。

【直隶陆军小学堂】直隶陆军小学（也称姚村陆军小学）创办于清光绪二十九年，属直隶督练公所练兵处管辖。校址设在姚村行宫，第一任校长郑汝成。1909 后为廖宇春，民国三年秋停办。

直隶陆军小学，学制三年，共办三期，生源是由各县高等小学中体质、学业兼优的学生。毕业升入陆军中学，中学毕业经军训后，正式升入保定陆军军官学校。该校历时 11 年，共培养学生 1000 余人。

直隶陆军小学停办后，行宫成了驻军营房。1924 年冯玉祥打败吴佩孚之后，国民三军四师第十六混成旅旅长门炳岳在此整编训练，长达一年之久。门炳岳走后，这里空旷闲置，无人管理，年久失修，直到 1930 年被当地群众拆除。

【留村烈士陵园】位于定兴县姚村乡留村村西古石佛寺遗址，占地 1760 平方米。2014 年 8 月重修，烈士陵园大门两侧写着“革命烈士永垂不朽、人民英雄万世流芳”对联。园内苍松翠柏，绿意葱葱，中间影壁上写有“功在千秋”四个大字。院内埋葬着解放时期，晋察冀三纵队八旅在解放固城、李家庄、留村等地牺牲的 364 名烈士的尸骸。

□民俗文化

【姚村南烧锅】早在明清时代，古镇姚村就已成为京保繁华商埠，闻名遐迩的姚村南烧锅就是其中红极一时的造酒作坊。

清咸丰三年，徐水户木村一赵姓大户，花两千吊钱购得姚村南大街路东一块面积 12 亩的地皮，聘请新城县孙家湾的孙文泉做掌柜，大兴土木盖起了数十间棚房，建起了十多个酿酒池，办起了造酒作坊，起名“聚泉永”。这就是俗称的姚村南烧锅。

孙掌柜外表和善，内藏精明，是酿造白酒的行家。他高价收购当地和西部山区盛产的上等高粱为原料，雇佣当地多名青壮劳力为工人，取姚村优质地下水，亲自加工配制。美酒酿好后，孙掌柜把亲自勾兑的白酒请东家和乡绅们品尝，顿时喝彩声不断。当场命名为“老寿星”牌，并贴上三星标签。

姚村的南烧锅，纯粮酿造，工艺讲究，入口绵甜，回味悠长。加之，孙掌柜经营有方，他将酒按九六罐、九八罐、百两罐子不同分量装入陶瓷罐中，罐罐分量十足，不差分毫；在买卖中，童叟无欺；从不掺杂使假，靠信誉、质量赢得了市场。柜台前往往排起长龙，不几年的工夫，姚村南烧锅的白酒就出了名，远近数十里，提起姚村“老寿星”牌纯高粱酒，没有不挑大拇指的。

买卖红火，日进斗金，东家自然高兴。旋即将原来的“聚泉永”改名为“温泉永”，以表彰掌柜孙文泉为他创下的辉煌业绩。

姚村温泉永兴盛了数十年，他所酿造的“老寿星”牌白酒享誉四方。1938 年，日寇的铁蹄践踏河北，汉奸们勾来驻安肃（今徐水）的日伪军，一把火将姚村南烧锅烧了个精光。从此，南烧锅一蹶不振，只留下了一片废墟和一些永久不灭的记忆。

（**撰稿**：王振林　**摄影**：王振林）

固城镇

范阳故地 千年古镇

□名镇概述

固城镇位于定兴县南 16 公里处，全镇总面积 77 平方公里，下辖 18 个行政村，13 个自然村。镇内交通便利，京广铁路、京深高铁、107 国道贯穿南北。

固城，原名龙泉镇，为范阳县故城，建于春秋战国时期。金初，该镇汪姓人在朝居官，上书朝廷，以工代赈重建城池，取城名为固城，取险固之意，后因筑城工程未竣工而废（土城遗迹至今犹存）。因镇政府驻固城，故名固城镇。

固城作为京城以南建制最早的县城治所之一，是中国北方最古老的重镇，城区有铁瓦寺、范阳书院等文物古迹遗址。至今该地还有龙泉井、文昌阁等文物遗存。

□文化遗存

【督亢陂】督亢，古地区名。旧时在新城，定兴等县界中有陂泽，周围五十余里，支渠四通，富灌溉之利。战国时期为燕国著名富饶地带。据明万历《保定府志》载："督亢陂，府旧志在范阳东南，新城（高碑店市）西南地"。刘尚云录曰"督亢，燕膏腴之地图。燕太子丹使荆轲献督亢地图入秦即此也。"陂，《一统治》云：在涿州东南又为督亢亭。又云亭在涿州城东南 15 里。遗址高丈余，周 70 步。《地理志》曰："上古圣贤冢地。记曰：督亢地，在涿郡，今故安县南有督亢陌，幽州南界也。"定兴，战国时燕国属地，燕太子丹送荆轲刺杀秦王时，就发生在旧时定兴地域一带。荆轲所携督亢图就包括定兴版图。“督亢春晴”为古时定兴八景之一。

【范阳城遗址】在今定兴县固城。初为土城。固城古时为范阳故地，据《汉书·地理志》记载：易水至范阳入涞，今易水至县南北河店与拒马河会是也。应劭曰：“在范阳水之阳”。《元和郡县志》云：“范阳故城秦范阳县也。”郦道元《水经注》“范阳陂，俗谓之盐台陂，陂水南通梁门淀，淀水东南流注易（南易水），谓之范水。易水自下有范水通目，又东经范阳故城南……”范阳故城，魏孝昌时为杜洛周所破，北齐武平七年移至伏图城，惟固城北 19 公里百楼村有官城，以道里方向计之，疑即伏图城矣，又按《魏书·地形志》范阳县有范阳城梁门陂。魏时，北方大乱，邑里为墟，疑此时县已移治，不始自齐。而范阳之名尚如故也。隋开皇元年，以范阳为遒（时兼有荣成也）。大业十年又移遒县于伏图城西南。十三年，陷入于寇，而二城俱废矣。隋末移遒县于故容城，按《容城县志》即今城子村，今定兴南界。至金立县，又故名定兴。始有定名定界。

【龙泉井】又称观音井。据清康熙十一年《定兴县志》记载；观音井在固城镇，苻秦时，上井泛滥，给乡民造成危害，遂建大士刹镇之，于是井水停止泛滥。金代，金章宗视察路过此地，诏命重修此井。元代总管万户张柔渫井，获大士像一尊，净水瓶一个。清康熙年间，井虽然有溢，但不越其限，因此得名圣井。明万历二十年进士，定兴辛木人，曾任太原府同知的蔡梦齐察看观音井后写诗称赞；其一，定水闲成照，幽花亦自开。何妨封世路，点点印苍台。其二，籁静香云细，天空鹤唳遥。小山丛桂渺，梦里自相招。其三，命寄县系宇，心安熟食禅。但能空一切，举足是青莲。

【铁瓦寺】铁瓦寺，又称永安寺，始建于明正德九年，位于固城西北角，占地约 12 000 平方米。地势很高，前有山门，居高临下，颇具气势。门内左右各有一个比丘僧守门，俗称站帅。院内有东西配殿，殿内各有两尊高大的泥塑，称大天王，正殿坐北朝南，巍峨雄伟，殿内有如来佛和十八罗汉。高达 5 米的如来佛面南背北，十八罗汉分列两边，身高约 2 米，都是生铁铸成，

实乃不可多得的艺术珍品。

永安寺建筑奇特，山门和正殿屋顶全部为铁瓦覆盖，故称铁瓦寺。正殿瓦垅272条，铁瓦数字不详。所有铁瓦寺都有各铸献铁人姓名、籍贯（州、县、村），每块各异，无一相同，瓦分阴阳，所有阴瓦铸有女人姓名，阳瓦铸有男人姓名，建筑上暗合阴阳之意，工程之浩繁可想而知。2008年5月去固城在一户民居中见到一块铁瓦，铸铭文："山东青州府日照县僧会司普照寺掌印僧官道源法号本宗造铁瓦二十个，大明正德八年施"字样。

□人物英才

【卢敖】（生卒年不详）即卢生，秦代博士，本齐国（一说燕国）方士。曾为秦始皇寻求古仙羡门、高誓及芝奇长生仙药，秦始皇赏赐甚厚，讲为博士。后见秦始皇刚愎拒谏，专横失道，遂避难隐遁，居于故山（今诸城市区东南13公里处）。秦始皇大怒，下令搜捕，终因未得而作罢。故山后改名卢山，山前有卢山洞，内置卢敖像。

【蒯通】（生卒年不详）汉初策士。本名彻，为了回避汉武帝刘彻同名，故《史记》《汉书》以"通"称之。范阳人。秦末陈胜起义后，任武臣为将军，率军三千攻秦国燕、赵之地。蒯通劝说范阳令徐公归降，徐公应允，他又游说武臣，让其迎接徐公。此策略一成，降者众多，遂不战而得燕赵30余城。汉初，韩信背叛项羽作了汉将，蒯通游说韩信引兵击齐，定齐后，汉高祖刘邦封韩信为齐王。蒯通知天下大权掌握在韩信手中，遂又游说韩信背叛刘邦自立，韩信犹豫不忍，蒯通装疯为巫而去。韩信被杀后，高祖问吕后："信死时何言？"答："他说，悔不听蒯通之言。"高祖召见蒯通问罪，责问其为何劝说韩信背叛汉，欲用烹刑。他辩解说："人各为其主效劳。最初，我只知韩信为齐王，不知归属陛下，况且秦失天下，高才者先得，想要与您争天下的难以数计，只是力小不能罢了，您能全杀掉吗？"高祖听信其言，赦他无罪。惠王时，丞相曹参请蒯通为宾客。据《史记·田儋列传》记载：蒯通"善为长短说，论战争之权变，为八十一首"，名为《隽永》。《汉书·艺文治》纵横家有《蒯子》5篇，今佚。

【郦炎】（生卒年不详），东汉诗人。字文胜，今定兴固城镇人。秦汉之际策士郦食其之后嗣。他精通音律，很有文才，应对敏捷，善辩，众人服其能。灵帝建宁、嘉平年间，州郡多次召用，都未应召。平生擅长写诗，诗文多写个人抱负和怀才不遇之感愤，有《大道》《灵芝》诗二首存《后汉书》文苑列传、本传。汉武帝嘉平六年卒，年仅28岁。尚书卢植为其作辞哀悼，彰其美德。郦炎著书多部，可惜存世者不多。其中以《见忘诗》著名。

【张金海】（1878—1948）艺名“三盏灯”，定兴县北堽上村人。幼年在本村上私塾，后家境日渐贫寒。1894 年，张金海拜容城县北章村外号“佛动心”的老艺人为师，先学“青衣”后改学“刀马旦”。他体格匀称、面目清秀，被他的师爷“老永红”看中，领去学花旦，五年出科后，被请到保定第一楼组班，巡回于唐山地区演出。主要剧目有《春秋配》《董家山》《杨家将》等 70 多个。每一次演出，他只要出场一亮相，两只眼睛光闪闪、亮晶晶，加上眉间的一个红点，犹如三盏灯一样，深受观众欢迎。

【李燕亭】（1893—1964）原名李长春，定兴县姚村人。清宣统二年考入天津政法专科学校附属中学，同年与同学李大钊等人参加全市学生请愿示威游行。民国三年考入北京大学预科。六年入本科，后由李大钊介绍到苏联大使馆教汉语。八年参加五四运动，同年赴美留学。在留学期间，李燕亭先后数十次在美中协会、中国学生会、万国学生会、华侨总商会公开演讲，宣传中华民族文化。1923 年回国后，应聘到北京农业大学任农业系教授。1924 年，任中州大学图书馆主任兼理科教授。1927 年，到北京农业大学任教，兼政法大学英语教师。同年 10 月，任河南大学理科教授兼图书馆主任。1956 年，李燕亭到新乡师范学院任化学教授、图书馆主任。1964 年病故。著有《图书馆学》。

【张子春】（1928—）名启高，号来一，笔号石龙，定兴县固城镇人。幼承家学，兼善指墨，有扎实的传统绘画功底。1984 年始，从事文化和美术教育工作。其作品多次参加中央、省、地、市画展。1985 年应邀东渡日本举办墨画展和艺术交流。1987 年指画《王维诗意》应邀参加首届中国艺术节。1989 年又在北京中国画研究院举办个人画展，《白梅》为该院收藏。1990 年，巨屏指画《戏梅》为天安门管理处收藏和陈展。

（**撰稿**：王振林　**摄影**：王振林）

西江村

鹿氏故里 光耀千秋

□名村概述

西江村位于定兴县城东南15公里处，地势低洼，为潮褐土质，总人口3902人，均为汉族，耕地面积4444亩，为西江村党支部村委会驻地。是四川大学创始人、清末军机大臣鹿传霖祖籍地。

相传，隋唐年间，村东北是一片枯海，是一泽湖地，如同北京的北海一样，当地人俗称“小北海”。湖中有一孤岛，岛上有一孤亭名曰北海亭，“北海孤亭”是古时定兴八景之一，位于北海东边的叫东江村，北海西边的叫西江村，故取名西江村。

□文化遗存

【鹿氏墓葬群】位于定兴县西村村南。县级文物保单位。占地75亩，始于明代永乐年间。鹿氏家族始祖鹿荣于明初由山西小兴州徙居于此，分东园和西园，由北向南进入，原有松柏、神道和墓表碑刻，其中有朱珪，李光地等明、清名人的铭文、撰文，历时约600年，墓穴有170余座，西江村鹿氏墓地在定兴县有多处，但自明清以来葬于该墓地墓穴主人有嵇可查者，知县以上官员达28位，实属明清两代当地望族，该墓城现为一梨园，封土皆无，20世纪六七十年代部分墓葬被破坏，现墓地碑刻已修建，竖立墓碑20余通，尚有部分埋于地下，大部分较完整，其家族现代墓葬也建于该地。鹿传霖及其祖父鹿荃父亲、鹿丕宗的墓葬在定兴县田侯村。

【北海孤亭】据清康熙十二年《定兴县志》记载，北海孤亭是定兴八景之一。北海孤亭是由鹿久征为其孙鹿善继所建的读书之处，是鹿善继少年时读书，成年后讲学之所，也是其子鹿化麟下帏之处。入清后，因年久失修破败，又由鹿氏子孙重修。光绪年间，移建至定兴城内鹿太公祠中，题诗和刻石一并移入城内太公祠，1949 年后犹在，可惜的是现在已被毁，不知所终。

□人物英才

【鹿久征】（1541—1607）字豫轩，号行一。定兴县西江村人。明万历八年进士，初任职息县。当时，明神宗下诏在全国均田，部使者令地方府、县将土地分成上、中、下三类，息县奸民作怪，尽以下等之田上报。鹿久征严加核查。息县原有可耕田 2.8 万顷，而核查出隐占之田 4000 余顷，令其纳税。后任职襄垣。此县历年饥荒，流亡者甚众，前任以逃者之赋强加于未逃之人，鹿久征则按现存户籍征赋，去除悬额 700 户。传道授艺，贫不能婚者，为其择偶并予资助。因政绩突出，擢为御史。当时明神宗令百官修省，鹿久征，力陈修省三事：省圣躬，禁酷吏，恤民隐。明神宗采纳。后鹿久征按察苏松，兴革十六事，悉中切要。明神宗军政乏事，怒斥南北台 50 余人，鹿久征适服丧期满还朝，上疏申救，困言辞急切，疏入而贬官泽州（今山西晋城），施政有名，声动中外。后归乡里，杜门谢客，教子孙读书，天启年间，因孙鹿善继追赠光禄寺少卿。

【鹿善继】（1575—1636）字伯顺，号乾岳。定兴县西江村人。明万历四十一年中进士，授户部山东主事，与同僚袁世振起草全国盐法，因母丧归里。以补河南，主管辽饷。万历四十六年，朝廷以对辽用兵为名加征田赋，此后逐年增加。鹿善继体察民间疾苦，对此极为愤慨。辽饷告急，欲上书朝廷以帑银补交之时，恰有广东一部银两运到，则愤然主张以广东银改充辽饷，万历帝震怒，遂降职、减俸。责令补偿，并外调他职，后归故里。

泰昌元年，鹿善继恢复官职。不久，改任兵部职方主事，跟随孙承宗阅兵，后卒兵至榆关（即今山海关），孙承宗任用鹿善继为参赞，后以拟调吏部，鹿善继拒绝。天启年间宦官魏忠贤勾结熹宗乳母客氏，专断国政，排斥异己。孙承宗对此不满，欲举兵，魏忠贤恨之入骨，百般刁难。孙承宗终被排挤去职，鹿善继亦随之罢归。

崇祯皇帝即位后，鹿善继被召为尚宝卿，掌守宝玺、符牌、印章等事，未就职，擢太常少卿，官光禄寺丞事，后因病回家休养。崇祯九年七月，清兵围定兴，鹿善继主动入城守卫，城陷而死。赠大理寺卿，谥“忠节”。著有《鹿忠节文稿》《四书说约》《无欲斋诗钞》等。

【鹿荃】(1735—1792)字腹园，清贡生，定兴县西江村人。鹿尽心曾孙。荃自幼有远志，清乾隆三十年拔贡，先后任三河县训导、山西灵石知县、永济知县。四十八年擢绛州知州，四十九年升任江苏镇江知府，又授浙江粮道，迁两淮盐运使。清乾隆五十六年著《鹿氏家谱》13卷，为其后世子孙定下“宗传理学，世笃忠贞，必有其本，时乃日新”十六字轮转。死后葬于定兴县田侯村。

【鹿丕宗】(1787—1856)字杰人，号简堂，鹿荃第五子，定兴县西江村人。清嘉庆十八年拔贡。道光二十年被选派至贵州，历任施秉（今属贵州）知县、桐梓县知县、平越州（今贵州福泉）知州、都匀府（今贵州都匀）知府。

咸丰五年，驻遵义太平军杨凤部经安顺攻麻哈（今属贵州）。鹿丕宗率兵救援。义军恐被围，乘夜改道转至黄平州（今贵州黄平）的安江，正欲渡河，鹿丕宗追至，重创义军，俘杨凤，因功获赏顶戴花翎。同年，台拱苗民举事，巡抚拟用安抚之策，鹿丕宗反对，巡抚不从，派二人前往招安，苗民不服，杀二人。巡抚急调兵进攻，兵未至，起义军已连陷数城。七月进攻都匀。龙里，贵定苗民乘机起事，两支义军东西合攻都匀。时城中官军仅200人，粮食亦匮乏，鹿丕宗急募民训练，又令一军驻城外，一军驻城内，护卫犄角。义军来攻，鹿丕宗登城督战，左右皆中炮阵亡，战况激烈。义军一进难以攻下城池，遂以重兵据要隘，断绝粮道，阻隔援军。鹿丕宗仍令死守，粮食渐尽，士民死亡相继。坚持到咸丰六年七月，援兵至，义军撤围隐去。总督桓春偏听都匀境内已无义军之言，调离援兵。鹿丕宗请求留兵防备义军，桓春不听，并将鹿丕宗免职。后城陷，鹿丕宗与妻萧氏自焚而死。提督孝顺、巡抚蒋霨远据实奏报，诏按三品例赐恤，国史立传，谥“壮杰”，赐世职骑都尉。

【鹿传霖】(1836—1910)字滋轩，号迂叟。定兴县西江村人。父丕宗，官至贵州都匀知府，鹿传霖是其第五子。咸丰六年七月，苗民攻都匀城时，

鹿传霖曾率健卒外出迎饷，听说城危，急驰回城助战，援绝城陷，鹿丕宗自焚身亡。鹿传霖投贵州总督府，哭诉其父亲死状，并随军收复都匀。后鹿传霖扶丧乞讨回故里，时年20岁由此而出名。

咸丰八年乡试中举，从钦差大臣胜保征讨捻军，以功授同知。同治元年中进士，历任广西兴安知县、桂林知府、惠湖嘉道、福建按察使、四川迁布政使。九年授河南巡抚，清理州县纳粮积弊，年增收30余万石。十一年调陕西巡抚，因病归故里。在家乡督办修《定兴县志》并作序。十五年复任陕西巡抚，时值黄河西侵，将与洛河相通，鹿传霖增筑石坝30余座，免除水患。二十年中日交战，鹿传霖遣兵入卫。二十一年升四川总督。鹿传霖特立一军稳定社会秩序，创办四川中西学堂（四川大学前身），大兴教育。时夔、万两县灾荒，鹿传霖发上游积谷，运下游救济灾民，又采购湖北粮米平价卖给灾民，使境内灾民安然无恙。鹿传霖乘机进兵讨瞻对（今四川新龙），当地土司慑服，均依附鹿传霖。接着上疏朝廷，陈善后之策，主张派汉官在此屯田，开垦荒地，并建设通信设施等。因其支持者李鸿藻不久逝世，满族大员恭寿、文海从中设阻，其策未能采纳，故鹿传霖解职。二十四年诏授广东巡抚，后转江苏巡抚摄两广总督。二十六年八国联军入侵北京，慈禧太后携光绪帝西逃，鹿传霖募兵三营入卫，奔及大同遇乘舆，得慈禧欢心，护驾至太原，授两广总督，入值军机。后随光绪帝至长安，升左都御史、迁礼部尚书、兼署工部尚书。二十七年掌户部，兼督办政务大臣。三十年权工部尚书、转吏部尚书。三十二年实行新官制后，被罢值军机，专治部事。宣统元年与摄政醇亲王同授遗诏，加封太子少保、晋太子太保、历任体仁阁、东阁大学士兼经筵讲官，德宗皇帝实录总裁，国史馆总裁。宣统二年春染病，七月卒。死后赠太保，谥号“文端”。朝廷以“一事不苟，一言不欺”之语褒扬。著有《筹瞻疏稿》等。

（**撰稿**：王振林　**摄影**：王振林）

石象村

风水沃土 许氏名门

□名村概述

石象，位于定兴县城西南 20 公里处。北邻北塘路，南邻九姚路，地势平坦，土地肥沃，气候温和，以种植业为主，有 4600 人，均为汉族。耕地面积 7000 余亩，为石象村党支部、村委会驻地。

相传隋唐年间，本村建有石佛寺一处，寺内有大石佛像，借此起村名石像村。后取太平有象之意，演变为石象村。据记载，明代驸马许从诚请旨重修过石佛寺，石象村名流传到今。

□许氏名门

明嘉靖年间曾出现定兴唯一的驸马许从诚。据清光绪十六年《定兴县志》记载：明嘉善公主，名素慎，世祖嘉靖皇帝第五女，下嫁许从诚。以贤淑著称，皇宫赐珍膳，必先进奉舅姑，虽显贵而勤从俭。许从诚，定兴县石象村人，嘉靖三十六年中选驸马。夫妇和睦、亲密无间，其墓地在定兴县东落堡村北。现有明万历十九年驸马许从诚和明万历三十六年驸马父亲许婉如的功德碑矗立在田间。定兴许氏家族古时是名门望族，明永乐年间从小兴州迁到定兴石象村。始祖许伯元，第六代许瑶，曾任山东省乐陵县令，有两个儿子许威如、许婉如，第八代是驸马许从诚。许从诚之孙许显纯，明万历四十七年武进士，擢锦衣卫都指挥佥事。明熹宗时曾杀害杨涟、左光斗等“六君子”。至清代，许启祥，贡生，著有《邑史畜料》10 卷，清康熙十二年与尚新民同纂《定兴县志》10 卷，并有“督亢故址”“百楼耸翠”“石柱吟”留存至今。许允毅，清乾隆三十六年武进士，曾在广东永安协右营都司任职，御前侍卫，祖父许纲方，以孙允毅，官曾武略骑尉。父许锡珈，以子允毅官封武略骑尉，弟许允猷，以弟允毅，官赠昭武将军。据说，乾隆皇帝曾下旨建御券侍卫府亲题匾额。此外，明万历《保定府志》还辑录了许大本、许大经、许凤、许从训、许从讱等人的名字；清光绪十六年《定兴县志》记载了明万历二年武进士许从谦，崇祯四年武进士许纯诚、崇祯十六年武进士许世德，以及清乾隆三十六年武进士许允毅等人的名录。

□非遗项目

【石象村戏剧盔头】石象村是一个文化底蕴丰富的地方。戏剧盔头、道具制作是该村传统的特色产业。

盔头，也就是戏曲中的冠、盔、巾、帽等。冠多为帝王贵族所戴，有九龙冠、平天冠、紫金冠、凤冠等；盔为武官武士所戴，有帅盔、草王盔、倒缨盔、中军盔、八面盔等；巾有皇巾、相巾、文生巾、武生巾、学士巾、八卦巾、员外巾等，帽有皇帽、侯帽、相貂、纱帽、毡帽、太监帽、皂隶帽、凤帽等。

盔头的制作工序就有 30 多种，用料主要是棉纸、铁丝和木工用的古水胶。要想制作一件好的盔头，首先，要先设计图样，根据历史、朝代和剧情唱段来设计适合的盔头、头饰。然后，用刻刀把设计好的图样刻下来，

用水胶按工序粘合起来，这样盔头的胎形就做出来了，再刷红土、立粉、刷胶、贴金银、点翠、上绒球、各种仿真珠子、各色大小穗子，把位置摆好，这样一件盔头成品就做好了。

第三代传人许建立，出生于盔头制作世家，从小继承庭训，师从于盔头行业领军人物第二代传人许双泉（许树勋，许氏盔头第一代传人，民间老艺人，人送美称“盖京南”，曾参与故宫修建的墙壁绘画，许双泉为第二代传承人），耳濡目染，颇得真传，熟知盔头、道具的各种制作技巧，并不断创新。有比较深厚的美术功底和审美观念，能够摒弃门户之见、博采众长，不断地把盔头技艺根据新编历史剧的需要在传统盔头的基础上加以变化、加以创新。对盔头的技艺技法十分精通。沥粉技艺线条细腻、柔和清晰、造型秀美、图形色彩逼真。足刻技艺把图形刻得栩栩如生、线条粗犷有力。最独特的是“转刀”具有流畅美和韵律感。另外，对各种砌末活也很有研究，如狮子盔、虎头盔、王八盔、虾盔、鹤盔等做得活灵活现、精美至极。

1987 年，许建立为正定西游记宫设计了师徒四人和白龙马道具获得了好评。2006 年为保定老调《金沙滩》设计全剧盔头。各大省市大剧团的导演常来订货，并进行样品的创新交流。2005 年获得“盔头制作奖”。2009 年在定兴戏曲大赛中获得“百胜杯优秀奖”。2012 年被确定为保定市第三批市级非物质文化遗产项目代表性传承人。

另一传承人许茂臣生产的戏剧盔头和各种道具，以及各种民间花会用品，全部是纯手工制作。产品美观大方、做工精细，符合剧情和朝代特征。民间花会用的舞龙、舞狮、大头人、旱船、跑驴等也多达几十种。脸谱也达百余种。

许茂臣这门手艺是祖上传下来的。明、清两代许家就开始做各种盔头、道具和民间花会用品，据说清乾隆皇帝曾经接见过许家先人。此后，这门手艺代代相传，直到现在。清末许茂臣的爷爷许志贵在北京老盔头社做活，当师傅，可在外地教的徒弟学成的很少。后来，许茂臣的父亲许凤瑞继承了这门手艺，曾在定兴北河老盔头社做过活。

许茂臣制作的盔头、道具等产品销往全国各地。主要销往北京的中央电视台制作中心、中国京剧院、北京京剧院、中国戏剧学院等文艺团体和各地文化馆。央视制作中心拍摄的《垂帘听政》、1986 版《西游记》等十几部大戏，都使用过许茂臣提供的各种头饰。导演、制片主任、剧务主任常来许茂臣家订货，著名相声演员郭德纲，说相声用的古装盔头也是石象许茂臣提供的。2007 年，中央电视台曾对许茂臣进行过专访。

（**撰稿**：王振林　**摄影**：王振林）

石柱村

秦关老月 汉塞疏星

□名村概述

石柱村位于定兴县城西北15公里处，地势平坦，多为褐土，少为沙壤土，有4038人，均为汉族，耕地面积947亩，为石柱村党支部、村委会所在地。

石柱村历史悠久，是典型的文化村。石柱村因石柱而得名，是定兴县最大的天主教聚居区，是非物质文化遗产——定兴毛头纸，即黑纸（烧纸）、白纸（窗户纸）制作发源地。

□文化遗存

【义慈惠石柱】位于石柱村西北。柱身上刻有“标异乡义慈惠石柱颂”九个大字和长达三千多字的“颂文”。因建于北齐时代，所以也被称为北齐石柱，至今已有1400多年的历史。1961年被国务院公布为全国重点文物保护单位。此柱造型奇特，雕工粗壮有力，是遗存至今难得的北朝时代艺术佳作。

全柱分基础，柱身与石屋三部分，通

高 6.65 米。基础是一块大石，东西两边略大，南北两边略小。基石上有覆莲座柱础。莲座包括方台、枭线、覆莲三部分，为一宽约 1.23 米的方石，高 55 厘米。柱身高 4.5 米，用两短浅棕色的石灰石垒接而成。柱身为一不等边的八角形，自下而上逐渐收小，每高 1 米，收约 2.5 厘米。柱的上部，约于通高的四分之一处，东南、西南两隅角为了镌刻题字而未削边棱，形成平面，“颂文”和题名等刻在柱身的各面。

石屋建在柱顶之上，为一面宽 3 间，进深 2 间，单檐四阿顶小屋。石屋刻出屋顶、檐椽、角梁、斗、阑额、柱子，前后当心间刻火焰龛门、佛像，两次间刻出方窗，恰如一座完整的三间殿宇的模型。石屋下面一块长方形石板，作为屋的基础，也是柱身的盖板。在盖板的底面，刻莲瓣、圆环、古钱及花果等纹饰，使人从下面望上去，不致单调乏味。佛像的脸型、背光均为南北朝雕刻风格。石屋柱子卷煞收分以及其他手法，都是研究南北朝时期古建筑形状极其可贵的实物例证。

此石柱不仅设计精美，雕刻细腻，造型奇特，而且刻在石柱各面的“标异乡义慈惠石柱颂”具有很重要的史料价值。此文共 3400 余字， 记叙了自北魏孝昌元年至永安元年间的葛荣、杜洛周的农民起义的史实，反映了当时农民起义波澜壮阔的伟大场景。

□名人轶事

【黄巢与石柱】相传，范阳县石柱村有一沙丘寺，该寺位于村西北的一高坡上，坡高约一丈许，院内有北齐石柱一座。沙丘寺前有空地一方，大约亩许，不生五谷。寺前有一棵古老柳树，直径约 1 米，由于时间长久，柳树已长成空心。

黄巢，早年以贩盐为生，长得魁梧高大，绿脸汉子，早年落难，来到北齐石柱沙丘寺内，受到住持卞虑的精心照顾。黄巢在沙丘寺度过时日，对卞虑和尚有了深厚的感情。经过几年的调整，黄巢准备正式起事、发兵，早晨起来便先“祭刀”，见谁杀谁，不留私情。寺内和尚们知道黄巢心狠手辣，手段残忍，生怕自己是被黄巢杀的第一人。趁当晚黄巢睡下后，和尚们四散逃离，只剩下卞虑住持一人。卞虑住持知道黄巢不可能拿他“祭刀”，但也感到心虚，有些害怕，也想找个藏身之处，但寺院无处可躲，总觉不安全。情急之下，他慌忙跑到寺外，见寺前有一空柳，赶忙钻到柳树内藏身。不多时，天色刚露白，黄巢渐渐醒来。他睁开一双睡眼，手提大刀，冲出屋来，准备“祭刀”，但见寺内一个人都没有，感到非常沮丧，顺势冲到院外，还

没见到一个人，他气急败坏，见寺前一棵柳树在微风吹拂下，微微颤抖，便抡起大刀向那棵柳树狠狠地砍去，只见那刀正砍到卞虑和尚的颈部，随着柳树被拦腰砍断，卞虑和尚的人头从柳树内落到地上。黄巢定睛一看，是卞虑和尚，大声涕哭起来，想不到自己的第一刀正“祭”在了自己的恩人上。许久，他擦干眼泪，抬起头，心想连自己的恩人都杀了还怕什么，起兵往长安攻打，一路上杀人如麻，血流成河。最后拿下了长安，成了皇帝，从此，“开刀杀的卞和尚”这句俚语便流传下来了。

□非遗文化

【毛头纸】造纸业在石柱村可谓源远流长。相传，早在唐代山西移民传入，据清康熙十二年《定兴县志》载：“大位之纸，以废书残简为之，名覆地蓝，今石柱村人多造此。”可见，在清康熙年间石柱村的造纸业已经很有名气，并作为土特产加以记载。但大位之纸如何传入石柱村无据可查，从地理位置分析，大位、石柱二村相距很近，金史地理志载，该二村原来为涞水所辖，金建定兴县时将两村划入定兴。又据《定兴县新征志料》载：石柱村现出麻绳毛头纸，溯白纸行之起源，实因石柱村有名姬玢者，生而心灵手敏，颖悟非常，先自创造包裹纸，办理有效，意欲发展，复造麻绳毛头白纸，继而思之，以为滋事本大，倘一赔，累必致不支。于是孤身赴山西出纸之地，以观造纸之妙，年余还乡遂照山西纸做法加以改良，创办毛头纸，出品颇佳，获利亦厚，随后推而广之。

随着时代的变迁，石柱村的造纸业不断进化和发展，清末光绪年间，石柱村人从天津廉价购买外商垫轮船底用的废纸条，用铁丝捆成方捆，俗称方槽，运回来制纸浆，又从民间收购一些麻绳头、废渔网之类的东西，经白灰水浸泡、漂白、粉碎、加入纸浆，造出的纸既光洁细腻又富有韧力，价格也较便宜，可用来裱糊门窗，也可用来做账簿或书写、公文用纸，曾畅销我国东北、西北各省和京津等地。抗日战争时期，由于敌人封锁，抗日根据地纸张困难，晋察冀边区政府曾用石柱村的麻纸印刷过文件、课本，边区银行还用石柱村特制的双抄纸印刷过边区票（即边区人民币）。中华人民共和国成立后，石柱村的毛头纸仍以其物美价廉、用途广泛畅销我国北方各省。

（**撰稿**：王振林　**摄影**：王振林）

究室村

实甫故里 誉满华夏

□名村概述

究室，位于定兴县城西 6 公里处，东靠北易水河，地势平坦，多为褐土，少为沙壤土，有 3100 人，以汉，满为主，耕地面积 4222 亩，为究室村党支部、村委会驻地。定易公路在村北东西穿梭而行，交通便利。

相传，西汉初年，有郝、李两户人家在此建村，后王、孟等姓迁来。古为沟深，后为究室，再后来演变为究室。在这里，“究”是小河的尽处，“室”是“坡”的意思，顾名思义，究室就是靠近村东北易水河旁边的坡上建村。从今天的究室村的地形也能看出这一点。过去的人们住在“南庄”“北庄”的坡上。村内中心有“兴国寺”一座，始建于唐代，明弘治十八年重修。据河北元曲研究会秘书长、河北师范学院张月中教授等考证，这里还是元代伟大戏剧家王实甫故里。他的《西厢记》享誉华夏至今令人叹为观止。

1993 年 7 月 28 日，首届元曲国际研讨会代表云集定兴，到究室村考察，对究室村王实甫故里予以确认，并立碑为证。2004 年 4 月 4 日，时任国务院总理的温家宝同志到究室村视察“三农”工作，详细询问了这里的农业生产，文物古迹等情况。2014 年 7 月 6 日国家旅游局副局长杜一力和当代著名作家叶梅赴究室村考察王实甫故里情况，并与乡村代表进行座谈。

□杂剧大师王实甫

王实甫（约 1260—1316）名德信，大都（今北京市）人，祖籍河北省保定市定兴（今定兴县）。元代著名戏曲作家，杂剧《西厢记》的作者。天一阁本《录鬼簿》称他名德信，河北定兴人。诸本《录鬼簿》都列入“前辈已

死名公才人”，可能由金入元。据元周德清《中原音韵·序》，可知王实甫于泰定元年前已去世。明贾仲明增补《录鬼簿》，有《凌波仙》词吊王实甫：“风月营密匝匝列旌旗，莺花寨明飏飏排剑戟，翠红乡雄赳赳施谋智。作词章风韵美，士林中等辈伏低。新杂剧，旧传奇，《西厢记》天下夺魁。”“风月营”“莺花寨”“翠红乡”，都代指元代官妓聚居的教坊、行院或上演杂剧的勾栏。显然，王实甫是熟悉这些官妓生活的，因此擅长于写“儿女风情”一类的戏。明陈所闻《北宫词纪》收《商调·集贤宾·退隐》套曲，署为王实甫作，其中有“百年期六分甘到手，数支干周遍又从头”，可知其60岁时已退隐不仕。

《北宫词纪》所收署名王实甫的散曲《商调·集贤宾·退隐》中写道：“想着那红尘黄阁昔年羞，到如今白发青衫此地游”“人事远，老怀幽，志难酬，知机的王粲；梦无凭，见景的庄周”“怕狼虎恶图谋，遇事休开口，逢人只点头，见香饵莫吞钩，高抄起经纶大手”，可知王实甫早年曾经为官，宦途不无坎坷，晚年退隐。曲中又有“且喜的身登中寿”“百年期六分甘到手”，可以推断他至少活到60岁。这首散曲又见于《雍熙乐府》，未署名。因此，学术界对它的作者是谁有不同看法。

《西厢记》最早的来源是唐代元稹所著的传奇小说《莺莺传》，不过它是以金代董解元的《西厢记诸宫调》为基础改编而成的。它和《董西厢》在情节上相差无几，但在每个方面都进一步加工、发展和提高，使戏剧冲突更加激烈，人物性格也更为鲜明，特别在心理描写上，细致、精确，引人入胜。《西厢记》是我国古典戏曲中一颗璀璨的明星。《中原音韵》曾把《西厢记》作为“定格”的范例标举。元末明初贾仲明的《凌波仙》吊曲说王实甫“作词章，风韵美，士林中等辈伏低。新杂剧，旧传奇，西厢记天下夺魁”。明初朱权《太和正音谱》誉王实甫词如“花间美人”“铺叙委婉，深得骚人之趣”“极有佳句”。可见，他的作品在元代和元明之际很为人所推崇，《西厢记》其时已被称为“杂剧之冠”。

王实甫所作杂剧，名目可考者共13种。今存有《崔莺莺待月西厢记》《吕蒙正风雪破窑记》和《四大王歌舞丽春堂》3种。《韩彩云丝竹芙蓉亭》和《苏小卿月夜贩茶船》都有佚曲。其余仅存名目而见于《录鬼簿》著录者有《东海郡于公高门》《孝父母明达卖子》《曹子建七步成章》《才子佳人多月亭》《赵光普进梅谏》《诗酒丽春园》《陆绩怀橘》《双蕖怨》《娇红记》9种。对王实甫曲目，学术界有不同看法，或认为《娇红记》非出王手，或认为《诗酒丽春园》亦非王作，还有人认为今存《破窑记》是关汉卿的作品，但都非定论。明清时代还有王实甫作《月明和尚度柳翠》和《襄阳府调狗掉刀》的著录和传闻，均不可靠。此外，自明代开始，出现《西厢记》是王实甫作关汉卿续或关作王续等说法，也都不可信。

王实甫还有少量散曲流传：有小令1首，套曲3种（其中有一残套），散见于《中原音韵》《雍熙乐府》《北宫词纪》和《九宫大成》等书中。其中，小令《中吕·十二月过尧民歌》《别情》较有特色，词采旖旎，情思委婉，与《西厢记》的曲词风格相近。

《西厢记》在王实甫现存的3种杂剧中，5本21折的《西厢记》不仅是他的代表作，而且是元代杂剧创作中最优秀的作品之一。

（**撰稿**：王振林　**摄影**：王振林）

金台陈村

招贤纳士 恒古映今

□名村概述

金台陈村，位于定兴县城西 15 公里处，地势平坦，为褐土质。总人口 2372 人，均为汉族，耕地面积 4350 亩。为金台陈村党支部、村委会所在地。定易公路从村北东西穿梭而行，交通便利。

相传战国时期，燕昭王在此命军士用土筑高台，置黄金于台上，以延天下士，名叫黄金台。后在此陈兵布阵，取村名金台陈村。燕昭王筑黄金台后，乐毅剧辛等纷纷投奔燕国，操练军马，打败了齐国，开创了中国历史上“招贤纳士”的先河。受到历代帝王康熙、乾隆和李白、杜甫、司马光等文人墨客的歌咏。另外，该村还有金台古乐，九曲黄河灯阵等非物质文化遗产。

□文化遗存

【黄金台】黄金台，

又名金台、招贤台，是战国燕昭王为招贤纳士而筑，距今有2300多年的历史。当时台略成方形，占地约40亩，高约20米，台顶平台约15亩。台顶后建昭王殿，高约8米，两侧为招贤馆，东有钟鼓楼，钟高6尺，重约1吨。殿后为二进院，内有观音殿；再后为三进院，内建药王庙、孙圣殿、露天石佛等。整个台上殿、堂、阁等建筑共25间有余，树木花卉盈庭。同时并建一寺，名隆兴，正殿前上嵌宝镜，内有僧侣数十人。

在《黄金台旧貌》一文中记载：金台陈村黄金台，台高两丈，方圆敷亩。台上建有燕昭王庙。台两侧于元朝修建有隆兴寺，金台陈村东南三里为台上村，村西有一台，台较金台陈村黄金台高大，上修建有泰山行宫，七十二司祠，东为隆兴寺。台西南十余伍，有小台，高丈许。金台陈村及台上村两台，俗指为燕昭王延天下士处，郡县志均以为然。现该村还保存着明正德二年《重修黄金台上隆兴寺记》和明万历二十七年《黄金台燕昭王祠碑》两块石碑，据明蒋一葵《长安客话》记载，台湖燕昭王所筑，置千金于其中，以延天下士，亿人因以台名，黄金台有二，故燕昭王为乐部而礼之者……其胜迹皆在定兴。又据清康熙十二年《定兴县志》记载“黄金台在北章村，在陈村者，形稍亚……”故此，金台陈村的“金台”和北章村的“银台”，历史上统称“黄金台”，都属于“黄金台遗址”的范畴。

【金台古井】金台陈村位于定兴县城西南15公里处，隶属高里乡管辖。现金台已废，保存下来的文化遗物有古井一眼，碑刻三通和残石像多座，均系珍贵文物。古井建于何代，无从考究，传说战国时期就有。20世纪40年代寺庙被毁、50年代土台被取土运平，唯古井独存。据调查，古井凿于黄金台上隆兴寺前。相传，隆兴寺正殿前嵌一宝镜，每值夕阳照镜，光反射井内，呈现“干类松、叶似柏”的奇树影像，加台上环境优美，宋元以来，“金台夕照”列为八景之一。1984年12月被列为县级保护单位。

战国时期金台古井

【金台夕照】金台夕照，古时定兴八景之一。金台，指黄金台。相传黄金台土阜雄伟高大，庙宇轩昂。战国时期燕昭王颁得贤士，以报齐仇，问计燕人郭隗。

隗曰："王必欲致士，先从隗始。"于是燕昭王置千金于台上，为其筑宫敬以为师，以延天下士，故名黄金台。随之乐毅自魏往，剧辛自赵往，士争趋燕，燕连克齐国70余座城池，打败了齐国，逐渐强大起来。每当傍晚，夕阳洒落在古老的黄金台上，景色尤为壮观，它唤起了人们对往事的沉思和对燕昭王招贤纳士的敬佩之情。

□非遗文化

【九曲黄河灯阵】该灯阵历史悠久、传承有序、工艺精湛、形式独特，是我国北方地区极具传统地方特色的灯阵之一。灯阵的阵型源于战国时期燕昭王在黄金台招贤馆下排兵布阵，为考试前来应聘的各国名将而摆下的八卦迷魂阵。该灯阵以民俗民风的形式，展示了古代军事家的智慧。2009年6月"九曲黄河灯"被省级政府批准为省级非物质文化遗产。2016年2月，中央电视台播出了《定兴农村闹元宵——九曲黄河阵灯会》节目。

【金台陈村南乐会】南乐最初由宫廷音乐逐步向民间转化而来，其包含有宫廷音乐、民间音乐以及宗教、民俗等多种曲词曲牌。每逢正月元宵佳节，南乐会都会带领人们在灯阵内边演奏边转灯，以示祛邪除病之意，充满了浓郁的民族特色和地方气息。2008 年省心连心艺术团特邀南乐会演出。2012 年 4 月金台陈村南乐会被市政府批准为市级非物质文化遗产。

【陈村活盘旱船】金台陈村旱船会起源于清朝末年，以口传身授、师徒传承形式延续至今。

金台陈村旱船会与众不同的是活盘。所谓活盘，是人体与船体结构处可自由旋转。船头与船尾可互换。相传清朝末年，旱船会到一地方演出，误入一死胡同，众人皆为不可退，但活盘旋转 180 度后，顺利退出。一时传为佳话，名噪一方。

陈村旱船会还有其独特之处在于坐船二人均有假肢盘腿坐于船上，配以绣花鞋，俗称“三寸金莲”，极似真人坐船演出时惟妙惟肖的情景。

1997 年春，中央电视台《杨贵妃》剧组转发请柬，邀请金台陈村旱船会参加剧组，拍摄杨贵妃逛庙会一折戏，演出效果极佳。2012 年 4 月陈村活旱船被市政府批准为市级非物质文化遗产。

（**撰稿**：王振林　**摄影**：王振林）

百楼村

唐皇遗风 百楼耸翠

□名村概述

百楼的由来历史悠久，是定兴县著名文化村之一。相传，东汉末年公孙瓒筑城于此，为加强警戒，四周建有许多岗楼，借此取名百楼。百楼，又名伏图城，又称官城。北齐武平七年由于战乱等原因，范阳治所由固城迁到伏图城（今百楼村北），唐贞观十五年，唐太宗李世民征辽，归途中曾驻跸百楼。此外“百楼耿氏”是古时定兴名门望族之一，明初与定兴石象许氏家族始祖许伯元等一起迁到定兴，与许氏是表亲关系，历史上出现了耿好仁（明万历进士）、耿极等著名人士，丰富了该村的历史文化内涵。

百楼村位于定兴县城西南 18 公里处，地势平坦，为沙壤土质，人口 4015 人，均为汉族，耕地面积 6352 亩，为百楼村党支部、村委会所在地。

□文化遗存

【云空祠】位于百楼村东北处，占地 6 亩，高 40 米，用土方堆成，始建于明初，顶端北房五间祠庙内贡佛爷像，东房是钟楼，云空祠两边有班房，走廊青石铺路，两旁柏翠非常壮观。

【耿家大坟】位于村东南处，占地 50 亩，内有诸多直径 2 米大青杨树，南侧 1 道木门，3 通高 4 米的石碑，刻有纹饰及文字，是定兴县最大的石碑。

【百楼耸翠】古时定兴八景之一，百楼，指今贤寓镇百楼村。相传，东汉时期公孙瓒筑楼以御敌。据清康熙十二年《定兴县志》载：唐贞观十五年，唐太宗李世民征战途中曾驻跸百楼城，兵息易州。北齐武平七年范阳治所移至伏图城，即今定兴县百楼村北之“官城”。当时，百楼林立，高大雄伟，耸立云端。清朝文人许启祥曾写诗赞美过当时“官城”风景。

□名门耿氏

百楼耿氏是定兴望族，始祖耿治兴。耿治兴与石象许氏始祖许伯元是表亲关系，明永乐年间一起移民到这里。明清，百楼耿氏一门因读书仕进者甚众。

耿好仁，字育我，明万历三十五年丁未科进士。其与鹿善继同年中进士，仕至巡抚宁夏右都御史兼兵部右侍郎。耿极，字保汝，号诚斋，是孙奇逢弟子中“品学端粹兼众人之长者”，著有《存诚集》等行世。耿权，字是经，武举人，耿极之兄，“以孝友称”，著有《是经诗稿》一卷。耿秉芳，由文生中武举，顺治二年任濮州知州。耿桢，清代巨野知县。耿哲，仕至磁州知州。百楼耿氏之所以代有名人，就是其家族非常重视对子弟的教育，家族成员踊跃赞助兴学，发展地方文教，乾隆四十年，耿思达建百楼书院。

崇祯十一年，耿权从孙奇逢入易州五峰山避清军之乱。崇祯十二年，耿好讷、耿好讱与侄子耿权迎孙奇逢至百楼村，以别墅居之，“令弟子受学”，孙奇逢时年56岁。孙氏一家暂落脚于百楼，“诸友相依而至者日渐众，门人从学日益进”。崇祯十三年，孙奇逢在此赋诗，“百楼逢人日，行年五十七。往事抵掌间，酸流骨孔出”。此一时期北方社会动乱，孙奇逢就带领百楼乡邻“修备御”，鹿尽心、鹿洗心、杜越、张果中、贾三槐、鹿善治等携家相依。崇祯十五年，孙奇逢因战乱再次迁回双峰。崇祯十六年四月再还居百楼。孙奇逢《癸未四月还百楼旧居有怀君异国镇》一诗就是其返居百楼感伤时事所做。孙奇逢曾在定兴百楼讲学6年，受业者数十人。

明末清初的百楼文人聚集，很多人也在此吟诗诵文。明末军事家茅元仪贬官后寓居定兴数年，崇祯十四年秋茅元仪到百楼看望孙奇逢，作《百楼村曲》“百楼兵法所不攻，谁知鼓角出地中”；“昔日乌衣巷，于今看牧牛。谩嗟代复代，空歌楼外楼”出自清定兴人王维垣的《百楼怀古》。

□发展愿景

自民国初开始百楼村就相继成立了高跷会、少林会、十翻会、小东会，一直延续至今。随着新农村建设的发展，经村委会多方面协调，东村内中心建文化娱乐广场，占地3亩，内设楼亭、走廊及各种健身器材，各种绿化树木，四周墙壁有表现现代化文明的彩色绘画。每天白天晚上都有秧歌队、唱歌队在广场娱乐，丰富了村民的业余文化生活。

为了搞好各村古迹挖掘工作，村两委计划在近年内筹集多方面资金以历史为依据恢复有价值的古迹，加快新农村建设，促进旅游产业发展。

（撰稿：王振林　摄影：王振林）

河内村

曲水流殇 名人荟萃

□名村概述

河内村位于定兴县城西 8 公里处，中易水河、北易水河、南拒马河汇合处，东至东落堡乡东引，南至北河乡红树营，西至辛安甫，北至东落堡乡南引。地势平坦，为褐土质。总面积 4.35 平方公里，总人口 3400 人，均为汉族。为河内村委会党支部、村委会驻地。北塘公路在村南东西穿梭而行，交通便利。经济以农业为主，主要种植玉米、小麦。

该村建于春秋时期，因位于中易水河、北易水河、南拒马河汇合处，形成三面环水，故取名河内。河内历史悠久，战国时期谋士郭隗，金代正隆年间进士郭济忠、郭济道，元代的张柔、张弘范、张珪祖孙三代，南宋的张世杰等都是河内村人。公元 227 年燕太子丹送“荆轲刺秦”的故事就发生在易水河两岸；唐代“安史之乱”，安禄山起兵范阳，“半卷红旗临易水，霜重鼓寒声不起”描写的就是这一带。1982 年张弘范家族墓先后被发掘，出土了一批宋元时期的瓷器和石像生。近年来，张氏家族墓屡遭破坏，亟待保护。除此之外，该村还有明清时期究室村王氏一支家族墓一处（已毁），清代史家门楼一座等历史古迹。

□文化遗存

【元墓群】河内元墓群位于定兴县西南 6 公里处高里乡河内村西，为元代家族墓群。墓群南北长 300 米，东西宽 200 米，占地面积 6 万平方米，墓区平均高于地面 3 米，为元朝张弘范家族墓，昔日墓前曾立“张弘范墓碑”（已毁），抗日战争时期曾被匪徒盗掘，盗掘张公墓志铭一通（现存易县）。据《定兴县志》记载，张弘范，字仲畴，蔡国武康公张柔之第九子，因灭宋立奇功，深受元世祖宠幸。封为蒙古汉军都元帅，卒于至元十七年，时年 43 岁。死后曾多次被追赠官职，后封为淮阳王，谥献武。原地上有神道碑和石像生，现大多已不存。1984 年 12 月，该墓群被列为县级文物保护单位。

□人物英才

【郭济忠】（生卒年不详）字子正，定兴县河内村人，郭隗后裔。金正隆五年登第，授将仕郎，时年 25 岁，后调睢州知法，又迁他县主簿、骑都尉等职，后累迁安肃、云中、汾阳、德中四为县令，以廉能著称。其兄郭济道，也是金正隆年间进士，其墓在定兴河内村。据记载，金大定六年，是郭济忠奉命割涞、易二县地划县，取名定兴，大定兴盛之意。

【张柔】（1190—1268）字德刚，定兴河内村人。自幼善骑射，以豪侠著称。金贞祐年间，河北治安不宁，张柔组织同族亲属

和乡勇自卫，开始了戎马生涯。历任定兴县令、青州防御使、昭毅大将军骠骑将军，留守中都路。蒙古军出兵紫荆关口，张柔迎战于狼牙岭，激战中马跌被俘，遂率所部降蒙古。太祖铁木真重其才。因屡立战功，被予保州（今保定）等处都元帅。当时，保州因几遭兵燹，荒废近 15 年。张柔把元帅府从满城迁至已是一片废墟的保州，开始重建保州城池，修整街道，建衙署、民居、军营，引泉入城，疏浚沟渠，排泄污水，使保州成为北方一座军事重镇，燕南一大都会。后被元封为蔡国公、荣禄大夫、河北东西等路都元帅、昭毅大将军。中统二年，封为安肃公。延祐五年，加封汝南王，谥“忠武”。张柔墓位于满城县月明山下。

【张弘范】（1238—1280）定兴县河内村人。元初大将，字仲畴，张柔第九子，中统三年为行军总管，围李璮于济南，后升为万户参与围攻襄樊之役，又从伯颜攻来。至元十五年任蒙古汉军都元帅，南征闽广，占领沿海各都邑，俘南宋丞相文天祥于五坡岭，至元十六年击败张世杰 、陆秀夫所统水军，灭宋。在崖山石壁上勒石纪功而还。著《淮阳集》。

【张珪】（1264—1372）元大臣。定兴县河内村人，字公端，号澹庵，张弘范之子。至元二十九年拜江淮行枢密使。成宗时，历任浙西廉访使合枢

密院事，南占中丞。武宗时，拜御史中丞，仁宗时，任枢密副使，拜中书平章。后因忤权相铁木迭而杖罚后，谢病自居。英宗至治二年起为集贤大学士，复拜书平章。英宗被杀，力主泰定帝诛杀铁木迭等。泰定三年致仕。

【张世杰】（？—1279）南宋抗元名将定兴县河内村人，张柔之侄，行伍出身，因战功升都统制。元军迫临安（今杭州），他与文天祥背城决战，次年临安失守，他率军由海上至福建与文天祥、陆秀夫等奉赵昰为帝，联合少数民族部队坚决抗元。兵败，又率水军在广东沿海坚持抵抗。赵昰死，又奉赵昺为帝后于元军战于海上，兵败，陈秀夫抱赵昺投海，张世杰突围，遇台风溺死。

（**撰稿**：王振林　**摄影**：王振林）

长安城村

长安晓月 气贯长虹

□名村概述

长安城，位于定兴县城西北 15 公里处，北易水南岸，西邻易县杨威城村，北邻涞水南北庄村。地势平坦，多褐土质，总人口 3496 人，均为汉族，耕地面积 5164 亩，为长安城村党支部、村委会驻地。长安城村历史悠久，环境优越，村民质朴勤劳，古迹众多，是一处旅游观光的好地方。

据清康熙十二年《定兴县志》记载：在汉朝宣帝时（约公元前 73 年）幽州刺史李宣娶范阳公主为妻，因公主怀念长安，特在此地仿照都城长安筑城，以象征都城长安，故后来借此取名长安城。

□长安晓月

古时定兴八景之一，长安，指长安城村。汉宣帝时期，因幽州刺史李宣娶范阳公主而得名，又因范阳公主忆长安乃筑长安城。相传长安城村古时栽有枣树，只开花不结果，皆向西南开放，名曰“思乡枣”。图中有“枣向西南”字样。村内确有城池，村南筑有土台。当一轮圆月悬挂在天际，公主登台赏月，遥望长安，家乡思念之情油然而生。

《一统志》云：长安城在县西北二十一里。《环宇志》云：在易州东南二十七里。明末清初文学家范士辑诗曰：

帝子乘楼无限思，

枣花为引西南枝。

如何青冢徒青草，

去逐东风无限吹。

清康熙十二年《定兴县志》主编之一，定兴县石象村人许启祥《长安城怀古》诗曰：

贵主宫兰野草荒，

城虽酷似亦沦亡。

夕阳空照乌衣巷，

谁为吹箫引凤凰。

在清康熙十二年《定兴县志》苗天培画的定兴八景之一“长安晓月”中也有“枣向西南”字样。

□文化遗存

【大庙（回乡奶奶庙）】居村中央，现存，分为前后两院，前院供奉的是后山老奶奶，后院是起居的地方，现已破烂不堪，急需保护性修葺。相传每年的 3 月 15 日是给后山老奶奶烧香的日子，当给后山老奶奶烧香的人们回来时，路过村庄小憩，正好是 3 月 18 日左右，故村里在这一天成立庙会，特取名回乡庙。

【石棺坟】居村东南，相传占地 15 亩左右，有一石屋，道路两旁有石人石马，松柏相间，可惜在 20 世纪 60 年代遭到破坏，石屋石人石马已遗失。相传修建于元代，是元代太傅梁佣的坟墓。

【老爷庙】又名望乡台，居村东北高台上，三间正房坐北朝南，气势高大恢弘，东西配房雕廊画栋，相当美观，院中央有一眼古井。据老一辈讲站在庙顶可看到涞水古塔，形容其高耸入云。

【贞洁烈女牌坊】居大庙后方，牌坊高约 6 米，长约 10 米，为汉白玉制作，牌坊正中有“圣旨”二字，年代待考。

【观音堂】居村西北方向，里边供奉的是 36 天罡，72 地煞，均为彩塑。

【五道庙】又叫阎王庙，居大庙北偏西，是村里人逝世后报庙的地方。

【三清观】供奉的是玉清元始天尊、上清灵宝天尊、太清道德天尊。

【大寺】居村西北方向，在 20 世纪 60 年代被拆毁，大寺中有著名文物钥匙灯，被县文物局拿走。居住在此的最后一个尼姑于 20 世纪 90 年代逝世。

【四城门】即村东南西北四个城门，均仿造古代都城长安建造。

（**撰稿**：王振林　**摄影**：王振林）

阜平县

FUPINGXIAN

畿西屏障 兴盛平安

◎ 阜平县地处河北省保定市西部，总面积 2496 平方公里，辖 6 镇 7 乡 1 个社区管委会，209 个行政村，1208 个自然村，人口 22.8 万。据《河北省县名考源》记载，“阜”为“盛”，县名寓“兴盛平安”之意。

◎ 阜平位于太行山中北部东麓，两省四市九县交汇处，北距北京 260 公里，南距石家庄 124 公里，西距五台山 48 公里，东距保定 106 公里，素有“畿西屏障”“冀晋咽喉要道”之称。阜平为全山区县，山场面积 326 万亩，占总面积的 87%。阜平生态优势突出，森林覆盖率达 39.47%，植被覆盖率达 80% 以上，是保定市最绿的地区，拥有天生桥、神仙山、千峰山、银河大峡谷等众多自然景观。阜平水资源丰富，大沙河等 5 大河流长年不断流，位于县城东部的王快水库总库容达 13.89 亿立方米，人均水资源占有量是全省平均水平的 8.3 倍。

◎ 阜平 1931 年建立北方第一个红色苏维埃县政权，1937 年建立了全国第一个抗日根据地——晋察冀抗日根据地。阜平长期是晋察冀边区党政军首脑机关所在地，毛泽东、周恩来、刘少奇、任弼时、聂荣臻等老一辈无产阶级革命家都曾在阜平战斗生活过。阜平作为曾经的“晋察冀首府”，为人民政协发轫地、《人民日报》源头、全国第一部《毛泽东选集》诞生地、第一张人民币印制地。抗日战争时期，阜平为民族独立、人民解放和新中国建立做出了巨大贡献。

◎ 阜平是国家级贫困县，是“燕山——太行山片区区域发展与扶贫攻坚试点”。阜平贫困范围广，贫困程度深，发展基础弱，2013 年农民人均纯收入 3913 元，仅为全国平均水平的 44%，扶贫攻坚任务艰巨而繁重。

◎ 2012 年 12 月 29 日至 30 日，中共中央总书记、中央军委主席习近平来到阜平，慰问老区困难群众，考察扶贫开发工作，为贫困老区脱贫致富、建成小康指明了方向、坚定了信心。当前，阜平正全面贯彻落实总书记重要指示精神，解放思想、抢抓机遇、改革创新、苦干实干，朝着“三年大见成效、五年稳定脱贫、八年建成小康”的目标不懈努力！

城南庄镇

华北延安 红色福地

□名镇概述

城南庄，阜平南部的一个小村庄，前偎胭脂河，背靠菩萨岭，古朴而寻常。但是，在中国革命史上，论地位和作用，其绝对可以与古田、遵义、延安等圣地相媲美。因为城南庄是新政协的发轫地，新中国的发祥地。

城南庄镇位于阜平县南部，建于南宋，清代属阜平县温南社，曾立镇为“城南镇”，后人惯称城南庄。这是一个具有光荣革命传统的地方，在抗日战争和解放战争时期，她不但是晋察冀边区革命根据地党政军首脑机关驻地，而且是毛泽东、周恩来、任弼时等老一辈无产阶级革命家居住和工作过的地方。境内有很多革命文物和纪念地，如花山毛主席旧居、晋察冀军区司令部旧址、第一部《毛泽东选集》出版地、我军第一所寄宿制子弟学校——聂荣臻子弟学校旧址、四秃子山（以烈士名命名）、十八烈士墓等。

全镇山清水秀，风光宜人。有胭脂河凄美的民间传说，更有着陈毅元帅“十年驻马胭脂河”的英雄豪迈。城南庄镇红色历史文化深厚，被誉为“华北延安，红色福地”。

□名镇档案

城南庄镇位于河北省保定市阜平县南部。北距离县城 13 公里，南距石家庄 110 公里，东距保定 145 公里。城南庄镇东接下庄乡，北连果园乡，北为阜平镇，南临灵寿县和曲阳县。全镇辖区面积242平方公里，辖21个行政村，人口 19 428 人，镇政府驻城南庄村。207 国道穿镇而过，县城至镇区的旅游快速路已经通车，西阜高速正在施工，交通便利。

□红色圣地

【晋察冀边区革命纪念馆】2005 年，该馆被列为全国爱国主义教育示范基地、国家红色旅游 100 个经典景区之一，2008 年被评为国家 4A 级景区、河北最美 30 景之一。2012 年被命名为河北省统一战线传统教育基地和河北省廉政教育示范基地。

晋察冀边区革命纪念馆主要包括主题为“模范抗日根据地——晋察冀边区”和“全国解放战争的战略基地与指挥中心”的两个展区及室外雕塑区、后山旧址区和生态休闲区。

后院是晋察冀军区司令部旧址，包括 3 排 21 间土坯房，其中有毛主席、周恩来、任弼时等中央领导同志的宿办室，还有军区作战科、电话室和会议室。这是晋察冀军区司令部在河北唯一完整保留的机关旧址以及毛主席进京之前唯一完整保留的居住旧址，原址原貌，原汁原味。后山脚下还有一条长约 128 米的防空洞，是由晋察冀军区工兵连的战士人工挖凿而成的，依旧保存完好。

目前，纪念馆的知名度和影响力不断提升，每年接待游客 30 余万人次，成为全国 40 多家机关和企业的爱国主义教育基地，在弘扬晋察冀精神、教育激励后人、引领经济社会发展中发挥了重要作用。

【毛主席旧居】1948 年，毛主席在城南庄受到敌机轰炸，进而转到花山村居住 9 天，由此前往西柏坡。在花山村，毛主席将发到城南庄会议上讨论的《1948 年的土地改革工作和整党工作》《新解放区农村工作的策略问题和整党工作》修改定稿并以文件正式发到全国各地。这两篇文献收录在毛泽东选集第 4 卷中。如今，在这里发生的毛主席关心爱护群众的故事，以《花山》为题选入在人民教育出版社小学五年级语文课本里，那盘伟人关心过的石碾依然静守岁月，讲述着感人的往事。现在的花山村毛主席旧居为国保级单位。

【《毛泽东选集》诞生地】1944 年 5 月，晋察冀日报社在马兰村出版的《毛泽东选集》被聂荣臻称赞为“全国第一本系统编选毛泽东同志著作的选读本，为传播毛泽东思想做出了贡献”。她是中国革命出版史上第一部《毛泽东选集》，开创了《毛泽东选集》出版的先河；同样值得一提的是，现中共中央党报《人民日报》的前身——《晋察冀日报》，也是在马兰村发展、壮大起来的。著名革命新闻家邓拓的笔名“马南邨”即由村名而来。

【五一口号】1948 年 4 月 30 日至 5 月 7 日，中共中央书记处在城南庄召开了扩大会议，史称“城南庄会议”。这是撤离延安后，中共中央五位书记第一次参加的正式会议。4 月 30 日，中共中央书记处扩大会议如期召开，会议又称城南庄会议。会议讨论通过了经毛泽东修改后的《中共中央纪念“五一”劳动节口号》。当日，通过陕北新华社正式对外发布。同一时间，新华广播电台也进行了广播。5 月 1 日，《晋察冀日报》头版头条刊发了纪念“五一”劳动节的口号，史称“五一口号”。这是中共历史文献中第一次决定利用政治、军事上的优势明确提出召开新的政治协商会议。从此，政治北上，军事南下成为全国大势，协商建国的中国革命新纪元大幕徐徐拉开。

【晋察冀边区参议会】1943 年 1 月 15 日，晋察冀边区第一届参议会在阜平县城南庄镇温塘村召开。这次会议在边区民主政权及统一战线工作建设进程中具有里程碑意义。大会期间，议员们在广泛讨论的基础上，一致通过了中央北方分局 1940 年 8 月公布的《晋察冀边区目前施政纲领》为边区政府的施政纲领。还通过了《晋察冀边区政府参议会组织条例》《晋察冀边区政府组织条例》《晋察冀边区法院组织条例》《县区村组织条例》《晋察冀边区租佃债息条例》《晋察冀边区统一累进税税则》及《实施细则》《晋察冀边区关于逮捕搜查处理特种刑事犯之决定》《晋察冀边区抗战勤务条例》。大会选举成仿吾为边区参议会议长，于力为副议长。选举成仿吾、于力、杨耕田等 7 人为参议会常设机构——驻会参议员办事处委员。选举聂荣臻、宋劭文、吕正操、张苏、王承周、刘奠基、胡仁奎、刘凯风、王久茎等 9 人为新的边区行政委员会委员。选举王斐然为边区高等法院院长。晋察冀边区第一届参议会的召开，认真贯彻了中共中央《抗日根据地的政权问题》的指示精神，充分体现了“三三制”的原则，进一步巩固发展了抗日民族统一战线，健全和完善了边区的抗日民主政权，表明了根据地的民主政治建设进入了一个新阶段。应邀列席大会的燕京大学英籍教授班威廉夫妇称赞边区参议会和“三三制”政权的实现，是一个“奇迹”，是近代史中民主政治建设上一个前所未有的极重大的试验。

【解放军第一所寄宿制子弟学校】1947 年初，人民解放军准备全面反攻。战争形势要求部队迅速行动，轻装前进。为保障革命后代和烈士遗孤的安全，培养教育革命第二代，在聂荣臻司令员的关怀下，晋察冀军区党委做出决定，成立一所寄宿制学校，命名为荣臻子弟学校，即现北京市八一中学的最前身。时任晋察冀军区政治部组织部长的王宗槐将军担任董事长，司令部管理处处长余光文和政治部总务处处长佟铮担任副董事长。时有工作人员 24 名，小学生 32 名，幼稚生 18 名。1947 年 3 月 1 日，在离城南庄军区司令部不远的沟槽村举行了简朴而隆重的开学典礼。1948 年春天，华北人民政府成立，学校随军由阜平迁往平山古贤村。

□旅游资源

胭脂河穿境而过，群山环绕，松柏苍翠，风光秀丽，具有众多的红色旅游资源和良好的旅游产业发展基础。

这里不仅红色文化深厚，境内后庄温塘村的温泉不仅毛泽东等伟人洗浴过，在明朝时期也是一个有名的去处。明代文学家、史学家王世贞曾来此沐浴，“清莹可鉴毛发，不作硫黄息，石无矾故也。寂寂空山中，令莲花汤笑人”，并欣然赋诗《阜平汤泉》3 首。

另外，在温塘村还曾经有一个很古老的寺庙——崇圣寺。唐朝有游僧来此，建立寺庙，又名珈蓝庙，唐宋元几代香火旺盛。

□愿景前瞻

目前，在精准脱贫的进程中，城南庄镇正充分利用自身的特色优势，大力发展特色农业，香菇种植、家庭手工业、绿色果蔬种植等正在兴起。经济、交通、教育等社会事业也在发生巨大的变化。

为更加充分地发挥城南庄镇在红色历史文化中的独特优势，在今后的发展中，城南庄镇将立足于打造“红色城南庄，田园城南庄”的红色旅游胜地的定位，整合资源，创建自身特色项目，错位发展，健全旅游产业，带动地区就业，在此基础上带动美丽乡村建设，构建田园城镇。重点完善八片功能区：红色文化旅游区、特色混合商街区、旅游接待区、生活性公共服务中心区、回迁安置区、山水社区、田园新居和现状保留整治区，把城南庄建设成为一个以红色旅游和爱国主义教育为主的镇域综合服务型中心城镇。

（**撰稿**：张曙红　**摄影**：孟庆增）

龙泉关镇

中国梦开始的地方

□名镇概述

龙泉关镇自古以来就是阜平县三大古镇之一。因位于河北与山西两省交界处，地理位置突出，素有“冀晋咽喉”之称，亦是朝台御道，古代军事遗存、佛教遗存较多，“西大道文化”底蕴深厚。

2012年底，中共中央总书记习近平同志来到龙泉关踏雪访贫，看望慰问困难群众，殷切指出“只要有信心，黄土变成金”，在此做出重要指示：没有农村的小康，特别是没有贫困地区的小康，就没有全面建成小康社会。要原原本本把党的政策落实好，想方设法尽快让乡亲们过上好日子。可以说，龙泉关是中国梦开始的地方。

□名镇档案

龙泉关镇位于阜平县西部深山区，与佛教圣地五台山相邻，是京、津、保、石去五台山的必经之路。东距县城 35 公里，西距五台山 20 公里，紧邻 337 国道和保阜高速。全镇辖龙泉关、黑崖沟、骆驼湾等 12 个行政村，54 个自然村，土地总面积 150 平方公里，总人口 8600 余人，耕地 10 900 亩，山场面积近 20 万亩，森林覆盖率达 50% 左右，是一个以农业生产为主的乡镇。

全镇海拔在 800—2266 米之间，保定市四大高峰有三座在龙泉关（歪头山、百草坨、黄落伞），特殊的地理位置造就了龙泉关的生态环境，龙泉关境内重峦叠嶂，沟谷纵横，野花烂漫，水碧山青，景色宜人，是户外休闲、观光旅游的好去处。每年，京津冀的游客都会慕名而来。龙泉关历史上同紫荆关、倒马关齐名，有时被称为“内三关”之一。明代曾派重兵把守，素来是兵家必争之地，也是清朝帝王朝拜五台山的必经之地。龙泉关镇是阜平县历史文化遗存最为集中的地区。

□文化遗存

【龙泉关古城旧址】长城岭东山脚下的龙泉关，为“太行八陉”之一，始建于明代正统二年，于万历年间重修，呈南北向，总长 1000 米，中间是关门，西边为马道、戏台、敌台等，均为砖石结构，与唐县倒马关、易县紫荆关并称为长城“内三关”。1956 年公布为河北省重点文物保护单位。此处，明清两朝一直有驻兵把守，设置在龙泉关南山上的古营盘遗址至今尚存。

龙泉关城有三条街，有外城和内城之分。外城北面依崖凭险不筑墙，有东西二门，以大道通行，内城东西筑有二瓮城，东瓮城头门、二门皆东向，相错。西瓮城头门东向，二门北向。瓮城的建筑使关门更加易守难攻，内城东面偏北另有一门（玉皇阁）通外城。关城南北两山顶各筑烽火台一座以瞭哨报警。如今，瓮城城门、南北山顶的敌楼以及一些庙宇

保存良好。

【长城岭】旧《阜平县志》云："城西几十里亦五台孙枝，古长城台基尚存，上边有边墙，西接五台县界，东距龙泉关二十里，重山叠嶂，奔电屯云，燕晋出入之冲也。"如今，此段长城多处坍塌，有的地方已只显根基。但是，举目远眺现存边墙仍如巨龙一般横卧山峦，气势雄伟壮观。这就是景泰二年又于西北长城岭上构筑的上关城。天顺二年及成化十二年皆添设官兵戍守。嘉靖二十五年改筑关城，守御益密。城墙下部以条石做根基，上部包大块柴烧青砖，石灰固缝，墙内装土石。城墙上筑有敌楼、战台、烽火台等，岭上有一泉叫"马刨泉"，三个大字传为乾隆皇帝御笔。

【招提寺】招提寺，位于龙泉关以东二里处，是一处名寺。寺名由康熙皇帝所赐，乾隆皇帝赐额"香岩净域"。招提寺建于何时有不同的说法，一说明朝，一说北齐，一说唐朝，说法不一，无从考证。到 20 世纪 40 年代，世袭相传九辈。民国年间，戒闻大师重修道场，整治寺规，使得该寺生机勃勃，香火极盛。常住僧人十五六名。抗日战争时期，日寇将后大殿及方丈厢房 20 多间烧毁，只有正殿、天王殿尚存至今。此寺也是五台山僧人外出落脚之地，历代皇帝朝五台山也常来敬香。每年内蒙古、东北等地香客到五台山进香，途经此地，首先在招提寺敬佛上香。目前，大部分建筑已不存在，只保留下两个山门，一处角门和部分正殿。此外，东北角尚有一间古寺遗房，门前有一半截八棱经幢。

【益寿寺】为明代著名僧人妙峰法师所建，目的是为过往僧俗舍茶施水，后曾经供奉过皇帝亲颁的大藏经。建筑精巧雄伟，现存的无梁殿为青砖结构，无梁架之制，蕴含菩萨普度无量众生之意。斗拱间的砖雕垫拱板，精雕细镂有莲蓬多子、麒麟回首、骏马驰骋等图案，形象生动，栩栩如生。

【三箭山】位于龙泉关城东，1683 年，康熙帝路过龙泉关，过此山，挽弓射箭，三箭皆逾峰巅，遂名"三箭山"。1750 年乾隆帝前往五台山进香，路过此地赋诗以颂之。

【藏兵洞】1927 年，晋奉双方在龙泉关长城岭一线展开过大规模的战斗。战争的烽烟已经飘远，曾经的工事却坚固如初。这些包括碉堡、石砌工事、战壕、运粮沟在内的工事被阜平人称作"藏兵洞"，数量多达上千个，且范围十分集中。以石头券砌为主，用水泥抹墙。规格有大有小，大的有二三十平方米，小的几平方米。深度有的很长，可达二三里长。有的藏兵洞里面设有炕、灶，设施齐全。八葫芦洞是比较有名的一处，它位于长城岭南面的山上，有 8 个出口，结构巧妙，可攻可守。

□文化遗存

【徐霞客】我国著名的文学家、地理学家徐霞客在他的游记中，记载了龙泉关镇的龙泉、龙泉关、五崖寨、马刨泉、长城岭等，以及当地优美的自然风光和奇特的地理构造。现在，全国有关地区和单位正在开展“徐霞客游线标志地”申办活动，为今后申报世界文化遗产做准备。因此，阜平作为河北省范围内唯一一个被徐霞客翔实记录了的地方，使龙泉关的旅游发展拥有了一个响当当的金招牌。

另外，在明清时期，还有许多文人墨客来过龙泉关，包括明朝文学家王世贞、清朝诗人纳兰幸德、清朝文人朱彝尊、王士翘等，留下了一些诗文。

【御道文化】清朝自康熙始，至嘉庆止，4 位皇帝 100 多年间行走了 14 次，为阜平留下了大量的御道文化。一是御制诗，4 位皇帝共撰写了 80 首与阜平关联的诗歌，其中，龙泉关占了一半多；二是留下了一些文物古建。如当年，帝王打尖歇脚的益寿寺、龙宿庵、古关城等；三是留下了许多历史故事，如康熙的马刨泉、对联“龙至龙泉龙泉清”、张扬武治皇威的“三箭山”等故事。

【传统文化】龙泉古城内的建筑多为土木结构，多“四合院”和吊脚楼。

中间大街曾是连接从冀入晋到五台山的交通要道，过去商铺林立，有南货店、绸布店、当铺、戏馆等，每逢“子”“午”赶街时更是热闹非凡。经济的繁荣造就了独特的民俗传统，这里有诸如面人、踩高跷、鸡毛掸子会等传统文化，其中，桑元坪村的鸡毛掸子会还曾申请过非遗。

□旅游资源

【辽道背】辽道背是龙泉关镇一个“空中”自然村，海拔近 1900 米，南与玫瑰坨相连，东邻天生桥瀑布，是天生桥景区的西大门。这里植被茂密，到处分布着原始次生林和空中草甸，蓝天白云下繁花似锦，蜂蝶成群，山谷里清泉叮咚，鸟语花香，可谓人间仙境。

【千峰山】千峰山地处海拔 957—2129 米的山谷之中，因山中峭崖耸立，奇峰连天，数量众多而命名为千峰山。境内山脉逶迤连绵，集雄、险、奇、秀为一体，既有雁荡山的神奇，又有黄山的灵秀，奥妙无穷，引人入胜。

【五崖寨】五崖寨位于龙泉关平石头村，沿途溪流飞瀑、石奇峰秀，山顶有一座天然石佛堂，专家考证为隋唐年间。这里山峰的形状怪异，徐霞客曾有“峭削之姿，遥遥逐人向人逼来”等翔实描述。

【歪头山】歪头山远望如倾，故名歪头山。这里群山环绕，主峰高达2286米，为河北第八高峰，也是保定及河北中南部的最高峰。受地形影响，其植被与草坡相间，尤其是歪头山主峰周围几乎全是草甸，春夏时节山茶烂漫，蝶飞蜂舞，别有一番景象，被人们喻为户外活动的“最后一片净土”。

□发展愿景

如今，总书记视察龙泉关已近5年了，在各级各部门的大力支持和帮助下，龙泉关发生了日新月异的变化，教育、医疗、卫生、文化、美丽乡村建设、脱贫致富等都取得了新的成绩。

同时，丰富的自然资源和悠久的历史文化赋予着龙泉关极其深厚的文化底蕴。这些自然景观和人文景观目前正在以古城复建的形式，计划利用3年时间将龙泉关建设成为一个以旅游服务接待为支撑，集“军事特色旅游”“明清御道商街”“影片拍摄基地”“顾家台骆驼湾脱贫示范区”“千亩观光采摘园”“民俗文化展览馆”“招提寺佛教文化区”等为一体的特色小镇。

（**撰稿**：张曙红　**摄影**：孟庆增）

天生桥镇

太行深处 香格里拉

□名镇概述

天生桥镇位于河北省阜平县城西北 25 公里，西临龙泉关镇，距山西五台山景区 52 公里，面积 162 平方公里，辖 13 个行政村、89 个自然村，3531 户 10 495 人。

天生桥镇原名东下关乡，据记载建于元朝后期，因大教厂村是古代的关口，该村又位于西部，故取名东下关。2009 年因天生桥景区而改名为天生桥镇。

天生桥镇生态环境良好，旅游资源得天独厚，植被覆盖率达 90% 以上，堪称天然氧吧、避暑胜地。天生桥风景区位于朱家营村，集地质、地貌、冰川、生态、人文等旅游资源于一体，被誉为“太行山深处的香格里拉”，是国家

地质公园、国家森林公园、国家 4A 级景区，公园总面积 56 平方公里，森林覆盖率在 95% 以上，主峰百草坨海拔 2144 米。大沙河支流北流河穿境而过，全长 18 公里，水资源充沛。

□旅游资源

【天生桥】天生桥瀑布谷中有一座宏大的天生桥，是我国首次发现的片麻岩天桥，天生桥瀑布距今 28—29 亿年。这座天生桥是由山谷瀑流沿裂隙冲蚀崩塌而成，天生桥瀑布在全国罕见。桥面是由伟晶岩构成，比较坚硬，微呈拱形。天生桥坐落在落差 112 米的瑶台大瀑布之上，横跨瀑布南北两端。天生桥十分巨大，桥长 27 米，宽 13 米，高 13 米。天生桥的地势十分险峻，从桥上俯视，是百丈深渊，令人生畏。奔腾的瀑布，呼啸着从桥下飞泻，形成百米瀑布，气势磅礴，瑰丽壮观。天生桥上方有一高 60 米的瀑布，登上天生桥，钻进瀑布的后面，又是一番绝妙的景色，不禁使人想起《西游记》中的花果山水帘洞的美景。

【仙人山】仙人山森林公园位于罗家庄村，西依百草坨，南和玫瑰坨遥遥相望，全区约 30 平方公里。仙人山森林是太行山原始森林的一部分，林区气候冬暖夏凉，雨量适中，区内山峦起伏，溪水奔流。区内生长着近 2 万亩原始次森林和人工林，风景宜人， 是人们休闲观光的好地方。

□文化遗存

【御道文化】御道是康熙走过的路，目前主要是西下关河东下关两村村路，最早为西下关、东下关和红草河等村内主街穿成的道路，线路上串联了多个历史人文节点，五大常委故居、古树、戏台、寺庙、商铺、客栈等。传说，康熙先后5次去佛教圣地五台山寻找父亲顺治帝时，就是从这条御道上山的。

【毛泽东故居】1948年，第三次国内革命战争期间，毛泽东以及其他五大常委成员率领中国工农红军第二十四军进驻河北阜平，露宿西下关村。西下关村毛泽东故居，目前正借助美丽乡村建设进行重建。虽然在西下关村只住了一宿，却办了两件大事：一是找贫农团代表召开了一次座谈会，详细了解土改情况，为在城南庄召开的全国土地改革工作会议、拨正全国的土改方向提供了重要信息；二是向斯大林发了一份电报，让斯大林派米高扬来到了西柏坡，结束了毛泽东与斯大林联络要必须通过苏共联络员阿洛夫医生的历史，是历史性的事件。

【栗元铺元宵灯会】每年正月十五元宵节，天生桥镇各个村都会有元宵灯会，俗称闹红火。其中，最有名的就属栗元铺灯会了。实际上元宵节在这里要热闹三天，各家各户都会挂上各式各样的灯笼、彩灯，村里组织的舞龙、拜庙活动，而最具特色的是九曲黄河阵。九曲黄河阵是一种传统民俗文化活动，传为姜子牙所传，有平安灯、发财灯、送子灯、前程灯、求婚灯、长寿灯、步步高灯等十八灯，为民间祈福求财、驱邪祛病的游乐灯阵。村民游绕九曲黄河阵，以求一年通顺、四季平安。

【康熙行宫】大教厂村康熙行宫，据说当年康熙为了去五台山方便修建而成。村里老人回忆说，行宫南至宽沟口地边、西至营盘地、东至马地岩、北至住宅小区楼房，方圆40亩。行宫北边公园，里有石头假山、养鱼池，西部为城墙、马道，营盘地中部为正殿。康熙行宫在20世纪60年代遭到毁坏，至今已不见其遗迹，只有残留的几块城墙砖头展示着行宫存留过的痕迹。

【龙泉院】西下关村委会西侧至今留存着名为龙泉院的寺庙，据元朝延祐二年的石碑记载，龙泉院是金朝崇庆二年，住持僧人广清修建（乾隆年间曾名为龙泉寺），至今已有八百余年，寺庙为三宝的祈福之地，焚修香火数百年，至今香客不断。寺庙历经沧桑，后因山洪暴发，庙院受损西移于此。年长日久，院内建筑破旧，1936年重新修建，1992年再次维修。

【小寨山烈士墓】小寨沟村建有一座烈士墓碑，从碑文上可以了解到，抗日战争时期，小寨山发生了一场惨烈的对日游击战。八路军晋察冀军区第二军分区四团二营副营长、二三营和一营四连连长以及其他战士壮烈牺牲。

【观音寺】不老树村的西北山脚下坐落着一处千年古刹，名曰嘉绒观音寺，古称“普济庵”，始建于唐代末年景福年间，距今已有1100多年，隶属五台山佛界。寺院建在山坡峭壁，四周群山环抱、丛林围绕，寺院前一条

小溪蜿蜒盘绕，如祥龙缠绕护庙；对面一公里一处平原，一棵历尽沧桑、根繁叶茂的千年古树巍然屹立，犹如威严护法韦陀菩萨。

【千年古树】不老树村内屹立着一棵千年古树（又称菜树）。相传，元代中期一位赴五台山朝拜的皇太子，途经此地遭劫，躲藏在这棵大树下避难，最终获救，此树被当朝皇帝（元英宗）封为“长生不老树”，该村所在地也由此得名“不老树村”。不老树树干粗壮，数人围抱不住，村里素有摸树祈福的传统习俗，左边摸三下寓意吉祥富贵，右边摸三下寓意健康长寿。

□名镇今貌

天生桥镇农村经济发展仍以农业占主导地位，占全镇农村经济总收入的59.1%，种植玉米、土豆，养殖猪、牛、羊，栽植核桃等林果。

【旅游业】旅游业从2003年以前的几乎为零，发展壮大到2016年接待游客30万人次，全镇农家乐发展到70家，现有休闲度假园7个。着眼于2019年阜平县承办全市旅游发展大会目标，镇政府将加快天生桥5A景区创办进度，实施公路沿线交通形象改造提升工程，完成现有农家乐改造任务，进一步提高行业服务水平和质量。

【食用菌业】食用菌种植园区形成品牌效应。天生桥镇食用菌核心园区地处龙王庙、南栗元铺、北栗元铺3村，总占地1500亩，总投资3.6亿元，是全县“一核四带，百园覆盖”食用菌产业总体规划的核心园区，是县委、县政府重点打造的带动贫困群众脱贫致富奔小康的示范区。目前，投资1.2亿元的一期工程已基本完成，已于2016年成功承接了全国产业扶贫现场会的召开。

【林果业】2017年以来共流转土地3128亩，按照规模化、标准化、产业化的目标要求，栽植优质苹果1792亩，仙桃799亩、葡萄254亩、樱桃283亩，带动1828户农户实现了流转土地有租金、入股分红有股金、果园打工挣薪金。

红草河村林果种植示范园区，占地面积500余亩，规划目标为高山苹果引领，集采摘、观光、休闲、度假为一体的现代农业园区。项目实施后，农户每年获得土地流转租金每亩1000元。5年后，苹果每亩产值预期可达2—3万元，村民年人均收入可增加万元以上。

【手工业】引进白沟企业两家，新建箱包、服装等手工业加工点8个，新增机器设备174台，带动近200人就业，年均增收1.5万元。为解决镇区美丽乡村建设人口聚集后的就业问题，该镇根据镇区总体规划，拟在镇区东侧建设占地 15 亩的手工业基地。

【教育产业】西下关小学新校区坐落于阜平城西 25 公里处的西下关村，背靠风景秀丽的天生桥景区，青山环绕，绿水相依，办学环境优雅，教学条件一流，是县委、县政府于 2015 年投入 1700 万元兴建的一所现代化农村寄宿制完全小学，2016 年 9 月学校由老校区迁入新校区。

新校区占地面积 13 350 平方米，建筑面积 7100 平方米，宿舍楼可为 360 名学生提供住宿。学校现有 12 个教学班，在校生 439 名，学校现有教职工 29 人，其中专任教师 24 人，学历全部达标，中、高级专业技术职称教师 14 人。

随着办学条件的极大改善，学校将继续秉承“依法办校，质量立校，科研兴校，特色强校”的办学宗旨，深化教育教学改革，扎实推进素质教育，昂首阔步，扬帆起航，努力成就师生梦想，筑就学校新的辉煌。

（**撰稿**：周玉丽　宁垚　**摄影**：孟庆增）

马兰村

《毛泽东选集》诞生地

□名村概述

马兰村位于阜平县城南庄镇西部深山区，西距城南庄 10 公里，距 207 国道 5 公里，由马兰、坡山、上庄等 22 个小自然村组成，全村 100 多户人家，依山傍水，风光秀丽。

抗日战争时期，人民杰出新闻工作者邓拓领导的《晋察冀日报》长期驻扎该村。1939 年 3 月至 1948 年，《晋察冀日报》在此办报达 10 年之久。邓拓等报人参加村党支部会议、教农民识字等故事至今仍广为流传。1944 年 7 月 1 日，报社在马兰村的坡山自然村印刷出版了由邓拓主编的《毛泽东选集》，该村成为中国出版史上第一部《毛泽东选集》的诞生地。

□红色文化

【红色报业根据地】1937 年，抗日的烽火燃烧在太行山上。按照中央部署，八路军第一一五师分兵五台，聂荣臻副师长临危受命，在敌后建立了第一个抗日根据地——晋察冀边区，首先树起了抗日救国的战旗。为了更好地发动和依靠群众，更好地坚持敌后的游击战争，1937 年 12 月 11 日晋察冀边区的党报《抗敌报》在阜平创刊，军区政治部主任舒同同志兼任了 4 个月的报社主任以后，1938 年 4 月份改为邓拓同志任报社社长兼总编辑。1940 年 11 月 7 日《抗敌报》改名为《晋察冀日报》。在战火纷飞的敌后，邓拓率领报社的同志一手拿枪一手拿笔，用八匹骡子驮着印刷器材，坚持游击办报，坚强战斗了 10 年 6 个月零 3 天，连续出版了 2845 期报纸，在艰苦的环境里从未停刊，被称为“中外新闻出版史上罕见的奇迹”。《晋察冀日报》是中华人民共和国成立前中国共产党领导的各敌后根据地中创刊最早，连续出版时间最长的大区党报之一。聂荣臻元帅称赞道：“《晋察冀日报》在危难中崛起，经受了极端艰苦的战争考验，留给后人一笔宝贵的精神财富”。1948 年 6 月 14 日终刊，和晋冀鲁豫的《人民日报》合刊而改为《人民日报》，已然留下了“战史编成三千页，仰看恒岳共峥嵘”的历史贡献。由于阜平的马兰村是报社的老根据地，在十几年的岁月里，邓拓和马兰村的老乡们结下了深厚的感情。

【报人村民一家亲】邓拓带领报社来到马兰是 1939 年的春天，马兰村的乡亲们用木杠、绳子，抬的抬，拽的拽，硬是将沉重的机器运到了山里。勤劳忠厚的马兰人把报社同志当成了一家人，他们亲切地称呼邓拓为“老邓”。当时阜平遭遇洪灾，报社的全体职工就节省出自己的口粮和衣物，来支援驻

报社编辑部人员合影

地受灾的群众，乡亲们都含着热泪连声致谢。在那个年代，村里有人结婚时最气派的就是骑着马去迎亲。可谁家有这高头大马呢？于是邓拓的大白马就成了村民的必求之物。这匹马是聂荣臻司令员送给邓拓的，也是报社里唯一的一匹坐骑。可是这匹马认生，还只听邓拓的招呼。所以每逢喜事，邓拓同志就把工作安排好，亲自去给新郎牵马。村里的一个嘎小子曾开玩笑说："邓主任，您牵马缒蹬，俺可消受不起！"邓拓笑着说："共产党人就是为人民服务的，给乡亲们牵马缒蹬，理所当然嘛！"上山打草的老乡们，在经过马棚时，总是忘不了随手给马添上一把草。邓拓深深地爱着马兰人，马兰人也同邓拓心连心。

【马兰惨案】1943 年日军进犯马兰，妄图彻底摧毁《晋察冀日报》，但让他们没想到的是报社早已在群众的掩护下安全转移。敌人在马兰村翻来覆去地搜查，但却一无所获。凶残的敌人将来不及躲避的老乡们抓住，用刺刀逼着他们说出报社的去向，可乡亲们的回答只有一个"不知道"。敌人想杀一儆百，就将单德顺和孙士兰两位老汉当场杀害，但这并没有使马兰人屈服。敌人就将所有的人毒打一遍，而后关进菜窖里，还把烧红的木炭往菜窖里扔，对被俘的百姓进行百般折磨。但村民们一直相互用眼神鼓励着：绝不能出卖报社，绝不能出卖革命同志。被绑的村民万寿山不忍心再让乡亲们多受损失，就把鬼子引到了自家的菜窖前。当鬼子在窖里没看到任何要找的东西时，恼怒地举刀砍向了万寿山。敌人又继续提审被俘的村民，但同报社有着血肉感情的马兰乡亲们，宁死不屈，没有一个人泄漏情况。恼羞成怒的敌人挥动起了刺刀，一连残杀了 19 位老乡。为了铭记这段悲壮的历史，2003 年，也就是马兰惨案六十周年之际，原《晋察冀日报》在世的部分老同志们又自发集资，选择石料，设计碑身，撰写和镌刻碑文，2005 年 9 月 12 日，在村子东口修建了庄严肃穆的“马兰惨案遇难同胞纪念碑”，永远纪念为保卫报社牺牲的 19 位乡亲。

【七烈士】让邓拓同志对马兰怀有深深思念的还有另外一个原因，那就是这里长眠着 7 位曾经和他并肩战斗过的战友们，这是他永远不能忘怀的。也是在这次“反扫荡”中，报社为了坚持出版，转移到了一个只有 3 家农户，海拔 2000 米的小山村。在与敌周旋当中，报社付出了巨大的代价。国际新闻编辑组组长、工作勤恳有“老大哥”称谓的共产党员胡畏，技术精湛、会收听中英文电报的电务队长黄庆涛、18 岁的排字工人侯春妮等 7 位同志为革命献出了他们年轻的生命。他们当中有当地的农家子弟，也有远离家乡亲人来到北方战场的南方知识青年。可他们为了坚持敌后抗战的新闻事业，把满腔热血洒在了阜平这块土地上，英雄们也被安葬在马兰村胭脂河畔的铁贯山边，在那修建了“七烈士墓”，烈士们永远地安息在了那里。社长邓拓十分痛心，1945 年为烈士们赋诗一首《题马兰烈士墓》：“故乡如醉远，天末且栖迟。沥血输邦党，遗风永梦思。悬崖一片土，临水七人碑。从此马兰路，千秋烈士居。”

【《毛泽东选集》诞生地】1944 年初，中共中央晋察冀分局为了系统地学习宣传毛泽东思想，在得到以毛泽东为书记、王稼祥为副书记的中央宣传委员会的批准后，决定出版《毛泽东选集》，并且把这一重要任务交给了《晋察冀日报》社长兼总编辑邓拓。

邓拓和报社的编辑人员以极大的政治热情投入到了工作当中，克服了印刷过程中的种种困难。为了避开敌人的搜捕，报社将专印书刊的印刷二厂设在马兰村的一个自然村坡山村。这里十分偏僻，交通极为不便，加上敌人的经济和军事封锁，报社很难到敌占区买到印刷材料。于是在邓拓的领导下，报社自力更生，办起了手工造纸厂，用稻草、麻绳造纸。虽然这种纸粗糙、发黄，但可以用来印报，省出较好的白纸来印毛选。因为没有油墨，老乡们就把家里的猪油和锅底、柴草烟灰集中起来自行熬制。当时的很多乡亲们都参与了造纸、装订、摇大轮等工作。终于，经过军民的共同努力，在短短6个多月的时间里，1944年7月，第一部《毛泽东选集》在马兰的坡山村问世了。

第一部毛选版面设计庄重大方，封面是铜版精制的毛泽东肖像，像下写着“中国人民领袖毛泽东同志”。选集共5卷，收入28篇文章，800多页，46万字，印有精装和平装两种。精装本由红缎和蓝缎做书皮，上边烫有“毛泽东选集”五个金字。这部《毛选》的编辑出版，是在提出毛泽东思想这一概念并确立其指导地位的过程中重要而又不可忽视的一个环节，也是一部在中华人民共和国成立之前，流传最早的版本，后来又在马兰坡山村多次翻印，影响很大。聂荣臻元帅在《回忆录》中称赞说：“第一部《毛泽东选集》是全国第一本系统编选毛泽东同志著作的选读本，为传播毛泽东思想做出了重要贡献。”马兰村作为首部《毛泽东选集》的诞生地也被永久地载入史册。

□马兰精神

“如果有一天，你来到美丽的马兰，别忘记唱一首动人的歌谣，让孩子们知道，爱在人间”。当你听到这样一首优美的歌曲时，你能猜得出这首歌的来历吗？这就是秉承“马兰”精神的一位老人在新时期带给马兰村的回报。她就是邓拓与丁一岚的长女——邓小岚。邓小岚1943年出生在阜平，被寄养在老乡家生活了三年。她的母亲丁一岚也在《晋察冀日报》工作过，是开国大典的现场播音员，也是北京人民广播电台的第一任台长。丁一岚曾把一枚刻有“马兰后人”的印章交给并告诉她说：“你是吃着阜平老乡的奶长大的，你是马兰村的孩子”。正是由于父辈们曾经战斗生活在这里以及个人身世的情结，使邓老师对这片红色的土地怀有无比眷恋的深情。1997年退休后的邓小岚终于回到了马兰。在村口，一个农妇脱口而出对她乳名的呼唤，让邓小岚立刻泪流满面。村里的贫穷让她感到无比心酸，而且她发现村里的孩子们都不怎么会唱歌，甚至连儿歌都很费劲。她决定用音乐启智，扣开未来之门，报答养育之恩。从2003年开始至今，她坚守着一种信念，执着着一种大爱，一直在用自己微薄的力量回报着马兰这座山村。她节衣缩食，把不多的退休金以及亲朋好友的帮助全都花在了这个村子里。在十几年的时间里，往返于北京和马兰之间，一个来回700多公里，她从花甲走到了古稀。

功夫不负有心人，邓老师利用自己音乐方面的特长硬是让村里的孩子从从未接触过音符到现在已经可以娴熟地弹奏出复杂的乐曲，并且于2006年成立了马兰小乐队，还被邀请到全国各地去演出。2012年登上了北京卫视的春晚，2013年、2015年、2017年已经在阜平马兰村和天生桥景区举办了3届森林音乐会，她的事迹也多次被媒体宣传报道。

在抗日战争时期，英雄的马兰人民，保护报社像爱护自己的眼睛一样。而社长邓拓对马兰的那份深情，在他离世后的30年，化作了邓小岚十余年的乡村音乐感恩之旅，用无私的爱浇灌出了马兰美丽的“花朵”。

（撰稿：王芳）

花山村

领袖足迹 红色圣地

□名村概述

花山村位于河北省阜平县城南庄镇，距离城南庄晋察冀军区司令部旧址5公里，距县城25公里，辖花山、抗沟、花沟掌3个自然村，共120户410人。花山村自然生态良好，周围山坡植被覆盖率高，林间沟壑多花草，富有诗情画意。据记载，该村建于公元1670年，因村前后的山坡沟壑满是花草树木，故取名花山。

1948 年 3 月 21 日，毛泽东同志率中共中央机关从陕北米脂县杨家沟出发于 4 月 11 日傍晚到达城南庄。在城南庄期间，毛泽东同志先后组织召开“中共中央书记处扩大会议、修改发布‘五一劳动口号’”等。5 月 18 日凌晨，毛泽东同志的住地城南庄遭敌机轰炸，后转移到花山村居住 9 天。在花山村，毛主席旧居、防空洞等革命遗迹和花山石碾等历史物件保存完好。

□红色文化

晋察冀边区是抗日战争时期中国共产党在敌后创建的第一个抗日根据地。1937 年 11 月 7 日，晋察冀军区在山西省五台县的金刚库宣告成立，聂荣臻任军区司令员兼政委。军区成立的 11 天之后，晋察冀军区机关迁到阜平。从此阜平就成为晋察冀边区的抗战领导中心。

1938 年 1 月，晋察冀边区军政民代表大会在阜平第一高小的大礼堂隆重召开，商讨组建地方政权，成立了晋察冀边区政府。这是我党我军在华北敌后创建的在共产党领导下的第一个统一战线性质的抗日民主政权，并被国民政府行政院承认和批准。1939 年 1 月，晋察冀边区政府驻扎在花山村，并在花山村召开了纪念晋察冀边区政府成立一周年纪念大会，在大会期间还举办了大型农业和工业展览。1939 年 6 月，晋察冀边区公安总局在花山村成立，当时李波任局长。1943 年 5 月到 10 月，晋察冀军区司令部驻扎在此，9 月 13 日，聂荣臻奉命从花山村离开到延安参加中央会议。

解放战争时期，晋察冀画报社于 1946 年 9 月从张家口撤出后，驻扎在花山村的花沟掌。1946 年 12 月 30 日，《晋察冀画刊》第 1 期在花沟掌出版。1947 年 6 月，晋察冀画报社集中力量整理抗战全部底片资料。章文龙拟订了一个完整、系统、科学的底片分类目录表。画报社资料工作从此科学化和正规化。

晋察冀画报社在花沟掌居住期间，沙飞和夫人王辉的儿子王毅强在花沟掌出生。1947 年 5 月，晋察冀画报社暗室负责人宋贝珩与顾瑞兰在花沟掌结为夫妻，他们两人是中国解放区和新中国以暗室工作为终身职业的革命伴侣专家。从 1946 年直至 1947 年 7 月，是解放战争时期晋察冀画报社驻扎最久的地方。如今花沟掌还完好地保存着晋察冀画报社居住旧址。

花山村的闻名也因为解放战争时期伟大领袖毛主席曾在花山村工作居住。在全国解放战争进入反攻的重要时刻，1948 年 4 月毛泽东、周恩来、任弼时率中共中央机关由陕北路经山西，于 4 月 11 日到达晋察冀解放区，来到阜平境内。4 月 13 日毛泽东等中央领导人到城南庄村居住 35 天后，5 月

18日主席转移到花山村居住了9天。

5月18日傍晚，花山村响起了汽车的轰鸣声。顺着河槽开来几辆汽车。车停稳后，下来一些穿军装的解放军战士，随后从第三辆车上下来了一个身材魁伟的大个子。花山村的人第一次见到汽车，都站在远远的地方看稀罕儿。主席到花山村的当天晚上，乡亲们带着疑问，翻来覆去睡不着，这个面熟的人是谁呢？当时，晋察冀边区家家户户都已经张挂毛主席画像，乡亲们在脑海里几经对照，断定首长就是毛主席！大家都激动地彻夜未眠。

毛主席在花山村工作期间，将发到城南庄会议上讨论的《1948年的土地改革工作和整党工作》《新解放区农村工作的策略问题》两篇著作修改定稿并以文件正式发到各地。后来这这篇光辉著作被编入了《毛泽东选集》第四卷。毛主席在花山居住虽然只是短短的9天，但主席非常关心人民群众的生产和生活问题，经常和当地群众交谈、了解情况。主席关心群众、爱护群众的故事一直在当地流传。

□领袖轶事

【花山石碾歌】毛主席在阜平花山村居住时，门前有一盘石碾，当村里人知道毛主席在这里住时，生怕影响了他工作和休息，就很少再来这盘碾子上推米压面了。毛主席每天都要出来散步。有一天，乡亲们端着玉米去上村推碾，主席碰见了，便问："这不是有碾子吗？为什么还到别处去推？"乡亲们回答说，怕影响首长办公。毛主席说："就在这儿推，以后不要再到那么远的地方去推碾。"主席以为是警卫安排的，就叮嘱他们，"告诉乡亲们，咱们住了人家的房子，不能连碾也不能推，以前怎么样现在还怎么样，不要影响群众生活。"闲了几天的碾子又开始转上了。有了空儿毛主席还到石碾旁和老乡们拉家常，了解群众生产和生活情况，大家都不拿他当外人。中华人民共和国成立后主席在花山村，关心群众、爱护群众、处处为人民群众着想的故事被改编为《毛主席在花山》。《毛主席在花山》是人教版小学语文课本五年级上册第 8 单元第 28 课的课文。河北省音乐家协会主席王玉西，还将这个故事创作成一首歌曲《花山石碾小唱》，至今一直被人们所传唱！

【教好娃娃】1948 年春天，张冀新正在家乡花山村教小学。这天下午放学后他带着几个孩子路过毛主席的住处，正巧毛主席从院里出来。主席穿着一身军装，脚下一双半新不旧的军鞋，鞋帮上还钉着半块圆补丁。张冀新想和主席说话，可心情激动，一时又不知道说什么好，只好低下头来。毛主席却笑着跟他打招呼，拉起了家常。和主席说话，张冀新心海里一直翻滚着激动的情绪，他多想说出一句"您就是毛主席吧？"然而，几次想说出口，几次又将这个念头压了下去。主席听说教的是边区课本，连说，"很好，很好！"说罢，他停顿了一下，沉吟良久，对张冀新说"一定要培养好祖国的下一代！"

主席走了，但主席的这句话，却让张冀新激动万分。一个普通的山村小学教师受到主席的千钧嘱托，既有压力，又有动力。主席这句话，是对他说的，也是对千百个教育工作者说的。主席建国之前领导全国解放战争，日理万机，仍然牵挂着祖国的教育事业，特别是祖国的下一代。

如今那盘伟人关心过的石碾依然静守岁月，讲述着感人的往事。现在的花山村毛主席旧居也被国务院批准为全国重点文物保护单位。花山旧址门外有一座石桥，2009 年修建，当时张冀新老人还健在，将此桥命名为"思念桥"，表达了花山人民对毛主席的思念之情。张冀新的儿子张文明依旧住在花山毛主席居住旧址的旁边，数十年如一日清洁主席故居的每个角落，每当有游客慕名而来时，他总是做一位义务讲解员，将主席在花山的故事讲述给大家。虽然毛主席在花山村只居住了短短的 9 天，但是领袖和人民群众心连心，主席关心群众、爱护群众的故事，一直被后人所传颂。

□名村今貌

美丽乡村建设伊始，花山村“两委”就把对土地的充分利用纳入到“美丽乡村游”的规划布局中，牵头成立“樱桃红”种植专业合作社，集中流转村民150亩土地，打造“苹果、樱桃、桃树 ”规模采摘园。栽植的果树预计2018年可挂果，供游客体验采摘之乐。按照合作社和村民签订的协议，村民除了可以收取土地租金外，还参与果园收益分红。

修建纵横联通的旅游路，方便游客出行。花山村的村内街道规划建设交错纵横，互相联通巷道院落和旅游景点；新修建了“花山村——城南庄镇”村级公路，6米的柏油路面宽阔平整，直达晋察冀边区革命纪念馆、国道207等。

全面提高村民经营农家乐和发展旅游业的能力。村委会组织村民到四川绵阳观摩农家乐经营，学习烹饪技法，以先进经验帮助村民农家乐食宿经营管理上档升级；组织村民到河南嵩山学习布艺速染技法，为丰富旅游纪念品种类奠定基础。

如今的花山村立足红色资源和绿色生态优势，花山村有着众多的红色旅游资源和良好的旅游产业发展基础。抢抓政策机遇，因地制宜，把美丽乡村建设和旅游业发展相结合，统筹推进住房建设、产业发展和交通建设，全力打造古朴传统、和谐宜居的“美丽乡村游”太行小村落。

据了解，下一步花山村将着力建设完善基础设施和公共服务设施，并规划修建“手工体验馆”“观光路”“土特产超市”“老物件博物馆”“户外基地”等，围绕建设“美丽乡村”核心目标，多层面打造立体化旅游产业格局，带动村民早日脱贫致富。

（**撰稿**：周玉丽）

印钞石村

千年古村 文化绵长

□名村概述

印钞石村位于阜平县城西 39 公里处，距镇区 4 公里，西与佛教圣地五台山毗邻，是通往五台山的必经之地。印钞石村由印钞石、窑沟、龙宿庵、长城岭、水泉洼、山羊沟 6 个自然村组成。全村总计 189 户，496 人，总面积 18 632 亩，山地面积 1800 亩，其中有林地面积 800 亩，耕地面积 400 亩，人均耕地少。印钞石整村海拔在 900—1700 米之间，山高坡陡。农作物以玉米、马铃薯等为主。无矿产资源。村内有明长城遗迹——长城岭，有佛教遗迹——益寿寺，有晋奉大战遗址。境内山高林密，气候凉爽，沟谷纵深，风景优美，山上密林遍布，有野猪、野鸡、狍子、褐马鸡等珍稀动物，另有野山菇、猪苓等珍稀植物。

□名村历史

印钞石是出关上岭最后的一个大村，村里有一座著名的寺庙——益寿寺。

过了这个村，就进入爬岭盘山路段，距长城岭口还有 5 里地。因此，这个村子也就成了歇脚打尖的地方。人流不断，香火兴旺。

印钞石到底有没有印过、铸造过钞币，还无考证。但这个个性很强的村名结缘于明代高僧，甚至纳入皇朝视野，却是有迹可寻、有据可查。明朝憨山大师在《妙峰禅师传》里，详细记录了禅师的一生。其中，就有禅师在印钞石的记载。禅师在铺路修桥之外，“又于龙泉关外忍草石建茶庵。敕赐惠济院，舍药施茶，岁常赐金若干。随蒙颁赐龙藏，建砖阁安供，后创七如来殿。”

印钞石这个名字很有特色，明代它还被写为“忍草石”，更引人遐思。“草”“石”两字已绽露出一丝物外超然，而一个“忍”字更是对精进苦修的浓缩与概括。戒是修行之本，忍乃修行之要。大隐大修需要大忍。如此想开去，总觉得这个村名是一个远远早于明朝，在此隐忍、修行的高人所起。而“茶庵”是指一个提供茶水供应的茅屋；而联系后文“敕赐惠济院”来理解，应该是后一种解释，也就是说这里曾经是一处姑子庵。这样看来，又应该是两者兼具。

这小小的茶庵竟然还惊动过朝廷，皇帝还赐了御名，叫“惠济院”，史称龙泉关御茶庵。能得到皇帝赐额，说明印钞石必有特殊之处。

□文化遗存

【明长城遗址】长城岭因岭上有明代长城遗址而得名，该段长城始建于北魏、北齐时期，复建于明代成化和万历年间。关城城墩南北长 47 米，东西宽 16.5 米，高大券洞相通，中部塌毁。关城南北两端皆有墙垣，南侧多残，匍匐在密林之中，约 1500 米。北侧相对完整，石块垒砌，约 300 米。关城底部条石巨大，长 3 米多。券洞砌边立石有海浪波纹，简洁优美。

城墩北侧，墙体基本完整，腰线优雅，垛墙残损。1956 年被确立为河北省重点文物保护单位。

【益寿庵】益寿庵的规模比较宏大。坐西朝东，建筑齐全。常住僧人十几位，殿堂僧房 70 多间，占地面积 5 亩多。有天王殿 3 间，正殿 5 间。正殿内供释迦牟尼佛，佛像高大庄严。两侧有十八罗汉木雕像，栩栩如

生。大雄宝殿的后面，即为“安供”佛经的两层无梁殿。

现存的无梁殿为青砖结构，无梁架之制，蕴含菩萨普度无量众生之意。砖碹五间，进深一间，原为两层楼阁，现存一层。整体外形模仿木结构的式样，越是局部细微的地方雕刻越是精美。下层正面有5门4柱，门呈圆拱形，最右的一间内设通二层的楼梯。前檐下4柱自墙而出一半，呈半圆形，由青砖烧磨而成，柱头雀替缺失。柱子之间双层砖砌额仿，额仿上雕刻如意花棂。一二层实心密檐，檐下用仿木砖结构，斗拱交替数重。斗拱间的砖雕垫拱板，精雕细镂有莲蓬多子、麒麟回首、骏马驰骋等图案，形象生动，栩栩如生。清嘉庆十六年，嘉庆皇帝西巡五台山经此寺，还赐额“花雨捧云”。

印钞石的无梁殿不仅是砖结构的杰作，也是砖雕艺术的杰作，目前还没有纳入文物管理部门的日常管理中，尽管有不少游客为其结构巧妙、造型优美、精雕细刻、宏伟华丽、古雅朴实所折服而惊叹，称这是阜平为数不多的古建中最美的建筑。

【晋奉大战遗址】1927年8月始，奉系军阀张作霖打败直系军阀吴佩孚后入关进入河北，并准备进一步攻占阎锡山盘踞的山西，在沿阜平长城岭一带展开了持续200余天的晋奉大战，发生大小激战100多次。阜平一线通往

山西较大的路只有两条，一是龙泉关到长城岭这条古大道，二是招提寺至木桥村通向山西石咀这条古商路，所以主要战斗都是围绕争夺控制这两条道路的制高点展开。在这条战线上，山西一侧地势平坦，利于调兵、运粮，补充弹药。晋军控制着所有的制高点，加之晋军坚固的地堡、战壕，整个战线，易守难攻，所以张作霖的军队一直未能攻破阎锡山的防线。至 1928 年 3 月，蒋介石的中央军占领天津一带，冯玉祥的西北军逼近保定，张作霖怕受蒋、冯夹击，遂将奉军撤离长城岭一带，往东北老家而去。晋军闻讯追击奉军到望都一带，奉军掉头给予迎头痛击，将离开了高山峻岭防线掩护的晋军打得大败，晋奉长城岭大战遂告结束。

四方塔位于长城岭关门北侧，是长城岭海拔最高的山峰，这里视野开阔，四周山头一览无余，向东望去阜平县城大部清晰可见，西大道沿途尽收眼底，此处易守难攻，在这里既能控制长城岭隘口，又能观察阜平城至龙泉关大道上的敌情动向，所以也就成了晋奉两军必争之地。

目前长城岭四方塔到百草坨之间的山坡上还可以看到保存完好的多处藏兵洞、碉堡、死人坡和部分石砌工事、战壕、运粮沟等。

□名村今貌

近年来，村两委班子在市委办公厅驻阜平县龙泉关镇印钞石村工作组的帮扶下，紧密结合阜平县扶贫工作部署，全心全意为村民解决生产生活中的困难和问题。村干部与工作组共同研究制定村经济发展规划，明确了“加快文明生态村建设步伐，改善村民生产生活条件，依托资源优势大力发展林果业、家庭手工业和特色养殖业，优化产业结构，增加农民收入”的发展思路。

印钞石村气候和水土特点适宜搞肉猪养殖，发展前景良好，为把养猪业打造成村里支柱产业，工作组带领村两委和致富带头人到涞水县、唐县参观学习，邀请市县农业畜牧专家现场指导，搞好水、电、路配套建设，全力提供服务保障，协调为村里安装变压器 2 台，满足了产业发展用电需求。目前，玉石养猪合作社准备建设现代化猪场，提升档次和规模，同时又新建一养殖合作社，养猪产业初具规模。

（**撰稿**：张曙红　**摄影**：张曙光 阜平旅游 dj48）

王快村

秀美湖光 渔乡食府

□名村概述

王快村原为王快镇在阜平县最南端，由王快街、吴家沟、石门沟、柳树峪等街村组成。西街和东街有数棵古老高大的老槐树，唯独顾家顺的客店前那棵古槐，树干围长近丈余，据说树龄千年以上，当地人流传着“先有老槐树，后有王快街”之说。清朝年间曾在王快镇建立阜平县衙。中华人民共和国成立后，王快镇一度成为华北地区最繁华的大集镇。

1958 年，响应国家号召，王快镇成为河北省十七大水库之一。王快镇整体搬迁，在石沟村口、河滩两岸组建了王快新村，成为库区移民村，划归平阳乡管理。王快村位于王快水库边，距县城 29.5 公里，距平阳镇政府 7.5 公里，紧邻保阜高速公路和 382 省道，全村 1201 户，3212 人。因王快村风景秀丽，每年都有大量游客来此观光、垂钓，现有农家乐约 20 户，村民以种养殖业为基础。

□名村细话

【历史渊源】王快村，原王快镇，始建于北宋末年，距今已有八百多年历史。早在商代此地就已有人类活动。王快镇，原名叫王槐铺，镇中有棵老槐树，号称槐王，王槐铺由此得名。当年，清朝康熙皇帝去五台山进香，途经此镇忽发诗兴，吟出一句："王到王槐王快乐"，不料江郎才尽，有了上句对不出下句，只好作罢。继续西行百里后，到达阜平西部的龙泉关，忽然有了灵感，对出了下句，"龙至龙泉龙精神"。自此，王槐铺更名为王快镇。

【文化遗存】王快村有寺庙十八座：奶奶庙、五道庙（两座）、云溪寺、火神庙、海云寺、文庙（文昌宫）、老母庙（两座）、关帝庙、药王庙、覆云寺、三官庙、龙王堂（两座）、康熙钓鱼台、老君堂、双龙洞。

曾经的建筑有阜平县衙、魁星阁、财神阁、八仙阁、送子观音阁、县衙粮仓、戏楼、陈家牌楼、郄氏家庙等近十处。

【九龙枝】九龙枝在王快镇东门外 2 里处的云溪寺西边，是一棵有上千年树龄的古柏，阜平县志中有"古柏在邑东云溪寺，大数围"的记载。九龙枝树高约 14 米，树干根部直径约 3 米，4 根 1 米粗细的主枝，伸向四面八方，形成的冠阴面积约 400 平方米，有 9 个大枝，如 9 条巨龙腾空苍穹，树杈中间有一棵小桑树独傲云霄。据说该树树龄在千年以上，当地人流传着："先有老槐树，后有王快街"的传说。

明万历年间被敕封为树王。九龙枝由此也成为王快镇的标志，说起王快镇，首先让人想起的是九龙枝。凡是到过王快镇的人，不论历朝历代皇帝、达官贵人、和尚僧侣，还是平民百姓，都以亲眼看见"九龙枝"圣境为快。

传说，有一讨饭的盲人慕名而来，要用手臂测量一下九龙枝树干的周长。他把探路打狗的木棍戳靠在树干一处，用作丈量的起点和终点，之后伸开双臂一庹一庹地进行丈量。这时有人戏弄盲人，悄悄地拿走木棍，一袋烟时间才把木棍放回原处。盲人丈量了这么长时间才摸到棍子，由庹的数目计算出树干周长，不禁大吃一惊，一路讨饭一路宣讲九龙枝的粗大无比，举世无双。

据老辈人讲，在阜平指挥抗日战争和解放战争的老一辈革命家刘少奇、朱德、聂荣臻、胡耀邦、邓颖超等都观看过“九龙枝”的风采。如今，昔日的九龙枝长期遭受战争摧残、人为破坏，当年周边的龙王堂、云溪寺、石林早已荡然无存。直至修水库将树砍伐，其遗址也淹没于深水中。

□发展愿景

根据县委县政府做出的美丽乡村建设规划，王快村定位为“渔乡食府”特色小镇，按照“古集市新渔村”的总体要求，以旅游为依托，全力建设“泽水而居、林立街市、合院格局”特色商业街区，打造车马客驿站、康熙行宫等古建筑为依托的高品质乡村酒店。争取用三年的时间将王快发展成为以旅游为特色，整合村庄历史、文化、民俗资源，依托王快水库和环南山产业园，发展山水休闲农业，创建生态旅游新村。

【渔乡野渡湿地公园】渔乡野渡湿地公园占地 500 亩，游客可在这里参与撑竹筏，玩脚踏船，赏鱼鹰表演，探芦荡迷宫，望飞鸟凌空等。景区内水径栈道，曲径通幽，引游人遐思细品，比漫步苏堤更别有一番滋味；水韵芦丛，撑船往探，野鸭成群，鸳鸯戏水；渔光灯塔，滨水地标观景台，登高望远，天水一色尽收眼底；生态垂钓园，河坡柳下，扁舟船头，或三五成群，或单杆独钓都是一种清闲雅致；休闲木屋，供游人小憩，倒影水中，不亚于西湖的三潭印月。

【荷风塘】人工开挖水塘与河道串联，水塘中种植荷花，搭建巨轮水车，营造乡村荷风盛景。培育当地荷花品种，引入海内外名贵花种，品种多而美，景色雅而奇。漫步河廊，置身花海，瞻荷君子“出淤泥而不染，濯清涟而不妖”之气度，净化心灵，提升修养。巨轮水车，整体造型体现人性化设计，挺拔俊秀，气势磅礴，俯视观看，犹如停靠港岸的航母、装载货物的油轮在徐徐地轰鸣。园内十里环园路，百顷荷花塘，千丈赏花桥，万米船航道，不知身在何处，只缘风景流连忘返。

【车马店驿站】以康熙游居此地为背景，展示帝王游居的起居生活、君臣议事、奇闻轶事、读书休憩等场景，体验古代帝王出游的盛大场景。其中风物器具寂然如初，笔墨纸砚铺陈有序，如在昨日；雕梁画栋美轮美奂，青砖琉瓦、檐角脊顶钩心斗角。宫殿内侧碑廊琳琳，曲折绕之。徜徉其中，仿佛看见康熙率众臣与民同乐之情景，仿佛听到“王到王快王快乐，龙到龙泉龙精神”的帝王吟咏之句。一代帝王的行宫，游客自由出入、游览欣赏，令人体验到昔日王谢堂前燕，飞入寻常百姓家。轻松跨越数百年，追忆百年风情。

【渔乡文化体验街】渔乡美食街，沿河道分布渔家宴一条街，渔家乐的聚集地，打响王快鱼头品牌，河道打造养鱼塘，生态驳岸处理，捕鱼吃鱼一条龙，亲身体验，别有风情。餐饮小吃街，汇集南来北往的特色小吃。集市作坊街，集市活动举办地，老字号手工艺展示。民俗文化街，以渔具店、渔网手工店、修船店为特色，体现渔乡文化，同时融入王快民俗工艺店、老物件收藏店、品牌老字号等业态内容。

【渔歌音乐广场】位于渔乡美食文化街中，渔主题的景观空间，活跃街区渔文化氛围。地面乐谱书和全场背景音响形成音乐广场的主题。人行甬道边，有序分布的琴键式坐凳，更加突出了广场的音乐特色。广场地面以及周边商铺墙面渔家风情的彩绘涂鸦结合音乐主题布置，完美呈现渔家音乐视听盛宴。

（**撰稿：**周玉丽　陈爱召　**摄影：**孟庆增）

高阳县

GAOYANGXIAN

家纺名都 卫星新城

◎ 高阳县位于保定市东南部，地处京津石核心地带，距北京、天津、石家庄各约 150 公里，大广高速、保沧高速和即将开工建设的津石高速贯穿全境，区位优势明显，交通四通八达；全县辖 5 镇 4 乡 181 个行政村（社区），县域面积 496 平方公里，户籍人口 34 万，外来人口 15 万。

◎ 高阳为颛顼故都，颛顼到此建都始称颛顼高阳氏，高阳自此得名，历经各代，沿用至今。西汉高祖六年始置县，迄今已有 2200 多年的历史，明朝大学士孙承宗、清朝三朝阁老李鸿藻都是高阳人。高阳是著名的戏曲之乡，北方昆曲发源地，孕育了韩世昌、盖叫天、张慧云等著名表演艺术家，北方昆曲被联合国教科文组织列为“人类口头和非物质文化遗产”。

◎ 高阳是留法勤工俭学发祥地。1917 年，李石曾在我县布里村创建了国内第一所留法勤工俭学预备学校，蔡和森、向警予等党的早期领导人曾在这里教学、就读。高阳是高蠡暴动发生地。1932 年，爆发了震惊全国的高蠡暴动，这是中国北方共产党领导下的最早武装革命。

◎ 高阳纺织业历史悠久，始于明末，兴于晚清，盛于民初，400 多年传承不衰。目前，全县拥有纺织企业 4000 余家，纺织专业村 98 个，各类织机 4 万台，从业人员 16 万人，巾被、毛毯产品占全国市场份额的三分之一，先后被评为中国毛巾、毛毯名城，国家外贸转型升级专业型示范基地。

西演镇

历史悠久 红色名镇

□名镇概述

西演镇位于高阳县城东南部，东接庞口镇，西与高阳镇隔河为界，南邻庞家佐乡，北与小王果庄乡接壤。保沧路、肃临线两条省道过境，保沧、大广两高速在我镇交汇互通，并紧临保沧高速高阳东出口。全镇辖26个行政村，镇域面积71.6平方公里，其中耕地面积6.27万亩，人口4.8万人。

西演镇所辖区域在明、清时分别属于民乐社、在城社和蠡县的玉田社、绪口社，民国时分居高阳和蠡县，1932年爆发“高蠡起义”，后遭反动军队破坏，1938年建立民主政府，东绪口、东赵堡、南赵堡、赵堡店、赵堡辛庄、魏家佐、周家辛庄7个村由蠡县划归高阳，1958年公社化时，分属西演公社和城关公社所辖，1961年南赵堡公社从城关公社中分出，西演公社又分出了边渡口公社和庞家佐公社，1984年改为西演镇和赵堡乡，1996年乡、镇合并后，赵堡乡归西演镇所辖。

西演镇有着悠久的历史和光荣的革命传统，两处著名的红色旅游基地坐落于此。一个就是布里留法工艺学校，是当年高阳人李石曾、段子君开办的，这里共培养留法学生200多人，为中国共产党和新中国培养了一大批栋梁之材，在伟大的勤工俭学运动和新文化运动中占有重要的历史地位。中国共产党早期领导人蔡和森和向警予都曾经在这里工作和学习。第二个就是高蠡暴动纪念馆，它是为了纪念1932年在这片土地上建立第一个红色武装的高蠡暴动而建设的纪念馆和烈士陵园。

□历史事件

【高蠡暴动】是保定地区高阳、蠡县一带的广大农民在中共河北省委和保定特委直接领导下掀起的一场震撼华北的反对国民党反动统治的大规模的农民武装斗争；是在敌强我弱的形势创建红军、建立苏维埃政权的一次伟大尝试。

20 世纪 30 年代的高蠡地区，正处在社会大动荡时期。国民党反动派的搜刮，地主资产阶级的盘剥，日本帝国主义的侵略，加上天灾人祸，使广大农民处在水深火热之中。人民群众的反抗日益高涨，阶级斗争越来越激烈。

1932 年 8 月 23 日，中共河北省委为贯彻中共中央北方局扩大会议关于创建北方苏区和红军，开展农民游击战争的指示，派省委军委书记湘农到保定主持工作，讨论了高蠡暴动的形势和具体计划，决定 27 日举行武装暴动。

8 月 27 日，高蠡暴动先从宋家庄发起。这一天，红军游击队到处张贴保属革命委员会第一号布告，将游击队的十大纲领公布于众，极大地鼓舞了高蠡一带广大被压迫的农民。暴动喜讯竞相传播，游击队的士气更为高涨。宋洛曙带领十几名游击队员在宋家庄收缴长短枪 12 支。这时蠡县林堡村的游击队也来到宋家庄集合，兵分两路，分别在博野县的吴王庄缴获步枪 5 支，在清苑县的李家庄缴获步枪 1 支。到晚间，各处集合来的总共 50 人左右，暴动队伍正式编为河北红军游击队第一支队第三大队。

8 月 28 日，刚成立的红军游击队在湘农和宋洛曙的领导下，继续在宋家庄一带发动群众，收缴枪支，壮大队伍。同时，团特委的王义顺作为特派员在南玉田村跟田胜德、王凤斋一起做暴动的发动工作，也组织起了 60 多人的游击队，成立了红军游击队第二大队。此时暴动影响逐步扩大，民众无不欢欣鼓舞。附近群众纷纷参加红军游击队。第二、三大队红军游击队员迅速发展到 150 多人，50 多支枪。

8 月 30 日，第二、三大队的队伍向高阳县境东南区进军，与高阳第一大队汇合，攻打北辛庄。这天，队伍途经蠡县王家营、高阳的大兴庄、北归还、庞家佐，一路上打土豪、斗地主，给当地群众分粮、分衣，枪毙罪大恶极的地主恶霸。强大的革命风暴席卷高蠡大地。这天晚上，湘农主持召开了紧急会议，会上宣布建立地方苏维埃政府，湘农任主席，宋洛曙任副主席。同时整编队伍，正式成立河北红军游击队第一支队，湘农任支队长，宋洛曙任副支队长，下设 3 个大队，共 300 余人，长短枪 120 多支。

8 月 31 日，第三大队留守北辛庄，第一、二大队去西演、北柳庄、安庄等村动员和组织群众，打土豪斗恶霸。下午 2 时，湘农在游击队驻地北辛庄召开由队长、政治委员参加的会议，敌人的骑兵突然包围了游击队驻地，用机枪封锁了大门口。宋洛曙在院内带领着部分游击队员，以墙垣为掩护，变换着位置阻击敌人，同时组织突围。湘农见情况紧急，枪毙了敌公安局长穆荣华，击伤敌区长王峙北，然后带领一部分游击队员冲出包围圈。敌人冲进院内时，宋洛曙还在带领队员向敌人射击，直至英勇牺牲。经过两小时的战斗，游击队员牺牲 17 人、9 人被捕。高蠡暴动经过 5 天的激烈战斗，共牺牲 47 人，整个游击队被全部打散。至 9 月 4 日，高蠡暴动失败。

为纪念高蠡暴动，政府建设高蠡暴动烈士陵园。高蠡暴动烈士陵园位于高阳县城南 15 公里处，南、北辛庄两村之间，1957 年落成，属省重点保护建筑物。该陵园占地 10 500 平方米，建筑面积 335 平方米，南北长 150 米，东西宽 70 米。主要建筑物有：烈士纪念塔、碑亭、烈士墓、烈士纪念碑等。这座烈士陵园园址，旧为黄文寺，民国初期改为高阳县南区高级小学，并在此处设有第三区警察所。1932 年 8 月下旬，在北方党组织的领导下，这里爆发了闻名华北的高蠡起义。8 月 31 日遭到反对军队的围剿。宋洛署、蔡书林等 17 名烈士于此壮烈牺牲。后国民党反动派又疯狂剿杀突围的战士，有 29 名惨遭杀害。1946 年 2 月当地群众在党和政府的领导下，拆庙宇、运砖石在北辛庄村东为烈士修墓立碑。1957 年县人民委员会在此建造殉难烈士纪念塔。1978 年重新修葺，改名为辛庄烈士陵园，1981 年将烈士墓移入陵园，始成现在之规模。现在清明节前后，高阳县和蠡县的中小学校都会组织学生们去高蠡暴动烈士陵园扫墓，缅怀革命烈士。

这次暴动虽然失败了，但在这块沃土上撒下了革命的种子，给后来动员民众进行抗日战争和解放战争打下了良好的思想基础。

□人物英才

【盖叫天】（1888—1970）京剧演员。原名张英杰，号燕南，高阳县西演镇西演村人。幼入天津隆庆利科班，习武生，后改习老生。倒嗓后仍演武生。长期在上海一带演出。宗法李春来而有所发展。勤学苦练，虽曾断臂折腿而坚持不懈。演剧以短打武生为主，注重造型美，讲究表演人物神情气质，武戏文唱，形成自己的艺术风格，世称“盖派”。以演《武松》《三岔口》《一箭仇》等剧著名，时有“英明盖世三岔口，杰作惊天十字坡”之誉。1952 年参加第一届全国戏曲观摩演出大

会，获荣誉奖。晚年传授技艺，著述讲学，颇多创见。

历任浙江省文学艺术界联合会副主席、中国戏曲家协会浙江省分会主席。其代表作曾先后摄成《盖叫天的舞台艺术》《武松》等影片，另有艺术记录《粉墨春秋》出版。子张翼鹏、张二鹏、小盖叫天，均演武生。

【王锡疆】（1905—1925）又名王仲强。高阳县西演镇利家口村人，1919 年 7 月考入保定育德中学。1921 年 3 月，邓中夏到保定传播马克思主义，王锡疆积极追随邓中夏，接受了马克思主义，成为具有初步共产主义思想的先进分子。为扩大马列主义的传播，王锡疆与安志成以“文学研究会”的名义建立了书报贩卖部，秘密出售《新青年》《共产党宣言》等革命书刊。同年底，在积极筹备组建进步团体“社会问题研究会”时，遭到反动军阀通缉，被迫离开保定，前往北京，在邓中夏领导下继续从事革命活动。1922 年春，王锡疆受北京党组织委派回保定负责团组织工作。1922 年 5 月 5 日，他与张仲毅代表保定团组织出席了在广州召开的中国社会主义青年团第一次代表大会。

1922 年 12 月，经中共北京区批准，王锡疆与安志成、杨其纲、彭桂生由团转党，成为保定第一批中国共产党党员，并成立了中共保定党小组，王锡疆任党小组长。1923 年 9 月，王锡疆考入北京大学，离开保定，在李大钊的领导下继续从事革命活动。1924 年 12 月，中共北方区委成立，他协助区委领导赵世炎、范鸿劼负责宣传工作。1925 年 11 月 22 日，北方区委领导组织群众开展反对段祺瑞“关税会议”，北京反动当局出动大批警察阻拦、镇压，对群众大打出手。王锡疆为掩护战友被警棍击伤头部，造成颅内损伤，送医院抢救无效牺牲。

□名镇今貌

近年来，西演镇按照“完善农业基础设施、科技示范带动”的发展思路，引导潴泷河两岸村民扩大麻山药种植，促进当地农民增收，充分利用潴泷河麻山药协会和绿参、天康麻山药农民专业合作社，为农民提供销售服务；利用金农网等信息平台，及时向农户提供市场信息。目前，全镇有各种农业合作社 26 家，其中，麻山药合作社 12 家，麻山药种植面积稳定在 3.5 万亩，年产值约 4.55 亿元，远销北京、四川、重庆、广东等地。

西演镇大力实施纺织强镇战略，在规模扩张、技改升级和园区建设上下功夫。纺织业逐渐成为全镇重要的经济支柱，西演也成为全县的纺织大镇。目前，全镇共有各类纺织企业近千家，具有法人资格的纺织有限公司 125 家，各类纺织个体工商户406家，印染企业4家，规模以上企业7家。永亮、卡缦、宇光、永字、百顺等一批生产设备、生产工艺先进的纺织企业，成为产业发展的龙头。2014年，全镇规模以上工业总产值完成32.86亿元，固定资产投资完成2.33亿元。

同时，为推进纺织业集约集聚发展，2010年规划建设了高阳县中小企业创业辅导基地。该园区总占地面积109.88亩，总投资2.3亿元，共进驻巾秋家纺、卡缦纺织品制造、旭升纺织等中小企业16家，于2014年上半年建成投产，年产高档纺织品11 000吨，销售收入4.4亿元，利税9000万元，安置1000余人就业。

2013年，经多方筹资，投资400余万元的布里至于堤公路新改建工程全线竣工通车，不仅改变了自古布里一条路的历史，而且完善了留法工艺学校道路基础设施，并成了城东连通保沧、保津两条省道的主要道路。镇政府先后投资60余万元，对省道两侧特别是布里、北辛庄村内环境进行综合整治，提升整体形象，着力挖掘红色旅游资源，提升文化软实力。

（**撰稿**：齐永安　宫保红　**摄影**：宫保红）

庞口镇

锐意进取 再创辉煌

□名镇概述

庞口镇位于高阳县城东侧 13 公里处，总面积 82 平方公里，总人口 47 449 人，庞口镇现辖 26 个村民委员会。津保、保沧两条省级公路和大广、保沧两条高速公路穿境而过并设有出口，交通优势非常明显，已被纳入“京、津、石 90 分钟经济圈”，是“中国农机配件之都”，汽车农机配件产业是全县的主导产业。

庞口自周朝赫氏祖建村，因傍于古高河口，始称旁口，后改为庞口，据今已有 3000 年历史了。所辖旧城村为古高阳城（因于古高河之阳而得名），系上古颛顼初国之地。战国燕建邑，西汉置县，东汉置郡，晋置国，隋置州，唐置军，宋设关，金、元复置州，明洪武三年，因水淹迁新址，仍称高阳，原城始称旧城。

1997 年被省政府列为“河北省小城镇建设试点镇”；2004 年被省政府命名为“全省 50 个重点小城镇之一”；2014 年 7 月份，被国家住建部等七部委批准为全国重点镇。2016 年 10 月份，被国家住建部等三部委列为首批国家级特色小镇建设示范乡镇。

□文化遗存

【李氏家族墓】明清两代，庞口李氏家族子孙共出现了 30 多位举人，有 12 位考取了进士，成为当地的名门望族。其中死后被封谥号的就有 4 位，文敏公李国普、文勤公李霨、文肃公李殿图、文正公李鸿藻，他们都官居高位，在当时有很大的影响力。著名的留法勤工俭学的创始人李石曾就是李鸿藻的儿子。

李氏家族墓位于庞口镇东南，里面埋葬了数十位李氏先贤，被考古学家称为“中国北方在形制和规模上仅次于皇陵的贵族墓地”，被河北省政府命名为“河北省重点文物保护单位”，为免墓地被人为破坏，此处墓地的大量文物（石像生）现在实行掩埋保护。

【将军井】佟麟阁将军是抗日战争中第一位牺牲的中国高级将领，一生忠勇爱国，在卢沟桥事变中英勇牺牲。他的故乡是庞口镇边家务村，他曾经为家乡人民修了几眼水井以供全村人喝水方便，现在村里还保留着当年的一个井口。

【旧城古城墙】旧城村原来是高阳县城，明中期才搬到了现在所在地方（封家口）。旧城的古城墙修建日久，传为汉代所建，当时为了抵御外族侵略，杨六郎所把守的“三关”其中的“高阳关”就是这里。这段城墙是夯土所建，历经数千年现在仍可见其雄姿，它的下面就是古潴龙河河道。

【千里堤】是为了保护汛期时潴龙河的左岸大片庄稼而建，西起望都、蠡县，东端与白洋淀相连，到现在已经有了数百年的历史。梁斌小说《红旗谱》里面发生的故事所在地就在千里堤附近。千里堤从庞口镇辖区中间穿过，已成为一条风光秀美的风景线，在旧城村南千里堤的北面就是当年的古城墙。

【普慧寺】普慧寺位于旧城村村北，占地面积约 12 亩，设有两个大殿，四个偏殿，始建于 20 世纪末，香火较为兴盛。

□人物英才

【李国普】（1585—1631）字元志，高阳县庞口村人。明万历四十一年中进士，由庶吉士授检讨，历任詹事学士、经筵日讲官。天启六年授礼部尚书、东阁大学士。居官粗食布衣，贞不绝俗。晚年充任首辅，朝廷重大典册悉出其手。尤于处理魏忠贤案“忠清端亮，诚然砥柱”。后官左柱国、吏部尚书、中极殿大学士。晚年辞官归里，置义仓，立家庙，奉老母。1631 年病卒。谥号“文敏”。著有诗文三卷。《明史》有传。

【李霨】（1625—1684）字景霄，号坦园，高阳县庞口村人，李国普之子。幼聪颖勤学，自强不息。7 岁丧父，执礼如成人。清顺治三年中进士，授检讨，进编修。后官拜秘书院大学士、东阁大学士、工部尚书。校定大清条律。康熙年间任弘文院大学士，保和殿大学士、户部尚书。命修《世祖实录》总裁官，升太子太傅。从 34 岁始任康熙朝大学士，在内阁 27 年，为顺治、康熙所倚重。平定三藩之乱，参与机密，关于台湾弃取，力主统一台湾，设官镇守。对“迁民弃地”之仪，李霨力排谬议曰：台湾虽孤悬海外，但屏蔽闽疆，只可取而不可弃。故清人誉其为“开国宰辅”。康熙二十三年李霨病故，年60岁，谥文勤。著有《心远堂诗文集》《伴星草》《闽役纪行略》等。

【李鸿藻】（1820—1897）字兰荪，号石孙、砚斋。同光年间的“清流领袖”，晚清主战派重臣之一。咸丰二年进士，选庶吉士，授编修，督河南学政。同治元年，擢侍讲，深受朝廷信任，累迁内阁学士，属户部左侍郎。擢都察院左都御史，加太子少保。光绪二年，命兼总理各国事务衙门，反对崇厚擅订《里瓦几亚条约》。历任礼部尚书、协办大学士，调吏部尚书。光绪二十三年以病企假，旋卒，年78岁，予谥文正，赠太子太傅，入祀贤良祠。

【佟麟阁】（1892—1937）中国著名抗日将领，直隶高阳（今河北省高阳县庞口镇边家务村）人，原名凌阁，字捷三，满族。20岁时投笔从戎，入伍于冯玉祥麾下，转战南北，剿匪平藩，屡立战功，深为冯玉祥器重。1930年中原大战冯玉祥讨蒋失败后不久，佟麟阁与冯玉祥卸甲归田，总结以往斗争的经验教训，寻求救国之路。

1931年9月18日，日本帝国主义制造了九一八事变，炮轰沈阳北大营，燃起侵略中国的战火。七七事变爆发后，佟麟阁以副军长之职负责军事指挥，以军部名义向全军官兵发出命令：凡是日军进犯，坚决抵抗，誓与卢沟桥共存亡，不得后退一步。1937年7月28日，日军向北平发动总攻击，进犯南苑，时任第二十九军副军长的佟麟阁与第一三二师师长赵登禹指挥二十九军死守南苑，佟麟阁被机枪射中腿部，头部又再受重伤，终因流血过多壮烈殉国，时年45岁。

佟麟阁是全面抗战爆发后捐躯疆场的高级将领，冯玉祥将军闻讯后，怀悲写下《吊佟赵》一诗，悼念佟麟阁和一同牺牲的赵登禹将军。1937年7月31日，国民政府追赠佟麟阁为陆军上将。1946年7月28日，国民政府又以隆重的国葬，将佟麟阁将军的灵柩从柏林寺移葬于北平香山的兰涧沟的坡地上，1947年3月13日，佟麟阁生前在北京居住过的南沟沿大街被命名为佟麟阁路。1979年8月，中共北京市委追认佟麟阁将军为抗日阵亡革命烈士，并将其墓修葺一新。

□名镇今貌

20 世纪 70 年代，农机配件交易开始萌芽，1974 年在西庞口村党支部支持下，办起了一个农机配件压塑厂，迈出了农机配件业的第一步。商品要流通就要有市场。该村划出 1.8 万平方米场地，建成简易市场。20 世纪 80 年代，一些外地客商涌入庞口，市场爆满。村党支部提出“家家搞压塑，户户进市场”的口号，农机件市场迅速崛起。1993 年，市场建设累计投资 6 亿多元，建筑面积达到 21 万平方米。现有固定门店 1800 个，主营整机和汽车、农用车、机动三轮车、拖拉机、农机具、农排、收割机、农副产品加工机械八大类配件，2 万余品种，国内 600 多家大中型企业在市场从事直销或代销，名优产品占市场配件总量的 60% 以上，已形成辐射全国各地并出口印度尼西亚、巴基斯坦、俄罗斯、尼日利亚等南亚、东南亚、非洲 20 多个国家和地区的销售网络，2015 年市场交易额突破 230 亿元，形成了一种品牌优势，成了一种有形资产。

为了让庞口镇经济更上一个新台阶，庞口镇党委政府和市场管委会准备撇开旧市场，筹建新项目，从完善市场功能、打造产品展示交易平台、规范物流及生产等方面入手，争取引进国内外一流的农业机械生产线，引进国内甚至国际知名的企业来庞口投资兴业，将庞口“农机配件城”建设成为全国一流乃至世界一流的交易市场，巩固市场在行业中的霸主地位。

近年来，依托市场，着力打造主导产业，汽车农机配件产业发展迅猛，在镇域内有汽车农机配件生产企业 400 多家，市场周边加工专业村 16 个，从业人员近万人，生产加工近千个品种，年创产值近 20 亿元，占全镇工业产值的 72%，形成了强大的群体优势。

经过 30 多年的发展，汽车农机配件产业已成为一个具有相当规模的产业集群，形成了集农机配件产品研发、生产、销售于一体的产业体系。受汽车农机配件产业带动，第三产业迅猛发展，现市场周边有转运站 26 家、宾馆、饭店、超市 80 余家，从事装卸、餐饮、运输、包装等行业人员近万人，全镇 26 个村几乎都有农机配件生产企业或在市场做买卖的人员，为农村富余劳动者创造了就业机会，促进了农民增收、农村稳定，加快了农村经济的发展，成为庞口镇的主导富民产业。

庞口这座千年古镇，正在迎来日新月异的发展，在建设首批中国级特色小镇建设示范乡镇的道路上越走越稳健。

（**撰稿**：宫保红 王亚辉 **摄影**：宫保红 齐永安）

河西村

名门荟萃 昆曲之乡

□名村概述

河西村位于县城东南角，与河间、肃宁两县的边沿村庄接壤，居有 300 多户。就是这样一个普通村庄，在戏剧上几经波折，久而不衰，先后培育出 100 多名昆曲演员，不少人成为著名艺术家，为我国传统戏剧的传承和发展做出了巨大贡献，在我国戏剧史上占有突出的位置。

□昆曲之乡

1877 年前后，河西村侯月岩（外号侯二炮）利用自家的戏箱办起了戏班，取名庆长昆弋剧社，随之出现了一批昆弋爱好者，子弟会也应运而生，学唱昆弋的人越来越多。后来昆弋显得不景气了，在京城活动的昆弋戏班难以维持，一部分昆弋艺人为谋生流向农村。其中王益友、侯益才（侯永奎之父）、郭蓬来等名角先后投奔河西村庆长社。京城名角的加盟，使得庆长社行当齐全了，阵容加强了，成为京南争先恐后相邀的一流戏班。

1910 年前后，庆长社的侯瑞春、侯益隆、侯海云、马凤彩（马祥麟之父）等 9 个演员新起班名荣庆昆剧社。1917 年，河北遭受严重水灾，京城戏剧界举行赈灾义演，在京的各戏剧班社都准备以最好的演员之拿手戏参演，梅兰芳、尚小云、杨小楼、钱金福等京剧名家也出场了。荣庆社选定参演的是一场三出戏，头一出是郭蓬来的《寄信》，中间是韩世昌的《刺虎》，大轴戏是侯益隆、侯玉山的《通天犀》。这次义演出场的 4 个演员，除郭蓬来，全是河西村人。可见该村的演员在荣庆社的分量。第二年韩世昌又参加了支援留法勤工俭学的义演，姜妙香、梅兰芳等著名京昆演员也都登台演出。

通过在京城的两次义演，荣庆社在京叫响了，鼓舞了昆曲界，郝振基、陶显庭、陶振江等有相当艺术成就的昆曲演员相继加入荣庆社，使之名伶济济，阵容强大，他们以北京为中心，东巡西征，还闯到上海，演出效果甚佳，曾多次加演，红极一时，被尊为“中国昆曲第一大班”。由此可以看出，荣庆社为重振昆曲起了推进作用，其突出之功是培养造就了像韩世昌、侯永奎、马祥麟、孟祥生那样一批有才华的新秀。

1928 年应日本之邀，31 岁的韩世昌自备戏箱，带领 20 多人东渡日本访问演出，河西村的侯瑞春、侯书田、马祥麟、马凤彩、侯建亭等人参加了这次出访。期间，韩世昌还不顾疲劳，多次走访当地演员协会和新闻单位，举办了“中国昆曲演讲会”，花费了极大心血，自担祖国文化使者之责，以最大的努力将祖国的传统戏剧传播到国际戏剧舞台。

1935 年荣庆社分成两班，由韩世昌带领一班，另起班名祥庆昆剧社，巡演于济南、开封、武汉、长沙、南京、苏州等地。本来昆曲之祖在南方，可是经过多年演化，北方艺人为了适应本地观众特别是广大农民的观赏习惯，逐渐形成了与南昆不同的独特风格，着重发展了花脸、武生行当，使南方观众耳目一新，上座可观。虽说祥庆社这次南征因卢沟桥事变半途而废，但他们历时两年多，行程 1 万余里，连续演出 6 省 13 个城市，确是我国戏剧史上一次空前的壮举。

抗日战争期间，河西村的演员大都回家务农。日本投降的前二、三年，他们积极参加本村子弟会的活动，并吸收了一些青少年。后来在北京养病的韩世昌把他的一套戏箱送来，使子弟会能够边研习、边排练、边在农闲时节上演，老艺人也做示范演出，坚持六七年，锻炼出了不少昆曲后继人才。

1957 年，北方昆曲剧院在北京建立了。剧院的 10 位老艺人皆从艺于河西村庆长社或荣庆社，其中有 5 位是河西村人，即韩世昌、侯玉山、侯炳武、魏庆林、马祥麟，由韩世昌担任剧院院长。北昆剧院整理了《文成公主》《棋盘会》《雷峰塔》《晴雯》等剧目，特别是新编导的历史剧《血溅美人图》格外受观众欢迎，引起了文艺界的重视，并摄制成舞台艺术片。

河西村，一个只有几百户人家的普通村庄，因历史上昆曲人才辈出而成为中国戏剧界的一个神话。由于昆曲戏词以诗词歌赋为基础，词意太深，没有一定的古典文学功底，没有从小的耳濡目染，掌握昆曲对年轻人来说是一件非常困难的事。如今，河西村能唱昆曲的已经是 80 岁以上高龄的老人了。

近年来，高阳县积极采取措施，保护继承河西村昆曲这一民族文化遗产，相继整理出了高阳县北方昆曲曲牌、剧目、工尺谱，编纂出版了《高阳县北方昆曲资料汇编》，成立了业余剧团。近年，河西村昆曲又入选省级非物质文化遗产名录，为昆曲的传承发展带来了新机遇。

2011 年北京昆曲剧院多次与河西村小学校进行协商，河西村小学与村中老艺人协商把昆曲引入课堂，作为校本课程，经协商后，村中老艺人到学校上课普及昆曲知识。2012 年“六一”儿童节期间，北京昆曲剧院到河西村小学进行演出。2012 年 9 月北京昆剧院和高阳县签订合作协议书，在高阳县成立人才培训基地，并在河西村小学正式挂牌，在学校里日常开设昆曲知识普及课以提高兴趣，北昆剧院隔周到学校进行提高培训活动。

□人物英才

【韩世昌】（1896—1977）原名君清，是高阳县河西村人，我国著名昆曲表演艺术家。他出身普通农民家庭，宣统元年入本村“昆弋庆长班”学戏，宣统三年拜师侯瑞春，加入“荣庆社”开始了数十年的舞台生涯。韩世昌先学娃娃生，后习小花脸、武生、小生再改学旦角，学戏忍辱负重，练功勤苦。14 岁时随戏班到北京、天津等地，跑大棚、唱堂会备尝艰辛。民国六年开始唱硬工（压轴）戏。次年春，以主演《闹学》而名噪一时。民国十七年应邀赴日本演出，为使昆剧艺术登上国际舞台，付出极大心血。民国二十五年，韩世昌辗转河南、湖北、江苏等地。先后拜吴梅、赵子静等为师，虚心求教。演戏师承传统，又敢于创新，技艺越来越好。他以嗓音娇嫩、扮相秀丽、身段优美、神情逼真著称，被大家称为“昆曲大王”。1937 年，抗战全面爆发，国土沦丧，他无心再登台做戏，最后怅然隐居。抗战胜利后，以教戏为生，生活极为困难。中华人民共和国成立后，他先后被聘为人民艺术剧院教员，1950 年又被任命为北京市文联委员。1956 年春节，在中南海怀仁堂为毛主席等中央领导演出，受到称赞，倍受鼓舞。1957 年出任北方昆剧院院长，是年与梅兰芳合作演出。1958 年当选为全国政协委员，连任两届。1960 年加入中国共产党。他现场宣誓说：“为人民的艺术事业，鞠躬尽瘁”。他还曾任中国剧协理事。1977 年 12 月 7 日病逝，终年 81 岁。他一生主演的剧目很多，主要代表作有《闹学》《精忠谱》《游园惊梦》《西厢记》《出塞》等。

【侯瑞春】（1885—1951）高阳县河西村人。少年时入本村昆弋庆长班，1901 年起师从朱玉铮，初习昆弋刀马旦，兼习武生、昆旦和小生，武功精到，后专工曲笛场面伴奏，熟谙工尺谱，凡曲谱过目后即能吹奏并为人拍唱。

1909 年在庆长班收韩世昌为弟子。1911 年秋成立荣庆班，携韩世昌入班演于京南乡间，指导韩初学小生，后改昆旦。侯不但为其司笛辅佐，且照料其生活，成为韩的监护人。1917 年末随班进北京演于天乐园，因其指导有方，韩世昌的戏获知识界及广大观众欢迎，得演大轴。1942 年与韩世昌分手之后，侯应尚小云聘请，任教于荣春社，为学员传授《刺虎》等昆曲剧目，曾为排演过《双思凡下山》，并为尚小云演出昆曲剧目司笛。后来到 1948 年荣春社演出停顿，侯瑞春遂返回老家闲居，1951 年病逝故乡，享年 67 岁。

【侯卓夫】（1914—1942）原名侯建民，高阳县河西村人，15 岁时考入保定育德中学，接受马列主义和反帝反封建革命思想，同年加入中国共产党。1932 年参加著名的高蠡暴动准备工作，失败后出走北平，直到 1934 年病愈后才回育德中学复学。在此期间，侯卓夫领导了“文学研究会”等进步社团和声援北平 1935 年发生的“一二·九”学生运动。

七七事变后，侯卓夫到安新喇喇地一带组织和领导抗日救亡活动。后又受党组织委派任中共高阳县委书记，1938 年 8 月调任冀中九地委巡视员，并任新安县委书记。侯卓夫指导成立锄奸团，并为水上游击队命名为雁翎队。随着雁翎队三打包运船等出色战斗，其名声便传遍了抗日根据地。1942 年，当时已调任九地委任民运部长的侯卓夫来安新检查工作，被投敌叛变分子告密，使得其被伪军围困而牺牲，年仅 28 岁，优秀共产党员，雁翎队的命名者侯卓夫为民族解放事业献出了自己的生命。

【侯一民】1930 年出生，河北高阳人，蒙古族，著名画家、雕塑家、美术教育家。中央美术学院教授。曾任中央美院油画系副主任、壁画系主任、第一副院长等职。现为中国壁画学会会长、中国美术家协会常务理事、全国壁画艺术委员会主任、吴作人国际美术基金会理事长。国家级有突出贡献专家。擅长油画、壁画、中国画、陶艺、雕塑及考古鉴定。是新中国第一代美术家、美术教育家，长期从事美术教育工作，富于开拓精神，是新壁画运动的开拓者之一。在艺术创作上涉猎广泛，追求中西艺术的融合，作品具有现实主义的宏大气势。是第三、四套人民币的设计者之一。近年参与大型园林工程的策划，任深圳华侨城“锦绣中华”“民俗文化村”“世界之窗”艺术总顾问。

（**撰稿**：宫保红 王亚辉 **摄影**：齐永安 宫保红）

布里村

勤工俭学 肇始之地

□名村概述

布里村，位于河北省保定市高阳县西演镇，距县城 9 公里。布里村历史悠久，相传北宋末年，当地豪强志士为抵抗外族侵扰，纷纷建立宗族武装，此地原为赵王堡所辖，逐渐演变成村，称堡里。明代，山西移民入居，改写成布里。现有耕地面积 4400 亩，人口 2800 余人。

布里名人辈出，中国同盟会老会员，曾任北京大学庶务科长和中央文史馆馆员的段子均先生，著名实业家段其焕，电力专家马士修、段润波，著名留法勤工俭学华侨段秉鲁、段秉午等，就是布里村人的杰出代表。

高阳县西演镇布里村是遐迩闻名的历史文化名村，对中国近现代历史产生了重大影响的留法勤工俭学运动肇始于布里村。在留法勤工俭学运动中建立的全国第一所留法预备学校就诞生在这里。目前，该校旧址——“布里留法工艺学校旧址”为国家重点文物保护单位，保定市爱国主义教育基地，高阳县青年干部培训基地。

□留法勤工俭学运动发祥地

布里留法工艺学校，在中国共产党早期历史研究，新文化运动研究，中国民间外交史等领域里，越来越显示出独特的地位和作用。那么，这座影响了中国近现代历史的学校，缘何落子在高阳县布里村呢？这一切，都要从高阳县籍的中国近现代历史文化名人，伟大的教育家李石曾先生谈起。

李石曾，高阳县人，他作为晚清重臣李鸿藻之子，于 1902 年留学法国，学习生物科学，撰写生物学专著《大豆》，并在法国巴黎开办了法国中国豆腐公司。由于公司的大多数员工都是李石曾从高阳县招去的华工青年，而这批青年有一大批为布里村人。所以，李石曾先生发起勤工俭学运动的学生班底和运动成员几乎均为高阳县籍华工，他们又大都为布里人。李石曾在同盟会革命组织里的战友和同志，布里村段子均先生成为留法勤工俭学运动组织的中坚力量。他积极协助李石曾先生创建“布里法国豆腐公司训练班”，进而于 1917 年创办了“布里留法工艺学校”。布里村的大批华工成为留法工艺学校的法语教师和工艺教员。李石曾亲自向当时的北洋政府教育部请示、备案，确定课程，决定办学模式，并聘请了留法华工担任法语教员，使学校办得红红火火，在总共 3 期的 200 多名学员中，共有 70 多人先后赴法，成为留法勤工俭学运动中的中坚力量。

布里留法工艺学校是20世纪初叶影响波及全国暨世界的留法勤工俭学运动中的第一所留法勤工俭学预备学校。村民习惯称之为“法国学堂”。留法勤工俭学运动的历史背景是这样的：20世纪初，一大批有志于救国图强的中华民族志士仁人为了寻求救国救民之路，追求科学民主自由，发起了轰轰烈烈的留法勤工俭学运动。

特别具有历史意义的是，在布里留法勤工俭学工艺学校第二期学员中，专门开辟了南方班，在这个班内，中国共产党的早期著名革命领袖蔡和森同志、颜昌颐同志，以及一大批中国共产党的早期党员如唐灵运、陈声煜、孙发力等都曾亲赴布里村学习、培训，并在之后赴法。

蔡和森同志于1918年10月上旬来到布里，在保定启程前，毛泽东同志曾亲赴保定送行，并看望湖南同学。蔡和森来到布里留法工艺学校后，担任南方班的国文教员，并学习法语。他在布里村一带，开展革命调查，体味农民生活，刻苦学习，并和毛泽东同志通信就有关赴法留法勤工俭学事宜进行商讨。并初步确立了“劳农专政”的思想，为他赴法以后与周恩来同志、赵世炎同志、邓小平同志等共同建立中国共产党旅法少年共产党建立了坚实的基础。

蔡和森同志在布里期间，向警予同志曾来到布里，看望蔡和森同志，并商量有关赴法事宜，在布里村留下了许多美丽的故事和传说。

布里留法工艺学校，在留法勤工俭学运动史上占有重要地位，同时也对

中国共产党早期历史研究，旅法中国共产党组织的建立等党史专题研究提供了鲜活生动的第一手资料。长期以来，布里留法工艺学校的历史以及它所培养的学生，引起了党史研究专家和中国教育史研究专家的高度关注。20 世纪 80 年代，在中国革命博物馆和高阳县先后举办的“留法勤工俭学运动文物史料展”曾轰动大江南北，先后在十几个省市巡展，被党史研究专家称之为“填

补了党史研究的空白”。曾参加过留法勤工俭学运动的老一辈无产阶级革命家聂荣臻、李维汉、何长工、萧三等参观了展览，并为展览题词。在这个展览的基础上，成立了保定市“留法勤工俭学纪念馆”。

作为留法勤工俭学运动中的第一所预备学校，布里留法工艺学校为留法勤工俭学运动做出了重要贡献，并为中国共产党培养了一大批领导人和早期骨干，同时也为新中国培育了一大批科技、文化、艺术界精英，布里留法工艺学校也成为留法勤工俭学学生们心目中的一座圣殿，长久地为曾经在这里学习的留法学生们怀念。正如中共旅欧支部最后一位书记傅钟将军为布里留法工艺学校的题词：布里巴黎，千载情炽，今日抒怀，用以励志。

布里留法工艺学校旧址现存大门、教室、操场等建筑物。其中尤以大门为代表性文物建筑。该大门为李石曾先生亲自设计，中西合璧，既富于民族特色，又具西方哥特式建筑风格。第一排教室第三间宿舍当年为蔡和森同志的办公室，极具文物价值。

布里留法工艺学校旧址曾经数次维修，现刚刚完成房屋主体维修工作，居民占地拆迁工作也基本完成，和保定市“留法勤工俭学纪念馆”合作建设“留法勤工俭学纪念馆”的工作也正在紧张地筹备中。

□名人轶事

【蔡和森吃蛇胆】蔡和森在布里留法工艺学校期间，正值秋冬季节，喘疾复发，南方班同学不习惯北方的饭食，营养缺乏，同学们捉来了北方即将冬眠的菜花蛇，取出蛇胆，为蔡和森疗养疾病。蔡和森为此事命名为“啖蛇胆，明大志”。布里留法工艺学校的同事们说：古有汉高祖斩白蛇定天下，今有蔡和森君啖蛇胆立大志赴法留学，蔡君前途无量啊！

【蔡和森吊皮袍】蔡和森在布里期间，严冬季节，奇冷难耐，南方班的同学纷纷报怨天气。蔡和森拿出自己的薪金为同学们买来围脖儿取暖，并带领同学们自创体育锻炼项目，练习太极拳。他还请布里村民马大娘为自己定制了一件皮袍，他一直穿到了法国。他还坚持付给了马大娘一个银圆的报酬，马大娘把这枚银圆珍藏了一生。蔡和森在自己的文章里也深情地忆起此事，到法国后还屡次提及。

【劳农专政的国家是不可战胜的】蔡和森在布里期间，十月革命胜利的消息传到了中国，蔡和森手持刊登消息的报纸，对同学们说：劳农专政的国家是不可战胜的！蔡和森还在课堂上经常给同学们讲苏武牧羊的故事，讲解《爱莲说》《祭鳄鱼文》和陶渊明的诗，帮助大家树立爱国情怀。

【“里宁”与“墨子”】蔡和森十分爱读“墨子”的书，又深为列宁主义所吸引，那时列宁的译音还是“里宁”。蔡和森在与毛泽东的通信中说：果为君子，无善不可为，即无恶不可为，只计大体之功利，不计小己之利害，墨翟倡之，近来俄里宁能行之，弟愿则而效之！

□名村今貌

布里村人民秉承高阳纺织之乡的优良传统，大力发展纺织业，目前，全村共有规模以上纺织企业十几家，著名的全国名牌产品企业——河北永亮纺织品有限公司位于布里村。永亮公司生产的“永亮牌”家纺系列产品，先后荣获“中国名牌”“国家免检产品”“河北省名牌产品”等荣誉称号，并开发了“非物质文化遗产保护项目”衍生产品“汉麻织锦”和“直隶棉巾”系列产品，荣获“河北省旅游文化产品优秀奖”“保定旅游文化产品金奖”等荣誉称号。

布里村近年来大力发展文化产业，成立了省级“非物质文化遗产保护项目——高阳民间染织技艺研发基地”，并积极赞助第一部“冀商”题材电视剧《布衣天下》的拍摄工作，投资150万元建立了永亮影视拍摄基地，为村子的可持续发展打下了坚实的基础。

（**撰稿**：史克己　**摄影**：宫保红 史丽帅）

涞水县
LAISHUIXIAN

京西百渡 旅游胜地

◎ 涞水县位于河北省中部偏西，北与涿鹿县接壤，西和蔚县、涞源、易县相连；南界定兴县，东邻高碑店市、涿州市；东北与北京市房山区、门头沟区相连。全县总面积 1652.1 平方公里，其中山区占总面积的 71.5%，丘陵占总面积的 17.1%，平原占总面积的 11.4%。现辖 15 个乡镇、284 个行政村，总人口 35 万。涞水县自汉高帝六年置县，名遒县。汉景帝三年，曾以县治封匈奴降王陆疆为遒城侯。南北朝时期，北魏统一北方后，改“遒”为“遒”。开皇六年，改名固安县。开皇十年改名永阳县。开皇十八年因与永州永阳县重名，又因涞水（拒马河）所经，故改名为涞水县至今。

◎ 涞水历史悠久，人文荟萃。 2.8 万年前的“涞水智人”在野三坡地域开创了“人猿相揖别”的划时代壮举，而后，轩辕黄帝带领华夏民族在这里迈开了东方文明的脚步。仓颉造字，至今激励着涞水学子奋发向上；伶伦作乐，开创了中华大地上的天籁之音；祖逖留下了闻鸡起舞、中流击楫的壮烈故事，祖冲之推演圆周率成为震烁古今的科学巨匠……抗日战争中，上将萧克等百名开国将军开创了平西抗日根据地。

◎ 如今，涞水人民借助自然资源和历史文化的馈赠，围绕打造京津冀世界级城市群微中心目标，走新型城镇化之路，打造宜居宜业、宜养宜教的首都生态卫星城。依托特色产业，突出功能聚合，正在有序推进产业、文化、旅游“三位一体”和生产、生活、生态融合发展的特色小镇。深入推进“旅游 +”战略，举办了“野三坡国际半程马拉松赛”和“野三坡国际民歌民乐艺术节”，野三坡景区知名度、美誉度进一步引爆和提升，已成为京西百渡休闲度假区一颗耀眼的明珠。

九龙镇

从远古一路走来

□名镇概述

九龙镇位于涞水县北部山区，处于燕山、太行山交汇处，东接北京市房山区，南邻涞水县三坡镇、赵各庄镇，西交张家口市涿鹿县，北依北京市门头沟区。地势北高南低，平均海拔1122.6米。境内最高峰白草畔，海拔1983米。拒马河支流小西河由大龙门村进入，穿镇而过。镇政府驻地北庄村，位于县城西北偏北73公里，辖30个行政村，总面积230平方公里，总人口16 318人。

九龙镇历史悠久，文化底蕴厚重，既有丰富的自然景物资源，又有独特的人文景观资源，更有雄浑灿烂的红色抗战文化遗迹。

□文化遗存

【涞水智人】1983 年 7 月，北边桥村民任正清挖菜窖时，发现部分动物骨骼化石，经北京大学考古系鉴定，认定为智人化石。随后，北京大学考古系古人类考古学家吕遵谔教授及动物考古学家黄蕴萍教授对菜窖进行了扩大清理，面积约 2000 平方米。遗址海拔高度 913 米，文化层距地表 3.3 米，厚约 1 米；在同一区域出土了同属一人的人骨化石的盆骨及下肢骨，这是迄今中国发现的第一具完整的智人化石。经美国亚利桑那大学采用放射性同位素、加速质谱仪测定，这具化石距今已有 27 500 年至 28 000 年，定名为“涞水智人”。比北京周口店出土的“山顶洞人”还要早 1 万年。在挖掘中，还发现有炭粒、鹿角、啮齿类牙齿化石和打击石器，这些伴随物也为确定化石年代提供了依据。

涞水智人的发现，对于寻找北京猿人的后裔有着极为重要的意义，否定了国际人类学界关于“中国的古人类发展到猿人以后就灭绝了，中国智人都是从非洲迁徙而来”的观点，为探索中国人类祖先的进化提供了有力证据。1993 年 7 月，该遗址被列为河北省文物保护单位。

【北庄遗址】北庄遗址属新石器时代遗址，位于村北 200 米的半山腰处，地势北高南低，西有小西河，东为山水冲刷的沟壑，南为北庄村居址。海拔高度约 420 米，总面积约 6000 平方米，文化层厚约 1.5 米。该遗址面积较大，内涵丰富，保存较好，有较高的考古研究价值。遗址西侧有一处 1.5—2 米

高的断崖，可见多处灰坑、烧土痕迹和陶片，其中陶片有泥质红陶红顶碗、红陶盆，夹砂灰褐陶敛口钵、夹砂红陶双耳鼓腹罐等。器物以素面为主，有少量席纹、指甲纹和不规则的草纹。器形表面多不规整，制法较为粗糙，多为捏制，火候较低，具有新石器晚期但比龙山文化早的器物特征，属新石器时代遗址。1993 年 7 月公布为河北省重点文物保护单位。

【庄里遗址】遗址位于庄里村北偏东约 100 米处的山顶部。该山相对高度近 100 米，遗址西北和山相连，西南是陡坡石壁，下面是庄里村。遗址地势四面低，中间高，略呈倒置釜底状；土呈黄色，掺有砂粒，由于历年雨水冲刷，文化层已近地表。当地群众耕作时经常发现陶片和器物。1984 年对遗址试掘清理，采集到鬲口沿、豆柄、罐口沿、铁镬、战国刀币、铜箭镞、小铁刀、马牙等文物。从器物造型看，该遗址上限可到东周，下限为战国晚期。

【大龙门城堡】大龙门城堡位于涞水县九龙镇大龙门村，建于明代中叶，是涞水县通往涿鹿的咽喉孔道和军家必争之拱卫北京的要塞。城堡西南以山为嶂，东南、东北、西北三隅有拒马河支流小西河急流环绕。城墙多以条石、青砖及石渣垒砌，高约 5 至 8 米，宽 4 米，上筑战台和垛口，周长 2 公里，有东西二门，城门尚好，西门原有“镇宣威武”门额（已毁）；东门嵌有明万历十年卯镌门额，“屏翰都寿”保存尚完好。城内原有衙门一座，教场、军库各一处。现存有明朝隆庆年间重修时所立石碑一幢。明代该城堡由大龙门守口把总驻守，相沿至清末。城堡内现为大龙门村。1982 年 7 月被列为国家重点文物保护单位。

【大龙门长城】大龙门口长城位于涞水县

北偏西的金华山北侧，此段长城建于明代中叶，全长约 23 公里，西连涿鹿县马水口，中经涞水大龙门、蔡树庵、柏林城、岭南台，东接北京市的小龙门，沿城共有敌楼 7 座、战台 5 个、烽火台 4 个、城堡 1 座。

经查大龙门口长城可分东、中、西三段，其中东、西两段因峰峦叠嶂、峭壁悬崖形成天然屏障，多为以山代墙，只在凹或易行人马处筑墙，中段地处金华山脚下，山势较缓，多以筑墙为主，形成一道人工筑成的防御屏障。1982 年 7 月被列为河北省重点文物保护单位。

【大龙门摩崖石刻】摩崖石刻位于大龙门城堡西北一华里处，两面高峰耸立，峭壁如削，是一处“一夫当关，万夫莫开”的军事要塞。龙门峡摩崖峭壁上刻有许多古代名人的题诗题词，最为醒目的是明万历己酉年都尉使兵部右侍郎山东峄阳进士贾三进题写的“万仞天关”四个大字。字高 2.7 米，宽 1.8 米。其余各处题字均为 0.6 —2 米不等 。字多以楷书镌刻，遒劲有力。其中包括：“天成形胜”“峭壁千重”“金汤万仞，玉垒千寻”“龙行虎踞，玉壁金汤”“峰环万叠，险胜重围”“疆域咽喉”“千峰拱立”“清泉泻间”“翠壁奇峰”“风舞天中，云飞眼底”“龙门峡”“两山壁立青霄近，一水中行白练飞”等。1982 年 7 月公布为河北省重点文物保护单位。

【岭南台村明清民居】岭南台村，位于九龙镇西北 15 公里左右，黄潭岭南山腰的高台上。全村 160 余户，600 余口人。据该村吴家坟古墓碑考，该村应建于金末元初。村内现存的几处明清宅院，虽有残损，但风骨犹存。岭南台村明清宅院，以四合院为主要特征，由宅门、倒座、院落、厢房、正

房等几部分构成。垂花门楼大门两侧的墙中央设有奉祀土地的小龛。进门后，有靠山影壁，影壁中心镶磨砖对缝的方砖，四面饰有精美的砖雕。四合院内的柱石、樨头、门楣都有木、石、砖雕艺术品，做装饰和点缀，使整个院落古朴典雅，生动活泼，绚丽多姿。

【清禅寺】清禅寺位于涞水县九龙镇清泉寺村，海拔高度677米。该寺周围峰峦耸秀，苍松翠柏郁郁葱葱，东有清泉溪水潺潺，西植千年银杏，景色迷人。据元代“重修清禅寺”石碑记载，该寺始建于辽代寿昌二年，是奉越国公主的旨意修建的。现仅存正殿和山门，正殿面阔三间。大殿内存壁画于两山，壁画内容为形态各异的神佛画像，画技纯熟，用笔传神，结构准确，用彩适度。清泉寺右侧有一株银杏树，高30余米，胸围4.67米。据传说树与寺同庚，至今已有千年，是全国罕见的大银杏树之一。1980年被涞水县人民政府公布为县级文物保护单位。

【抗战遗址】1938年，八路军“邓、宋支队”挟“平型关大捷”之雄风，一路征战，开辟了以野三坡为中心的平西抗日根据地，并以此为依托，发动“冀东大暴动”。随后，开国上将萧克在九龙镇山南村创建“挺进军”，并与马辉之、吴德、姚依林等人共同组建了“中共冀热察军政委员会”，将平西抗日根据地扩大到包括宛平（今北京丰台区）、房山、涞水等十二个县，并开辟了冀东、平北根据地。据不完全统计：共有萧克、宋时轮、邓华、萧文玖等6位开国上将、11位中将、53位少将，姚依林、吴德、马辉之等14位省部级以上党政领导干部先后战斗在野三坡一带，留下了很多宝贵的革命遗址。

□旅游资源

野三坡历史悠久，地势险要，风物荟萃，是房山世界地质公园和野三坡5A级景区的组成部分，目前已开发白草畔和龙门天关两大景区。

【白草畔景区】白草畔国家森林公园为野三坡六大景区之一，素有太行山中“绿色明珠”美誉，其主峰海拔1983米，山势刚劲挺拔，花木繁茂，山泉清冽，瀑布悬泻，空气新爽，春夏秋冬异彩纷呈。园区内空气中负氧离子充沛，为北京市区的126倍，被誉为“天然氧吧”。又因景区垂直变化大，形成“一年有四季，上下不同天”的特殊气候。

白草畔集名山风光、峰林风光、森林风光、湖泊风光、瀑布风光、野生动物栖息地、避暑胜地、古人类遗址、云海奇观等景观于一体，是回归自然，享受绿色生态，探险健身、休闲度假的好地方。

【龙门天关景区】龙门天关位于野三坡西北部，山势险峻，断崖绝壁，气势磅礴。著名的摩崖石刻，是华北地区最大的石刻群。上天沟主峰天柱峰海拔1099米，粗犷而不失秀丽的风光似“天庭胜景”。峡谷中奇峰林立，雄伟壮观，花岗岩地貌景观壮美、奇特，有奇山、奇树、奇花、奇水。在关隘风声凛冽的天然冷风口，山泉涌出，银花飞溅，生成号称九瀑十八潭自然壮景。龙门天关地质遗迹独特，古代是京都通往塞外的重要关隘、兵家必争之地，因而留下了大量人文历史遗迹，有“文化长廊”之称。

（**撰稿**：李占矩　**摄影**：李占矩 张豫蒙）

三坡镇

铿金锵玉野三坡

□名镇概述

三坡镇，地处涞水县城西北 40 公里的太行山区，全镇总面积 230 平方公里，耕地面积 2668 亩，辖 16 个行政村，总人口 11 887 人。1993 年由原紫石口乡、都衙乡合并建镇，因镇域属野三坡国家 5A 风景名胜区中心，故命名为“三坡镇”。

三坡镇地理条件得天独厚，区位优势明显：京原铁路、首都环线高速、保野路和 108 国道公路穿镇而过，交通便利；拒马河、小西河环绕交汇于域内，水利资源充沛。

三坡镇是北方较早开发旅游产业的山区之一，目前辖区大部分行政村的

主导产业是旅游服务业，其次是林果业、农业和牧业。

□旅游资源

1986年，涞水县正式启动“野三坡”旅游开发程序，其中三个景区坐落在三坡镇境内，分别是：百里峡景区，全长53公里，由海棠峡、蝎子沟、十悬峡三条峡谷组成，最窄的地方不足3米。两侧陡峭的绝壁直插云天，十分幽深、神秘。峡谷中还有各种不同的石景和溶岩景观，在峡谷内分布有“一线天”“龙潭映月”“摩耳崖”“铁头崖”“老虎嘴”“回头观音”“上天桥”“下天桥”等68个景点，是我国北方罕见的幽谷景观。拒马河景区，环境清幽，气候凉爽，河水长年不断，异常清澈，两岸有不少奇峰怪石。在炎热的夏季可顺流泛舟，饱览两岸风光，是消夏避暑的胜地。佛洞塔景区，因其山峰形状似塔、山顶有寺、山腰有洞、洞中有佛而得名。

2001年，野三坡初具规模以后，涞水县举全县之力开始了“第二次创业”，逐步登上更高的台阶。在这个过程中，野三坡以“雄、险、奇、幽”的自然风光展现出华北山地粗犷张扬的画卷，在2004年被批准为国家地质公园。2006年又与相毗邻的房山十渡风景区、涞源白石山风景区共同评为世界地质公园。

野三坡世界地质公园雄踞于紫荆关断裂带的北端，由多期强烈的构造运动和岩浆活动造就了这里独具特色、景观宏伟、类型齐全、典型稀有的地质遗迹；集自然风光、人文历史景观于一体，浓缩了华北30亿年以来地质构造演化史，是一部内涵深刻的地质教科书，一座天然的地质博物馆，已成为地质科学研究和科学普及的理想基地。

在三坡镇境内，共有种子植物92科713种，蕨类植物15科65种，药用植物更多达200余种。地被植物丰富，覆盖率达百分之九十五。景区内动物资源种类繁多，野生脊椎动物达184种，其中国家重点保护动物15种，如狍子、青羊、狗獾、狼、环颈雉、褐马鸡、黑鹳、金雕、雀鹰、勺鸡等，此外还有100余种昆虫，堪称华北“野生动物博物馆”。

□文化遗存

人类在三坡镇区域活动的痕迹可以上溯到远古时期。这里距离“北京猿人”“山顶洞人”发掘遗址周口店40公里，距涞水智人遗址30公里。20世纪80年代，省考古队曾有计划地发掘罗府窖遗址。该遗址位于所辖都衙村南400米处，地表暴露陶片俯视可见。遗址东部有一段南北长60米，残高20米的土城墙，在其南端发现灰坑和陶窑各一处，采集的陶片以夹砂灰陶为主，也有少量的夹砂红褐陶和泥质灰陶，多为手制和轮制。器形有瓮棺、罐、甗、豆等。从发现的遗物看，遗址为战国时代的城址。可见，到了上古时代，人类已经在这里共同创造华夏文明。与三坡地区其他景观一起，这里已经形成了集地质变迁、生物演变、人类进化三位一体的珍贵遗存，是人类文明发祥地之一。

□抗战文化

在抗战中，边区的“文化八路”长期在野三坡一带活动。除了挺进军所辖“挺进剧社”以外，“西北战地服务团”“战线剧社”“抗敌剧社”，以及其他敌后文艺团体“冲锋剧社”“烽火剧社”“长城剧社”“尖兵剧社”“抗大二分校文工团”“华北联大文工团”等文艺团体，以及田间、李公朴、邵子南、魏巍、罗浪、曹火星、王莘、李志民等文化名人都曾在这里工作、战斗过，创作了大批脍炙人口的文艺作品，为“抗战文化”留下了浓墨重彩的一笔。其中，著名歌曲《没有共产党就没有新中国》和歌剧《白毛女》雏形就诞生在三坡镇区域。

【没有共产党就没有新中国】1943年春，边区抗联领导的“群众剧社”来到野三坡一带，参加新区的减租减息运动，在这里社员曹火星开始执笔创

作一首新的歌曲。

这时，远在重庆的蒋介石发表了《中国之命运》一书，宣扬没有国民党就没有中国的谬论。抗战以来，曹火星目睹了“卢沟桥事变”后国民党政权仓皇南逃，在亡国亡族的紧要关头，是共产党领导八路军北上抗日，抛头颅洒热血，发动群众建立民主政权，带领人民群众开辟了崭新的民主新生活……国民党与共产党是不能同日而语的，必须予以有力回击。这时，19 岁的曹火星在青石板狭小的农家小院里，脑海里迸发出一个代表亿万人民心声的最强音：没有共产党就没有中国！一首唱出全国人民心声的歌曲旋律慢慢出现：

……共产党，辛劳为民族，
共产党他一心救中国，
他指引了人民解放的道路，
他领导中国走向光明，
……
没有共产党就没有中国！

这是小分队创作的一组歌曲的结尾曲，也是组歌的点睛之笔。歌词中“坚持抗战六年多”，第二年群众自发地改唱成“七年多”，随着抗战的胜利，最后定格在了“八年多”。

听过歌曲的民兵小队长刘兴凯跟曹火星讨要歌谱，准备回去教村里的民兵们，曹火星答应给他抄一份。当刘兴凯向县委汇报时，平西地委宣传部长陆平正在这里检查工作。他发现刘兴凯手中的曲谱，让刘兴凯唱了一遍，然后兴奋地对身边工作人员说，这是一首难得的好歌，要求马上以平西地委名义转发下去在所属 12 个县教唱。于是，这首出自平西、反映时代最强音的红色经典歌曲《没有共产党就没有中国》迅速在平西大地传唱开来。

1948 年，毛泽东主席亲自过问，将歌词“没有共产党就没有中国”一句中增加了一个“新”字，使歌词更为客观准确。从此，这支歌一直鼓舞着中

国人民在党的旗帜下奋勇前进。

【白毛女】歌剧《白毛女》自 1945 年 5 月在延安首演以来，它的故事、人物、情节、歌词和旋律早已成为现代中国人的文化记忆和文化心理的一部分。

很长一段时间里人们都在揣测、争论《白毛女》的原始故事发生在哪里。一些人接受初始作者为诗人邵子南的说法。其实它是根据发生并流传在野三坡佛洞塔的民间传说创作的，佛洞塔位于涞水县紫石口村与蓬头村中间，山上的娘娘庙远近闻名，娘娘庙香火缭绕，老百姓说奶奶显灵，时常化身白毛的仙姑现身。在天灾人祸频仍的战乱中，这些迷信活动对当地的影响很大，区里的干部苦口婆心做工作但效果不大。于是干部们找来民兵组成一个小组，昼夜在庙宇旁暗中埋伏。果然在一个月黑风高的夜晚，一个白发飘飘的身影来到奶奶庙。大家一哄而上，没想到那影子跑得飞快，转眼消失在了漆黑山中。第二天区干部带领大家按照白色人影留下的踪迹找到一个山洞，在洞里找到了“白毛仙姑”。干部把仙姑带回村子，老乡们才认出，这是村里几年前逃跑的童养媳，在干部们的启发下“仙姑”也终于断断续续说出了自己的身世和冤屈，她是因为不甘遭受欺凌毒打，趁家人不备偷偷地逃进大山中，她的头发就是几年来在山里不知不觉变白的。

根据这个民间传说，时任挺进军政治部宣传部长的罗立斌创作出两幕歌剧《白发女神》，并于 1942 年被挺进剧社搬上舞台，在平西多次演出。扮演“白发女神”的凡坡和演小女儿的吕光人都曾有回忆文章存世。

隶属于“西北战地工作团”的诗人田间、邵子南从 1939 年开始，常在平西采访和创作，与罗立斌相熟。罗立斌创作《白发女神》和邵子南后来所写的长诗“白毛女”应该是来自同一个素材，只不过罗立斌捷足先登。这位多才多艺的宣传部长一生创作了大量文艺作品，时隔多年，等到罗立斌在广西壮族自治区副主席位上离休，静下心来整理自己的著作时，原剧剧本早已难以寻觅。但与《白毛女》同一题材、主题相近似的两幕歌剧《白发女神》要比邵子南的长诗《白毛女》早许多；比延安演出的歌剧《白毛女》也早3年。

由此可见，诞生于三坡镇的《白发女神》正是《白毛女》最初的原型，她首先流传于平西地区，数年后作为敌后根据地产生的文化精华在延安重生，成为中华民族不朽的经典。

（**撰稿**：王旭营　**摄影**：王旭营 张豫蒙）

永阳镇

天灵地杰话永阳

□名镇概述

涞水县永阳镇，东距县城 13 公里，西与易县交界。京昆高速、112 国道、南水北调工程穿境而过，建材路、乡间路四通八达。所辖 21 个行政村，总人口 30 541 人。地处海河流域，平原、丘陵各占二分之一，总面积 64 平方公里，耕地面积 30 858 亩。

永阳镇新石器时期属北幽陵域，唐尧时属冀州，虞舜时属幽州，西周属燕侯国，秦属上谷郡，汉属遒郡，新莽年间属遒屏县，开皇十年为永阳县驻地，开皇十八年属涞水县。1953 年建永阳乡，1958 年成立永阳公社，1984 年社改乡，1993 年建镇。

该镇除有发达的经济和优美的自然景观之外，还有丰厚的历史文化底蕴。史料和文物证明，永阳镇北部山区为涿鹿山余脉，故有大量与轩辕黄帝有关的遗址和传说。

□文化遗存

【鳌头山黄帝城】永阳镇北 4 公里处的鳌头山，环山腰有古城遗址一处，旧志称“鳌头寨”，俗呼“黄帝城”。该城依山随势，呈长方形，东西长 1300 米，南北长 500 米。现存石垒城墙高约 8 米；城墙上有石垒垛口若干个，高约 1 米。环城墙上辟有宽约 5 米的“跑马道”。城西、城东各有城门一座，西城门外有“哨堡遗址”一处；东城门内有约 500 平方米的“演兵场”一处。城墙墙体及城墙上下，曾多次发现石球、石簇、砍削器及日晷、火炕、石臼。古城周边 1 公里内还有“釜山”“乐平山”“大蚩尤山”“小蚩尤山”“黄帝洞”及“钟模坑”等上古文化遗址。经河北省文物局及北大史学专家考证，该城系新石器时期的古城遗址，与黄帝时代相符。

1922 年 9 月 14 日，北洋政府教育总长傅增湘和故宫古物陈列所所长周肇祥来此考察，曾赋诗一首《釜山》，诗中有“高临帝子都”，并附注释“涿鹿城郭微茫可辨”，说明这两位史学巨子也认为鳌头山“黄帝城”即《史记》中记载的黄帝所建“涿鹿邑”。

【釜山合符】中华民族五千年文明史，起始点是 5000 年前轩辕黄帝的一次政治活动——“合符釜山”。永阳镇鳌头山东部 500 米处的“釜山”就是这次活动的地点。有关历史文献记述并分析了“合符”于此的证据：清乾隆十二年版《易州志·山川·涞水县·釜山》记载：“据《通鉴》记，黄帝擒蚩尤于涿鹿。又按《涿州志》：釜山在今涿之西南，易之东北。涞水釜山离涿州六十里，正在其西南，绵亘数里，皆相传黄帝逐蚩尤屯兵于此。此山下有村，人烟稠聚。旧

娄亭县地，疑‘合符’即在此”。清乾隆二十七年版《涞水县志》载：涞水釜山“形如覆釜，绵亘数里，相传黄帝逐蚩尤屯兵于此”。《左氏·昭十七年传》记载：“昔者黄帝氏以云纪，故为云师而云名”。“云”系黄帝部落的图腾，涞水釜山环顶有九眼泉水涌出，在阳光折射下，呈现出五彩缤纷、瑞气千条的绚丽景象，是为著名的“涞水八景”之一——“釜峰晴云”。这一自然奇观，与史书上记载的黄帝“合符釜山”时“黄云升于堂上”之情景相符。

【伶伦音乐花塔】永阳镇鳌头山西南半腰的庆华寺南侧，有一座晋代建立、辽代重修的“伶伦音乐花塔”，塔高约10米，就像一口倒扣的巨钟，钟卯、钟身俱全；塔身1.5米高处理应雕刻佛像的佛龛里，雕刻的却是演奏乐器的乐工；该塔由辽代僧侣重修，演奏乐器的乐工却着汉代军人服饰；塔玄洞上方，还雕刻着八对造型生动、线条流畅、栩栩如生的飞天舞伎。综观全塔，处处散发着古代音乐、舞蹈的强烈气息。这里是黄帝乐官伶伦发明乐律、铸造乐器、培训乐工舞伎的地方，因此，这里古称“乐平”，山下4个乐平村也由此得名（中华人民共和国成立后4个乐平村按谐音改称“洛平”）。

伶伦，又名洪崖先生，《列仙传·卷一》载：“洪崖先生，或曰：黄帝之近臣伶伦也”。伶伦能歌善舞，《文选·张衡：西京赋》说他是“三皇时伎人”。由于伶伦生前一直在这一带活动，故留下乐平、伶伦洞、听凤台及伶伦祠、伶伦塔等遗迹。涞水至易县紫荆关这一带伶伦经常活动的山区被称洪崖山。

【仓颉造字】清光绪元年版《涞水县志·坛庙》记载，县城“城隍庙”西北角有座香火很盛的“二圣神祠”，供奉中国象形文字的发明者仓颉和第一个用象形文字做文章的沮涌。这与流传于涞水县民间数千年的“仓颉造字于鳌头山”的传说有关。

数年前，徐水县政协副主席靳凤云在该县一山洞石壁上，发现了古人镌刻的 109 个崖刻符号。保定市史学家周长富先生，采用甲骨文、金文和崖刻符号相互对照的方法，将其破译，这是一篇古人祭天的祭文，事发地与鳌头山黄帝城相距 35 公里，佐证仓颉在这一带发明象形文字可信。仓颉造字惠万民。涞水人遂在城隍庙内为其建祠塑像，并于每年农历十月初六“仓颉造字日”举办祭祀活动。

□非遗文化

【高洛古乐】主持乐平山“乐圣神祠”和伶伦音乐花塔“点笙对调”仪式的高洛音乐会，是本县高洛村一种由村民自愿参加、义务排练和演出的民间乐会。因保留着奏、打、唱、舞、美术等汉代“鼓吹乐”的遗风，会奏 67 首唐、宋宫廷大曲，被社科院音乐研究所乔建忠等专家誉为“中国古典音乐的活化石”，“填补了中国音乐‘有史无声’的空白。”

高洛音乐会以其悠久的历史和丰富的文化内涵，引起国内外众多专家、学者的极大关注。2003 年，来自英国、德国、日本、韩国等亚欧地区 21 个国家的 30 多名传统音乐保护专家、学者，现场考察了高洛音乐会，给予极高评价。2006 年，国务院批准高洛音乐会为国家首批非物质文化遗产保护项目。

【永阳踢石球】永阳镇农村流传一种古老的踢石球游戏，上溯到何年代一直没有定论。十多年前，涞水县文物工作者在鳌头山黄帝城下出土直径 3 厘米的石球数枚，2017 年 5 月 1 日，又在乐平山伶伦祠旁发现了同一规格的 13 枚石球。经文物部门鉴定，均为新石器时期遗留物。这充分说明早在 5000 年前，踢石球游戏可能就在这里出现了。

据了解，除了在鳌头山古城遗址和大赤土村雪山一期文化遗址中发现了石球外；县域内东长堤村春秋古墓中曾出了土陶制花球；东明义村晚唐时期的张佑明墓志铭中，有“有隙弓逑（球），是袭不绝门风”的记载；明清及民国时期，涞水县丘陵、平原地区的庙会、集市上，均有数个商业性质的踢石球场所。1958 年以前，永阳镇乐平村一带曾有十多个石球生产作坊。时至现在，永阳镇所属各村都有踢石球游戏流行。

汉代经学家刘向著《别录》中说：踢石球游戏“黄帝所造，以练武士。”《史记》卷六十九《苏秦列传第九》索隐：崔豹云：“起黄帝时，习兵之孰。”

2006 年，原文化部专家宋兆麟在保定市非物质文化遗产保护工作会议上说：“足球是世界第一大运动项目，但国外一致认为足球的发源地在中国，即蹴鞠。而我国比蹴鞠更早的用脚踢的球类游戏，是新石器时期出现的一种抛掷或踢弄石球的游戏。这种游戏一直传承到民国期间，即京南保北农村中流传的踢石球游戏。”2006 年 5 月，河北省政府批准永阳踢石球为省级非物质文化遗产保护项目。

【伶伦祭奠仪式】伶伦是华夏民族音乐史上第一位有姓有名、毕生从事

乐律发明、乐器铸造、乐舞创作、舞伎培训和祭祀管理的官员。人民音乐出版社 1984 年版《中国音乐词典·伶伦条》尊其为“华夏音乐始祖”。

伶伦去世后，弟子将其葬在乐平南侧高台上，每年正月初三伶伦“忌日”，众弟子会在伶伦坟前，通过迎神、奠玉帛、初献、亚献、终献、对调、娱神、

送神、望瘗等9道程序，完成一年一度的“点笙对调”祭祀仪式，传承至今。2012年，该仪式被河北省政府批准为省级非物质文化遗产保护项目。

【景泰蓝火锅制作】景泰蓝火锅是一种将珐琅制作技艺嫁接到铜火锅制作，生产出的外观更为精美的火锅。

民国初年，原在北京一家火锅作坊做工的匠人李自年，返回家乡涞水县南桥头村经营火锅作坊，产品销往京、津和当地饭店。20世纪70年代，李家后人在政府支持下招徒办厂，在当地逐步形成产业，并改进工艺生产出景泰蓝火锅。

景泰蓝火锅色彩绚丽，雍容华贵，既有作为炊具的实用性，又有作为摆件的观赏性。其加工制作工艺分设计、冲压、镂空、焊接、嵌丝、填釉、烧结、抛光、镀金等10多道工序。产品有景泰蓝紫铜火锅、景泰蓝锻铜火锅、龙凤嘴长铜壶等30多个品种。产品行销世界各地。2013年，被河北省人民政府批准为省级非物质文化遗产保护项目。

（**撰稿**：刘阜　**摄影**：刘阜　张豫蒙）

沈家庵村

访古问贤沈家庵

□名村概述

旧石器时期，沈家庵一带即有人类活动。古时隶属北幽陵域，唐尧时属冀州，虞舜时属幽州，西周属燕侯国，秦属上谷郡，汉属范阳，明清时属房山县，1951 年划归涞水县，属一渡镇管辖。

据《钦定日下旧闻考》等古籍记载，该村原名女娲店。唐乾元三年，因代宗李豫的侧妃沈珍珠在此建庵出家为尼，故改称今名，沿袭至今。

沈家庵村隶属涞水县一渡镇，南距县城 25 公里，东北与北京市房山区交界。东与涿鹿山隔拒马河相望，南临拒马河出山口，西驻三皇山东麓台地。保野公路、京赞国道沿村边而过。全村 740 户，总人口 2500 人，均为汉族。山区宽谷地貌，总面积 9.9 平方公里。其中耕地面积 750 亩，山场面积 30 000 亩。经济以农业种植为主，兼核桃、柿子、栗子等林果。

□文化遗存

【涿鹿山】据司马迁《史记》记载，涿鹿山是华夏五千年文明史的起始点。当年轩辕黄帝率联盟部落在这里“修德振兵，艺五种，抚万民，度四方”最终实现华夏各族大统一大融合，开启了中华五千年文明发展史。

沈家庵辖区包括涿鹿山西麓部分山体，现存该山东麓的云居寺内，有一座辽代续秘藏石经塔，塔身首行字为“大辽涿州涿鹿山云居寺……”，证明云居寺所处之地即涿鹿山。另外，二十四史中的《隋书》中对释门弟子在涿鹿山刻经建寺也有记述：“……知苑徒静琬，于大业中刻石经藏于涿鹿山石窟中，涿鹿山更加扬名。因山中常有白云缭绕，又名白带山，建寺名曰云居寺。”

【三皇庙】与涿鹿山隔河相望的三皇山，半山腰崖壁上有一座“三皇庙”，传说系轩辕黄帝为祭祀三位华夏初祖而建。庙中供奉的分别是发明钻木取火的燧人氏、发明农业种植的神农氏和发明结网捕鱼的伏羲氏。古人有祭祀为民族发展做出贡献的古圣贤的传统，即《左传》中记载的“国之大事，在祀与戎。”

沈家庵村玉清观内明代“重修观宇”石碑，其上刻有“上有三皇庙，下有玉清观，一千五百年，才有涞水县”字样。碑文中的“上”和“下”系当地时空用语，意即最早建的三皇庙，后来建的玉清观，又过了 1000 多年，才有了涞水县建制。涞水县原名遒县，始建于汉高帝六年，距今已有近 2300 年历史。由此前推 1500 年，确实接近轩辕黄帝所在的新石器时期。另外，县文物部门曾在三皇庙附近发现石镰、石簇、刮削器等新石器时期器物，证明该庙确系黄帝时期遗存。

【沈家庵释迦院】原为尼姑庵，名沈家庵，因唐代名妃沈珍珠在此出家而得名。根据《新唐书》记载，沈珍珠（727 —？），江南吴兴人，貌美且贤淑纯良。从小酷爱读书，七岁时便已经能够作诗，当地人都叫她“吴兴才女沈珍珠”。开元末，以良家子选入东宫，赐太子长子李豫为妃。唐天宝十四年，“安史之乱”爆发。天宝十五年，唐玄宗带着杨贵妃及诸皇子皇孙仓皇南逃。未及逃走的，被叛军俘获，劫掠到东都洛阳，其中包括太子长子李豫的侧妃沈珍珠。至德二年，李豫领军收复洛阳，找到了沈珍珠。乾元二年，史思明再次攻陷洛阳，沈珍珠从此失踪。

大业十四年唐代宗李豫驾崩，沈珍珠的儿子李适继承皇位，为德宗。于建中元年，李适遥尊生母沈珍珠为“睿真皇太后”。为寻找生母，德宗李适派人分行天下，四处寻访，几十年无果，建衣冠冢于代宗陵并立神位于祖庙。

鉴于沈珍珠去向不明，故唐朝以后史家多有臆造之举，据沈家庵村流传的民间说法，沈珍珠被叛军掳到范阳（今涿州）后万念俱灰，乘人不备，她来到城北拒马河岸，躲进一叶小舟逆流而上，在女娲店上岸，寻一僻静处结草为庐，带发修行。

沈珍珠心地善良。遇到天旱无雨，庄稼歉收，便开设粥棚，救助乡民；遇有匪盗或北方少数民族前来劫掠，则将乡民请进庐内躲避。乡民视其为“女娲转世”。为表达感激之情，众人出资将沈珍珠修行的庐舍扩建为庵堂，起名“沈家庵”。久而久之，“沈家庵”替代“女娲店”变成村名，沿用至今。

【韩世琦墓遗址】韩世琦（？—1686），清汉军正红旗人，祖籍山西蒲州，顺治和康熙两朝重臣，历任顺天、江宁、湖南、四川巡抚，工部尚书，都察院右副都御史，四川军务提督，兵部尚书等官职。康熙六年，升任光禄大夫，晋正一品加二级。是清朝初年著名的封疆大吏。著有《抚吴疏草》等。

韩世琦卒于康熙二十五年，葬在沈家庵村西北台地上，坟墓朝向坐西朝东。现仅存土坟一座，石牌楼一座，汉白玉石碑一通，华表一根。牌楼正中镌刻“大中丞韩公之墓”七个大字。

石碑高 3.65 米，碑额刻有康熙皇帝亲自题写的“奉天诰命”四字篆书，左满文，右汉文，简略叙述了韩世琦一生功绩，褒扬其“性姿端谨，才识渊通，简任巡抚，恪慎无愧于职守，宣劳政务”。因年深日久，沙蒙尘埋，目前驼碑大理石赑屃四足已深深地沉入土中，只有头部和尾部露于地面之上。

【曹家大坟遗址】曹家大坟位于沈家庵村北台地。这里北依铁固山（又称纱帽山），南望铁锁崖，东亲玉蟒河（即拒马河），西抚三皇山，是一块风水宝地。

清顺治、康熙年间，辽东五庆堂曹氏家族随清军平定南方时战功卓著，有的还以身殉国。蒙圣上恩准，赐归葬沈家庵村北，铁固山阳，玉蟒河西，曹宅茔地。曹氏在此先后埋葬了曹德先、曹仁先、曹义先、曹耀祖、曹封祖、曹应祖、曹兴祖 7 人。几百年间，每年清明祭日，有散居北京等地的五庆堂曹氏后人前来祭扫。

据原守墓老人言凤林讲，曹氏茔地共有 7 座坟茔，四周各角各有“界石桩”一块，上刻“五庆堂”“曹宅茔地”字样。其中一块完整的界石桩于1980年夏，被北京红楼梦研究会冯其庸先生派人取走，现存于曹雪芹纪念馆展出。据冯其庸《曹雪芹家世新考》考证，曹德先、曹仁先、曹义先为辽东五庆堂三世三房曹礼之后人，和曹雪芹之曾祖曹玺同为一代。考察墓地时，冯先生曾为言凤林和墓地全景及两块界石拍了照片，收入《曹雪芹家世新考》一书中。

【郯子洞】史称郯子窟，在沈家庵村南拒马河岸边，因春秋时期的大孝子郯子携父母在此居住而得名。据《舆地志》记载，郯子（生卒不详），嘉夷国人，己姓，子爵，少昊后裔。出生在一户普通的农民家庭，父母膝下只有他一个独子。26岁那一年，郯子的父母同时染上了一种奇怪的眼疾，双目失明。郯子到处求医问药，不见好转。一位名医告诉他一个偏方：新鲜的野鹿乳可以治疗这种眼疾。于是，郯子携父母辗转来到拒马河出山口一个叫“鹿鸣泽”的湖边，安排双亲在山洞中住下，自己则身披鹿皮混到群鹿中，寻机挤些鹿奶来为双亲治病。不料，有几个猎人错将郯子看成是只鹿，弯弓搭箭要射。郯子慌忙立起身来，告诉猎人实情。猎人知晓他是个大孝子，纷纷帮他获取鹿乳供奉双亲。

郯子“鹿乳奉亲”的美德一直被视为中华“孝”文化的楷模，郯子被视为德、才、威、雅的化身。元代《增订绘图孝经白话句解》卷首《二十四孝图》第五幅中载：“周郯子，性至孝。父母年老，俱患双眼，思食鹿乳。郯子顺承亲意，乃衣鹿皮，去深山，入鹿群之中，取鹿乳以供亲。猎者见欲射之，郯子具以情告，乃免。”

《春秋》记载：孔子曾以郯子为师，郯子倾其所有，全部奉告。孔子忍不住向人惋惜地感叹：“像郯子这样有学问的人，已经散落于四方了。”后来，周朝选拔郯子为官，任郯国国君。郯子治国讲道德，施仁义，恩威有加，百姓心悦诚服，使管辖地的文化发达、民风淳厚，一些典章制度都陆续保持下来，对后世的影响十分深远。

沈家庵郯子窟的记载见于北魏时期郦道元所著《水经注》：“拒马水东流经加夷山，即郯子于山中养无目父母之所也。”又见于南朝陈顾野王著《舆地志辑注》：“上谷郡加夷城有坑，阔三丈，深五丈，俗呼郯子窟。”宋《太平寰宇记》、清代王敏中等编著的《钦定日下旧闻考》也有相同记载。汉代经学家服虔在《史记·孝武本纪》为“鹿鸣泽”作注说：“泽名也，在涿郡道县（涞水县旧称）北界。”

（**撰稿**：刘阜　**摄影**：刘阜　张豫蒙）

寺皇甫村

古刹塔影照运河

□名村概述

义安镇寺皇甫村，全村 172 户，耕地 780 亩，区域总面积 1030 亩，西距涞水县城 7.5 公里，北距义安镇 3.5 公里，东与涿州市岐沟村、孙家疃村相邻。村落西临拒马河，东北依托萧太后河，形成了空气润泽、四季分明的小气候，自古有旱涝收三分的美誉。

据《元和姓纂》记载， 皇甫为中国复姓之一，出自周朝姬姓。西周后期的宋国国君宋戴公有儿名姬充石，字皇父，皇父的孙子南雍陲以祖父的字为姓氏，称为皇父氏。齐国灭宋后，其子孙到鲁国避难；楚国灭鲁，后人皇父遇从鲁国逃到燕国，在涞水流域隐居，为避人耳目，把姓氏中的“父”改为“甫”，遂成皇甫氏。公元前 224 年秦灭燕时，皇甫遇嫡孙皇甫鸾携族人自燕国避难到甘肃安平市一带，涞水遂剩一座庄园。直至民国，在拒马河东岸散落的 6 个自然村落，对外总称皇甫村，分别是寺皇甫、王皇甫、东皇甫、刘皇甫、李皇甫和曹皇甫。就此推论，皇甫村应建立于公元前 256 年前后。

□文化遗存

【皇甫寺塔】建于元朝大定年间，位于寺皇甫村东北 500 米处，据《涞水县志》记载，这座古塔是原毗卢寺的一座舍利塔，塔名“震岳塔”。震岳是金国一名战功显赫的大将，战死在此地后，为昭示他的功绩而修建墓塔纪念。原毗卢寺占地百余亩，庙产殷实，拥有土地上千亩，以殿宇宏伟、规模巨大名震遐迩。据老辈相传，清朝光绪初年，因该寺伙同朝中大员私自募兵，并以寺院为练兵场，被朝廷派官兵查抄而焚毁。20 世纪 50 年代尚存有练兵

跑马用的大马道和二马道。劫后的毗卢寺仅遗存皇甫寺塔和坐落在村内的下院——弥陀寺。

皇甫寺塔是一座13层密檐、砖结构、正八棱实心塔，通高22米，直径5米，矗立于高1.5米、边长10米的方形台基上。塔身置八棱形须弥座两层之上，第一层用叠涩手法砌成，无雕刻图案，第二层普拍枋上作斗拱垛，与素面平座平台承托塔身，结构朴素大方，秀雅别致。塔身4米处施幢式塔形柱8个，平台的正南面辟有一高两米的拱券门庵堂，堂内壁有绚丽彩绘，内供一尊汉白玉白娘娘塑像，雕刻精细，栩栩如生。

13层塔檐的8个棱角处，用柏木探头方椽挑挂铜钟104口，微风之下叮咚作响，声传十数里。在塔顶的八角刹座仰莲第二层上置一覆钵，上置铸铁宝葫芦塔顶，奇妙而精巧，塔顶宝葫芦的东南面铸有“大明嘉靖八年四月初八日”十一个大字，并有“重建塔顶”等等字样。1982年被批准为河北省文物保护单位，2014年被国务院批准为国家级文物保护单位。

【弥陀寺】位于寺皇甫村大街中段路北，原为毗卢寺下院，人称小寺，

建寺时间待考。院内矗立一通高九尺、宽二尺五寸的石碑，记载有大清道光元年年次辛巳二月重修弥陀寺过程。整个寺院占地 15 亩，分前后两院，前院无建筑，被辟为菜园供寺院开销；后院为主院，曾有苍松翠柏常年郁郁葱葱，风景幽雅。院内建有三座大殿，蓝砖青瓦，雕梁画栋；一度曾香火繁盛，闻名遐迩。

近代，弥陀寺伴随历史进程不断演变。1937 年初，王皇甫村开明绅士王介三改寺庙为学堂。学校最初设初、高小各一班，共有学生五六十名，王介三任校长。当年日寇侵华战火殃及华北，皇甫也未幸免，学校被迫化整为零，师生分散到皇甫各街大户人家的空房中上课，1938 年仲夏方又集中。1946 年，国民党九十四军第五师驻防涞水县城，兵痞强行将大殿青砖拆走，在拒马河北桥头修筑炮楼。同年秋，涞水县地方保安团团长郭桂枝，指使部下将后殿的所有松柏木料拆走卖掉。至 20 世纪 70 年代，弥陀古寺仅留有地基。

近年，千年古寺得以恢复，弥陀寺按照原来的规格修旧如旧，恢复了弥陀殿、大雄宝殿建筑。

【萧太后河】寺皇甫村北500米处，即为历史上曾发挥重要作用的“萧太后河”故道。其西南5公里为南拒马河，东北6公里为北拒马河。河道下游即为曾决定宋辽历史走向的重要关卡歧沟关。河道四周的寺皇甫地界内夯土层曾多次发现战国、汉代及唐、宋时期陶瓦片，出土大量箭镞等战争遗物，表明此地为古战场。宋辽歧沟关之战是宋辽20年战争中规模最大的一次，是两国经过十多年的相互试探后的一场总决战，对双方影响之巨大、意义之深远，非以往可比。此后，萧太后厉兵秣马，在原有基础上重修了运河，沟通了拒马河与大清河、海河、易水河、滹沱河的漕运交通。当地人称萧太后河为“铁底铜帮”运粮河。运河对寺皇甫一带的经济发展至关重要，明清笔记记载：“河面船只穿行，河岸行人如织，如同江南水乡。”水上交通一直延续到民国时期。

寺皇甫村现存的运河河道坐落在村北，由西向东入歧沟关，而后奔白沟河，入白洋淀。村内古河道约有5公里，宽约500—800米，直到20世纪80年代才最后断流。目前河道仍可辨认。90年代曾在河道发掘出铁锚，全重达100斤以上，可见当年运输船甚为巨大。

□民俗小吃

【腊八粥】“小孩小孩你别馋，过了腊八就是年”。寺皇甫村过年是从“腊八节”开始的。这里的“腊八粥”与外地略有不同，并依风俗讲究特殊食粥礼仪：所用腊八米（要求用枣、花生米、黄米、糯米、黏高粱米、红小豆、大豇豆、小米、大玉米碴等），不少于八种整粒粮食。腊七晚饭后，主妇开始用铁锅小火熬腊八粥，直至腊八黎明，唤醒全家老少在出太阳前掌灯同吃腊八粥，粥碗中须能戳住筷子。寺皇甫村的祖传规矩，吃粥前各家要派长男长女各端一碗粥，用筷子到户外见物甩粥，喂寒冬难觅食的小鸟，随后由儿媳端粥送邻居，长辈在家用粥祭祖敬神，待孩子们都回来，长辈要亲手给小辈盛上第一碗粥（老爱幼），然后长幼依序围桌吃粥，小辈起身举碗过头先请老辈动口（少敬老），小仪式过后才可动筷吃粥，其乐融融。

【擀饹馇】寺皇甫自清代开始，由村民选举产生民事会，统领全村零碎事务。大年初一午时，民事会香头串街鸣大锣高喊“擀饹馇喽！”，全村男女老少都从民事会领取一份寺皇甫村独有的传统小吃：一张白面、玉米面、芝麻混合烙的薄脆饼和煮熟的黄豆、青豆、杏仁、花生米、胡萝卜等合成的凉拌小菜，然后回家各自“擀饹馇”。

“擀饹馇”又叫作“摊饹馇”，始于涞水县拒马河东岸的皇甫一带，后传至周边区域；但民众认为寺皇甫村的摊饹馇最为正统。饹馇的用料是绿豆（现大多改用豌豆），前一晚先将绿豆浸泡，次日将泡涨的绿豆去皮漂净磨成浆，加清水调制成适宜稠度的面浆，再舀浆入热铛中摊匀，折边成六或八棱近圆形。饹馇成品色泽嫩黄，豆香扑鼻，通过熘、烩、拔丝等烹饪手段做成的饹馇系列菜肴深受食客喜爱。

【海酱豆腐】寺皇甫村一道著名小吃。此道小菜虽不归小四四、六碗六、八碗八、十二八等大小宴席的主菜，但它却是一道亮厨师手艺的菜。此菜诀窍在于蒸白豆腐和油炒海酱的火候，端上桌时吱吱作响的海酱，从豆腐里一个劲地往外钻，其火候和味道才是正好。

【活捉白菜】寺皇甫村一带农村红白喜事席间不可或缺的一道名菜。将菜心实足的当地大白菜掐头去尾，只选用第五、六层菜帮，用手掰成无规则块速用沸水焯，放入爆炸辣椒的滚油炒勺中，颠勺菜打滚，淋少许香油立马出勺，入口即有香、辣、脆独特口感，令人拍手叫绝。

【偷荤做素】依托饹馇、豆腐等原料，寺皇甫村的全素宴也属于农村饮食文化一朵奇葩。一桌由六碟、六眼、八大碗二十道菜组成，包含了熘、炒、炖、烧、蒸、焖、烩的厨技，由大厨用面食做的假鸡、假鱼、假肘子和假鸭子、炖肉等大菜，色泽几可乱真。

□名村今貌

寺皇甫村民风淳朴，曾获得省、市有关单位文明生态村、无邪教村、五好先进单位、老龄工作先进单位、招商先进单位等多项荣誉。从 2005 年到

2017年连续13年被评为先进基层党组织、党建先进单位。在创建幸福新农村工作中，村里建了两个多功能文化广场，建起了全县一流的教学楼和标准戏楼，成立文化传承总会，并恢复和组建了秧歌队、雄风大鼓会、古旱船会、歌咏队、中老年健身队、广场舞队等群众文化组织，使全村文化生活日益丰富。2016年被河北省政府命名为新农村建设模范样板示范村。

（撰稿：王旭营　摄影：焦宝堂　张豫蒙）

西营房村

紫雾漾漾亲王陵

□名村概述

西营房村隶属涞水县娄村满族乡，南距县城 15 公里。京赞国道沿村边而过，交通便利。全村 495 户，总人口 1790 人，村民以满族为主，属少数民族聚居村。全村总面积 4.32 平方公里，其中耕地面积 2785 亩，丘陵地貌。经济以农业种植为主，兼种核桃、磨盘柿等林果。

西营房村始建于清雍正八年，该村原为士庄村旧址，因清政府在此建怡贤亲王园寝，士庄村搬迁。西营房主要为满族旗人所驻，管理园寝祭祀等事务，俗称文衙门。据《直隶易州志》记载，此园寝归清西陵管辖。西营房与东营房是依地理位置而命名。清后，驻此地旗人即成村民，营房成为村庄，村名沿用至今。

□历史人物

【爱新觉罗·胤祥】（1686—1730）清康熙帝第十三子，满洲正蓝旗人，在 35 位弟兄间唯与雍亲王胤禛关系最密。胤禛继位后即封胤祥为和硕怡亲王。雍正元年，命管理宗人府、总理户部。雍正二年，总管圆明园八旗兵丁、管理四译馆和汉军待卫。雍正三年，擢任议政、总理京畿水利。雍正四年，赐御书“忠敬诚直勤慎廉明”榜。雍正七年，办理西北两路军机，十月增仪仗一倍。因胤祥对雍正朝的治绩助力甚大，遂得世袭罔替的待遇，俗称“铁帽子王”。

雍正七年，因胤祥为雍正皇帝选陵址有功，皇帝赐其一块“平善之地”为墓地，即现在的涞水县西营房村南云溪水峪——怡贤亲王园寝。

胤祥由于身体有疾，于雍正八年五月初四逝，享年45岁。次日，雍正皇帝亲奠，令配享太庙，上谥号为“贤”，并以“忠敬诚直勤慎廉明”八字加于谥前，命更定园寝之制，视常例有加。并下旨将其名“允祥”的“允”字改回“胤”字，这成为清朝一代臣子中不避皇帝讳的唯一事例。

□文化遗存

【怡亲王陵】怡贤亲王园寝当地俗称“十三王爷坟”。这里地处丘陵，山形盘绕，水势萦回，园寝周长20余公里，面积600余亩，包括荒岗。建筑布局坐西向东，神道1.5公里，沿神道依次为神道碑亭、火焰牌楼、五孔石拱桥、四柱三门七楼石牌坊、石平桥、华表两尊、元宝山、偻佝桥、三孔桥、神道碑亭、神厨库、井亭、值班房、月台、朝房、宫门、宫门两侧有仪仗角门、南北焚帛炉、享殿、殿前石麒麟两尊、大殿后圆形宝顶，宫门以里环以绿瓦红墙。神道两侧，松柏参天。

园寝周围20公里之内官、兵、民等不准动一砖一石，更不准葬坟，神道上不准行走，“横走杀，竖走发”，意即在神道横着走杀头，在神道上直行充军发配。

怡贤亲王园寝如今地面建筑仅存神道碑一座，碑上刻满、汉文字：“忠

敬诚直勤慎廉明和硕怡贤亲王神道碑”。石牌楼两座，一为火焰牌楼，气势壮丽；一为七楼四柱牌楼，柱础和坊梁有雕刻图案，工艺精湛。华表一对，高 13 米，柱础和柱体均呈八棱形，刻有大小腾龙 48 条，极为罕见。五孔桥一座，还有石平桥、伺偻桥、三孔桥、宝顶遗址及神道。以上建筑大部分为汉白玉质料，保存尚完好。2006 年，怡贤亲王墓被列为全国重点文物保护单位。

怡贤亲王墓是清代规模最大、等级最高的王爷园寝之一，具有很高的历史、艺术、科学价值，是研究清代园寝等级、礼仪制度的实物资料。

□民俗风情

【守陵人】怡亲王园寝需要维护和祭祀，西营房的满族人大都为守陵人。虽然统称为守陵人，但内部也有分工。酿酒的、做祭品的、拿钥匙的、制糖的、木匠、瓦匠等等，许多人一辈子只干一个工种。最初迁入西营房的满族人有八姓：吴、鲍、俞、邢、顾、胡、张、李，均系正蓝旗，俗称八大家。后来又迁入孟、宛、刘、赵四姓，系正黄旗，不在护陵守陵之列。

【方言】西营房满族大都是建十三王爷坟由北京迁来，祖籍均为东北，移居此地后衣食住行由政府供给，与附近汉族隔绝，形成了方言岛，与当地汉族方言不同，满族人现在还有把“嫂”唤作“姐”的习惯。

【丧葬】西营房满族戴孝的方式与周边汉族不同。老人去世，孝子将丈余白布往腰里缠一圈，剩下的往背后一搭，称背孝。父亲去世背左肩，母亲去世背右肩。西营房满族家办丧事不挂挑钱纸。

【祭祀】满族曾信仰萨满教，以后又信仰多神。从前，在祭祀祖先时须跳神唱歌，歌颂一年的丰收，赞颂祖先的功德。祭祖在大年三十进行，俗称供“包袱”，也就是装有纸钱的信封，信封上写有去世亲人的姓名。供品一般有饺子、水果、点心等，但数量必须是四个，而且饺子肚要向上。

【礼仪】俗话说：“满洲人规矩大。”满族十分注重礼节。满族人见面或见客人，有各种礼节，其中有打千礼、抚鬓礼、拉手礼、抱见礼、半蹲礼、磕头礼等。其中，打千礼、抱见礼、磕头礼主要为男人所用，其他则用于妇女。打千礼用于晚辈对长辈、下属对长官；抱见礼是平辈之间用，晚辈对长辈也可用，不过晚辈要抱长辈的腰，长辈抚晚辈的背。现在，有些烦琐的礼节已被简化。满族尊老敬上的传统更为鲜明。晚辈每日早晚要向父、祖问安，途中遇长辈人要让路，吃饭时长辈先坐先吃。

□皇室陵寝群

自雍正八年以后的200年间，清王朝先后在娄村西营房村南，福山营村南、村北，永阳镇北洛平和幸福庄，先后埋葬了五位怡亲王和五位王公，当地是仅次于清皇陵的一处清代皇室陵寝区。

【怡僖亲王弘晓（1722—1778）墓】位于福山营村南，称东宫。弘晓，胤祥第七子，雍正八年袭怡亲王爵位。弘晓能文能诗，善书，尤喜通俗小说。由于其父胤祥和曹雪芹家有密切关系，弘晓和家人曾抄录过《石头记》，这就是现今存世的己卯本。

弘晓陵墓，和胤祥园寝在方位上是一致的，都是坐西朝东。从东往西，依次为月河、神桥、碑楼、宫门、朝房、守护班房、红墙内五间享殿，享殿后边为琉璃门和紫墙，里边是红宝顶。陵寝设护卫章京、副章京和守陵户守护。地表建筑现已平毁。

【怡亲王绵标（1770—1799）墓】位于福山营村北，俗称“老大爷”墓。绵标为弘晓次孙。初封辅国公，后追封为怡亲王。绵标墓没有起券，只埋入棺材一口，土坟一座，追封怡亲王后，修建了宝顶。地表建筑现已平毁。

【怡亲王载坊（1816—1821）墓】位于福山营村，距离绵标墓西北数十米，俗称“花墙子”。载坊为绵标长孙，嘉庆二十四年袭怡亲王，5 岁卒。其陵墓有月台一座，上为直径五尺宝顶。地表建筑现已平毁。

【怡亲王载垣（1816—1861）墓】位于福山营村，称南宫。道光五年，袭怡亲王爵。在道光末年和咸丰末年两次受顾命。咸丰十一年，慈禧和恭亲王发动“辛酉政变”，载垣和肃顺、端华一起，被革职夺爵，赐自尽而死，年 46 岁，葬于此。地表建筑现已平毁。

【慎靖郡王允禧（1711—1758）墓】位于永阳镇幸福庄西福地，称西宫。允禧，康熙三十一子，谥曰靖。园寝坐北朝南，东西两侧为大道，南端是月牙河和神桥，过桥百米为碑楼一座，内为 6 米高的驮龙碑。向北依次为东西朝房，宫门 3 间，宫门以里环以红墙，红墙以内占地 5 亩，中为月台，月台之上享殿 5 间，后为宝顶，高 6 米，地宫为砖券，青石门，地宫内停灵 3 口，两侧为嫡福晋祖氏和一位侧福晋灵柩。清廷在此设护卫等官员管理园寝事务，时任护卫为四格。地表建筑现已平毁。

【质庄亲王永瑢（1743—1790）墓】位于永阳镇北洛平村北，称北宫，俗称六王坟。永瑢为乾隆第六子，谥曰庄。乾隆二十四年，永瑢奉旨嗣允禧为孙，袭贝勒。乾隆三十七年，封质郡王，五十四年封质亲王。曾管理内务府事务。充任四库全书总裁，和纪晓岚编纂《四库全书总目提要》，亦曾兼管钦天监事务。其陵墓占地 300 亩，建有碑楼、宫门、享殿、月台、宝顶。陵区绿瓦红墙，古柏参天。清廷在此设护卫章京和守陵户守护。地表建筑现已平毁。

【质恪郡王绵庆（1779—1804）墓】位于北洛平村，当地称下陵。乾隆五十五年袭质亲王。卒时26岁，谥曰恪。嘉庆皇帝赐银五千两治丧。规制与北宫略同，占地10亩，建有神桥、宫门、享殿、月台、宝顶、宫墙等建筑。地表建筑现已平毁。

【贝勒奕绮（1802—1842）墓】位于西洛平村东，称东宫，亦称六爷坟。嘉庆十四年，袭贝勒。道光十九年因事夺爵。卒后追复贝勒。陵墓占地2亩，周围柏树，中间为坟墓一座，高二米，墓穴为棚板石。地表建筑现已平毁。

【镇国公毓亨（1875—1923）墓】位于西洛平村南，称公爷坟。光绪二十三年袭镇国公，为末代公爷。民国年间，毓亨移居北洛平村，卒时49岁。葬于此。

（**撰稿**：顾国刚　**摄影**：顾国刚　张豫蒙）

下车亭村

冲之精神耀故里

□名村概述

下车亭村位于涞水县城西北 2.5 公里，丘陵地貌，全村 480 户、2042 人，均为汉族，90% 为祖姓，属于原住民。另有王、马、牛、祝、谢等小姓，为后迁入户。京昆高速公路、保野路从村东穿过，村南 0.8 公里处有京昆高速公路涞水西出口，距北京六环 36 公里，交通方便。

□祖氏故里

古亭村，是我国姓氏“祖”姓的发祥地。据史料记载，祖姓是轩辕黄帝之后。据唐林宝撰《元和姓纂》记载：“子姓，殷后，殷王祖甲、乙、丙、丁支庶因氏焉”。又据《史记・五帝本纪》和《殷本纪》记载，轩辕黄帝玄孙帝喾高辛之子契（音谢，亦是尧帝之弟）因佐尧、舜、禹治水有功被舜帝封于商，并赐子姓。契的第十四代子孙汤建立了商朝，帝商汤的六代孙、第十三位国王是为帝祖乙，被称为中华祖姓的始祖。作为商祖契的受封之地“祖家坨”（下车亭村西 1 公里的小山，原建有祖寺，已毁），被其后裔奉为本族的发祥地。循古制，从商、周开始就派人守护祭祀。于是“祖家坨”连带现在的下车亭村被视为祖姓发祥地。历朝历代，华夏各地祖姓人每逢清明前来“祖家坨”扫墓祭祖、续写家谱已成为惯例。

□科学巨匠祖冲之

祖冲之（429—500），中国古代著名的科学家，在数学、天文、历法、哲学、文学、音律、机械制造上都有显著贡献。先后在华林学省、总明观做研究工作，后来又先后担任南徐州刺史府从事、娄县县令、建康谒者仆射、长水校尉等职。无论任何职，他都坚持潜心学术研究，成就斐然：

——创“祖率”。祖冲之计算出圆周率（π）的真值在 3.141 592 6 和 3.141 592 7 之间，对于中国乃至世界都是一个重大贡献，后人将“约率”用他的名字命名为“祖冲之圆周率”，简称“祖率”。

——著《缀术》。祖冲之《缀术》五卷，被收入著名的《算经十书》中。在《缀术》中，祖冲之提出了“开差幂”（用二次代数方程求解正根）和“开差立”（用三次方程求解正根）的问题，这在当时是一项创举。

——编《大明历》。经过实际观测，祖冲之推算出一个回归年的长度为 365.242 814 1 日，与今天的推算值仅相差 46 秒；证实了岁差现象的存在，并计算出岁差是每 45 年 11 个月后退 1 度；首次提出月亮相继两次通过黄道、白道的同一交点的时间（即“交点月”）长度为 27.212 3 日，与现今推算值仅相差不到 1 秒。在这些研究的基础上，他着手编撰《大明历》，采用了 391 年加 144 个闰月的新闰周，纠正了前人历法的误差。

——造机械。祖冲之还设计制造出水碓磨、铜制机件传动的指南车、千里船、定时器、欹器等。对提高当时的劳动生产率，推动生产力发展起到积极作用。

祖冲之的成就不仅限于自然科学方面，他还精通乐理，对于音律很有研究。并著有《易义》《老子义》《庄子义》《释论语》等有关哲学的书籍和《述异记》等文学著作。

为了纪念这位世界级科学巨匠，1964 年 11 月 9 日，紫金山天文台将 1964 年发现的国际永久编号为 1888 的小行星命名为“祖冲之星”。1967 年，国际天文学家联合会把月球上的一座环形山命名为“祖冲之环形山”。

2009 年，美国众议院正式通过一决议，将每年的 3 月 14 日设定为“圆周率日”。2011 年，国际数学协会也正式宣布，将每年的 3 月 14 日设为国际数学节，来源则是中国古代数学家祖冲之的圆周率。

为纪念祖冲之，涞水县第一中学于 1994 年正式更名为“河北祖冲之中学”，并由时任中共中央总书记的江泽民题写了校名。

□祖氏名人

到魏晋南北朝时期，范阳遒县（今涞水）的祖姓已成为“北州旧姓”“北方大姓”，和涿州卢姓等一起称为“燕赵八大名门望族”。此时的遒县祖姓在外为官者众多，名人辈出，影响甚广，其兴旺发达达到鼎盛时期，对中国历史产生一定影响。

【祖逖】（266—321）字士稚，东晋名将。西晋末年率遒县亲朋党友避乱于江淮。313 年，以奋威将军、豫州刺史的身份进行北伐。数年间收复黄河以南全部土地，使得石勒不敢南侵。后因势力强盛，受到朝廷的忌惮。

321年，在朝廷的明争暗斗中忧愤而死，追赠车骑将军。

祖逖曾有“闻鸡起舞”“枕戈待旦”“南塘一击”等著名成语典故流行于世，他厉行北伐的英雄气概和为国献身的精神彪炳千秋。

【祖暅】（生卒年不祥）字景烁，祖冲之之子。梁时任太府卿。自幼承继家学，潜心钻研天算之术。他首次得出计算球体积的正确公式，被称为“祖氏公理”。这一理论，1000年后才由意大利数学家卡瓦列里提出来。他还制成铜日圭、漏壶等精密观测仪多种，为后人所取法。著有《天文录》，已佚。

【祖莹】（生于471—535，卒年不祥）字元珍，8岁的时候能够背诵《诗》《书》，12岁高祖召见祖莹，他背诵《五经》里的文章不遗漏一字，释意准确，高祖十分赞叹。著名儿童启蒙读物《三字经》把祖莹当作学习的典范：“莹八岁，能咏诗；泌七岁，能赋棋。彼颖悟，人称奇，尔幼学，当效之。”

【祖珽】（生卒年不祥）字孝征，父祖莹，魏护军将军。自幼天资过人，好读书，工文章，辞藻刚健飘逸，于文章之外，又工音律，善弹琵琶，能作新曲，并识懂四夷之语，擅阴阳占卜之术，而医术尤为所长，为当时名医。其人之博学多才冠绝当时，为南北朝时的一大奇才。

【祖君彦】（？—618）祖珽之子，北齐文学家。曾任宰相，代表作有《为李密檄洛州文》《为李密与袁子干书》。“罄南山之竹，书罪未穷；决东海之波，流恶难尽”之语，成为千古绝句，流传后世，也是成语“罄竹难书”的由来。

【祖孝孙】（生卒年不祥）中国隋唐间乐律学家。隋初开皇年间任协律郎，参定雅乐。入唐后，历任著作郎、吏部郎、太常少卿等职。武德九年，唐高祖诏太常少卿祖孝孙等制定乐律。贞观二年，祖孝孙就确立了音乐的十二平均律，早西方国家1000多年。

□地方特产

麻核桃是历史悠久的传统工艺品，早在1778年，乾隆皇帝就曾将麻核桃制品奉为“驱邪呈祥、保佑平安”之物摆放在帝王神龛上。1997年香港回归时，中央人民政府赠予香港特别行政区的纪念品中，就有麻核桃制品。涞水麻核桃在文玩核桃中属于上品，分狮子头、公子帽、官帽、灯笼、鸡心、虎头等品种，其精品随着把玩、雕琢，麻核桃色泽如玛瑙、似美玉，其价值不菲。2010年11月，国家质检总局将涞水麻核桃评定为“地理标志保护产品”。

□传统产业

下车亭历史上，各朝各代均不乏科技人才、能工巧匠的出现。祖冲之的

祖父祖昌，做过刘宋朝的大匠卿（掌管土木工程）。祖冲之心灵手巧，在机械制造上多有发明，其子、孙又以心灵手巧、奇思妙算著称于世。千百年来，祖氏后人延续了祖冲之“忠于科学、严谨细致、精益求精、敬业专心”的精神主旨，执着专注、推陈出新，以“匠心独具”的特色在大国工匠群体中占有重要地位。2011年，祖冲之的后裔祝永洪、祖凤葛夫妻苦心琢磨，将指南车呈现世人面前，得到社会各界的广泛关注，其复制的红木材质指南车被中国科技馆收藏。

下车亭村历来有人在宫廷家具作坊中做工匠。民国初年，随着清廷末代皇帝溥仪离开紫禁城，原在清宫做红木家具的匠人返回故里，并将宫廷红木家具的制作技艺传给村民，延续至今。下车亭红木家具，保持正统明清古典风格，古朴典雅，庄重大气，是业内公认的中国传统红木家具的代表。其制作工艺以明、清宫廷家具图谱为基础，采用原汁原味的明清宫廷技法，以精巧的榫卯结合，不使用油漆、泥子、钉子和防腐剂，辅以浮雕和镂刻，造型典雅，装饰精美，用料考究，以黄花梨、紫檀、鸡翅木、红酸枝、白酸枝等贵重红木为主，产品有八仙桌、圈椅、屏风、床榻、多宝阁、摆件等品种。

□名村今貌

在下车亭村的带动辐射下，涞水县从事红木家具制造企业 420 家，熟练技师达 5000 多名，从业人员近 2 万人，成为全国唯一的京作红木家具特色小镇。2015 年古典家具产业产值 16 亿元，销售收入达 21 亿元，2014 年，被中国家具协会命名为“中国古典家具发祥地”。2016 年，“涞水国际红木文化小镇”入选“中国首批 100 家特色小镇”“河北省首批特色小镇”。

近年来，涞水县紧抓创建国家全域旅游示范区的契机，以下车亭村为中心，力争打造以京作红木家具为主题，与涞水传统文化相结合的综合文创、旅游、度假产业园区，并命名为“祖冲之古镇”。项目被列入保定市十个重点“文化产业对接京津示范项目”；2017 年被列为保定市特色小镇。

（**撰稿**：李占矩　**摄影**：李占矩　张豫蒙）

涞源县
LAIYUANXIAN

避暑胜地 京西凉城

◎ 涞源县位于保定市西北部，太行山、燕山、恒山三山交汇处，拒马源、涞水源、易水源三水同源。面积 2448 平方公里，总人口 27.5 万，是革命老区、扶贫开发“三合一”重点县（国家扶贫开发工作重点县、燕山—太行山连片特困地区重点县、河北省环首都扶贫开发示范区重点县）。

◎ 商周时期即有人类繁衍，西汉初期置广昌县，民国三年取“涞水源头之意”更名涞源至今，是具有 2000 多年历史的“千年古县”。

◎ 涞源县区位优势明显。地处“两省（河北、山西）三市（保定、张家口、大同）”交界处，扼东进京津冀、西出晋陕蒙之咽喉。张石及荣乌高速、京原铁路和 108、112、207 国道等交通干线贯穿全境。

◎ 涞源县矿产资源丰富。已探明的有 43 种，主要有铁、铅锌、钼、铜以及石灰岩、花岗岩等，储量大、品位高、整装性好，目前已探明的资源储量市场价约 5000 亿元，是河北省 9 个矿产资源大县中唯一未整装开发的县区。

◎ 涞源县旅游资源丰富。以“世界地质公园”白石山、“国家城市湿地公园”拒马源、“全国重点文物保护单位”阁院寺等为代表的 8 大景区 218 个景点风光独特。特别是暑期平均气温仅 21.7 ℃，被誉为“凉城”，是河北省环京津休闲旅游产业带 19 个重点县之一。

白石山镇

京西名镇 旅游胜地

□名镇概述

白石山镇位于县城南部，距县城 7 公里。原名下北头乡，1993 年由原来的下北头、菜村岗、杨家川三乡合并，由于辖区内有被誉为“中国北方第一奇山”的白石山，2009 年 11 月经省政府批准更名为白石山镇。

白石山镇拥有全国唯一的大理岩峰林地貌的世界地质公园、国家 5A 级景区白石山和世界文化遗产、全国重点文物保护单位长城。

□旅游资源

白石山雄居八百里太行山的最北端，耸立于拒马河畔的群山之上，以全国唯一的大理岩峰林地貌而著称。自古被封为道教三十六洞天七十二福地中的总玄洞天，也是清西陵的风水发脉，即万年吉地的龙脉龙首。白石山东麓

山体高大，纵拔如屏，雄险奇幻，三顶六台九谷八十一峰，峰峰挺拔，谷谷幽深，悬崖绝壁通天拔地，如刀削斧劈，气势雄伟。山中多云雾，夏秋季节“佛光”频频出现。白石山西麓森林茂密，物种丰富，是华北地区生物多样性中心区之一。

白石山的十瀑峡瀑布群，花岗岩地貌景观与瀑布流水交相辉映，形成了“泉、瀑、石、松”于一体的美丽景象。借助现代工艺和技术支持，四条索道架设于白石山高峰巨壑之间，35 000 米游步道、栈道，蜿蜒镶嵌于峭壁危岩，尤其是双雄石玻璃栈道和飞狐玻璃栈道两条悬空玻璃栈道，从景观效果和惊险刺激上均属国内第一，令人惊险于云霄。白石山由于特殊的地质结构、优美的自然风景和人文历史，被评为国家风景名胜区、国家地质公园、全国青少年科技教育基地、国家森林公园、世界地质公园、5A 级景区。

□文化遗存

【白石山长城】白石山长城是明代内长城，修建于 1573—1576 年之间。别处的长城如八达岭、慕田峪等都是砖砌的，而白石山长城是石头砌成的。这石头长城用毛石直接垒在花岗岩山脊上，依山势用石料将两面墙体砌好，中间用毛石和白灰土夯实，再用平面石头铺平上面。在山洼的地方，长城建的又高又厚，险峻处山崖可当作城墙。城墙上有小水沟，通向专设的石槽，下雨天，可以通过石槽将水排到墙外，以免冲刷墙基。西北面筑有垛口，垛口也叫挡马墙，也就是马从长城上面跑，西北面看不见。每个垛口上方有小

孔叫瞭望孔，下面有较大的孔，叫射孔。一般来说，长城敌楼应“骑墙而立”，而“白石山长城有一怪，敌楼修在城墙外”。白石山长城有两座敌楼建立在墙体外30多米处，这种敌楼也叫哨楼，自古被誉为一怪，充分体现了当时在长城建设“因地制宜”的设计思想。

【插箭岭】插箭岭关位于白石山镇插箭岭村，此关城为倒马关北上之要冲。《读史方舆纪要》载：“明朝嘉靖三十年，蒙古俺答犯大同，取紫荆，攻插箭岭”，可见其战略位置之重要。插箭岭关城南北长约1000米，东西宽约600米，有城门四座，城墙现大部分坍塌。城的东墙相对完整，西侧坍塌严重，南北城墙由于修公路毁坏殆尽。四座城门现存三座，残坏亦颇为严重，但还能看出门的形制，尤其北第二道门，现仍被使用。城门宽于墙体，外面均由大块条石包砌，门洞为石拱券，石质的门管仍保存完好，夯土墙尚存。插箭岭关所辖长城的空心敌楼多保存较好，敌楼的门额上嵌有汉白玉石匾，阴刻楷书“插字××号台”。

【白石口】白石口关位于白石山镇白石口村，白石口关地处锁钥，为明长城真保镇重要关隘，战略地位十分重要。周宏祖在《内关论》中说：“紫荆关负山临河，不以据一关之枢，西侧白石口极为平漕，勘骡十辆，仓促有警，应援不及，故今所忧者，不在紫荆关，而在白石口”。关城依东西高山，修南北两道墙，至东西两座山的陡崖处止，形成了一个很大的方城，是白石山一处险要山口。关城南门楼在河西侧，保存较好，现仍可通行。门楼外侧砖券拱门额上嵌有汉白玉石匾，阴刻“云谷重关”四大字。1956 年 9 月被列为河北省文物保护单位，2013 年 3 月被列为第五批全国重点文物保护单位。

□民俗文化

【秧歌戏】白石山镇西庄铺村位于两座关城之间，也许是地处边关，受多元文化影响，西庄铺人爱听戏、爱学戏、爱唱戏，成了千百年一直传承着的风俗。至今，西庄铺村仍保存着原生态的“南腔北调”秧歌剧，这一剧种受天津评剧、河南豫剧、山西晋剧、河北梆子、保定老调等多种剧种的影响，曲调较简单，方言味道浓，唱腔独特，韵味十足。戏曲可按演出时间长短分为本子戏、折子戏，是山里人自娱自乐发展和流传下来的，保留有原始古朴、粗犷豪放、诙谐的气息。目前，仅北京的密云、房山和白石山镇的西庄铺村有人会唱。

【扛杆】“扛杆”是白石山镇民间花会的一个独特的表演项目。据《县志》记载，涞源传统花会里有“扛杆”这一花会活动，和其他花会活动一样源于清代和民国初年，到 1954 年全县共有扛杆 8 会。1990 年后“扛杆”会仅存于白石山镇下北头村。表演时，6 位青壮年男子每人肩上扛上表演“扛杆”的特制道具——架子，脚踏很有节奏的鼓点走街，在他们的表演道具——架子上还有一个或者两个孩子，化装成戏曲里人物的样子，在上面表演各种动作，颇有些戏曲的味道，每个架子上下的大人和小孩都代表一出戏曲的内容，有李红杏推磨、美猴王偷桃、呼延赞鞭打赵匡胤、宋太祖千里送京娘等等。由于“扛杆”这一特别的花会是结合当地农民扭秧歌和古老的戏剧内容进行表演，因此保留了许多历史人文色彩，对研究民间艺术交融演变具有非常高的学术价值。

【白石社火】社火是春节期间流行于中国民间的一种民俗娱乐活动，白石社火又称为“红花”或“花会”，即“热闹”的意思。一出“破五”，村里的主事人便着手铺排闹社火的事，扎牌楼、糊灯笼、写灯谜、安排演员等。到正月十四至十六日三天晚上在村里正式开演，那三天，每晚三声铁炮炸开，闹红火演员化妆完备，便随总指挥安排，列队顺序出场。演员们跑旱船、蹬高跷、地扭子、扛杆、摔跤，粉墨登场，体现了山区人民丰收的喜悦以及对来年美好生活的憧憬。

【动武不动荤】插箭岭古时是边关塞地，战事频繁，战时为兵，平时为民，男女老幼人人练就一身武艺，随时准备迎战敌人。每逢大年初一，年轻的小伙子和壮汉们老早就起来，聚到村头，打拳、踢腿、弄枪、舞棒、玩飞叉。除了隆旺火、放炮仗、磕头拜年、吃饺子这些常见的习俗，大家还约定早晨练武不吃荤，虽然动武不动荤的缘由已经失传，但直到现在这一习俗仍然有许多人家在坚守。

□名镇今貌

作为京西百渡休闲度假区的重要节点，白石山镇集中打造了白石山温泉度假区、白石山舍、天宏汽车影城、白石山国际房车营地、七山滑雪等旅游新业态项目，全力构建“吃、住、行、游、购、娱”要素完备的旅游产业链，形成集避暑休闲、农业体验、疗养度假、健身养老、商务会展于一体的功能完善的区域性旅游产业集群，为发展全域旅游打下坚实的基础。

【白石山美丽乡村】白石山片区是省级重点片区，按照旅游专业村的标准，总投资7亿，对片区12个村进行高水平规划打造，完成民居改造400余户，硬化街道20.5公里，绿化近4万平方米，对原有的148家农家乐全部改造提升，新增星级农家院61家，打造出中华面食一条街、精品民宿等特色农家乐新业态，瞄准世界级乡村旅游的目标，建设全省乃至全国乡村旅游的典范片区。各村特色鲜明，风格迥异，功能齐备，不仅极大改善了群众生产生活环境，更成为白石山周边一道靓丽的风景。

【白石山大剧院】坐拥卧佛山，面朝明长城，自然风光得天独厚，外形采用“青铜鼎”式的设计理念，大气恢宏。大剧院占地面积39.6亩，建筑面积12 000平方米，建筑总高度29米，1200座席。白石山大剧院与北京歌剧舞剧院携手打造的一台大型奇幻歌舞剧《白石山传奇》、国家非物质文化遗产打树花表演和音乐喷泉表演成为广大游客在游览白石山之后享用的文化盛宴。

【白石山景观大道】白石山景观大道从张石高速涞源南口到白石山景区东西门以及东西门连接线共计26公里，建设了100米宽的绿化带，栽植树木75.5万株，覆草坪50余万平方米，制作了7个花坛和6组花柱。打造7处重要节点，这条景观长廊实现了各种景观对精品观光大道的全覆盖，形成了光彩靓丽的迎宾大道。

【白石山温泉康养小镇】小镇以汉唐风情为设计风格。独具神韵的建筑美学，融合古典与现代，交汇清雅与磅礴，凝聚了国人对历史、自然、时空的大爱思考。小镇重点打造温泉康养休闲度假、山地生态旅游、古建筑文化旅游、中华民俗艺术、国际文化交流、山地农业、医疗康养保健等多类产业形态，构建相互补充、立体互动的多级康养产业发展体系，让涞源从区域性旅游目的地，向国际旅游目的地转型发展。

（**摄影：**孙合）

涞源镇

雄关漫道 历史名镇

□名镇概述

涞源镇 1961 年建制，名城关公社，县政府驻地，1984 年改称城关镇，1993 年甲村乡、北韩村乡并入，更为涞源镇，辖 40 个行政村和 6 个居委会。全镇面积 151.2 平方公里，耕地面积 4.5 万亩，山场面积 6 万亩。京原铁路横贯东西，108 国道、207 国道、张石高速、荣乌高速境内穿越。拒马河有 10 公里流经该镇，年径流量约 4 亿立方米。电力、通信等网络完备。

□名镇历史

涞源县城建于隋开皇元年，距今 1400 多年，当时谓之五龙城，有城门、

城墙，明代砌起砖结构城墙。

县城旗山北麓拒马源头，发现了新石器遗址，出土文物主要有石核、石片、烧骨、红褐色素面陶片、陶支架等，据测定距今 9000 年左右。学术界公认年代最早的中国新石器遗址是河南新郑裴李岗遗址，拒马源遗址基本与它同期。

涞源镇铸钱历史悠久，1982 年出土了汉代五铢钱范，说明这里是五铢钱生产基地之一。据《通典》记载，天宝年间，天下诸州置 99 炉铸钱，其中蔚州飞狐 10 炉，几占全国 1/10。至今，水云乡、泉坊村仍存有当年水磨的遗迹。

□旅游资源

涞源镇境内，已知泉眼 102 处，泉水之多、出水量之大在缺水的华北地区首屈一指。拒马源泉群是拒马河的源头，大量泉水涌出地面后形成拒马河，流经易县紫荆关、涞水县野三坡、北京房山十渡，归海河注入渤海，全长 70 余公里，是发源于河北省唯一不断流河流，冬季雾气蒸腾，河水不结冰。

拒马源泉群包括涞水源、易水源、拒马源，涞源古十二美景的“涞易合流”位于此处。泉域面积约 6 平方公里。在全国许多名泉相继干涸，特别是华北地区地下水漏斗最为严重时期，拒马源泉水依然轻涌，不失为县级泉城的精品。北海泉池垂柳婆娑，清泉明净，湖光塔影，自古是文人墨客吟诗作画、饮酒赏月上佳好地。

□军事重镇

涞源重要的军事地位很大程度由飞狐古道来体现。飞狐古道位于燕山和太行山脉交接地带，起于拒马河谷，经上庄、岔道、北口直至蔚县，《史记》《汉书》《水经注》《元和郡县志》等典籍均有记载。飞狐古道山势奇险，峰峦叠嶂，峭壁如削，蜿蜒崎岖，宽处不过七八十米，窄处只有一两米，是古代极为重要的交通要道，去往山西、内蒙古都要从此经过，也是北方游牧民族南下掳掠的唯一通道。千百年来，作为历代兵家必争的关口要隘，飞狐古道上金戈曜日，铁骑嘶鸣，演绎了赵襄子穿飞狐道伐代、飞狐口楚汉相争、飞狐口两汉抗匈奴、乌桓单于兵败飞狐口、慕容垂命丧飞狐古道、县令夫人拒突厥等惊心动魄的历史故事。

抗日战争时期，涞源人民在中国共产党领导下奋起抗击，同日军进行了艰苦卓绝的斗争，犹如牢固屏障拱卫边区首府阜平。涞源人民的英勇斗争多次受到表彰，1938 年和 1943 年涞源曾两次被晋察冀边区政府评为“对敌斗争模范县”。

□文化遗存

【甲村遗址】涞源镇甲村建于明代，村西的西岭过去是百姓生活取土之所，其间经常发现陶罐、陶皿等器，经文物专家鉴定，为商代文物。2006 年 5 月，此地列为河北省文物保护单位，并立有“甲村遗址”石碑一块。

【三甲村遗址】涞源镇三甲村商代遗址位于村西南 200 米拒马河北岸，出土文物主要有灰陶尖砂绳纹锥状鬲足、矮实足乳袋状鬲足、灰陶尖砂兽蹄形鼎足等。据《畿辅通志》《河北通志稿》记载，“纣王城名商王城，位于县城东十五里，此中有比干庙，址存。”三甲村发现的商代城址，恰在县城东 7.5 公里处，与文献记载基本吻合，文物标本与史载年代相吻合，这处遗址应该就是纣王城。

【兴文塔】始建于唐天宝三年，明嘉靖十八年重修，现存塔为辽代建筑风格，具有较高建筑学、史学价值，1982 年 7 月被列为河北省文物保护单位。历经千年风雨，塔身第五层曾严重风化，塔刹倾斜。1976 年唐山大地震时，顶部两节宝珠震落遗失，只留一节宝珠和一节仰莲。2005 年，涞源县政府对塔进行了修缮，最大限度保留了原塔部件。

【泰山宫】明朝初年，佛、道两教相继在兴文塔北侧修建了千佛殿和泰山宫。清朝时，千佛殿和泰山宫已有较大规模，都建有三重大殿四进院落，

松柏矗立，风起涛生，东塔松涛成为涞源古十二美景之首。现存泰山宫只是原先的一小部分，正殿供奉“碧霞元君”，民间称三奶奶；正殿东侧是文昌殿，正中供奉文昌星君，右边供奉圣人孔子，左边供奉理学大师朱熹；正殿西侧是财神殿。每年农历四月十八，这里都要举行盛大庙会，老百姓前来进香许愿，习俗延续至今。

【阁院寺】位于县城中部，占地面积约 7000 平方米。东汉时创建，唐时重修，属全国重点文物保护单位，具有很高的历史、科学、艺术价值。明天启六年，山西灵丘发生 7 级地震，涞源受波及，全城建筑大部倒塌，唯有阁院寺挺立，墙壁仅有些许裂缝，足见其坚固。阁院寺现存建筑有天王殿、文殊殿和藏经楼及东、西配殿等。文殊殿，大辽武定军节度使李存菀所建，是我国保存完好的辽代土木古建筑之一，距今已有 1050 年的历史。据专家考证，其独具匠心的建筑风格，为现存辽代古建筑之首。文殊殿有两扇辽代棂花格子门窗。这是中国最古老、保存完好、仍在使用的木窗棂之一，被称为木雕孤品，为无价之宝。大殿内墙壁上皆是壁画，因用黄泥覆盖，得以保存至今。从泥坯脱落处露出的内容看，画面是佛教故事，保留了浓郁的唐代画风。阁院寺内有一口存世久远的大铁钟。此钟铸造于辽天庆四年，钟高 1.6 米，口径 1.5 米，重 2 吨，钟身铸有铭文 1200 多字、梵文 50 多字，清晰可辨。阁院钟声也是涞源古十二美景之一。

□人物英才

【李振华】1945 年出生，自幼喜爱书法，现为河北省书协会员、中国老年书画研究会理事、北京行宫书画院艺术顾问、涞源闻钟书院院长。2010 年被中国现代文艺出版社评为年度人物，2015 年与冯远、张海、韩美林、莫言一起被评为“中国传统文化杰出传承人”。代表作有小楷长卷《大运河颂》《大中华赋》《般若波罗蜜多心经》《兰亭集序》等。《大运河颂》高仿真制品被“大运河申遗大型人文纪录片”摄制组作为唯一文化礼品赠送中外友人。

【孙九江】北京画院杨延文入室弟子，荣宝斋画院马海方工作室画家，国家一级美术师，中国田园画会理事，河北大学艺术学院客座教授，河北省美协会员，保定画院山水画工作室副主任，北京宣和书画艺术研究院副院长。他用自己独特的笔触描绘美丽的乡村，画里画外流露出浓浓的乡情与眷恋。

□非遗文化

【涞源梆子】明朝末年，涞源就有戏曲表演，涞源梆子是主要的剧种之一。清晚期，河北梆子、山西梆子演员经常同台演出，相互影响融合，逐渐形成独特唱腔，既保留河北梆子的高亢激越、雄厚铿锵的风格，又具有山西梆子委婉细腻、情感丰富的特点，同时融入直白爽真的方言语调，称为涞源梆子。民国八年，蓟县人张凤仙来到涞源，其唱功深厚、演绎传神，为涞源梆子注入新的表演元素，王玉顺、李树华、梁万昌等优秀演员也深受群众喜爱。当时，全县共有 200 多个戏台，各具特色。

□民俗风情

甲村是涞源著名的武术村，据说在同治年间就有人在沧州习武。清朝末年，义和团“红和尚”来此避难，传授少林武功，培养了一批人才，成立少林会民间组织。易县塘湖村李姓拳师也在该村传授过少林拳术，受此影响，该村习武成风，代代相传。到七七事变时，习武队伍空前壮大，形成前街、后街、当街三大演武场，出现杜家、张家等几大习武世家。曾有拳师张老开独闯山寨，力服响马，夺回保定府总督被抢的宝马，受到嘉奖。抗战时期，拳师张景连一把铁锹打败多名日本兵，声名远播。

民俗表演“牛抵虎”又叫“老虎灯”，以涞源镇小北关村最为著名。据说从山东传入，后在实践中不断改进，形成程式化套路。表演共有牛、虎、猴、牧童四个角色，其中牛、虎分别为两人扮演，扮虎头的人右手抓住虎舌，做张牙舞爪状，扮虎尾的人左手抓住道具腰带，右手拿着竹制虎尾，弯腰从胯下伸出，做出扫、摇、剪等动作，牛虎相斗，其间夹杂下山、过桥、扑食、戏猴、虎扑牛、牛抵虎等惊险趣味的套路过场，惟妙惟肖，颇具生活情趣。

□名镇今貌

中华人民共和国成立初期，县城不足 3 平方公里，只有一条泥土主街，南部集贸低缓地带，汛期洪水冲刷泥沙遍地，因此叫作沙河大街。到 20 世纪 90 年代，县城才有第二条主街，县城规模扩大了一倍有余。2010 年，县委县政府制定规划，将原来 14.3 平方公里的城区面积扩展到了 61.39 平方公里，打造一城三区城市格局。2016 年河北省首届旅发大会期间，投资 3.77 亿元改善基础设施，县城容貌大幅提升。

碧水蓝天、群泉喷涌、湖光山色、古建庄严，暑期平均气温只有 21.7 ℃，相对于京津冀的持续雾霾，县城全年空气良好天气最少不低于 200 天，是不可多得的人居避暑胜地。近年来，涞源镇立足环境优势，紧抓京津冀协同发展暨雄安新区建立重大机遇，积极开拓旅游、房地产、新能源、生态种养殖等项目，雄关古镇正以昂扬姿态迎接时代变迁。

（**撰稿**：李晓光　**摄影**：白国钰　王丽芳）

东团堡乡

北部宝地 希望名乡

□名乡概述

东团堡乡位于涞源县城东北部 40 公里处，总面积 246 平方公里，山场资源和草场面积广阔，与张家口市的蔚县、涿鹿以及保定市的涞水三县交界。东团堡乡是涞源县三个盆地中的第二大盆地，拒马河支流——乌龙河发源于此。全乡共有 19 个行政村，56 个自然村，总人口 1.5 万。

东团堡乡自古为兵家必争之地。相传北宋名将杨六郎在和辽国作战后曾在此卸甲休息，他卸甲休息的村子后来称为卸甲沟村。抗日战争时期著名的百团大战中的东团堡歼灭战就发生在这里。该乡旅游资源丰富，动植物种类繁多，而且矿产资源、风电和光电等能源丰富。

□红色文化

在东团堡乡，有一个占地 10 余亩的烈士陵园。该陵园是 2007 年，中共涞源县委、县政府利用中央支持的老区建设资金修建的。由停车场、纪念广场和陵区三部分组成，纪念广场建有“抗日烈士纪念碑”一座。在纪念广场展览区，有从部队和民间搜集到的战场遗物、将军题词碑刻等物件。多年来，全县乃至全国来此进行瞻仰、凭吊和进行爱国主义教育的个人和团队络绎不绝。因为闻名全国的百团大战中的东团堡歼灭战就发生在这里。这次战役消灭了日军伪“蒙疆驻屯军”独立混成第二旅团小队长以上军官组成的士官教导大队 170 余人，给日军以沉重打击，极大鼓舞了全民抗战的士气。

特别值得一提的是，当年驻守涞源的日军警备司令小柴俊男，在东团堡战役之后，不寒而栗，痛心疾首，写下了《东团堡警备队长恨歌》《三甲村警备队赞勋歌》两首诗，由伪县长刘承瑞组织，刻成了两块大石碑，分别立到东团堡村和三甲村。这两块碑的原物现存于涞源县文保所，成为日本侵华的铁证。小柴俊男在《长恨歌》中哀叹：“惨复天地炮声震，团堡一战太凄惨。”这是侵略者历史的哀鸣，是侵略战争必败的预示。这场战役让大家看到抗战胜利的曙光和希望，更是中华民族的全民团结、壮怀激烈积极抗战的缩影。

□旅游资源

【横岭子自然保护区】位于东团堡村东部深山区里，面积约 80 平方公里。区内的复杂的地质构造和特定的环境，造就了千姿百态的地貌景观，加之茂密的天然次生林和珍惜的动植物群落，组成了保护区独具特色的景观。

这里茂密的天然次生林为野生动物的生存创造了有利条件。横岭子自然保护区是国家一级保护动物褐马鸡的主要栖息地，此外还有金钱豹、野猪、野羊、狍子、獾子及随处可见的山鸡、野兔等 60 余种野生动物。横岭子褐马鸡省级自然保护区于 2003 年 12 月 20 日由河北省人民政府正式批准建立，隶属保定市林业局，涉及涞源、涞水两县，属于森林和野生动物类型自然保护区。

保护区内植物资源种类丰富，主要由灌木、落叶阔叶林和亚高山草甸组成，灌丛主要以荆条为主，另外还有毛榛、山杏、山桃、绣线菊、鬼箭锦鸡等；落叶阔叶林主要有辽东栎林、山杨林、核桃楸林、白桦林、硕桦林等；亚高山草甸主要分布于保护区内高山的山顶或上坡上部。该保护区内有植物 101 科，356 属，696 种，36 变种，2 亚种。

保护区内动物资源种类繁多，有陆生脊椎动物 149 种，其中两栖类有 1

目 2 科 4 种；爬行类有 1 目 4 科 11 种；鸟类有 11 目 32 科 102 种；兽类 5 目 13 科 32 种。列为国家Ⅰ级重点保护动物 5 种，列为国家Ⅱ级重点保护动物 16 种，列为省级保护动物 12 种，另有列为省级保护有益的或有经济价值的动物 85 种。

【东甸子梁空中草原】位于蔚县和涞源的交界地区，北边是小五台山国家级自然保护区和茶山，南侧是涞源县东团堡乡，西侧是蔚县草沟堡乡。因为未开发，仍为原始状态，一年四季自然风景皆美。东甸子梁较西甸子梁面积小一些，但是更加平坦。东甸子梁是坦荡如砥的大草原。每年 6—9 月是东甸子梁的旅游黄金时间，这里日平均气温 15 ℃左右，多种气候条件共存，天气瞬息万变，夏季无酷暑，春季无沙尘，空气清新，东空中草原由东甸子梁和西甸子梁组成，花草交织，绿茵如毯，白云飞渡，天地相连，空气新怡，花香馨人，让人觉得恍若天堂，美不可言。

【东团堡盆地】东团堡盆地四面环山，盆地腹底，泉水叮咚，泉眼众多。东团堡水资源量仅次于县城水资源量，为涞源县水量最丰富的乡镇。九龙泉位于卸甲沟村南，由 9 个泉眼组成，9 个泉眼水量或大或小，全年日夜喷流不息。更为神奇的是九龙泉往北 150 米卸甲沟村边的土坡下和进村公路中心还有两个泉眼，说其神奇是因为这两个泉眼在冬、春、夏三季不涌泉、不出水，只在夏末开始，持续整个秋季大量涌出泉水，汇入九龙泉流，冬季一到泉水便不再涌。东团堡山泉位于东团堡村北山洞里，出水量大，日夜流淌，水流在东团堡村北分流，一支绕村东向南流去，一支绕村西向南流去，环绕整个东团堡村，最后在东团堡村南汇合流向乌龙河；杆树底泉位于杆树底村南，紧邻村子，常年涌泉，水量大，一年四季流淌，向南汇入乌龙河。

□希望工程发祥地

东团堡乡桃木疙瘩村，因是希望工程发源地而全国闻名，张胜利因是希望工程受助第一人而为全国人民所知晓。

桃木疙瘩村在 1800 多米的山顶上，是东团堡乡一个非常小的自然村，地少缺水，交通极为不便，由于生存条件恶劣，现在村里只剩下了三户人家几口人。希望工程受助第一人张胜利就是桃木疙瘩村人。1989 年 4 月，张胜利的父亲病逝，母亲改嫁，贫困使得正读小学三年级的他陷入困境，濒临失学。万般无奈，他给时任涞源县政协副主席车志忠写了一封信，在车老的积极努力下，把信转交给中国青少年发展基金会。而后，就产生了希望工程受助第一人张胜利。中国青少年发展基金会资助他读完小学、中学。1995年在全国“希望工程” 培训中心的帮助下，张胜利到上海第一师范学校就读，毕业后，他毅然返回了太行深处的家乡桃木疙瘩村任教，直到现在仍然工作在东团堡乡中心小学。1996 年，张胜利代表 125 万希望工程受助学生赴亚特兰大传递奥运火炬，这是全国受助学生的巨大荣耀。2008 年，北京奥运会，张胜利再次成为一名火炬手，传递奥运火炬。工作后的张胜利资助的大、中、小学生超过了 400 人。他还积极跑动，在东团堡乡共建设了希望小学 3 所。由于张胜

利的出色表现，二十年来他获得了全国希望工程特殊贡献奖，还获得了河北省十大新闻人物、河北省希望之星、河北省“最美乡村教师”等荣誉称号。

全国著名歌唱家宋祖英的音乐MV《长大后我就成了你》就是在东团堡乡桃木疙瘩村拍摄的。苏有朋、秦海璐等社会人士都曾到访桃木疙瘩村，与张胜利深入交流，并给予了东团堡乡教育教学大力支持。“希望工程”培养和成就了一批批山里孩子，更让大山里的孩子们看到了走出大山、成才创业的希望。

□民俗文化

以前，交通不便，信息闭塞，形成了东团堡盆地特殊的民间文化习俗。一年四季劳作，只有在冬季人们才能闲下来，所以，以春节为中心时间，逐渐形成了东团堡春节习俗。每逢春节，舞狮、舞龙、灯会、高跷、秧歌、锣鼓便会自发的在各村组织起来，并串村“闹红火”，是独立于并仅次于涞源城的“红火”。其中，特别值得一提的是“养老河秧歌”。养老河村位于东团堡村西六公里，村子虽然不大，但在村里却无师自通地形成了一个独立戏曲曲种——养老河秧歌，虽然叫“秧歌”，但不是秧歌，而是戏曲。养老河秧歌唱腔独特，不同于京剧、晋剧和河北梆子等戏曲，是村民自我创作、历经岁月磨炼形成的一个全新地方剧种。养老河秧歌古朴高亢、朴实亲切，既有对山区特有地域文化的传承，又有其他戏曲的包容和创新，是山区人民淳朴热情、勤劳善良的真实写照。

□名乡今貌

东团堡乡良好的自然环境造就了高品质的生态资源。立足乌龙河水量大、水温低、溶氧丰富且清洁无污染的特点，虹鳟鱼养殖规模不断扩大。现在，五节崖、梁庄、卸甲沟村都建立了虹鳟鱼养殖基地；利用山场面积广大、山上植被茂盛，利于搞生态养殖的自然条件，东团堡乡六旺川生态养鸡场将鸡场建在了山中，充分借助山场广阔、沟谷隔离条件好的优势，饲养了 4 万只柴鸡，并注册了“桃木疙瘩”牌柴鸡蛋商标，名扬京、津、石、保等大中城市。生态养殖也辐射带动大道沟、西团堡等村贫困户 500 户，产生了良好的社会和经济效益。

东团堡境内有丰富的金、银、铜、铁、铅、锌等矿产资源，也有广阔的山场资源、丰富的风能资源和充足的光照资源。现在，风电、光伏发电等新兴能源和产业在东团堡蓬勃发展，给该乡百姓带来了脱贫致富的新希望。

（**撰稿**：郭东峰　**摄影**：王丽芳）

银坊镇

壮怀激烈 英雄故地

□名镇概述

银坊镇位于涞源县城南28公里，面积26.7平方公里，辖21个行政村，总人口14 092人。1958年属跃进公社，1961年建银坊公社，1984年改乡，1993年上下台乡、司格庄乡并入，改镇。

这里有古中山国长城，是中山国防御燕、赵两个大国的屏障；这里是杨宗保与穆桂英合婚之后保卫赵宋江山的出发之地；这里是直隶广昌义和团抗争外国侵略者和清兵的最后一块战斗阵地；这里是雁宿崖、黄土岭战役击毙日军“名将之花”——阿部规秀，打出了士气斗志和八路军的军威的红色热土；这里是有丰富民俗、丰厚文化滋养的沃土。

□文化遗存

【古中山国长城】早在公元前369年的战国时代，处于燕、赵之间的“千乘之国”中山国，为了在两个大国的夹缝中求生存，就在今河北中部的保定市涞源、唐县、顺平和曲阳一带修建了长城，开启了河北地区长城修筑的先河。

黄土岭村西北的山梁上，仍有中山国长城遗存，在选址和修筑中采取了“因地制宜、就地取材”的原则，沿线有大量烽燧和城址，和城墙一起构成整体的防御体系。城址位于黄土岭村东北两山相夹的沟谷中，大致呈长方形，西北—东南走向。在城址的东、西两侧，筑翼墙向山峰延伸，转而向北止于村西北；东翼墙接于城址东南角，向东南方向延伸至“虎头山”下，城墙总长约6公里。黄土岭长城的主体建筑采取石砌方式。从部分遗迹较清晰的墙体断面看，墙基用较大的平整石块平铺，两侧用略经打制的石块堆砌，中填

较小的碎石。城墙横截面略呈梯形，上宽下窄。此外，在极陡峭的山峰、绝壁地段，“以山为墙”势若屏藩，烽火台位于涞源县黄土岭村西北的山梁上，石砌，圆形。

【合婚台】杨家将传说故事中，杨宗保与穆桂英成亲的合婚台就在白石山脉，银坊镇与杨家庄镇交界的穆城安岭下。

这一年辽国的萧太后派兵屡犯边关，妄图吞并中原，摆下了天门阵，扬言宋朝如不能破此阵，就要直取宋都东京。听闻穆柯寨降龙木可破天门阵后，杨延昭带着儿子杨宗保和孟良去穆柯寨取降龙木，其间杨宗保被穆桂英生擒活捉。穆桂英看杨宗保一表人才，又是忠良名将之后，心生爱慕，亲自为其解绳松绑，让他答应招亲便放他下山。迫于封建宗法和临阵招亲当斩的军规，杨宗保终不敢答应这门亲事。当夜杨宗保趁机逃出穆柯寨，翻山越岭逃到今日合婚台，被穆桂英追赶上。穆桂英良言相劝，并答应送降龙木，并亲自破天门阵，为杨家尽孝，为大宋尽忠，解除了杨宗保的后顾之忧，方才答应了成婚。为了防止杨延昭对这门亲事的干涉，两人决定在这里立即拜堂成亲，这个地方因此得名“合婚台”，而“合婚台”这个名字随着岁月的流逝，至今仍在使用。

□红色文化

【广昌义和团运动】据《义和团史料》《易州庚子拾零》等资料记载，广昌县（今涞源县）郭逢春部义和团在广昌南部白云山云盘洞一带坚持抗击外国侵略者。

该县义和团首领郭逢春，乳名郭根子，很早就在合婚台一带树起了“直隶督办广昌团练”大旗。广昌义和团成立后，郭逢春在张家坟、老虎影一带山区与侵略联军和官军展开了对抗，使敌人伤亡 40 余人。失败后，退守白石山主峰上的云盘洞。后遭清军和洋兵围困 7 昼夜，弹绝粮尽，经过一场搏斗，大部分义和团员战死，最后只剩郭逢春一人，击毙两个敌人后才被抓住，最后被杀害于保定。“直隶督办广昌团练”这面大旗也被德军带回德国。1955 年 12 月送还我国，现存于中国国家博物馆。易州义和团最后的一处火炬就这样被扑灭了，全国义和团就此彻底失败。郭逢春领导的广昌义和团运动，激发了保定西北山区广大人民群众反抗外国侵略者的革命热情，为以后抗击日本侵略者播下了革命的火种，也成为直隶义和团运动的终点。

【雁宿崖战斗】1939 年秋，日军以大规模的兵力向我解放区展开了穷凶极恶的秋季“大扫荡”。在晋察冀一带，日军独立混成旅团长阿部规秀中将派日军一个大队及伪军 1000 余人疯狂地向我涞源县进发。军区得知情报

后，令杨成武返回分区，集中优势兵力，以伏击战术歼灭敌军。11 月 3 日拂晓，八路军各团进入阵地。日军辻村大佐带领 600 余名日军、300 余名民夫和 300 余头驴骡，按计划经鼻子岭向张家坟进犯。埋伏在山谷两侧的曾雍雅支队诱敌深入，将敌人引入八路军布下的“口袋”。中午，敌军进至雁宿崖三岔口，八路军二、三团分别从东、西两面山上压过来，一团则从敌人背后杀出，200 多挺轻重机枪一齐向敌人开火。日军遭到八路军优势兵力的袭击。到下午 4 时，八路军全面攻击，于 7 时许，将进犯之敌全歼，取得了雁宿崖之战的胜利。

【黄土岭战斗】雁宿崖一战的失败激怒了日军的山地战专家阿部规秀。1939 年 11 月 4 日，他亲率敌军 1500 余人，进行报复性“扫荡”，寻找八路军主力决战，企图消灭我军主力，挽回“皇军的体面”。八路军一分区首长立即下达命令，集中五个主力团的万余兵力，利用有利地形，发扬连续作战的作风，巧施钓饵，诱敌反扑。11 月 5 日，阿部规秀率队向白石口进发，三支队诱敌成功，敌人紧追至银坊，没有发现我军主力，便放火焚烧银坊一带的民房。6 日晚间，阿部规秀率部进入黄土岭一线，我军利用这一带的地形全线出击。这天夜间，我军参战部队完成了对敌人的包围。7 日，敌人被迫聚集在黄土岭、上庄子中间一条东西走向的沟谷中。下午，进入了我军的伏

击圈。敌人同我军展开了激烈的山头争夺战。瓮中之鳖的日伪军慌不择路，四处逃窜。这时，我军发现敌人的指挥所，敌指挥官在北面山谷的独立小院中指挥战斗。随即炮兵进行炮击。随着三发迫击炮弹的呼啸声，指挥所里，日军倒下一大片，被日军奉为“名将之花”的旅团长阿部规秀被八路军炮兵击毙。激战到 8 日晨，残敌在援军配合下逃窜，战役胜利结束。这次战斗共歼灭日伪军 1500 多人，缴获 300 多匹驮运军用品的骡马、5 门大炮、上千支长短枪和大量弹药，生俘日本军 10 多人。

黄土岭战役的胜利，牵制和阻击了敌人，使其未能进犯我晋察冀边区首府，破坏了敌人妄图缩小我根据地的计划，改变了敌我之间进退、攻守的形势，以及内外线的形势。黄土岭战役的重大胜利，极大鼓舞了我党领导下的广大军民长期抗战的信心和决心，使全国人民，特别是沦陷区人民看到了胜利的曙光。在黄土岭战斗中击毙日军中将级将领，这在华北战场是第一次，在中国人民抗战史上也是第一次。它横扫日军之骄横，震惊了日本朝野和军部，震惊了全世界，用事实驳斥了国民党顽固派污蔑我八路军“游而不击”的言论。黄土岭战役也作为中国人民抗日战争的光辉一页载入史册。

□风俗文化

【北坛祭祀】涞源县有“过庙”的习俗，所谓“过庙”就是通常所说的过庙会。涞源人“过庙”，村村不同。在银坊镇，比较大的庙会有银坊庙、北坛庙、上下台庙、张家坟庙、司各庄庙等。每个村过庙的时间不同，习俗

也不尽相同。北坛村过庙，以祭神祈福为主。祭神时，扎纸楼、做幡旗，男女老少各有分工。大锣开道，吹鼓手紧随其后，有旗官执令旗，有女性长者四人各执纸质刀斧，其后是八抬或十二抬纸阁楼。吹吹打打，送至村北神庙。整个过程仪式感极强，有明确的职责分工，期间有元帅下令、将官接令的演绎，充分体现了涞源县的军寨文化。百姓通过祭神活动庆贺一年的丰收，同时祈求上苍保来年风调雨顺，寄托了山区群众朴素的情感。

【锡乐队】黄土岭村有一支“锡乐队”。之所以称之为锡乐队，是因为他们的主要乐器都是管子，都是用锡铸造的管子。按照常识，管乐器需用发声共鸣好的金属或竹木来制作，而黄土岭锡乐队的管子全部是用锡铸造而成的。锡的比重较大，难以产生共鸣，因此吹起来不仅特费力，而且声音没有铜管、竹管那样悦耳、嘹亮，细一点儿的清脆而亮亢，粗一点儿的沉闷而厚重，倒是别有一番韵味。“锡乐队”主要演奏河北民歌等传统小调，诸如《小白菜》《光棍哭妻》《小寡妇上坟》《钉大缸》等。

（**撰稿**：杨枢林　**摄影**：魏进先　郑飞）

王安镇

钟灵毓秀 人文小镇

□名镇概述

据史书记载，正德十二年，蒙古军队入侵，明武宗亲征蒙古小王子部。明军与蒙古军交战百余次，蒙古军最终败退，明军大获全胜。在返京途中，路过广昌（今涞源县），武宗见此处钟灵毓秀，令人流连忘返，便小住了一段时日，安下一镇，此地因而得名“王安镇”。

王安镇建于明朝正德年间，清朝末年属易州管辖，抗日战争初期归回涞源，属涞源县抗日民主政府六区。1953 年建乡，1961 年建立王安镇人民公社，1984 年改镇，1993 年与原银山口乡合并为王安镇。

该镇位于县城东 35 公里处，辖 21 个行政村，117 个自然村，全镇人口 5247 户，15 438 人。王安镇东接塔崖驿乡，南连易县桥家河乡，西界杨家庄镇，北邻乌龙沟乡，拒马河由西向东流经该镇。耕地面积近 12 600 亩，土壤多为褐土。矿产资源有铁、铅锌、大理石、建材砂等。王安镇植被覆盖率相对较高，树种多为油松、白杨、刺槐等。

□民俗文化

王安镇集市已有数百年的历史。早在清乾隆年间，该镇双日为集，经营品种以粮食、皮张、布匹、仔畜、日用杂品为主，经营方式以零售居多，兼有少量批发。1938—1945 年，因战争不能正常交易，夜晚交易，天明罢市，人称“鬼市”。50 年代，集市逐渐恢复正常。1958 年，集市关闭。1961 年，恢复集贸市场。每逢集日，方圆几十里的百姓一大早就到集市购买日常用品或销售自家的农产品，也有纯粹看热闹的，叫卖声、讨价声不绝于耳，热闹非凡。

□**非遗文化**

【芦草湾九曲黄河灯阵】九曲黄河灯阵是涞源县久负盛名的独特的民间艺术，是流传了几百年而形成的文化遗产。它源于殷商时期，是根据《封神演义》中的黄河阵演绎而来，具有浓厚的神话色彩。

芦草湾九曲黄河灯阵式样是由八卦图演绎而来。灯阵设置按图谱进行，坐北朝南，灯阵外廓为正方形，内分3行，每行3个正方形。阵形每边埋19根高1.6米的木桩，桩与桩之间是1.5米的巷道。边桩的顶端安放一个用萝卜制成的油碗，内盛豆油或其他植物油，用棉絮搓成灯芯，外罩各种彩纸糊成的灯罩。灯阵周围均用苇席扎缚成1.6米高的围墙。灯阵前面设两门，悬灯结彩，并搭建松枝牌坊，牌坊上面悬着一个写有“中军帐”或“庆元宵”的横匾。

转九曲也叫转灯，是一项男女老少都乐于参加的群众性娱乐活动。转灯相当讲究，正月十三灯阵布好，要等神仙们观赏后，凡人才能进去。正月十四晚上，盛大的转灯活动开始，先是村里社首（德高望重的老人）带领村民敲锣打鼓到庙前，请来各路神仙，再在灯阵外奏乐祭拜他们，然后鸣枪三响，鞭炮齐鸣，社首在前，其他人跟随，开始进入灯阵。凡进入阵中的人们都提着灯，灯的形状各异，形成一条流动的灯河，和排列有序的黄河灯交相辉映，流光溢彩，展示着这一民俗文化的强大魅力。

【东辛庄钢叉】钢叉表演既是一项带有观赏性的表演节目，又是项锻炼身体的武术项目，是极具民间特色的娱乐活动。舞钢叉姿势优美，花样繁多，是力学与美学完美结合的一门艺术。东辛庄钢叉已有150多年的历史。清光绪年间，东辛庄请人传授舞钢叉技艺，一直传承至今。逢年过节、丰收喜庆、庙会花灯及民间活动中一般都少不了钢叉会表演。

钢叉，铸铁制成，分为叉头、响葫芦、叉库和叉把四部分，重约1公斤。舞叉时，钢叉上的3只利刺在阳光下熠熠闪光，钢叉的响葫芦发出哗哗的响声。表演动作主要有“揽月”“撇叉”“单肩鱼”“双肩鱼”“片马”“单撇桃”“怀中抱月”“膀串”“摇串”“背剑”“五谷穿心”等。表演者身穿黑色武把子服，头裹扎巾，随着锣鼓声和镲铙声，手持钢叉，边走边舞，或转圈或交叉走动。钢叉动作惊险多变、刚猛威武，整个表演紧张刺激、气势壮观，盛演不衰。东辛庄艺人表演的钢叉绝活曾被中央电视台科教频道专题报道。

【鲍家路高跷】踩高跷是民间盛行的一项群众性技艺表演。高跷本属我国古代百戏之一种，早在春秋时期已经出现。据说踩高跷是古代人为了采集树上的野果，给自己的腿上绑两根长棍演变而来的一种跷技活动。

鲍家路高跷高约 1.8 米，再加上踩跷人的身高，高度可达 3 米。鲍家路高跷以高著称，涞源其他地方无人能及。高跷材质为河柳木即房上椽柳，木质结实而轻便，柔韧性好。由于高跷很高，表演者需要坐在墙头上绑腿。高跷队伍饰 17 个角色分两队进行，队伍最前面由“打道鬼”开道，根据路况决定队伍走向，其余角色有“丑公子”“俊公子”“老渔翁”“老头儿”“老婆儿”“花座”“瞎先生”“傻小子”“丑婆”等。他们穿着鲜艳的服装在锣鼓声中惟妙惟肖地表演。表演中时有小旋风、花膀子、鹞子翻身、大劈叉等难险动作。每年正月初二至十五，高跷队开始走村踩街，尤其在正月十五元宵节，沿途的商贩和看热闹的人们都会放鞭炮表示道谢和慰劳高跷队，还会给他们一些讨喜的红包。接到红包后，高跷队会在此处逗留表演，以示答谢。

□红色文化

王安镇乡村公路南行 3.5 公里，有一个安静的小山村叫孙家庄。穿过简易的索桥，在村边小河西侧的台地上，有座小庙。小庙坐西朝东，不到一人高的砖墙，院中有几株松树，院门设在南侧。据考证，小庙应为清代所建，这座小庙是国际共产主义战士白求恩最后一次救治八路军伤员的地方。著名摄影家吴印咸先生在此拍摄了传世佳作《白求恩大夫》。

为了传承白求恩精神，缅怀英烈，激励后人，涞源人民在庙前立碑以志永恒。小庙院内石砌月台上，立着白求恩半身像。孙家庄村委会成立了专门的管委会，定期清扫维修小庙。1988 年，孙家庄白求恩小庙被列为县级文物保护单位。白求恩小庙成为著名的红色旅游景点之一，也是涞源县青少年爱国主义教育基地。

□人物英才

【李殿文】（1896—1980）涞源县仝川村人，24 岁开始坐堂行医，有着深厚的中医理论水平，形成自己独特的养阴派体系。20 世纪五六十年代，多次参加中央卫生部召开的老中医研讨会。1953 年当选为第一届全国人民代表大会代表，受到过周恩来总理等党和国家领导人的亲切接见。主要著作有

《中西医研究录》和《实效民间偏方 400 例》。

【卢伟】（生卒年不详）2014 年 7 月 15 号下午 5 点，涞源县王安镇一带遭受强对流天气，导致大雨夹杂着冰雹倾盆而下。当天，山炮村村民卢伟正在京源铁路边的山坡上放羊。山洪夹杂着巨大的石头瞬间形成了泥石流，几分钟的工夫就将他眼前的铁轨掩埋。暴雨中卢伟不顾个人安危跳上道轨打出紧急停车手势，火车在距泥石流 10 米地方紧急停车，他冒着生命危险守护了铁路的安全。2014 年 7 月 20 日，北京铁路局丰台工务段领导专程赴涞源向卢伟表示感谢，赠送一面写有“情系铁路，保障安全”的锦旗。7 月 28 日，河北省、保定市文明办向卢伟颁发了“道德模范”和“保定好人”荣誉证书。7 月 28 号，卢伟登上央视《新闻联播》；7 月 29 日，《焦点访谈》报道了“中国好村民”卢伟。2014 年，“拦车汉子”卢伟被评为“最美河北人”。

□文化遗存

【王安镇中学古井】古井位于王安镇中学院内，井口为椭圆形，井深 110 米，支架为原始构件，有水槽一个，木辘轳已更换为铁质，现仍在使用，距今已有 500 余年。都说一方水土养一方人，甘甜的井水不仅满足人们生产生活需要，还陶冶着他们的道德情操。古井孕育了朴实的乡亲们，默默奉献，不求回报的古井精神一直流传至今。

【三义庙】三义庙位于王安镇村南，坐北朝南，面阔三间 7.75 米，进深两间，通高 5.50 米。六架梁，素脊硬山顶，筒子瓦，前出单步廊，前檐彩绘为如意绘，庙内供奉刘备、关羽、张飞画像。门前有残碑一座，属于清代晚期建筑。在王安镇人眼里，村里的这座古庙是祖宗留给他们的一份“遗产”。古庙香火兴旺，是十里八乡民俗活动的中心。民间建“老爷庙”把关羽当成“神”来敬奉比较常见，而把刘备、关羽、张飞作为偶像一起来供奉在涞源县还是首次发现，这对研究当地民俗具有一定意义。

【鲍家路古松】古松位于鲍家路村北，年逾 300 岁，高约 9 米，青翠的树冠，繁茂的枝杈，如鳞甲样斑驳而又苍老的树干。它在岁月的长河中遭受着霜欺雪虐，却依然虬曲、劲挺，让人感到生命内质的伟大和顽强不衰的生命之美。它是一张名片，见证着沧海桑田的变化；它刻印着神奇，记载着灿烂繁荣的文化；它祈福着美好，护佑着这块钟灵毓秀的热土。

（**撰稿**：王卫娜　**摄影**：王丽芳）

黄土岭村

太行深处 红色名村

□名村概述

黄土岭村系涞源县银坊镇的一个行政村，位于县城东南部的白石山脚下，与易县、顺平、唐县交界，是一山管四县的小山村。该村山场面积 10 350 亩，海拔 670 米，全村 126 户。森林覆盖率可达 40% 左右，大部分是松树、杏树、刺槐树、山桃树。该村四季分明，常年有绿，特别是一到春天，山花烂漫，流水潺潺，山清水秀，空气宜人，是个美丽的小山村。奇特的是，该村是方圆 40 里，唯一一块约 300 多亩的黄土地，土质肥沃、细腻，厚度 3—10 余米不等，所以名曰黄土岭。这是个神奇地方，不仅有神奇的自然造化，还有神奇的人文景观和历史。

□文化遗存

【古长城】这里有一段战国时期的古长城和一座古城堡。说它神奇，是指其历史久远，据专家考证，属战国时期的燕赵长城；这座古长城是座孤城，东与 30 公里处的紫荆关长城没有关联，西与 30 多公里开外的倒马关长城也无关联，也无任何的文字记载，它孤零零沉睡了 2000 多年，无人问津，只是近几年才引起了专家们的重视，被定为省级文物，保护起来。

这座长城横亘在黄土岭村的南北两座大山之间，绵延 6000 多米。依山傍势，横卧山梁，更为神奇的是在长城的东侧建有一座小城堡。其遗迹轮廓还依稀可见，大石条垒成的东城门、西城门，碎毛石砌成墙垛，虽经千百年来自然的风化和人为毁坏了它的原貌，但饱经沧桑仍依稀可见的轮廓如东城门、西城门、北察院、南察院、教厂、点将台的地理名称还延续至今。一些有关古长城的民间故事，还在代代相传。它那残存的身躯、蜿蜒雄健的身姿、斑驳的锈迹还闪烁着耀眼的光辉，诉说着 2000 年来的历史沧桑，期待着现代文明对古代文明的对接与交融。

□红色文化

【黄土岭战斗】八路军与日军在雁宿崖与黄土岭的一次战斗，从 1939 年 11 月 3 日开始，8 日结束。战斗分为两个阶段，第一阶段在雁宿崖地区展开，八路军共歼灭日军 600 余人；第二阶段在黄土岭地区展开，共歼灭日军 900 余人，击毙了日军精锐独立混成旅中将阿部规秀。黄土岭战斗是八路军继平型关大捷后的又一次重大胜利。阿部规秀是八路军在抗日战场上击毙的日军最高将领，在日本朝野引起巨大震动，极大地振奋和鼓舞了中国军民的抗日信心。日军华北方面军司令官多田骏哀叹："名将之花凋谢在太行山上。"阿部规秀也是第二次世界大战中中国军队仅有的两个战地击毙的中将级军官之一（另一位是酒井直次）。

日军 1939 年秋季"扫荡"晋察冀失败后，一心想寻机报复，11 月 4 日凌晨，敌独立混成第二旅团旅团长阿部规秀中将亲率 1500 余人，分 3 个梯队，再次由涞源向第一军分区腹地雁宿崖、银坊、营头扑来。

军区司令员聂荣臻决心利用敌人求战心切的心理和孤军深入的有利时机，以第一、三分区部队和一二〇师特务团等部，在地方武装和广大民兵配合下，集中力量再歼出犯之敌。当日，敌第一梯队分别进占三岔口、上下台、雁宿崖。5 日，敌主力进至西流水、张家坟、北坛一带。八路军以一部与日军保持接触，监视和袭扰敌人，并派出两个连诱敌向东，以选择有利地形加以歼灭。七一五团、二十五团及游击支队各一部前出涞源城东、城西、城南袭扰迷惑日军。

阿部规秀在我八路军的诱惑下，果然兵分两路，向司格庄、黄土岭攻击东进，第一分区司令员杨成武见敌已上钩东犯，乃决心利用黄土岭以东寨头村至上庄子一线中的狭谷地带设伏歼敌。7日上午，阿部规秀率部冒雨向上庄子、寨头方向边侦察边交替掩护前进，以避开八路军主力，绕道返回涞源城。但却始终未能发现两侧高地上的数千名伏兵。当其后尾离开黄土岭，先头部队到达寨头村附近时，设伏部队突然发起攻击，敌人像一条长蛇，首尾不能相顾，死伤过半。在战斗激烈进行过程中，我八路军指挥员在望远镜中发现，有腰挂战刀的敌军指挥官活动，便命炮兵连迅速调整方向，朝指挥官猛轰，旅团长阿部规秀就这样在山谷之中毙命。8日晨，被围日军在敌机掩护下突围，八路军再次给突围之敌以杀伤。黄土岭战斗歼敌900余人，缴获大量军用物资，击毙了曾受天皇奖赏的中将指挥官，在中国人民抗战史上是第一次，为此举国庆贺。

黄土岭战斗是中国近代抗日战争中的一次著名战斗，它与八路军一一五师的平型关大捷和一二九师的阳明堡大捷并称八路军抗战史上最辉煌的三大战斗。这次战斗的重要意义还在于它一举打破了“日本皇军不可战胜”的谎言，极大地鼓舞了全国军民抗战必胜的信心，大长了共产党、八路军的威风，大灭了日本侵略者及少数投降派的气焰，为14年抗战的最后胜利奠定了基础，在中国人民的抗战史上写下了光辉的一页。

目前，黄土岭村东南小山上建起了“垂青亭”，内有涞源县委、县政府于1987年8月1日树立的“雁宿崖黄土岭战役胜利纪念碑”，背面是关于战斗经过的叙述。黄土岭战役遗址，2015年8月被列入第二批国家级抗战纪念设施遗址名录；2017年1月，入选了国家发改委发布的全国红色旅游经典景区名录。

□非遗文化

【锡乐会】黄土岭锡乐会是集吹奏、打击、舞蹈、歌唱于一体的文艺团体，全团共计二十五六个人，吹奏乐器以锡管为主，主管一人、帮管二至三人不等，其次配以二胡、唢呐；打击乐器有鼓、锣、镲、云锣等；主要曲调有《报花名》《大五更》《小五更》《卖扁食》等20多支。主要演员由12—14人组成，有领队打边，生、旦、净、末、丑等都有，主要舞蹈根据曲目的不同编排成不同形式，一曲一个样，边吹、边打、边扭、边唱，形成一个完美的组合。表演起来非常好看，曲调悠扬清澈，打击紧凑唱曲雅俗动听，舞蹈朴实优美，独具特色。

主要乐器锡管，很独特，是民间艺人自己土法做成，长约15厘米，直径大约2厘米，管上共有8孔，上面有7个孔，下面有1个孔，吹响须十足气力，劲力小了吹不响，吹出响后，清脆、激昂、悠扬，能传到1公里外。更加独特的是采用的是六字车工调，口授相传，曲调是哼出来的，讲究的是“味”和“水”，吹得好不好，没有文字评判标准，只有凭听觉有“味”没“味”，吹出来“水”不“水”。

这种民间文艺形式，究竟有多少年了，至今搞不清楚，都是传说和传承，有记忆的只能说上四代。据说是晚清时期的，至少有200年历史，历朝历代，都是村民自发组织的，自娱自乐，是很有地域特色的民俗。

村里每逢过年过节一定要组织这种活动，特别是正月十五，黄土岭村的传统庙会，届时十里八乡的民间艺术团体都集中在这一天来黄土岭出会场，有高跷、狮子会、秧歌等，一直延续至今，而黄土岭人最自豪的是黄土岭的锡乐会最好，每每最受欢迎。

目前，随着人们的生活水平的提高和文艺的繁荣，锡乐会越来越受到广大村民的喜爱，正在传承和发扬上下功夫，积极培养年轻人，把这一独特的文艺形式一代一代传下去，发扬光大。

□发展愿景

目前，随着党的十九大胜利召开，中国特色社会主义新时代的号角已经吹响，黄土岭人正准备以全新的姿态，充分发挥2000年来悠久的历史文化优势；蜚声中外的黄土岭战役红色优势；青山绿水的绿色生态优势；独特的民间文化优势；十分便利的交通优势，全力打造旅游兴村的发展道路，一定要让黄土岭村富起来、强起来，建设一个具有新时代特色的新农村，让黄土岭变成黄金岭。

（**撰稿**：陈汉武　**摄影**：刘春伟）

蠡县
LIXIAN

裘皮之乡　宜居新城

◎ 蠡县地处京津石三角腹地，三市（保定、衡水、沧州）六县（清苑、高阳、博野、肃宁、饶阳、安平）交界处，距雄安新区 18 公里，是承接非首都功能疏解和产业转移的核心地带，更是未来投资兴业的黄金地带。全县总面积 650 平方公里，耕地 71 万亩，辖 10 镇 3 乡，232 个行政村，人口 54 万。蠡县西临京港澳高速和京广铁路，东依京九铁路和朔黄铁路，保沧高速、大广高速、曲港高速、石津高速贯穿全境。随着雄安新区高铁、京石城际专列的开通，蠡县必将成为雄安新区核心地带 10 分钟辐射区。

◎ 蠡县周时称蠡吾之地，汉始置县，唐置蠡州，明改蠡县，延续至今。春秋名臣鲍叔牙诞生于此，留下“管鲍之交”“管鲍分金”的典故，铸就了蠡县人轻财重义的品格；越国名相范蠡功成身退后，携西施来此经商，留下了“自从范蠡过留史，天下皮毛第一家”的佳话，开启了蠡县人在世界皮草舞台上的辉煌篇章。

◎ 改革开放以来，勤劳朴实的蠡县人秉承蠡商文化，发扬“三千精神”，创造了“南有温州、北有蠡县”的辉煌，全县经商人员及产业工人数量达 20 余万，占全县总人口的 37%，市场主体多达 1.8 万个。皮毛、纺织、橡胶三大传统产业先后为蠡县荣获“中国皮都”“河北省纺织强县”“河北省乡镇橡胶业工贸示范区”等荣誉称号。

留史镇

皮毛之都 闻名海外

□名镇概述

留史镇位于蠡县县城东偏北 17 公里处，面积 59.62 平方公里，人口 4.86 万人。1957 年建留史乡，1958 年改建公社，1984 年改乡，1985 年改镇。1996 年赵河庄乡并入。全镇辖 26 个行政村。留史镇土质多为沙壤，有耕地 3.2 万多亩，主要农作物及经济作物为小麦、玉米、花生、豆类，工业主要以皮毛、皮革经销及深加工为主。

蠡县的皮毛、皮革业主要集中在留史一带，历史悠久，距今约有 2000 年历史。镇区内有留史皮毛专业市场为国家级批发专业市场，也是亚洲最大的皮毛集散地。集散于留史的皮毛有 130 多个品种，占中国国内有价值皮毛大类的 80% 以上。其中既有马、牛、羊、猪等一般粗皮，也有貂、狐、貉、獭等珍贵细皮，还有马蹄毛、羊胡子、黄狼尾和有“软黄金”之称的山羊绒。留史的皮毛皮革业有着悠久绵长的历史和精湛娴熟的工艺技术。

□名人渊源

据传鲍叔牙、孟尝君等名士极为崇尚留史的皮毛产品。大凡帝王将相、风流雅士及其宠幸，莫过于以珍稀动物皮毛做裘皮为高贵，除去御寒的实用价值，还有美饰或身份等级的象征。孟尝君曾在留史一带得一件“值千金，天下无双”的“白狐裘”而炫耀于世。由此可见，留史皮业在燕赵之间享有的盛名。

春秋战国末期，越国大夫范蠡辅佐越王勾践完成灭吴复国大业后，辞官下海，携西施泛舟五湖，慕名北上，来燕国经营皮货，在商之余，到蠡邑荡舟莲花湖，壮登百尺台，寻觅紫薇山，凭吊鲍叔牙。当年范蠡来留史后，见此地北依紫薇山，南靠潴龙河，西望太行，东临瀛海，实为难得风水宝地，欲在此建通都大邑，求封号为“天下第一”，无奈玉帝不允，但许诺说：待到山无水干，天下太平，“第一”封号方可兑现。而今，紫薇已无，潴龙已干，又逢太平盛世，玉帝的话当然应该兑现了。更有史书记载，皮毛“乃范蠡之遗术”。20 世纪 90 年代，时任河北大学党委宣传部部长的周长富先生查阅史书，旁征博引，撰写《范蠡经商途蠡县考》一文，对范蠡来蠡县留史经营皮毛予以了翔实考证。

□产业发展

留史的皮业因范蠡而名，之后延绵不绝，至明朝已有山西、山东、河南等较远距离的集散，并且在加工车马挽具和熟制裘皮方面已有完整的工艺流程和手工作坊群。主要原料为生石灰、皮硝制革，黍子面鞣制裘皮，工具为拉皮刀、铁拧车、双向手摇车、铲皮刀，这些简单原始的工具一直沿用了几个世纪。

到清朝顺治年间，留史紧邻的李家佐村的刘老寿、施老者等数十农户都做皮毛生意，他们还在离留史 5 公里的百尺镇设立了聚兴皮摊，收购各类原皮加工成皮条和鞭头。后来又收购猪鬃、马尾运到天津、安平等地出售，生意非常兴隆。四乡八邻的皮货车有 400 多辆纷纷跑留史销货，留史聚来了四面八方的皮货商。留史一带和邻近的高阳、肃宁、博野、河间等地的独轮小皮货车不下 3000 辆，往返于山西、山东、河南、内蒙古、京北等地收购皮张，从普通的牛皮、羊皮、马皮、黄狼皮到名贵的狐皮、貂皮、猞猁皮、水獭皮，源源不断运来留史。到清朝末年，留史的皮毛交易已走出国门，连俄国、法国、美国、荷兰等外商都经常光顾。

1937 年，留史镇已发展到 24 家皮店，270 家皮毛作坊，皮货车多达 1000 余辆。此外，季节性加工，几乎遍及家家户户。在长期的实践中，造就了一批又一批懂皮行、会加工的能工巧匠，构成了留史皮毛业深厚的社会基础。七七事变后，皮毛工商业者同仇敌忾，通过募捐等形式，支援共产党领导的抗日战争。日寇投降后，留史皮行业获得了新生。设在留史的国营商店“义聚光”专门经营皮毛，并带动起留史附近 6 个村 529 户梳猪鬃的家庭副业。县推进社在留史设立了“和记皮店”，帮助 336 辆皮货车复业。随着抗战的胜利及平津和全国大城市的解放，沟通了城乡贸易，皮毛进出畅通无阻。1950 年，蠡县建起了县办皮革厂，附近的村庄也搞起皮毛的简单加工，不少村成为皮毛制品的专业村。当时流传着这样的顺口溜：“南白楼的皮袄朱家佐的胶，李家佐的皮条大王村的鞘”。这个时期，留史皮毛及其制品不仅销往全国各地，而且还有一定数量的出口。留史皮毛市场已颇具规模。

1978 年，党的十一届三中全会的召开使留史古镇焕发生机与活力，皮毛交易空前活跃。为适应时代的发展，蠡县县政府规划建起占地 140 余亩的留史皮毛市场。这一“皮毛大世界”，总面积 9 万多平方米，上市摊位 3500 个，旺季达 5000 个；上市人员 5 万多人，高峰时可达 10 万人；日成交额数千万元；上市品种 160 多种，占国内外有价值皮毛大类的 90% 左右。交易的皮张既有马、羊、牛等一般粗皮，也有貉子、紫貂、水獭、猞猁等珍贵的细皮。还有马蹄毛、山羊毛、牛耳毛及其一些昂贵的绒毛。留史镇周边的沧州、衡水、保定、石家庄 4 市 10 县 20 多个乡镇约 10 万农民常年围绕市场进行皮毛购销活动。我国 20 多个省、市、区和苏联、蒙古以及东南亚与北欧国家的皮毛每天源源不断进入留史。留史皮毛市场品种之多、范围之广、成交量之大，堪称世界皮毛超级市场和集散中心，真乃“四海客商集留史，举步可得天下皮”。全国有 27 个省、市、区外贸部门及 187 家企业常年在留史设点经营皮毛、皮革和制革原材料。每天有 80 余辆满载原皮的货车驶入这里，每隔 20 分钟就有一辆满载皮货的汽车从这里发往全国各地。留史市场的价格成为我国乃至世界皮毛行业的“晴雨表”。1991 年 7 月，留史皮毛市场正式被国家商业部、国家计划委员会批准确定为全国皮毛皮革专业批发市场。

市场的繁荣和发展，带动了加工业的迅猛崛起。留史及其周边 15 个乡镇从事皮毛皮革加工的企业和个体业户已达 20 050 家。为使分散经营向集约经营转变，发挥群体优势，实现规模效益，留史皮毛城开发管理委员会和留史镇党委、镇政府本着“统一规划、统一管理、保护环境、节约能源”的原则，先后在乡镇企业比较发达、比较集中的朱家佐、李家佐、西齐庄、王家营、南白楼等村利用沙荒地和废弃地规划工业小区 5 个，总占地面积 950 亩，总投资 2900 万元。小区内水、电、路、通信等基础设施配套。其中最大的朱家佐工业小区有 188 家制革厂，年生产革皮 4500 万平方尺，产品销往北京、天津、东北三省及江浙一带，1992 年实现产值 2.39 亿元，人均收入 10 256 元。

1994 年该村安装电话达 500 余部，被河北省村村通领导小组评为“河北电话第一村”。

1994 年 3 月 13 日，蠡县留史镇万人空巷，街道楼宇披上了节日的盛装，展销厅前人头攒动，锣鼓喧天，彩旗飘扬，中国首届留史皮毛交易会暨第四届全国畜产品交易会在留史隆重开幕。全国性的交易会首次在一个镇里举办。出席盛会的有：中华人民共和国商业部、全国供销合作总社、中国畜产品流通协会的相关领导，省、市分管财贸工作的主要领导，县四大班子全体成员。盛会前夕，《经济日报》在头版发布相关消息。前来采访的中央、省、市各级新闻媒体 40 余家，全国 27 个省、区、市和境外 8 个国家及地区的客商 4500 余人前来参会，开幕式现场有 20 万人之众。历时三天的盛会，人如流，货如山，各类皮毛逾百种，成交额高达 10.8 亿元，创全国历届皮毛交易会之最，令参会嘉宾和国内外客商赞叹不已：留史皮都，名不虚传！

随着留史市场的兴起，在留史皮毛市场以外，又形成布匹、鞋帽、牲畜、猪羊、粮食、建材等 20 多个专业市场，留史附近的东口、赵庄、南沙口等村以及接壤的肃宁县的尚村又出现了分工更细的皮毛市场。依托留史市场，全县先后建起了 1300 多家具有一定规模的皮毛加工企业。这些加工企业，改变了过去简单加工的生产方式，根据市场需求发展到制作面革、鼓皮、麂皮、皮夹克、裘皮大衣等高档商品，加工业的发展和对原材料的需求使营销队伍迅速扩大。由此，以留史为大本营，在皮毛市场周围有 10 万农民长年从事皮毛经销活动，外来打工者 3 万余人。

一业兴带动百业兴。皮毛市场的繁荣，促进了留史的市政建设，国内贸易部批准蠡县无息贷款 1200 万元，地方和民间投资 3.5 亿元，用于优化留史镇环境和基础设施建设以及商厦馆舍建设。留史形成四通八达的交通网络，平均每 20 分钟就有一辆客车从留史发往全国各地。镇区内商业门店建设日新月异，74 座错落有致、风格各异的楼房拔地而起，范蠡宾馆、孟尝大厦、皮毛展销大厅相继落成。第三产业日益增多，北京烤鸭店、哈尔滨大酒店、维吾尔穆斯林餐厅、白洋淀菜馆、重庆火锅店、浙江绍兴酒肆等不同地域、不同风味的餐饮一应俱全，仅留史镇就有各类饭店 130 家，旅店 110 家，货栈 32 家，百货、服装摊点 480 多家，形成以留史为中心，带动沧州、衡水、石家庄、保定 4 市 10 县，辐射全国各主要皮毛产区及生产加工厂家，联系海外 50 多个主要皮毛消费国家和地区的皮毛经济圈。

（**撰稿**：张陆永　**摄影**：今日蠡县）

辛兴镇

毛纺之乡 辐射全国

□名镇概述

辛兴镇是全国闻名的毛纺之乡、国家级小城镇改革试点镇，位居蠡县中部，距县城9公里。镇域总面积67.2平方公里，耕地6.2万亩，辖14个行政村，人口48 103人。

高蠡公路贯穿全境，东距京九铁路25公里，西距京深高速公路30公里，朔黄铁路自西向东穿越县境，定河公路与铁路平行穿过县境，孝义河、月明河流经辛兴镇镇域。

在改革开放初期，富有强烈经商意识的辛兴人凭借“三千精神”，背包卖线，踏遍全国城乡各个角落，逐步造就了大吞大吐、大集大散的商品集散中心地位，奠定了纺织产业的基础，培养了一大批熟练工人，形成了一支强大的管理营销队伍，民营经济异军突起，辛兴镇也被河北省委、省政府授予“河北乡镇百颗星”称号。

□农村建设

1949年2月，辛兴镇辛兴村6户农户率先成立了蠡县第一个互助组，1951年11月发展成蠡县第一个初级农业生产合作社，向全县推广。

在党和政府领导下，辛兴人民由分散的小农经济，逐步走上了集体化道路，提高了抗击自然灾害的能力。为改变一穷二白的面貌，辛兴村村民在村党支部书记闫建章的带领下，大搞农田基本建设，兴修水利，落实农业“八字宪法”，农业发展搞得热火朝天，群众积极性空前高涨。辛兴村素有种植棉花的传统经验，他们发挥优势，扩大棉花种植，聘请农业技术人员做指导，

统一种植，统一管理，在村东大地，建立起了千亩棉方。并进行整体规划，修道路，打机井，还搭起了“跃进门”，按现在的说法就是搞了一个“农业开发区”。每到春播来临，千亩棉方，红旗招展，人欢马叫，好不热闹。各生产队所属地块，上足肥料，精耕细耙，对出土的苗情进行科学管理，棉花年年获得好收成。辛兴村的种棉经验，得到了上级的重视和好评。村支书闫建章多次到公社、县和地区交流棉花种植经验。辛兴村通过种植棉花，使人民的生产生活得到显著改善的经验做法，得到国务院的肯定，并在全国推广。1958 年 12 月，辛兴村荣获时任国务院总理周恩来签发的“农业社会主义建设先进单位”奖状。

改革开放之后，辛兴人率先发展商品生产，建立市场，创办企业，搞得风生水起，走在全国的前头。田纪云、王丙乾等先后莅临辛兴视察。1991 年 6 月 17 日，新华社社长穆青采写的长篇人物通讯《改革大潮中的老支书》在《人民日报》头版头条刊发后，在全国上下引起强烈反响。辛兴村老支书闫建章先后当选全国劳模和党的十三大、十四大代表。

当时，蠡县的辛兴、百尺、留史三镇，被新华社誉为“辐射全国的三颗星”。由此，来辛兴参观学习、考察调研的各界人士络绎不绝。辛兴，成为我国新农村建设的一面旗帜。

□产业发展

1977 年，一个偶然的机会，辛兴村老支书闫建章，在北京合成纤维试验厂看到了氯纶，抱着试一试的想法，就借钱买回 5 公斤氯纶纤维，让村民用手摇纺车纺出线来，卖掉，每斤可得 7 毛钱的加工费。这成为辛兴乃至蠡县毛纺产业的胚芽。

1978 年，辛兴群众乘着改革开放的东风，放开手脚大干起来，购原料，搞加工，全村妇女纺线、卖线，她们手提肩背，翻山越岭，或走村串户，或市场摆摊。从一村一镇进而辐射到全县，形成了成千上万的女推销员大军，把产品源源不断地送往全国各地。有的妇女一年就跑 18 个省、区、市，销售氯纶线上万斤，获利几万元。《人民日报》记者金凤曾撰文称赞蠡县背包卖线的妇女为“飞翔的燕子”。

1988 年，辛兴村投资 80 万元兴建辛兴化纤毛线专业市场。随着经济发展、市场繁荣，1992 年又投资 1200 万元进行了改建扩建，新建商业街 1 条、永久性半封闭交易大厅 3 个，另有售货台和其他服务设施，市场总面积 6.7 万平方米，日上市摊位 1000 多个，上市人员 2 万多名，车来人往，熙熙攘攘，日吞吐各类化纤、混纺及纯毛线 120 多吨，年成交额超 15 亿元。市场交易批零兼营，经营方式机动灵活。既有现货交易，又有期货交易；既有直接购销，又有代购代销。参与经销的有 180 多个生产厂家，购货客户来自 20 多个省、市、自治区，其中 150 多家外地客商常年驻辛兴办理购销业务。辛兴成为我国北方最大的毛纺化纤专业市场。市场的发展，带动和促进了运输、金融、餐饮、邮电、电力、交通等服务行业的发展，带动了整个蠡县个体私营经济的发展，因此蠡县被称为“北方的温州”。

1979 年，为适应市场需求，辛兴村投资 10 万元从河南购进 2 台国企淘汰的老式日本造毛纺车，把几间牲口棚腾出来做厂房，蠡县第一家村办企业正式投产。之后，蠡县毛纺企业如雨后春笋般成长起来，1981 年全县各类毛纺企业发展到近 300 家，数量之多，产量之大，为全国之最。

作为全县毛纺业的发源地，辛兴的企业在发展外向型经济上同样走在全县前头。1995 年，全镇有 5 家企业与澳大利亚、新西兰、马来西亚等国家和地区签约，建立起贸易合作关系，利用外资总额达 350 万美元（今合 22 298 500 元人民币）。

为提高抗风浪能力，联舟出海，辛兴企业实施集约化、集团化经营，积极稳妥地开展了强强联合、优化组合，先后组建成6家企业集团，固定资产达5亿元。这些企业先后在北京人民大会堂、京西宾馆、四川成都等地隆重举办全国订货会，吸引澳大利亚、新西兰、阿根廷、乌拉圭、日本、英国等国家的羊毛供应商前来参会洽谈。1998年企业产值达13.43亿元。省级名牌企业达到6家。

到2010年底，全镇拥有民营企业86家，其中规模企业16家，企业集团6个，从业人员1.2万多人，年产值40.135亿元。

辛兴工业区成为集工贸、餐饮、教学、娱乐、休闲、观光于一体的中国北方最大的纺织城。

辛兴镇1990年被国家民政部、中国基层政权建设研究会评为“中国乡镇之星”；1992年被河北省委、省政府评为“河北乡镇百颗星”；1993年被河北省人民政府命名为“河北百强乡镇”；1994年被保定市委、市政府评为“保定十强镇”；2000年被国家小城镇改革发展领导小组定为“全国小城镇改革试点镇”，被农业部定为“全国乡镇企业科技园区”。

□人物英才

【杨瓒】（生卒年不详）永乐末年进士，辛兴镇郑村人。任山西赵城知县，其政绩为山西之最，廉能有声。后被越级提拔为安徽凤阳知府。凤阳为帝王朱元璋故乡，在明朝时期地位特殊，勋臣及诸将子孙多犯法令。杨瓒请求立户稽查他们的出入，从此他们便遵守于法令的约束。后擢浙江右布政使，廉能之声在明朝非常著名，其事迹被载于《明史・列传第四十九》。

【蒋式芬】（1851—1922）光绪三年进士，辛兴镇郑村人。少入私塾，天资聪慧，过目成诵。任湖广道监察御史，宣统元年，授二品资政大夫、两广盐运使。蒋式芬喜爱诗书，著有《河干集》《问心室归鸣集》等。其书法造诣，民国人评为初学山谷（黄庭坚），继参永兴（虞世南）、北海（李邕），瘦劲中具秀润之致，晚年自成一家。现有蒋式芬书法集《独抱秋心》行世。

【梁斌】（1914—1996）著名作家，辛兴镇梁庄人。创作的多卷本长篇小说《红旗谱》，1958年出版第一部，被誉为反映

中国农民革命斗争的史诗式作品，引起强烈反响，并被改编为话剧、电影，翻译成多国文字；1963年出版第二部《播火记》，1983年出版第三部《烽烟图》。《红旗谱》问世，震动整个中国文坛，被誉为里程碑式的名著，成为中国现当代文学史中的红色经典。这位文学大师以200余万字的心血结晶，使世人领略了他的高洁品格、渊博学问、隽永才情和忘我奉献。

【黄胄】（1925—1997）中国画艺术大师、社会活动家、收藏家，原名梁淦堂，辛兴镇梁庄人。第六、七届全国政协委员，第八届全国政协常务委员，中国美术家协会常务理事。先后为钓鱼台、中南海、人民大会堂等作画200余幅。他的速写，在中国画坛乃至世界画坛，都久负盛名。他的画注重造型，线条粗犷、遒劲、气势磅礴，笔墨淋漓尽致。他所画的人物大有狂放原野的情怀和鲜活的个性，一扫传统中国人物画的旧风。他创造的写意泼墨与工笔重彩相结合的独特画法，对中国画的发展起到了历史性的推动作用和创造性的贡献，开创了中国画坛的一代新风。他筹建并任馆长的炎黄艺术馆，是中国第一座大型民办公助的现代化艺术馆，在国内外影响深远。

【王丙乾】（1925—）全国人大常委会原副委员长，辛兴镇北宗村人。1939年8月参加革命工作，1940年1月加入中国共产党。1949年后一直在财政部任职，1980年任财政部部长、党组书记，1983年6月任国务委员兼财政部部长、党组书记，1993年3月任第八届全国人大常委会副委员长、党组成员。在财政岗位上，王丙乾因为对有关数据有问

必答且精准确切，曾被周恩来总理称为“数字篓子”。其著作《中国财政 60 年回顾与思考》一书，成为财政工作者不可多得的教科书和研究文献。

（**撰稿**：张陆永　**摄影**：田文周）

南庄镇

中国北方 车饰基地

□名镇概述

南庄镇位于蠡县东南部。定河公路东西过境。镇政府驻南庄村。面积68.7平方公里，人口3.82万人。辖28个行政村。耕地3.8万亩，土质为轻壤，适宜种植小麦、玉米、棉花等农作物和经济作物，工业主要以皮革、造纸、皮毛、毛巾、汽车坐垫等为主。

南庄镇汽车饰品产业基础雄厚，共有家庭作坊式加工摊点360余家，从业人员8000余人，主要涉及北林里、前刘市、后刘市、南庄、东魏、道西、宋岗、洪堡、齐村、永兴庄等11个村。主要产品包括麂皮、人造麂皮、纳米毛巾、墩布等洁车用品，汽车座套、两季汽车坐垫、方向盘套、车衣、汽车香水、脚垫等汽车装饰用品，胶圈、胶垫等半成品。产品以中低档为主，销往全国各地，并通过浙江义乌出口韩国、美国、澳大利亚、俄罗斯、哈萨克斯坦等国家。

□产业发展

2000年，南庄镇宋岗村第一家汽车用品作坊的诞生，成为当地发展为汽车用品生产基地的一颗种子。汽车用品生产是一个投资小、见效快、无污染、可复制、前景广的项目。随着时代的发展、社会的进步，汽车越来越多，成为寻常百姓的代步工具。汽车用品也会如影随形，需求不断增长。南庄镇党委、镇政府意识到汽车用品产业这一朝阳产业，是南庄产业发展面临的一次重大机遇，对其大力扶持，广泛宣传，组织各村有创业意识的年轻人参观学习。此后，汽车用品小加工厂、手工作坊雨后春笋般涌现。如今，这类小微企业，遍布于该镇的村村落落，已经成为南庄镇富民的支柱产业。经过十几年的不断发展壮大，已经初步形成以东魏村汽车把套、后刘市村专车专用汽车内饰、北林里村汽车座套、道西村洁车巾为主，辐射周边十几个村的发展格局，带动了当地纺织、复合胶圈、电脑刺绣、物流配送等相关产业的崛起。

随着汽车用品生产摊点的不断增加，产品由单一的擦车麂皮发展到汽车把套、坐垫、洁车巾、座套、拖把、脚垫、汽车香水等7大类300多个品种，创出了“蓝皮鼠”“依车宇成”“玉蜻蜓”等自主品牌。产品销往全国各地，市场占有率大幅提高，把套达到75%以上，洁车巾达到80%，产量达到全国第一。在全国300多个城市有销售网点，并出口韩国、美国、澳大利亚、俄罗斯、哈萨克斯坦等20多个国家和地区。

南庄镇汽车用品企业基本上为家庭作坊式生产，大多在自家房屋院落进行生产加工，少则几个人，多则十几人，也有不少“夫妻店”。东魏村460户，2200口人，生产把套的企业摊点达150多户，90%有劳动能力的村民从事该行业。

2012年5月，蠡县汽车用品行业协会成立，会员企业360余家。投资3750万元，占地24.6亩的东魏北方汽车用品商贸城一期工程2016年9月竣工，投入使用。吸引蓝皮鼠、依车宇城、双盈行、尚美锦灿、千丝绣等多家企业入驻。截至2017年9月，南庄镇已有汽车内饰企业摊点近500家，直接从业人员上万人。其中年产50万个把套以上的厂家有50余家，年销售额超3亿元；洁车巾（纳米毛巾、韩国布、麂皮等）年销售额达8000万元；汽车坐垫、座套、脚垫等销售额达到4000万元，全年转型生产专车座套厂家16家。全镇汽车用品销售总收入逾6亿元。

□工匠精神

为了促进汽车用品行业更好、更快发展，2017年8月10日，由县总工会、商务局、工信局、南庄镇政府主办，蠡县汽车用品行业协会、汽车用品行业工会承办的全县汽车用品行业技能大赛在南庄镇汽车饰品商贸城举行，市、县总工会等单位领导亲临赛场。南庄镇各汽车用品企业大力支持，踊跃派人参赛。8个参赛代表队，均由汽车用品行业员工组成，“身怀绝技”的工人在现场使出浑身解数，一展风采。组织者邀请了业内资深人士担任裁判，现场打分，一决高下。通过行业技能比赛激发了广大员工的学习热情，增强了其职业技能和创新能力、竞争能力，掀起了弘扬“工匠精神”的热潮，进一步在全社会形成劳动光荣、知识崇高、人才宝贵、创造伟大的时代新风。一批优秀技术技能工匠脱颖而出。这次的竞赛既是一次现场演示会、展示会，也是一次交流会、观摩会，更是一次尽展主人翁风采，尽展工匠精神的誓师会、动员会，为汽车用品行业出人才、出精品起到极大助推作用。

□产业成果

2017年8月13—15日，南庄镇披上节日的盛装。由南庄镇党委、镇政府、东魏村和蠡县汽车用品行业协会共同举办的“中国蠡县首届汽车用品订货会”在南庄镇“中国蠡县北方汽车用品商贸城”拉开帷幕。来自中国汽车后市场总会以及北京、天津、河北、河南、山东、甘肃、山西、青海、内蒙古等地的500余名客商在此云集，欢声笑语，喜气洋洋。商贸城内50多户商家悉数展出新品，为前来参加订货会的四方客商带来各具特色、质优价廉的汽车用品。订货会期间，汽车把套、坐垫、洁车巾、座套等商品成交额达700多万元，签订购货合同近200份，总价值1680万元，并有3家省外客商与汽车用品生产企业达成合作协议，开展全方位合作。

订货会期间，中国汽车后市场总会授予蠡县“中国北方汽车用品生产基地”称号；并为蠡县汇智职业培训学校和保定市总工会职工培训中心培训就业基地进行揭牌，同时为在蠡县汽车用品行业技能大赛中获奖的企业和个人颁奖。北京汽车用品协会负责人说：“蠡县汽车用品行业成绩突出，打开了汽车用品行业崭新的发展格局。此行不光看到了各种汽车用品，还通过跟商家交流学到了不少东西，接下来会和蠡县多交流合作。”

订货会期间，展出的20多种汽车用品个性鲜明，琳琅满目，客商爱不释手。有的客商还为汽车用品的样式、形状、色泽、花型、用料等提出了很好的意见与建议。订货会为汽车用品商家提供了一个强而有效的品牌宣传平台，为当地汽车用品行业资源融合创造了良好的发展空间，有力地促进了汽车后服务市场的发展和行业交流。

□发展愿景

为了增强发展后劲，做大做强，不断创新，由汽车饰品发展潮流的适应者变为引领者，南庄镇党委、镇政府正努力做到：

——加大引导力度。由一名副县长牵头主抓，制定发展规划和扶持政策，明确相关政府部门的责任并定期督导，在全县营造支持汽车用品行业发展壮大的浓厚氛围；引导县内金融机构，开发行业适宜金融产品，给予更多资金支持，增强行业发展后劲。

——加大扶持力度。从现有企业中筛选出规模较大、管理规范、带动力强的龙头企业，进行全方位的扶持，让龙头企业在行业发展中起到示范带动作用，引领蠡县汽车用品由中低端向中高端跨越。

——加大创新力度。鼓励企业大胆创新，助力企业高薪引进管理人才和设计人才，落实引进人才奖励政策，提高新产品研发能力。争取在未来5年内，建造几艘行业“旗舰”，打造3—5个省级著名商标，创建1—3个国家级驰名品牌，提升蠡县汽车用品企业的整体实力。

——加大推介力度。利用网络、微信、报刊、电台、户外广告等各种传媒途径，通过举办展销会、推介会等多种形式，加强宣传推介力度，提高南庄及其汽车饰品知名度和影响力，促进产品质量和附加值的提高，扩大市场占有率，使“汽车用品蠡县制造”闻名遐迩。

目前，计划投资5000万元的南庄“北方汽车用品商贸城”二期工程已经启动，300亩建设用地已全部置换到位。在商贸城周边实行滚动建设开发的计划已经着手实施，全镇生产汽车用品规模企业将全部迁入生产基地，形成聚集效应，实现规模化提升、聚集化发展。再过5—10年，南庄将成为中国北方集汽车用品设计、制造、经营、展销、物流、餐饮、娱乐为一体的经济贸易区。

（**撰稿**：张陆永　**摄影**：周五新　张旭宁）

梁家庄村

文华古韵　红色梁庄

□名村概述

辛兴镇梁家庄，又名梁庄，位于蠡县县城东北 9 公里处，高蠡公路——也是保沧高速的引线从村北穿过，交通十分便利。梁家庄是明朝时从山西移民过来的，村中老人有这样的说法——在明朝山西洪洞县本有个梁家庄，大移民时来到河北蠡县建村，即延用山西梁家庄的旧名。梁家庄如今的行政面积约 4677 亩，有 612 户，2356 人，村内 80% 的人还是梁姓，除了种植玉米、小麦等农作物，人们还利用交通便利的优势，开拓出物流、建材市场。梁家庄属于蠡县比较富裕的村庄。

近代梁家庄看似平凡，但它是冀中人民勤劳、质朴和不屈的缩影；而其神奇之处，则是因为它哺育出了中国两位影响深远的“大家”——文坛巨匠梁斌先生和国画大师黄胄先生。

□文化遗存

【古莲台万佛寺】该寺为蠡州首刹，坐落在蠡县东北9公里处的梁家庄。据史料记载“古莲台”是秦始皇统一六国之后所建的高台之一，三十八步台阶，高十余米，四周为莲花池所敷设围绕，故得“古莲台”之名；后因土山中天然生出一种小黄菊花，又名“菊花山”。梁家庄以古莲台为中心围绕建村，全村有九条道路贯穿于此，如九龙吐珠一般，故又名“九龙口”。

古莲台万佛寺开山祖师普善法师（号妙喜），于明万历初年随其师兄普渡法师及圆果法师等头陀僧人云游至此，见此山丘风景甚佳，普渡法师遂令师弟普善驻锡修寺。万佛寺曾几度兴盛，高僧辈出。寺院常住僧人曾达120余人，万佛寺在清光绪年间曾两次大规模修复。日军侵华时，古寺被毁于战火。

1995年，蠡县人民政府先后修复了万佛寺的山门、观音殿、大雄宝殿、念佛堂及莲花池等，万佛寺于次年面向社会开放。寺内供奉着当代华严座主晚融长老舍利，每年举行春、冬两季华严期，学习华严法藏。万佛寺礼万佛是春节后寺院的首个活动，各地信众云聚于此礼拜万佛忏，来祈祷一年的吉祥。

【古槐树】村中央一棵有600多年的古槐树，诉说着梁家庄的沧桑和厚重。据村里的百岁老人讲，古槐是梁氏祖先迁居时栽种，虽然时间久远，树高15米，却依然枝繁叶茂，延伸四方，覆盖数亩，年年生芽吐绿，预示着梁庄的勃勃生机。

□人物英才

【梁斌】（1914—1996）原名梁维周，1914年出生于蠡县梁庄农民家庭，在抗日战争和解放战争期间，参加地下革命斗争、游击活动，一手拿枪杆一手拿笔杆，参与组织抗日文工队——“新世纪剧社”，创作了大量小说、散文，编写、排练、演出很多短剧，动员、鼓舞群众积极抗战，投身民族解放斗争，经历了血与火的洗礼。1948年随军南下，在湖北襄阳和武汉担任新闻宣传方面的领导。中华人民共和国成立后任河北省文联副主席、中国作家协会河北分会主席等职。1958年，梁斌先生的惊世之作——小说《红旗谱》横空出世，它艺术再现了农民在中国共产党领导下，向地主阶级和反动统治者进行生死搏斗的巨幅历史画卷，鼓舞了几代人的成长。茅盾称其为“中国当代文学史上里程碑式的作品”；郭沫若则为其题词“红旗高举乾坤赤，生面别开宇宙新”，并亲自题写了书名。

【黄胄】（1925—1997）原名梁淦堂，1925年出生于蠡县梁庄，曾任第六、七届全国政协委员，第八届全国政协常务委员，中国美术家协会常务理事。黄胄先生以画驴与齐白石画虾、徐悲鸿画马，并称为当代“画坛三绝”。曾为国家领导人访问南斯拉夫创作国礼《松鹰图》，为邓小平访问日本创作《百驴图》，作为国礼赠送给日本裕仁天皇。先后为钓鱼台、中南海、人民大会堂等处作画200余幅。其扛鼎之作《鞠躬尽瘁为人民》《欢腾的草原》，均呈现出黄胄大师在人物画、动物画两方面的高深造诣。1957 年他创作的国画《洪荒风雪》，描述勘探队员风雪找矿的场面，在世界青年联欢节上荣获金质奖章，从而确定了他在中国美术界的地位。黄胄先生独创性地将速写融入中国画，开启了全新的人物画笔墨范式，拓展了中国画艺术语言，一生为中国文化艺术事业做出了杰出贡献。

黄胄先生对于故乡有着割舍不断的情缘，几十年行走在全国各地写生，但是他那淳朴的蠡县口音却从来没有改变过。毛泽东同志曾评价："黄胄是新中国自己培养出来的画家，他能画我们的人民。"黄胄先生还组织筹建了中国第一座大型民办公助的现代化艺术馆——炎黄艺术馆，并担任艺术馆馆长。

【梁鉴堂】（1897—1937）字镜斋，河北蠡县人。1920 年入日本陆军士官学校第 13 期炮科学习。毕业后，到第十五混成旅孙岳部任职。历任参谋、团长、旅长等职。1931 年 12 月，梁鉴堂所部被编入第三十三军六十九师，梁鉴堂任第二〇三旅旅长。1937 年抗日战争全面爆发后，梁鉴堂奉命参加太原会战，率部在繁峙的茹越口正面阵地布防，配合友军迎击日军。1937 年 9 月 27 日，日军铃木旅团一部 2000 余人，携重炮 30 余门，猛攻茹越口阵地，以威胁平型关防线中国军队的侧背。梁鉴堂所部阵地工事一半被炮火轰毁，梁鉴堂亲赴最前沿阵地督战，振奋官兵士气，与日军展开激战，所部伤亡过半。29 日下午，因粮弹尽绝，茹越口阵地被日军突破，梁鉴堂在与日军激战时壮烈牺牲。2014 年 9 月 1 日，被列入民政部公布的第一批 300 名著名抗日英烈和英雄群体名录。

□名村今貌

梁家庄古属燕南赵北之地，历来民风淳朴、崇文尚武、乐观豪迈。据介绍，梁家庄如今比过去大了很多，主要是向北不断建设新居，如北部有新民居"菊花小区""红旗小区"，集中供水、供电、供暖，并建有排水系统。但在村南部的老村老街上，还保留着古朴的传统民居，这些民居使用青砖、土坯、木料等建筑材料建成，屋檐、窗楣、门楣多有砖雕，房屋北入口多为无梁拱顶，具有冀中平原的地方特色。

正如《红旗谱》中描写的那样，滹沱河一旁，古老的千里堤，高高的白杨树，北方农村的瓜棚、柳巷、民居、石碾，处处都充满着诗情画意。特色鲜明的地方风情和民风民俗，正是梁斌先生心中刻骨铭心、念念不忘的故乡。

梁家庄民风雅致，历来有研习书画传统。村里的书画院，让村民一手握锄、一手执笔，农闲之余，庭院之中，三五聚首，谈笑风生，长满老茧的双手，同样在三尺白宣上挥毫泼墨。梁斌先生曾这样说："家乡、童年和少年时代的生活，对于一个作家的影响实在是太大了，直到现在我写起作品来，还是向往儿童时代在家乡的情景。"

□发展愿景

浓浓历史底蕴，神秘传奇村落，必然吸引着世人的目光。为了发掘梁家庄的光彩，蠡县县委、县政府经过多次实地调研论证，聘请了天津大学等高端的规划设计团队，以红色文化为引领，以崇文尚武、崇信尚义、《红旗谱》中"出水才看两腿泥"的精神为依托，欲将梁家庄打造成集古街、古槐、古寺，文风、画风、雄风、禅风为一体的"产业独特、文化融合、特色鲜明"的京津冀特色旅游文化小镇。

梁家庄村威严的牌楼，静静矗立在村口，承载了梁家庄人的寄托。筹建中的"文坛巨匠梁斌的文风、国画大师黄胄的画风、抗日英雄梁鉴堂的雄风、古莲台万佛寺的禅风"于一体的"四风广场"，将用图腾雕塑的方式，展现梁家庄的底蕴。设计中的"戳脚武馆"，诠释蠡县"武术之乡""南拳北腿，戳脚一枝花"的渊源。规划中的红旗谱公园，将《红旗谱》中的经典场景一一还原，无论是朱老忠不屈不挠、敢于主持公义的情怀，还是严运涛、严江涛等人为信念甘于牺牲的豪迈，甚至于春兰、严萍等人追求爱情和理想的勇敢，都将是我们心路历程的收获。

待到金秋时节，必将是"古槐逸风顶华盖，古韵乡村入画来"。走在"红旗谱"大道，映入眼帘的是绿树成荫、花草遍地。宽敞整洁的街道，错落有致的民居，既有冀中平原农村的风情，又有现代城镇生活的品质。

当暮鼓敲响、夕阳西下，劳作的村民，停下忙碌的脚步，放下疲惫的心情，聚在大槐树下，谈古论今，舞文弄墨，追忆往事。牙牙学语的孩童，白发苍苍的老人，文化在潜移默化中传承，乡愁在口口相传中铭心。

请到红色梁庄，让孩童置身花香蝶飞的田园小院；

请到红色梁庄，让青年留连心至所静的水墨丹青；

请到红色梁庄，让老者体味淡雅隽永的乡土诗画；

一卷红旗谱，古韵梁庄魂！中国·梁庄，等你来！

（**撰稿**：李文敏　**摄影**：今日蠡县）

曲阳县
QUYANGXIAN
北岳庙

大美曲阳　山曲之阳

◎ 曲阳县，地处太行山东麓，华北平原西部，辖 18 个乡镇，367 个行政村，总面积 1084 平方公里，总人口 64 万。曲阳历史悠久，文化底蕴丰厚，现存雕刻、定瓷、北岳庙三大文化瑰宝。据县城北部的灵山聚龙洞发掘考证，早在十万年前，曲阳境内就有人类活动；在五六千年前的仰韶文化时期，氏族部落已在这里出现；到商周时期，县城西北部的孟良河流域已出现村落；秦统一六国后，分天下为 36 郡，始置曲阳县，属钜鹿郡，距今已有 2000 多年的历史。

◎ 源远流长的历史积淀孕育出了名垂青史的赵国名相蔺相如和北宋的王安中等多位宰相，李左车、李进、邸氏父子等 30 多位元帅、将军，黄石公、杜台卿、杨琼等数十名哲学家、史学家、军事家、战略家和雕刻艺术家。

◎ 曲阳定瓷在我国陶瓷发展史上占有重要地位。隋朝曲阳开始烧制粗瓷，至唐代便有白瓷生产，到北宋时期达到鼎盛，以生产宫廷用瓷而著称，定窑名列五大名窑之冠。定窑烧制的白瓷胎质洁白细腻，釉色匀净，薄而坚硬，素有“白如玉、薄如纸、声如磬”的美誉，古人有诗盛赞：“定州花磁瓯，颜色天下白。”

◎ 曲阳的石雕文化自古享誉盛名。中华人民共和国成立后，曲阳 3000 多名石雕艺人先后参加了北京人民英雄纪念碑、人民大会堂、天安门修复、历史博物馆、民族文化宫、军事博物馆等项工程和毛主席纪念堂的兴建。1995 年，曲阳被国务院正式命名为“中国雕刻之乡”。2005 年 5 月，曲阳东方雕刻城被国际雕塑协会命名为“中国石雕第一城”。

恒州镇

千年北岳 魅力恒州

□名镇概述

恒州镇位于曲阳县中部，县政府驻地。1958 年建城关公社，1984 年改城关镇，1988 年改曲阳镇，1996 年并大赵丘乡称恒州镇。全镇辖 14 个社区、27 个行政村，面积 48 平方公里，总人口 8.9 万。 农业主产小麦、玉米。

早在商周时期，孟良河流域就出现村落。曲阳县志记载，周赧王十一年，在今曲阳城西 2 公里处建土城一座，始称“曲阳城”。秦统一六国后，置曲阳县，属巨鹿郡。元代，升曲阳为恒州，并设都处元帅府。

两千多年的历史长河，孕育积淀出“雕刻、定瓷、北岳庙”光辉灿烂的三大文化瑰宝，赢得了“中国雕刻之乡”“北岳文化发祥地”“定瓷唯一产地”“中国观赏石之乡”“中国民间文化艺术之乡”五张国字号名片。

□北岳文化

“先有北岳庙，后有曲阳城。”

曲阳县城的变迁与北岳庙息息相关。《水经注》云：城在山（古北岳恒山）曲之阳，是曰曲阳。气势雄险，流云播雨的大茂山，古称北岳恒山，有“峙中华之坊表，巩神京之翊卫”之誉。据史料记载，北岳庙原名北岳安天元圣帝庙，始建于汉武帝天汉三年，从汉代到清顺治十七年，历朝历代皇帝和地方官吏曾在北岳庙进行过 300 多次隆重的祭祀活动。

北岳庙在民间同样影响深远。宋代史书记载，北岳庙庙会，人的声音就像天上的雷，烧的香火就像天上的云，路上的人都是手拉着手，一个挨着一个来赶庙会。也正因为香火的兴旺，曲阳县城渐成规模。“庙建，而后民聚集，城始兴。”

现存于世的北岳庙，改建于北魏宣武帝景明、正始年间，规模宏大，古建成群。按庙内现存明嘉靖二十六年刻《北岳庙图》所载，其南北长 542 米，东西宽 321 米。北岳庙整体布局呈“田”字形，采用以中轴线为主，两相对称的古典建筑形式。主体建筑德宁之殿，面宽 9 间，进深 6 间，通高 25.6 米，占地 2009.8 平方米，气势磅礴，是五岳祭祀建筑中规格最高的建筑，也是我国现存元代最大的木结构建筑。

德宁之殿内东西两壁绘有唐代画圣吴道子的巨幅彩色壁画《天宫图》，东壁为“云行雨施”，西壁为“万国显宁”，各高 6.5 米，长 17.7 米。壁画使用沥粉贴金技术，画面构图讲究，气势磅礴，所绘人物最高者达 3.3 米，线条流畅自如，色彩浓淡适度，旗幡衣带，随风飘拂，被誉称“吴带当风”。东壁的巨龙，形体蜿蜒，两眼光亮，四爪苍劲，若浮若动；西壁的“飞天之神”，相貌狰狞，肌肉粗健，横枪倒戈，顺风飞奔，若腾云驾雾。东西两壁画人物共 73 个，形态各异，无一雷同。北岳庙壁画以其画面大、人物大、气派大，位列河北省之最，为国内罕见珍品，填补了我国绘画史吴派的空白，对我国人物画发展及研究起着非常重要的作用。

北岳庙内碑碣林立，存有南北朝至唐、五代、宋、金、元、明、清和民国各代碑刻，碑、碣、经幢 200 多通，其中不乏赵孟頫、苏轼、怀素等大家真迹，既是研究中国历史的宝贵文献，又是书法源流荟萃的艺术殿堂。庙内还保存自汉代以来的 100 多件石造像，造型优美，刀工细腻，线条清晰流畅，充分展示了我国北方石雕艺术在各个不同历史时期的不同风格和特点。

清顺治十七年北岳改祀浑源之后，古北岳恒山就不再称为恒山，而只称大茂山，也叫神仙山。北岳庙成为地方和民间祭祀的场所，但清朝直到民国年间，地方官员都曾对北岳庙进行修缮和保护。

1949 年，毛主席从西柏坡进京时参观了曲阳北岳庙，当看到精美的壁画时赞叹不已，指示河北省拨付 4000 斤小米的合款，在东、西壁画前修建了两道护廊，对壁画进行保护。中华人民共和国成立之后，各级政府多次对北岳庙进行修缮。1982 年，国务院确定北岳庙为全国重点文物保护单位。2000 年，曲阳县政府对北岳庙朝岳门、碑廊等建筑进行修缮，对庙前莲花汪进行清淤，重现清水满塘、莲荷争艳美景。

□文化遗存

【修德寺塔】位于曲阳县城内北岳庙南 300 米处，始建于北朝至隋初年，宋元祐年间重建，金、明各代屡修，为现存最早的花塔。据县志记载，该处原建有镇岳修德寺，今寺已不在，只有塔存。2006 年 5 月，被列入全国重点文物保护单位。

修德寺塔耸于方形平台上，呈八角形，共 7 层，高 34 米；底层四周墙壁原有壁画 3 层，现已部分剥落。各层南面辟有券门，门内置佛龛。第二层相当于全塔五层高度，周身砌小型塔龛 120 座，看上去如巨大花朵，被建筑界称之为“花塔”，此种形制塔类建筑流传下来的极为少见，是研究我国古代佛教建筑的宝贵资产。1953 年，修德寺遗址出土北魏至唐代石造像 2200 余件，现藏于故宫博物院和河北省博物馆。

【济渎浮休】济渎岩，俗名水窦岩，在县城西北 3 里许。据传，济渎岩每逢冬去春来，阳气上升，气候转暖，流水潺潺，烟霞云生，缭绕于千岩万壑间，如乱云飞渡，缥缈云际，别是一番景色，是以有“窦涧春云”之说。自古以来，济窦奇景，吸引了不少文人墨客、达官显贵，甚至帝王将相，来此游览者代不乏人，留下来不少诗句和摩崖题刻。这里有苏东坡手书的“浮休”墨迹，豪放雄健，是书法艺术的珍贵资料。

【嘉山夕照】在曲阳城东北 5 公里，一山平地崛起，蜿蜒 10 余里，挺拔耸秀，雄壮多姿。据《曲阳县志》记载，安史之乱，唐名将郭子仪、李光弼等曾败史思明于此，故名嘉山。

嘉山又称嘉禾山，因为宋孝宗淳熙十二年，此山生嘉禾数千株，以其中两株六穗进贡朝廷，御封“嘉禾”。嘉山风光，晚景尤胜，每当傍晚，夕阳西照，晚霞缤纷之际，在县城北孟良河中看嘉山影像，竟为正影，与原山无异，成为当地八景奇观之一。

【莲池月色】在北岳庙大门前，有东西两大池塘，呈长方形，面积 20 亩有余。曲阳“八景”称“莲池月色”，俗名莲花汪。每届盛夏，池水满塘，荷花斗艳，月明之夜，花月相映，清风徐来，芰荷飘香，恰似人间仙境。2000 年，曲阳县政府对庙前莲花汪进行清淤，重现两池清水、游鱼满塘、夕阳衔山、莲荷争艳美景。

【文峰塔影】在曲阳县城东南，旧有文昌阁一处，后改为恒阳书院。文峰塔，亦称文昌塔，建于文昌阁后。文峰塔虽以“塔”为名，但已非佛教之产物了，而是道教或儒家，为了振兴某地文风，希望多出文人，或弥补某地“风水”之不足，利用佛塔形式而修建的。相传文峰塔每年夏至前后两三天的正午时分，塔无阴影，成为当地八景奇观之一。

□文化产业

【石雕】曲阳是闻名中外的雕刻之乡。曲阳石雕发轫于汉，自古以来有“天下咸称曲阳石雕”的美誉。近年来，曲阳县抢抓京津冀协同发展和雄安新区建设的历史机遇，规划建设的中国曲阳雕塑文化产业园区，被命名为全国首批“国家级文化产业试验园区”。园区以“一轴、两核、多园”为产业发展布局，核心区之一中国雕刻文化产业园（雕刻城）位于恒州镇，包括雕

塑创意园、雕塑博物馆、国际雕塑交易会展中心等重点项目。

【定瓷】“定州花瓷瓯，颜色天下白”。定瓷烧制始于唐，盛于宋，有“白如玉，薄如纸，声如磬”之美誉。元末的金戈铁马使兴旺发达的定瓷惨遭劫祸，工匠随时局南流，窑址沉寂为黄土一抔，烧制绝技随之失传。中华人民共和国成立后，在周恩来总理的亲切关怀下，曲阳定瓷艺人经过 40 多年的挖掘与整理，使失传 800 多年的定瓷绝艺得以凤凰涅槃，浴火重生。2008 年，曲阳“定瓷传统烧制技艺”被国务院公布为第二批国家级非物质文化遗产。

【观赏石】曲阳山多石美，是著名的“中国观赏石之乡”。盛产灰地白脉的雪浪石，其多变的纹理，或似溪水瀑泉，或如浪击雪奔，俨然天赋神韵的山水画卷，被誉为大宋第一名石。当年苏轼任定州知州时，偶得一块雪浪石，非常喜爱，作诗曰“画师争摹雪浪势，天工不见雷斧痕”，并将书房命名为“雪浪斋”。清乾隆皇帝更是雪浪石的忠实粉丝，曾先后为雪浪石咏诗30余首，并命人绘制了四幅《雪浪石图》。清嘉庆帝也曾作诗《雪浪石赞》。

□地方小吃

【曲阳驴肉】“天上龙肉，地下驴肉”，曲阳驴肉名不虚传，驴肉火烧、驴肉大饼、驴肉火锅、驴肉杂拌、驴肉焖子、全驴宴等诸多吃法，保证会让游客大快朵颐。

【黑闺女饺子】又称“老牌饺子”，其创始人是明朝崇祯时期的宫廷御膳大师苏乔生先生，距今已有300多年的历史。其馅采用18味中药配制而成，具有健脑醒智、补肾益肝、温起散寒之功效。其用料讲究，味纯色鲜，面柔馅软，肥而不腻，香而不淡。

【缸炉烧饼】曲阳特色食品之一，其外形方而色黄，正面贴满芝麻，制作精巧，香酥怡人。以精麦粉、芝麻仁、纯净水为原料，用传统缸炉精工制作而成，有“酥、香、薄、脆”四大特点。久放不疲、风干不硬，是居家旅游、馈赠亲友之佳品。

（**撰稿**：杨晓宁　**摄影**：刘向阳　刘勋）

灵山镇

灵秀之地 梦想飞扬

□名镇概况

灵山镇地处保定市西南部，曲阳县北部山区，太行山东麓脚下，面积108平方公里，人口8.1万，辖35个行政村。距石家庄70公里，距北京200公里，距雄安新区110公里。境内主要交通干线有定龙线、宝平线和保阜线，距保阜高速入口8公里，正在建设的曲涞高速贯穿全镇，交通十分便利。

据考，灵山村建于明朝洪武年间。当初有几户人家在该处开店立村，因村北有一座山名叫“灵山”，取名灵山店，后更名为灵山，故名“灵山镇”。早在唐朝贞观年间就有百姓在灵山镇居住，并建立了村庄。

灵山镇文化底蕴深厚，旅游资源丰富。2014年，灵山镇被国务院列为“全国重点镇”；2016年，被列为河北省重点培育的特色小城镇。

□旅游资源

【灵山聚龙洞】位于曲阳县北25公里处灵山镇北部的莲花山南麓。经专家考证，聚龙洞一带是典型的北方喀斯特地貌，属上亿年来地壳变迁形成的裂隙式天然溶洞群。因洞体酷似一条长龙，洞内景观又多为龙状，故名聚龙洞。隋末窦建德称此为“神仙洞府”，清乾隆皇帝评之为“地下天堂”。聚龙洞分为猿人古洞、聚龙大殿和地下迷宫三部分，总面积4万平方米，长约2300米，洞内景点百余处，景观千余个。正可谓：“聚龙大殿，百龙争雄，气势恢宏；地下迷宫，曲靖回廊，神秘莫测。寻猿人生活足迹，观溶洞多姿多彩，觅苏轼蓬莱仙境，叹造化鬼斧神工”。 沿着时光倒流的隧道，觅寻帝王将相、文人墨客的足迹，感受猿人繁衍生活的气息，游客仿佛穿越到26

万年前的旧石器时代。洞内气温冬暖夏凉，终年保持在 17—18 ℃，是四季皆宜的游览胜地。

□文化遗存

【涧磁村定窑遗址】在灵山镇通天河以西，涧磁、野北、燕川一带，有一片东西长约 10 公里，南北宽约 1—2 公里，总面积 14.53 平方公里的区域。因曲阳在唐、宋时期隶属定州，故称曲阳窑口为定窑，是宋代“五大名窑”之一。在遗址重点保护区内，13 座高低不一、大小不等的山丘散落在通天河畔，全为历代烧窑时留下来的炉渣、瓷片和窑具碎片堆积而成，这些堆积物形成了定窑遗址最明显的地面标志，也是研究定窑历史演变、制瓷工艺发展及中国陶瓷文化的一座宝库，被专家称为世界“保存最为完好的古代名窑遗址”。1956 年，河北省人民政府将定窑遗址公布为省级文物保护单位。1988 年 1 月，该遗址被国务院列为第三批全国重点文物保护单位，称“涧磁村定窑遗址”。

【王处直墓】位于曲阳县西燕川村西坟山上，距今 1100 多年。王处直 (？—923) 字允明，五代晋阳人，为河北地区的重要藩镇将领。1995 年，墓内出土墓志一方和 6 件十二生肖浮雕、两块高浮雕门神秦琼和尉迟恭武士像、奉侍图浮雕以及表现乐队吹奏热闹场景的散乐图浮雕，同时出土了一批瓷器、铜器、铁器、金银器、石器等文物。墓志详细记述了其墓主人王处直家世先祖和生平，还记录有当时藩镇割据战争的一些重要史实。整个墓室除后室顶部未绘壁画外，其余皆绘满壁画，总面积 100 平方米，壁画内容

包括男女奉侍、山水花鸟、云鹤、星相图等。壁画色彩艳丽，技艺高超，保存完好。

王处直墓多次被盗，绝大部分随葬品和雕刻艺术品遗失，部分壁画被破坏，有些文物还流失海外。一对汉白玉武士门神浮雕辗转多年，2014 年回到祖国怀抱。2013 年，王处直墓被列为全国重点文物保护单位。

【王子山院】遗址位于西庞家洼村王子山下，俗称“王子寺”，建于唐开元年间。王子寺原有上、下两院。历经历史风霜，上院现仅存遗址和楷书五代碑一通。下院占地面积约 400 平方米，尚存殿堂三间，坐北朝南。东西长 15 米，进深 6 米，建筑面积 90 平方米，为单檐歇山式建筑，殿脊琉璃布瓦顶，檩椽有彩绘；殿内青砖铺地，台基以条石砌筑。据记载，寺内原有唐天成元年、金代正隆六年经幢，清乾隆四十年、四十一年、民国二十年碑刻等，现仅存清乾隆四十一年《重修王子寺碑记》一通。王子寺附近山中有一高达百米之多的“锯解石”，石中有缝仅宽数尺，形若锯开，十分壮观，彰显大自然鬼斧神工。2008 年，王子山院遗址被河北省人民政府公布为河北省文物保护单位。

【“野北惨案”旧址】野北惨案旧址位于野北村。1940 年，日寇侵占曲阳灵山一带后，原东、西野北村在县区委的领导下建立党支部，秘密组建抗日游击队。1941 年 8 月 6 日凌晨，盘踞在灵山据点的日伪军，突然包围了野北村，把来不及转移的干部、群众威逼到西野北村的 3 个院子里。日伪军在院落四周布满岗哨，门口架起机枪，然后点火烧着房子，用机枪向人群扫射。人们高喊着“打倒日本帝国主义”的口号，怒吼着潮水般地扑向敌人，霎时间，血流成河，尸横遍野。2003 年，“野北惨案”旧址被曲阳县政府列为县级文物保护单位。

□非遗文化

【曲阳擎阁】起源于唐朝末年，最初是木架，是人们祭祀、朝山、敬神、求雨擎拄供品的一种工具。供品为牛、羊等牲畜，后来由童男童女代替，由此擎阁发生了实质性的改变，开始具有表演性，成为民间文艺的一种。清光绪年间，铁架擎阁出现，铁架表演灵活，能擎拄 2—3 人。擎阁一般由上装和下装两部分组成，下装高擎上装，中间由铁信子连接。擎者为青壮年。被擎者为 5—7 岁儿童。表演时被擎者可在铁架上左右旋转、上下翻腾、打筋斗、扭秧歌、双方对打等。根据剧目的不同，擎阁可以分为磨子擎阁、车架擎阁、单人擎阁、双人擎阁、三人擎阁。2009 年，曲阳擎阁列入第三批河北省非物

质文化遗产保护名录。2010 年，陈平均、杨国军被公布为第二批省级非物质文化遗产项目代表性传承人。

【曲阳吹歌】起源于明朝，分布于灵山镇的灵山村、南镇村、郭家庄、王家庄、庞家洼、野北以及附近部分乡镇。在古代，民间祭祀、拜佛、敬神等活动频繁，为壮其声势，队伍行进时，有乐手奏乐为其伴奏。随着时代的发展，伴奏器乐日臻完善，简单的敲击节奏换成了有特定意义的乐曲，这就是吹歌。曲阳吹歌使用的乐器有唢呐、笙、管子、小方锣、鼓、镲等。演奏时乐器可做多种增减组合，声音高亢洪亮，旋律多变化。其音质纯朴，韵律优美，热烈奔放，乡土味儿浓。代表曲目有《柴扩街》《慢小二凡》《快小二凡》《大放驴》《小放驴》等。2013 年，“曲阳吹歌”列入河北省非物质文化遗产。

【曲阳大幡】形成于明朝末年，流传于灵山、野北、韩家村等村庄。大幡高 8—10 米、宽 1 米，用大竹竿绑小竹竿做架，单面蒙彩布。顶端用小竹竿绑小型彩旗，彩旗下装饰彩圈，起一定平衡作用。横竿两端坠缝制的动物及果实造型，象征五谷丰登、六畜兴旺。彩布画有龙凤或花纹图案，上写大幅标语，标语内容多为盼望吉祥、鼓舞士气、庆祝丰收用语。大幡工艺精致复杂，由民间能工巧匠精心制作而成。大幡会每逢新春佳节、庙会、朝山拜佛时出会。表演时由一名身穿幡服青壮年主擎，周围几人前后拥护，倒后扶起。

擎者行走或操之旋转，演出技艺有头顶大幡、嘴叼大幡、脚踢大幡、转背玩耍等。

【曲阳定瓷烧制技艺】定瓷又称定州窑陶瓷，运用一种古老的汉族制瓷技艺。产地在今河北曲阳，古属直隶定州，故名定瓷。定瓷烧制始于唐，兴于北宋，失于元。同当时的汝、钧、官、哥窑一起，号称中国宋代五大名窑。

定瓷胎质坚密、细腻，釉色透明，柔润媲玉。定、汝、官、哥、钧五大名窑中，唯定窑以装饰见长。其刻花奔逸、潇洒，印花典雅，可谓刀行似流云，花成如满月。印花制范精细，拍印考究，造就一种华贵雅典气韵，间辅以剔花、堆花、贴花等各得其趣。品类有盘、碗、瓶、尊、炉、枕、人物等。设计开唐、宋陶瓷形制之先河，或劲健挺拔，或秀美娟丽，无不咸称圣手，妙道自然。史载，江西景德镇、山西平定、四川彭县、辽宁上京、福建德化、北京龙泉务诸窑皆蜂起仿效，形成庞大的定窑系。历史上的宋金之战，使兴旺发达的定瓷业惨遭劫祸，淹没在 800 年的岁月长河中。定瓷工匠随时局南流，故世留“北定南迁”之说。

中华人民共和国成立后，在周总理的亲切关怀下，失传近千年的定瓷烧制技艺得到恢复。2008 年 6 月，曲阳定瓷烧制技艺被国务院批准列入第二批国家级非物质文化遗产保护项目名录；陈文增、蔺占献、和焕先后被公布为省级非物质文化遗产项目代表性传承人。

□人物英才

【陈文增】（1954—2016）曲阳灵山人，中共党员，享受国务院特殊津贴专家，全国劳动模范、中国工艺美术大师、中国陶瓷艺术大师、国家级非物质文化遗产项目（定瓷烧制技艺）代表性传承人、中华诗词学会理事、中

国楹联学会理事、中国书法家协会会员。

陈文增出身农民，幼而失学，刻苦自励，从事定窑研究生产 40 年，使失传千年的定窑绝技复活并得以发展。他对定窑研究从工程技术、烧制技艺到工艺流程、造型装饰无一不精。曾获世界杰出手工艺品徽章、中国工艺美术“百花奖”金奖、中国陶瓷名窑恢复与发展特殊成就奖，被业界称为“名窑复兴时期中国定瓷之父”“破解定窑密码的人”“当代定窑第一人”。

（**撰稿**：祁志强　**摄影**：祁志强 刘向阳）

羊平镇

大汉遗风 雕刻之乡

□名镇概况

羊平镇位于曲阳县城南 10 公里处，始建于商周，因地处黄山阳面平地得名“阳平”，后改为“羊平镇”。辖 13 个行政村，总面积 56 平方公里，人口 4.5 万，耕地 2.8 万亩。羊平镇历史悠久，底蕴深厚，是雕刻文化的发源地，在汉代就有“雕刻之乡”的美誉。

□特色产业

在羊平镇，流传着这样一首打油诗：“上到九十九，下到刚会走，说起打雕刻，人人有一手。”雕塑文化产业是羊平镇的主导产业。据《曲阳县志》记载，“黄山自古出白石，可为碑碣诸物，故环山诸村多石工”。

早在西汉时期，羊平雕刻已初具规模，被汉武帝刘彻盛赞为“雕刻之乡”。2000多年来，羊平雕刻技艺不断突破发展，在不同时期留下大量经典佳作。洛阳龙门石窟、大同云冈石窟等均有羊平工匠参与建造；元代雕刻艺术家杨琼雕刻的“一狮一鼎”被元世祖忽必烈赞为绝艺，杨琼后担任北京元大都建设的总设计师；清末艺人刘普治雕刻的“仙鹤”“干枝梅”荣获巴拿马国际博览会银奖，自此“天下咸称曲阳石雕”。1949年后，羊平工匠参加了人民英雄纪念碑、首都十大建筑等国家重点工程建设；“坐兽观音三大仕”等雕塑精品分别被国家博物馆、人民大会堂、中南海紫光阁收藏；山东蒙山老寿星、广东三水卧佛等经典工程被载入世界吉尼斯纪录。

改革开放以来，羊平雕塑产业蓬勃发展，雕塑产品已由单一石雕发展为木雕、铜雕、不锈钢雕、泥塑等10个门类，3500多个品种，雕塑产品远销100多个国家和地区。目前，羊平镇拥有国家级工艺美术大师3名，国家级

非物质文化遗产传承人 3 名，省、市级工艺美术大师 70 名，大小雕塑企业 400 余家，从业人员 3.7 万人。2016 年，全镇雕塑产业产值达到 38 亿元，占全县雕塑产业总产值的 31.7%。 2015 年，被省工信厅评为“河北省雕刻产业名镇”。2017 年 7 月份，入选第二批全国特色小镇。

□文化遗存

【黄山八会寺】曲阳县城南 10 公里处羊平镇有一山，拔地而起，山势突兀，相传黄石公曾寓居于此，故名黄山。八会寺位于黄山上，因黄山古时有上阁、下阁、菩萨、钟楼、普同、资福、圣寿、静岩八座寺院，故称八会寺。初建于齐周，逐渐成为冀中佛教圣地，并有“先有八会寺，后有五台山显通寺”之说。山顶石佛龛，俗名“千佛庵”，是八会寺代表性景物，里面有石雕佛像和石刻佛经，对研究历史、佛经、书法等均有重要价值。2013 年，八会寺被列为全国重点文物保护单位。

【三霄圣母殿】位于曲阳县羊平镇东羊平村，供奉云霄、碧霄、琼霄三位女神。始建于金代，原为兴圣寺，后寺毁，元明时期均有重修。现存建筑为元代风格，大殿面阔三楹，进深三楹，为单檐庑殿式砖木结构，殿内东、北、西三面墙壁绘有元、明时期壁画，具有重要的历史研究价值。建筑布局为坐北向南，从南往北依次为山门、马殿、东西厢房、正殿，现存马殿和正殿。1993 年 7 月 15 日被列为河北省文物保护单位。

【清化寺石佛】位于羊平镇西郭村北，唐开元八年所刻，为原清化寺遗物。佛像身高 7 米，宽 2 米，厚 1 米，覆莲座直径 2 米，厚 0.9 米，下有方座，长、宽各为 2.5 米，质地汉白玉石，身着褒衣博带袈裟，右手向上仰翻，施无畏印，左手展掌下垂，做说法状，赤足立于覆莲台上。造像刻工细致，刀法娴熟、

刀艺精湛，风颐洒脱、气韵娴雅，服饰纹络自然形似、传神利透。现佛像头部被盗，但从形体上看，应为释迦牟尼像，右手拇指、中指、无名指、小指及莲座稍有残缺。石佛旁存有明正德十一年《重修清化寺记》石碑。

清化寺石佛被当地人俗称为“石佛笑和尚”，头部为近些年修补之作。1993 年 7 月，清化寺石佛被列为河北省重点文物保护单位。

【田庄古墓】位于曲阳县南 15 公里、羊平镇田庄村东。田庄古墓坐北朝南，南北长 66 米，东西封土直径 34 米，是座带长斜坡墓道的大型砖室墓，推测该墓时代约在唐后期。大墓地下结构由墓道、仪门、庭院、甬道、前室、后甬道、后室组成中轴，侧室及耳室分列东西，墓室总数达 12 个，全部用青砖砌筑而成。该墓葬形制极其罕见和独殊，在华北地区同期砖室墓中规模最大，形制最为复杂。该墓还出土了一批精美的汉白玉雕刻、砖雕构件、鎏金饰品和定窑瓷器，并首次在华北地区同期砖室墓中发现具有唐代风格的大型仪卫壁画。该墓建成不久即被大规模毁坏，墓葬在金皇统年间被重修，这些都令墓主身份显得神秘和非凡。田庄大墓无论从形制、结构还是规模，在全国都比较罕见，有极高的历史价值、科学价值和艺术价值。

【狗塔坡】在保定曲阳县羊平镇西郭村北的山坡上，曾有一座大型汉白玉结构的高塔，相传是东汉光武帝刘秀为一条义犬而修建的，名曰“狗塔”，而那白草坡也被后人称为“狗塔坡”。曲阳县在西汉时就是有名的“雕刻之乡”，那狗塔全部是用当地出产的汉白玉及砖瓦精雕筑成，共 13 层，高约 50 米，塔形呈平面八角形，每层四面均设有券门，塔身各层高度及塔径自下而上逐层递减，收分得体。曲阳狗塔是中国最早的纪念碑式大型石雕建筑物之一，也是中国东汉时期石雕艺术成就较高的建筑物。令人痛惜的是，这座矗立了 2000 余年的“狗塔”，终因年久失修在 20 世纪 60 年代时倒塌。

【穆山】在曲阳县城南侧 20 公里处，有一座穆山，西临大沙河、东接大平原，为曲阳南部之屏障。其主峰海拔 200 多米，山势险峻，林木茂密，巨大的岩石上保留着许多臼窝和插旗杆孔。山上有穆柯寨、拴马桩、担子孔等景点。特别是穆山上至今还存有很多残墙断垣，一道数米高的青石寨墙环山耸立，望楼箭垛依稀可辨。寨墙里残存着片片断墙废墟，显然这是古代一道防御工事，上可跑马，又可布兵。顺长墙南去三四里，可达南山头，上面有许多石头形建筑，这里也是屯兵安营之地。长墙下是一片比较开阔的坡地，是操兵演武的场所。相传北宋初年，巾帼英雄穆桂英路过曲阳时，看到穆山地势险峻、草深林密，就选中穆山以此扎营，撑旗封号，因而此山得名“穆山”。

□人物英才

【黄石公】（约公元前 292—公元前 195）春秋战国时期诸子百家的流派代表人物之一，与鬼谷子齐名。婴儿时被弃于曲阳少容山，后因黄石公声名鹊起，少容山被当地百姓称为“黄山”。黄石公隐居黄山著书立说，留下创世名作《太公兵法》《黄石公略》和《雕刻天书》。他把《太公兵法》《黄石公略》传给张良，把《雕刻天书》传给曲阳的宋天昊、杨艺源两位弟子，使曲阳人学会了雕刻，后来曲阳成为“雕刻之乡”，闻名于天下。为纪念黄石公这位雕刻始祖，历朝历代的曲阳人在黄山上建寺修庙，加以祭祀，从而形成了黄山寺庙道观林立的景象。农历三月十七日是黄石公的生日，每年曲阳匠人数十万人在这一天放下手中的活计，隆重庆祝黄石公的诞辰，祭祀雕塑始祖黄石公。

【杨琼】（约 1213—1278）元代，曲阳西羊平村人，自幼“雕刻超群，人莫能及”。元世祖忽必烈建上都和大都，诏他去京雕刻，他取二石雕刻了一狮一鼎，被忽必烈称为绝艺。于是命他管领燕南各路石匠。中统二年至元年间，杨琼率领 5000 余名石工，加入营建大都的工程，许多宫殿的石雕均

出自他之手。后被元世祖忽必烈封为“弘农君伯侯”，担任元大都总设计师。北京天安门前的金水桥，也出自杨琼之手。杨琼“性畏慎寡，服食俭朴；宽厚仁慈，心软如羊”，人称“杨佛子”。他敬业精神极强，到黄山选石料，三过家门而不入，累死在工地上，成为历代人们传颂的佳话。

【卢进桥】（1927—2009）羊平镇北养马村人，中国石雕界唯一一位国家级工艺美术大师、首批国家级非物质文化遗产项目代表性传承人。卢进桥 8 岁学习雕刻，从事雕刻艺术 70 余年，毕生致力于石雕艺术的探索与创新，集石雕、木雕、玉雕和牙雕技艺于一身，其作品畅销 50 多个国家和地区，40 多件作品荣获国内外大奖，4 件作品被收录世界名牌产品系列丛书，《卧兽观音》《三大仕》等 5 件作品被国家定为国宝，并被人民大会堂、中南海紫光阁永久收藏。

【安荣杰】（1947—）羊平镇北养马村人，中国石雕艺术大师、国家级非物质文化遗产项目代表性传承人。自幼酷爱艺术，深谙绘画设计和雕刻技巧，投名师，游学四方，虚心吸取国内外各流派艺术精华，深研中国传统雕刻文化艺术，博采众家之长，集天下之大成，用自己的艺术天赋加以革新，形成了独特的艺术风格，作品被称为“安氏艺术”。同时，他在实践中发明了巨雕放大法——“纵横线放大法”，荣获河北省科技发明金奖和“河北省科技革新能手”荣誉称号。先后成功完成了巨型木雕“哼哈二将”“世界第一大卧佛”等作品，三次被载入吉尼斯世界纪录，震惊世界艺坛，被称为“世界巨雕大王”。

（**撰稿**：段旭生 王少辉 **摄影**：段旭生 刘向阳）

宋家庄村

钟灵毓秀 红色山村

□名村概述

宋家庄隶属曲阳县郎家庄乡，位于曲阳县城北部，地处太行山东麓，西靠莲花山，东邻鸡冠山，南有马头山，内有香岩寺，境内通天河穿流而过。元初建村，宋氏立庄，20世纪60年代分为南宋家庄、北宋家庄，全村共801户，人口2974人，耕地2500余亩。抗战时期为曲阳县人民政府驻地所在，山势险峻，风景秀丽，唐代诗人贾岛曾隐居于此，石壁上刻有“忘归处”字样。

□旅游资源

【莲花山】位于曲阳县城北 26 公里处，地处通天河西岸，为邓家店与郎家庄乡交界，南北走向，主峰海拔 552 米，因峰峦形如莲花而得名。清光绪《重修曲阳县志》记作香岩阁山，因山内曾建有香岩阁。该山身峭立，如鬼斧神工，山腰处有桃花洞等多处天然岩洞，香客或游客可通过东西南北四门上山，山顶较为平坦。山上有庵，名莲花庵，据原碑文记载，莲花庵建于清顺治年间，正式落成于顺治十七年三月二十三日，第一任庵主为女尼法兰。莲花庵中佛殿，三三见九，因此莲花山又被当地居民称为九顶莲花山；山之最高峰建有观音殿，因称菩萨顶。山东南部有一深沟，名高尔沟，亦称阁尔沟。沟西侧幽谷之内峰壁顶端有清泉，常滴不止，称“滴水空悬”。清泉北部有绝壁悬堂，堂顶石钟乳形状怪异，击之有声，称“香岩石钟”。

滴水空悬位于香岩阁山中，距县城 20 多公里。香岩阁山峰高谷深，群峰万伏，绝壁千寻。在一处深山幽谷中，一峰倒垂，顶有流泉，势如雨下，常年不止。由于冲积、凝结等作用，自然形成吸水石，是做盆景必不可少的用料。

唐朝诗人贾岛曾隐居于此，留有贾岛洞一处。沟内曾建寺院，名香岩寺，又称香岩禅院，现寺阁无存，尚留香柏一株。“滴水空悬”“香岩石钟”均列为曲阳八景奇观之一。清乾隆帝曾到此游览，并赋《望香岩阁》诗一首。

奕奕香岩山，崇隆冠云表；
幽幽香岩阁，窈窕栖山岐；
借问因何传，浪仙人贾岛；
人与阁何往，春山依旧好；
我来山下望，睾然生遐抱；
当其苦推敲，逢人不知觉；
僻瘦亦可妨，自得因深造；

佳名出穷饿，妙论创坡老；
信其言而然，吾诗何足道。

□人物英才

【何明清】（1898—1981）原名凯瑟琳·霍尔（Kathleen Hall），受新西兰圣公会派遣来到中国，1927年到安国圣公会医院任护士长。抗日战争全面爆发后，何明清女士在宋家庄设立了健康诊疗所，白求恩常来看望指导，她利用特殊身份到北平（今北京）为八路军购买药品、器械及一些军用物资，为当地百姓、八路军伤病员治病扶伤，普及医药和卫生知识，动员数十名知识分子和医务人员到晋察冀边区工作。后来因遭日军缉拿，何明清女士被迫回到新西兰。回国后，她继续从事和平运动与新中友好工作。

何明清是一名虔诚的教徒，她把爱无私地奉献给需要帮助的中国人，她的正直和良知告诉她，日本帝国主义对中国的侵略政策是极其野蛮的，日本帝国主义的“三光政策”是野兽行径。1937年7月日本侵略军在卢沟桥对中国军队进行了27小时的攻击和轰炸，使中方伤亡惨重，何明清在战争废墟中搜寻幸存者时与吕正操将军相识，她在她负责的安国圣公会医院中大批接收受伤的中国军民，她决心尽其所能帮助中国人民抗击日本侵略者。何明清在安国工作战斗期间，曾为吕正操将军治病并提供当时急需的药品，给吕正操将军留下了深刻的印象。现在从何明清的后代口中得知，1981 年，何明清女士辞世，遵照她生前嘱托，她骨灰的一部分埋在曲阳烈士陵园，一部分撒在宋家庄的莲花山上，与白求恩陵园遥相守望。

□红色文化

抗战期间，宋家庄人士张明月、张士辰、张二才等秘密成立党支部，组织抗日农民运动，成立青壮年抗日救国会、妇女支前抗日救国会、儿童先锋队，冯兵辰、冯大科等参加了解放石家庄、清风店战役。聂荣臻、黄永胜等领导曾亲临到往指导。1938 年 8 月 12 日，日寇在高门一带扫荡，抗日英烈冯国玺（冯九鼎）带领游击大队配合八路军主力十一大队，在高门一带伏击日寇，迫使日寇四处逃窜，冯国玺在激战中重伤，后转移至田家坎。白求恩安排何明清女士将其接回，后因伤势过重，不幸牺牲，时年 24 岁。在抗日战斗中英勇牺牲的还有冯大庆、冯高林、冯胜英、宋海金、宋贵州、王洛士、冯志远、张素珍、潘玉宗、潘更须、潘田水等，中华人民共和国成立后均被追认为革命烈士。

□发展愿景

宋家庄历史悠久、文化灿烂，自然禀赋得天独厚，站在新的历史起点，英雄的宋家庄人民继往开来、信心满怀，正以崭新的姿态迈进新时代。2018 年，计划修建郎家庄—宋家庄公路，全长 7.5 公里，打通葫芦汪—高尔沟山间公路，彻底解决老百姓出行难问题；实施山区综合开发及水利配套基础设施建设，绿化荒山，美化环境；依托莲花山、香岩寺遗址、滴水空悬、香岩石钟、贾岛文化等资源，打捆招商，大力发展旅游业；深入实施脱贫攻坚战略，着力改善人民生活水平，提高人民幸福指数。

承蒙有志之士共绘美好蓝图，共同谱写宋家庄秀美篇章，郎家庄乡党委、政府迎八方宾客。

（**撰稿**：刘旭 冯计楼 邓子蛟 **摄影**：潘志刚 张刘保 冯计楼）

顺平县

SHUNPINGXIAN

尧帝故里 善美桃乡

◎ 顺平县地处京津冀核心地带，位于保定西部。距北京 162 公里，天津 210 公里，石家庄 102 公里，保定 32 公里。京广铁路、107 国道、保阜路、保涞路穿境而过，京昆、保阜两条高速在顺平交汇，区位优势明显，交通十分便利。全县辖 5 镇 5 乡，237 个行政村，5 个社区，1 个省级经济开发区，总面积 712 平方公里，总人口 32 万。

◎ 顺平县于秦朝时建县，名曲逆县。王莽朝改名顺平。后分别叫过蒲阴、北平、徇忠、燕平、永平。金贞祐二年，金国完颜氏政权依照自己姓氏的第一个汉字“完”，设置完州。明洪武二年，改完州为完县，直到 1993 年 8 月，经国务院批准，更名为现在的顺平县，取顺利安平之意。

◎ 顺平县历史悠久，文化积淀深厚，五千多年前，“统一华夏、分封九州”的尧帝就出生在这里，顺平因此也被人们称为尧乡。顺平是革命老区，胡耀邦、聂荣臻、杨成武、萧克等老一辈无产阶级革命家在此生活战斗过，革命战争年代有 2000 多名优秀儿女为中华人民共和国诞生光荣捐躯。顺平县是中国肠衣之乡，肠衣产品远销欧、美、日、东南亚等十几个国家和地区，有“世界肠衣看中国，中国肠衣看顺平”的美誉。顺平县是林果之乡，林果面积达到 34.4 万亩，年产果品 9.69 亿公斤，年产值 12.72 亿元，被林业部命名为“中国苹果之乡”“中国桃乡”。

◎ 顺平县旅游资源丰富，这里有全国重点文物保护单位、华北地区最大的清代民居建筑群——腰山王氏庄园；这里有春天里最欢乐的节日——桃花节；这里有清凉世界、避暑胜地——龙潭湖景区；这里有红叶观赏区——白银坨景区；这里有惊险刺激、号称华北第一洞漂——唐河漂流；这里有华北第一禅寺——凤凰山佛光寺。

南腰山村

皇家建筑看故宫 民间建筑看腰山

□名村概述

顺平县南腰山村，地处京、津、石腹地，东距保定市10公里，西距顺平县城8公里，北倚太行山，南与华北平原相连，京赞公路穿村而过，地理位置优越，历史文化悠久。南腰山村属季风区暖温带半干旱大陆性气候，四季分明。地下水资源丰富，品质良好。全国闻名的“腰山王氏庄园”就坐落在此。

南腰山村现有户籍人口1170人，常住人口1850人。村域面积2100亩，其中村庄建设用地约500亩。该村过去以农业种植为主，主要种植小麦、玉米。

□文化遗存

【腰山王氏庄园】据县志载，南腰山村始建于明初。清顺治初年，正黄旗汉军四甲喇四品佐领王锡衮定居腰山，在村中心兴建庄园，历经康熙、雍正、乾隆三朝陆续建成，距今已有近400年历史。庄园是集官府、民居为一

体，功能齐全、涵盖广泛的城堡式府邸宅院，占地300余亩，内有3条大街，21个大院，1000多间房屋。其宏大规模，当年在河北，乃至整个华北首屈一指，闻名遐迩。

腰山王氏庄园是中国现存规模最大、最完整的清代豪门巨宅。该庄园建筑既不同于皇宫官府，又不同于一般民居，是我国北方民居建筑的极品，故有“皇家建筑看故宫，民间建筑看腰山”之说。 腰山王氏庄园除了总体气势恢宏外，其俯仰皆是美不胜收的雕刻，尤其令人赞赏。这些雕刻有砖雕、石雕和木雕，内容全部以“福、禄、寿”为主题，通过所雕刻物体的谐音喻以吉祥的祝福。其种类繁多，制作考究，堪称“三绝”。 腰山王氏庄园以精美的雕刻被中国文物专家组组长罗哲先生称为“千雕艺术馆”。文物专家郑孝

燮先生赞叹王氏庄园“是古建筑史上一大发现，历史文化、科学艺术保存价值是一流的”。

自 2000 年至今，中央军委原副主席、国防部长迟浩田上将，全国人大原副委员长姜春云，原国家教育委员会主任朱开轩，河北省委常委、宣传部长艾文礼，保定市委书记聂瑞平，河北省副省长秦博勇，时任香港立法会主席范徐丽泰等，先后来庄园视察参观。2005 年国家文物局古建筑专家组组长、中国文物协会会长、原全国文物委员会主任罗哲文先生及全国历史文化名城保护专家副主任、著名建筑规划大师郑孝燮先生考察了王氏庄园。

腰山王氏庄园，1993 年被省政府列为“省级文物保护单位”；2001 年 6 月，被国务院列为“全国重点文物保护单位”。2016 年 10 月，河北省委宣传部、河北文化艺术界联合会命名南腰山为“美丽河北最美古村镇”。腰山王氏庄园被评为 3A 级旅游景区后，现已成为影视剧拍摄的重要外景地。已有《大决战》《热土》《天下粮仓》《青春之歌》《红旗谱》《风云初记》《天下第一楼》《曹雪芹》《独行侍卫》《清风店战役》《秋海棠》《布衣天下》等 30 余部影视剧在此取景拍摄。腰山王氏庄园 2005 年被评为 3A 级旅游景区以来，每年接待数以万计来自全国各地的游客，游客参观后无不赞叹称绝。

腰山王氏庄园是集历史教育、旅游观光、影视拍摄为一体的建筑，是一部近代历史的直观教科书。腰山王氏家族的发展史是清朝发展史的一个缩影，是研究清代特别是清早期历史的保存较好的完整的宝贵财富。王氏家族和庄园的兴衰，折射了一个时代的兴衰，是进行历史教育和爱国主义教育的良好素材。

【腰山中学】南腰山文化底蕴深厚，教育事业发达。这里有建于 1948

年春的省立腰山中学，招收保定周边 14 个县的生源。这里也曾是县党校、县电大、县师范、县进修学校、县体校、县卫校、县特校的建校之地。南开大学 1965 至 1971 年曾在南腰山建立分校。

□红色文化

南腰山是革命老区，抗日战争时期，处在抗日救国的前沿阵地，界河对岸就是日伪盘踞的据点。解放战争时期，晋察冀军区司令部也曾在此驻守。聂荣臻、萧克、杨成武、王平、孙毅等老一辈无产阶级革命家曾在这里生活、战斗过。

聂荣臻司令员曾在腰山“仁和堂”主持召开华北地区经济工作会议。1986 年 4 月 19 日，时任中共中央总书记胡耀邦同志重访革命老区，视察了南腰山村，听取了南腰山党支部书记祁秀英同志的工作汇报，并与干部群众进行了座谈。高兴之余，当即挥毫泼墨，书写了“发扬革命传统，加快致富步伐”的题词。2002 年 9 月 20 日，聂荣臻元帅之女聂力中将来腰山视察，同腰山村部分干部群众座谈并合影留念。

在抗日战争和解放战争期间，不足千人的南腰山就有 40 多名英雄儿女加入了八路军和解放军。其中 7 人为抗日战争的胜利、为新中国的诞生献出了宝贵生命。

□人物英才

【王淑慈】（1915—1943）女，王氏家族后裔。1938年加入中国共产党，她艰苦朴素、关心群众，在县妇女界享有很高的威信。1940年民众大选举时，当选为完县参议会参议员、北岳区抗日救国会常委兼组织部长。1943年去世，北岳区群众团体为她立牌纪念，其业绩载入《河北近代历史人物辞典》。安葬于平山县烈士公墓。林铁为她题写了碑文。王淑慈系原中共中央委员、河北省委书记林铁的爱人。

【王愚奇】（生卒年不详）女，1939年4月加入中国共产党，抗日战争时期任晋察冀边区完县妇女抗日救国会宣传部长等职，参加了百团大战、晋察冀抗日根据地军民反“扫荡”斗争。1949年后在铁路局工作，副局级待遇。王愚奇系原铁道部副部长李克非的爱人。

【王惠贤】（生卒年不详）女，1938年加入中国共产党。抗日战争时期任完县妇女救国会妇女部长、唐县妇女救国会主任等职。解放战争时期，任南下干部纵队留守处秘书等职。1949年后，曾任安徽省妇女联合会办公室主任、城工部副部长等职。在核工业部九院工作时，因参加研发我国第一颗原子弹做出贡献，被核工业部授予荣誉证书和两枚金质奖章，司局级待遇。

【王虩生】（1920—1946）男，原名王哲宣，1938年加入中国共产党。抗日战争时期曾任连指导员、团政委等职。1946年8月，在与敌作战中牺牲，年仅26岁。《子弟兵报》称他为“一位年轻有为、文武双全的战友，一位有远大发展前途的同志”，“英勇绝伦，奋不顾身”的英雄。

【王哲民】（生卒年不详）男，1945年加入中国共产党。抗日战争、解放战争时期任晋察冀北岳区第5专员公署文书、察哈尔省人民政府办公厅股长、省财政经济委员会科员。1949年后，曾任中国地质科学院研究生部主任、中国环境科学研究院副院长、党委书记等职。几十年来，为我国地质教育事业、地质科研事业和环保事业做出了贡献。

【王俊杰】（1917—1993）女，1938年加入中国共产党。抗日战争时期，曾任中共博野县妇女抗日救国会主任、冀中妇女抗日救国会巡视员等职。解放战争时期，曾任冀中专区妇女联合会常务委员、中共地委妇女委员会委员等职。1949年后，曾任中共皖南区委妇女委员会委员、上海市第二中级人民法院副院长，正局级待遇。

【王岫天】（1922—1994）女，1938年加入中国共产党。抗日战争时期曾任晋察冀边区冀中区博野县、清苑县妇女抗日救国会部长及书记等职。解放战争时期，到人民解放军晋绥军区第一野战军 第三军第七师工作。1949

年后，任中共哈尔滨省委党校亚麻厂党委书记、中共长春市委组织部、宣传部副部长、长春市政协副主席等职，行政10级。

【于文炎】（生卒年不详）男，1945年加入中国共产党。抗战时期任民主小学教员。解放战争时期，任晋察冀野战军第四纵队供给部科员，参加了清风店、石家庄、天津、宁夏等战斗。1949年后，曾任师后勤主任、空军工程学院场建系副主任等职。参加过抗美援朝战争，少校军衔。曾荣获“人民功勋”奖章、三级解放奖章、朝鲜三级国旗勋章和独立功勋荣誉章。

【王学良】（生卒年不详）烈士，王氏家族后裔。1941年牺牲，时任三分区政治部除奸干事。

□名村今貌

南腰山村有着悠久的历史。完整的古建筑群、丰富的文化特色、现存的庄园建筑、百年古井、几百年树龄的古树名木、古碑及庄园周边的建筑遗址都是南腰山村的宝贵财富，也是展示和弘扬优秀传统文化的重要窗口。

近年来，随着社会经济和改革开放的不断发展，尤其是“腰山王氏庄园”开发以来，南腰山村正逐步转型为集旅游业、商业、服务业为一体的多种产业并存的经济模式。

（**撰稿**：于香龙 王振芳 **摄影**：于志民）

康关村

太行第一关 少康中兴地

□名村概述

康关村位于太行山东麓，东临华北平原，属于太行山浅山区，距离顺平县城 20 公里。康关是顺平县山区最大的自然村，民国时期，小掌、燕子水、麦旺都是康关的附属村。1962 年以后，由于人口增加，为了便于管理，划分了南康关、北康关、康北庄三个支部。现在的康关村，人口 5078 人、耕地 7892 亩；传统农作物以林果业为主，果品收入是主要经济来源。佛光寺建成以后，旅游收入逐年增加；特色产业为肠衣加工。

□文化遗存

康关历史悠久，源远流长，物华天宝，人杰地灵，历史文化底蕴极为深厚，文物古迹星罗棋布：有夏朝第六代君王少康中兴复国安营扎寨的太行第一关；有华夏独一无二的杜康朝真观遗迹；有全国绝无仅有的杜康塔基地宫；有杜康酿造美酒的流酒泉，清雍正年间重修杜康朝真观的碑文记载：“康关之村，实因杜康名，由来久已。”有华北素负盛名的玉泉寺遗存的水井；有上古至今见证康关历史的火焰山；有 30 余座两晋时期规划当中的康关古关口的寺庙道观遗迹；还有记载以上古迹的断碑残碣，这些碑碣的文字依稀可辨，承载着康关鼎盛时期辉煌的历史。桩桩历史掌故诠释着康关深厚的历史文化内涵，件件人文古迹佐证着康关是巍巍太行山中一颗光耀千古的历史明珠。

【康关古堡】据考证，康关是两晋时期兴建起来的一座古老的城堡，康关的街道是按着八卦阵图修建而成。每条街道弯弯绕绕，没有一条直通东西、南北的直行街道，初来乍到的陌生人进入城堡就像进入了迷魂阵不辨南北处处碰壁。但熟知街道规则的人知道这弯曲的街道错落有致、有序可循，甚至还能演绎出一套来去无踪、出神入化的高超技艺。难怪抗战时期日寇进山“大扫荡”时，边区报社工作人员能够在敌人的重重包围中，多次出其不意地脱离险境，其实是得益于八卦阵图街道的掩护使然。

康关古堡的造型别具一格，不同于其他城堡的是，它的围墙是由外围民宅连绵的高墙相互衔接而成。除了东、西、南、北四座重檐门楼的正门之外，西南角还有一座别出心裁的角门，是通往城堡内杜康朝真观的外山门，是用来专供南来北往的贡生举子、文人墨客到观内烧香朝拜、叩头许愿后，临摹“书圣”颜真卿所书碑碣真迹，再赴京赶考的登科发迹之门。这就是“杜康朝真观”名闻天下的历史掌故。

康关民居就地取材，用石头砌成，布局紧凑，结构合理，且经过精心设计，屋脊飞檐、鸱吻走兽、梅花墙和木格窗，于实用之外，又有了一种古朴典雅之美。

【曹家坟】在康关古堡外东南方向，有一片规模宏大的墓园，称“曹家坟”。20 世纪六七十年代，此处曾出土许多精美的金银器皿。据专家结合康关传说和历史考证，康关古堡是受司马氏迫害而流落至此的一支曹操后人在原有基础上修葺扩建而成。曹家坟应该是曹操后人的墓园。

【少康中兴】据专家考证，“康关”之“康”，就是中国历史上第一个世袭王朝夏朝（约公元前 2070 —公元前 1600 年）的第六代君主少康。据史料记载，夏朝第三代国君太康荒淫无度，被东夷部落有穷氏的首领后羿夺取政权，史称“太康失国”。此后，夏朝第五代君主“相”又被另一个野心家寒浞杀害，相的妻子逃归母家有仍氏，生下了遗腹子少康。长大后的少康立志复国，他纠合同姓部族，最终夺回政权，成为夏朝第六代国君，史称“少康中兴”。康关一带正是少康从事复国活动的根据地。“康关”因少康而得名。少康不仅是一位杰出的政治家，还是一个发明家，他发明了箕、帚、秫酒，传说中的中国酒祖杜康就是少康。至今，在康关古堡的东部，有一道山沟称为“流酒沟”，其中有泉，为“杜康泉”。古碑中记载，这里就是少康造酒的地方。

□人物英才

康关村人杰地灵，名人辈出，在抗日战争和解放战争时期是全国有名的革命老区晋察冀边区报社所在地，聂荣臻元帅、杨成武将军等许多老一辈无产阶级革命家都在这里工作、战斗、生活过。另有近、现代许多德高望重的社会贤达人士皆出于此，如高洛国，开明绅士，扶贫济困，乐善好施，曾任晋察冀边区参议员，为抗日救国做出了贡献；胡景咸，清末秀才，自学中医，悬壶济世，施惠于民；胡德润，在数学领域造诣颇深，雅号“胡三角”，教育界名士；胡光生，从事教育多年，桃李满天下；杨磊之，原河北省副省长；胡建，曾任驻外大使馆代办，树威于外，不辱使命；胡鸿章，副教授，从事民族政策教育事业，颇有建树；李秀亭，电子工业部高级工程师，成就斐然；胡淑慧，精细化工高级工程师，著述颇多；胡恒章，从事地空导弹研制，航空专家，政绩卓著；胡秉侠，从事反导弹武器系统研究，高级工程师、政工师，素负盛名……以上诸多国家精英，为中国革命和建设事业做出了许多卓越的不可磨灭的贡献。

□名村历史

历史上的康关是一个美丽富饶、物产丰富的地方。唐朝时的康关，就有5000人口，形成城镇，其中不乏高门大户。清朝以至民国，顺平县有8个豪富家族，称“完县（顺平县原称完县）八大家”，其中之一的高家便是康关人，鼎盛时期，在顺平及周边县拥有良田百余顷，在康关古堡内外有房屋数百间。此外的胡家、杨家、田家等，其富裕程度虽比不上高家，但也算富甲乡里。

康关文化底蕴深厚，民间传说和民间艺术丰富多彩，目前，已经对杜康造酒、寸跷会、康关民乐、大镲歌等四项民间艺术正式展开“非遗”申报工作，力争通过深入挖掘和恢复演出，让这些尘封多年的中华民族艺术瑰宝重放异彩。

□宗教文化

康关自古便是儒、释、道文化汇聚之地，其中南为道教，北为佛教。在古堡西南部高敞之处，曾经有一座巍峨的杜康朝真观和杜康塔，据专家考证，它们是祖先崇拜的产物，最早应该是一座纪念、祭祀少康的建筑，后来成为道教真武大帝的道场。此外，在康关古镇南面的龙山上，建有众多的道教庙观，70% 的康关人信仰道教。在凤凰山脚下、蒲阳河之北，历史上有一座规模宏大的古刹玉泉寺，毁于民国时期。

如今，在康关古镇北面的、凤凰山上，在台湾星云大师等高僧大德的关怀下，由真广法师建起一座规模更为宏大的佛光寺，被誉为“京南第一禅林”，目前已经初具规模，并开始接待游客，大大带动了当地经济的发展。

□名村今貌

京津冀协同发展和美丽乡村建设，为康关提供了千载难逢的发展机遇。为了进一步挖掘康关的历史、文化和旅游资源，繁荣康关经济，使康关如期实现小康，太行肠衣有限公司再次投入巨大的人力、物力、财力，经过多方调研论证，确立了古镇保护、文化繁荣、生态农业、旅游产业相结合的发展思路，并于 2015 年正式注册成立保定康关文化发展有限公司，委托北京大学的专家对康关综合开发进行整体规划设计，拟建主要项目包括复建杜康塔、杜康酒文化园和酒文化馆、康关湖、康关新区、古城堡修葺恢复等，力求在尊重历史的基础上，最大限度地恢复康关古镇文化，力争为康关人民奔小康、为顺平县扶贫攻坚起到积极的推动作用。

（**撰稿**：田和顺　赵喜成　**摄影**：田和顺　杨利辉　赵强）

唐县
TANGXIAN

千年古县 锦绣尧乡

◎ 唐县位于河北中西部，处于京津冀都市圈腹地，县城南距石家庄 100 公里，北距北京 150 公里，东距天津 200 公里、保定 50 公里。总面积 1417 平方公里。东与顺平县、望都县毗邻，西与曲阳县、阜平县相连，南与定州市相接，北与涞源县交界。县城北倚太行山，南临华北大平原。地理特征为“七山一水二分田”，古老的唐河、通天河纵贯全境，南水北调中线水渠环绕县城。人口 56 万，辖 13 个乡镇和 345 个行政村。

◎ 唐县交通便利，京广铁路、京昆高速公路、保阜高速公路、107 国道和多条省道、县道在境内形成路网。境内山地、丘陵、平原、河流地貌俱全。唐县百姓“习简朴”，其良好民风被称为“陶唐遗风”。这里民风淳朴，人杰地灵，经济发展具有得天独厚的地理和自然资源优势。

◎ 唐县历史悠久，六七千年前就有人类聚居，属仰韶文化遗址。中古时期，为古唐侯尧之封地，是华夏民族的发祥地之一。2013 年 9 月，“唐尧传说”入选河北省第五批省级非物质文化遗产名录项目。作为唐尧故里、唐尧文化发祥地，2015 年唐县被中国民间文艺家协会命名为“中国唐尧文化之乡”。

◎ 唐县是著名的革命老区、“白求恩精神发祥地”，白求恩精神从这里走向世界。这里人杰地灵，英雄辈出。一方山水承载着厚重的红色记忆。抗日战争时期，唐县是晋察冀军区司令部和三分区司令部所在地，聂荣臻、杨成武等老一辈革命家在这里留下了闪光的足迹，“抗日模范县”演绎着不尽的辉煌与感动。白求恩、柯棣华纪念馆成为全国红色旅游景区和全国爱国主义教育基地。

◎ 秀美的自然风光与多彩的人文景观在唐县交相辉映，古北岳恒山——大茂山、道教圣地青虚山、碧水银石大石峪、峡谷龙潭西胜沟等诸多风景名胜遍布全县，彰显着一方生态之灵。

高昌镇

唐尧故地 古邑新曲

□名镇概述

高昌镇古称庆都驿，是尧帝之母庆都居住和生活过的地方。这里风光秀丽，历史悠久，历史文化资源丰富。庆都山因尧母庆都常住而名，山顶上的唐尧像慈祥地注视着前来寻根认祖的中华儿女。该镇位于河北省保定市唐县县城东北，距县城 6 公里，与望都、顺平两县相邻，广西线公路过境，保阜路自东向西穿镇而过，交通便利。

高昌镇土地肥沃，物产较为丰富，自然条件良好，农业发达，主导产业有林果、高效农业、无公害蔬菜、制种、石料开采、薯粉加工、生态旅游。当地大力发展以润雨现代农业示范园、南固城核桃农民种植合作社为代表的现代农业，提高了经济效益。高昌镇依托地理、人文优势，以尧文化为积淀的文化产业正在逐步发展起来。

□唐尧文化

“唐尧传说”耳承口传几千秋，这些传说故事已入选省级非遗项目保护名录。唐县先后投入 170 多万元实施非遗项目传承保护工程。该工程修建在具有丰富唐尧传说的遗迹处，共修建碑亭、碑塔、刻石、楼宇等 13 处，打造“唐尧圣迹寻根之旅”。其中包括北高昌村庆都山修建“唐尧故居地”、浊鹿山建“唐尧西迁处”标志。

唐尧，姓伊祁，名放勋，公元前 2377 年农历二月初二出生于唐地伊祁山，为帝喾次妃陈锋氏庆都所生，随其母在庆都山一带度过幼年生活。帝喾去世后，放勋的长兄挚继承帝位，放勋被封为唐侯。他在唐地与百姓同甘共苦，发展农业，妥善处理各类政务，把唐地治理得井井有条，不仅受到百姓的拥戴，而且得到不少部族首领的赞许。可是帝挚却没什么突出的政绩，各部族首领也就亲放勋而疏远挚。帝挚九年，挚亲率官员到唐将帝位禅于放勋，放勋即帝位，帝号尧。以后逐渐西迁山西，定都平阳。唐尧在帝位 70 年，90 岁禅让于舜，公元前 2259 年，唐尧 118 岁时去世。

尧帝是我国古代久负盛名的五帝之一，是远古时代的一位著名贤君，是最杰出的部落联盟首领。他既是中华民族的人文始祖，又是刘姓氏族的血脉根祖。他思想观念先进，道德品行高尚，治国才能卓越，开创了中国历史上的太平盛世，即世代推崇的“尧天舜日”。

北高昌村西 50 米有一小山，名浊鹿山，此山实为一丘，周长不足千米，海拔不过 100 米。上古时期，北高昌曾是古帝都，唐尧为其母在此建城，后称“庆都邑”“庆都城”，西北与二三里地外的唐尧故居地庆都山连脉，北

距唐尧帝都故城仅八九里地。所以，它因所处的地理位置优势而著名。众史籍记载，尧时，唐国遭遇水患，山洪横流，海水倒灌，平原村落淹没，帝都受浊浪围困。唐尧高举兽皮图腾旗，浊鹿山上各部落难民聚集，祈年祭天，惜别故里，举族向西大迁徙。今之山下，“尧子建刘国”故事传颂，尧母庆都古城昌盛；陶唐氏养马坑尚在，“马道”犹存名。

□旅游资源

【唐尧文化园】文化园坐落在唐县城东北 5 公里处的高昌镇庆都山，核心区域主要包括庆都山、峪山及圣母湖。其主体部分设在山顶东半部，约 20 万平方米，所有景点突出表现尧文化、龙文化、石文化和唐县历史悠久、人杰地灵的本土文化。

目前，唐尧文化园修建完成山门和通往庆都山、峪山山顶的环山路，在庆都山山顶修建了唐尧雕像、灵源寺，“大唐天后供养”的巨型佛经碑保存完好。圣母湖碧波荡漾，湖畔果园飘香，湖上可自驾渔家木船观光或自助捕鱼。农家风味餐厅临水成片分布，可同时容纳 2000 多人就餐，农家饭、连廊木椅、石桌石凳等极具特色。

【毛主席进京居住地】位于高昌镇淑吕村。1949 年北平和平解放后，党中央决定从西柏坡迁往北平。3 月 23 日上午，党中央从西柏坡出发，经灵寿、行唐、曲阳，于当晚 9 时许到达唐县淑吕村。一支由 11 辆小汽车、10 辆大卡车组成的车队徐徐开进村来，毛主席住在李成瑞家北房，周恩来、刘少奇、任弼时等中央领导也分别住进其他村民家中。24 日上午 9 时，中央领导乘车从淑吕村出发时，继续进京“赶考”之路。中华人民共和国成立 50 周年时，中央电视台曾到此拍摄大型文献纪录片《新中国从这里走来》。目前，毛主席进京“赶考”居住地是“重走赶考路”红色旅游线路的重要一站，每年有大批游客参观学习。

□文化遗存

【千年古村北高昌】北高昌村是个古老的村庄，唐尧时代因尧母庆都居住于此始建庆都城，唐尧西迁临汾后称刘邑，是世界刘姓的发源地。因近孤山又称孤邑，直至春秋时期，战国时为赵国庆都邑，秦嬴政十九年析庆都邑南部置庆都县，汉高祖六年改置望都县城（这里是望都县第一治所），东汉公元九年王莽新政时，改望都城为高昌县城，东汉仍为望都县属中山国，北魏拓跋珪时曾在此设行台，五代时称望都故城，宋、元复称高昌城，明朝曾设高昌行署、高昌社，清设高昌社，称高昌村，分村后称北高昌村，清光绪维新时升置高昌镇。北高昌村是高昌镇政府所在地，距唐县城东北 5 公里，距庆都山 1 公里。东临望都、顺平地界，是三县交界之地，地理位置十分优越，交通极为便利。村域内的庆都山、育山、浊鹿山、莲花山，有着深厚的文化底蕴。北高昌村村西浊鹿山四周出土的大量石斧、石镰、陶器等，经测定为仰韶文化时期的人类生活遗迹，证明早在六七千年前这里就有先民居住。

【灵源寺遗址】遗址位于北高昌村西北的灵源山上，东南距北高昌村 3000 米，南 300 米山脚下为高昌水库，西南部有新开辟的盘山公路。遗址基本处于山谷中，东西狭长，长约 300 米，南北宽 100 米，占地面积约为 3 万平方米，据说遗址西部是寺僧的古墓，北部曾有一汉白玉石塔，多年前被毁，仅存一口古井，保存完好。

灵源寺原名“寿圣寺”，始建于唐武则天上元二年，先建尧庙，后建寿圣寺，是当年的皇家寺院，明正德六年重修。寺内有石碑 5 块，都是高丈余，四面刻字，碑头上刻有龙多条，佛像两尊或一尊。《妙法莲华经序》碑的碑额中间有两尊佛像，右侧刻有“大唐天后供养”，左侧刻有“大唐天皇供养”。碑上都没有刻立碑年月，据《明一统志》记载为唐上元二年，即公元 675 年所刻。

【淑闾遗址】该遗址位于高昌镇淑闾村西1000米处的农田内，东南紧邻南水北调大渠，西50米有南北向张石高速引线与东西向保阜公路交汇，北侧有东西向张石高速穿过。遗址所在地均为农田，种有玉米等农作物，地势平坦，南北长约800米，东西宽约500米，面积40万平方米。2007年南水北调施工时曾在此进行过局部发掘，出土大量夏、战汉时期遗物。现遗址采集标本有夹蚌红陶、泥质红陶、夹砂灰陶、泥质灰陶等残片，器型有鬲、罐、豆。遗址发现的具有聚落壕沟性质的长沟和具有北方风格的筒腹鬲、中原风格的盆形鼎，对深入研究先商埋藏聚落的形态、结构、功能、土著文化与周邻文化的关系有重要意义。

【立山墓群】墓群位于唐县县城东北方向8公里的高昌镇北放水村东北30米处山包顶部及四周，墓群东西长150米，南北宽100米，曾出土大量随葬陶制品，有灰陶碗、灰陶罐、红陶罐、陶鼎、陶豆、陶俑和陶壶等。其中部分陶豆、陶壶和陶俑上有红白相间的条纹彩绘。现在山包顶部及四周遍布被盗掘的墓葬坑，其中山顶处墓葬较大，大小依次递减，近山包底部规格最小，暴露的墓葬坑有12座。

【固城遗址】遗址位于县城东北10公里处的南、北固城村，东部100米有南水北调大渠和张石高速穿过，东与顺平县接壤。现城址已被两村民房所覆盖，仅南固城村村民王同继家西侧还保留有一小段南北向残城墙，夯层分明，层厚6—8厘米，向北一直延伸至河岸边。城墙原址上现为耕地，在北部断崖上还依稀可辨城墙基础痕迹，其余均无迹可寻。城址东西长 430 米，南北宽 280 米，所处地势较高，基本依地形地势变化而建。城址始建于西汉高帝四年，为当时唐县县城所在地。采集标本有夹蚌红陶、夹砂红陶、泥质灰陶，器型有陶罐、陶豆、陶碗等，时期为汉代。

【南放水遗址】该遗址位于南放水村西 200 米处的南水北调大渠西侧的台地上，北侧有东西向放水河流过，北与北放水村隔河相望，南北向的张石高速公路从遗址中心位置穿过，遗址东侧紧邻南北向的南水北调大渠，南侧有一条自然形成的东西向沟槽。遗址西高东低，东西长约 1000 米，南北宽 60 米，曾出土过大量的器物、陶片等，文化层厚约 1 米。现遗址采集标本有夹砂红陶、夹蚌红陶、夹砂灰陶等残片，器型有罐、纺轮。

【北放水遗址】遗址位于高昌镇北放水村西北 50 米农田内，距县城约 7 公里。遗址南临放水河，与南放水村隔河而望，北 1000 米处为南固城村，西南 500 米处为庆都山。现为全国重点文物保护单位，发掘出夏时期遗物以陶、石器为主，另有小型玉器、骨器等。此遗址夏时期文化遗存有鲜明的地域特征，是先人聚居的村落。对于研究先商古部族的分布及文化属性、商族和先商文化的渊源等有重要价值。

□发展愿景

近年来，高昌镇大力实施以林果业促旅游业、以旅游业带林果业战略。畜牧业持续稳定发展，小尾寒羊养殖及肉牛、奶牛养殖发展迅速，退耕还林工程逐步增加，造林面积逐步扩大。该镇是河北省命名的“无公害蔬菜种植基地”，也是唐县的外繁制种基地，所产的优质良种出口到美国、日本、加拿大等国。

丰富的历史文化资源为旅游的快速发展提供了有利条件。以弘扬尧帝文化为主题，高昌镇着力打造中华传统文化教育基地、中华始祖大殿、中华尧帝文化产业园，为弘扬中华传统文化贡献力量。

（**撰稿**：王旭 **摄影**：张中杰 韩海山 李汉臣 石振明 王振英 张庆学）

军城镇

革命圣地 源远流长

□名镇概述

军城镇位于河北省保定市唐县西北部，距县城 46 公里。北面与羊角乡相临，西面与石门乡相连，东南与齐家佐为邻，西南与曲阳交界。宝平线南北向穿镇而过，军白线、军石线在此交汇，还有保阜高速、涞曲高速两条线路，城乡路网四通八达，交通十分便利。军城镇下辖 23 个自然村，现有 5710 户，共 22 756 人。总面积 110 平方公里，多为山地、丘陵，一条通天河贯穿其中。

军城历史悠久，北宋雍熙元年置军城寨，为北宋屯粮储草、养兵练武之地，今南关村西北仍有杨六郎的阅兵场遗址。金、元置军城镇，明初设驿站。明嘉靖三十五年原城寨被洪水冲毁，今仅存南关、北关。清朝设军城铺驻稻园，至今仍以军城为名，镇政府驻稻园村。

军城镇以其重要的战略地位历来为设兵戍守的重镇。晋察冀烈士陵园、

白求恩卫生学校旧址、晋察冀军区司令部旧址让我们看到了老一辈无产阶级革命家在这里谱写的壮丽诗篇。勤劳、善良的老区人民传承自力更生、艰苦奋斗的革命精神，发展万亩牡丹园，开创现代经济示范区。美景怡人、物产丰富、民风淳朴的军城镇具有了经济腾飞的新活力，成了唐县的“次区域中心”。

□红色文化

【晋察冀军区烈士陵园】晋察冀军区烈士陵园位于保定市唐县军城镇南关村西，因安葬国际主义战士白求恩、柯棣华、琼·尤恩、傅莱及晋察冀军区团级以上烈士而闻名国内外。现为保定市爱国主义教育基地、河北省重点文物保护单位、全国重点烈士纪念建筑物保护单位、国家级抗战纪念设施、遗址。

1939 年 11 月 12 日，白求恩因抢救伤员感染伤口病逝于唐县黄石口村。为了纪念他，晋察冀军区决定修建白求恩墓。1940 年 3 月，晋察冀边区军民用 1 年时间，建好了这座陵园。白求恩墓门柱楹联题词是：“精神长留国际；功德永垂中华。”陵园北侧是抗战烈士公墓，安葬着为抗战牺牲的团级以上干部 36 位，公墓中间有一座六棱形纪念碑，像一把利剑刺向天空，聂荣臻司令员的题词是：“热血洒遍边区，精神长存北岳。”

园区内苍松翠柏，林墓相间，庄严肃穆。白求恩墓前石碑上刻有中共中央的唁电和祭文，镌刻着毛泽东、朱德、聂荣臻、叶剑英、吕正操、萧克、

舒同的题词。加拿大、印度政府代表团曾多次来这里参加祭奠活动，国际友人常来凭吊、瞻仰。胡耀邦、温家宝也曾到这里观瞻并植纪念树。

【晋察冀军区司令部旧址】晋察冀军区司令部旧址位于军城镇和家庄村，抗日战争时期是晋察冀军区司令部所在地。1937 年 11 月，一一五师副师长聂荣臻率部创建了中国共产党领导的八路军在敌后建立的第一个抗日根据地，成立了晋察冀军区，聂荣臻任司令员兼政委，军区下设 4 个分区。1939 年 3 月，为了接近抗日前线、靠前指挥，聂荣臻司令员率军区首脑机关转战河北省唐县。5 月 21 日，晋察冀军区司令部进驻军城镇和家庄。1939 年至 1941 年，聂荣臻元帅、杨成武将军、吕正操、舒同等领导在此战斗、工作、生活达 3 年之久。

现在我们还能在这里看到聂荣臻、萧克、程子华、刘澜涛、杨成武、吕正操、王平、唐延杰、舒同的群雕。优雅美丽的小山村，整洁干净的街道，简朴古旧的四合院，每年都吸引成千上万的部队官兵，大、中、小学生来此重温历史，接受爱国主义教育。加拿大、印度等国际友人也到这里参观访问。晋察冀军区司令部旧址于 2003 年 1 月 3 日被县政府列为县级文物保护单位。

【白求恩卫生学校旧址】1939 年 9 月 18 日，在军城镇牛眼沟村由白求恩倡议并参与创建的晋察冀军区卫生学校正式成立，是我党在敌后抗日根据地创建的唯一一所正规的医学院校。在战争年代，白求恩在军城镇这片红色热土上积极组织战地流动医疗队出入火线救死扶伤。为减少伤员的痛苦和残废，他把手术台设在离火线最近的地方，一次竟连续为 115 名伤员做手术，持续时间达 69 个小时。白求恩以年近 50 之躯，多次为伤员输血。他还提议开办卫生材料厂，解决了药品不足的问题。白求恩创办卫生学校，编写了多种战地医疗教材，对卫生人员悉心授课、谆谆教导培养了大批医务干部。1940 年 1 月 5 日，聂荣臻司令员宣布将晋察冀军区卫生学校改名为白求恩卫生学校，附属医院改名为白求恩医院，这里成为中华人民共和国卫生事业的摇篮。学校在抗日的烽火中诞生，并几经易名，现为中国人民解放军白求恩医务士官学校、吉林大学白求恩医学部。白校师生遍布全国医药卫生行业，成为人民健康的守护神。

【白求恩初葬地】白求恩大夫于 1939 年 11 月 12 日逝世，11 月 17 日下午葬于于家寨村狼山沟门，聂荣臻司令员率晋察冀边区党、政、军民在这里举行了隆重的殓殡仪式。在此地埋葬 50 天后，1940 年 1 月 5 日移葬军城镇南关村烈士陵园。现在经常有国际友人来此凭吊白求恩。

□文化遗存

军城镇的历史文化源远流长，秀美的自然风光与多彩的人文景观交相辉映。

【孚公禅师塔】位于军城镇娘子神村北半山腰。建于金代，该地原是金牛寺旧址，孚公为金牛寺的创建者，金牛寺始建于唐末宋初。原有 6 座高僧灵塔，3 座存放金牛寺历代亡故僧众灵骨的石洞，20 世纪 60 年代被毁坏，洞内 300 多位在该寺圆寂的僧众骨灰及瓷坛亦不复存在，现仅存孚公禅师灵塔 1 座。孚公禅师为宋初人氏，为禅宗云门宗法脉人氏，孚公禅师师从文慧披剃，灵骨分三处建塔，一为该寺，一为曲阳，一为新罗。孚公禅师塔现为市级文物。

【柏岩寺】位于贤表村东南柏岩山口。坐北朝南，三面环山，占地 2400 平方米。寺院南北有两条山脉如两条巨龙，龙头在山门口点头呼应，柏岩寺在两条巨龙环抱之中，故有“二龙戏珠”之说。该寺始建于初唐，中唐时期马祖道一的弟子柏岩明哲曾住持这里，著名的“苦吟诗人”贾岛曾在这里挂单，并就学于柏岩禅师。后唐天成元年石刻记载其事，现该石刻就在柏岩寺内，上刻《柏岩禅师颂》《贾岛哭柏岩禅师》两首五言诗。古刹自2002年重建以来，落成88尊金身佛像及九层舍利塔1座。该寺院有露天观音、大雄宝殿、天王殿、地王殿、三圣殿、藏经阁、祖师殿、斋堂、僧寮、居士园共三层塔院。群山环绕，翠柏成荫，山清水秀，院中一眼古井可垂手取水，饮之甘甜清爽。松柏林立间聆听隐隐钟鼓齐鸣和诵经声，清雅幽静。

【金牛寺】位于太行山余脉的唐县军城镇娘子神村北山坡的半山腰，坐北朝南，背靠晾经台，面向通天河、莲花山，气势雄壮。据记载，金牛寺始建于唐末宋初年间，寺内有前殿、后殿、东西珈蓝殿，至今仍有老人说起小时候来到金牛寺所见的情景，那时男女僧众俱存。该寺原有6座高僧灵塔，现存孚公禅师灵塔1座。经上级宗教部门批准颁发正式宗教活动范围许可证，该寺占地五六亩，殿堂3间，斋堂1间，未完工观音殿1间，长17.5米，宽11米，有已建好寮房5间，正建筑寮房15间，寮房和观音殿为当地居士建设。

□特色物产

【油用牡丹】群峰环绕的军城镇于家寨水库连接着弯弯曲曲的通天河，青山绿树倒映水中，随碧波漾起涟漪。也许是这山水相依的美景引来了北大未名集团，总投资100亿元的通天河生物经济产业园区于2016年落户军城。依托于家寨小水库建成了保定通天河生物产业园C区项目，该项目重点进行“一园、一区、一社、一山”产业发展布局。“一园”即通天河生物产业园建设中药生产基地；“一区”指大茂山白求恩健康养老社区建立新型养老社区；“一社”指未名公社经济示范区建设食品精细化加工生产基地和26公里牡丹、核桃、道地中药材种植的林下经济带；“一山”指古北岳国家森林公园以创建5A级旅游景区为目标发展生态旅游。

5000亩油用牡丹的种植，在通天河一侧打造了白牡丹一条沟的壮观景象。在这大茂山牡丹种植基地，每年5月，牡丹花开，山山岭岭片片花海，山野的风把浓郁的花香送出很远，吸引了众多的游客来此参观。这一特色产业不仅带动了当地老百姓生活水平的提高，也为军城镇的经济腾飞插上了翅膀。

【军城大枣】军城镇是河北省红枣生产基地，具有悠久的大枣栽培历史。军城大枣以“个大、核小、皮薄、肉厚”著称，干枣含糖量达60%以上，富含蛋白质、维生素以及钙、磷、铁等多种对人体有益的微量元素，具有较高的营养价值和药用价值。近几年，军城镇大力扶植牛眼沟、于家寨、贤表等村大枣林果业的发展，以军城大枣为代表的唐县大枣被河北省林业厅评为一级果品，在历次河北省名优农产品交易会、展评会上获奖，并于 2010 年 4 月成为国家地理标志保护产品。

□发展愿景

文化凝结历史，精神引领发展。军城镇作为白求恩精神的发祥地和新中国卫生事业的摇篮，要打造成为白求恩特色品牌镇。军城镇还要打造以和家庄晋察冀军区司令部旧址、牛眼沟晋察冀军区卫生学校旧址、晋察冀烈士陵园为主要景区的红色旅游线路；建设通天河—滨河水系景观带；启动以猪山为中心的军城古城恢复项目，并结合基地建设，带动红色旅游、城镇建设及医疗器材、生物制药等相关产业的发展。

弘扬红色文化，彰显时代特色，带动产业发展，让我们在军城镇这片红色热土上踏着革命先辈的足迹，继往开来铸辉煌！

（**撰稿**：赵淑萍　**摄影**：李汉臣　王振英）

齐家佐乡

道教圣地 人间胜景

□名镇概况

齐家佐乡地处唐县西北部山区，属革命老区，距县城 35 公里，总面积 111.9 平方公里，辖 24 个行政村、47 个自然村，2.6 万人，耕地 2.8 万亩，其中水浇地 3000 亩。人均耕地少，大田农作物发展受限制。但齐家佐辖区内旅游资源极其丰富，自然景观多而奇特，古色文化源远流长，红色文化底蕴丰厚，另外，交通便利，距北京、保定、石家庄均在 2 小时交通圈，保阜高速引线贯穿全境，距白合高速出口仅 5 公里。

□旅游资源

【青虚山景区】青虚山位于太行山东麓，唐河从东、北两侧环山而过。古长城在其北麓雄峙，沿线的倒马关、插箭岭、紫荆关，自古成为通塞外交

通的咽喉。青虚山最高峰海拔 998 米。青虚山三座主峰和十几座峰林构成了景区特有的地貌景观，景区内秀峰林立，峡谷幽深，古树参天，飞瀑甘泉。据《唐县志》载：青虚山因“四时之气清而熙，界入虚空，超然物外”而得名。青虚山为石灰岩地貌，久经风雨溶蚀，形成了“如青笋、似狼牙、像箭镞，直刺云天”的奇峰峻岭，是我国北方最大的喀斯特峰林景观。

当年乾隆皇帝到五台山进香路过此地，见此山雄伟壮丽，派大臣董邦达两次到青虚山勘察，画了一幅全图和八幅小景。乾隆御笔书写“紫云峰”“凤凰石”两块玉匾镶嵌在悬崖上。在沿山间小路上山的路途中还可见孙希夔题写的“升高望远”和“渐入佳境”两处摩崖石刻。现山上存有葛公题诗碑、元代“重显子返真碑”、元代皇庆“冷空台”碑、清同治年间的“重修葛公殿碑记”等十余块碑刻。据清乾隆年间陈效元的《葛山指掌图》载：青虚山有紫云峰等四峰、三岩、九洞、四峪、二园、三寨、二崖、二潮等自然景观40余处。远眺此山，“万峰耸翠，霁暝不时，烟霞无定”。“青虚耸翠”为唐县古八景之一。

【西胜沟景区】西胜沟位于青虚山北侧，2005年被评定为国家3A级景区。一条14华里的峡谷内飞泉瀑布，一年四季溪水长流，九处秀丽的龙潭巧点其中。陡峭的悬崖上到处是千姿百态的钟乳石，是我国北方最大的岩溶峰林景观。满沟的杜鹃、海棠和葛藤、灌木，构成一派南国风光。

【全胜峡景区】因全胜庄大峡谷而得名，位于青虚山的阳面，面积10平方公里，海拔280—1046米。自然景观独具三个特点：一是奇峰怪石，云海仙境。全胜峡景区四周崇岭环抱，中心孤峰兀立，形成了金峰坐金椅之状。远观，山体巍峨嶙峋，山顶峰柱林立，犬牙交错，直刺蓝天，呈现出独特的温带喀斯特峰林景观。独特的地貌和气候特征，还使区内海拔700米以上的山地夏秋多云雾，尤其是雨后天晴更是常常形成云海景观。二是深峡钟乳，丰水多瀑。全胜峡有三条主峡谷，北龙门峡最为典型，全长约5公里，如一条裂缝，深深地刻入唐河右岸的山体中。崖壁上有千姿百态、造型各异的钟乳石。尤其是三四峡潭处的巨幅乳岩壁画，像一条长长的画廊，飞禽走兽、山川林木，造型奇特，栩栩如生。峡谷内分布四湖、十六潭、七十二瀑、百泉等，湖清河澈，瀑飞泉涌，库秀潭灵。西峡西湖最为惊奇，高山湖泊、水上栈道、天下第一岩溶，惊心刺激。东峡较为原生态，遍布奇树、奇石、奇溪，兼有古村落、古地穴。三是溶洞成群，神秘莫测。全胜峡特殊的地形地貌、地质构造，造成此地洞穴成群，当地群众有“九九八十一洞”之说。溶洞内可见钟乳石遍布，形状奇特。

□道教文化

青虚山是华北地区著名道教圣地，全真教发祥地之一，是东晋道教学者、著名炼丹家、医药学家、化学家葛洪修道、炼丹和收徒传艺的场所，因此又名葛洪山。葛洪，字稚川，自号抱朴子，晋丹阳郡句容人，“幼年慕道，壮而出仕，老而归真，披荆斩棘而入，攀藤扶葛而上”，来到青虚山修炼。至今山上洗心泉、青虚宫、药碾、晒艾台、仙奕石等遗迹犹存。在青虚山30年的隐居生涯中，葛洪在继承早期道教神仙理论的基础上，系统地总结了晋以前的神仙方术，并与儒家的常纲名教相结合，对儒、墨、名、法诸家兼收并蓄，提倡尊君为天，强调忠教和顺仁，主张国家法制。长期的实践和总结，使葛洪一生收获颇丰，其著有《内篇》二十卷、《外篇》五十卷、《碑颂诗

赋》百卷、《军书檄移章表笺记》三十卷、《神仙传》十卷、《隐逸传》十卷；又抄五经七史百家之言、兵事方技短杂奇要三百一十卷。另有《金贵药方》百卷、《肘后备急方》四卷。

青虚山自葛洪真人隐居得道后，遂名气大增，文人骚客、达官显贵、道释儒墨云涌而至，形成了以道教为主流的青虚山文化。据“重显子返真碑”载：全真教教主丘处机派弟子陈道义（号重显子）到青虚山传经布道，住持葛公山，山居6年，修建庵观至百所，自居清虚宫。徒学愈众，所度弟子逾千人。其中以高志筌、史志筌、赵志完等为著名。天兴元年卒，年八十一，赐号“洞虚真人”。从此以后，青虚山道教发展达到鼎盛时期，明清以来，该山后暖谷王石渠道人道术高超，康熙五十九年入大内礼遇甚隆，封“清虚真人”。到清朝末年，这里的各种寺、庙、观、庵达100多处。自从洞虚真人陈道益开辟全真龙门派道场到中华人民共和国成立前期，龙门派在青虚山传续十九代。中华人民共和国成立以后，特别是十一届三中全会以来，党的宗教信仰自由政策的落实，刘至祥、史理广、冯理江、赵崇善等众多道教龙门派弟子赴青虚山修道。每年的阴历三月十五日青虚山庙会，五洲八里数十万香客云集青虚山，烟雾缭绕，虚无缥缈，仙风道骨，宛如人间仙境。

□文化遗存

【宗教文化遗址】全胜峡景区内有三觉寺（观）遗址、苇玉寺遗址、姑子墓等。三觉寺（观），位于西龙门高岗上，传说是吕洞宾弟子纪仙出家修行的地方。苇玉寺，位于全胜庄行政村苇玉寺自然村，始建于唐朝，是著名的皇家寺院之一，过去有“苇玉观星”之奇观。姑子墓，位于全胜峡景区长尔凹自然村。是僧人墓穴（骨灰堂），所属历史年代约为明朝，在墓穴周边，现已找到原塔身石四节。

【无梁殿】位于西胜沟内，是一处风格独特的明代建筑。该殿坐北朝南，门两侧有砖雕，并嵌有两块经打磨的灰砖，上刻有文字，已模糊不清。屋顶下面椽檐为砖雕，下有枋木结构的砖雕斗拱。屋顶铺灰布瓦，瓦当饰有龙纹。无梁殿始建于明万历年间，康熙五十八年王士渠重修，一直保存至今，是河北省重点文物保护单位。

【葛公村戏楼】葛公村建村于东晋咸和九年，因葛洪在此修道炼丹而得名。葛公村戏楼建于清乾隆年间，为卷棚顶，木结构，东、西、南三面墙体为毛石和青砖垒砌，南北长 10 米，东西宽 8.5 米，面阔 3 间，进深 2 间，戏楼通高 8.4 米，其中戏台高 0.9 米。前檐两根立柱为八棱石柱，下有柱础。

【葛公村墓地】位于葛公村北约 300 米山梁台地上，山包顶部散落有大量盗墓者从填土中挖掘出的泥质灰陶绳纹板瓦残片。土坡四周还零星散落有少量夹蚌红陶、夹砂红陶残片，纹饰为绳纹。根据已暴露遗物推断该墓为战汉时期墓葬。

□红色文化

抗日战争时期，全胜峡曾作为根据地，1937—1945 年八路军晋察冀军区三分区一部在此驻扎，也是晋察冀军区八路军后方机关驻地和军工重地。1943 年，日本侵略军对我抗日根据地进行“大扫荡”，被我抗日军民粉碎，保卫了八路军后方机关和军工厂，大获全胜，全胜峡被唐县抗日民主政府首任民主选举的女县长陈舜玉命名为“全胜庄”。

葛公村是大茂山、青虚山抗日根据地东部前沿，是日寇从满城、完县（现顺平县）方面过唐河对我根据地进行扫荡的必经之路，具有重要的战略意义。聂荣臻、杨成武、吕正操、王统等老一辈革命家都曾在葛公村生活工作、指挥战斗；国际友人白求恩、柯棣华、傅莱等也在这里生活工作、救死扶伤，柯棣华医生还长眠在了葛公村。葛公村民也得到了老一辈革命家的亲切教导，受到了白求恩、柯棣华精神的鼓舞，村里生产自救、拥军支前等各项工作开展得轰轰烈烈。如今尚完整保存的有柯棣华故居、柯棣华婚房、柯棣华逝世纪念地、白求恩卫生学校旧址、胡翼墓等红色遗址。

□前景展望

齐家佐乡依托丰富的特色旅游资源，将旅游业定位为当地战略支柱产业，围绕“四大基地、八大攻坚战”战略部署，以构建“和谐、实力、魅力”齐家佐为目标，大力实施“林果富民、旅游兴乡”战略，主打绿色山水游、道教圣地游、红色文化游三张牌，集全乡之力倾力打造“华北旅游休闲胜地”。

（**撰稿**：高秀红　**摄影**：高秀红　石振明　张中杰　李明　王振英）

倒马关乡

北岳雄关 千秋山水

□名镇概述

倒马关乡位于唐县西北山区，毗邻古北岳恒山大茂山，南距县城48公里，面积约100平方公里，辖8个行政村、54个自然村。

倒马关历史悠久，由于其独特的险要位置，自古以来就为战略要冲。最初战国时置，称为鸿之塞。《战国策》称其为鸿上关，汉代称常山关，北魏叫铁关，亦名鸿山关，明代以后通称倒马关。倒马关古城为历代军事重地，历代设重兵戍守，为兵家必争，因北宋名将杨六郎曾在此据守而闻名。与居庸关、紫荆关并称为“内三关”，倒马关有“倒马关前必倒马，内三关中数它奇”之说，曾是捍卫京师的重要门户。倒马关至清代战略地位大减，但仍为华北地区去西北的咽喉要道。抗日战争时期，这里是抗日根据地。1984年改倒马关乡。现倒马关交通便利，有省级公路南可达保定，北可通大同、张家口。乡政府驻地倒马关村，现为河北省历史文化名村。

□旅游资源

倒马关平均海拔400多米，气候温和，自然山水风景秀丽，森林茂密，是天然的大氧吧。2007年，经省林业局批准，唐县倒马关省级森林公园准予设立。倒马关森林公园总面积3520公顷，森林覆盖率高达63%，以“峰、石、水、关”等景观为主。公园由潭瀑峡、秀水峪两大3A级景区组成。

【潭瀑峡景区】总面积18平方公里，由潭瀑峪、寨石峪、双瀑峪三条沟谷和熊窝子自然保护区组成。景区内温泉、潭瀑、奇石、森林资源丰富。公园内松涛林海郁郁葱葱，冬日处处冰雪，夏日紫气升腾。各种形状的花岗岩石遍布溪谷，山中溪水清澈，形成多处水潭和瀑布，瀑布落差最大有20多米。因有鳄鱼潭、天河湖、龙堂瀑布、摩天崖瀑布、大石湖瀑布、青龙峡水库等景点，被旅游专家誉为京西南瀑石休闲天堂。成片的山桃、山杏、映山红、绣线菊、野菊花等各种野生植物一年四季姹紫嫣红。沟中古木参天，潭瀑峪景区中部段家庄村口，有一棵树龄1500多年的枫树，2000年被唐县人民政府命名为“枫树王”。

【秀水峪景区】总面积10平方公里，十几道山谷组成万亩松林，遮天蔽日，绿意盎然。松林里，生长着多种中草药。一到夏季，郁郁葱葱的松林中，长满了香气诱人的松蘑，置身凉气袭人的松荫下，采松姑、挖野菜，别有一番情趣。由于山林茂密，这里蕴含了充沛的水源，道道山谷中，泉水叮咚，溪流不断。茂密的花草，覆盖着座座大山；遮天蔽日的松林，连接起层层山峦。置身其间，让人俗虑尽消。

□文化遗存

【倒马关】分上城和下城，上城是明洪武初年修建的，后改名上城口，今城已毁。下城即今倒马关城，位于大石峪村东北部山梁上，唐河水由西、北、东三面环绕而过，地势十分险要。山、水、关城在这里相得益彰，互为险阻。现存有城堡基址及“重修倒马关上城真武庙碑记”“宋将杨六郎拒守之处”石碑各一块。在上关遗址西北部原关门位置南侧山崖上留有明代隆庆年摩崖石刻“雄关石壁”四个大字。据《西关志》载，在上城南门外河岸磐石上，有痕状如马倒所压，为倒马石。在上城唐河岸西路傍，有六郎盔印石。在上城北 15 公里，相传六郎晒甲于此，石上甲痕犹在，为晒甲石。在插箭岭南，相传为杨六郎插箭竖于此，名为插箭石，插箭岭以此得名。

下城在现倒马关村，关城为明景泰三年所建。下城基本上为圆角方形，关城墙体依山筑城。城池占地约 7 万平方米，关城全长约 2.5 公里，城墙高约 10 米。墙为黄土夯筑，外砌砖石。设有东、北、西 3 个瓮城，出南门往西约百米处唐河岸边设水关战台楼 1 座。倒马关楼下设有十字通道，十字街立有牌楼 4 座，东称“居仁”，西称“由義”，北称“宣威”，南称“振武”。阅兵楼北原为官署所在地，有大堂、二堂、后堂，东、西两厢为兵器库、厨房，现仅存后堂内部木结构建筑。

倒马关下城尚保留四分之三城墙，其中西城墙和东城墙较为完整，残高约 7 米，成为了解关城墙体结构的重要部分。关城东北部、西部和南部山坡上尚保存有 8 处独立墩台残迹。西瓮城百米外的水关敌楼和东瓮城北门现仅存下部条石砌筑的关门，其上部砖结构楼台早年已毁。县文物保管所保存有“倒马关建城碑”1 通，为研究倒马关历史提供了珍贵的资料。

【六郎碑】北宋时，名将杨延昭（六郎）曾据守于此，后人为纪念杨六郎镇守三关的功绩，于明正德十五年，在倒马关城西 3 公里的马圈山上修建了“六郎碑”。碑通体高 1.8 米，宽 60 厘米，为汉白玉雕凿而成，碑额抹角及两边雕云纹花边图案。碑文为：“宋将杨六郎拒守之处”。千百年来，许多文人学士到此凭吊六郎碑，称颂杨六郎威镇边关的不朽业绩。

【古民居】倒马关城内民居，多为一进院落，二进、三进院落较少。房屋墙基多为条石，少数较富裕的人家四角墙体用青灰砖砌成，大多数房屋墙身以自然蛮石砌成虎皮墙，屋顶为硬山式灰布瓦顶，坡度较和缓，梁架、檐椽大多使用未经加工的木料，不施油彩，与蛮石墙一起表现出简朴、粗犷的乡野风格。富裕人家的门楼、檐枋、樨头、屋脊有砖雕山花、龙吻、花卉、瑞兽等图案，非常精美。院内地面多用鹅卵石铺墁成各种图案，称“插花石”，美观大方。保存较好的民居有付氏民居、闫氏民居、李氏民居等。

【水月寺遗址】倒马关的庙宇散布在村子边缘。现上关岭附近大石峪村西山谷中有一寺庙遗址，名水月寺，为明代倒马关历任驻防官员续建。规模较大，现存部分寺庙基址，基址上有明代石碑 2 通，绞龙碑首。

□发展愿景

【对倒马关明长城进行保护修复】倒马关古长城历史悠久，边塞文化底蕴深厚，在古代军事史上也占有重要地位，属于北京北部长城文化带的重要组成部分。在京津冀协同发展的大趋势下，发掘、保护、利用倒马关明长城迫在眉睫，力争早规划、早修复、早利用。对倒马关如城楼、衙署、水关、烽火台等重要节点进行局部复原，展现倒马关长城作为“内三关”之一的独特魅力。

【规划建设倒马关文化产业园项目】连接荣乌、保阜两条高速的涞曲高速已开工建设，其出站口距倒马关仅 20 公里。倒马关发挥交通便利的区位优势，依托大石峪和秀水峪等国家 3A 级旅游景区、倒马关省级历史文化名村以及省级森林公园等资源，谋划建设倒马关文化产业园项目，建设军塞博物馆，利用 3D 技术开发倒马关长城防御体系的数字模型，充分挖掘倒马关的长城文化、军屯文化、驿站文化等，并结合美丽乡村建设，将倒马关打造成为集乡村旅游、观光度假、古代军事文化展览、休闲养生等为一体的旅游综合体，实现文物保护与景点建设齐头并进，经济效益和社会效益比翼齐飞。

（**撰稿**：王淑鸿　**摄影**：张庆学　苑永涛　石振明）

秦王村

秦王古风　太行故地

□名村概况

秦王村位于唐县川里镇太行山深处，始建于唐代，因迁徙形成。相传，唐初秦王李世民剿灭刘武周、宋金刚时，曾在此安营扎寨，后人为纪念李世民平定北方之功而取名秦王村。秦王村户籍人口 860 人，常住人口 300 多人，村民均为汉族。秦王村有 4 个自然村，分别是上秦王、下秦王、小北花、五间坨。秦王村林果业较为发达，主要出产柿子、红枣、杏、苹果、葡萄、山楂等。

秦王村房屋多为砖角石墙木结构瓦屋，其中还有许多木石结构的清代民居。秦王村民风淳朴，代表着北方民族传统乡村文化特点，是太行山农耕文化的传统典型，依然保持着“日出而作，日落而息”的农耕习惯，传承着古老的繁衍生息的传统习俗。秦王村还保存了自给自足的诸多农业传统生产技艺，主要为烧酒、荆编、烧饼铺、果子铺、豆腐坊。另外，秦王村还有民乐队、舞蹈队。农闲或工余时人们吹拉弹唱、扭起大秧歌，其乐融融。

□文化遗存

【刘家大院】古民居，原为刘腾丰、刘腾蛟、刘华峰兄弟 7 人所有，共有 7 处，因一处被毁，现仍有 6 处，为清代时期建筑。刘家大院共有 6 个院落，建筑风格均为石木结构硬山布瓦坡顶，坐东朝西，分两进院，用砖墙隔开，共有正房 10 间，南北厢房 16 间，倒座 10 间。正房为面阔 5 间，进深 1 间，五架梁，前出廊；明间开板门，门上开格楞窗，次间开格楞窗（其中南院窗上雕刻鹿、鹤，较为精美）；南北梢间檐柱向前推出至廊柱处；一进院东、西厢房均为二层小楼，上层用来存放大枣，未设楼梯；后院东、西厢房面阔 2 间，进深 1 间；倒座面阔 5 间，进深 1 间，明间开格楞窗，南、北次间开板门，南侧梢间为进出院落的通道。刘家大院的院落布局基本相同，现状保存较好。

【秦王庙】秦王村内有秦王庙、松罗山等 28 处庙宇，其中最古老的物质文化遗产为秦王庙（松罗山庙），现为县级文物保护单位。秦王庙现存古建筑 2 座，一座为介子推殿，另一座为三圣母殿，坐北朝南，均为石木结构。介子推殿为前卷棚后硬山建筑，前部为拜殿，面阔 3 间，进深 2 间，四架梁；后殿面阔 3 间，进深 3 间，五架梁，前后出单步梁，明间前后均开板门，次间开格楞窗，东、西山墙各开直径约 30 厘米圆窗 1 个。三圣母殿面阔 3 间，进深 1 间，五架梁，前出廊，明间开板门，次间开格楞窗，正脊脊饰较为精美。庙内现存清代碑刻 6 通，保存状况一般，可辨年代的 4 通。

【古碑刻】明万历三年重修松罗山庙碑。道光十六年重修松罗山庙碑。同治六年重修松罗山庙碑。光绪十六年修行宫子孙娘娘庙碑记。

□非遗文化

【秦王破阵舞】贞观初始，秦王平叛刘武周，天下一统，大唐基业奠定，河东士庶歌舞于道，凯旋将士纷填新词为秦王颂德。秦王也“顺天应人”，亲制“破阵舞图”，下诏魏徵等臣编撰歌词，吕才等臣协律度曲。“秦王破

阵舞”有三种变化，每变为四阵，共计十二阵，与歌节相对应；队分两列，交错屈伸，首尾回应，往来刺击，以像战阵之形。当年在玄武门外演绎，大鼓擂动，震慑百里，气壮山河，尤为壮观。据七旬老人刘海成说，其父言讲，年轻时曾演练过“秦王破阵舞”，调查者对此深感震惊，因为“秦王破阵舞”乃唐时皇家歌舞，早已失传多年，居然出现在一个深山小村中，这说明，秦王村与李世民的渊源决非空穴来风。

【烧“銮驾”】烧“銮驾”是信徒为了答谢最高神祇的恩惠，举行的一种还愿活动，其场面十分宏大壮观，参与人数有上百人之多，烧“銮驾”整个过程历时近 4 个小时。

銮驾长 12 尺，宽 6 尺，高 9 尺。有 4 人抬、8 人抬。銮驾就是一种用木棍、高粱秸、纸人、面塑人、纸灯等裱糊的金銮殿。銮驾分三层，第一层许愿神灵为主体，面塑人头、服装，端坐殿中。左右有金童玉女，前门外有狮子一对，后门有仙鹤一对，四角灯笼、纸花。第二层为八仙，二层四面外立八仙纸人，一般为中八仙(玉皇殿立上八仙)人。四角灯笼、纸花重吊。第三层为四角庭阁，一般没有人物，四门开放(有的为最高教主)，再上为楼顶，金碧辉煌。

王爷轿：打道王爷轿，长 9 尺，宽 3 尺，单间一层，中塑打道开路王爷神像，手拿钢鞭。二人抬，轿杆细长，有弹性，便于跳轿子盘驾。

仪仗用品有鞭炮、大鼓、锣、笙等乐器，旌旗 3 面，红黄蓝(牙旗)领 4 面令旗，后蓝旗官领王爷轿，两边有长刀一对，再后为杏黄令旗官，后为銮驾护卫队，黄令旗若干。前有灯笼一对、长枪一对、斧一对、长戟一对、金钟一对、伞旌一个、团扇一对，架两旁黄令字旗 4 对，后卫 2 人执双剑。有的第二銮驾相连，不设后卫。

烧驾程序：制驾——开光——列队（鼓乐队、仪仗队）——令旗官发令——奏乐——蓝旗官领轿——盘驾——起驾——中途歇驾——盘驾——再起驾——王爷轿（在王爷庙前拜庙）——再回头领銮驾到烧驾地——盘驾——落驾——并驾——摆供品——念完帖——烧驾——烧余头——拜神。

开光：先生用脸盆、毛巾、木梳为神像洗梳、清脸，然后用鸡蛋清为神像点眉眼，点后放下门帘。

盘驾：蓝旗官在乐曲中领王爷轿翩翩起舞，跳跃行走，绕銮驾正转三圈，逆转三圈。

奏乐：乐曲从《朝天子》起，等三曲，起架，大驾起动。

歇驾：大驾中途休息，蓝旗官领轿盘驾。

拜庙：王爷轿行到王爷庙前，先去庙前拜庙。

落驾：銮驾到烧驾地落地放好，前门对山顶所对神庙。

拜神：参与烧驾 3 人，绕烧驾后的余火正转 3 圈，逆转 3 圈。

【巫舞】在当地俗称“跳大神”，是一种流传了几千年的原始舞蹈。舞者或多或少都可，但必须是偶数。舞者手执带有铃铛的手鼓击打节奏，扭动身躯，互相穿插走“8”字。边跳边唱，唱词都是舞者自编，无非是歌颂神灵、善恶有报之类的内容。

□名村今貌

如今村里通了电，铺了水泥路，电话、电视、电脑基本普及。现在村里有商店、卫生所、健身广场、小学校等服务设施。

目前，村里正谋划修复一条长 12.6 公里的“致富路”。该路北起保涞公路川里镇，向南途经秦王、尖梢、羊角 3 个村庄，在羊角村与望川公路连接。该路贯通后，将有力地促进区域经济发展。

（**撰稿：**王淑红　**摄影：**张庆学　苑永涛）

吉祥庄村

石街石堡 古韵吉祥

□名村概述

吉祥庄村位于唐县白合镇西部，距县城22公里，与唐县迷城乡、大洋乡临界。省道保阜公路在村东经过。吉祥庄由狮子山、塔山、龟山、凤凰山三面环绕，东南角有唐河一水奔流，村落位置十分优越。

吉祥庄村，南宋末年建村，距今已有700多年的历史。该村村容村貌保存较完好，建筑物很少重修，是一座原汁原味的古村落。2016年，被河北省列入国家传统村落名录名单。

□文化遗存

【古堡】始建于明代，历经多年建成，依地势而建，原有东、南、西三座堡门。东门上部原建有庙宇，内有两尊神像，背靠背，面朝东者为“关王爷”像，意在防止外敌入侵，面朝西者为“老母”像，意在护佑堡内村民。西门和堡墙已毁，现仅存东门和南门。

民居建筑以石木结构为主，就山势而建，高差明显，从塔山上看去，高低错落，层次分明。村中民居保留了大量精美的砖雕、木雕、石雕，有很高的艺术价值和观赏价值。尤其是砖雕，村民多在家门口以青砖砌成影壁，条件好的还在影壁上用山水画、诗词、福字等装饰，在正房的前墙中间位置放天地神龛。吉祥庄全村共 380 余户，全部或部分保留的旧民居有 200 多处，其中以贾氏民居、贺氏民居和董氏民居保留较为完好，并连接成片。

【贾氏民居】原为东、西二进院，后分为东、西两院，现西院已经重建，东院只存倒座及西配房。倒座面阔 3 间，进深 1 间为砖石混建，前出廊。西配房面阔 2 间，进深 1 间。主体为条石砌成，南侧大门为板门，北侧为石拱门。

【贺氏民居】为贺重言所有。原为一进院现只存正房、倒座和东厢房，砖石混建，平顶。正房坐北朝南，面阔 3 间，进深 1 间，前部有檐为覆瓦顶，檐下有砖雕花卉，墀头雕刻“福禄祯祥”，下部为条石砌筑、小板门、槛窗。东厢房面阔 2 间，进深 1 间，为不规则条石砌筑。倒座面阔 2 间，进深 1 间，条石砌筑，门上有瓦檐，门洞在东侧，北为拱券。

【董氏民居】为董春勇所有。正房坐北朝南，硬山仰瓦顶。面阔 3 间，进深 1 间。五架梁，前出廊，砖石混筑，顶有正脊无垂脊、无金柱、小板门、槛墙、木窗、檐柱只有正中两个。山墙石筑，梁架架于石墙之上。东厢房条石砌筑面阔 2 间，进深 1 间；门楼位于院子东南角，外部墀头砖雕花卉较为精细，檐为硬山仰瓦式样，影壁已经拆除改建现代红砖式样。

□非遗文化

【吉祥庄道情】“道情”是流传于黄河流域汉民族民间的一种曲调，发源于道教。清末民初，有吉祥庄人去河南经商，将河南道情引进吉祥庄，几代艺人在传承过程中又将其不断地改造，溶入了当地河北梆子曲调高昂、委婉的特点，形成一种独特风格的曲种。其演出不化妆，单唱或对唱，伴奏只有原始的鱼鼓和简板，有时加上弦子。演唱内容大都是家长里短，或才子佳人，其曲目主要有“木莲救母”“卖道袍”“顶灯”等。有时演员根据本村的真人真事即兴编词，其代表人是董国真。

【吉祥庄西乐会】这是一个民间乐队，乐器有笙、横笛、大管、云锣、箫、二胡、锣、鼓及镲等。乐器和演奏人或多或少，演奏的曲牌有：“点绛唇”“混江龙”“油葫芦”“雪中梅”“小桃红”。演奏主要针对本村的红白喜事和农闲时村民自娱自乐，有时也去外村演出。

【少林会】属武术少林派弹腿门。主要套路有：黑虎拳、大洪拳、小洪拳、小排拳、六腿式、山门式、四六式、十路弹腿、勾挂连环等。吉祥庄少林会的来路说法不一。一说是源于村南马庄马洛法之父，其父曾在皇宫里做饭，后跟大内高手学得少林弹腿门拳法。其晚年回乡后，广收门徒，传授此拳法。吉祥庄有人到马庄拜师学艺，将其传至吉祥庄。另一种说法称其源自坛下许王村邸老栋，传至峪山庄的刘老西、张老多，又从峪山庄传至吉祥庄。目前村内仍有年轻人在练习此拳法，其代表人是 82 岁的何双珠老人。

【浇冰山】这是吉祥庄独有的一种民俗活动。每到腊月初七夜，家家户户浇“冰山”。“冰山”就是用高粱秸和柏树枝扎成一个圆形花环，放置在院子里，往上面浇水，待结冰后再浇水，一层层冰堆成的一座“冰山”。在浇制过程中不时加些红布条和红辣椒以增加美感。经一夜的浇制，第二天腊八早晨，家家都把冰山摆到街上比赛，谁家的冰山最大，谁家就是吉祥庄最勤劳的人家。

【剪纸】剪纸在北方农村很普遍，农闲或过年时，家家户户贴福字、贴窗花，但这些活动大都是由妇女来完成。吉祥庄剪纸与其不同，男人们也参与进来，因而吉祥庄的剪纸作品没有女人的柔美和细腻，显得粗犷而刚劲。

【庙会】吉祥庄农历四月初十庙会，庙会期间各家都邀请亲朋好友来家做客。这一天各家都十分慷慨大方，打酒、割肉、包饺子。谁家的亲朋来的多，谁家就越荣耀；谁家亲朋少，谁家就脸上无光。另外这一天的社火活动十分热闹，来自曲阳、顺平的大幡、旱船、地平跷、跑驴等民间花会纷纷前来助兴。本村的少林会、西乐会等也在这一天大显身手。还有一些农产品、生活用品、木材、牲口等交易活动在此期间也十分活跃。

【传统习俗】吉祥庄传统习俗保存完整，汉族的农耕文化与少数民族的游牧文化相互影响、互相交融，形成一些独特的文化习俗。如婚嫁有议婚、过帖、相亲、订婚登记、择期、催妆、送妆、迎娶、婚礼、婚宴、洞房、回门等环节。丧葬有初终、装裹、移尸、报丧、停灵、开书、吊唁、戴孝、守灵、唱戏、刨坟、拜灵、入殓、出殡、下葬、圆坟、谢孝、烧七纸等环节。还有在大年初一时，出嫁的闺女不准回娘家；“二月二吃剩碴”（剩碴即正月里剩下的食品），在二月二这一天所有剩碴都要吃完；在年三十家中供的神像前摆芝麻秸，防止姜太公老婆偷吃供品等。其他如生育、过寿、盖房、乔迁等都有不同的“规矩”和禁忌。这些“规矩”自古至今延续多年。

□名村今貌

吉祥庄早在清末时就有两条东西大街，北街几乎没什么变化，两旁清一色的旧民居，共十余处，依然保持原貌。南街已被拓宽并铺成水泥路，街两旁有近一半都换上了新房，一派现代农村景象。传承与发展得到了很好的诠释。

吉祥庄村现有农业人口 1368 人，农户 380 户，产业结构以农业为主，辅以简易的手工加工业。其中石灰石加工业企业有 7 家，生产规模年产白灰 30 万吨，创利税近千万元；农业产业结构以种植业为主，主要种植玉米、谷物、小麦和豆类，林果业主要发展磨盘柿、苹果、核桃等。由于这里都是小片山坡地，不适于机械化作业，其耕种仍然以人工为主。改革开放以来，这里村民的生活有了很大提高，幼儿园、小学、卫生室、超市等服务设施一应俱全，有线电视、电脑、手机等也已基本普及。农闲时节，人们在家电脑上网、看电视，在外唱歌、跳舞、扭秧歌，文化活动丰富多彩。2015 年，村委会投资 200 多万元成立集体农业种植合作社。合作社种植 300 多亩芦笋，这餐桌上的健康菜如今是村民们致富的希望。

吉祥庄古村不仅承载着我们的乡愁，而且是一部厚厚的历史，是我们未来发展的根基。古村落具有独特的文化艺术风格，在吉祥庄人的呵护下，完好地保存了下来，这是一份珍贵的历史文化遗产。吉祥庄人逐步完善有关保护和管理制度，致力把吉祥庄建设成一个古屋常在、古风长存、生态优美、村风文明、经济发展的社会主义新农村，为推动太行山区生态文明村建设树立典范。

（**撰稿**：石振明　**摄影**：张庆学　苑永涛）

望都县
WANGDUXIAN

尧母故里 太极椒乡

◎ 望都县隶属河北省保定市，地处京津石三角地带。县域面积 374 平方公里，耕地 34 万亩。辖 4 乡 4 镇、1 个省级经济开发区，151 个村，人口 27 万。京广铁路、京深高速公路、107 国道纵贯全县。望都曾是我国北方纬度最高的“吨粮县”，是中国商品粮基地县、全国平原绿化先进县。

◎ 望都县自古物华天宝、人杰地灵，有着悠久的历史和文化底蕴，更有着千年古县之美誉。望都县历史悠久，在赵国时为庆都邑，秦时置庆都县，汉高祖六年根据“尧登尧山望都山”的传说更名为望都县。此后望都县城因战乱四度迁徙，于唐贞观八年迁至尧母陵旁边，即今天的望都城址。因尧母陵建于汉代，故有“先有尧母陵，后有望都城”之说。

◎ 望都种植辣椒有 500 多年的历史，并因其较高的声誉、广泛的影响以及优质的品种和较大的种植规模，与山东“益都”、四川“成都”并称为中国三大“辣都”。目前，全县辣椒种植面积 3.8 万亩，年产辣椒 1.12 万吨。辣椒加工企业 120 多家，涉及辣椒油、辣椒酱、辣椒粉、辣椒干、辣椒圈等 8 大系列 80 多种辣椒制品。全县年加工辣椒 16 万吨以上，年产值 16 亿元以上，上缴税金 2800 余万元。全县年出口辣椒 4000 多吨，年出口创汇 1000 万美元（今合 6375 万元人民币）以上。2010 年，望都辣椒被批准为“国家地理标志保护产品”。

望都镇

尧母故里　九龙椒乡

□名镇概述

望都镇处于京津石三角地带，为京津冀经济开发圈腹地。京广铁路、107国道、京深高速公路纵贯全镇，望唐公路横穿镇区。北距首都机场200公里，南到石家庄机场90公里，公路交织成网，四通八达，交通条件极为便利。1958年建城关镇公社，1961年更名城关公社，1986年改设望都镇，2005年至今辖19个行政村和7个社区。

望都镇最早属于尧封故土，古属庆都邑，战国初期曾为燕国辖域，境内曾有古勺梁城，后归为中山国。唐武德四年，李渊派人依傍尧母陵修建望都城，历经13年方得竣工，于贞观八年将望都县治迁移至此。望都镇自唐时一直作为历代望都县署治所，故因袭望都县之名而为望都镇。

望都镇位于太行山下冀中平原地区，为温带气候，四季分明，土壤肥沃，有古称“博水”的九龙河穿境而过，当地自然资源丰富，物华天宝。所产羊角辣非常有名，为全国著名的辣椒集散地之一，辣椒产品企业众多。农田水利基础建设较为完善，自古便有“珠泉万斛之乡”的美誉。

□文化遗存

【望都汉墓】位于望都镇所药村东，是我国东汉晚期的砖室壁画墓，原有两座，一号墓为汉浮阳侯墓，墓主曾由河南尹升任三公；二号墓墓主姓刘，曾任太原太守，卒于灵帝光和五年。两墓都有坟丘，东西并列，相距30米。两墓墓主似为族亲。西侧一号墓全长20.35米，东侧二号墓全长32.18米，均为带墓道的多室砖墓。两墓均早年被盗，除出土楼阁、灶、井、杯、盘等残破陶器外，一号墓尚存完整的石围棋局、石榻等。二号墓出土石骑马俑、彩绘石枕、铜缕玉衣和大量鎏金铜车马饰及货币等。墓内均有精美壁画，并附墨书榜题，总面积各达百余平方米，距今已有 1800 多年的历史。

望都两座汉墓，是中华人民共和国成立后考古界的重大发现，在当时引起巨大轰动。在故宫博物院曾举办过望都汉墓壁画专题展，郭沫若和日本、瑞士等国专家曾对其予以高度评价。1955 年和 1959 年先后出版了《望都汉墓壁画》和《望都二号汉墓》，望都汉墓在中国文物史上也有重要的地位。

由于墓顶塌陷严重，壁画大部剥落。二号汉墓被掩埋保护，现原地只留下一号汉墓，即如今的“所药村壁画墓”。此墓由墓道、甬道、前室、中室、后室、4 个耳室和后室后壁小龛组成，全长 20 余米。墓内壁画墨描轮廓并施以彩绘。2006 年 6 月，所药村壁画墓被国家文物局公布为第六批国保单位。

【石质棋盘】望都一号汉墓中室东南壁下出土的 17 道石质棋盘，验证

了邯郸淳的《艺经》所述。望都石棋盘呈正方形，高 14 厘米，边宽 69 厘米，盘下有四足，是我国目前已发现的最早石质围棋盘实物。它见证了中国古代体育的发展历程，曾作为中国悠久的古代体育历史文物参加过 2008 年北京奥运会的申办工作。

【彩绘石骑马人】望都彩绘石骑马人由一整块坚硬的石灰石雕刻而成，总体造型古拙雄浑，细部刻画生动传神。马与人形神具备，相得益彰，完美结合成为一个有机的整体。这种题材的石雕，在汉代也为仅见，乃是东汉石雕艺术精品中的精品，特别是马腹与基座之间所做的镂空处置，标志着圆雕技艺益加成熟。

望都彩绘石骑马人造型独特、古朴大方，形象生动地刻画了一位买鱼沽

酒而归的骑马者怡然自得、知足常乐的神态，富有浓郁的生活气息。其刀法简洁明快，雕刻细致，然后施以彩绘，具有重要的历史价值和美学价值，在中国美术史上占有重要的地位，为中国雕塑史中的代表之作，是一件不可多得的国宝级的石雕艺术品。望都彩绘石骑马人现藏于中国国家博物馆。

【尧母陵庙】望都是尧母故里，尧母庆都生于斯，长于斯。尧母去世以后，葬于庆都之“成阳”（即今望都镇），号为“尧母陵”。

尧母陵庙坐北朝南，整个陵庙区由陵墓、庙宇、书院三部分组成，占地约 30 亩。正殿设龛供奉着慈祥端庄的尧母神像。正殿匾额题有“中天启圣”，为乾隆皇帝御笔钦书。尧母庙正殿前廊两侧各立石碑 1 通，前廊墙壁嵌石刻诗，两旁厢廊设有东、西朝房，各个屋顶皆有鸱吻、龙脊和生肖走兽。陵园的入口往北有一木亭，亭下有一古井，水质清冽甘甜，经久不枯，人称“圣泉”。相传投掷铜钱于井中，井水便会发出鸡鸣之声，百姓以为祥瑞，故取名“鸡鸣井”。亭前立有大碑 1 通，刻有“砚金亭”三个大字，乃清康熙年间礼部尚书汤斌所撰。现存陵台后“五峰楼”的围墙。

尧母陵在历史上曾有汉章帝刘炟、宋仁宗赵祯、金显宗完颜允慕、明世宗朱厚熜、清康熙帝玄烨、清乾隆帝弘历、清嘉庆帝颙琰等亲临致祭或拨款修建。据《钦定大清会典》记载，清政府更是直接将直隶省望都县境内的尧母陵庙、帝尧庙纳入工部防护名单，由国家拨专款予以维修保护。遗憾的是，经日本侵华战争、解放战争等诸多变故，地表上的陵庙设施俱遭破坏，现仅存陵后的两通石碑。1985 年，望都县人民政府将尧母陵列为县文物保护单位。如今，经多方筹备，尧母陵庙复建工程正在有条不紊地进行中，预计 2018

年 6 月对外开放。

【帝尧庙】古代的望都疆域广阔，号为陶唐桑梓之地，自古便有祭祀尧帝的风俗，成书于公元 554 年的《魏书·地形志》记载："望都有尧神祠。"成书于唐宪宗元和八年的《元和郡县图志》（唐代李吉甫著）和北宋初年的《太平寰宇记》（北宋乐史著）也记载："尧祠在望都县南四十里。"

望都帝尧庙规模宏大，有大门 3 间，献殿 3 间，大殿 3 间。庙前有"则天帝范"木坊一座，后改为"光被四表"。大殿宏伟雄踞，殿门匾书"大哉殿"，取自孔子"大哉尧之为君也"。两侧楹联书"三皇一本；五帝同根"。两侧东、西朝房各 3 间。大殿前植有古柏两棵，东一本三干，西一本五干，表皮银白，质地坚实，叩之有铜铁之音，故称"铜铁柏"。殿内供奉尧帝神像。上挂乾隆御书匾额"巍焕如瞻"。曾是望都古八景之一，号为"尧庙古柏"。

抗日战争时期，望都帝尧庙毁于战火，现有铜铁柏尚存，1985 年被列为县级文物保护单位。如今，帝尧庙复建工程也已展开。

□非遗文化

【尧母传说】尧母庆都博爱苍生，母仪天下，福祉华夏，将尧抚育培养为"功德满天下"的国祖大帝，其后裔形成的姓氏有四五十个，其中刘、丁、范、唐均为汉姓中人口排在前 20 位的大姓。所以尧母是中华民族的国母，又是中华母教文化的最初典范，对中华文明发展史有着重要影响。尧母的故事在民间广为流传，并渗透于当地婚丧嫁娶、生产生活等民风民俗中传承下来，所寄寓积淀的母教思想、孝悌理念、济世精神影响深远，至今仍是中华优秀传统文化中的一块高地。2014 年由该县编辑整理的《尧母庆都》一书由河北大学出版社出版，2015 年"尧母传说"被列入保定市非物质文化遗产名录。

【东关细乐会】细乐为器乐合奏形式的一种，属于民间乐器的第二类"笙管乐"， 据说细乐在南宋时期就已出现，后在冀中各村镇的民间音乐会社中广为流传。细乐的乐曲不同于大乐，其调门低于大乐，其主旨在于一个"细"字，主要以二胡、笙、管之类轻巧的乐器缓弹慢吹，合奏出一些悠扬婉转的曲调，能细腻地表达出人的喜怒哀乐，故曰细乐。细乐用于祭祀演奏，经东关村乐手们世代相传，迄今已有 300 多年的历史。

目前东关细乐会成员保持在 30 人左右，演奏的器乐有云锣、管子、四胡、二胡、唢呐、笙、笛子、低音胡、板胡、堂鼓、镲等十几个种类。东关细乐会采用工尺谱和简谱两种记谱形式，历史上有乐曲 60 余首，经县文化馆整理，保存下来的有工尺谱和简谱两种记谱形式的乐曲各 21 首。2012 年，东关细乐被保定市政府列为保定市第四批市级非物质文化遗产项目，为冀中连片民族民间音乐。2017 年 3 月 30 日，东关细乐会被河北省人民政府列为省级第六批非物质文化遗产保护名录项目。

□特色产业

望都种植辣椒已有 500 多年的历史，具有独特的资源优势。望都椒以色泽纯正、辣素及香素含量高、肉质厚等特点在海内外享有盛誉，被誉为中国辣椒“三都”之首。

在清朝中后期，就有了以棉籽油、辣椒为主料的辣椒油。21 世纪初，望都镇城内村农民王朝臣用小磨香油，配以丁香、肉桂、豆蔻、砂仁、白芷等中草药，加之一套精细的制作方法和较好的卫生条件，形成具有香辣浓郁、营养丰富、久置不退味、不褪色、不沉淀、祛风散寒、益脾开胃、舒筋活血功能特点的望都辣椒油，产品一上市很快就畅销京广沿线大城市，一些外国人也慕名而来，产品一度供不应求。

望都对辣椒的引进、栽培、改良有几百年的历史，在辣椒主产区望都镇，每逢冬、春辣椒交易旺季，集市内人山人海、车水马龙，规模日盛，由此形成了龙庄—辛街辣椒专业交易市场。市场内加工企业众多，开发的辣椒制品

较为丰富，产品有辣椒酱、油，辣椒干、碎、粉、丝和腌渍椒三大系列 70 多个品种。望都辣椒及其制品不仅畅销全国，还远销欧盟、俄罗斯、日本、东南亚、非洲、墨西哥等 20 多个国家和地区。年出口辣椒 4000 多吨，年出口创汇超 1000 万美元。

□人物英才

【村里】原名周存礼，望都镇东关村人。著名表演艺术家。1947 年参加东北人民解放军，为文工团员及文化教员。1950 年起为河北省文工团（后改为河北省话剧团）演员。曾在《万水千山》《尤利乌斯·伏契克》等剧中饰演角色。1959 年从影，先后在影片《红旗谱》《红河激浪》《白求恩大夫》《冤家路宽》等影片中饰演重要角色。1985 年任河北电影制片厂业务厂长、总导演。村里在诸多的经典影视作品中以其独特的艺术风格，塑造了多种性格的人物形象，比如《红旗谱》中的朱老明、《陈奂生上城》中的宋春林等，把我国北方农民汉子憨厚淳朴的品格和浓郁的乡土气息表现得淋漓尽致，给全国的亿万观众留下了难以忘怀的深刻印象。

（**撰稿**：王英辉　**摄影**：胡游　陈卫红）

东任疃村

孙氏太极 武术之乡

□名村概述

东任疃村位于望都县城东北，距县城 8 公里，属赵庄乡管辖，该村与顺平县交界。东北与顺平县高于铺镇的王各庄、阎庄、苏辛庄、白家庄为邻，西与望都县西任疃相连，东南与南李各庄相望。全村有 467 户，1897 人，耕地 2900 亩。东任疃历史上曾属顺平县管辖，抗日战争时期划归望都县，村民的口音、习俗大都与顺平县相近，由于地处偏僻，村民主要以从事农业为主。改革开放后，村民外出务工者多，外出务工成为村民主要收入来源之一。

东任疃是近代武学大师孙禄堂先生故里。孙禄堂先生一生光明磊落、武德高尚，他精通六十四手散打、七十二把擒拿、形意拳、八卦掌、点穴、内穴等绝技，并从《道》《易》哲理中多方论证、推敲，以武氏太极拳为基础，将形意拳刚柔相济的手法及八卦拳灵活多变的身法、步法，巧妙地同太极拳交融一体，创立了独具一格的孙氏太极拳，卓然自成一家。在民国时期，他曾挫败俄国大力士，打败日本大正天皇钦命的武士坂垣一雄，威震海内外，被武术界誉为“虎头少保”“天下第一手”。

□孙禄堂故里

东任疃是清末民初武学宗师孙禄堂的故里。孙禄堂，名福全，晚号涵斋，生于 1860 年。父亲孙国义，生前读书做官，受封为正七品文林郎。母亲安氏。孙禄堂幼时入私塾读书，随邻村李各庄拳师练习武术。学得六十四散手、童子功、轻功和少林功夫，打下了良好的武功基础。15 岁时，随镖师李逵元学形意拳。李逵元见孙禄堂天赋卓越，遂推荐给自己的老师，当时闻名北方的

形意拳大师郭云深处深造。孙禄堂在郭云深处学习 8 年，尽得形意拳精髓。后到北京八卦拳大师程庭华处学八卦拳，由此孙禄堂精通形意、八卦两个拳种，武功名震黄河以北。孙禄堂又听从程庭华的指教，云游天下，增长阅历与经验，途经 11 省，回乡后办起蒲阳拳社，以授徒为业。

1907 年，孙禄堂受东三省总督徐世昌之邀，到奉天总督府做战术教官。徐世昌到北京担任民国大总统后，孙禄堂又跟从徐世昌到北京，被聘为总统府承宣官武术教官，授予陆军少校六等文虎章。徐世昌下野后，孙禄堂辞去官职，在北京及天津开办武馆。他结识了太极拳大师郝为真，郝为真为报答孙禄堂的救助之恩，将太极拳真谛倾囊相授。孙禄堂将形意拳的刚劲、八卦拳的巧劲与太极拳的灵劲结合在一起，创立了孙氏太极拳。由此，孙禄堂成为太极一派的宗师大家。

1928 年，孙禄堂以近古稀高龄到达南京，就任中央国术馆教务主任兼武当门门长，后去江苏国术馆任副馆长，兼教务主任，由此培养了一批江南弟子，并创办中国第一个女子武术班。他与李景林一起主持了民国时期规模最大的两次国术擂台大赛，推动了全国武术运动的开展。1931 年九一八事变后，孙禄堂被迫中断教授武术事业，返回北方，于 1933 年 12 月 16 日在老家东任疃村病逝。

孙禄堂是闻名中外的武学宗师，他武德高尚，充满爱国爱民的情怀，曾多次打败前来挑衅的俄国、日本武士，大长了中国人民的志气。他行侠仗义、扶危济国、锄强扶弱，在灾荒之年拿出所有积蓄赈济乡里、救助灾民。他武功高强，与人较技，生平未有一负，被曾任河北总督的李景林称为“虎头少保”“天下第一手”。

孙禄堂武学高深，晚年著《形意拳学》《八卦拳学》《太极拳学》《拳意述真》《八卦剑学》五部武学著作，是中国历史上第一个将武学奥秘用文字、照片公之于世的人，成为我国近代武术史上武术家拥有著作传人的第一人，这些著作被译成日、英等国文字，在 20 世纪 20 年代初就盛行于海内外，被誉为武学经典。书中对武法、技艺、拳理做了精湛的阐释，至今仍是研究中华武术的宝贵经典。孙禄堂是中国武术发展史上最有成就的代表人物之一。

□孙禄堂墓园

孙禄堂墓园位于东任疃村西北部。墓园黑色门额书“孙禄堂墓园”五个蓝色大字，由著名书法家陶然书写。墓园占地 1.5 亩，四周红砖围墙，园中松、槐、桐、椿等树遮日庇荫，芳草葱茏，洁净优雅，庄严肃穆。最北面为孙禄堂之父母碑，字迹已然模糊不清。孙禄堂墓高 1.5 米，周长 4 米，水泥覆盖，墓碑上有亭子，墓碑汉白玉雕刻，正面刻：盛德永昭，先考孙府君讳福全先妣孙母张太夫人之墓。碑阴文字记述了孙禄堂生平事迹，署名河北省望都县周庄公社东任疃村蒲阳孙门同学会。墓园建成于 1984 年 4 月。孙禄堂先生一生以教拳为业，足迹遍祖国各地，弟子众多。孙式太极拳影响广泛，每到

清明节，海内外孙门弟子涌来瞻仰扫墓。1985 年，孙禄堂墓园被望都县人民政府列为县级文物保护单位。

□武术之乡

东任疃是武术之乡，是孙氏太极拳的发祥地。自清末时起，这一带村庄就习武成风，各村大都有武术队，农闲时洗练，春节期间演出，遇有匪患盗贼，武术队有保家护村的责任。东任疃村在孙禄堂及其弟子的推动下，练习武术成为群众性活动，涌现出了不少的武术高手。1888 年，孙禄堂艺成后回乡办起了蒲阳拳社，在教授武术、与人切磋的同时，研究易经、道经、黄老等学说，印证拳与道合的武学理论，从而创立了自己的武学理论体系，在此收授开山弟子齐公博、任彦之、陈守礼、裘德元、张玉峰、张玉山、崔老玉、李老丹等人，孙禄堂教导弟子练武强身、扶困济危，反对好勇斗狠，使当地的社会风气蔚然改观，产生了很大社会影响。中华人民共和国成立初期，武

术队由孙禄堂弟子齐公博、崔老玉、李老丹主持，人员四五十人。村中年轻人几乎都参加练拳，较有名的有孙云祥、李老修、张二旦、滕顺子等。一到冬、春农闲时节，练武场院里都是练拳的人，到夜深才逐渐散去，练的就是孙门的形意拳、八卦拳、太极拳，也练刀枪剑戟等器械。东任疃的武术队名气很大，每年春节后，他们会接到大量的“山会”邀请，北到完县，南到定县，一去就是八九辆大车。他们表演精彩、武功高强，常常获得满场喝彩，特别是在郭村、尧城一带，人们要等到东任疃武术队到后才开场，以示对孙禄堂先生的尊重。

□国术传承

望都县非常重视孙氏太极拳文化的弘扬与开发工作，研究孙禄堂先生的武学思想，开展对孙禄堂武学思想的文化渊源进行深入的挖掘和整理工作。为弘扬孙氏武学精神，保护“孙氏太极拳”，扩大“孙氏太极拳”的影响，2011年5月19日，望都县成功举办望都首届“孙氏武学交流会”，增强了“孙氏太极拳”在望都及全国各地的影响。

2009年9月，望都县周庄学校提出弘扬孙氏太极拳文化的办学思想，把孙氏太极拳作为特色教学内容纳入课程，得到县教育局的大力支持。学校成立了教师孙氏太极拳社团和学生孙氏太极拳社团，聘请习练孙氏太极拳多年的老拳师作为教练，全体师生习练太极拳。学校投入资金加强太极文化建设，分为太极育德、太极启智、太极强体、太极尚美、孙禄堂事迹与名人六大区域，整个校园充满了浓厚的太极氛围。学校购买了《活猴孙禄堂》《孙禄堂云游记》《拳与道合》等书籍供师生阅读，购置太极服和太极鞋供师生使用，设计了太极图样校徽标志。学校组织了丰富多彩的太极拳文化活动，利用大课间、课外活动组织学生练习太极拳，开展太极拳赛，开展“太极拳伴我成长”“我学太极拳”等主题征文和演讲活动，交流学习太极拳与自己的身边故事等。每年清明节期间组织师生祭扫孙禄堂墓，组织太极拳社团与武警部队表演等。

2010年，周庄学校被命名为“望都县孙氏太极拳青少年培训基地”。他们培养了一批又一批太极拳爱好者和练习者，多次接待国内外的来访客人，为他们表演太极拳、太极剑及各种武术。在2015年、2016年望都县文化部门组织的青少年武术锦标赛中两次获得团体金奖。

望都县已经建立了较为完善的孙氏太极拳保护机制，在孙氏太极拳研究会会长、孙氏太极拳的第三代传人栾新春带领下，孙氏太极拳在望都遍地开花，已经有了第五代传人。全县各个村庄、机关厂矿都有习练者，共达9000余人，习练孙氏太极拳已成为望都县的靓丽风景。孙氏太极拳、孙氏太极精神及太极拳文化已经成为望都的专有文化名片。

（**撰稿**：韩增寿　**摄影**：胡游　陈卫红）

固现村

尧母遗风 庆都古城

□名村概述

望都县黑堡乡固现村位于太行山脉、望都县城西部12公里与唐县交界，335省道穿村而过，全村占地面积243公顷，户籍人口650户，2038人。固现村历史悠久，现在古老村落文化遗迹基本消失殆尽，但历史文脉延续不断。固现村历史上曾为“庆都古城”，是尧母文化传承的重要节点。

据史志、碑文资料记载，上古唐尧时期，尧帝以其母之名建“庆都”城，春秋战国时赵国设庆都邑，地域包括今唐县、顺平一部和望都大部。公元前228年秦置庆都县，公元前201年庆都县治（相当于后来的县府驻地）迁至故县（今固现村），汉高祖刘邦后来依“登尧山望都山”之典故改庆都县为望都县。一直到公元634年望都县治迁入今望都县城，期间又历经两度废置，故县

（今固现村）行使县治功能700余年，可以说，“一个固现村，半部望都志”。

□文化遗存

固现村有“故县城、十五庙、百年槐、千年道”的古遗迹传说，庆都古城遗址位于村东北约1000米处，面积约3.3公顷。村北1000米处有古运河、六岔口遗址，曾多次挖出过砖墙、兽骨和鹿角等，并发现有夹砂灰陶壶、斜纹泥质灰陶、红陶和菱形纹夹砂红陶、磨光黑陶等残片。据光绪版《望都县志》记载：“在固现村东南有50多座土丘，号为虚粮冢，邑旧隶中山，多大臣名将，此或其塚欤。”1986年5月全国第二次文物普查中，在此处发现面积为20万平方米、深约60厘米的文化层，地表遗物多为砖瓦残片，还有灰坑、红烧土及城墙夯土层，疑为望都古城。历史上固现村有庙宇十多座，2016年，固现村新民居建设施工时，挖出一处东汉墓地。

□红色文化

抗日战争时期，日本帝国主义野蛮侵略我中华，残暴地屠杀我同胞，固现村人民深受其害。1937年底，八路军一一五师骑兵营遵照党中央、毛主席关于深入敌后、发动群众，开展游击战争的指示，在营长刘云彪率领下挺进冀西，打击日寇宣传抗日。骑兵营队长葛明远带领宋贵等4名战士到固现村召开群众大会，号召广大人民群众组织起来抗日救国，并建立了农会、贫民团、妇救会、儿童团等群众组织，抗日活动日益开展起来。

1938年秋，共产党员石贵山秘密在固现村建立党组织，成立了固现村党支部，张明月为第一任党支部书记。在村党支部的领导下，男女老幼齐动员，大挖地道。1943年底，固现村的地道就形成了地下长城。这个宏伟的地下工程一直通到坛下辛庄村、坛下张村，与唐县的五坛下村形成了抗日地下联网。固现村的地道家家相通，离地面有五尺多深，设有机关、踏板，防毒、防水，还有地下小兵工厂，能造地雷、手榴弹、子弹，并到处都有地道口，还有暗堡射击口，全村四面都设有岗楼。1944年5月、8月、年底日伪曾三次纠集望、唐、完三县日伪军共计1000余人次“清剿”固现村，三次“清剿”中游击队利用地道战打死打伤日伪军60多人，固现村1000多村民每次都能全部安全转入地下。固现村游击队利用地道战打出了威名，日伪敌特只要听到固现村游击队的消息就心惊胆战，小股敌人从不敢到固现村侵害百姓，日伪敌特对固现村恨之入骨，发誓要荡平固现村。

为解决弹药日益缺乏的问题，固现党支部筹建一个小兵工厂，自己做炸

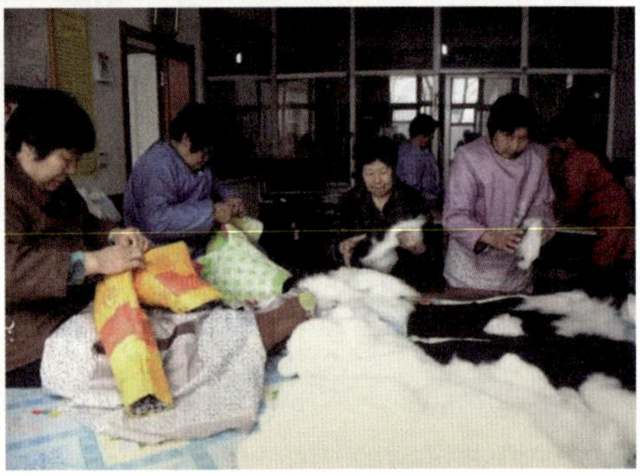

药造地雷、造手榴弹，用旧弹壳造子弹，自己研制炸药，石匠们凿石头做石头雷。小兵工厂在两年多的时间里共造地雷 600 多颗，手榴弹 400 多枚，子弹 5000 多发，在当时对抗击日寇打击敌人，做出了不可磨灭的贡献。民兵战斗英雄、游击队长王荀旦带领固现村游击队及群众到崔庄至清风店一带，趁黑夜扒敌人铁道、割敌人电线、刨敌人线杆。固现群众配合八路军攻打固现炮楼、安庄炮楼、常早炮楼、崔庄炮楼，两次攻打日伪、国民党盘踞的望都县城，在望都县、唐县、曲阳、完县、清风店一带打出了威风，打得敌人闻风丧胆，王荀旦成为名副其实的民兵战斗英雄。

□固现文化

【尧母遗风遍乡里】“庆都”是中华民族先祖尧帝之母，固现村一带的老百姓对尧母膜拜至极，对尧母文化推崇有加，村风乡俗世代相传，村里一直流传着“母慈子孝”等生动的尧母故事。现今，村里的李香儿为“母慈子孝”的典范，李香儿从小受到“母慈子孝”的熏陶和儒家思想的影响，“吃亏是福”

是她经常挂在嘴边的话，她 30 多年如一日照顾婆婆起居，在婆婆卧床不起后一直伺候在身边，喂饭、端屎尿、擦身体从未有怨言，直到 2016 年冬婆婆（103 岁）去世。李香儿家在固现村是出了名的孝顺媳妇家庭，这只是固现村“母慈子孝”家庭的一个缩影。

【“爱心奶奶”美名扬】近年来，固现村活跃着一支“爱心奶奶”志愿服务团队，由市人大代表李彩平等几位农村老年妇女发起，自 2011 年以来义务为藏区和贫困山区儿童手工缝制棉衣裤累计达 1.2 万件，用行动诠释着人间大爱，成为远近闻名的志愿服务品牌，大量关于“爱心奶奶”事迹的宣传报道见诸媒体。2014 年李彩平被评为河北省“燕赵榜样母亲”，2015 年李彩平家被评为河北省“最美家庭”，2016 年李彩平又获得第十届全国“五好文明家庭”荣誉称号。“爱心奶奶”团队同样被认为是对尧母文化精神的传承。

【文化艺术绽乡野】固现村群众文化生活丰富， 2016 年，固现新建大戏楼，总投资 50 万元，建筑面积 216 平方米，占地面积 1500 平方米。戏楼建成后，成为群众文化活动的主要阵地。河北省歌舞剧团、保定老调剧团先后到固现演出。国家书画协会在此举办了“歌唱祖国赞英雄，中国共产党万岁丰碑颂”第八届书画巡展活动，书画家们现场挥毫，作品被固现村收藏。以宣讲中华家风传统文化为主题的“中华家风大讲堂”“中华优秀传统文化大讲堂”也在大戏楼进行宣讲。河北省农民频道“绝对有戏”栏目，到固现村下乡演出。2016 年春夏之交，著名评书表演艺术家刘兰芳送文艺下乡来到固现村，开口道出“固现是个好地方，尧母故里美名扬”，对村风村貌及传承尧母文化的做法十分赞赏。除省、市、县演出团体纷至沓来，固现大戏楼还成为票友展示艺术才华的舞台，每天下午 2 点半至 5 点有周围各县、村的戏曲爱好者来固现村大戏楼演唱戏曲，周围各村群众上百人来固现村大戏楼看戏，精彩丰富的文化生活成为固现一个精彩看点。

□固现风俗

【送食箩】在望都县固现村传统婚俗中，青年男女结婚有送大馒头的习俗，也叫送食箩。这些特制的花样大馒头精雕细琢，主要形状有莲花、孔雀、凤凰、寿桃、鸳鸯、荷花、金鱼、刺猬、石榴、柿子、蝴蝶等，每个花样馒头代表着吉祥、平安、富贵的祝福。食箩皆由民间师傅手工制作，口感劲道，清香微甜，原汁原味。以前食箩是 2 个大莲花卷子、100 个圆馒头（也叫大饽饽）。2 个莲花卷子用红线绑在一起，让女方先挑一个，另一个给男方带回去，现在一架食箩由过去的十几斤、30 斤、60 斤，发展到 600 多斤甚至 1100 斤。这些上百斤、上千斤的婚庆馒头一进村便能引起群众和亲朋好友的围观，更为婚庆增添了喜气洋洋和浪漫的色彩，亲朋好友也能分享几个馒头，沾沾喜气。

【渠记馒头铺】固现村渠记馒头铺是祖传的手艺。相传渠满学祖辈是兄弟二人，哥哥黑老婆，弟弟白老婆，其祖上开“渠记面坊”，兄弟分家后，其兄黑老婆继续开“渠记面坊”，其弟白老婆会做饭、蒸馒头，开“渠记馒头铺”。在农村谁家办喜事送食箩时就请馒头铺帮忙做食箩，他家蒸的馒头味道独特、花样繁多很受欢迎。后来，抗日战争全面爆发，民不聊生，从此以后“渠记面坊”“渠记馒头铺”就不得不停止营业。

所幸渠记馒头铺配方遗留下来，第二代传人渠山林因故无力开办渠记馒头铺，第三代传人渠满学用十几年的时间数次拜师学做花样馒头，于 1999 年重开渠记馒头铺。现在渠记馒头铺用老面发面、纯碱，不含任何添加剂，做的馒头花样较多，给老人祝寿用的、结婚时食箩用的、小孩的百穗（百日）馒头、喜迁新居时用的馒头、各种供品用的馒头、祭祀用的馒头、十二属相馒头等共计 30 多种，各类用途的花样都有很好的名称。

固现村渠记馒头铺远近闻名，定州市有定点专卖，凡是到北京、石家庄、保定串亲访友的都要带固现村的莲花卷子或馒头，河北新闻网对此进行了专访报道。现在渠记馒头铺已传给了第四代渠宝丰，他年轻有为，准备扩大产量，将渠记馒头铺打造成品牌，申请专利，面向全国，走出国门。

【饺子宴】2017 年 7 月，由两委成员、党员带头捐资，每月的第一个星期日在固现村学校大食堂为全村 70 岁以上老人举办饺子宴，让老人们共进午餐，享受晚年快乐生活，畅谈中华好家风传统文化，充分展现出了尧母文化传承的底蕴。

□名村今貌

在美丽乡村建设中，固现村党支部书记、村委会主任丁树词带领广大群众转变思想观念，以传统文化建设带动村庄建设新思路，打造尧母文化一条街，通过修桥梁、新建牌楼、建影背、建公园、硬化道路、建戏台，不断完善基础设施，村容村貌发生翻天覆地的变化，在全县美丽乡村建设中树立了典范。目前，正在筹建尧母纪念馆、尧母文化产业园、尧母坛等。

九龙河源头是美丽固现可圈可点的一道风景，这条焕然一新的河道在历史上曾经是一条古道，“千年古道变成河”见证了固现美丽乡村建设取得的成绩。这条古道从望都至唐县、到曲阳，是东西交通的要道，道路两侧曾有古寺庙 9 座。1956 年，望唐公路修建以后，古道变成排水沟，近几年上游排污倒垃圾，排水沟变成了臭水沟。2014 年，村两委带领群众对排水沟进行了清淤、拓宽、垒护坡，并硬化路面、美化环境，新购小船专供人们悠闲划船，周边村庄的人们也被吸引到这里游玩。

（**撰稿**：柳占军　**摄影**：胡游　陈卫红）

柳陀村

革命堡垒 美丽乡村

□名村概述

据传，柳陀村始建于唐代，其南临唐河，西倚太行，东望一马平川，古朴而寻常。受尧母遗风影响，民风质直朴厚，且急公好义。该村位于望都县东南部，隶属于望都县中韩庄镇，西距政府所在地 3.5 公里，距县城 13 公里。北距京港澳高速公路望都口 4 公里，京石高铁客运专线从村东南穿过，省道望（都）安（国）公路自村西 500 米向南而去。全村有耕地 10 000 亩，现有居民 888 户，人口 3480 人。两委干部 9 名，党员 82 名，村民代表 51 名。柳陀村主导产业以特色农业为主，兼及其他，年人均收入 6800 元。

□红色文化

【柳陀惨案】1940 年 4 月 5 日，中共望都五区区委在柳陀村召开干部会议。此前，区委工作人员把望都特务队长耿朝然的母亲和妹妹带到柳陀，教育他们劝说耿朝然弃暗投明。谁知耿朝然死心事敌，在获取敌特告密后，于 6 日拂晓，带领 342 名日伪军突然包围了柳陀村。除少数工作人员突围外，大部分区、村干部及群众被围并被敌人驱赶到村西桥头空野上。敌人用威逼、利诱、枪托打、刺刀扎等多种残忍手段逼迫群众交出干部和党员，但全村老少横眉冷对，无一屈服。区干部贾文进、胡世辉为了保护群众挺身而出，当场遭到日伪特务的毒打。在耿朝然家人指认下，村干部刘文林、王新子及革命群众59人被捆绑起来，用绳子穿成一串，连同抢掠的粮食财物，匆匆押回县城。日伪为获取我党组织情况，对被捕人员用尽酷刑，折磨10余天之久，但59名英雄的柳陀儿女坚不吐实，宁死不屈，展现了共产党人和抗日英雄儿女的崇高革命气节。

4月16日下午，59名英雄儿女被绑赴城西沈庄村李家坟刑场。他们蓬头垢面，伤痕累累，但个个昂首挺胸，宁死不屈。刑场上，59人被分别绑在阴森森的柏树上。顿时，“打倒日本帝国主义！”“打倒汉奸走狗！”“中国共产党万岁！”等口号声此起彼伏。日伪军开始了疯狂的屠杀，一位位英雄儿女倒在血泊中。他们有的被砍掉头颅，卸去四肢，有的被剖胸挖腹，其情景惨绝人寰！

柳陀惨案的发生，震动了整个晋察冀边区，坚贞不屈的柳陀儿女，振奋着浴血奋战的人们。当时的《晋察冀日报》和《抗敌报》等先后刊登了《五十九个殉难者》《追悼柳陀殉难烈士》等文章，并刊出了诗人邵子南的诗歌《五十九个》及诗人臧平的诗歌《读五十九个殉难者》。英雄的柳陀人并没有被日伪吓倒，他们又以高度的革命热忱和为死难者复仇的决心，先后组成了柳陀排和柳陀连，驰骋在抗日斗争的沙场上！惨案发生后的4月20日，中共望都县委组织了300名武装人员抢回烈士遗体。他们把遗体运到放水村北，用河水洗净，并装殓入棺，安葬于曲逆河畔，然后举行了上千人的隆重追悼大会，表达对革命烈士的哀思和抗战到底的决心。

为继承革命先烈遗志，弘扬革命先烈伟大的爱国主义精神，对广大青少年进行革命传统的再教育，柳陀村立有革命烈士纪念碑两座。纪念碑位于柳陀村西南500米处的杨树林中。碑身均为大理石料，四层台阶，底座水泥罩面。西侧碑高190厘米，宽70厘米，厚20厘米。碑阳刻：革命烈士永垂不朽。共青团望都县委员会、共青团曹庄乡委员会、曹庄乡教育委员会，公元一九八五年九月三日立。碑阴刻有铭文，系七言古诗体二十韵。诗句正气凛然、铿锵有力，控诉日本侵略者罪行，颂扬了柳陀儿女不屈不挠的革命精神，读来让人浮想联翩。东侧碑高185厘米，宽75厘米，厚20厘米。碑阳刻：柳陀儿女为国捐躯万古流芳。中共柳陀村支部委员会、柳陀村村民委员会、柳陀村人民团体，一九九二年八月立。碑阴铭文为烈士英名、牺牲时间、职务、地点。杨柳葱茏，碑容肃穆，每逢清明时节，除本村村民外，成百上千的中小学生来碑园祭悼。现柳陀烈士纪念碑园已被定为望都县青少年爱国主义教育基地。

□人物英才

【王新子】（1919—1940），柳陀村人。抗战期间参加了村自卫队，她积极参加站岗、放哨、筹军粮、做军鞋等抗战工作，并担任村妇救会主任。1940 年 4 月 5 日柳陀惨案发生前，王新子负责看守惨案制造者耿朝然的母亲和妹妹。她除了对她们进行耐心教育外，还从家里端来饭菜给她们吃，拿来衣服给她们穿，用行动感化二人。4 月 6 日，死心事敌的耿朝然带领日伪军突然包围了柳陀村，其母、妹更是恩将仇报，将王新子等人指认出来，王新子被捕后被押往望都伪警察局监狱。在狱中，她和狱中姐妹相互鼓励，奋起斗争。面对敌人的诱骗和酷刑，她坚贞不屈，毫无惧色。在押往刑场的途中，王新子的胞妹王新爱（时年 16 岁）因受酷刑折磨实在走不动路，王新子鼓励她说："挺起胸，咬紧牙，我们连死都不怕，还有什么能吓倒我们？！记住吧，鬼子、汉奸今天杀了我们，再过十年二十年，姑奶奶又这么大，照样打鬼子、杀汉奸！"说罢挽起妹妹的手，昂首挺胸，大义凛然，同其他 58 名英雄儿女在李家坟英勇就义，年仅 21 岁！王新子等烈士英名将永远记在望都人民心中。

□名村文化

【柳陀战鼓】柳陀村历史悠久，文化底蕴丰厚，柳陀战鼓就是其中之一。清朝道光年间，柳陀村有一王姓之人在京城任带刀护卫。任职期间，酷爱京城战鼓表演，并把这门技艺学会带回家乡。他出资购买了大鼓、铙、镲等家什，

组成打鼓队，亲自传授技艺。农闲时节排练，逢年过节便组织演出。大鼓由二人按鼓谱擂打，铿锵有力；铙、镲等按鼓点节奏配合，上下跳跃，十分壮观，令围观者连声喝彩，赞不绝口。后来，战鼓又配合以舞龙队、狮虎队和旱船秧歌队一起表演，声势浩大，技艺精湛，在唐河南北享有盛名。民国时期，战鼓人员大幅增加，由原来一套战鼓增至四套，分西北片、东北片、西南片及东南片，每片一套战鼓，并各有掌鼓人。逢有节庆，四套战鼓齐聚村十字街，拉开阵势，各展才艺。但见鼓槌上下翻飞，铙镲空中雀跃，可称得是：气势磅礴，龙腾虎跃，催人奋进，荡人魂魄。进入 21 世纪，柳陀战鼓又一改只有男人擂打的旧俗，改组为女子战鼓队，巾帼儿女，不让须眉，使柳陀战鼓又焕发了时代风采！如今，柳陀战鼓已传至七代。

□名村今貌

柳陀村依托深厚的红色文化资源，按照全面建成小康社会的要求，科学规划布局，本着“村容整洁环境美、创业增收生活美、乡风文明身心美”的目标要求，在全面建设宜居、宜业、宜游的美丽乡村建设中，取得了丰硕成果。在创业增收上，注重特色产业发展。全村发展日光温室大棚 50 个，占地 300 亩；全村现有规模化奶牛场 2 家，奶牛存栏 1165 头。从 2008 年起，柳陀村与石家庄农科院大地种业公司合作，将全村 9000 亩耕地作为该公司小麦良种繁育基地，仅此一项村民人均年增收益 480 元。为构建和谐、善美、文明的美丽农村，柳陀村十分重视文化建设。2009 年，柳陀村村民活动中心，包括文化广场、大戏楼、卫生室及文化站综合工程全部竣工，每当夜幕降临或重要节庆，村民欢聚一堂，街舞、广场舞、秧歌、战鼓、军乐队各式各样，歌曲、相声、小品、戏曲、快板门类齐全。村民大展才艺，自编自演自导，美在其中，乐在其中。2009 年，柳陀村的“喜洋洋文化大院”被河北省文化厅评为“河北省农村文化之星”。

（**撰稿**：张玉林　**摄影**：胡游　陈卫红　赵国宏）

许庄村

至深乡愁 新颖曲调

□名村概述

许庄村位于望都县城南 5 公里，全村人口 2349 人，党员 102 人，村两委干部 9 名。许庄村原名许家庄，历史文化悠久，明朝许姓移民来此定居，取名许家庄。1950 年全县划为三个区，许家庄属第三区。从 1956 年至 1996 年许庄一直是许庄乡政府、人民公社驻地。1996 年许庄乡并入固店镇，许庄村属固店镇至今，亦为固店镇镇政府驻地。

□非遗文化

【许庄新颖调】提起望都县许庄村，人们最先想到的是“新颖调”。许庄村是新颖调这一地方戏种的发祥地，这已成为属于许庄村的专有文化标签。新颖调唱腔兼容传统戏曲丝弦、老调、河北梆子唱腔中的精华，音乐旋律优美婉转、质朴清新。表演运用台前表演幕后伴唱的独特艺术表现形式，唱、念都使用望都方言，唱腔简单明快，表演风格活泼诙谐。其生于民间，又反复演唱和流传在老百姓中间，为基层的广大民众所喜闻乐见，曾一度成为老百姓生活中不可缺少的精神食粮，是我国优秀地方戏曲文化遗产的代表。其健康朴素、乐观向上的表现形式和特有的艺术魅力，在国内外都有广泛的群众基础。新颖调作为地方稀有剧种已被收入《中国戏曲曲艺词典》，被列入保定市首批非物质文化遗产保护项目名录和河北省非物质文化遗产项目。

新颖调诞生于清道光元年，由许庄村马洛新、许洛颖始创。马洛新出生于许庄村，祖上以农为业，家境贫寒。马洛新天资聪慧酷爱戏剧，自幼跟班学戏，主唱老生，年纪轻轻就成了小有名气的丝弦艺人。他戏路宽广，生、旦、净、末、丑行行精通，唱、念、坐、打、舞样样全能，人送外号“戏篓子”。正当年轻气盛唱红各地之时，不幸在一次高台戏演出时戏台

坍塌摔坏左腿致残，不能再登台演出，被班主辞退回家。马洛新出于对戏剧艺术的酷爱，便在本村召集 30 多人成立了业余丝弦戏班。他们利用农闲和夜晚排练，春节期间借用或租赁些服装道具为村民演出或受邀到三里五乡外村演出，业余戏班很红火。但班内演员因生计所迫或被其他戏班高薪邀请，时常跳槽，不能保证演出。马洛新经过丝弦改老调、老调改河北梆子“三改剧种”后，萌发了创造一个新的戏剧剧种的想法。其后，受吆喝叫卖及肃宁地方小调的启发，马洛新凭借科班出身的功底以及对戏曲唱腔的积累和感知，对丝弦、老调、梆子等唱腔加工糅合、去腐求菁，一种崭新的戏剧曲调油然而生。

1823 年，马洛新召集班子演员用自创的曲调排演新剧目，演唱《西游记》折子戏，新奇的唱腔出人意料地受到热烈欢迎，马洛新戏班很快又火起来了。马洛新的同村乡友许蓬（字颖仙，号洛颖），科考中举，腹有才华。许先生家道殷实，为人诚恳随和，是个戏曲爱好者，常看马洛新业余戏班的排练和演出，并在一起切磋交流。见马洛新对戏曲那样投入和执着，为羁留演员三改剧种费尽心血，于是许先生主动帮助马洛新，指出戏班存在的问题并诚恳地提出改进意见。许先生尤其喜欢马洛新创立的新曲调，并认真为戏班演唱的剧目加工润色，使剧目更加完美。同时许先生根据《西游记》故事为戏班编写了多出连台戏，由“马家戏班”在周边村镇、邻县演出。新曲调因唱腔优美、流畅自然，有浓郁的乡土气息，很受老百姓喜爱。“猴儿”（孙悟空）戏一直是马洛新戏班拿手的看家节目，许庄周围十里八乡流传一句民谣：“许庄的戏不用看，出来准是猴儿变。”

马洛新戏班演出声名鹊起，板式日臻成熟。为了纪念马洛新和许洛颖对新曲调的贡献，大家取马洛新一个“新”字，取许洛颖一个“颖”字，合为“新颖”，把新曲调正式定名为“新颖调”。自此，这一独特的戏剧剧种有了正式的名字——新颖调。

1840 年前后，许庄新颖调剧团演出进入鼎盛时期。上演的剧目非常可观，除去能连演数天的连台本戏，还能演《白蛇传》《宝莲灯》《天河配》《打渔杀家》《石秀探庄》《桑园会》《柜中缘》《王莽赶刘秀》《蓝桥会》《大仙姬落凡》《七仙姬落凡》《盘丝洞》以及《小寡妇上坟》（又称戏八戒）等传统剧目和新编神话故事戏。演出范围扩大到周边各县。

1851 年，随着马洛新、许洛颖相继辞世，新颖调剧团由他们的后人接管，继续传承，由于社会黑暗及灾荒贫穷等原因，戏班长期处于艰难状态。20 世纪初，军阀混战，民不聊生，剧团演出渐少，只能演几个小折子戏，以应酬乡里的红白喜事。至1938年，几个老艺人在本村广场打地摊演出了《戏八戒》，成为新颖调衰落时期的谢幕演出，新颖调濒临失传的境地。

1950年，时任望都县文化馆馆长的李佩华，决心把家乡戏新颖调继承下来并且发扬光大。在上级领导的支持下，李佩华开始了对新颖调系统地挖掘整理工作。1956年，他把老艺人马洛吉（马洛新的第四代孙）、朱荣第、杨洛立等6人请到县文化馆，由他们把新颖调的唱腔板式一句一句唱出来，由李佩华、张炳清、曹文远记录成简谱。另外还记录下李沛华从1952年开始整理的《大仙姬落凡》《打渔杀家》《盘丝洞》《四仙姬落凡》《七仙姬落凡》等唱段。至此，靠口传心授100多年的新颖调有了可以广泛传播的曲谱和唱本，成为新颖调发展史上的一个里程碑。

随着国家经济建设的发展和党的文艺政策的落实，农村中的文化活动开展得轰轰烈烈。许庄村恢复了新颖调“猴儿变”在年节期间的演出。县文化馆李佩华、张炳清紧跟时代步伐，用新颖调编写出了《夫妻会》曲目，由县文工团演出，这是中华人民共和国成立后首次以新颖调反映新生活的小戏，受到社会各界的瞩目。20世纪60年代初，李佩华、张炳清合作用新颖调写了十几个反映农村新面貌移风易俗的戏，其中代表性的如《两朵小红花》《井畔银花》等先后在省、地文艺专刊上登载。在移植改编的现代戏《小保管上任》中，李佩华对新颖调唱腔进行了较大的改动和创新，压缩了原来二六板反复出现的长过门，并增加了独创的“数板”和“跺板”，根据剧情表演的需要，创新谱写了间奏曲、行弦，同时增加伴奏乐器，使之更加完美。该戏参加省、地戏曲会演获演出一等奖。

新颖调经过改造创新，曲调更加优美流畅、悠扬动听，念白用带有方言味道的普通话，使人感到亲切朴实、好懂易学。随后唐山、承德、张家口、天津、邯郸、邢台等地代表团纷纷索要剧本和曲谱，学唱新颖调，借鉴新颖调的艺术风格和特点。新颖调从此迈出了望都的门槛，融入中国地方戏曲大家庭。

党的十一届三中全会以后，文艺界迎来了百花盛开的春天，也为新颖调的复兴创造了前所未有的条件。这时年近花甲的李佩华不顾体弱多病，在家乡动员老艺人、鼓动年轻人，恢复了许庄村业余剧团。1988 年，为进一步精益求精，把《戏八戒》中“背媳妇”一场戏摘取出来，由一名演员戴猪八戒道具独自表演，重新设计了唱腔、动作，编排成一个时长为 14 分钟的精华之作。县内无合适演员，特聘请保定老调剧团 18 岁的武旦演员张春红主演，演出集戏剧、魔术、杂技、变脸等于一身，精彩绝伦。《戏八戒》一折的演出立刻轰动了全县。新颖调精品《戏八戒》参加了河北省“两节一会”（中国吴桥杂技节、河北省戏剧节、河北省外贸洽谈会）演出荣获一等奖，权威人士称其为“戏曲中的奇葩”。此后，《戏八戒》先后到杭州、广州、香港等大城市演出，甚至走出国门，到日本、新加坡、泰国、意大利等国上演，在海外华人中引起强烈反响。至此，新颖调发展到了新的高峰。

随着新颖调在 2007 年被定为保定市首批非物质文化遗产，在 2013 年被定为河北省非物质文化遗产，人们对恢复地方剧种新颖调的渴望愈加强烈。2013 年，李佩华之子李田光出版了《望都新颖调》一书，书中讲述了新颖调的起源与发展，收录了新颖调传统剧目的剧本和原始的唱腔板式等，为探索、研究新颖调提供了历史资料和文献资料。由民间热心人士刘立凡成立的庆都春剧社，在县内戏曲作家张玉林、李田光的帮助下，排演了陈希贵编写、张玉林改编的新颖调《颖调缘》，拉开了新颖调走向新时代的序幕。2014 年，庆都春剧社改为望都县新颖调业余剧团，2015 年排演了深刻地反映当前社会问题的新剧《生日情》，唱腔设计由老艺人孙长水领衔的乐队采用新颖调经典曲调，并吸收了河北梆子、京剧、评剧的元素，曲调流畅优美，剧情起伏跌宕曲折生动，在社区、电视台演出 30 余场，引起了群众的共鸣，该剧被中国第六届戏曲奖小品河北省赛区评为获奖节目。期间，剧团还编演了新颖调清唱《望都颂》《父子情》等。2014 年经主管部门批准，成立了“望都县新颖调研究会”。 2016 年，“新颖调发祥地”大型石刻及经典剧目“戏八戒”雕塑在许庄新民居隆重落成，成为许庄村一道抢眼的景观。

□名村今貌

今天的许庄村位于原村址北 1 公里处，走进许庄村新民居，一排排别墅整齐坐落，村民脸上洋溢着幸福的笑容。2010 年 7 月，许庄村开工建设许庄新民居。新民居占地 200 亩，总投资 4200 多万元，有二层独院楼房 11 排，多层单元楼 6 栋。从 2013 年起，300 多户村民陆续入住，逐步完成整村搬迁，原址土地用于复耕。许庄新民居采用城镇住房标准建设，天然气入户，配套设施完善，环境优美，交通便利，社区管理规范，跨上了社会主义新农村的台阶。

许庄村耕地面积 5450 亩，全村种植果树 4000 余亩，是望都县苹果种植面积最大的村，是远近闻名的优质苹果生产基地，是全县“万亩果品之乡”的核心区域。种植大户建立绿农果品合作社，发展会员 100 多户，建立 500 亩“三优”富士示范种植基地。作为河北农大培训基地，许庄村通过邀请专家指导，不断提高果品品质，丰富果树品种。苹果成熟季节，许庄村推出了苹果采摘、果园观光等农家乐项目，现正谋划组织“许庄苹果节”，计划通过 3 年时间努力把优质果品推向全国，打出、打响“许庄”品牌。

（**撰稿**：李田光　**摄影**：胡游　陈卫红）

易县

YIXIAN

千年古县 绿色易州

◎ 易县古称易州，因易水而得名。总面积 2534 平方公里，总人口 57 万，是河北省旅游资源大县、全省 19 个特色休闲县市之一。

◎ 易县文化源远流长。有 8000 年的人类活动史、5000 年的炎黄奋斗史、2400 年的慷慨悲歌史、1400 年的置州管县史、280 年的皇陵史。2005 年，易县被联合国命名为“千年古县”。200 多处古文化遗存遍布全县，有世界文化遗产 1 处，国家、省、县文物保护单位 40 处。

◎ 易县是革命老区。境内有革命纪念地 10 余处，狼牙山五勇士抗击日寇英勇跳崖的英雄壮举闻名中外。狼牙山现为国家 4A 级景区、国家级森林公园、省级爱国主义教育基地、全国百处经典红色景区之一。

◎ 易县旅游资源丰富。狼牙山、清西陵、易水湖、云蒙山、千佛山、洪崖山等景区（点）集“山水古迹”于一身。拒马河、易水河纵横交错，17 座水库星罗棋布。全县林木覆盖率达 48.3%，被国家林业局评定为“易州国家级森林公园”。

◎ 易县物产丰富。易水砚、绞胎陶瓷久负盛名，易水砚、大叶烟、磨盘柿被称为“易县三宝”。狼牙山小杂粮、景泰蓝、古易铜雕、根雕等地方特产享誉国内外。易县享有“中国石材之乡”“万两黄金县”“全国磨盘柿之乡”等称号。

易州镇

易水壮歌 文脉流长

□名镇概述

易县被联合国命名为“千年古县”，缘于易州之初设。秦置三十六郡，易州为上谷郡。隋开皇元年改置易州，因境内有易水而得名。清雍正年间，易州升为直隶州，辖广昌（今涞源）、涞水两县。1913年废州为县。唐代以来，境内先后驻有高阳军、保定卫，为节制紫荆诸关之重镇。自隋朝置州以来，易州镇为历代州、县治所。

中华人民共和国成立后，易州镇于1953年7月始建镇人民政府，1956年改城关镇，1958年改易州镇公社，1961年改城关公社，1984年改易州镇。1989年撤乡并镇，后部乡、石庄乡并入，共辖易县城区4乡36个村街。全镇总人口8.36万人，辖区面积57.5平方公里。易水河、南水北调工程穿境而过，构成十字交叉形水系。张石高速、京昆高速、112国道、京广西线、易黄公路、易定公路在此交汇，交通极为便利。境内文物古迹密集，贤宦名流辈出，传统工艺精绝，历史文化十分厚重。

□文化遗存

【荆轲塔】位于易州镇荆轲山村村南，始建于辽乾统三年，明万历和清康熙年间均进行过修葺。1985年，河北省文物局对该塔进行通体维修。2006年，该塔被列为第六批全国重点文物保护单位。塔形挺拔俊秀，形如利剑，直指苍天。塔旁有明代御史熊文熙题“古义士荆轲里”碑1通。

而今，荆轲塔周边已辟为开放式荆轲公园。公园西依荆轲山，北靠易水河，南对黑白二塔，东临南水北调干渠，以古塔为中心四面辐射，总面积33公顷。

地势高耸，视野开阔，古镇新城尽收眼底，植被茂密，环境优美，诗廊雕塑点缀其中。荆轲公园已成为一处融历史文化、现代理念、观光旅游、休闲娱乐为一体的绝佳胜境。

【血山塔】又名镇灵塔、座陵塔，为县级文物保护单位。该塔方形 3 层，砖石结构，通高 7.35 米，占地面积 9.4 平方米。塔基已残破。该塔系元代开元寺弟子为住持敷尚修建，民间流传此塔为纪念樊於期而建。当年秦国将军樊於期因得罪秦王，只身逃到燕国，太子丹在此处建樊馆供其居住。燕国危难之际，樊於期为报太子知遇之恩和秦王灭族之恨，刎颈献首助荆轲刺秦，把一腔热血洒在了樊馆山上，此地遂取名“血山”，沿用至今。该塔四方无顶，传言寓意樊於期遗体有身无头。

【黑白二塔】黑塔，又称通觉寺塔，位于城南 2.5 公里西市村西山顶，为县级文物保护单位。1996 年因雨倒塌，2006 年复建。塔高约 15 米，建筑面积 11. 1 平方米，造型别致，小巧玲珑，砖雕技艺精湛，在易县古塔中为上乘之作。

白塔，位于易县城西南八里庄村北的山顶上，为县级文物保护单位。与黑塔、荆轲塔三足鼎立，遥相呼应。该塔方形 3 层，砖石垒砌，通高 13 米，建筑面积 16 平方米。黑白二塔均始建于元代，明正德十二年重修。

【道德经幢】道德经幢位于县城南龙兴观旧址内，经文按唐玄宗御注本镌刻，是校译老子《道德经》的重要实物，也是目前中国现存的 4 个道德经幢中形体最大、年代较早、保存较好的石刻道德经幢。1996 年，国务院将其列为全国重点文物保护单位。1986 年，省文物局在幢上建六角碑亭 1 座，2001 年上半年重修了碑亭。

道德经幢为八角柱体，幢高 6 米，幢身由上下两块大理石衔接雕刻而成，直径 90 厘米，幢身书有“太上玄元皇帝道德经”字样，各面镌刻老子《道德经》共计八十一章。

该经幢建于唐开元二十六年，由易州刺史田仁琬“奉敕令”而建。经幢文字为易州录事参军、唐代书法家苏灵芝书写，字体工整秀丽，笔法流畅，对研究唐代书法艺术有重要参考价值。

【侯台遗址】侯台又称五华台，位于易县城内，系一夯筑台基，土台残高约 20 米，平面略呈椭圆形。因历经沧桑，损毁严重，台基占地面积仅剩约 100 平方米。侯台遗址是易县境内历史最为悠久的建筑遗存，始建于周代，相传为周武王姬发所筑，用以观测天象占卜吉凶，故称侯台。燕昭王时重新修筑，称聚乐台，用以庆祝封赏有功之将帅。元代张柔命刺史卢应重修，台方形，顶部纵横九丈九尺，梯台九十九个，按五行方位建五华楼于台上，东曰增明，西曰晚翠，南曰观月，北曰卧游，中曰萃秀，故又称五华台。现楼台早废，遗迹尚存。明弘治《易州志》、清乾隆《直隶易州志》、民国《易县志》均有记载。

【易州清真寺】坐落在县城内友谊路社区，明景泰二年由北东村迁入，曾多次翻修扩建，其中尤以清乾隆年间规模最大、记载最详尽。1986 年，进行了一次较大规模的整修。占地 5.4 亩，寺内大殿 12 间，水房 10 间，大小学堂、厨房、书房、卧室等 31 间，总建筑面积达 3538 平方米。各建筑物之间皆有走廊衔接，工程宏大，殿宇雄伟，造型美观，布局严谨大方，为华北名寺之一。

【东市古代遗址】遗址位于易州镇东市村北，为 2007 年张石高速文物勘探时发现。河北省文物部门组成省、市、县联合考古队，在东市遗址共布探方 80 个，发掘面积 2040 平方米，清理灰坑 111 座、灰沟 2 条、墓葬 5 座。出土釜、盆、罐、豆、瓮、瓶、盘、碗、板瓦、筒瓦、瓦当、铜钱等文物 1000 多件，包括陶器、骨器、瓷器、铁器、石器等各类质地，分属汉代、隋唐、金元、明清四个时期。尤其是在古墓葬中发现了元代忽必烈时期的一通汉白玉石碑，上面记载着墓主人的生平、家族关系及社会背景等，极为罕见。为研究易水流域战国至明清时期古聚落的分布变迁以及人们的生活方式、思想意识和社会状况提供了重要参考资料。

□人物英才

【卢辉】（生卒年不详）字子晃，范阳人，唐开元二十三年前后任易州刺史。据《易州铁像碑》记载，卢辉在易州任内的主要政绩有三：一是注重基础设施建设。“开北山通车道三所：官坐镇、白杨谷、峨院；每驿旁造店一百间……”白杨谷等道路至今仍为交通要道。二是注重基层政权建设。奏请朝廷批准，“置县三：五回、楼亭、板城”，加强了对州治周边地区的管控。三是注重发展生产。除劝导农桑之外，还充分利用自然资源，“造水碾四所”。为此卢晖受到朝廷嘉奖，易州官民感其政绩民望，将其列入易州“贤官祠”。

【田琬】（生卒年不详）又名田仁琬，字正勤，生卒年代不详。唐开元二十四年任易州刺史，兼高阳军使。田琬素有干才，不仅奉敕令建造了唐玄宗御注老子道德经幢，还察民疾苦，劝导农桑，整饬官市，致使居者心安，流民归返，蝗不入境，旱不成灾，余粮栖亩，府库充盈。民风为之大变，3年境内无讼。田琬调离易州后，官民为彰其政名，为其立“德政之碑”1通，现存于保定莲池书院。

【田文镜】(1662—1733) 字抑光，福建长乐人。康熙年间曾任易州知州，后擢升吏部郎中、御史、内阁侍读学士。田文镜大力推行雍正帝的改革方略，在整饬弊政、清查积欠、耗羡归公、摊丁入地、限制绅衿特权、确保国库充盈等方面做出了突出政绩。病逝后，赐葬易县，近陪泰陵。清朝末期，田公墓遭盗被毁，现仅存一对石狮（已移往他庙）和2通诔文残碑。

【常耀奎】（1875—1939）字朗斋，回族，易县城内人，光绪时秀才，曾任职京师和天津警察厅厅长、全国水利局总裁，与江苏督军齐燮元共同组建河海工科大学。1925年担任中国回教俱进会理事长，与杨开甲等人资助王静斋阿訇翻译甲种《古兰经》。同年与潘复、张廷愕、王绍贤发起成立天津存海学社，专事抢救山东聊城杨氏的“海源阁”藏书，募集资金万元购回92种，1946年由北平图书馆收购。1937年，日军迫其担任伪县长。他不理政事，只修县志。1939年称病卸任，同年卒于北京。

【孔伯华】（1885—1955）号时斋，祖籍山东曲阜，其祖父曾官于易州，遂入易州籍。定居城内财神庙街（今团结路居委会）。拜易州武阳台村文庠生王世昌为师，嗣后进京悬壶，与萧友龙、施今墨、汪逢春并称北京“四大名医”。曾任“全国医药团体联合会”主席，领导抵制南京政府制定“取消旧医”政策的活动，获得胜利。1949年后，担任毛泽东保健医生，对中央首长的医疗保健多有建树。1955年病逝，周恩来担任治丧委员会主任，彭真任主祭。孔伯华遗著有《时斋医话》《传染病八种证治晰疑》《脏腑发挥》《中风说》《诊断经验》《孔伯华医集》等流传于世。

【陈云浩】（1877—1965）字紫纶，易县城内人。清光绪二十九年进士，授翰林院编修，宣统三年任奕劻内阁弼德院参议。辛亥以后，隐居北京。抗日战争时期，坚辞日军所授之职，以行医卖字为生。1944年，与国学大师傅增湘、潘龄皋在北平景山公园树起“甲申纪念碑”（世称“三翰林碑”），弘扬民族精神，宣扬爱国思想。中华人民共和国成立后，任中央文史馆馆员，后任北京市政协委员。1956年，任中华人民共和国成立后第一个群众性书法组织——中国书法研究社社长，为发展民族艺术做出了巨大贡献，培育了启功、沈鹏、刘炳森、王任、王雪涛、王昆仑、欧阳中石等众多书画家。其书法代表作有成都杜甫草堂楹联、北海公园三希堂匾额等。

【马世元】（1875—1949）易县城内乙街人，易州清真寺阿訇。1900年9月，八国联军攻入易县，数千难民拖儿带女四处逃命。马世元挺身而出，破例开禁，在清真寺内搭起席棚，不分民族、宗教，让数千难民涌进寺院躲避，并施粥济民，长达一旬，终使数千百姓平安躲过一劫。兵燹过后，各界为表谢意，由难民代表、乡绅朱兆丰执笔，向清真寺赠送了一副感恩对联和一方“洞天福地”匾额。

□地方特产

【易砚】又称易水砚，中国十大名砚之一，与广东端砚齐名，有“南端北易”之称。相传始于春秋，盛于唐宋，由原始社会的研磨器演变而来。发现最早的易砚为东汉时期黛板砚，距今1800多年。易砚石料主要为紫翠石和玉黛石，取自易水河畔的黄龙岗和西峪山，系8亿—10亿年前形成的水成岩，质地细腻，坚柔适中，为砚料佳品。宋辽时易砚即为宫廷贡品，明代多用易砚书写圣旨诏书，清康熙帝曾收藏“天马行空”易水砚一方。

【绞胎瓷】绞胎瓷是我国唐代出现的名贵陶瓷品种，也称绞胎陶透花瓷。宋代“靖康之变”后生产中断，工艺失传，易县张保军经过11年研究探索，

终使绞胎瓷得以恢复生产，并将现代美术思想与传统绞胎技艺相结合，在造型和绞样形成技法方面传承创新，获得15项国家专利，开创了现代绞胎技艺，被称为20世纪陶瓷史上最重要的原始创新。

易县绞胎瓷以土石为原料，利用不同颜色的陶瓷泥料绞揉在一起，拉坯成型，高温烧制。其技术难点在于成型过程中通过人为控制，使其花纹、图案充分展开，将古拙高雅、奇绝名贵之特性展现淋漓尽致，达到装饰美化和艺术创作的目的。其胚胎内外皆有花纹图案，且件件都是孤品，具有质地坚硬、造型古朴、表里如一、浑然天成等特点，以工艺精绝、难以仿制著称于世，具有较高的收藏保存价值。易县绞胎瓷制作工艺被列为河北省非物质文化遗产，张保军为代表性传承人。

【柏林烟】又称易州贡烟，是指易州城内龙兴观柏树林下所产烟叶，为“易州三宝”之一。龙兴观旧址内原有一片柏林（现仅存一株元柏），每年柏籽柏叶落地，被风刮到附近烟畦里，渐渐朽腐如膏腴，成为烟田的上好肥料。得天独厚的自然环境，使此处所产的“柏林烟”叶厚色黄，香气浓郁，柔和爽口，深得清西陵八旗子弟钟爱。“柏林烟”由西陵传至京师，由京师传至全国，成为炙手可热的烟中至宝，被御封为“贡烟”。2002年9月，“易州贡烟”走进上海中国烟草博物馆，成为与云烟、关东烟齐名的“华夏三大名烟”。

【抱龙丸】是指易州城内蔡家胡同“树德堂药铺”所制的丸剂，为“易州三宝”之一。明代永乐年间有一蔡姓状元到易州隐居，开设“树德堂药铺”。清代中期，药铺转由厂城村皇

粮庄头张海寰经营，张氏不仅是著名的乡绅而且精通医道，他指导配制的“金衣抱龙丸”修和遵古，享誉京津，畅销大江南北。

抱龙丸主治“伤风、瘟疫、昏睡、痰塞、壅嗽、惊风、抽搐、蛊毒、中暑、妇女白带、小儿四时感冒、疮疹欲出”等，是急惊实证的必备良药。明代抗倭名将万民英为其亲书门匾，清代僧格林沁等赠匾额无数。清末民初，药铺归张四奶奶管理。民国十三年，“树德堂制抱龙丸”随西陵八旗裁撤，1949年前其制法失传，1949年后有部分药厂恢复生产，但其质量无一超越树德堂。

□名镇今貌

近年来，易州镇依托“一河两城”发展规划，借力城乡创业强劲势头，重点培育壮大文化产业，已成为文化旅游产业的崛起高地。

易县文化产业园区。易县文化产业园区位于城西112国道南侧，是一处传统与时尚交汇、科技与创意交融、经济与生态和谐的实用艺术之都。项目已完成基础设施投资15亿元，入驻易水砚、绞胎瓷、铜雕等文化企业22家，从业人员达3.2万人。其中，投资5000万元以上文化企业6家，投资500万元以上的创意服务类文化企业7家。目前，中华砚文化博览城、易县博物馆、易水砚大酒店等重点项目均已落户文化产业一条街。

燕都古城。燕都古城位于北易水两岸，规划总占地1900亩，投资总额60亿元，全面建成后，年接待游客量可达500万人次，是省、市、县各级政府的重点项目。燕都古城以燕文化为历史依托，以易水河为景观特色，采用明清时期的徽派建筑风格，兼容历代古建元素，集旅游集散、文化休闲、古建博览、特色商业、生态居住于一体，完全按照国家4A级景区标准打造，是华北地区首个水岸古城。

（**撰稿**：王智勇 **摄影**：于正万 王智勇）

西陵镇

物华天宝 人杰地灵

□名镇概述

西陵镇位于世界文化遗产、国家 4A 级景区清西陵腹地，距县城 15 公里、北京 130 公里、保定 95 公里，112 国道穿镇而过，张石高速在域内设有出入口。镇域地貌以山地、丘陵为主，最高峰为云蒙山，主峰海拔 1125 米。全镇总面积 83.2 平方公里，辖 17 个行政村，1.6 万人，其中满族村 9 个，满族人口 4300 人。

民国初年，镇域属易县一区；抗日战争时期，先后属易县、龙华县抗日民主政府管辖。1947 年解放，归易县四区管辖；1953 年，于镇域内建晓新村乡、三尖峪乡、太和庄乡，1956 年三乡合并，建立五道河满族乡；

1958年9月，高级农业社与乡政府“政社合一”，建西陵公社，1961年更名梁格庄公社；1961年6月，复建西陵公社，归西陵区管辖，公社驻地五道河村同时成为区公所驻地；1984年1月，恢复乡政府建制，建西陵满族乡；1989年，撤销区级机构，建西陵镇，镇政府驻五道河村。

□文化遗存

西陵镇以大型皇家园林清西陵命名，陵区大部分位于西陵镇域之内。清西陵选址于此，经过了风水大师在全国各地的多番相度比较，最终被这里西接恒岳、南连太行、北靠云蒙、东枕层峦的磅礴气势所震撼，赞誉此地为“乾坤聚秀之区，阴阳汇合之所，龙穴砂水，无美不收，形势理气，诸吉咸备”。雍正亦认为这里“山脉水法条理分明，洵为上吉之壤”，确定此地为百年之后的安息之所。

清雍正八年，西陵肇建，至今已有280多年历史，是我国现存规模最为宏大、体系最为完整、保存最为完好的帝王陵墓建筑群。现存4座帝陵、3座后陵及妃嫔、王爷、公主、阿哥园寝7座，永福寺、行宫等在附属建筑中保存最为完好，共有宫殿千余间，石建筑百余座，葬有4位皇帝、9位皇后、57位妃嫔及王爷、阿哥、公主等，共计80人。

建筑布局强调“天人合一”。一是每座帝陵皆以神道为中轴线，两侧建筑对称排布，给人以稳重、平衡、和谐、统一的美学感受；二是自中轴线首端起，建筑物由密到疏排列，主题突出；三是按照“形式服从实用”的古建规则，巧妙利用自然环境，将建筑物镶嵌其中，呈现抑扬顿挫之感，使陵寝愈显雄伟壮观。

建筑色彩丰富协调，等级明显。帝、后陵寝的殿顶均以黄色琉璃瓦覆盖，妃园寝和公主园寝只用绿色琉璃瓦，且边沿处不着它色。其他地方则施以丰富色彩，以映衬主建筑的恢宏气势。雕刻多以石雕、砖雕、木雕为主。

雍正皇帝的泰陵是清西陵的首陵，居于最尊贵的位置，是清西陵中规模最大、规制最全的陵寝，其3架石牌坊和巨大的圣德神功碑均为世界之最；安葬着乾隆生母孝圣宪皇后的泰东陵，是清朝唯一一座标准规制的皇后陵；嘉庆皇帝的昌陵建筑格局外仿泰陵，隆恩殿内墁地的黄紫色花斑豆瓣石在帝陵中独一无二；昌西陵的回音壁和回音石传音清晰，如空谷传响，袅袅不绝，可与北京天坛回音壁相媲美；道光皇帝的慕陵宫殿木料均为金丝楠木，不做任何装饰，名贵而典雅，天花板、雀替、裙板上雕有1318条木云龙，为清代诸陵所罕见；光绪皇帝的崇陵排水系统完备，有“雨过即干”的美誉，其

隆恩殿内木料为铜铁木，产自新加坡，名贵稀少，坚硬如钢，有“铜梁铁柱”之称。

清西陵是清王朝从盛世走向衰亡的历史见证，是封建社会典章制度和等级制度的不朽载体，代表着中国陵寝建筑艺术的最高水平。1961年，清西陵被国务院列为首批全国重点文物保护单位；2000年11月，被联合国教科文组织列入世界遗产名录；2001年1月，被评为国家首批4A级景区。

□旅游资源

【云蒙山】又称太宁山，清乾隆年间赐名永宁山，是清西陵的靠山，三条龙脉分次延展，金龙庄、白水港、太宁寺、豹子峪四个村分居其间。自东晋以来，云蒙山即为佛、道圣地，曾建有双塔寺、太宁寺、静觉寺、双塔庵、云上寺等。相传鬼谷子曾在此传授孙膑、庞涓兵法。史料记载，从北魏年间开始，名士卢景裕、冯道、王鼎等在此隐居治学。云蒙双塔建于金代，明万历十四年重修，为全国重点文物保护单位。

云蒙山有77道山峰、33道峡谷，常年有云雾缭绕，水量充沛，植被繁茂，是北易水源头之一。树木琳琅，景观壮丽。春季桃花三变，秀丽似锦；夏季瀑布飞溅，百鸟争鸣；秋季红叶似火，瓜果飘香；冬季玉砌冰雕，姿态万千。千百年来，这里一直传续着云蒙祈雨的风俗。人们根据乳水洞中自然形成的13道水槽中水量多寡，预判当年雨水状况。至今，洞壁上还留有记载求雨应验的石刻。

【清西陵古松林】现存树龄300年以上的古松古树1.4万株，分布于东起梁格庄，西至紫荆关的广阔区域，以五道河、太平峪、晓新村之间最为集中。史料记载，泰陵营建之初，朝廷将涞源县“上老荒”（后赐名上老芳）

村的所有古松尽数移来，由“树户”专管、培育。此后历朝多有增植，至清末已达20余万株。民国时期遭滥伐，至中华人民共和国成立初仅余万株。1949年后，政府加强对古松的保护，多年补栽。目前，西陵镇境内苍松已达40余万株。卧龙山位于五道河至太平峪之间，因形似卧龙而得名。山势平缓，山路贯

通，古松环护，是休闲游的绝好去处。

【华盖烟岚】华北村南华盖山，高耸入云，婉约秀美，侧望如美女斜倚，每当雨霁雪晴，浮云缭绕，烟雾空蒙，若轻纱漫遮，谓为壮观。华盖烟岚被誉为“西陵八景”之一。

□非遗文化

【摆字龙灯】现忠义村（原泰妃衙门）有摆字龙灯，为承德避暑山庄所传，距今有270余年历史。龙身为13节，纪念雍正在位13年，龙身罩有绘龙鳞、龙爪的龙衣，中央固定把手，内设三环套月式蜡烛签3支，利用队形变化，可摆出“天下太平”“利见大人”等吉祥祝福的词句。2008年，摆字龙灯被列为国家级非物质文化遗产代表性项目。先后两次代表河北省参加全国民间文艺“山花奖”舞龙大赛，分别荣获金、银奖。

【油漆彩画】西陵古建油漆彩画技艺是保定市非物质文化遗产项目，代表性传承人是凤凰台村的卢振林。卢振林秉承家学，兼容并蓄，系统掌握了明清古建彩画技法，先后参与了湖南岳阳楼、北京龙潭湖、承德普宁寺、北京故宫太和殿等工程的维护修缮工作，独立主持了颐和园东八所、北海真谛门、地坛牡丹园、同仁堂、北京东华门普渡寺等古建彩画修缮工程，其中同仁堂工程荣获“国家优质工程奖”和“鲁班奖”。卢振林现为河北省工艺美术协会会员、中国古建筑油饰彩画高级营造师。

【宫廷菜肴】满族的饮食文化独具特色，西陵镇“满家乐”独树一帜。凤凰台村的苏文华和忠义村的吴占魁凭借祖传的清廷御厨技艺，推陈出新，研发新品菜肴，备受食客好评。苏文华的满族宫廷菜肴制作技艺被列入保定市非物质文化遗产名录，其“老苏满家乐”为众多食客所垂青。

□人物英才

【白志文】(1903—1986)龙泉庄村人，满族。1929年加入中国工农红军。土地革命时期，任红军第五纵队教导队中队长，红三军团第四师五团排长、连长、团长，第五师十五团团长，红十五军团第七十八师副师长，补充师师长，陕北独立师师长。参加了长征。抗日战争时期，任八路军留守兵团警备第五团团长、两延河防司令部副司令员，被誉为“毛主席的大警卫员”。解放战争时期，任北岳军区第三军分区副司令员兼后勤司令员、第一军分区副司令员兼后勤司令员、华北军区补训兵团第二旅旅长。1949年后，任华北军政大学一总队总队长、河北省军区石门军分区司令员、河北省军区副司令员、河北省政协副主席。1955年被授予少将军衔，获一级八一勋章、一级独立自由勋章、一级解放勋章，是中国人民政治协商会议第一至五届全国委员会委员。

【寒风】(1918—2003)原名李运平，晓新村人，满族。1939年参加八路军，从事宣传工作，曾参加上党、淮海等战役。1949年渡江战役中立特等功。1952年发表处女作小说《党和生命》。同年赴朝鲜前线，其作品曾获西南军区文学创作一等奖，全国少数民族文学奖、长篇小说奖。被陈赓将军称为“最懂二野战史的作家”。

【那狄】(1918—2010)原名那迭云，凤凰台村人，满族。1938年7月参加革命，同年到延安鲁迅艺术学院美术系学习木刻。1939年5月加入中国共产党。曾任八路军一一五师《战士画报》编辑、山东军区《山东画报》编辑、四野政治部战士读物社社长、总政《解放军战士》总编辑、总政文化部电影处处长、新疆北疆军分区政治部副主任等。1955年被授予上校军衔，曾荣获三级独立自由勋章、三级解放勋章和独立功勋荣誉章。作品有《马鞍山烈士纪念塔》《母亲》《晚归》等。

【赵鹏飞】（1920—2005）里仁庄村人，满族。1939 年 3 月加入中国共产党。历任定兴县、龙华县县长，冀热察行署农林厅、实业厅厅长。中华人民共和国成立后，任彭真同志办公室主任，兼任全国人大常委会办公厅副主任，后兼任国务院副秘书长、第一副秘书长。改革开放后，历任北京市委书记、市政协主席、北京市第一副市长、市人大常委会主任。

【赵文隆】（1920—2005）龙里华村人，满族。1938 年 1 月参加八路军，历任指导员、团长、北江军区政治部主任。中华人民共和国成立后，历任河南省第七届人民代表大会常务委员会副主任、党组成员，河南省人民检察院党组书记、检察长。第七届全国人民代表大会代表。

【梅庚年】(1924—1975) 五道河村人，满族。1938 年加入中国共产党。1947 年从白求恩医科学校毕业后，历任晋察冀军区卫生队护士长、助理军医、晋察冀陆军医院军医、主治军医等职，参加过解放平津、保定等战役。1949 年，任河南安阳专区人民医院院长兼党委书记。1958 年，被中国医学科学院聘为心血管研究委员会委员。1974 年 3 月，任赴埃塞俄比亚医疗队队长兼党支部书记。1975 年 8 月，不幸以身殉职。

□名镇今貌

近年来，西陵镇借助地域和文化优势，大力发展特色经济，有效增加农民收入。

一是促进全域旅游。倾力打造集吃、住、游为一体的生态旅游新业态，风情旅游村发展到11个，“满家乐”经营户300多家，年接待游客50万人次，吸纳村民就业2000多人，促进农民增收3000万元，“满家乐”品牌叫响京津保乡村旅游市场。

二是建设林果基地。打造白水港、太平峪、三尖峪等林果示范村，建设以板栗、尖枣、核桃为主的生产基地，林果栽植面积达5.4万亩，种植“西陵知母”1.1万亩。实现了保护生态环境和发展林果经济的和谐统一。

三是领军古建市场。组建“西陵镇园林古建公司”，传承古建技艺，40多支古建队伍活跃在北京、天津、陕西等建筑市场，年创收1亿元以上。

（**撰稿**：张桂娟　潘新宇　**摄影**：于正万）

狼牙山镇

英雄大山 民族丰碑

□名镇概述

狼牙山镇位于易县西南深山区，距县城 45 公里，南连满城县，辖 20 个行政村，面积 168 平方公里，其中耕地面积 6560 亩，山场面积 105 平方公里，人口 1.7 万，年经济总收入 6600 万元，人均纯收入 3930 元。镇政府驻地南管头村。荣乌高速、良顺公路穿境而过，交通非常便利；漕河干流、支流流经全镇，水量丰沛。

狼牙山镇的前身为管头镇，管头镇的前身是管头乡。管头乡始建于 1953 年，1958 年改公社，1984 年复改为乡。1989 年，原管头和猫尔岩两乡合并

为管头镇。2004 年 4 月，因境内有举世闻名的狼牙山，管头镇更名为狼牙山镇。

狼牙山由五坨三十六峰组成，既是红色英雄山，更是绿色生态山，系国家级爱国主义教育基地、国家级森林公园、全国百家经典红色旅游景点。有历史、自然景观 50 多处。

□文化遗存

【蚕姑庙】位于狼牙山东侧的蚕姑坨上，为北魏时期所建。相传，黄帝途经易水时，发现这里的人们衣着华丽，而黄帝和他的军士只靠兽皮、树叶遮体，甚为惊讶。通过走访，得知这里有位蚕姑，教人养蚕缫丝，织锦为衣。于是黄帝娶蚕姑为元妃（正妻），请她将养蚕缫丝的本领传授天下，结束了人类无衣遮体的荒蛮时代，开创了人类衣着文明的新纪元，奠定了汉代开辟“丝绸之路”的基石。正可谓：一虫之功，天成文明；一桑之叶，贸易天下；一丝之力，罗结人心；一绸之惠，让世界同此凉热。唐代以后，历朝设先农坛，“祀嫘祖为先蚕”。蚕姑坨原有规模宏大的灵峰院，庙宇神殿 70 余间。

【老君堂】位于狼牙山褡裢峰半山腰，依天然山洞而建。堂中供奉道教三清之一的太上老君。因建于万丈悬崖，地势险要，需由凌空铺设的仙人桥而入。1941 年 9 月，八路军在狼牙山阻击日军，掩护数万名干部群众突围，指挥部就设在老君堂。爱国道士石海中曾于此巧斗日本兵并保护军用物资。1943 年秋后反“扫荡”中，石老道还于此照料杨成武养病。

【石棋盘】位于通往棋盘坨顶峰的悬崖上，传为孙膑与其师王禅老祖布棋论道之所。仙弈石为一块天然形成的岩石，约 3 尺见方，石面纹理纵横，酷似棋盘，棋盘坨因此而得名。目前，棋盘陀上共有两块石棋盘，旁边各生有虬结苍劲的古柏一棵，如二人在此对弈，置身于此，如临仙境。

【三教堂】位于棋盘坨仙弈石下方，是依洞而建的一处殿堂。因其供奉“儒、道、释”三教之祖孔子、老子、如来佛于一堂，形成全国独一无二的“三教文化”，是文化兼容的典型代表、万法归宗的历史见证，彰显出狼牙山文化底蕴的雄浑与厚重。

【御射碑】御射碑刻于北魏时期，记录北魏太武帝拓跋焘东巡御射之事。此碑原矗于狼牙山下画猫村漕河西岸，现已成残碑，为著名书法家林鹏所藏。史料记载，北魏太武帝东巡邺城，回銮途经狼山，见此奇峰峻岭，突发豪兴，“乃停驾路侧，援弓而射之，飞矢逾于岩山”。为记此盛事，“刊石用赞元功”。北魏御射碑历来名重艺林，被考古界、书刻界视为文化瑰宝。

【红玛瑙溶洞】红玛瑙溶洞形成距今已有 16 亿年。洞内通高 90 米，宽 50 米，由北向南斜下走向。洞分 5 层，有 6 个景厅、40 多处景点。专家考证，洞中有生命早期形态的海藻类植物化石，通过对叠层石基本纹层的分析，可以判断出远古时期昼夜、潮汐、季节的变化关系，是认识古代地球物理演化的生动标本和重要信息。

【北娄山烈士陵园】位于狼牙山下北娄山村东 1.5 公里处，建于 1958 年，占地 20 亩，植树 1000 余株，松柏苍翠，庄严肃穆。这里安葬着抗日战争时期牺牲的烈士 1156 名，其中有 1941 年 9 月在狼牙山战斗中牺牲的烈士 463 名。狼牙山五勇士中的马宝玉、胡德林、胡福才三烈士亦长眠于此。1983 年 4 月，陵园被列为县级文物保护单位。

□红色文化

【易县第一个党支部诞生】1927 年 11 月，经完满县委批准，中共易县第一个党支部在冯家庄建立，支部书记是李作舟，继任支书为李洛创。当时记录在册的 50 多名党员分布在狼牙山周围 20 多个村庄，其中有 5 名妇女党员。狼牙山党支部的成功建立和有效活动，为后来晋察冀一分区在管头一带建立、为狼牙山区红色政权的初步形成奠定了必要的群众基础。

【白求恩救死扶伤】1938 年冬，伟大的国际主义战士白求恩随医疗队来到狼牙山。在甘河净战地救护所中，白求恩连续奋战23天，共为300多名八路军伤病员做了手术，并指导他们进行康复训练，使这批英雄健儿重返杀敌战场。他深入一分区各医疗队，手把手指导救护工作，提高了基层连队医疗工作水平。与此同时，他还热心为当地群众排忧解难，为不少群众做了手术。1939年11月，在黄土岭战役中，白求恩为抢救伤员不幸中毒，时隔不久与世长辞。聂荣臻得到消息泪流满面，毛主席也写下了闻名中外的光辉著作——《纪念白求恩》。

【五勇士英勇跳崖】1941年9月25日，3000多日伪军在飞机大炮的掩护下，兵分九路围攻我根据地。为掩护主力部队和群众安全转移，班长马宝玉等5名八路军战士把敌人引上绝路。五勇士与敌苦战数小时，最后弹尽石绝，他们宁死不屈，相继跳下悬崖。其中马宝玉、胡德林、胡福才三位同志为国捐躯，葛振林、宋学义两位同志挂在树上幸免于难。五勇士用鲜血和生命抗击日寇的英雄气节和民族精神，彪炳千秋，震惊中外，将永远铭刻在人民心中。

□领导关怀

胡锦涛看望老区人民。2011年春节，胡锦涛总书记来到狼牙山脚下的石家统村看望老区人民，慰问84岁的老党员闫德书，并与当地群众一起敲大鼓、贴福字，共同欢度除夕。总书记的到来令老区人民备受鼓舞，石家统村民更是信心倍增。在各级党政的支持帮助下，石家统村主动融入大狼牙山景区发展圈，以新民居建设为契机，下大力改变村容村貌，优化旅游环境，实现了林果业和旅游业的有机结合、相互促进，先后被确定或评选为全国造林绿化千佳村、全国一村一品示范村、国家级民主法治示范村、全国科教兴村计划试点单位、河北农大“产、学、研”三结合基地、“狼牙山农业生态科技示范园区”核心村、河北省新农村建设示范村。

□旅游资源

【狼牙山】古称郎山，简称狼山，其名称由来有三种说法：一是老子灭狼说。传说道家始祖老子在山中修炼，玉帝怜其清苦，遣三狼为食。老子食狼肉而得道成仙。后人便将此山称为“狼山”，将老子修炼的山洞称作“老君堂”。二是刘郎避难说。西汉年间，宫中发生“巫蛊之祸”，汉武帝宠臣江充借机构陷太子刘据。太子阖家罹难，唯有一子侥幸逃脱，遁入此山避难，此山因而被称作“刘郎山”，后演变为“郎山”，山上曾有《郎山君碑》记载此事。三是因形赋名说。《水经注》中称此山“众岑竞举，若竖鸟翅，立石崭岩，亦如剑杪，极地险之崇峭”。当地百姓看它万柱擎天，状若狼牙，故而把它叫作“狼牙山”。

2010 年，狼牙山景区管委会与中凯集团合作，实现了经营权和管理权分离。在新机制激励下，中凯集团先后投资 6 亿多元，修建玻璃栈道和观景平台，在西山北乡一带建设占地 162 公顷、分 7 个功能区的龙门湖欢乐休闲旅游区，连年举办多项大型活动，尤其是央视《寻宝》栏目走进易县，有力提升了景区的知名度和美誉度。通过举办国际登山节、山花节、柿子节、花海国际千人徒步大赛、国际牡丹诗画艺术节等活动，狼牙山的文化品牌愈加响亮。

【五勇士纪念塔】五勇士纪念塔巍然矗立于棋盘坨顶峰，历史上曾二毁三建。1942 年 9 月底建成“三烈士纪念塔”，后被日军山炮击毁。1959 年，易县人民政府重修纪念塔，后因地震遭到严重损坏。1986 年，河北省委、省政府第三次修建“五勇士纪念塔”，并举行了隆重的落成典礼仪式。新塔呈正五边形，塔身正面嵌有聂荣臻元帅题写的“狼牙山五勇士纪念塔”九个金色大字，五勇士浮雕镶嵌在与塔底同高的一面汉白玉旗上。目前，这座屹立山巅的英雄纪念塔，既是红色教育的制高点，也是凌虚览胜的观景台。

【五勇士陈列馆】五勇士陈列馆位于狼牙山登山入口处，落成于 2001 年。该馆占地面积 816 平方米，建筑面积 300 平方米，由杨成武将军题写馆名。馆内设有珍贵图片、历史资料、抗战文物、战斗场景等 4 个展厅，生动再现了我抗日军民在党的领导下，抗击日寇、保家卫国的悲壮历史和英雄业绩，是进行爱国主义和革命传统教育的重要场所之一。

【狼牙山文化博物馆】该博物馆于 2017 年 7 月 1 日落成，建筑面积 10 000 平方米，其中展厅面积约 3500 平方米。博物馆以“传承红色基因、弘扬民俗文化、展示奇石魅力”为主题，采用文物、历史图片、雕塑、写实人像、场景复原、多媒体等表现形式，着力打造易县和保定地区的爱国主义教育基地、非遗保护示范基地、赏石文化展示交流平台和狼牙山景区旅游新名片，是目前狼牙山地区规模最大、档次最高的红色文化博物馆。

在狼牙山文化博物馆可以寻找民族记忆、传承文化基因、学习科普知识、唤醒悠悠乡愁，是涵育社会主义核心价值观、弘扬中华优秀传统文化的知识殿堂。

□名镇今貌

狼牙山镇党委、政府结合美丽乡村建设，投资 2000 多万元对狼牙山脚下的东西水村进行精品村打造，进一步完善基础设施建设，对农家院一条街整体风貌进行改造，统一样式风格，提升整体风貌。对农家院经营户统一服务标准，统一服务流程，全面实行星级管理，打造狼牙山农家游的区域特色。目前，东西水村已发展农家院 85 户，可同时接待 5000 人就餐、2000 人住宿，年接待游客 10 万人次以上，吸纳本村及周边从事旅游及相关行业人员 1200 多人，人均纯收入超过万元。2015 年，东西水村被评为中国乡村旅游模范村。

近年来，狼牙山镇通过在景区周边发展生态休闲采摘园、在景区外围打造林果专业村、在林果主产区创建果品专业市场等措施，走出了一条“生态游”的新路子。目前，东西水村已建设采摘园 30 多个，面积 500 余亩，形成了家家有果园、户户能采摘的旅游休闲新业态。岭东村投资 20 万元建成狼牙山林果采摘基地，集中发展生态观光采摘游。其他各村也积极开发荒山栽植果树，新增优质苹果、桃、李、杏树 20 万株，形成了林果产业大格局。全镇林果总面积达到 15 万亩，年产鲜果 5000 万公斤，年产值 3000 万元以上，成立 8 个林果协会，建设 6 个果品专业市场，产品远销国内外多个城市，被河北省确定为“无公害果品示范镇”。

（**撰稿**：王智勇　李文通　**摄影**：于正万）

紫荆关镇

雄关漫道 太行锁钥

□名镇概述

紫荆关镇位于易县西北部，距县城 45 公里，距北京 120 公里，距天津 200 公里，距雄安新区 115 公里。总面积 263 平方公里，辖 25 个行政村，6081 户，20 408 人。属于典型的温带半湿润气候，四季分明，夏为凉城。镇政府位于全国重点文物保护单位“万里长城——紫荆关”的关城之内。

紫荆关历史悠久，古为屯兵建衙之所。清顺治年间，镇域多属玉峰社；1934 年属易县四区；抗日战争期间，先后属易县十三区和龙华县四区、六区；解放战争期间，属易县十二区；1949 年 10 月，属易县十一区；1953 年，紫荆关建立乡政府；1958 年改称公社；1989 年与大盘石公社合并，建紫荆关镇；

1996 年，上陈驿乡并入，形成现在紫荆关镇的地理范围和规模。

□名镇历史

古人对于紫荆关的重要战略地位有着清晰的认识。明清之际的思想家顾炎武在《天下郡国利病书》中说："居庸则吾之背也，紫荆则吾之喉也，猝有急则扼吾之喉而附吾之背。"清康熙皇帝两次于此驻跸，检阅防务，题有"天子阅武"石碑。毛主席在指挥作战的电报中两次提及紫荆关。

作为军事要地，紫荆关曾经历大小战斗 140 多次，很多战例改写了历史。东汉建武二十一年，乌桓举兵南下，直抵五阮关，伏波将军马援老当益壮，甘愿马革裹尸，率军出征，在此设伏，击败乌桓大军，迫其北遁，数年不出。西晋时期，爱国将领刘琨闻鸡起舞，矢志北伐，于此沿河列阵，抗拒后赵石勒兵马，"拒马河"因此得名。南宋嘉定二年，元太祖成吉思汗攻打居庸关，因金兵凭险据守，久攻不下，于是抽兵南下，一举攻下紫荆关，在易县五回岭大败金兵，然后攻取易、涿二州，再由长城内侧向外反攻居庸关，内外夹击，居庸关被攻破，上演了金亡元兴的历史活剧。

明正统十四年八月，瓦剌军在土木堡俘获明英宗，之后进军北京，由于居庸关防线久攻不下，瓦剌军改从紫荆关突破。右副都御使孙祥与都指挥佥事韩青一起率军马据关力守，与瓦剌军也先主力死战，也先强攻一天未果。紫荆关的抵抗迟滞了也先的行动，兵部尚书于谦方得暇部署防务，取得北京保卫战的胜利，力挽大明朝于崩溃的边缘。

抗日战争时期，紫荆关是敌我双方势力渗透的过渡地带，战斗频繁而惨烈。日本侵略者对紫荆关的战略地位非常看重，派出重兵占领，在交通要道大肆修建炮楼，设置关卡，对当地人民进行残酷奴役。70 多年过去，现在紫荆关地区仍存有数处日军侵华据点遗迹。

1937 年后，紫荆关成立了抗日救国会，在中国共产党领导下开展抗日救亡斗争，郭瀚池、张文海等一大批仁人志士献出了英雄的生命。1945 年 4 月，杨成武指挥一分区子弟兵光复紫荆关。如今北门外"庆祝我军光复紫荆关"的标语还依稀可辨。

□文化遗存

【紫荆关】位于易县西北 45 公里的紫荆岭上，为中国九大名关之一，与居庸关、倒马关合称"内三关"，有"畿南第一雄关"之誉。

紫荆关及其附近的山脉即古太行八陉之一的第七陉"蒲阴陉"，秦汉时

称上谷关，东汉名五阮关，北魏时期，郦道元在《水经注》里称子庄关，以子庄溪水而得名，宋、金称金坡关，元代以后，以所在山岭长满紫荆树而改称紫荆关。

紫荆关主城分为东、西两部分，中间以城墙相隔，东设文武衙门，西城为屯兵之所。关城东西南墙外有墙，形成环抱主城的四座小城池，总体形成梅花状布局。拒马河北岸有小新城，与主城之间隔河相望，有铁索相连，为关城的前哨。

紫荆关长城总长约 52 公里，实体城墙近 21 公里。由 5 个城圈组成的关城面积约 3 平方公里，城墙长度约 12 公里，有城门 9 座、水门 4 座、战台 19 处，被称为“九门九关石头城”。北门临拒马河段七百 700 多米城墙以当地花岗岩料石包砌，宏伟壮观，是长城建筑的精华；“河山带砺”“紫塞金城”两座城门尊重自然水道，北门东开、南门西向，堪称建筑与自然和谐相处的经典；古代军用水井、碾盘保存完好；古栈道至今清晰可辨；古印鉴、古货币、古代服装饰品等多次被发现。与长城相关的草场、阳和门、小金城、教场、上陈驿、三里铺、玉山铺、奇峰口等地名沿用至今。

1987 年和 1992 年，曾经在此战斗的开国上将杨成武两次来到紫荆关，对长城保护工作提出要求、做出批示。在国家文物局和河北省文物局主持下，对紫荆关进行全面修复，目前，四期工程已完成三期。2003 年至 2016 年，维修城墙 2000 多米、城门 3 座、水门 2 座，恢复马道 5 条，总投资 2000 多万元。

【古树名木】紫荆关地区在册的古树名木 43 株，其中 3 株为保定之最。大兴安村古油松，树龄 1000 年，树高 15 米，胸围 4.02 米，冠幅 13×13 米。白家庄古杨，树高 30 米，胸围 7.04 米，冠幅 30×13 米，树龄 380 年。一般杨树的生命周期不过四五十年，像这样的古杨实属稀罕。大盘石村一株板栗树，树龄 500 年，树高 10 米，胸围 3.9 米，冠幅 18×16 米，每年尚能产果 200 公斤。

【六郎石】位于河北省易县紫荆关镇拒马河畔三里铺村西，由六块巨石上下层叠垛起，雄伟壮观，相传为杨六郎镇守紫荆关时所放。

□人物英才

【王振山】（生卒年不详）原籍易县紫荆关地区，西河大鼓的命名人。西河大鼓形成早期在农村流行时，没有统一名称，迟至清末民初，仍以木板大鼓的名字行世，或名“说书”，或名“梅花调”。1920 年，王振山、王凤咏（艺界称王二领）父女在天津四海升平戏院与京韵大鼓名家刘宝全等联袂演出。在磋商海报所登曲种时，园主问王振山这是何种调？王振山因村西有条拒马河，将其定名“西河大鼓”。演出轰动津门，“西河大鼓”的名声大振，逐渐流传到了河北全境及京津二市、东北、西北地区，历代不衰。王二领是西河大鼓最早出场的女艺人，她将民间流传的绕口令《玲珑塔》配曲西河，一唱叫绝，成为艺人练习说唱基本功的必修课。

【郭翰池】（1905—1937）名文元，字翰池，紫荆关村人，“紫荆关抗日救国会”创建者之一，出生于贫苦农民家庭。1937 年，八路军开进涞源，郭翰池将大儿子郭延年送去参加八路军，并将八路军接到紫荆关，在紫荆关建立了易县第一个抗日组织——紫荆关抗日救国会，郭翰池担任了救国会副主任。在他的努力工作下，紫荆关群众抗日热情高涨，组建了抗日游击队。1937 年 12 月，日军由易县出发“扫荡”紫荆关。郭翰池因下乡未能及时撤走，一家五口在涞源东团堡落入反动地主之手，第二天被押往梁格庄日军驻地。面对日军的威逼和酷刑，郭翰池昂首挺胸，一言不发。日军将他全家残忍杀害。

【李景芳】（1921—1985）女，紫荆关村人，易县妇女抗日救国会创始人之一。1938 年，李景芳简易师范毕业后，与赵志珍、康锡玲一起，积极参加易县妇女抗日救国会的筹备工作；6 月，加入中国共产党，担任区妇救会主任；10 月，调任县妇救会主任。1939 年，到中共中央北方局党校学习，毕业后任地委妇救会组织部部长。1939 年 10 月 11 日，与晋察冀军区一分区政委罗元发结婚。1940 年，参加百团大战和涞灵战斗。中华人民共和国成立后，历任迪化（今乌鲁木齐）区组织部干事、西北军区空军直属职校政治协理员、中学党支部书记、中国科学院社会科学部保卫处副处长、国防科工委某基地驻京留守处副政委。1982 年离休。

【祁英涛】（1923—1988）紫荆关镇三里铺村人。1947 年毕业于北洋大学工学院建筑工程系。曾任北京文物整理委员会技佐、工程师。1956 年后，历任北京古代建筑修整所工程师、文化部文物保护科学技术研究所高级工程师、中国文物保护技术协会常务理事。长期从事古建筑的维修保护工作。在山西永乐宫的搬迁中对其壁画的保护做出了贡献。主持了山西五台山南禅寺大殿的复原工作、河北隆兴寺摩尼殿修缮的设计工作。著有《中国古代建筑的保养与维修》《中国古代壁画的揭取与修复》《怎样鉴定古建筑》等。

【王宪】（1921—1996）紫荆关镇胜利村人。1938 年 3 月参加革命，1939 年 6 月入党。抗战期间，先后担任中共易县五区区委书记，中共龙华县委组织部副部长、城工部部长、县委副书记。解放战争期间，先后担任中共易县县委副书记、涞水县委书记、房山县委书记、平西地委宣传部副部长。中华人民共和国成立初期，任中共通县县委书记。1958 年通县地区并入北京市后，至 1964 年任中共北京市委委员、市委农村工作部副部长，并先后担任怀柔水库、密云水库修建指挥部总指挥，顺义工委书记。1964 年，任北京市人民委员会农办副主任兼市水利局局长。1977 年 7 月至 1992 年 11 月，任中共北京市委常委、市人大常委会副主任、市政府顾问、市顾问委员会主任。

【孙铎】（1931—2013）紫荆关镇教场村人，1947 年参加革命，1948 年 2 月入党。中华人民共和国成立后，历任河北省委组织部干部、廊坊市委组织部常务副部长、统战部部长、河北省政协委员、廊坊市政协副主席等职。生前为中国散文诗学会会员、河北省作家协会会员、中外名人研究会艺委会成员、一级书画师，受聘接任廊坊市社科联特邀研究员。先后出版《回眸廊坊》《山水情》《魂断长城》等 11 部著作。

【汤建元】（1957—）紫荆关镇恩村人。1982 年创办河北省第一家以农村文学青年为骨干的文学社——紫荆花文学社，得到省、市文联的肯定和支持，形成了为人称道的“紫荆关作家群”，培养了一批至今活跃在文坛的诗人作家。汤建元创作出版了多部长篇小说和影视剧本。

□名镇今貌

“高山雄睥睨，危登似旋螺。楼眺蜚狐塞，门横拒马河。春风花觉少，暮雨雁恒多。日落烟墩里，牛羊下碧阿。”昔日军事要塞，如今田园美景，紫荆关镇正依托浑厚的历史文化底蕴，在探索中创新，在奋进中发展，快步跨入小康方阵。

（**撰稿**：周宇靖　李文通　**摄影**：付小杰　于正万）

高陌乡

燕都风华 光耀千秋

□名乡概述

高陌乡位于易县东南部，东邻涞水、定兴两县，易定、易黄两条公路穿乡而过，京昆高速在境内设有出口。高陌乡1953年建乡，1958年属燕京公社，1961年建高陌公社，1984年改乡，同年百福乡并入。该乡是易县唯一的平原乡，农业基础设施较为完备，生产条件相对优越，农业种植以小麦、玉米、花生、蔬菜为主，粮食产量居全县第一。全乡总面积75平方公里，辖29个村，

12 427 户，45 017 人，耕地面积 63 570 亩。

易县高陌乡坐落在燕下都遗址上，居民除王、张、赵、孙、陈、刘等大姓外，宗、龙、娄、解、殷、纪、廉、延、兰、隗占比较大，足见其作为帝都时“车毂击，人摩肩，连衽成帷，举袂成幕，填街衔陌”的繁华景象，这也是“高陌”名称的由来。

□古燕文化

2500 多年前营建的燕下都，是燕国政治、经济、文化的中心。历经秦王嬴政一统汉唐繁荣的洗礼，再经辽金北方文化的南渐，历史在这里涌动着交流撞击的大潮，及至明清，随着封建王朝的没落，她仍然是我们探寻精神坐标的原点。

燕立国 848 年，众多彪炳史册的重大事件在这里生动演绎，如甘棠怀德、子之之乱、金台招贤、乐毅伐齐、秦开扫北、处士田光、於期献首、易水诀别、渐离掷筑等。燕国虽已远去，繁华渐成冷寂，但其留下的文化风骨，至今闪耀着夺目的光芒。

高陌乡所辖的 29 个村庄的名称，大多始于燕国时期。如军营村，当年为燕国屯戍兵卒的营所；燕子村，相传燕王妃触犯国法，监禁于此，在狱中生子，方有“燕子”之名；练台村，村南有夯土台，为燕国冶炼铜铁之地，故而得名；扬威城村，是燕国校阅军卒、耀武扬威之所；等等。

高陌乡尊贤重义是燕文化的集中体现，吸引了历代文人来此凭吊抒怀。晋代诗人陶渊明在《咏荆轲》诗中说：“心知去不归，且有后世名。其人虽已没，千载有馀情。”唐代诗人骆宾王在《于易水送人》诗中说：“此地别燕丹，壮士发冲冠。昔时人已没，今日水犹寒。”唐代散文家韩愈在《送董邵南游河北序》中说：“燕赵古称多慷慨悲歌之士。董生举进士，屡不得志于有司，怀抱利器，郁郁适兹土。吾知其必有合也。董生勉乎哉！”“为我吊望诸君之墓，而观于其市，复有昔时屠狗者乎？”唐代诗人胡曾在《易水》诗中说：“一旦秦皇马角生，燕丹归北送荆卿。行人欲识无穷恨，听取东流易水声。”明代诗人李攀龙在《易水歌》中叹道：“匕首腰间鸣，萧萧北风起。平生壮志心，可以昭寒水。”清初学者黄宗羲在《马雪航诗序》说：“则吴楚之色泽，中原之风骨，燕赵之悲歌慷慨。”此外，唐代的陈子昂、李白、贾岛、柳宗元、罗隐，宋代的邵雍、司马光、苏轼，元代的李时行、刘因、杨维祯，明代的王大用、王衡、李东阳、屠隆、张新、李先芳、王世贞，清代的陈维崧等文学大家都曾游历燕地，留下众多脍炙人口的诗篇。

□文化遗存

【燕下都遗址】东城文化遗存十分丰富，是当时燕国人活动的中心，分为宫殿区、手工业作坊区、市民居住区和墓葬区。宫殿区在城址东北部，由3组建筑群组成。大型主体建筑武阳台，坐落在宫殿区中心，东西最长处140米，南北最宽处110米，在燕下都夯土建筑基址中，规模最为宏大。这种建筑形式直至汉代仍很流行。在地平面上用夯土技术建立起高度不同、体积不同的高台，再在高台上建造宫殿，高低错落，巍峨壮观。此种建筑式样在战国青铜纹饰上多次出现。燕下都的夯土台，高大而且数量多。城内外已探明的高台有50多个，其中高大的“武阳台”长宽110×140米，残高11米；“老姆台”长宽90×110米，残高12米。小型的如“望景台”长宽26×40米。可以想象当初燕下都的雄伟气魄及宫殿建筑的豪华与排场。

武阳台以北有望景台、张公台和老姆台，坐落在一条中轴线上。以高大的夯土台作为主体建筑物的基址，是战国中期城市建筑最明显的一个特点。在武阳台的东北、东南和西南，还有3组大型宫殿建筑群遗存。手工业作坊区围绕着宫殿区，墓葬区设在东城的西北部。西城区为加强东城区的安全而设的防御性附城，城址内遗存较少。

武阳台周围分布着许多兵器、铸铁、制玉、烧陶遗址，表明当时燕都经济文化的繁盛。城周围筑有高大的版筑夯土城墙，全长40多公里。西城西墙保存较为完整，现存3717米，高出地面最高处约6米。

1961年，武阳台被国务院公布为第一批全国重点文物保护单位。2001

年 3 月被评为“中国二十世纪 100 项考古大发现”之一；同年，中国国家文物局又将其列入百项重大遗址保护项目。

【燕子塔】位于高陌乡燕子村西，是河北省重点文物保护单位。古塔为八角十三层密檐式，塔基为束腰砖座，第一层南面辟门，每层檐均叠涩垒砌，诸层内收，檐距近同。此地原建有观音禅寺，古塔为附属建筑，周围保留有明、清重修观音禅寺碑 3 通。从塔的造型及斗拱样式断定，其建造年代应为金代。1985 年，河北省文物局拨出专款，对塔基进行了维修。

□非遗文化

【燕子古乐】是活跃在高陌乡的一种民间艺术形式。乐曲由云锣、笛、笙、管等乐器和鼓、镲、铙、板等武场乐器演奏，音韵悠远古朴，保持着原汁原味。两件光绪年间修订的工尺古乐谱仍保存完好，内含套曲《麻义郎》《挑袍》《乐章·花园》和几十首散曲，共记载乐曲 100 余篇。据专家考证，燕子古乐与汉代鼓吹乐一脉相承，演奏的曲目可以从唐曲、宋词、元曲的曲牌中找到踪迹，有着极高的历史文化价值。目前，燕子古乐被列为河北省非物质文化遗产。

【中医易水学派】在高陌乡有较好传承，代表人物是李必武。李必武是高陌乡辛庄头村人，生于清同治初年，自幼秉持燕风，行侠仗义，得金科医术十三道秘方。自此，遍栽杏林，悬壶济世，享誉京南、保北数州县。

【姚氏正骨术】是市级非物质文化遗产项目，传承人姚学艳曾荣获两项国家专利。据《易县志稿》记载，姚氏膏药铺为高陌村姚姓所开，正骨有 300 余年的历史。相传明万历年间高陌姚老霞任侠重义，一被救助的落难之人相赠接骨秘方。后裔代代相传，操正骨医术者甚多，传承至今已有十六代。姚氏正骨术根据人体骨骼、关节和肌肉损伤情况，运用传统正骨手法和药物能使患者在短期内复原。在继承我国中医正骨传统手法基础上，姚氏正骨术同时外敷“鹿马补骨壮筋膏”、内服“骨伤胶囊”，均为自制秘方。

□文化守护

针对新时期文物保护工作的新特点，燕下都文物保管所努力提升“四有”工作水平，更新和设立文物保护标志300余块；建立文物信息数据库，实现了保护档案数字化；编制《燕下都遗址保护总体规划》，划定遗址保护范围和建设控制地带，实现了由文物点保护向文化遗产整体保护的历史跨越；与遗址相对集中的村共同建立文物保护联勤分队，形成了由点到面、条块结合的保护网络。

“动土看牌子，盖房先勘探，文物属国家，有事快报告。”在100多年的燕下都保护历程中，农民群众一直是最重要的力量。历届乡党委、政府一以贯之地把文物保护当作头等工作来抓，农民群众的文物保护意识显著增强，文物保护已成为农民群众生产生活的基本规范。遗址内的25个村全部建立了群众性文保组织，业余保护员60多人。1978年以来，群众主动上交文物1000多件，发现、报告盗掘等破坏苗头性事件500多次，以群众举报为线索抓获侵害文物犯罪嫌疑人10多名。

陈紫蓬先生是当地保护燕下都文物的杰出人物。他对易县文化颇有研究，曾参与民国《易县志稿》的编修。他致力收藏、保护出土文物，20世纪初建立了以收藏燕下都出土文物为主的私人博物馆——“燕陶馆”。1947年，他将个人收藏的文物全部上交人民政府。邓拓在晋察冀边区会见了陈紫蓬先生，并赠诗称赞他“君爱文物非爱宝，身为物主不为奴”。1950年，在北京举办的燕下都文物展览中，仅陈紫蓬上交的文物就有32类之多。

魏喜亮是九女台墓区的文物保护员。2003年8月8日早6点，他检查到九女台18号墓时，发现草丛中隐藏着一个探孔，立即报告给燕下都文保所。文保所和公安机关立即布控，于8月9日晚22时许，将盗墓贼擒获。以此为线索，打掉了一个由11人组成的盗墓犯罪团伙。

1986年4月30日，大北城村民曹密和侄女一起到村东平整土地，发现一只酱黑色大瓷罐。他们找到村干部，一起将文物交到了燕下都文物保管所。后经发掘，此地出土大量文物。由于这些文物大部属于辽金时期，易县文化局决定由县文物保管所收藏。后经鉴定，这批文物中一级文物16件，二级文物169件，三级文物28件，完全可以用“价值连城”来形容。1987年春，全国文化厅局长文物工作会议在清西陵召开期间，易县县委、县政府在影剧院隆重召开大会，表彰曹密主动上交珍贵文物的模范行为。县政府向曹密颁发了“德贵如金”的大匾。国家文物局拨出专款，奖励曹密生产生活用品和现金10 000元。

高陌乡，守护文化的信念从未动摇，科学发展的脚步从未停歇。在易县

“发展全域旅游，建设全景易州”的争鸣号角声中，古老与年轻正在这片大地上交汇成最美的交响乐！

□名乡今貌

近年来，高陌乡围绕燕文化抓开发，建设了燕子塔公园，建起了仿古黄金台1座，硬化道路8000米，把城角村的古城墙与燕子古塔相串联，吸引了大批游客前来观瞻。高陌乡还修建绘制了荆轲刺秦墙体连环画和“二十四孝”文化墙，组建了燕子古乐队。2005年，全省文明生态村创建经验交流会在保定召开，燕子村被评为河北省文明生态村创建五面红旗之一，并接受了省委、省政府及140多个市、县领导的观摩。2016年“燕文化研究会”正式成立，吸引了一大批燕文化研究者加盟，打造了燕文化保护、研究、交流的新平台。在县领导的支持下，专著《我们的燕国》出版，该书系统阐述了燕国848年的历史风貌，详细介绍了燕国影响至今的重大事件和疑案，挖掘整理了燕文化的宝贵遗存，成为燕文化的普及读本。

（**撰稿**：冯英华　李文通　**摄影**：于正万）

凤凰台村

满族风情 八旗故地

□名村概述

凤凰台村位于清西陵腹地，距北京 120 公里，距保定 60 公里，112 国道沿村而过，距张石高速西陵下道口 2 公里。全村总面积 2.9 平方公里，其中山场 4500 亩。有 138 户、537 口人，主要是满族。村庄始建于 1737 年，是乾隆生母陵寝泰东陵的守陵村，满族传统文化底蕴深厚。近年来，该村响应县委、县政府提出的“发展全域旅游、建设全景易州”号召，围绕传统文化挖掘和民族风情村打造，发展壮大了独具特色的“满家乐”乡村旅游产业，目前全村从事“满家乐”产业的有 30 多户，从事相关产业的有 170 多人，年接待游客 7.2 万人次，户均年收入 10 万多元，成为当地乡村旅游的旗帜和龙头。

□历史沿革

凤凰台村在清代是负责守护泰东陵的八旗营房，同时在营房内还设有泰东陵工部、礼部等陵寝机构，还有为整个清西陵服务的金银库、宝花房等机构。清朝末年，西陵承办事务衙门也搬迁到这里，形成一个多机构并存的营房。当时，相对泰陵的八旗营房而言，人们把这里叫作新八旗营房。民国年间建村志时，取名为凤凰台。

乾隆皇帝的生母埋葬在泰陵近旁，这里作为泰东陵陵寝机构于 1737 年开始营建，至 1777 年建成。建成后村子的前两排由八旗官员居住，第三排由陵寝礼部人员居住，前三排的东端由陵寝工部人员居住，再往北面是八旗兵弁居住的地方。营房内有整齐的街道，在东面和南面各开一座门，婚嫁之时走南门，若遇人员死亡要从东门抬出。住房院落由南至北按等级依次递减，南面院落宽敞开阔，占地一亩三分，后面院落占地二分四厘。在围墙外的东侧建有金银库，金银库内存放陵寝祭祀时使用的器皿和物品。金银库内还建有冰窖，冰是用来冰镇食品的。在金银库院落的前面建有宝花房，存放陵寝祭祀时使用的佛花。

民国时期，贝勒载涛将东西府的办事机构由现在西陵中学所在地迁至此营房内，位置在村子的东南角处。其建筑布局是，最南端是一座坐北朝南的正门，进入正门后第一道门内有一排东房，第二道门内是一排北房，这里是龙厅，也就是存放龙亭的地方，龙亭上供有皇帝的牌位。在第一道门内与东房相对的位置有一座小月亮门，进入月亮门有一处小院落，院内是承办事务衙门主事、笔帖式和帮办的住房。

□文化遗存

【古建筑】凤凰台的机构布局分围墙内、外两个部分。围墙外有金银库、宝花房、口子门、风水墙。围墙南面和东面分别建有两座门户，门洞宽一丈二尺，顶高一丈九尺，布瓦硬山顶。门楼内有门框、门簪，朱门两扇无门钉。门楼两侧的围墙，高约一丈二尺，八字形墙顶，墙身用毛石垒砌。围墙内自南向北有一条宽敞的主街，主街两侧有小巷。每条小巷有水井一至两眼。巷巷相对，户户相对，纯一色的灰布瓦房，有清水脊、马鞍脊，有团瓢，房舍整齐有序。南门北端建有真武庙。街道南端两排是八旗官员的住房，中间一排是礼部官员的住房，北端的两排是八旗兵弁的住房。围墙内东南角是祝板房和工部人员的住房。院落由一亩三分至二分四厘不等。凤凰台村的建筑和清西陵古建筑群一起于 2000 年 11 月 30 日列入世界文化遗产名录。

【真武大帝庙】营房营建之初，在营房的北端中央也就是现在村主街上，建真武庙一座，用来供奉真武（玄武）大帝。真武大帝也称玄武、玄龙，盘古之子，于玉帝退位后任第三任天帝，生有炎、黄二帝。曾降世为伏羲，为龙身，中华之祖龙。真武（玄武）在四方神灵执掌中位居北方，而在五行当中北方属水，满族来自于白山黑水的东北，1635 年皇太极定满族名为满洲族，次年建国号为清，而每座帝后陵的八旗营房内居住的是满洲八旗官兵，所以在帝后陵的八旗营房内都建有真武庙，并且都位于营房的北端中央。庙宇东、西两侧墙壁上是壁画，内容表现的是真武大帝从出生到成仙的成长过程。

另外，每座帝后陵八旗营房都应该建有关帝庙，这已是清入关后帝后陵八旗营房修建的定制，也是满族文化向汉族文化转变的标志之一。凤凰台这座皇后陵的八旗营房没有单独修建关帝庙，而是将真武大帝和关帝两尊塑像共同安放在了真武庙内，中央供奉真武大帝，左侧供奉关帝。

【口子门】建于1730年，是清西陵建筑群体的重要组成部分，是清代陵寝官员出入的主要门口之一。清代陵寝界桩图显示，泰陵、泰东陵、昌陵建成后，清政府在陵区内建有风水墙3999丈7尺（约12.8公里），风水墙上建有5座口子门，即东北口子门、西北口子门、东口子门、东南口子门、西南口子门。现存的口子门，用城砖垒砌，下铺条石，上覆布瓦顶，为瓦木砖石结构建筑。

【风水桥】凤凰台村有两座风水桥，一座位于村子的前方西南，一座位于后方西北。风水桥是风水墙的组成部分，风水墙经过河流路段时在河上建桥，桥下流水，桥上筑风水墙，风水墙是陵寝保护的界限和标志之一，修建时间早于泰东陵八旗营房的修建。雍正建泰陵时，在大红门两侧各建角门一座，从角门向左、右两翼伸展，建有21公里的风水墙，将整个陵区包围起来，凤凰台的两座风水桥，南端与陵区入内主门“口子门”的风水墙相连，北端与北山上的风水墙相连。

【营门】凤凰台现有营门两座，一座南门，一座东门，是清代时泰东陵八旗营房官员出入的门户。南门位于整座营房的正南端围墙中央的位置，东门位于东侧围墙中央的位置，两座营门均为上面布瓦起脊，下面铺设大理石的建筑，中间为两扇木板门，属瓦木砖石建筑。

两座营门在清代时期的说法不同，南门（正门）为喜门，东门为丧门，平时官员们可以从两个门任意出入行走。但遇有婚嫁喜庆之时，从南门出入；遇到危重病人需要抬出营房时，必须走东门。清代时，满族民众不允许死在营房内，必须在病重时抬出，陵区外有专门为他们服务的机构。

□非遗文化

【满族秧歌】凤凰台满族秧歌起源于建村后，已有300多年的历史，作为守陵人，他们是随皇上从东北搬迁而来。满族人在东北长期从事渔猎生活，劳动之余，以敲锣打鼓的形式自娱自乐，歌唱劳动成果，这反映了满族人民热爱劳动、热爱生活、富于创造的精神面貌。当时的舞蹈形式有祭祀舞、筵宴舞、民间舞。秧歌舞就是民间舞的一种。凤凰台满族秧歌传统主题主要是赞颂营房飞出凤凰，人们引以为祥瑞；喜出贵人，人们引以为荣耀等。节庆日的秧歌融入了有关凤凰的元素，近年随时代发展又多有引申，久之形成了新八旗营房独具特色的秧歌表演形式。

【满族宫廷菜肴制作】凤凰台村充分发挥满族老厨师的作用，深入挖掘满族饮食文化，推出了20多道传统特色菜，令游客赞不绝口。村民苏文华的满族宫廷菜肴制作技艺被列入保定市非物质文化遗产名录，其“老苏满家乐”声名远播，为众多食客所垂青。

【古建油漆彩画技艺】300 多年来，在对皇陵的管理、修缮过程中，该村出现了一批技术精湛的古建技术人才，形成了一整套完善的古建和油漆彩画工艺，全国很多古建工地都有凤凰台人的身影。目前，全村从事古建和油漆彩画行业的已达到 150 多人，遍布全国各地，收入可观，此行业成为村民增收的重要途径之一。西陵古建油漆彩画技艺是保定市非物质文化遗产项目，代表性传承人卢振林便是凤凰台村人。

□人物英才

【那狄】（1918—2010）原名那迭云，满族。1938 年 7 月参加革命，同年到延安鲁迅艺术学院美术系学习木刻。 1939 年 5 月加入中国共产党。先后参加胶东平度、即墨等战役战斗。曾任八路军一一五师《战士画报》编辑、山东军区《山东画报》编辑、四野政治部战士读物社社长、总政《解放军战士》总编辑、总政文化部电影处处长、新疆北疆军分区政治部副主任等。1955 年被授予上校军衔，曾荣获三级独立自由勋章、三级解放勋章和独立功勋荣誉章。作品有《马鞍山烈士纪念塔》《母亲》《晚归》等。

□名村今貌

近年来，该村依托丰富的民族历史文化，深入挖掘整理，并着力改善硬件环境，发展壮大了“满家乐”和古建彩画两个支柱产业，村民发家致富，过上幸福生活。

结合美丽乡村建设和古村寨保护，该村翻建了村东、南两个古门楼，整修古村墙，将农户院落统一修复成“青砖灰瓦”的古建样式；村内街巷全部硬化并安装了太阳能路灯；建停车场一个、休闲公园两处、水景观一处，并安装了健身器材；翻建了办公室和村民活动中心，扩建了图书阅览室，新建了卫生室；打井铺管实现集中供水，户户通了自来水；修连村公路三条，建桥两座，村庄交通便利。

满族传统文化是凤凰台的特色，“满家乐”是凤凰台乡村旅游产业的品牌。“满家乐”商标和专用标识已在国家工商总局注册。近年来，该村通过对旅游示范户的文化包装提升，进一步提升了“满家乐”的品牌形象。

近年来，该村先后被授予“全国文明村镇”“省级文明村”“河北省民族工作示范村”等荣誉称号；2014 年 8 月，入选首批中国少数民族特色村寨名录；2014 年底，被评为河北省美丽乡村；2015 年初，被评为河北省民族团结进步模范集体；2015 年 8 月，被住建部和国家旅游局评为国家特色景观旅游名镇名村；2016 年 7 月，被评为河北省先进基层党组织；2016 年 8 月，被中国生态文化协会评为“全国生态文化村”。昔日的八旗兵营，为清西陵的保护与发展做出了贡献；如今的盛世新村，又焕发蓬勃生机，驶上了旅游发展的快车道，处处呈现出家富民乐的喜人景象。

（**撰稿**：张晓同 周云红 李建军 **摄影**：西陵镇）

竞秀区

JINGXIUQU

经济强区 美丽竞秀

◎ 竞秀区于 2015 年 5 月由新市区更名而来，是保定市的政治、经济、金融、传媒中心。总人口 43 万，总面积 122 平方公里，城市建成区约 40 平方公里。下辖 5 个乡，5 个街道办事处，71 个行政村，86 个社区。

◎ 竞秀区工业基础雄厚。区内集中了“一五”期间建立的乐凯胶片、风帆蓄电池、天鹅化纤、变压器厂、钞票纸厂、热电厂等八大厂。天威集团是国内核电公司主变压器产品唯一供应商。乐凯集团是我国影像信息记录产业中规模最大、技术力量最强的企业。保定钞票纸厂的生产规模居同行业世界首位。

◎ 竞秀区金融服务发达。区内集中入驻了工商、建设、中国、农业等 20 多家区域性金融总部；时代商厦、万博广场、茂业百货、中银酒店等多家商贸餐饮企业，发达的现代服务业能够为客商提供优质的金融商贸等多方面服务。

◎ 竞秀区承载资源丰富。大唐保定热电厂坐落辖区，供热管网和供电、供水、排污设施完善，热力、电力供应十分充足。土地资源具有明显优势，市区西部有 50 平方公里土地可供开发利用。“一亩泉”水源区位于辖区内，地下水矿化度低、酸碱度适中，含多种有益矿物质，是轻化食品工业和生活用水的优质水源。

◎ 竞秀区文化底蕴深厚。大激店原为古时驿站，自古是保定府向西驿道上的第一驿站。近年来，大激店经济发展迅猛，民风淳朴，被命名为全国文明村。一亩泉是保定水资源保护区，被历代誉为天下名泉。在体育事业发展上，涌现出钱红、郭晶晶、王浩、王克楠等一批世界冠军。

大激店村

千年古镇 北国水乡

□名村概述

大激店村地处历史文化名城保定南二环路、西三环路交汇处内侧，耕地3400亩，899户，4000余人，住宅、街道、河湾、坑塘1000亩，横贯全村的东、西大街长1100多米，村街中、西段700多米，是远在铁路和107国道未开之前，九省通衢之保定西部车马大道路段，且由此造就了村庄的昔日繁华。驿站衙署、贾市店堂、寺庙行宫星罗棋布于村内。古柏经世纪，国槐逾千年，天然幽境，引人入胜，闻则心往神驰，临则乐而忘返。

河湾坑塘，使村庄三面环水，水面积8万平方米，浍水河为庄南屏障。村庄东、西、北三关三门，慈航寺镇东，真武庙守西，兴国寺扼北。村内儒、释、道、俗四家26座大小庙堂，交错村街户巷，形成兴国寺正对木佛寺，五道庙面向土地祠。三仓不显，九水不流，烽台古道，百步三桥，昔日诸多景观，至今历历在目。

浍水湾、兴国湖、明月塘周边，新农村文明生态建设中，耕园、寿园、花也羞、真武台多处园林，三季花艳、四季常青，名副其实的抚今追昔、休闲垂钓之绝佳所在，令人览后生叹，“虽非桃花源，胜似桃花源”“醉令游人我忘返，难怪伴你他又来”。

改革开放，社会进步，经济发展，收入增加，条件改善，村民知礼，乡风文明，相处和谐。省、市委、市政府授予“文明村”“美丽乡村”“民俗文化名村”，中央授予“全国文明村镇”“全国生态文化村”等多项荣誉。

□古镇旧貌

【街道与河湾】村庄街道，呈“丁”字形，东西大街中部往北一条北大街，东、西、北入村处设有三座城门，北门往东有城墙 400 米，往西斜至村西南角有官沟一条，可引入村处河水到兴国寺东边苇塘。村南浍水河为屏障。浍水河入村处，由西向南往东成一河湾，从村南一直向东，再由村东南角向北。在兴国寺东苇塘东南口，向东入保定百草沟河。水运从保定至方顺桥，大激店是必经之路。东明桥旁，曾设船泊码头。中华人民共和国成立以后，20 世纪 50 年代入库的公粮曾在此处上船运出。

【店铺和集市】村内东、西大街店铺林立，临街房子全是台阶、抱厦、板搭门。两家银楼经营金银首饰，1 家板店兑付货币票款，3 家药铺坐堂行医卖药。1 家茶叶店，2 家杂货铺，3 家饭馆，4 家大车店，供来往过客停车歇脚食宿。1 家笔铺，2 家肉铺，2 处染布作坊，2 家铁锨烘炉承制修理农具。2 个剃头棚，3 家大壶茶水。除此之外，还有沿街摊点，经营小吃，香油果子大碗面，芝麻烧饼老豆腐，一应俱全。

大激店集，始于何时，有待详考，恐怕与村道通相伴而生，直到 20 世纪 50 年代，尚能覆盖百里之遥。白洋淀的鲜鱼活虾，芦席苇箔，唐县的大枣，唐河的滩烟，满城的柿子，枣强的打铁钢镐，饶阳的劁猪骟马，安平的马尾面罗，高阳的织染。远乡的头晚住店，近处的大早再来。春耕夏管秋收农忙，青壮劳力，携带锄镰筐镐，受雇帮工上市。集日是每逢农历一、六、三、八，十天四集。农耕用的器具家什，犁耕耧耙，锨镐锄杈，使役的牛驴骡马，蓄养的猪羊鸡鸭，柴米油盐，杂粮五谷，品类俱全，公平买卖，有无互通，繁荣了乡村，延续了文明。

【庙宇和寺院】烽火台路西头，东门外，西慈航寺（清道光元年西慈航寺碑记，现存观音堂内）和一座泰山行宫，坐落在一块独立的台基上。西慈航寺碑记记载，桐城方公重修此庙，据传方观承曾留宿此庙，任直隶总督后兑现承诺。

东门二层楼上是魁星阁，魁星塑像手握大笔，面西；背靠关羽挑灯夜读。此阁下边桥头河西，一姜太公庙，端坐河沿，垂钓。

进东门路南，一座关帝庙，庙堂内关羽居中，周仓、关平侍立两旁，庙前立有两根旗杆，木旗杆由两块条石夹着，青砖灰瓦，明柱彩绘。

“丁”字街心，街南一座木佛，设有一座小庙堂，两侧各置一石狮，造型粗糙，与唐宋时期的石雕截然不同，年代较为久远，狮子街名因此而叫起来。

从“丁”字街往北，西侧戏楼对面，观音堂一座。当初建戏楼时，曾重修此庙，往前走，出北门，迎面是兴国寺，进入此门后，穿过前面四大天王殿是正殿，塑有佛祖释迦牟尼像，此门两边竖有经幢和建寺修庙的碑记，现存的明崇祯五年碑还记有重修碑文。兴国寺占地 4000 平方米，内院两边建有僧人房和诵经堂。

站在“丁”字街面向北左转是西大街，离街心百米北侧一座五道庙，两起脊大殿，前部为大厅，后部大殿塑有五个神像。此庙有东西两个进出口，中间有水井一眼，井旁立有旗杆，庙内前部大厅东墙壁上有“至圣先师孔子牌位”，亚圣孟子诸先贤均列其左右。西墙壁上绘有吕洞宾、张果老八仙图。五道庙西边还有火神庙 1 个，内塑火神 1 尊。故此，后世人们也称这座五道庙为群圣宫。

正对五道庙，街南一座土地祠，规模不大，却是受过皇封，至今仍存有“敕封土地祠”字样的神牌。土地祠虽不知何时变为民宅，但是民房几经翻新，住户仍将土地祠神牌镶在原址。再往西来，西门里道北一座九神庙，塑有 9 尊与农耕相关，保五谷丰登的神灵。

出西门，在百步三桥中间道北真武台台基上，坐北朝南，由南往北一连 3 座，前头是真武庙，内塑玄武像，属道教神。中间是三义庙，内供刘关张；后边是送子观音庙，2 棵古柏，依然挺立在真武庙前，成了古村落的象征和景观。

村内东北角牛角胡同，进口处一座金佛庙，庙前搭有神棚，乃是劳作之余，茶余饭后，村民谈天说地之所。村南马道北头，一座蚂蚱庙，供人们烧香膜拜，望赐丰收。

【戏楼和灯会】戏楼位于北大街路西，坐南朝北，始建于清光绪十六年，双起脊前台的明柱，正中匾额“盛世元音”，东墙山头书有“风雅遗音”，

西墙山头书有“古今通鉴”。上场门“水中月”，下场门“镜中花”。两起脊中间花窗把前场和化妆室分开。至今内墙上载有光绪年间各戏班登台演出剧目。1993 年 2 月 1 日被市政府定为市级文物保护单位。著名的戏曲泰斗裴艳玲大师于 2005 年在此戏楼上登台义演，与百姓共襄盛举。

每逢农历正月，除家家户户高挂红灯之外，六棚灯会布满东、西、北三条大街，庙前均搭灯棚，彩灯全是硬木雕刻，装有彩画玻璃，大灯丈余之高。“匣子灯”“四盏灯”“九连环”“万人球”等，与众不同，形态各异，“谜语灯”你猜我猜，令人流连忘返。“戏剧灯”寓教于中，使人目不暇接。

伴随灯展，三班花会上街义演，用海螺号指挥的“竹马会”，十几匹竹马跑出不同阵形，马项弯铃悦耳，所演剧目引人。“溪皇庄”“马芳困城”，曾多次应邀进城。两班少林，阵容强大，器械齐全，对打精彩，“呼延庆打擂”“马武取洛阳”“十一郎大战青面虎”久演不衰。“抖大旗”“对套子”博得人们喝彩。

每个灯棚都有评书、西河大鼓艺人演出，赏灯看会累了，随时可以坐下来听书。过往行人需要住店歇脚，在大激店逗留。周边三五十里的乡亲，专程赶来一睹为快。“周城府县，赶不上大激店”的说法，因此而产生以致流传。

【衙门和馆驿】历代在大激店村都设有管理地方政务的机关，明清时期的防守总衙门就在五道庙东侧，民国时期的警察分局在东大街道北。新中国成立后，大激店乡政府就在陈家大院，下辖大激店、小汲、后高庄、吴庄 4

个村。驿站年代较为久远了，在西门里九神庙后边。

【马号和急递铺】明清时期，保定西路车马大道上，设置在大激店的马号和急递铺，紧临驿站。在九神庙后，差官歇脚和更换马匹。

【古道】现存两条古道，一条是保定西路车马大道大激店段，从入村东门至满城县界，仍然通行人车。原清苑与满城中间有 50 米长的路段属蠡县，曾立有清苑、满城、蠡县 3 个界碑。路南一居民点，叫蠡县铺，属南闫童行政村。据传，蠡县县令接皇驾，没下轿，辩称没他站脚之地，皇上立马传旨，划一段给了蠡县。另一条古道是蚂蚱庙南边，长 500 米，宽 20 米，平时也可行人过车，据传是驻兵演练骑马射箭的靶场。

【石桥】大激店村现有六座仍在使用的桥梁，其中两座依然保持着明代旧貌。明西桥桥柱是由多个加工的圆形石建造，明东桥桥柱是取天然石支撑，两座桥面均为天然大石板，是明崇祯五年创建（现有崇祯五年碑）。碑上记载崇祯五年创建的 3 桥，其中一桥，于 1954 年解放军江城营房通往于家庄火车站的路由此经过，怕不堪重负，拆除石桥建一木桥，遭 1963 年洪水成危桥，1973 年村建砖拱桥至今。

【古树和石臼】村内东西大街上（现为烽火台中路）有四棵古老的国槐，陈家门口、盐店门前、茶店旁边、九神庙前各有一棵。三株小点儿的也要 3 个人拉手才能抱过来，九神庙前的一棵，4 个人拉手还差一尺多。令人惋惜的是，四棵古树是在中华人民共和国成立前夕，铁路炮楼上的伪军来村里要劈柴，被锯走了，树墩直到 1958 年时才刨掉。庆幸的是，真武台上两株近千年古柏至今仍矗立在台上，古柏不仅是历史的见证，还为这个村增色，使村民的自豪感油然而生。

石臼是在石碾、石磨之前，加工五谷的原始工具。全村 72 个石臼，散落在村街户巷，“七十二捣臼”是流传至今的一个景观，也有传说是古时驻兵留下来的。

【烽火台】大激店路段有两座烽火台，村内五道庙旁边一座，台下的西仓（有三仓不满传说的其中之一）当初可能就因堆筑烽火台而形成。出东门往东，古大道和浍水河两旁是瓦茬地，南瓦茬地北头一座，此座烽火台一直到 1978 年才被平掉。多年来，在瓦茬地出土了样式各异的泥陶器皿，为村庄的悠久提供了证据。

【活坟】在村东北角，占地 10 多亩，苍松翠柏栽植其中，始终笼罩在坟头的神秘面纱没有掀开，也未见书上记载，口传至今的说法是“六十还甲子，不死也活埋”，史出“人生七十古来稀”的诗句，显然比活坟晚多了。

【古碑】结合文物普查和文明生态建设，两委和全体村民一起，奔着“发掘、保护、修缮、利用”的精神，把已经发现的十数通不同历史时期，记载对戏楼、庙宇、桥梁创建和重修的古碑有效地保护下来。真武台上明崇祯五年创建三桥重修兴国寺碑。现存观音堂院内清道光元年西慈航寺碑是“赐进士出身，诰授朝议大夫，前翰林院编修，日讲起居注官，国史馆提调官，直隶真定府知府署保定府事，顺天举人李云章”书丹。清康熙三十年重修大激店真武庙、双石桥。清咸丰六年重修真武庙、五圣庙、兴国寺、慈航寺。

□世界音乐节

2016 年 9 月，大激店村通过与珠海北山力禾文化产业投资股份有限公司的合作，在本村举办了为期两天的第一届保定大激店世界音乐节。

首届音乐节共有来自中国内地、中国香港、巴西、意大利、美国、马其顿、新西兰、科特迪瓦等 8 个国家和地区的 30 余名世界音乐大咖登台献艺，吸引了数千乐迷到场观看。

在借鉴第一届成功举办的经验上，大激店村在 2017 年 4 月、10 月又分别举办了第二、第三届世界音乐节，结合世界美食、匠人市集、音乐市集、传统文化非遗展演等多项内容，让大激店村落文化与世界文化贯穿在一起。大激店世界音乐节是河北省首个原创国际音乐节品牌，三届音乐节共邀请了 30 多个国家和地区的乐队参加，百余家国内外主流媒体跟踪报道，数十万音乐迷参与，吸引数百万次的网络关注。同时保定大激店世界音乐节第二届官方宣传视频获得亚洲摄影家协会银奖，真正实现了让保定在世界发声，让世界听到保定的声音。

今后，大激店村将以此为起点，用音乐拉动乡村文化建设，走特色化、差异化的发展之路，以世界音乐这面镜子，对照本土的传统文化、非物质文化遗产传承，打出“保定老调”一系列的文化名片，让保定的本土元素在世界发声，吸引更多的文化艺术资源向大激店会聚，为乡村发展开辟新道路，打造保定大激店音乐文化特色小镇。

□中国匠人谷

中国匠人谷特色小镇是集传统手工业、文化创意产业、休闲度假产业、文娱产业于一体的，具备文化体验、养生休闲功能的特色小镇。

小镇建设旨在以京津冀历史文化和古村落保护为基础，以全面带动文创产业发展为主线，以弘扬中国传统文化为灵魂而全面实现乡村振兴。

小镇规划总面积 3 平方公里，其中改造建设面积 1 平方公里，新建面积

600 亩，总投资 15 亿元。项目核心区主要由天工艺术中心、九亩竹院艺术家文创园、百工上河图商街、晴耕雨读民宿体验空间四部分组成。

其中九亩竹院艺术家文创园现已建成，主要空间构成有路美术馆、艺术家创作室、水在堂·文竹；晴耕雨读民宿核心店也已建成，并正在扩大建设，是利用自身住宅空闲房间，结合当地人文、自然景观、生态环境资源及农林渔牧生产活动的乡野生活住宿处所；天工艺术中心、百工上河图商街正在建设中。

小镇预计 2020 年建成，正常营业后，通过产品多元组合体验，为游客提供全面的购物、民宿、游戏、设计、餐饮、手作、学习、情感八大体验。预计年营业收入 15 亿元，年利税 3 亿元。届时将成为河北首个艺术家村落综合体，形成京津冀文化新高地。这将大力推进保定市文化创意产业和美丽乡村建设的发展壮大。

□名村今貌

支部谋划、党员创建、村民入股、共同富裕，是近些年来大激店村总结出来的发展路子。老书记王禄致力于大激店村古村落的恢复与保护，如今大激店村的发展和他的全心倾注是密不可分的。为了实现美丽梦想，他在心中种下一颗种子，也为村里发展种下美丽种子。

近年来，村党支部充分发挥党组织凝聚人心、服务发展的作用，引导党

员带头领办创办致富产业，在致富奔小康过程中发挥表率作用，带领群众增收致富。到如今，已形成沿 107 国道商业门脸和传统农业种植为基础的产业格局，除农业种植外，全村 95% 的农户都有二、三产业收入。自从新一届领导班子成立以来，现任村党支部书记张东河将企业管理的模式运用到村庄管理上来，更加推动了村庄的发展。大激店村配合生态园二期工程建设，招商引资近 7 亿元，实现了土地流转 1000 亩，为村民提供了更多的就业机会。如今的大激店村年人均收入可达 2.6 万元。

全民动手打造美丽家园。古代的大激店，村界内水路长达 2.5 公里，河水长年不断，形成了“坑塘常满，河水潺潺”的景象。树上百鸟高歌，水里鱼跃蛙鸣。车马大道上，官员商贾，马帮驼队，羽檄差官，帑银镖车，充军发配等来往行人络绎不绝。浍水河货船号声不断，水旱两路的繁忙，带来了大激店村的繁荣。现在从村庄东码头上船，可以游览大激店村整个水陆风景。河流缓缓穿村而过，贯通西二环至西三环，翠绿的爬山虎布满整个河堤，河道两侧弱柳扶风，水中锦鲤畅游，沁人心脾。一村十九桥，六座明代古石桥。汉白玉栏杆，桥栏上有各式各样的雕刻，虽为新建但复古的风格仍给人一种置身古代之感。科学规划布局美、村容整洁环境美、创业增收生活美、乡风文明身心美，将美丽乡村建设与产业发展、农民增收和民生改善紧密结合，大激店村宜居、宜业、宜游。“美林河畔”这一新民居建设，改善了村民的居住环境，使得农业生态园成为大激店村的后花园。

文化娱乐丰富业余生活。大激店丰厚的文化底蕴和充实的文化生活由来已久，富裕起来的大激店人有了更高的文化追求。村党支部组织成立“耕余书画社”“乡音国剧社”“读书协会”等文艺团体；建立“宣传文化一条街”，文化街贯穿大激店村南北主街和东西大街，全长达 1300 米；文化展室的建成集中体现了大激店村的文化和经济发展，是大激店村文化建设的点睛之作；《古镇沧桑大激店》《千年流韵大激店》两部书顺利编写；建成了大激店村网站，让更多的人通过网络媒体了解、认识并且爱上这个美丽的村庄。大激店人用自己的语言、用自己独特的表现形式，分门别类、图文并茂地宣传了党的理论、方针、政策，介绍了科技、环保、法律、计生等知识，描述了大激店的昨天、今天以及美好的明天；修建文化广场和文化活动中心，建有阅报栏，面积 1000 多平方米，和文化一条街相连。每日朝夕，耕余闲暇，村民来到街心文化广场，扭秧歌、敲大鼓、唱卡拉 OK，全村男女老少齐参与，自得其乐，达到健身和娱乐的目的。

如今的大激店，人心思进，人心思齐，环境优美，社会稳定，经济发展，全村出现了政通人和的良好局面。文化古村落发展的蓝图已初步绘就，大激店村的未来让人期待……

（**撰稿**：李钱琛　**摄影**：李明　周晋明　李钱琛）

北奇村

美丽北奇 古韵新颜

□名村概述

北奇村位于保定市区西北部，东距市中心 6 公里，西距满城 7 公里，三面比邻公路，交通十分便利。全村共有 703 户，人口 2489 人，绝大多数为汉族；地域面积约 3750 亩，是一个以果树种植、蔬菜草莓大棚、大田作物为主的农业大村。这一带古属燕南赵北，是燕赵两国交战的古战场，赵将廉颇曾驻军于此，中军大旗高竖旷野之上，形成村落后称之为“旗村”，有“旗南”“旗北”之别，后演化为“南奇村”“北奇村”，“北奇”村名沿用至今。

北奇村是一个由王、白、李、张、杨、曹等多姓氏宗族寄居的古老村庄。明、清时曾隶属满城县贤台社；民国十七年，隶属满城县第二区即南奇区；1953 年隶属满城县南奇乡；1958 年后归保定路西区跃进人民公社要庄管理区管辖；1959 年归红旗人民公社管辖；1962 年隶属保定郊区；1987 年隶属保定市新市区；2015 年后至今隶属保定市竞秀区南奇乡。

2016 年，北奇村被评为省级“美丽乡村”，一座有着千年历史和深厚文化传统的村庄掀开了新的一页。

□文化遗存

【兴福寺】兴福寺是保定西部名寺，北宋时，由高僧定址，坐落于北奇村中央现小学校位置。该寺坐北朝南，规模宏大，雄伟壮观。院内多千年古槐，正殿、配殿建筑古朴。佛像慈眉善目，威严庄重，终日香烟缭绕，信徒宾客络绎不绝，影响面甚广。后来，老方丈过世后，新的住持疏于管理，寺内僧人时常骚扰村民，激起民愤，被政府取缔。

光绪十六年，“兴福寺”被改建为学堂。寺内立碑一块，上面镌刻“永培风仇”四个大字，意为长久地培育人才和良好的社会风尚的场所即学校。引申为：创立义学，惠及百姓，育人易俗，蒙以养正。该碑为创建义学碑记，详尽刻有北奇村村民与兴福寺打官司的结果，及拆寺创办义学、赞助人等内容。

1949 年后，北奇村正式设立初级小学，开始有了公派老师。建校几十年来，学校认真贯彻党的教育方针，端正办学思想，创设良好的育人环境，使各位学子在德、智、体、美诸方面和谐发展，为其进入高一级学校打下了良好的基础。北奇村普及村民文化教育硕果累累，截至 2017 年，村民子弟中取得博士、硕士学位研究生的 10 余名，大中专生百余名，为北奇村的和谐、发展、壮大做出了贡献。

【红花泉】《畿辅通志》记载：北奇村西南的龙泉寺，在满城县东，故老相传建自隋唐，四无墙垣，古木森列，后有鸡距泉，右有红花泉，上通一亩泉，河水环绕为游赏胜地。

现存于北奇村委会的红花泉碑碑文亦记载，上款内容为乾隆十七年秋，保定府通判署满城县事王南珍奉总督都院方立石。下款内容为志云龙泉寺北有鸡矩泉右有红花泉按求得之疏二等，为渠九十八丈入奇村河。

可见，红花泉不愧为奇村河畔之名泉，该泉水源旺盛，水质上乘，甘甜可口。泉的四周水草繁茂，鸟语花香，风景如画。老人们说：民国时期，直隶总督曹锟和道台的生活用水，都是赶着小毛驴从红花泉驮回的水。

康熙版《保定府志》中的鸡水图中，可见到由红花泉、鸡距泉、一亩泉等诸泉汇集而成的奇村河。著名的“保定八景”中，有三处景致——“西刹秋涛”“鸡水环清”“古莲花池”与奇村河息息相关。也正是这川流不息的奇村河之水，造就了这一方风水宝地，先民逐水而行，逐水而居，逐水而业，逐水而乐。从一定意义上讲，奇村河即是北奇先民的母亲河。“水中有村，村中有水”。奇村河畔周边玫瑰芙蕖，香闻十里，飞鸟游鱼，各自鸣跃的动人景致，博得“鱼米之乡”“小江南”的美名。奇村先民长期在这里繁衍生息，代代相传。至今还流传着“有姑娘聘到南北奇，得吃虾，得吃鱼，白莲藕，大荸荠，大米干饭甭用提”的美丽佳话。

北奇村周边充沛、优质的水资源也为保定市的建立和发展做出了贡献。

在中华人民共和国成立后实施“一五”计划期间，八大厂的建设就首先考虑到水源的因素——当年选址在距北奇村约7公里的位置，自来水公司设计的39眼水井中，北奇村就有9眼。

【音乐会】清末民初，北奇村西“龙泉寺”整日乐曲悠扬，艺术气息浓厚，具备音乐天赋的村民向高僧学习并掌握了器乐演奏技艺，传授给一帮年轻人，成立了“音乐会”。1953年，由木子李提议，白玉书、李德建牵头成立了评剧团，演艺日臻成熟，剧团推出几十出老百姓喜闻乐见的优秀曲目。1965年，成立了“毛泽东思想宣传队”，开始排练样板戏。2015年，两委会为丰富村民文化生活，重新组织起“音乐会”，并为其提供排练场所、购置乐器、服装道具。音乐会成员既有退休的老教师、村干部，也有中小学生，还有白发苍苍的老农，年龄最大的70多岁，最小的才13岁。他们既学古乐曲，又学现代乐曲，掌握了几十首曲谱，演奏技艺大大提高。闲暇时，音乐会成员每天在村广场排练，吸引了众多村民及路人驻足欣赏。自从办起音乐会，村里广场上每天热闹得像过年过节一样。既活跃了村民的文化生活，又使北奇村的音乐会这一非物质文化遗产得到了传承和发扬。北奇村“音乐会”的名号也就越来越响，成了四邻八乡津津乐道的话题。

【少林会】北奇村武术源远流长。相传，民族英雄窦尔敦当时漂泊到南北奇一带，落脚于北奇村西龙泉寺。自此，便在此地教授村民武艺，包括“双花枪”“空手夺枪”“单刀破枪”“双节棍”“猴棍”“小红拳”“罗汉式”等少林功夫，受其影响，北奇村民习武者众多。为了弘扬少林武术，强健村

民的体魄，北奇村成立了“少林会”，使中华武术代代传承。

北奇的少林会，远近闻名。每年满城眺山庙会，少林头人张泰都组织少林青年，自带干粮去庙会比赛，均获得满堂喝彩，村民深感骄傲和自豪。时至今日，村中文艺演出还时常表演几套“刀”“枪”“双节棍”等，村民拍手称快，喝彩阵阵。

2017 年，北奇两委会本着发掘、传承民族文化瑰宝的宗旨，组织村里有威望、有所建树的少林会传人到学校传授武术，深受广大师生喜爱。目前此项工作在学校已全面展开，北奇小学一至四年级学生已开始学习罗汉拳，还有部分同学学习六合刀、太极剑等，并已形成规模、特色，成为北奇小学的传统特色项目，为发扬传承少林武术这一非物质文化遗产打下坚实基础。5 月 19 日，省、市体育局各级领导来北奇小学调研引非遗——武术进校园工作。领导们观看了全体同学表演的罗汉拳及四名同学表演的六合刀、双人太极剑，并给予了充分肯定。

【书法协会】书法是人们生活中的高雅艺术，早在中华人民共和国成立前，古城保定府多处商家牌匾字号出自北奇村书法家之手笔。中华人民共和国成立后至今，村里爱好书法者很多，既有年逾古稀的长者，又有乳臭未干的孩童。2016年南奇乡书法协会落户北奇村，市、区、乡、村100多位书法名家、书法爱好者到会，不少书法名家当场挥毫泼墨，留下墨宝。书法协会定期活动，研习、切磋书法技艺，间或请专家授课指导。春节来临，书法会员义务书写春联；平日村里的红事白事、周边村落工厂、店铺开业庆典都请他们一展身手。村里还办起了文化活动室、农民图书馆等。民间剪纸、刺绣、食品雕刻等工艺也是人才济济，北奇村成为远近闻名的“文化村”。

□名村今貌

2015年，在上级党委政府的领导下，北奇村“两委”班子带领全体村民大力实施“农村面貌改造提升行动”，以“醉美北奇”为目标，坚持高起点规划、高标准建设，全面推进净化、绿化、亮化、美化，大力实施环境综合治理和农村改造工程。村口新建配有高清LED显示屏的大牌楼，进村是宽阔平坦洁净的水泥路面，沿街丰富多彩的文化墙成为乡村颇具特色的文化景观。路两侧绿树成行，楼房鳞次栉比，太阳能路灯使大街小巷夜如白昼，极大地方便了村民的出行。新建垃圾池均匀分布，街道专人清扫，村里的垃圾坑打造成了供村民们娱乐、健身的广场和休闲、游赏的景观湖。其中位于村中心最大的景观湖建设了音乐喷泉，彩色的喷泉水柱伴随着时而悠扬舒缓，时而澎湃激昂的音乐，或久于低谷盘旋，或猛然直冲云天。而在周边的几个广场中，休闲漫步的、跳广场舞的、练太极拳的、切磋少林功夫的，男女老少，笑逐颜开，到处呈现出美丽乡村和谐幸福的画卷。

□发展愿景

北奇村两委根据本村的历史文化和自身发展的需要，结合京津冀协同发展以及建设雄安新区的需要，经过专家论证，制订了北奇村发展规划。新的时期，新的征程，北奇人在村两委班子带领下，团结奋斗，不懈努力，勇往直前，各项事业必将揭开新的一页，创造新的辉煌。

（**撰稿**：芦春艳 王立春 曹永祥 **摄影**：刘洪志 王长振）

莲池区
LIANCHIQU
西高庄村志
西高莊村誌
保定市南市区西高庄村

直隶首府 汽车名城

◎ 莲池区位于保定市中心城区东半部，属于都市型城区，2015 年 5 月由原南市区、北市区合并而成，北与徐水区毗邻，东、南与清苑区接壤，西与竞秀区、满城区相连，处于保定市区与雄安新区中间地带。辖区总面积 177.6 平方公里，总人口 70.1 万，辖 7 个乡、10 个街道、120 个村、130 个社区和 2 个省级开发区。

◎ 莲池区是长城汽车科技城的起步区、核心区和京津产业转移的最佳承接区、外资进入环首都经济圈的桥头堡。辖区拥有京广铁路保定火车站、京石高铁保定东站、保定市汽车客运中心站，京港澳高速公路、保沧高速公路出入口，中心城区所有铁路、公路进出口全部位于该区，与 2015 年底通车的津保高铁一起，共同构成了联通京、津、石的半小时经济圈，是名副其实的陆港交通枢纽，人流、物流、资金流、信息流巨大。

◎ 莲池区是保定府发祥之地，近代洋务运动开端之所，新保定现代文明起始之源，曾为河北省委省政府、保定市委市政府驻地。区内文物古迹众多，直隶总督署、古莲花池、保定军校纪念馆、大慈阁等古迹荟萃，享誉盛名。尤其是“一文一武一衙署”（即古莲花池、保定军校和直隶总督署），更是闻名天下。

◎ 莲池区科教资源丰厚，区内拥有华北电力大学、河北大学、河北农业大学、中央司法警官学院、河北金融学院、保定学院等 6 所高等院校。中心城区所有重点高中保定一中、二中、三中、保定外国语学校全部在辖区，是保定闻名的文教大区。

西高庄村

文化引领 强村为民

□名村概述

西高庄村隶属莲池区杨庄乡，位于府河干道的北岸，刘守庙西侧，西接红旗大街，北与王范庄毗连，占地面积0.11平方公里，386户人家，859人，是典型的城中村。1997年成立党总支，辖4个党支部、8个党小组，现有党员105人。1986年以来，村党组织带领全体村民以“育民、强村、为民”为主线，不断调整产业结构，转变经济发展方式，全面推进新农村建设，在农村与城市的夹缝中闯出了一条文明富裕的康庄大道，把一个曾经人均收入不足700元，集体负债10万元的贫困村，建设成为固定资产4.5亿元，年人均收入2.2万元的小康村。

□名村历史

据《保定市志》记载，战国时期燕昭王在此修筑广养城成为军事供给重地。宋代高氏兄弟在此定居，名高庄，后分为东高庄和西高庄，西高庄位于原高庄西半部而得名。随着历史的变迁，西高庄几度兴衰。古时的西高庄土地面积3.3平方公里，府河干流傍村穿过，水运码头与村民土地交错相连，是水运交通枢纽和物资集散地，每逢旺季商贾云集、百业兴盛，村民生在河坡、长在河坡，以河坡为生，或农或工，富足有余。安居乐业的人们文化生活丰富，据2003年出土的清道光年间《重修观音堂真武庙关帝庙碑》记载，重修庙宇三座，另有刘守庙、倒座观音庙、老爷庙等五座，略显古时经济文化的兴盛。大小八座庙宇，至今依然能够看到的是刘守庙，千年来默默守在村东的河岸上。

刘守庙供奉的是刘守真。刘守真，名完素，字守真，别号通玄处士，河间刘守村人，世称“刘河间”，现代中医学界公认的“金元四大家”之一。其家乡被金兵所占，来保州行医，与本村汤氏先祖结下深厚友谊，定居本村，悬壶济世，品德高尚，佳话频多，声名远播。汤氏历代为守真守庙直到 1949 年庙地、庙产归为国有。刘守真是一个有民族气节的医学家，相传金朝统治者曾三次聘他出仕，均予拒绝，以死守节。明朝洪武二十五年，明太祖追封刘守真为“金天圣医”“广济侯”，班列名医之首，并建庙宇供奉其牌位。庙内香火旺盛，时有帝王拜谒，每逢刘守真诞辰（农历三月十五），人们不辞远道乘船而来祭祀，许愿还愿大戏连台，武术表演，药材交流，热闹非凡，盛日人流达 10 万，直到 20 世纪 80 年代末，由于城市发展逐步衰落。

□经济强村

西高庄人继承了祖先善于经商、善于思考的基因，以独特的视角观察社会、分析形势。在土地分包到户的年代，村党支部敢于担当、敢为人先，努力发展集体企业，开始走上了由农业生产向工业生产转变的道路。

20 世纪 70 年代，随着城市发展进程加快，西高庄的土地被逐渐征用。当时该村人均耕地面积已经不足 0.1 亩，村民面临着“耕者无其田”的尴尬局面。20 世纪 80 年代初期，改革开放的春风吹拂着广袤的冀中平原，西高庄依旧蛰伏在城市的一隅，匮乏的土地资源和传统落后的生产方式，严重地影响了该村的经济发展和社会进步，人均收入不足700元，集体负债10万元的窘况，成为西高庄人心中挥之不去的阴霾，平日里村民们没事儿可干，不是走家串户说闲话，就是三五成群耍小钱儿，经常是为了一点鸡毛蒜皮的小事儿弄得鸡飞狗跳。窘迫的境遇与周边如火如荼的变革形成了巨大的反差。

1986年，西高庄新一届“两委”班子成立，面对这种情况，村党支部一班人，努力寻找摆脱贫困的突破口，经过反复考察论证，最终决定放弃传统农作物种植，转变经济发展方式，致力发展村办集体企业，带领村民走共同富裕的道路。

1987年，该村众筹资金20万元，创办起第一家集体企业——联盟线材厂，当年赢利10万元。该厂的成功让全村人看到了希望，也更加坚定了村两委创办集体企业的信心。其后的10年间，先后创建了净水剂厂、体育设施有限公司、化工厂、冷食厂、轧钢厂等企业。可以说，1987年是西高庄经济发展方式转变的分水岭，众多企业的建立，为村民提供了大量的就业机会，村民开始了从农民向产业工人的过渡与转变。20世纪90年代，保定市城市建设不断加快，而西高庄的区位优势也日渐凸显，村两委审时度势，把发展的目光聚焦在了以服务业为核心的第三产业上。1993年组建超达实业总公司，先后创办了超达酒店、社区卫生服务中心、幼儿园、老年护理院、服装厂等

多家集体企业；2009 年在保定客运中心站的毗邻建起了“亨佰丽小商品批发城”，为社会提供了大量创业就业机会；2015 年响应国家“大众创业、万众创新”号召，加快发展新经济，培育新动能，投资 10 亿元筹建亨佰丽二期工程“莲池区双创基地”项目，该项目总建筑面积 30 万平方米，集教育品牌集中展示、学术交流集中沟通、学术实践创业孵化、配套设施集约使用、商业服务集中提供等功能于一体，为社会提供了大量就业岗位。

在发展集体经济的同时，村两委积极鼓励和扶持那些有能力的村民自主创业，为创业者提供政策扶持、法律援助、公共关系协调、经营场地、技术支持等服务。目前，一大批有能力的青年村民走上了自主创业的道路。本村侯贵祥夫妇就是典型代表，他们创办的泰华机械制造有限公司，自主研制的“环保制砖机”等多项专利产品，填补了国内和国际空白，产品销往全国各地并走出了国门。

西高庄经过 30 年的打拼，最终形成了第二产业和第三产业协调发展，集体带动个体的经济发展格局，2016 年实现固定资产总值 4.5 亿元，人均收入 2.2 万元。

□文化兴村

西高庄始终扎实推进“文化兴村”战略，坚持把培育社会主义新型农民，作为长抓不懈的重点工作，把先进文化和科学理念，融入乐于参与、便于参与的文化活动中，激发村民的文化主体意识和创造意识，倡导健康文明新风尚，为经济发展提供坚实的文化基础和良好的社会环境。

1996 年创办了保定市第一家农民高中班，凡具备初中文化水平的村民全部参加了学习，经过三年的系统学习，大大提高了村民的整体文化水平。1999 年普及大学教育，建立终身学习制度，又选送村干部和企业骨干到北京民族大学、河北大学、河北农业大学等高等院校进修学习，不断提高服务于民的能力和水平。2003 年实施《在校学生奖励补助办法》，从小学到大学都给予一定的补助。2010 年组建西高培育中心，全面负责本村文化建设，培育中心下设艺术团、西高书院、爱心基金会、志愿者服务队、教师协会、拥军优属协会、科技服务队、道德评议会、反邪教协会等群众组织。

在此基础上，西高庄不断创新文化活动形式，激发村民的参与热情。一是开展“人人上讲堂”活动。每周五晚上 7 点至 8 点组织村民上台宣讲，内容涉及法律、国学、家风故事、音乐舞蹈、生活感悟、安全知识等贴近居民生活的各种知识和经验，深受群众喜爱。截至目前，已经有 600 名村民上台授课，受教育群众达 10 万人次。二是拍摄家庭系列电视专题片《西高人家》。专题片以家庭为单位，由村民撰稿，村干部负责拍摄和后期制作，通过记录改革开放以来村民在物质和精神生活等方面发生的巨大变化，来颂扬党和政府为人民群众谋求福祉的巨大成就，并以此来激励广大村民更加奋发有为地建设美好家园。截至 2011 年底共拍摄 63 集，并通过保定市电视台向全市人民播放，收到了良好的社会反响。在此基础上，还以发生在村民中的真实故事为题材，拍摄了《红色风信子》《我从西高来》《社区里的星光大道》《诚信人生》等微电影，弘扬村庄正能量。三是开展儿童早教活动。2013 年联合国“儿童早期发展社区家庭支持项目（简称 ECD 项目）”落户西高庄。为确保该项目规范实施，村招募志愿者专职负责 ECD 项目，实施“每周两课”项目，围绕不同年龄段孩子的家庭教育和心理健康、营养保健和安全教育提供系统培训。2014 年全国妇联主席宋秀岩到西高庄视察工作，对该村的 ECD 项目给予了高度肯定。四是举办“读书月”活动。依托农家书屋，开展知识讲座、演讲比赛、有奖征文等活动，并把优秀作品刊登在《西高庄村报》上，相互学习和交流。鼓励村民建立家庭“图书角”，号召村民多读书、读好书。坚持开展“书香家庭”的评选表彰活动，引导村民树立终身学习的良好习惯。五是加强对青少年的教育引导。利用学生暑假期间，每年组织一次“十岁成长礼”和“成人礼”活动，年满 18 岁的青年人利用 3 天的时间，进行思想交流、拓展培训、国防教育等，不断强化他们的团队意识和乐观向上的人生态度，最终引导他们树立正确的人生观和价值观。在中小学生中开展“八礼四仪”培训、“模拟法庭”展示、“我爱中华好诗词”竞赛等系列活动，还组织他们到西柏坡、卢沟桥、狼牙山等地进行爱国主义教育活动，激发他们爱祖国、爱家乡的热情。六是出版文化系列丛书。先后出版了《西高庄村志》《西高人的风采》《铭记历史开创未来》《微信对话》等文化丛书。书中收录了居民演讲稿、专题征文、书法绘画、摄影作品等内容，为村庄留下了宝贵的精神财富。七是开办各类培训班。陆续举办了书法、绘画、形体、民族乐器、太极、模特等培训班，聘请专业教师任教，并免费为村民配发了学习用品，极大地激发了村民的参与热情。2016 年该村在北京中华世纪坛举办了《西高庄人的幸福生活》主题画展，集中展示了西高庄村民的幸福生活。八是坚持开展群众性精神文明创建活动。每年开展“文明家庭”“最美西高人”“平民英雄”“好母亲好儿媳”“爱心模范”等评选表彰活动，村里制定了相应的评选条件，由村民们进行评选，对当选的村民给予物质奖励，以榜样的力量引导村民崇尚科学，移风易俗。九是利用新媒体繁荣农村文化。

2015年该村实施无线网络全覆盖工程，成立了西高大学音乐书画群、西高大学文化国学群、西高大学体育健身群以及党员代表学习群，为村民提供了相互学习、相互交流的新平台。

□名村今貌

村党总支书记王焕荣说，“我们所做的一切，归根到底就是要让乡亲们共享改革发展的成果”。

1986年该村实行村民退休制度，目前退休村民每月至少可领取800元的退休费，并按年龄给予补贴；每年为老年人免费体检一次；老人过生日，村里送上10斤鸡蛋表示慰问；每年九九重阳节、中秋节都为老人发放节日礼品；春节为退休村民发放高龄补贴；每年组织村民外出旅游一次；2001年村民入住养老院的，每月补助300元，目前实现了居家养老、医养结合；2007年全面实施“城中村”改造工程，2009年村民全部入住花园式新居。

1994年被保定市政府授予“小康村”称号。1995年被河北省委授予“红旗党支部”称号。2000年被保定市政府授予“农村基层民主建设先进村”称号。2001年被河北省政府授予“村民自治模范村”称号。2002年至今连续被河北省政府授予“文明村”称号。2005年被中央精神文明建设指导委员会授予“全国创建文明村镇工作先进单位”称号。2011年被中央精神文明建设指导委员会授予“全国文明村”称号。2015年被司法部、民政部授予“全国民主法治建设示范村”称号。2016年被中共中央授予“全国先进基层党组织”称号。

西高庄是莲池区精神文明、生态文明、物质文明建设和村集体经济发展的排头兵和典型代表，他们在荣誉面前不骄傲，享受幸福生活不懈怠，正在用智慧和双手描绘着更加美好的明天。

（**撰稿**：林占彪　**摄影**：林占彪）

百楼乡

跨越历史 共赢未来

□名乡概述

百楼乡位于保定市东北部，东邻清苑县，南到东金庄乡，西邻韩庄乡，北与徐水区接壤。全乡辖 13 个行政村，共有 20 262 人，总面积为 25.26 平方公里。西部有纵贯的京广铁路，107 国道纵穿乡内，东靠京港澳高速公路和京石客运专线高速铁路。复兴路、七一路、北二环路、北三环路与东二环路、东三环路形成了该乡四横两纵的便利交通。其中，七一路高速引线和北三环高速引线是保定市两条最主要的迎宾大道。百楼乡地理位置优越，交通方便，水电通信条件良好，社会治安稳定，人民安居乐业。

百楼乡教育资源丰富，河北大学新校区、保定学院、保定市莲池区第二职业教育中心、保定市外国语学校、保定市十七中英华实验学校均坐落于该乡辖区内。

□历史沿革

百楼村历史可追溯到北宋时期。当时辖区为保州，这里水系发达，河渠纵横交错，村西、村北、村东为漕河故道的支流，相传为赵匡胤的铜帮铁地运粮河。宋代，这里是北宋与辽国的交界地区，大小战争频发，北宋充分利用这一带河道，运送粮草和各种贸易物资，水运非常繁忙；而且还利用这一带河流水淀四布的条件，大搞塘泺战术，有效地阻止了辽军的南下。在宋辽关系缓和时期，这里物资交流频繁，商贾云集，相当于现在的进出口贸易区，但由于人们担心战争爆发，河道没有建桥，人们依靠摆渡穿梭于河两岸，形成两个渡口，称为西摆渡和东摆渡。两岸渡口商贸聚集，人员往来频繁，便逐渐成为村落，即西摆渡和东摆渡，后来逐渐演变为西百楼村和东百楼村。

□文化遗存

【观音庙】该庙位于西百楼村中，占地面积 530 余平方米，始建于明朝年间。1937 年日寇侵华时遭到破坏，后翻建于 1991 年 9 月。每年阴历二月十九庙会期间，村委会都会组织搭戏棚唱大戏，庙台的下端有一石碑，碑上刻有资助建庙宇的 200 多人姓名。

【清真寺】头台村于明末清初形成村落，村民全部为穆斯林。至光绪年间，集资劳力盖西坯房 3 间，做礼拜殿；北房 2 间，住掌教和洗浴，成为了头台清真寺的初形。后几经修缮，较大规模扩建竣工于 1925 年，大殿宽三间三进，西洋式玻璃门窗，能容纳近百人礼拜，北讲堂 3 间，宫廷式木结构古朴典雅。1979 年，头台清真寺进行了整修，历时 5 年。

□非遗文化

【哈哈腔】西百楼村不仅有悠久的历史，还有良好的文化传承，非物质文化遗产“哈哈腔”在村内几代老艺人的不懈努力下不断得到发展。“哈哈腔”或者称为“喝喝腔”大约形成于明末清初，始于清苑，是保定地区影响最大的地方剧种，2006 年经国务院批准列入第一批国家级非物质文化遗产名录。

哈哈腔在西百楼村有记载的传承发展已有百余年历史，历经以王贵、孙善、索洛忠、刘恩、刘凯等人为代表的第一代，以索尚河、李春芝、索秀全、索金良、郑秀福、索凤珍、王贵元等人为代表的第二代，以索明岐、刘维民、索功、张贺林、李金贵、索志平等人为代表的第三代，以及以赵喜芬、张和平、索秀敏、刘树新、李友、索满常、贾大红等人为代表的第四代，共计四代哈哈腔人的传承和发展。第一代、第二代以口传为主，代表剧目全部为传统剧目；第三代以索明岐、刘维民、索丙武为主开始进行唱腔设计和谱曲，以曲谱的方式进行传承，演出的剧目多为红色现代戏，代表剧目有《红灯记》《智取威虎山》《稻熟时节》等。

西百楼村的哈哈腔唱腔优美，内容健康向上，并且适应时代发展还自编剧目。2010 年，在保定市农工委组织的全市文艺会演中，哈哈腔小品剧《建房》获得“文艺会演创作奖”。中华人民共和国成立后几十年来，剧团不仅为本村演出，还经常到徐水、安新、清苑、满城等周边区县演出。丰富多彩的剧目，优美的唱腔对历史文化知识的普及，传统道德观念的传播，爱国主

义、民族精神的弘扬，新时代主旋律的发扬，起到了重要的作用。

2015 年，经全国唯一的哈哈腔非物质文化遗产传承单位“清苑县哈哈腔剧团”实地考察，西百楼村得到剧团的认可，设立了“清苑县哈哈腔剧团讲习所”。

现在，西百楼村哈哈腔剧团还经常活跃在市区和周边村镇，为传播正能量、弘扬新风尚、满足人们对美好生活的需要做着应有的贡献。

□产业资源

【东湖花鸟鱼虫及宠物市场】东湖花鸟鱼虫市场位于东三环与北三环观光大道交口东南角，占地 20 000 余平方米，规划为保定市最大的花鸟鱼虫宠物市场。风和日丽的日子，市场还经常组织斗猪、斗狗等休闲比赛项目，是附近居民的休闲好去处。

□发展愿景

2017 年 5 月 20 日，辖区内的保定深圳高新技术科技创新产业园项目正式启动。该产业园将引入北京、深圳等城市发展前沿的科研机构、人才、技术和资金入园，在保定打造集生产、生活、生态于一体的智慧型、科技型产城融合示范园区。产业园建设将充分借鉴深圳经济高速发展中所积累的经验，将保定空间资源与深圳产业资源完美整合。产业园规划占地 13 000 亩，项目总投资 877 亿元，由高新技术产业园和科技创新产业园两部分组成，承载保定产业转型、京津产业转移及科技成果转化的重任。

在设计理念上，该产业园致力于打造科技研发、信息技术、现代服务及大健康于一体的产业集群。以产业规划和产业导入为纽带，衔接京津冀城市发展的互补资源，助力高端制造及智慧能源产业的转型升级。同时搭建政企合作、产城融合的科技金融平台、产业政策平台、产学研发平台、综合服务平台，携手合作企业共同发展。

在科学技术创新上，将引入先进数字管理技术，植入前瞻性城市开发理念即绿色城市、海绵城市、智慧数字城市、地下综合城市管廊等领先建筑科技。创新应用人工智能、大数据、云计算、物联网等新一代信息技术，搭建“优化设计云、过程建设云、智慧营销云、产业服务云、智慧运维云”，实现园区开发运营全过程周期动态化、可视化、集约化的创新管理。

在园区功能版块优化上，产业园将着眼京津冀地区产业转移需求，以人为本，将配置高端品质社区、展厅游园、中心公园、创业广场、九年一贯制学校等诸多功能分区，真正建成“产、城、人”深度契合的美丽新城。

该园区建成后，将大大提高京津冀协同发展进度，迅速引领国际国内新一轮产业革命，促进全市乃至全省经济社会发展。

（**撰稿**：刘立柱　王溪玮　**摄影**：刘立柱　王跃国　翟祥瑞　王溪玮）

满城区

MANCHENGQU

千年古县 草莓之乡

◎ 满城区位于河北省中部，太行山东麓。南距省会石家庄 120 公里，北距北京 140 公里，东距保定市区 17 公里。北同易县接壤，南与清苑区毗邻，西和顺平县交界，东连保定市区和徐水区。现辖 5 镇 6 乡 183 个行政村，人口 40.16 万。京广铁路、107 国道和京昆、保沧、保阜、荣乌 4 条高速过境。

◎ 满城历史悠久。商周时已有先民村落。战国时为燕南赵北之地。西汉时属中山国，汉高祖六年，置北平县。唐天宝元年，改为满城县，从此满城县名始见于史。宋景德年间并入保塞县。金大定二十八年由清苑析出，再置满城县。1974 年 12 月，稳定为满城县的区域范围。2015 年 5 月经国务院批复撤销满城县，设立满城区，以原满城县的行政区域为满城区的行政区域。

◎ 工矿企业众多。已形成建材、机械、医药、食品、冶炼、造纸、电器、轻纺等八大主导行业。建筑材料紫砂页岩、花岗岩、滑石岩等，总蕴藏量 30 亿立方米，资源丰富，品质优良。其中大册营造纸工业区最为突出，素有“造纸之乡”之称。

◎ 农业特色突出。已建成粮棉、水畜、林果、草莓、瓜菜五大基地，草莓、磨盘柿、雪桃、红岗山桃等特色种植远近闻名，是“中国草莓之乡”“中国磨盘柿之乡”。

◎ 旅游资源丰富。现有全国重点文物保护单位、国家 4A 级旅游景区满城汉墓；还有被称为“中国第一条开放式名优特生态旅游经济沟”的神星柿子沟农业生态旅游区；亚洲第一人工空中渡槽——漕河渡槽，工程壮观，气势宏大，颇具旅游开发潜力。

◎ 在新的发展机遇面前，满城区委、区政府正以敏锐的眼光选准发展定位，充分接受市区辐射，凭借山水共存的秀美风光，着眼经济、文化、生态三大战略，倾力打造现代工业制造基地，绿色农产品生产加工基地和休闲、娱乐、旅游度假乐园。

满城镇

汉墓文化 玉衣之乡

□名镇概述

满城镇位于满城区城区及周边，总面积 85.4 平方公里，耕地 6 万亩，辖 34 个行政村，总人口 8.81 万人，1996 年由原城关镇、东马乡、顺民乡、柳佐乡四个乡镇合并而成。2004 年被省委宣传部授予“先进基层党校”，多次被市委、市政府授予“维护稳定工作先进集体”；被县委、县政府授予“实绩突出乡镇”“优秀乡镇党委”“文明生态村创建先进单位”“人口和计划生育优秀乡镇”“教育教学先进单位”“城建工作先进单位”等荣誉称号。

该镇地理位置优越，交通便利，经济发达，是全区的政治、经济、文化中心。在历史的长河中，形成了以陵山为代表的汉墓文化、以抱阳山为代表的寺庙文化和红色文化等众多的文化元素。

□文化遗存

【满城汉墓】位于城区西南 1.5 公里的陵山上，系西汉中山靖王刘胜及其妻窦绾之墓。1968 年 5 月，解放军某部在陵山上施工时，偶然发现，经周恩来总理批示发掘，著名考古学家郭沫若亲临考证。满城汉墓的发掘，是我国考古界的辉煌成就，轰动了全世界。1988 年，满城汉墓被国务院定为“全国重点文物保护单位”。2004 年被国家旅游局评为 4A 级旅游景区。

满城汉墓开凿在山岩之中，两墓的洞顶和洞壁，全呈拱形和穹隆形，没有直上直下的直角交叉结构。墓室构造仿汉代宫殿形式，规模宏大，建造考究，陈设华丽，举世罕见，是目前我国发现的汉代墓葬中保存最完整、结构最复杂、规模最大的崖墓。

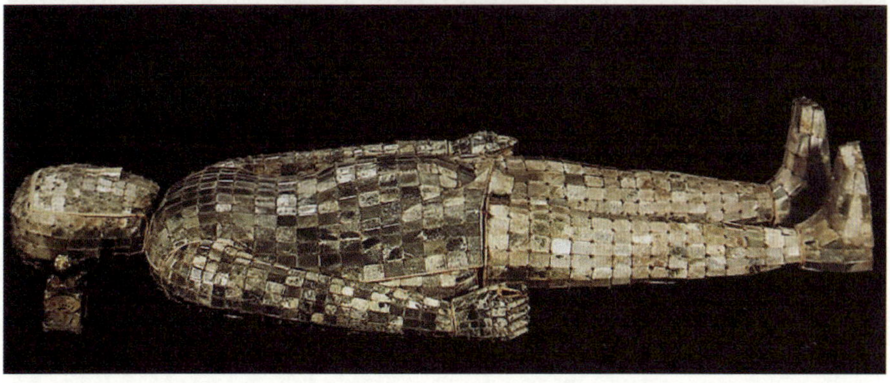

刘胜墓全长 51.7 米，最宽处 37.5 米，最高处 6.8 米，容积约 2700 立方米，全墓可分墓道、甬道、南耳室、北耳室、中室和后室等六部分。窦绾墓，布局和刘胜墓大体相同，也有墓道、甬道、南耳室、北耳室、中室和后室六部分组成，但建造规模和坚固规整程度超过了刘胜墓。墓洞全长 49.7 米，最宽处 65 米，最高处 7.9 米，容积 3000 立方米。

两墓共出土文物 10 633 件，其中玉石器、金银器、铜器、铁器等精品 4000 多件。举世闻名的“金缕玉衣”“长信宫灯”“错金博山炉”等稀世珍宝就出土于此，充分体现了汉代艺术雄浑的气势、古拙的风貌和深厚的文化底蕴。在赴欧、亚、美等地的 30 多个国家和地区展出时，备受国内外各界人士赞扬，满城也因此被誉为“金缕玉衣”的故乡。

两墓出土的文物，在已发掘的汉墓中都是罕见的，是研究我国汉代冶炼、铸造、纺织、漆作、医疗、天文、计量、建筑、科技、手工业和工艺美术发展情况的重要资料。同时，也为西汉时期的考古学研究提供了可靠的断代依据。

【抱阳山寺庙】抱阳山历史文化悠久，人文资源丰富，寺庙文化尤为突出。隋朝开皇年间建的保教院，是保定地区最早的佛教寺院之一，更因为唐朝著名宰相张说幼年时就读于该院的东崖书院，使抱阳山名扬天下。开元年间，时任宰相的张说为报恩，扩建宝教院为寿圣寺。

20 世纪 90 年代末，抱阳村先后在抱阳山建药王庙、观音庙和龙王庙。21 世纪初，又在山脚下新建定慧寺，占地 10 余亩，建有山门、钟鼓楼、天王殿、大雄宝殿、东西配房，另建西跨院，内建僧舍、念佛堂、斋堂等，总

建筑面积1080平方米。

1993年，抱阳村民在山上被毁的华严寺遗址，新建华严庵，形制为四合院，主要建筑有山门、正殿和厢房等。2003年，如光法师入驻华严庵，进行修葺，完善了宗教活动和生活等设施，修道路，扩建殿堂，依山势建寮房，改名华严寺。2013年始，大规模扩建，新建山门，依山势建三层大殿，上建光明讲堂。另建香积厨、五观堂、碑廊、接引厅等，建筑面积1500平方米，藏经堂藏有两部《大藏经》。这样庞大的整体寺庙建在山峰上，河北省独一无二，国内少见。

【抱阳山碑廊】抱阳山自然景观绮丽，名胜古迹众多，历史文化悠久，人文资源丰富。登山顶俯视，山下柿林如海，桃李缤纷，沃野无垠。抱阳八景为历代名人学者吟咏的重要内容，经过细心观察与调研，精心切磋琢磨，写出的诗文既有景亦有情，情景交融，哲理深邃，为抱阳山赋予了灵气和神韵，构成了一幅美丽的画卷。

抱阳山碑廊有碑刻20余通，其年代起自北宋，历经金、元、明、清五个朝代，记述了该山寺庙建筑的历史及有关的名人与有关历史事件。

抱阳山碑记内容丰富，涉及诸多重大历史事件，为保定编史修志提供了珍贵的史料，值得认真学习研究，吸取有价值的内容编入史册，补史书之缺，纠史书之误。

□旅游资源

【抱阳山】自然景观绮丽，名胜古迹众多，与相邻的满城汉墓是河北省八大重点旅游景区之一。抱阳山位于满城镇西4公里，距保定直隶总督署25公里，为太行山东麓余脉之孤山。东与陵山满城汉墓为邻，西邻“漕水伏流”之界河，京昆高速公路和南水北调之渠道由山西界河穿过。抱阳山主脉坐北朝南，呈“几”字形，有大小山峰10余座。北山峰为主峰，海拔316.5米，分两翼向西南和东南延伸，总面积8平方公里，像巨人伸开两臂拥抱乾坤，呈抱阳之势，故名抱阳山。山怀气候温暖，隆冬无积雪，无寒树未秋，草木葱郁，花香四溢，又名花阳山。抱阳山有八景，为一亩石、百步廊、托山树、滴水塘、明珠窝、上天梯、读书堂、龙角洞。

□人物英才

【黄甫俊】（生卒年不详）江西省上游县人。1932年参加中国工农红军，1934年随军长征。抗日战争时期，随军转战到晋察冀抗日前线，历任政治干事、政治指导员、保满支队长、新二团副团长、三十四团团长。任保满支队长时，在日伪军的分割下，率部转战于保满地区。1945 年夏，在南、北奇村伏击战中，活捉伪联队长陶哲生。8 月，率新二团接防满城城垣，而后解放满城全境，使全县人民获得解放和自由。1948 年春，奉命率三十四团经满城北上，突袭保定四里营国民党军队据点，生俘敌人 30 多名。在解放香河战役中，黄甫俊同志光荣牺牲，年仅 31 岁。中华人民共和国成立后，百步廊南端修建了黄浦俊烈士纪念碑亭和抗战四周年纪念碑。山脚下修建了抱阳山烈士陵园，青松翠柏，庄严肃穆，附近村民和学校经常组织扫墓活动。

【曹金月】（1909—1932）满城镇北庄村人。12 岁考入满城第一高小，毕业后转满城乡村师范，1926 年考入直隶省立保定第二师范学校（以下简称二师），在党组织的培养教育下，很快加入二师“左翼作家联盟”，并以“铁拳”为笔名发表文章。1929 年春，由贾振峰、贾良图介绍加入中国共产党。曹金月为中国反帝大同盟保定市负责人之一，先后担任中共保属特委组织部部长、二师反帝大同盟书记、学生会副主席、二师护校斗争委员会副主席兼总指挥。1932 年 6 月，二师学潮爆发，6 月 20 日，国民党反动当局出动 500 多名武装包围二师，用饥饿等手段迫使学生屈服。爱国学生在中共党组织的领导下，成立护校委员会，曹金月任护校委员会副主席。他组织护校同学利用多种形式对校外群众和包围学校的士兵进行宣传工作，发动社会舆论，主持公道。为了战胜“粮荒”，率领 20 多名同学冲出操场南门，到附近商店买回面粉，粉碎了敌人企图用饥饿的手段制服学生的阴谋。7 月 6 日凌晨，国民党反动当局出动大批军警扒开院墙，冲进二师，对手无寸铁的学生开始血腥屠杀。9 名同学当场牺牲，曹金月等 35 位同学被捕。在狱中，他义正词严，痛斥反动当局残杀爱国学生的行径，宣传抗日爱国主张，虽经多次酷刑，依然坚贞不屈，大义凛然。9 月 7 日，国民党反动当局以“武装暴动，危害民国”的罪名，将曹金月、杨鹤声、刘光宗、刘玉林杀害。

【刘宁一】（1907—1994）原名史连甲，满城镇南马村人。1925 年加入中国共产党。曾任中共满城县委书记，中共唐山市委书记兼组织部部长，中共北平市委组织部部长。1937 年后，任中共上海市委工委书记，中共江苏省委工运部部长、保卫部部长，中共中央城市工作部秘书长，中共中央职工运动委员会书记，中华全国总工会副主席、中共党组副书记。中华人民共和国成立后，任国务院外事办公室副主任，全国总工会副主席兼国际部部长、书记处书记，总工会主席、党组书记，世界工人联合会副主席，中共中央国际活动指导委员会副主任委员，中共中央对外联络部副部长、代部长。1965年后，任全国人民代表大会常务委员会副委员长兼秘书长，中共中央书记处书记，政协全国委员会副秘书长，中共中央统战部副部长。1980 年后，任中国国际信托投资公司党组书记，国家进出口管理委员会和外交管理委员会顾问，中央对外经济纪律检查委员会书记。中共第八届中央委员；第一、二、三届全国人大常委会委员；中国人民政治协商会议第一、五、六届全国委员会常务委员。

□名镇今貌

近年来，满城镇坚持把重点项目土地征迁作为重中之重，先后完成了复兴路西延、京昆高速西引线、隆基泰和广场、宏昌大街南延等重点项目的征地工作，同时，积极推进城东、东马、北厂、北庄、南马等城中村改造工程。重点培树了城内、北关、陶家佐等一批村级班子，形成了团结有力、发展思路科学清晰、工作制度健全规范、村容村貌整洁美观、村风民风健康文明的党建精品示范村，在“两个文明”建设中 ，发挥了很好的示范带动作用。可以说，满城镇的梦希冀更辉煌。

（**撰稿**：杜新朝　雷红兵　**摄影**：雷红兵）

神星镇

诗情画意 柿林飘香

□名镇概述

神星镇位于保定市西北30公里处，距满城县城约10公里，属半山区，是保神铁路的终点，张石高速、京赞公路穿镇而过，交通便利。境内有漕河、马连川、小清河流过。2016年底，全镇辖18个行政村，4.2万人，区域面积73.8平方公里。其中耕地面积2.45万亩，山场面积4.1万亩，森林覆盖率57%。

神星名称的由来与两块巨大的天外来物有关。乾隆年间和民国二十年《满城县志》均有关于神星的记载："神星石，在县北二十里，相传有星陨落为石，二石相峙，河北有延佑年间监官所书字。"

神星镇地缘优势明显，旅游资源丰富，文化底蕴深厚。农业生产以果树为主，盛产磨盘柿、红岗山桃、石榴等，风景秀丽，群众生活富裕，民风淳朴。工业以造纸为主，全镇现有规模以上纸制品企业5家，年产值28.13亿元，纳税836万元。

□中华诗词之乡

神星镇是神星农民诗会、神星全国农民诗会的发祥地，也是满城县发展成为诗词之乡的起源地。2012年10月19日，中华诗词学会同时授予满城县和神星镇“中华诗词之乡”称号。

1986年9月，第一届神星农民诗会由寺角村张志明发起，神星镇文化站举办。1988年2月，《中国日报》（外文版）以半版的篇幅向海外报道张志明和神星农民诗会。

1988年4月，神星全国农民诗会举办，河北、山东、河南、北京、天津、四川、陕西、山西等13个省市的100多名诗人，《人民日报》《农民日报》《光明日报》等18家新闻单位的编辑、记者参加，时任文化部副部长高占祥发来贺信，社文局局长常泊代表文化部到会祝贺。省作家协会主席尧山璧以及保定市委、市政府的领导出席大会。全体与会者到神星镇文化站参观，并在镇政府广场举行诗歌朗诵会。张志明朗诵了诗歌《火之咏叹调》，5月8日《光明日报》刊发了他朗诵诗歌的配图报道。英国《泰晤士报》刊发《满城神星举办全国农民诗会》的消息。1993至2010年，先后举办第四至第九届神星农民诗会。原文化部部长、著名诗人贺敬之，中国诗词协会会长陈淞等先后来满城调研，神星农民诗会在海内外影响很大，被誉为满城的品牌文化。

□非遗文化

【卍字灯阵】正月十五闹社火是神星镇翟家佐村、南峪村、寺角村最大的民俗活动，当地人称跑灯、栽灯，俗称走“卍”字，又称花灯会。据南峪村的老人们说，古人留下来的万字灯阵，有古方阵图，也称迷魂阵。还有一种说法是由诸葛亮八阵图改造而成。

点天灯的说法，各村有所不同，南峪村流传许多关于黄飞虎的传说。姜子牙封神时，落下了劳苦功高的黄飞虎，就把自己“五岳之首”的神牌转给黄飞虎，而自己成为一个没有神位的游神。每年腊月三十、春节，尤其是正月十五便一人栖身于天灯之下，孤身过节。村民们不忍心姜子牙这样独过春节，纷纷将酒菜端来敬奉太公，逐渐形成了“点天灯奉太公”的习俗。这一民间习俗始于明末清初。民间有十五跑灯，消灾祛病的说法。2007年，“卍字灯阵”被命名为市级非物质文化遗产。

灯阵有一字、二字或方形阵。一字阵由225盏灯组成，总长约1公里。

方形阵横竖都是19盏灯，共361盏，寓意一年三百六十天，天天平平安安、风调雨顺。另置天灯（俗称神灯）一盏高悬于阵中央，作为“押阵灯”。出入口搭牌楼，阵中巧设路线，用高粱秆串接。灯阵的四个方位，栽有一盏比天灯较低的灯，称“四角灯”。灯会还有一个不成文的习俗，即不论是谁看见“荷花灯”被风吹灭，都要赶快点着，以求吉祥。

2000年前后，卍字灯阵日渐兴盛，正月十五这天，翟家佐、南峪、寺角都要组织盛大的花会，扭秧歌、舞狮子、敲大鼓，热闹非凡。灯会吸引了周边保定市、徐水、易县等县市和十里八乡的人们前来，大街小巷彩灯高悬，车水马龙，熙熙攘攘，一派节日的欢庆氛围。

【雹神庙庙会】神星镇寺角村西山坡（又称落凤坡）上有座雹神庙，每年立夏为庙期，是县内规模最大的庙会之一。几百年来信奉者众多，香火旺盛。雹神庙祭祀的神灵是胡体，他是南宋高宗时的一名小官。抗金英雄岳飞被奸佞秦桧加害后，引起民众愤慨，胡体多次上奏皇帝力主为岳飞平冤，却遭秦桧杀害。胡体死不瞑目，魂魄不散，在民间每夜托梦游说，这种大义之举感动了玉皇大帝，封他为雹神，保佑百姓庄稼不受雹灾，用雹专砸奸佞、恶人、坏人。

□红色文化

【魏庄抗日】魏庄村1939年建立党支部和村政权，党员、群众基础较好，抗日情绪高涨，日寇闻风丧胆，小股敌人不敢过往，绕村而行。1941年秋，日军在魏庄修建炮楼，敌人白天垒，群众晚上拆，一个月的时间垒的不到一人高，党员干部还组织群众平封锁沟、割电线、破坏交通，使日军暴跳如雷。1942年，神星镇魏庄村村民在共产党游击小队带领下，制土炮、土手

榴弹屡屡阻挠日军的侵略和“扫荡”，打死过3名日本兵，其中有1名翻译官，日军对魏庄村恨之入骨。1942年5月25日，恼羞成怒的日军集结保定、满城、大王店的日伪军共700余人对魏庄进行残酷的“扫荡”。魏庄村有36名干部群众被杀。

【抗战烈士纪念碑】位于神星镇寺角村落凤坡山腰，1941年7月7日为纪念抗日战争牺牲的烈士而建。碑身为汉白玉质八角形，顶端呈圆锥形，底座为青石四方形。高3.5米，东面下端为刘光宇撰写的碑文。其他三面刻有37位烈士小传和业绩。1948年，在抱阳山烈士陵园重新树立抗战烈士纪念碑，为此碑的复制。

□旅游资源

【柿子沟】2002年，利用四峪（南峪、中峪、东峪、西峪）柿子集中区的磨盘柿资源，开辟了中国第一条生态旅游柿子沟景区，伴随着浩瀚的林海，蜿蜒的山路长达18公里，原始的自然风貌，清新的自然风光，让人流连忘返。诗友赞曰：飒飒清风百里林，轻轻渲染色犹深。人言春韵无边好，红叶今时最可人。

柿子沟生态旅游区内有奶奶庙、奶奶山、金鸡山、引水渡漕、南峪双槐、千年柿树、百年柿林、抗战烈士纪念碑等多处人文自然景观，特色农家小吃30多家。2002年至今，每年10月至11月举行一届金秋红叶柿子节。

【南水北调大渡槽】南水北调中线工程途经满城县，工程分为漕河段工程、干渠段工程及附属工程三部分。主体工程于2008年8月完工，同年9月第一次向北京供水。南水北调工程满城段全长18.96公里。渡槽最大跨度为30米，宽22米，高7.9米，最大架空高度16米，单槽尺寸为6.0×5.4米，设计流量为125立方米/秒，基本地震烈度为6度。该渡槽不仅是整个南水北调中线干线最大的渡槽，也是我国乃至亚洲当前最大的输水渡槽。

【神湖四季生态园】位于满城县京赞公路东侧，距荣乌高速满城出口不足2公里，北有狼牙山革命教育基地，南有享誉中外的满城汉墓，是集度假、娱乐、餐饮、商务、住宿于一体的高端休闲场所。园区一期建设面积46 000多平方米，总占地3800余亩，建筑青砖石瓦，高脊飞檐，楼台水榭，庭院幽深。水上乐园、梦幻灯盏、刺激滑雪等项目齐全。青山绿水环绕，微风徐徐吹拂，赏荷塘月色，游千亩花海，采时令菜蔬，品一轮明月，闻琴声悠扬，独享诗情画意。

□人物英才

【李圆忠】俗名李树棠，号药夫，清光绪十二年出生在魏庄村一个武术世家，自幼习武身怀绝技，素怀忧国忧民和报国之心。民国时曾与日本浪人打擂，将其打败，因遭追杀浪迹江湖。后在易县狼牙山棋盘坨出家为道，宗奉道教全真龙门派，为第十九代玄裔弟子。后在狼牙山棋盘坨学习针灸，并看护魏庄村在狼牙山后山的飞地。

抗战时期，与晋察冀军区第一分区杨成武司令员成为好友，他带杨成武踏勘狼牙山，送情报、探敌情、保护军用物资，营救在棋盘坨跳崖挂在树枝上的二壮士，帮助被日寇追杀的晋察冀军区第一分区警卫连脱险，被杨成武称为“抗日老道、爱国道长”。

□地方特产

【磨盘柿】满城县是河北省磨盘柿集中产区，而神星镇是满城县磨盘柿的集中产区。百年以上的柿树随处可见。现翟家佐村村北莲花山尚存明嘉靖年间老贾寺护林碑，是官府保护柿林的布告。千年柿王，百年柿林，万亩柿树，为神星村民带来了巨大的经济效益。1992 年，磨盘柿获河北省优质果品奖，1994 年获全国林业名特优新产品博览会银奖。2000 年，在魏庄村建立国家磨盘柿林 3000 亩。2001 年，满城县被命名为中国磨盘柿之乡和河北省优质柿子生产基地县。2002 年，满城县被命名为河北省磨盘柿之乡，在第三届、第四届北方农副产品及农业技术交易会和之后的历届农产品交易会上，满城磨盘柿收获名优农产品、果王等荣誉称号。

【红岗山桃】桃的品种很多，而发源于神星镇的红岗山桃因其果个极大、颜色鲜艳、果肉紧密、极耐储运、风味独特而独领风骚。红岗山桃是 20 世纪 80 年代初，神星镇翟家佐村村民从岗山白芽变种选出的优良新品种，平均单果重 350 克，最大单果重 1030 克。成熟期从 7 月底至 8 月下旬。2007 年，该品种被河北省林业局审定为林木良种。2016 年，以神星镇为中心，辐射带动全县红岗山桃栽培面积 400 多公顷，年产量近万吨。每年到销售季节，来自周边县市以及南方省市的销售商、经纪人便蜂拥而至，早早到果园预定，在翟家佐、李家佐、马连川等村建有 10 余个果品销售市场，果品畅销上海、深圳等南方市场和东南亚国家和地区，农民不出家门就能卖个好价钱。

（撰稿：李晓静 徐丽娟
摄影：李晓静 杜红帅 李若潇 杨新阁 赵大鹏 张满仓）

方顺桥镇

九省通衢 古桥之最

□名镇概述

方顺桥镇位于满城区城南偏西 20 公里，1996 年 “合乡并镇”行政区域调整，将陉阳驿乡并入该镇。现该镇所辖 20 个行政村、人口 43 912 人、面积 52 平方公里。这里古代曾是“古驿道” 经过之处，是自元代定都北京后形成的国道，著名的方顺桥就设在此驿道上。清代晚期修建京汉铁路后逐渐废弃此驿道。

古代的方顺桥是京城通往河南和山西等南方诸省的必经之道，素有九省通衢之道，所以诸多文化元素在此交融相汇，形成了富有地方特色的方顺桥河流、传记文化；古驿道、驿站碑刻文化；以及先古尧访舜的传说；等等。

这些多元的文化汇入更增添了该镇文化魅力，使该镇文化底蕴更加深厚。

□文化遗存

【方顺桥】位于满城区城南偏西20.1公里方顺桥镇西1公里方顺桥村内，建筑在村中偏北的方顺河上。据《畿辅通志》载，方顺河原名曲逆河，后人觉不雅，逐改“曲”为“方”，改“逆”为“顺”，故名方顺河。因桥建于该河上，得名方顺桥。该桥是村中心南北通行大道的咽喉。

桥梁共分三部分，主要为桥上的栏板、栏柱；桥面和南北引桥、4个石狮；桥下的主拱、2个小拱组成。桥全长37米，宽8米，均为方形料石砌筑。桥身由大跨度单园拱为主体，两侧各附有1个小拱，为泄洪保护桥身之用。南北桥头有汉白玉雕狮2对 。

据民国二十年《满城县志略》记载：方顺桥建于晋永嘉三年。隋开皇年间、金明昌年间、明嘉靖年间曾3次修葺。以上记载是明嘉靖年桥梁水害后，御马监丞署丁字库事杨杰、张龄施银三两造石二丈、四两五钱造石三丈维修，修缮中在桥下清理污泥中发现1通石碑，记载以上建、修桥情况。杨杰、张龄施银修桥之事记录在镶嵌于桥下二侧两块碑中。

方顺桥在历经1600多年的漫长岁月中，虽经多次水患、地震等灾害，主体依然完好，足以证明设计建造者的勤劳、智慧和科学。

【水系闸门】方顺河位于满城区境南，距县城20多公里的方顺桥村西。该河自顺平进入南固店村，以上段称曲逆河，以下称方顺河。在该村西分为两个支流：向东南过金钱闸流入龙泉河；又向东分两支流入村，一支流过汇通闸往北流入百草沟河，经大激店村入府河；一支流向东过雄心闸过方顺桥入月牙河，后归入金钱河。据1931年县志记载，该水系工程系乾隆十年建设，共建设3个闸门。现只保留方顺桥西800米的雄心闸、汇通闸遗址二处，其他闸址无从查找。

【王八碑】此碑立于该村北部，碑高约6米，立于赑屃之上。碑额两面均雕龙围绕篆书：恩荣。碑身阳面文字为：皇清诰授光禄大夫总督河道兵部尚书加赠太子太保世袭拜喇布勒哈番谥文襄靳公神道。碑身阴面文字为：皇清诰授光禄大夫总督河道兵部尚书谥文襄公靳公神道。两面皆为正楷勒石，唯字数有增减。该碑四周未见省市县任何级别的文物保护标识，村民称该碑在20世纪60年代时曾被拉倒毁弃，近年出于对这“村宝”的朴实崇拜，村民才自发把它重新竖起。

□中国最早石拱桥

我国的桥梁建筑，历史悠久，源远流长。现存古桥之多，更是世界各国所罕见。但究竟哪一座是现存修建年代最早的古桥呢？近十年来，经过专家们的研究、考证，又有了一些新的发现，并引起世界桥梁界的关注。

原交通部副部长、著名公路专家王展意，1995年在《中国公路》杂志第8期中，发表了《中国现存古桥新考》一文，从国内几座桥梁的年代、沿革、历史文化，一一进行论述。

过去人们普遍认为，建于公元606—616年的赵州安济桥，“是我国现存的最古老的桥梁，也是世界桥梁工程上首创的敞肩石拱大桥”（罗英著《中国石桥》语）。该桥全长50米，跨径37.02米，结构奇巧，造型美观，栏杆华丽，雕刻细腻。在古代石拱桥建筑方面，没有一座在技术上和艺术上可以同它媲美，被世界建筑学界公认为古代建筑史上的杰作。但它并不是我国现存最古老的桥梁。近十年来，各地在编写史志的过程中，经过查阅历史资料

和实地考察，专家论证，发现我国还有两座石拱桥，修建的时间比赵州桥更早，而且其主体建筑至今仍基本完好。这就是河南的小商桥和河北的方顺桥。

方顺桥在河北满城县方顺桥村内，南北跨越方顺河，三孔石拱，全长37.2米，其中主孔跨径15米，两个边孔净跨各3.1米，桥宽7.44米，全部用砂岩和花岗岩条石砌筑而成。最大条石长200厘米，宽45厘米，厚60厘

米，古朴庄重，坚固美观。桥面略呈拱形，两侧的栏杆也特别粗壮高大。30根石雕望柱高度在150厘米左右，顶端各刻有石狮一只，28块栏板均用整块大石料构成，上部掏空刻成如意云形，桥头两侧各有一人多高的汉白玉坐式石狮一尊，威武雄壮，栩栩如生。全桥造型优美，意境浑厚，线条柔和，工艺精细，堪称古代拱桥艺术的典范。拱券的施工方法和小商桥、安济桥不同，它是采用横向交错砌筑而成的，因此，拱的整体性更强。由于年代久远，桥上石料表面已风化剥落，栏板上部掏空部分，有的已被绳索磨穿，形成深十几厘米的缺口，但雕刻的形状仍清晰可见。

据当地有关人士介绍，方顺桥位于古代一条驿路马车道上，桥上通行车马，桥下终年流水不断，往来舟船如梭，曾经是一条重要的运输通道。近代铁路、公路兴起，方顺桥逐渐冷落。1963年上游修建水库，河道断流；加之当地群众向河床两侧倾倒废土、垃圾，河道日益狭窄，桥台、桥墩如今也埋入泥土废物之中，使这座重要的古桥，失去了昔日的雄姿。

据《满城县志》和《畿辅通志》等古籍记载："方顺桥在城南五十里，晋永嘉三年建。隋开皇年间第一次维修，金明昌年间继修。明嘉靖年间，僧人德印募修。清宣统二年，修缮桥面。"由此可以断定，方顺桥的修建时间，约先于赵州安济桥300年，比小商桥还早275年。以上史实充分显示了我国古代人民的聪明才智和高超的技艺，说明我国在古桥建筑方面的宝贵遗产是非常丰富的。

□人物英才

【靳辅】（1633—1692）字紫垣，汉军镶黄旗人，祖籍辽阳（一说山东历城）。清顺治时，官内阁中书。康熙时，迁内阁学士，后出任安徽巡抚。十六年至二十七年，先后任河道总督10余年，康熙帝对他评价甚高。有《靳文襄公奏疏》8卷、《治河奏绩书》4卷、《治河方略》8卷等著作传世。

清代朝臣中死后被谥文襄的有几位：洪承畴、福康安、左宗棠和靳辅。襄是襄赞的意思，一般赐予那些武功卓著的能臣，并且有规矩："文武大臣或阵亡，或军营积劳病故而武功未成者，均不得拟用襄字。"由于康熙亲政后以三藩、河务、漕运为三大事，靳辅作为治河名臣，"尽瘁河务三十年，襄赞圣功，与开疆辟土无异，所以特谥文襄"。雍正八年建贤良祠祀王公大臣之有功国家者，至清朝灭亡入祀贤良祠人员共175名，康熙年间35人，其中就有：太子太保工部尚书衔河道总督谥文襄靳辅。

靳辅是一位技术官僚，他注意吸取前人经验，亲自仔细勘查河务，与幕僚陈潢一起综合治理黄河、淮河和运河的河务，十年时间取得明显成效。可作为治河专家的他却不能应对官场上的周旋，一是卷入了明珠与李光弟的斗争，被打入明珠派系；二是与"一代廉吏于成龙"矛盾很深，河道总兵历来是个肥差，靳辅的治河方略虽然利于河务全局利于长远大计，但表面上又确实比于成龙的主张更费钱，而明珠一派支持靳辅的主张又确实是看中这一主张会动用更多的资财，会给自己一方带来更多的捞取钱财的机会；三是他将河水冲毁的田地干涸后充公，佃给当地百姓，收来的租子充实河务所需。这恰恰触犯了大多数人的利益，虽然有当庭对辩，虽然经过了程序齐全的民间调查，靳辅还是被罢了官，另一位治河专家陈潢病死狱中。

继任河道总督于成龙处处与靳辅的治河方略顶着来，堤坝不该拆的也拆，直到受到了水患的报复朝廷才又想起靳辅，于是官复原职，他四处奔波治水，不到一年就病死任上，一说他卒于淮安，可这河北的神道碑又如何解释呢?

想那清朝祀贤之风颇盛，靳辅除祀于朝廷的贤良祠外，江苏淮阴清江浦建有四公祠（靳辅、齐苏勒、嵇曾筠、高斌四人皆为清治水名臣）；开封东南隅古吹台禹王殿供有治水八贤，其中包括靳辅；济宁至南阳的百里长堤命名为“靳公堤”，济宁州天井闸口北岸建有“靳文襄公祠”等。雍正年间也有“清河祀靳辅”的记载，这方顺桥一带河汊纵横免不了水患之灾，莫非是立一靳公神道碑震之？

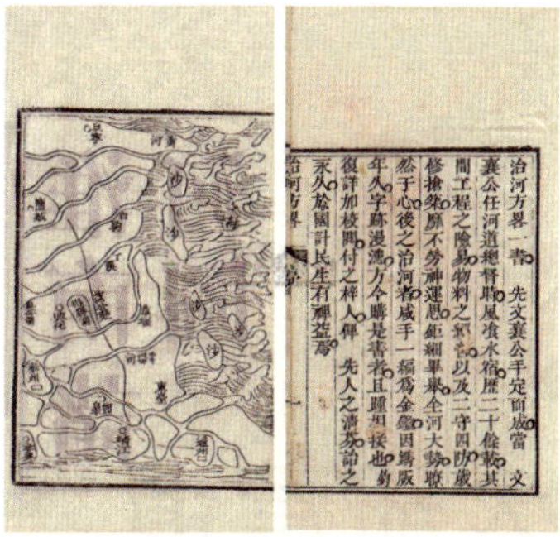
治河方畧一書　先文襄公手定而成當文
襄公任河道總督時風飡水宿歷二十餘載其
間工程之險易物料之經營以及二守四防歲
修搶築靡不勞神運思鉅細畢舉全河大勢瞭
然于心後之治河者咸手一編爲金鑑因攜版
年久字跡漫漶方今購是書者且踵相接也爰
復詳加校閱付之梓人俾　先人之清芬藉之
永久於國計民生有禆益焉
治河方畧

值得一提的还有，《靳文襄公奏疏》中还记载了康熙年间的一次“通货紧缩”，卷七中有：“顺治初年（各物）价值涌贵而买者甚多，民间货财流通不乏，商贾具获厚利，人情莫不安恬。近来各物价值颇贱而买者反少；民情拮据，商贾亏折，大非二十年前可比。”封建社会懂经济的能臣岂不是更凤毛麟角？

（**撰稿**：赵雪笛　雷红兵　**摄影**：雷红兵）

大册营镇

文化古镇 北方纸都

□名镇概述

大册营镇位于满城区东北 7.5 公里处，因驻地得名。该镇西北端有太行山余脉山峰逶迤，西南有漕河过境。境内有京昆高速、保涞北线（333 省道）、神西线贯穿全境，交通便利。南水北调中线穿镇而过。大册营镇是满城县造纸业的发源地和集中产区，也是中国北方最大的造纸基地，其产品名扬中外。该镇道教文化源远流长，兼有蔡真人、蔡国公张柔、月明寺、玉清观、夜借宫等人文资源，使这块山水更具有灵性。山区多种植杏树，春季杏花开放时，漫山遍野成为花的海洋，登峰远眺，心旷神怡，被人们称为“世外杏园”。

□北方纸都

大册营镇造纸起源于 20 世纪 70 年代末，先是大册营、北宋营、方上 3 个村分别建立村集体所属的小型造纸厂，用小麦秸秆生产纸箱和包装纸，经

营一年后方上村造纸厂维持下来。1980 年，方上村村民李贵承包该村集体造纸厂，更名为方上第一造纸厂。之后，该村村民李福建立方上第二造纸厂。1985 年，该村陆续建立前进造纸厂、振华造纸厂、沙河造纸厂、胜利造纸厂等 5 家造纸厂，以废旧书本、纸边为原料生产卫生纸。随后，大册营镇造纸企业迅速发展起来，产品又增加了涂布纸、纸箱及其他包装材料等。

1996 年，大册营镇造纸企业 167 个，其中麦秸纸企业 13 个，卫生纸企业 154 个。纸品销往全国各地，产量占全国的 38%，成为满城区的特色产业和支柱产业。1998 年，为谋求产业的上档升级，大册营镇对造纸企业进行重组整合，以大型企业为龙头，成立 11 个造纸集团公司。2000 年，大册营造纸工业区有造纸企业 157 家，年产量 15 万吨，年产值 7.8 亿元，从业人员 4750 人。在大册营造纸业的带动下，满城镇、石井乡、神星镇的纸制品企业迅速发展起来。

1996 年开始，满城区对造纸企业的环境污染问题进行治理，以麦秸为原料的造纸企业被取缔，所有生产原料改为废旧书本和纸边。2006 年至 2008 年，113 家整顿不达标的企业被关停，54 家企业验收合格继续生产。工业区日总排水量由治污前的 13 万吨降至 1.5 万吨，污水处理厂向漕河排放的中水达到国家排放标准。在工业区建设 5 个集中监测站，实行“一厂一管、集中监测”的严格管理，吨纸耗水量降至国家标准以下。

2016 年底，大册营镇有纸制品生产企业 49 家，复卷深加工企业 200 余家，配套彩印包装企业 40 余家，纸制品机械 8 家，相关从业人员 2 万余人，年上缴税金 8017 万元，生产各类生活用纸 120 余万吨，占全国生活用纸市场近 20%，拥有省级知名商标 11 个，中国驰名商标 1 个。

□道教文化

金兴定二年，成吉思汗任张柔为河北等路都元帅，张柔驻军满城，与金军混战于大清河流域，多次负伤，元宋两军出现拉锯战态。在攻打沧州城时，宋军有神道相助，施用纸人纸马法术，漫天遍野地杀来，将张柔统率的元军打得落花流水。一连两次大战，元军伤亡惨重，惨败而退。张柔无可奈何，只得回到满城。张柔携夫人毛善行前去玉清观找蔡真人乞求破敌之法并问治军之方，夫人拜真人为师。蔡真人从袖中取出天书一卷，授之破解玄机，要求他“行善为本，敬天爱民就是了”。张柔连忙跪谢：“多谢仙姑指教，若能破得宋军，我命三军人马，各携砖石，为您建造宝塔。”

张柔求得天书，率军星夜兼程，赶往沧州城下，整顿三军，择日进攻。

宋军再次使出纸人纸马，直搅得天昏地暗。张柔令军中遵照蔡真人授意和口诀，摆法坛、焚高香、踏罡步、执令牌，向西北方向展开祈雨天书，念念有声，瞬间，狂风暴雨、电闪雷鸣，大雨倾盆而降，将敌人的纸人纸马法术破了，乘胜追击，攻陷了许多城池，为元朝统一立下赫赫战功，晋参知政事、蔡国公、汝南王。兴定三年，金宣宗赐真人“湛然江月真人”封号。

金正大四年，张柔率军移驻保州（今保定），修建寺院多处，还命三军人马各带砖石一块，运往岗头玉清观建玲珑双塔。登上大塔不能望见保定，登上小塔而见保定。这一迷津至今尚未解开。

□文化遗存

【张柔墓】张柔与满城生死相依，死后葬于岗头村月明山下，依山傍水，地势高峻。有“头枕九龙（墓地北边是九龙山），足蹬八宝（墓地南边是八

宝嘴山），左揽日光（墓地东边岗头村内有日光庵），右抱明月（墓地西边是月明寺），腰系银茶玉带（墓地南边有漕河）”之说。其子张弘略、张弘规亦葬于此处，形成墓群。墓地南北长 80 米，东西阔 60 米，总面积约 4800 平方米。张柔墓呈圆锥形，高 6.8 米，封土周长 94.2 米，占地面积 707 平方米。墓前有元翰林学士王磐撰写的神道碑一座。碑前原有马、羊、虎、狮、文臣、武将、石像生 8 尊，分两厢排列。张弘略墓占地 644 平方米，墓前有神道碑一块，残存石像生 5 尊。

张柔墓群曾被多次盗毁，后考古曾发掘出四大名窑瓷器，现只有残存遗址。从建筑来看，墓室内室岩壁紧密、规整、实用，对考证元代建筑艺术风范，以及墓室的设计风格具有很大意义。1976 年，张柔墓被列为河北省重点文物保护单位。2006 年 5 月，被列为国家级重点文物保护单位。

【玉清观】香火旺盛，绵延不断，历代维修，为蔡真人祖庭。保定杨村、易县蚕姑坨等地建有蔡真人行宫。中华人民共和国成立前期庙宇荒芜，20 世纪 60 年代双塔被炸毁，夷为平地，只存遗址，但民间烧香的大有人在。2003 年夏季，岗头村民自发恢复旅游景观，在清理玉清观旧址废墟时，意外发现玲珑双塔地基下有地宫，完好无损。出土“湛然江月真人超尘瑞应之碑”1 通，玉簪数枚，玉净瓶、制钱和完好女尸一具，经考证，确认女尸为蔡真人掌门弟子蔡永瑞女冠之肉身，引起方家充分重视。“湛然江月真人超尘瑞应之碑”记载了蔡真人道行、生平和召见经过，为研究全真道教特别是保定区域道教发展史提供了翔实资料，弥足珍贵。后来，人们在玉清观原址重建双塔，塔高 23 米，砖木结构，深灰色，在寺观南侧修建了戏楼。

【夜借宫】位于夜借村，始建于明万历年间，供奉道教尊神碧霞元君。传说此宫是一夜之间由漕河南岸的要庄土埋城“借来”的，故称夜借宫，村也因此得名。相传，有一位辛苦劳作、苦心行善的孤老头突然倒地死亡。人们见他无依无靠，就帮忙把他的尸体掩埋在他死去的地方。许多年后，有一位富庶家的子弟，在梦中得仙人暗示，说 30 年前死去的孤老头就是他的前身。由于这个孤老头积德行善，勤劳能干，所以死后便投转到富人家中，享受人间富贵。那仙人还说，如若将碧霞元君的行宫修建于此地，则可福及三代，延其阳寿。富家子弟当即付诸行动，筹银两、备砖瓦，诚心实意，操办此事。又幸得鲁班仙师指点相助，不多日，一座三楹大殿、内外四山琉璃镶砌、造像传神、机关巧妙的泰山行宫落成了。从那时起，每年的正月十八为庙会日。1900 年八国联军侵略中国时，夜借宫被焚毁。1929 年，中共党组织在夜借宫庙址建立满城县第三高级小学校，现为夜借村小学。如今每年的正月十八庙会仍旧在学校前的闲地上举办。1992 年，陵山汉墓仿照夜借宫建设陵山地宫（警世宫）。

【夜借商周遗址】位于满城区北偏东 7.5 公里夜借村北。遗址为高台地，东西长约 300 米，南北宽 400 米，占地面积约 12 万平方米，文化堆积层 4 米左右，与要庄商周遗址隔漕河相望。遗址有大量灰坑，并出土鬲、豆、罐、盆、壶等。1976 年，夜借商周遗址被河北省人民政府列为省级重点文物保护单位。

【月明寺】岗头村西有座月明山，地势高，山坡缓，山前是一片开阔的平原，清澈的清河水宛如一条弯曲的玉带缓缓地从西飘向东南。当夜幕降临时，万籁俱寂，山风习习，朗月如银，清光似水，山敞怀以抱月，月华颜以照山——故名月明山。月明山下的月明寺，建于金代，元初重修，每年四月初八释迦牟尼诞辰，人们都来祭祀佛祖，祈求平安。

月明寺过去建有木塔，又称月明寺木塔，现仅存月明寺两位法师的两座塔墓，塔高分别为 6 米、7 米。塔为伏钵式，塔身圆形，顶端圆锥形，砖木结构，由墓座、束腰、须弥座、相轮、塔身组成。东墓塔建于明成化年间，西墓塔建于明弘治年间，至今基本保存完好。1976 年，月明寺双塔被列为市级重点文物保护单位。

□人物英才

【张柔】（1189—1268）字德刚，河北定兴县河内人。曾为金经略史，后投降蒙古，在灭金中屡立战功，其部为灭南宋的主要武装势力，为元统一中国立下战功，历任荣禄大夫，昭毅大将军，封蔡国公。后徙治满城。金天会五年，张柔率军移驻保州（今保定）。保州毁于战火已荒废15年，张柔与其子张弘略主持重建已废弃多年的保定城（现存的老城墙基本为张所建），后又督建北京城。镇守保定时，他开辟城池，通商惠工，使这里发展为“燕南一大都会”。古莲花池和大慈阁都是由他主持修建。

【蔡真人】（1178—1236）蔡真人讳名洞空，号湛然子，金元间全真道士，女冠（道姑）。满城贤台人氏。相传其母王氏梦白鹤飞入寝室有妊而生。6岁始能言，17岁丧母，在满城岗头村玉清观出家，戒行甚严。31岁时为玉清观主，闻道教全真七子之一的丘处机在易县传道，即虔诚拜谒。祖师授以道诀，使她深悟真谛，成为保定辖区内的高道名师。真人著有《江月集》数十卷传世，度弟子千人。

（**撰稿**：董大朴 徐丽娟 **摄影**：徐丽娟 雷红兵）

慈家台村

红色热土 旅游新村

□名村概述

慈家台村位于太行山东麓的黄龙寺沟内，距保定市区 60 公里，南距保涞路 3 公里，隶属于保定市满城区刘家台乡。全村总面积约 6000 多亩，村庄群山环抱，景色优美，空气清新。现有人口 212 户，735 人，耕地 437 亩，党员 76 人，其中妇女党员数 14 人。该村盛产苹果、桃、磨盘柿、水栗子等水果，2014 年人均纯收入 3431 元。

□红色文化

慈家台村地处深山区，系革命老区，1939 年 11 月至 1944 年 11 月的 5 年间，晋察冀军区一分区司令部驻扎在该村，冀中军区的修缮所、枪械所、后方医院也设在周围各村。司令员杨成武指挥一分区八路军战士在敌人的重重包围之下，同日寇展开了艰苦卓绝的斗争，取得了收复涞源城、大战雁宿崖、黄土岭大捷和狼牙山突围等一系列战斗的胜利，与当地群众结下了深厚的感情，也谱写了一曲曲可歌可泣英雄赞歌。1942 年至 1944 年，军分区司令员杨成武一家住该村一年多时间。至今，村中还保存有部分八路军军分区领导办公场所，杨成武将军转移地道兼防空洞，八路军住过的农家屋院，藏文件、食盐、枪支弹药的地下密室等。

【军民团结一家亲】抗战时期，慈家台群众刘玉香不顾哺乳期的女儿，用省下的奶水喂养杨成武司令员的次女杨俊生，附近村群众都是腾出最好的房屋让给八路军战士居住，战士们以野菜充饥，每天节省出一两口粮支援群众。抗日战争给满城人民留下了宝贵的精神财富，战争年代形成的军民团结、鱼水情深的优良传统不断得到继承。

1942 年至 1944 年，晋察冀军区第一军分区司令部、政治部驻扎在慈家台村。杨成武司令员一家住在慈家台村刘明贵家长达一年多。据刘明贵之子刘保平、刘少敏回忆：“听母亲讲，打鬼子年代条件太苦，战争残酷，杨将军的大儿子沙孩得了病，母亲给他喂奶，但还是没能活下来。将军重情重义，1949 年后一直与家里保持着联系，常问有啥困难没有。1989 年满城遭受雹灾，还给灾民们送来了救灾物资。几年前将军逝世，哥俩带领家属和孩子赶到北京八宝山去告别送行。当时父母过世了，不然也会去的，杨将军和他们相处得可好哩。”

【芝兰沟惨案】抗战时期，日寇对慈家台一带进行了多次的“扫荡”和偷袭。1941 年 8 月，日寇偷袭附近居住有八路军医院的芝兰沟，八路军首长闫主任命令两名警卫员突围，自己和爱人李素花及部分警卫战士阻击敌人，为群众和伤病员安全转移争取时间。此次战斗，在击毙了数名日伪军后闫主任、李素花、3 名女卫生员和警卫排的 30 名战士，终因寡不敌众，壮烈牺牲。

1942 年 10 月，日寇用飞机轰炸芝兰沟一带的后方医院和兵工厂。日军依仗空中优势，狂轰滥炸。此次战斗，军用物资运输队牺牲了 100 余人。芝兰沟中横尸遍野，溪水被染成了红色。

在抗日战争中，慈家台和芝兰沟一带有 150 余名优秀儿女为争取民族解放献出了宝贵的生命。由于当时战事频繁、戎马倥偬、物资匮乏，乡亲们忍着悲痛，用木板、水缸将烈士的遗体安葬在了他们浴血奋战的山冈上。70 多年过去了，先烈们还一直在这里守望着他们用生命捍卫的这片热土。为强化对慈家台这段悲壮历史的记忆与认知，使其不被时间湮没，2015年“七一”前夕，刘家台乡党委、政府，对第一军分区司令部旧址和杨成武将军在芝兰沟的旧居进行了修葺，并在先烈们御侮捐躯的战场上修建了纪念碑，这座墓碑就是新落成的抗日烈士纪念碑。

【再续军民鱼水情】1963年，驻军解放军战士谢臣为抢救洪水中的群众牺牲于附近的高士庄村，被国防部授予“爱民模范”，贺龙、聂荣臻元帅分别为他题词，他生前所在班被命名为“谢臣班”，其弟弟担任了“谢臣班”班长，受到了毛主席的亲切接见。中华人民共和国成立后，对慈家台人民群众怀有深厚感情的杨成武将军始终关心牵挂着父老乡亲和满城的事业，先后为当地的龙居小学和《满城报》题字。

为纪念中国人民抗日战争暨世界反法西斯战争胜利70周年，铭记历史，2017年7月1日，在刘家台乡党委、政府的大力支持下，晋察冀一分区司令部旧址等系列革命遗址和纪念设施恢复修缮完毕，对游客全面开放，成了保定市满城区以抗战为主题的革命传统和爱国主义教育基地。该旧址包括革命历史遗址和纪念设施，其中有位于慈家台村的晋察冀一分区司令部旧址、位于长角台村的抗日无名烈士墓和晋察冀一分区指挥所旧址三部分，成了对干部群众进行革命传统教育的生动教材。

□旅游资源

慈家台村是一个文化精神传承的地方，又是一个自然生态系统保存完好的地方。这里民风淳朴、物产丰富、植被茂盛、山水相伴、空气清新，是保定市区不可多得的“森林公园”，村周围景区遍布，集雄、奇、险、秀、幽为一体，形成独特北方山岳自然景区。该村所处的黄龙寺沟全长16.5公里，曲折幽长，魏文帝曹丕曾在这里敕建黄龙寺。

【玉皇坨】沟内拥有保定市区最高峰——海拔1088米的玉皇坨，面积8平方公里，古木参天，风光秀美，传说动人。晴日登山远眺，东南可见保定市区，西北可眺易县狼牙山，阴雨则云雾缭绕，神秘莫测，云蒸霞蔚。芝兰沟垂钓园坐落在玉皇坨山脚下，从芝兰沟攀登玉皇坨，途中景点和传说达30余处，每个景点都有一段美丽动人的传说和由来。多功能度假山庄玉皇台书苑南侧有一处终年不涸水潭，玉皇坨、西岭侧柏、东厢白雪的景观可倒映水中，被称为“一潭三景”。

【大平台龙居瀑布】相传很久以前，神州大地常年干旱，玉皇大帝就派龙王专门来降雨，为了一出天庭就能降雨，龙王就住在了南天门右侧的山谷

里行云降雨。旱情解除后，老百姓感激龙王，请求他常来人间。或许是天意，回南天门的锁打不开了，那条为民造福的龙王就化作了神奇的瀑布永驻人间。因为这条山谷是龙曾经居住过的地方，故称龙居瀑布。

龙居瀑布全长 2.7 公里，分为九个瀑布，最高瀑布落差达 43 米。奇观各异的九个瀑布飞流直下，造就了此间亿年青石盆和巨佛化石等胜景。百草谷幽深险奇，植被繁茂，谷中草药遍地、果树满山、水流潺潺、清爽宜人，是消暑纳凉的好地方。

“大平台”是山中平台，海拔高度 700 米，远远高于周边几十里的山峰，地下水非常充足，丰沛的水资源，使大平台的古井终年不竭，大平台绿意盎然，苍松翠柏郁郁葱葱。树的绿色，花的芳香，养育了近百种鸟类。大平台具有石灰岩、花岗岩、片麻岩等多种岩体，孕育出不同的地貌特征，形成了将军石、南天门、瀑布沟、石盆、千尺崖等众多天然景观。最独具特色的便是天然形成的九大瀑布群，九条瀑布、九种文化、九大效果、九种心情，堪称北方一大独特景观。

□发展愿景

慈家台所在的刘家台乡是一块充满希冀的土地。近年来，在满城区委、区政府的正确领导下，全乡干部群众进一步解放思想，真抓实干，开拓创新，攻坚克难，把建设红色之乡、生态良乡、旅游强乡作为工作重点，坚持同城、高端、生态发展，对接京津，融入保定，实现绿色崛起。以生态游、红色游为载体，完成了玉皇坨旅游专线道路升级改造一期工程，先后推出了慈家台红色生态骑行游、大平台瀑布群、玉皇台书苑、芝兰沟垂钓园、“百草谷”金银花种植基地等各具特色的景区、景点，建起了骑行大本营和驿站。优美的自然环境和良好的生态环境必将成为八方游客休闲、健身、探幽的好去处。

（**撰稿**：李红广　米长明　**摄影**：李红广）

石井村

革命老区 柿林飘香

□名村概述

石井村位于满城西部 10 公里，东邻西渝河村，南与永安庄村、协义村隔河相望，西接苑庄村。该村交通便捷，紧邻京昆高速满城出口。全村北依奶奶山群峰，南傍界河，界河两岸文化内涵丰富，曾为清河道总督靳辅家族墓地，两江总督、直隶总督蒋攸铦墓地。村西北柿林成海，秋季红艳无比，是满城有名的柿子沟生态旅游景区南段。石井曾是革命老区。抗战时期晋察冀民兵战斗英雄肖德顺带领民兵打击日寇，“石井地道战”闻名远近。抗战和解放战争时期，石井村曾两度作为满城县政府机关所在地，红色文化丰厚。今日石井，南有“北方苏州园林”之称的秀兰文化园，西有柿子沟生态旅游景区，可谓得天独厚，前景可期。

□文化遗存

【祖公神道碑】祖公神道碑位于石井村东南侧，村内妇孺皆知。此碑是一通清碑，螭首龟趺，碑头上的盘龙虽夸张，但极为生动。碑额书“皇清诰封”四字，碑身书“ 中奉大夫巡抚直隶兵部左侍郎兼都察院右副都御史祖公神道”。这通神道碑中记载的祖公没有相关记载，暂无从查考。清直隶巡抚原驻真定，康熙八年移驻保定，五十四年加巡抚以总督衔。雍正元年始设直隶总督署于保定，总督兼管巡抚事。据此推测，祖公者，应为康熙五十四年前之直隶巡抚。

【杨六郎刀枪架】位于石井村南保涞路北侧一民居内。刀枪架为一大石头，大石头的正中有一个圆窟窿，直径约有 1 尺，两边各有一个正方形的小洞，大石头被三块条形石支撑着，有两块正好插进正方形的小洞里。相传人们为了纪念杨六郎和王兰英，就在他们杀死石精的地方建了个刀枪架，取名“杨六郎刀枪架”。村内长者说，这个刀枪架一直被人们顶礼膜拜。

【肖德顺烈士碑】肖德顺烈士碑位于石井村南保涞路北侧。碑为汉白玉质料，抹角长方形。碑额为“万古流芳”，碑高 2.18 米，宽 0.77 米，厚 0.21 米；长方形青石碑座，长 1.10 米，宽 0.62 米，厚 0.21 米。碑亭为四角楼尖型四擎柱，木、瓦、石构筑。碑文主要记载了肖德顺烈士生平及生前在抗日战争中的英雄事迹。

□人物英才

【肖德顺】（1923—1945）生于石井村一个贫苦的家庭。七七事变后，大哥、二哥分别参加红军和八路军，为民族解放而牺牲。肖德顺同志带着阶级仇、民族恨参加了民兵，立志救国救民。他在 1940 年参加本村青年抗日先锋队任排长。1941 年被挑选到民兵游击队，同年加入中国共产党，带领游击队员活动于太行山区，在一次战斗中，指挥游击队员截击日伪军，解救了数百名民夫，活捉特务两名，缴获部分物品。1942 年，带领小队打击伪军，解救了众多的挖沟民夫。夜间组织民兵填沟，护送县区干部穿越封锁线，并负责做好通讯联络工作，组织破交、割电线。1943 年，任石井民兵游击小队射击组长和除奸小组长，带领游击小队坚持反“扫荡”战斗。为反封锁斗争，他组织运输大队，并任运输大队长，突破封锁线，运输军用品，带队袭击日伪军运输队。1944 年秋末，在石井为保卫中共满城县委举办的武装干部培训班，与前来“围剿”的近千名日伪军激战，率游击小队，利用地雷、高房工事和地道，打击敌人。共歼日伪军 43 名，游击小队无一伤亡，500 余名干部安全转移。1945 年，任石井村人民武装委员会指导员。同年 9 月，任满城县民兵大队一连一排副排长。伪军包围石井村，他指挥全村小队进行村落战、地道战，毙伤伪军 24 名。带领小队始终活动在铁路以西地区。在解放战争中，配合武装部队作战。不幸于 1945 年 11 月 18 日在执行任务时牺牲。

【赵秀兰】（1938—1995）生于保定市耳七里店村一个普通农民家庭，十来岁时就成为中共地下党的小交通员，16 岁光荣地加入了中国共产党。她是石井村的媳妇。改革开放后，赵秀兰成立了耳七里店建筑队，用瓦刀、大铲、铁锹等最简陋的工具，从一堵墙、一间房干起，既是经理又是业务员还兼出纳。1995 年，一场大雨让原本破旧的石井村小学成了危房。赵秀兰当机立断，毅然拿出毕生积蓄 70 多万元，为山村建了一座水电暖配套齐全的高标准教学楼。那年的 11 月 2 日，入冬的第一场寒风席卷了大地，为学校安装暖气奔走了一天的她，却住在自家生活用品简陋如同大车店一样的小平房里，用煤炉取暖，被煤气夺走了宝贵的生命，终年 58 岁。石井村为她建墓树碑，老百姓自发为她送葬，哭声感天动地。满城县委、县政府授予她“捐资助教模范”称号，她的事迹被写入《满城县志》，纪录片《四访赵秀兰》在省电视台、市电视台连续播出，电视剧《赵秀兰的故事》在中央电视台播出。

【吴刚】（1955—）男，汉族，1955 年 5 月出生，满城区石井村人，1970 年 12 月入伍，1973 年 12 月加入中国共产党，北京大学中文系汉语专业毕业，大学学历。现任陆军纪律检查委员会书记（副战区职），中将军衔。

吴刚同志入伍后，历任战士、班长、排长、连副政治指导员、正连职干事、副营职干事、军区机关副处长、处长。1993 年起，先后任北京军区政治部副秘书长（副师）、群工部部长、师政委、集团军政治部主任（少将军衔）、集团军政委。2010 年任南京军区副政委（中将军衔），2015 年任陆军纪委书记。中共第十八届中央纪委委员，政协第十三届全国委员会常务委员。

□非遗文化

【石井戏班】从 20 世纪 30 年代起，石井戏班在满城西部山区就小有名气。演出剧种以河北梆子为主，还串唱老调、评剧。“石井戏快去看，‘打狗劝夫’‘牧羊圈’”，这成了当时的广告词儿。那时农村生活困难，但逢年过节、祈雨还愿、庙会助兴时，戏班唱戏是闭塞农村少有的文化盛宴。石井的戏楼存在了很多年，后村委会办公地点搬迁，才又新建了一个。石井戏班的后人们，传承了山村文艺，直到改革开放后的十来年，该村仍有几个剧团生存、发展。如今，石井戏班已淹没在历史的长河中，但有瘾的人至今还能哼唱好多段子，有板有眼。过年赶集时，也会邀请戏台班子唱戏的传统。

【渝河寸蹺】“寸蹺”俗称“寸子”，是河北众多的民间蹺类舞蹈之一。渝河寸蹺则发源于满城石井村周边，据说由宫廷舞演变而来，至今已有200余年的历史。20世纪90年代初，满城文化馆组织人员深入乡村对这一濒临灭绝的古文化遗产进行发掘整理，并将其搬上舞台荧屏，其编排的寸蹺舞《小羊倌》《寸蹺娃》等曾在中央电视台多次进行播放。电视专题片《渝河寸蹺》曾获河北省民俗录像神龙奖。

□名村今貌

依托便利的交通和周围丰富的石灰岩资源，石井村长久以来将建材、石渣和灰窑生产作为村民致富的传统产业。进入21世纪，随着国家治理环境污染的需要，这些传统的建材产业逐步退出了历史舞台。现在的石井村，凭借优质的磨盘柿资源不断拓展市场，主要销往俄罗斯及我国东北、西北各省市和上海、深圳等城市，有效提高了村民收入。同时纸箱加工、肠衣生产、运输物流等产业也在石井村不断壮大发展。

进入新世纪，在秀兰文化的传承与推动下，旅游业逐渐成为石井村的新兴产业，文化游、生态游、采摘游成为石井村村民致富的新途径。秀兰文化园坐落于石井村柏山峪，是后人为纪念赵秀兰女士，弘扬秀兰精神，依托自然景观，投资上亿元建的集观光游览、餐饮、度假为一体的综合景区。该园占地50余亩。整个园区的文化景观和游览线路围绕五个主题展开：孝、善、德、缘、福，打造五道归一的孝文化主题园。这里依山而秀，因水而青，尽享古典灵秀之韵。这里白墙黑瓦，极致优美，尽显古朴之风。这里植被种植丰富，植物配置与园林建筑相得益彰，尽显曲径通幽之雅静。文化园在节假日期间还会举办大型传统文化灯会，为广大人民群众增添更多的乐趣。2016年，秀兰文化园被评定为“保定市十佳景区”，为2018年保定市旅发大会的主会场。目前，连接秀兰文化园和京昆高速入口的秀兰景观大道正在紧张建设中。

（**撰稿**：杨磊 吴宝君 **摄影**：张红星 杨磊 米长明）

清苑区

QINGYUANQU

中国香城 产业新区

◎ 清苑区位于河北省中部，北京、天津、石家庄三角腹地，隶属于保定市。北临徐水区，南临望都县、博野县，西临满城区，东临安新县、高阳县、蠡县。总面积867平方公里，人口68万，辖10乡8镇1个城区办事处。清苑交通便利，京港澳高速公路、保沧高速、京广铁路、京石高速铁路、107国道及保衡公路、保新公路、保沧公路等多条公路、铁路贯穿全境，自古就有“北临三关，南通九省”之称。

◎ 清苑是千年古县，北魏太和元年置县，旧为畿辅首县，历史上有“先有清苑县，后有保定城”之说。历史上人才辈出，文化底蕴深厚，有宋代开国皇帝赵匡胤、明代礼部尚书傅珪，被康熙誉为“北方才子”的郭棻等一批历史名人，宋祖陵被国务院核定为第七批全国重点文物保护单位，独一无二的哈哈腔剧种是全国首批非物质文化遗产。

◎ 清苑是全国粮食生产先进县、全国商品粮生产基地县和全国首批农业机械化示范区，是河北省小麦主产区的核心区。清苑是地道战的发源地；是亚洲最大的制香基地，被轻工部命名为“中国香城”；是华北最大的有色金属集散地，与中国有色金属工业协会再生金属分会签订了战略合作协议；是全国最大的手拉葫芦生产基地，被全国工商联五金机电商会授予“轻型起重机械之乡”；是全国最大的钻井机械生产基地，制定的《河北省冲击型工程钻机地方标准》填补了全省钻机类地方标准的空白。

冉庄村

千年古村 地下长城

□名村概述

冉庄建村于唐朝，宋朝成镇，素有唐村宋镇之说，位于清苑城区西南 15 公里，是镇政府所在地。该村地势平坦，耕地面积 6500 亩，人口 3760 人，是一个农业大村。东北邻姜庄，东南邻西马庄，北邻三房村，南邻耿庄村，西南邻张马庄，西邻东孙庄。省道张望公路沿村北东西方向横穿而过。2002 年修建了旅游路，2009 年京石铁路沿村北东北西南方向穿过。

1959 年 8 月修建冉庄地道战纪念馆；1961 年 3 月 4 日冉庄地道战遗址被国家定为全国首批重点文物保护单位，聂荣臻元帅题写馆名，杨成武将军为展厅题写牌匾；1994 年 8 月，冉庄地道战遗址被列为河北省爱国主义教育基地；1995 年 1 月 26 日，被共青团中央确定为全国青少年教育基地，江泽民总书记为基地题写了牌匾；1997 年 6 月，被中宣部列为全国百个教育示范基地之一；2007 年 6 月 9 日，被城乡建设部、国家文物局确定为中国历史文化名村。这里是保定市、清苑区的德育教育基地、国防教育中心。

2003 年 10 月 29 日至 2005 年 1 月 11 日期间，时任中央政治局常委李长春先后 3 次对冉庄地道战遗址保护做出重要批示，并于 2004 年 11 月 9 日到冉庄考察，当场指示："冉庄地道战遗址是中华民族不屈不挠精神的一个重要体现，很有代表性，一定要维护好、保护好。而且要把旅游搞旺，这是一个很好的旅游景点。"

□将帅足迹

聂荣臻元帅在抗战时期任晋察冀军区司令兼政治委员。他曾为冉庄地道

战题词：“神出鬼没、出奇制胜的地道战是华北人民保家卫国、开展游击战争、在平原地带战胜顽敌的伟大创举，地道战又一次显示出人民战争的无穷伟力！”1987 年，一个细雨绵绵的春日，聂荣臻元帅的秘书受元帅委托，造访冉庄地道战遗址。地道战纪念馆工作人员和在场的冉庄人非常激动，委托他传信祝聂荣臻元帅健康长寿，并提出请元帅为冉庄地道战纪念馆题写馆标。秘书回京不久，元帅的题词就由中央军委办公厅寄至冉庄。聂帅题写的“冉庄地道战纪念馆”馆标为冉庄地道战遗址增光添彩，冉庄人争相传告。

1987 年，抗战期间任冀中军区第二任司令员的杨成武将军，故地重游，来到冉庄地道战遗址，把亲自编写的《冀中平原上的地道战斗争》一书，送给冉庄地道战纪念馆，并为展厅题写了“冀中地道战展厅”门匾。

抗日战争时期任冀中军区第一任司令员的吕正操将军曾于 20 世纪 80 年代写道：“地道战是人民的智慧人民的创造，是战胜日本侵略者的坚强堡垒。”1988 年 7 月，吕正操老将军把带着余香的墨宝传到冉庄，上书“冉庄地道战纪念馆：克敌制胜的创举，人民智慧的结晶”。1991 年 12 月，吕老又传墨宝至冉庄，上书：“用地道战精神，建设社会主义新农村”。

1995 年是抗战胜利 50 周年。吕老得知冉庄地道战遗址远景规划要增添平原抗战内容，挥毫写下了“平原抗日战争博物馆”馆名横幅交给冉庄地道战纪念馆备用。1998 年，冉庄小学改建校门，拟请吕老书写校名，吕老满怀对下一代的关切之情，欣然写下“冉庄小学”门前匾额。

解放战争时期，孙毅将军曾任冀中军区第三任司令。1995 年，冉庄地道战纪念馆负责人代表冉庄老区人民赴京探望久别冀中的孙老将军，将军非常亲切地接见了他们，并询问了地道战遗址保护情况及老区的发展近况。当他听说纪念馆要为死难烈士修造陵园和增展抗战内容后，孙老走进书房，分别写下“烈士陵园”和“平原抗日战争博物馆展厅”两幅墨稿。

早在 20 世纪 70 年代，时任国防参谋长的张爱萍将军，就曾为冉庄地道战题词：“抗御外侮，保家卫国”。

□文化遗存

【唐槐】电影《地道战》中高老忠敲响大钟的情节给观众留下了深刻的印象，影片拍摄场景冉庄十字街的古槐，也成为地道战的象征和标志。

抗战前后，冉庄村有五棵古槐，树干粗壮，枝繁叶茂。街心三棵古槐，其中两棵并列在十字街的店铺前，另一棵在村公所后院。1965 年拍摄电影《地道战》时，并列的两棵古槐依然生机勃勃。1978 年，西侧的古槐被一阵狂风吹倒，东侧的古槐，也慢慢枯萎。人们推测，可能是十字街地下挖地道损伤了部分根脉而枯死的。目前，两棵古槐都通过技术手段进行了加固。东侧一棵仍为原树，西侧一棵从村公所院后移植而来。

【明井】地道战遗址的中心地带十字街西南角，保留着一眼砖砌水井，是通往地道的 13 眼水井之一，作为地道内排水、取水、通风之用。电影《地道战》中，日伪军抽水灌地道，地道内民兵群众又将“宝贵的井水”放回原处，即拍摄于此。

据传，明崇祯年间，冉庄村南 10 公里处大李各庄村人陈灿，为官清正，颇得崇祯皇帝赏识，擢升吏部任职。在职期间，因政绩显赫，崇祯帝钦赐大笔赏银。陈灿回故里省亲，令自京畿至大李各庄沿途每隔数十里修筑一眼水井，以供随员炊饮，至冉庄十字街，筑得水井一眼。

【十字街】这里堪称冀中平原古村落的典范，东西和南北两条大街宽阔敞亮，纵横全村，自然地把村落分成四个比较规则的区域。其他笔直或弯曲的小街小巷错落有致，连通各家各户。南街全长 250 米，南有大桥，桥北东侧有三官庙工事，北有青神庙工事、柜台工事、烧饼炉工事，村公所旧址和高房工事指挥中心遗址等。北街全长 150 米，有抗日小学、石头堡工事、高房工事和商号店铺遗址。东街全长 175 米，其中双庙工事、地平堡工事、县

武委会旧址、碉子工事和仅存的两棵古槐都在其中。西街全长 100 米，五道庙工事和保存完好的关帝庙及冉庄抗日武装委员会旧址就在这里。

【七孔玉石拱桥】冉庄村四周有护村河环绕，依托村南九龙河天然形成。九龙河源头在望都县境内，因有九个泉眼而得名（现已断流，河道尚在），河面宽约 20 米，河水由西向东缓缓从村旁流过，两岸常年杨柳依依，水草繁茂，荷流暗香，鱼虾肥美；村西、村北的护村河由人工修造，引九龙河水蜿蜒曲折奔向东北角的水塘；水塘占地上百亩，俨然小型湖面，水光潋滟、波光粼粼、鹅鸭戏水、鱼儿穿梭、树木丛生、芦苇繁盛。村东的护村河贯通水塘和九龙河，两股水重新汇合，河水骤涨，流向下游。

护村河上，冉庄人分东南西北交通要道架设石桥供车马行人通行，特别值得一提的是村西南九龙河上的七孔双层玉石拱桥，据考证，这座石桥修建于明朝正德年间。明武宗得知冉庄青佛寺规模宏伟，住持大法师空蒙和尚佛法无量，便决定朝拜进香。于是先派人征集千名民工从西部深山采集珍贵石料，并筛选数百名能工巧匠，精雕细刻，历经数月，耗资无数修建而成。这座历史遗迹在抗战时期被损毁，现已被新修的石桥所替代。

□非遗文化

【冉庄民乐会】明朝万历年间，冉庄形成了两个乐会，俗称“吹打班”，用的均是传统的民族乐器。十字街以南的叫“南乐”，十字街以北的叫“北乐”。两个班子经常交流技艺、比赛演出，还时常被邀请到别的村镇演出，甚至远到外县，方圆百八十里都很有名气，一直活动到 20 世纪 50 年代中期。

【弘阳海会】该村早在明万历三十年就成立了好事经会，取名“弘阳海会”。经历了明、清朝代到中华人民共和国成立，香火时盛时衰，至今传人已到十六代。弘阳海会依然秉承“诸恶勿做，众善奉行”的佛家理念，紧跟党中央，弘扬民族文化，造福和谐社会，为实现中华民族伟大复兴的中国梦多做贡献。

【少林会】清朝末年，村民为了强身健体、自卫防身，自发地组织起了武术班，取名“少林会”。后来范围扩大了，分成两个会，以十字街为界，南边的叫“南少林”，北边的叫“北少林”。当时，青少年习武成风，直至中华人民共和国成立初期。

【河北梆子】清末民初时期，正是河北梆子在保定地区蓬勃发展的时期，冉庄很快就组建了“冉庄河北梆子戏班”。逢年过节，为村民演出一些河北梆子剧目。经常上演的戏有《单刀赴会》《玉堂春》《铡美案》《牧羊圈》等，他们的精彩表演，给人们留下了深刻的印象。这个戏班培养了不少人才，不光在本村演出，还常常被外村接去，登台献艺，在当时有一定的影响。自从戏班成立后，天天拍戏、演戏，人们经常观看学唱，使冉庄人民的文化素质普遍得到了提高，懂得了许多历史知识，明白了许多人情道理，能明辨是非、忠奸、善恶，使民风更加醇厚和美。那时冉庄不少人都能说上几出戏来，唱出几口梆子腔。

□地下长城

在异常艰难的抗日战争时期，冉庄人民在党的领导下，利用巧妙的地道战与日寇展开了英勇地斗争，创造了“以少胜多、以弱胜强”的光辉战绩。当时民兵群众挖通地道长达 16 公里。地道拥有 4 条主干线，24 条支线，四通八达，设施完备。其中共筑各类地上作战工事 100 余处，高房工事 8 处，暗室 8 处，庙宇工事 6 处，碾子工事 2 处，烧饼炉工事 1 处，柜台工事 1 处，地堡 114 个。

依托四通八达、能攻能守的地道网，冉庄人民创造出战争史上的一个奇迹，赢得“地道战模范村”的美誉，成为当时各个抗日根据地学习的典范。曾任晋察冀军区司令员的聂荣臻元帅亲笔题词：“神出鬼没、出奇制胜的地道战，是华北人民保家卫国，开展游击战争，在平原地带战胜顽敌的伟大创举，地道战又一次显示出人民战争的无穷伟力。”

【古槐大钟】在抗战斗争中，冉庄民兵将大钟一口吊于十字街西边的古槐上，遇有紧急情况，就鸣钟示警，在战斗中发挥了重要作用。一提起冉庄地道战，人们首先想到的就是古槐和大钟，每当游客参观至此，无不驻足留影，引以为自豪。

【三官庙工事】位于冉庄南端九龙河桥北路东，濒河邻桥而建。三官庙为民间俗称，受奉者为唐尧、虞舜、大禹。抗战时期，九龙河傍村侧横穿东下，形成一道护卫冉庄的天然屏障。九龙河南大桥为南北大道的交通咽喉，故三官庙封闭庙门，壁设多处射击孔，下通地道，改建成一处把守南大桥的主要火力射击点。该庙 1958 年一度被拆毁，庙墙内藏一木板，上书“明嘉靖十七年复修，始建年代不可稽考”，后复修如初。

【五道庙工事】冉庄东西大街各有一座五道庙，庙里供奉着五道将军。五道将军是冥司主东岳大帝属下，善司世人生死，可与阎王相提并论。他比阎王爷颇有同情心，大有钟馗的风格和气度，在阴间的地狱中他能主持正义，执法如山、决不手软，善鬼称快、恶鬼打战。抗战期间，此庙下通地道、上设射击孔，成为阻止敌人入村的一道屏障。

【青神庙工事】始建于明朝，用于供奉青苗神，村民们在这里祈求五谷丰登。后根据战争需要将庙门堵死，改为作战工事，下通地道。

【关帝庙】关圣帝君庙，简称关帝庙，亦称武庙，坐落在村内十字街中心地带，是冉庄村香火最旺的庙宇。冉庄人自古就有尚武崇义的传统，他们把忠义勇武的关羽视为楷模。关帝庙北殿三间，塑像三尊。抗日战争期间，民众以此庙作为冉庄抗日武装委员会办公地，筹谋决策抗战之事，今遗址犹存。

【双庙及地平堡工事】位于十字街东街口路南的观音庙，与路北的周公庙合成双庙。抗战时改为工事，庙前设有地平堡，有力地阻击了敌人的入侵。

抗日战争和解放战争中，双庙筑成工事连通地道，结合地平堡和沿街墙壁暗枪眼，构成东街口火力交叉网。利用此庙和地平堡，打死或打伤敌人 28 名，打死敌团长 1 名。

【清苑县抗日武装委员会旧址】原是抗战时的一家堡垒户，南屋是马槽地道口。抗日战争中，县抗日武委会在此办公，是发动全县抗日武装和民众破坏敌人交通、割电线、炸桥梁，开展游击战、地道战等武装斗争的指挥中心。伪装巧妙的马槽地道口与地道相通，遇到紧急情况，干部们便从这里转入地道。

【保定城市工作委员会旧址】抗日战争和解放战争中，保定城市工作委员会（简称保委会）秘密在保定南部一带开展城市工作，准备收复保定，这里是主要办公地之一，是开展抗日救亡运动的指挥所。保委会同时又是地委城工部，下设宣传部、组织部和铁路工作委员会等。室内地下有隐蔽的墙根壁地道口与地道相通，以应急需。房上的高房工事与墙根处的暗枪眼、石头堡工事、学校暗室以及老母庙工事和庙前的地平堡工事构成一个立体交叉火力网。

【老母庙及地平堡工事】始建于明朝，是乡民祈求多子多孙、保佑平安的地方。后因抗战需要，民兵将其改为工事，庙前还修建了地平堡，下通地道，能守能退。

抗日战争和解放战争中，改为工事，下通地道，并设庙前地平堡与地道相通。用此工事，打死打伤敌人 20 多名，其中指挥官 1 名。

【冉庄抗日村公所】位于古槐以南 30 米路西，三间北房，面积 42 平方米，院落 160 平方米。原是冉庄村公所，始建于民国年间。1938 年冉庄建立党组织和抗日政权，改称冉庄抗日村公所。这里是冉庄抗日活动的中枢，下设冉庄抗日武装委员会、冉庄妇女抗日救国会、冉庄青年抗日救国会等。院子的正下方是地下指挥部，与水井相通，它是由菜窖演变而来。指挥部由档案室、卧室、地道主通道三部分组成。当时是党支部书记张森林的秘密办公地点，是冉庄地道的中枢部分，起组织民兵、传达命令的作用。

【高房工事】是远距离观察敌情、控制制高点，更有效打击敌人的战斗堡垒，在战斗中起着不可替代的重要作用。

【冉庄地道战纪念馆】冉庄地道战遗址是第二次世界大战中中国人民抗

击日本侵略者的一处重要战争遗址。自 1956 年被河北省人民委员会公布为省级文物保护单位后，清苑区于 1959 年建立冉庄地道战纪念馆。

2010 年 9 月 2 日新馆正式开放，位于冉庄村九龙桥西南侧，占地 24 亩。新馆主体约 3460 平方米（其中展厅面积约 1800 平方米），建设新馆通遗址地道约 150 米，建设办公和附属设施用房约 980 平方米。另有广场、道路、绿化、旅游厕所等设施。现每天接待游客约 5000 余人，每年接待游客达 150 万人。

□发展愿景

历史证明，冉庄历来都是这一带政治、军事、经济和文化的中心。冉庄人民在风云变幻的历史长河中，为争取民族独立，祖国富强，一代又一代地艰苦奋斗，用汗水和鲜血写下了可歌可泣的壮丽篇章。

我们要留住乡音，记下乡愁，将我们中华民族的传统文化传承和发扬光大。我们要牢记历史，勿忘国耻，继承和弘扬“地道战”精神，做大、做强“地道战”产业，计划用三年时间将冉庄建设成为一个以旅游为导向，集“红色教育基地”“军事特色旅游”“九龙河道观光”“千亩采摘园”“民俗文化展”“农家大院”等为一体的文化旅游特色小镇。

（**撰稿**：李锁贵　**摄影**：许美玲）

东安村

宋祖故里 魅力东安

□名村概述

东安村位于保定城东约 15 公里，地处安新和清苑交界处。东邻安新县沈家坯、南刘口，南邻御城，西北邻米阳大小望亭。据查始建于元朝年间，由周、陈、石、臧四姓人家由山西迁此地定居，因长途东迁，平安无事，为记此经历，遂取名东安。该村坐落在保新路，交通便利，自古便是从古城保定到华北明珠白洋淀的必经之路，有河路码头之称。东安是一座古老的村庄，传说中是赵匡胤故里，是宋祖文化之乡。东安村盛产玉米、小麦、黄豆等农作物。

□宋祖故里

说起东安，那真是人杰地灵，这里走出了一位开国皇帝——宋太祖赵匡胤，这里便是他的故里。

从历史资料看，宋神宗在十年间连下的三道诏书明确了三点：其一，赵氏皇家祖坟在河北省清苑县东安村。其二，祖坟为宣祖皇帝的祖坟，埋葬的是宣祖的父、祖辈和近支的宗亲。其三，祖坟为“上皇坟园”，这就明确指出是宋太祖赵匡胤之高祖赵朓、曾祖赵珽、祖父赵敬的陵墓，即史料所称的“宋三陵”。

村内有“资果禅院”，便是用于守护祖坟、专供上皇坟园祭祀和安奉上皇神御的重要建制，是宋祖陵的重要组成部分。这资果院可不是一般的禅院，而是奉皇帝诏令修建的。换言之，是赵宋皇家“上皇坟园”所专用的。同时这所敕建的资果禅院规模相当宏大，当时仅赡养僧徒的庙产就有 1000 亩地，

僧众之多，法事之隆，若非皇族专设，是不多见的。资果禅院的建立也完全符合宋朝皇陵的体制和特点。据老辈村民相传，资果院就在现在的村委会北边，到了晚清时期破败了，村民想集资修缮，无奈规模宏大，资金短缺也成了千古憾事。至今这个地方仍被老人们称为大寺。这也佐证了本村正是赵匡胤的故里这一历史事实。

2008 年春夏之交，文物部门在东安村南的农田进行了两个月的考古勘探发掘，共发掘古墓 4 座，出土石像生 9 件，有文臣、石羊、石象、控马官、仗马、望柱等，加上以前出土的石像生，共有 12 件；白瓷碗、泥质黑陶碗、盘、陶罐、铜带扣、漆碗、“开元通宝”铜钱等。此外，通过对建筑基址的发掘，出土大量古代建筑材料，另外还有部分垂脊、脊兽和鸱尾残块。据考察队负责人介绍，遗址出土的控马官、石象、石羊、望柱等石刻文物与河南巩义县宋永安陵同类文物接近，具有北宋早期的风格特征。出土的龙纹瓦当、绿琉璃脊饰等建筑结构，亦具有宋代特征。因此可以推断，该遗址是一处与北宋皇室有关系的墓地。这处古陵，现在被考古专家考证为北宋早期皇家陵墓。

□文化遗存

【河路码头】府河在南面和东面抱村而过、村水相依，岸边绿柳成荫，花草芳香，河中清流不断，水里鱼肥虾美。据史料记载：清乾隆年间，在保定知府方观承的主持下，兴修水利、疏浚河道，有利于官船及民船行驶。河面虽然不宽，只有二十米左右，但从清朝到 20 世纪 60 年代，这条河却是重要的交通水道，从保定到白洋淀至天津都要走这条水道。河上有一座水闸，调节控制河中的水量，以保证船只的畅行。大量的船只都在水闸的上下游停泊，这里也就成了过往客商吃饭休息的地方，岸边商铺、饭馆、旅店鳞次栉比。每天商贾云集，船只靠岸停泊达 1 公里开外，那真是舳舻相接，樯帆如林。陆路也是车水马龙，过往的车辆也在此打尖，成就了村内的一片繁荣景象。

【古槐】东安村子虽然不大，却是人杰地灵、历史文化传承的古村。村子中心有一棵老槐树，树干直径 1 米多，中间的木质部分已经枯朽，整棵树只靠厚厚的树皮支撑着，孩子们可以从下面的洞钻进去，再从上面分叉的地方钻出来。就是这样，老槐树依旧枝繁叶茂。听老树 80 多岁的主人讲，他太爷爷小的时候就是这个样子，从干枯的树身和苍老的枝杈间透露着历史的久远与岁月的沧桑，承载了村庄的繁盛和发展。听上年岁的老人说，当年沿着村内的老街有十来棵这样的老槐树。

【群庙】与老槐树一样久远的还有村中的 14 座寺庙。东安人世代居住于此，借助优越的地理和交通环境经商交友。在与外界的交往过程中，逐步认识到只有注重自己的修为，与人为善，以诚相待，才能把路走得更远，才能持续地发展。人们有了这样的共识，也以这样的思想为指导，广交天下、诚信经商。就是带着这样朴素的思想和向往和平、善良的愿望修建了这众多的庙宇，所以东安也是修庙最多的村庄，经考证当时有资国寺、观音庙、三皇庙、观圣庙、老爷庙、二郎庙、三观庙（两座）、真武庙、五道庙、龙王庙、先祖庙、墨云山庙、三仙圣母庙。遥想当年，飞梁斗拱，画栋雕梁，香烟缭绕，一片繁盛之景。

□名村气节

宋祖已去，东安依然。朝代的更迭丝毫没有影响村庄的繁衍和发展。世代生于斯、长于斯的东安村民凭借自己的勤劳、智慧和勇敢，适应着时代变迁，展示着聪明才智，建设和守卫着自己的家园。

清朝末年，国门被打开，外国列强的入侵打破了这里人们宁静的生活。当时邻村有好多人加入了天主教，一些教徒倚仗洋人的势力，到东安村肆意圈地，为所欲为。村民以李忠、李焕、臧老耀等武艺高强的人为首参加了义和团，组织村民砸了教堂，欲夺回被霸占的土地。驻扎在保定的八国联军，烧杀抢掠，把村里的房子全部烧毁，经过一个昼夜的鏖战，义和团武器落后，最终寡不敌众，战斗中节节败退。保田运动虽然失败，但那也是清政府腐败无能的必然结果。虽然失败，但依然体现了村民勇敢顽强的斗争精神。

1937 年日本鬼子入侵保定后，看中了东安的地理位置，在离桥头不远的地方修起了炮楼，立下据点，控制了交通，东安成了敌占村。东安村便涌现出了一批抗日志士，其中有中华人民共和国成立后担任解放军后勤部政委的韩振国；有秘密入党、从事地下活动、中华人民共和国成立后在国务院办公厅工作的李宗岩；敌人抓不住的区小队侦查员周志勇等。村庄是自己的，村民们对每一寸土地都了如指掌，所有村民都是侦查员，再辗转报告给当地的抗日武装，可以说在当时的每一个东安人都为抗击侵略做出了贡献。东安村人从来不缺乏勇敢和斗争精神，从不缺乏名族气节和民族大义。

□名村历史

东安村守着府河，借了府河的光，也背了它的害。旧社会河道缺乏治理，每年麦收一过，雨季到来，河水都会泛滥，村东的田野都会一片汪洋。村民们只有在少数的高地种一点秋庄稼，所以称这里的农事是“一水一麦”。秋季水退去后，在泥地中种下麦子，这洪水淤积的泥土潮湿肥沃，为小麦提供了得天独厚的生长条件。人们正是适应了自然，巧妙地避害趋利，在小农经济的安适中维持了千百年来的繁衍和发展。每年的秋冬两季，除去播种小麦都是农闲。因为离安新县很近，没有生意的人们就赶上马车到白洋淀，买来优质的芦苇，男人们把苇破成篾，用碌碡碾软，女人们坐在一起织席子，用于日常生活贴补。闲暇时光，人们就参加一些自发组织的娱乐活动，流传最广的便是霸王鞭、高跷等。逢年过节不光在本村演出，还受到附近村的邀请，很是热闹。年轻人尚武，组织了少林会，早晚闲暇，人们凑在一起，舞枪弄棒，切磋武艺，一来强身健体，二来保卫村庄。还有一些人，受到过往客商的影响，出门做生意赚钱发财自不必多说，人们的生活过得倒也安闲自在。

东安村人除了勇敢顽强的斗争精神，还有经商的好头脑。1956年，依托便利的交通和毗邻白洋淀的地理优势，村里成立了席业交易所，农历逢五排十的大集，集市上除了大牲口交易和各种小买卖，最火热的当数苇席交易了。在这里，苇席打捆后装上船销往全国各地，带动了中华人民共和国成立初期当地经济的发展。从20世纪80年代初期，人们开始经营废旧金属生意，他们从全国各地收来废旧金属，经过熔炼，铸成铜锭和铝锭，然后销售给相关的制造企业。在其他村还在维持温饱的时候，东安的人均收入已经达到了几千元，东安人走遍了全国，也把生意做到了全国，东安也成为县里的税收大户，为县域经济做出了巨大贡献。

富裕起来的东安人尊师重教，始终用发展的眼光支持教育，人们深知，要长久稳固地发展离不开教育，绝不吝惜对教育的支持。1995年，村内小学需要扩建，学校本打算增加一排平房作教室，经村委会集资了40多万元，建起了一座高标准的教学楼。2015年，村委会又为学校投资50多万硬化地面，更换门窗。如今的东安小学，教学质量正在稳步提升，这些都离不开政府的支持，也离不开全村人的关爱。

□发展愿景

宋祖故里文化灿烂，世世代代的人们深深地认识到：要生存，不是靠神仙保佑，也不是靠帝王赐福，而是靠勤劳的双手和智慧的头脑，靠顽强不息的奋斗精神，靠诚实守信的合法经营。东安人具有海纳百川的胸怀，虚怀若谷的姿态，这才能使这片土地人更杰、地更灵。

天宝府河，人杰地灵；宋祖故里，虎踞龙盘。如今我们又毗邻雄安新区，天时地利，东安人正在党的十九大精神的指引下，借助国家改革的春风，东安村将昂首步入新时代，道路会更加宽阔，前景会更加灿烂！

（**撰稿**：李宝生　**摄影**：吴宝松）

国公营村

佛家圣地 古村新颜

□名村概述

清苑区闫庄乡国公营村，位于清苑城区东北 15 公里处，该村建于明朝，明宣宗宣德年间，此处受长期战乱影响，河水泛滥，土地荒芜。成国公朱麟巡视该地，相中了这块风水宝地，派家人中海前来，开垦荒地 120 余顷，始建村庄并以国公之名命名为国公营。

国公营旧时地处九条路交叉口处，俗称九龙口。又因村南有九龙河穿过，北有漕河（旧称两界河）东去，被堪舆家视为风水宝地，建有很多寺庙，这里不仅有历史悠久的观音禅寺，更有风格独特的太平山。此外，三义庙、龙王庙、关帝庙、药王庙等庙宇遍布村内。可谓庙宇林立，香火处处。

国公营现今全村常住人口 2100 余人，村里主路畅通，出行方便，基础设施逐渐完善。2015 年，国公营村入选第三批中国传统村落名录名单。

□宗教文化

【观音禅寺】当地俗称观音堂，是当地一座历史悠久、闻名较早的古刹。因毁坏较早，今人对其所知甚少。1990 年，村中出土了两通建寺古碑，为我们了解这座古刹提供了详细的资料。据寺碑记载：观音禅寺建于上谷，金大定年间重修，明正德十六年，庄公钟镗见寺年深废弛，堙没基址，乃出资重建，并请大慈恩寺无幻禅师总领其事，除去瓦砾，划去荒芜，清出旧址，重建起正殿、天王殿、钟鼓楼，并在寺门设左右伽蓝祖师二堂、斋禅三堂。院内设东西两厢和方丈室，在正殿内塑释迦、药师、弥勒等金像。周围筑以垣墙，栽植果木名花，寺外置田园若干，建起幡幢、经院，并请真晓禅师主持禅寺，其规模建制，为当地少有。明天启三年二月，村人边静宁（当时任大司礼胡广丞天守储太监）再次捐资重修。天启五年八月竣工，殿堂楼阁光复一新。后又经过多次修复。近代以降，直至 1937 年后，此寺渐趋败落，夷为平地。

改革开放以来，文化建设方兴未艾，当地群众要求重建庙宇的呼声越来越高。1991 年，当地村民聘请北京法源寺明空长老前来主持新寺筹建工作，由村委会和明空长老负责，筹资数百万元，选址建庙。庙门采用传统的歇山瓦顶式，主门两侧各建一座便门，供游人自由出入。进入院内，两通高达数米的石碑迎面而立，石碑后面为天王殿，佛殿仿照北京法源寺建筑，采用拱梁密檐砖瓦式结构。殿内塑弥勒菩萨、韦陀菩萨和四大天王像。天王殿北面为庙中主要建筑物——大雄宝殿，殿内供如来佛祖金像。大雄宝殿后面建有三圣阁，为上下两层。上层为藏经阁，并供有释迦牟尼、观音菩萨、大势至菩萨，号称三圣。下层为念经堂，供有释迦牟尼、药师、地藏王神像，神像南侧放绣垫数十个，供僧人念经。天王殿东侧，建有配房数间，供僧人和文物管理人员居住。天王殿西边为当阳宝塔，新塔仿原塔样式，一律青砖磨光对缝，全塔共七层，32.7 米高，塔底中央南半部置无生老母座像，北半部置千手观音佛像，二层为日光菩萨，三层为月光菩萨，四层为地藏王，五层为普贤菩萨，六层为文殊菩萨，七层为送子观音。观音禅寺的重建不仅保留了传统文化，为游人增添了情趣，而且增加了当地的人文景观，为发展当地旅游业提供了条件。

观音禅寺现任住持为寂禅和尚，继承原有的禅宗法脉，博采众长，八宗并弘，建立了以道次第为核心的修学体系，培养僧才。寂禅和尚于 1998 年礼真广法师出家。寂禅和尚为传承法脉，求法足迹遍布海内外。曾先后进入湖南佛学院、福建佛学院、北京大学、中国人民大学求学，并多次应邀前往美国、尼泊尔、泰国等国参加佛事活动。寂禅和尚在住持观音寺期间，做出了突出贡献，得到政府和社会的一致肯定，获得众多荣誉。2009 年 7 月被中国公益总会授予“公益楷模”的荣誉奖，2010 年 6 月在人民大会堂举行的第四届国际慈善论坛上被授予慈善“大菩提奖”。

【慈济堂】是清苑东部广泛流传的“老母奶奶”的修行普度众生之所。据《清苑县志》所载，慈济堂始建于明朝万历年间，清朝初年重修。庙宇坐北朝南，为四合院式建筑，占地面积 2000 平方米。朝南的朱红山门，古色古香。主门旁边，建有两座便门，供僧尼平时出入。进入大门，左有三佛殿，右有五佛殿，泥塑金身，栩栩如生。正殿为无生老母殿，前拔梁，后出拱，明三暗九。前廊朱红柱顶，白玉石墩。殿中央置无生老母坐像。正殿东侧有韩祖庙和药王庙，东北侧有白衣庙（白衣大士观音菩萨庙）和蚕姑庙。院内建有子母塔，大塔为当阳宝塔，小塔称老母寿山。当阳宝塔高 3.6 丈，底周长 3.6 丈，塔高十三层，每层砌十三行，出十三棱。一律青砖垒砌，磨砖对缝。塔底中央置无生老母坐像。像两旁挂有一副对联。上联为：无我无人，人向佛意；下联是：生祥生福，福地莲台。横批是：无生老母。塔顶十三个角，每个角各挂一个铁铃风吹铃鸣，给平静的佛院带来无限情趣。小塔格式同大塔，只是规模略小。太平山寺院前为平坦的广场。广场南侧建有钟楼一座。钟楼南面 200 米处建有戏楼，戏楼北面，正对庙门。寺塔、钟楼、戏楼构成一大体系，别具一格。

据《无生老母临凡普度众生宝卷》记载，无生老母于顺治七年曾在此传教布道、普度众生十六载，清康熙四年火炼金身皈空，留神像供万民敬拜，香火相传数百年。中华人民共和国成立初期，庙内仍有河、海、斗、龙泉、长生、石尔、顺等七位尼姑居住，太平山老母坐像毁于 20 世纪 60 年代。1998 年，村民迁址重修老母殿。新址位于旧址东北侧 1000 余米，经 3 个月时间建成，总占地面积 5000 平方米，其中建筑面积 2000 平方米，香场面积 3000 平方米。堂前立一高大影壁，上书佛字，醒世众人。影壁后朱红山门，牌匾上书“慈济堂”，庄严肃穆。进入山门，左右走廊，鲜花点缀，清新自然。对面大殿五间，歇山瓦顶，拔梁出拱。大殿中央置无生老母坐像，童男童女相伴，慈眉善目，栩栩如生。左侧置送子奶奶，右侧置老母奶奶。三座佛像，相依相伴。大殿东西侧，设有左右厢房，供僧尼和管理人员居住，垂花红门，古色古香。

【甩香山】每年的“三月三”甩香山颇具特色。此地烧香不是以支为单位，而是以堆为单位，称“山”。将成捆的草香解捆，堆插如山。烧香山时的火，烧得越旺越好，预示得到的福报、加持越大，也正是基于这种信念，庙会的香山越甩越高、越大，1—2 米高的很是平常。又由于讲求烧高香，草香的尺寸也从九寸长发展到一尺八、二尺七的。由于草香的需求量很大，卖香的商贩便大车载小车拉，将各种规格的草香源源不断地运输到国公营村，村子的大街小巷成了草香的海洋。据估算，每年烧掉的香竟合 400 万元之巨。

【国公营庙会】由于国公营庙宇众多，诸神俱全，且沿袭较久，曾吸引不少香客到此治病、求子、消灾、避难，因而常年烟火不断。特别是每年的三月初一到三月初五（传说老母奶奶尹二姑为三月初三生日），四面八方的善男信女云集此地，烧香许愿，祈祷神灵保佑平安，最多时一天达数万人。为满足这些香客的需要，庙院前开始出现买卖烛、香、纸、炮和水果、食品等商品的。后来、戏班、杂耍等相继出现，游人随之增多，庙会文化逐渐繁盛。清朝末年，国公营已形成规模较大的庙会市场。上市主要商品有牲畜、农具、杂货、饮食、服装、果品等。民国初年，上市物资进一步增多，木货、石货、铁货在市场上大量出现。“七七事变”后，由于日本兵的烧杀抢掠，环境巨变，庙会日益萎缩。中华人民共和国成立初期，国泰民安，承平日久，庙会又红火起来。每年庙会期间，保定、天津、北京以及周边各县的很多商店、饭馆都到此摆摊设点，进行交易，逐渐形成当地最大的庙会。县、乡各级政府及时加以引导，物资交流成为市场主导，封建迷信商品日益减少，牲畜、农具、木货、布匹、日用百货商品进一步增多。特别是近十几年来，随着改革开放，物资交流大会又逐步恢复起来，逐渐形成当地最大的物资交流中心。庙会期间，每天均有十几万人前来观光、游览、买卖货物，游人如织，商贾云集。

□名村今貌

近年来，国公营村坚持爱国爱教的宗旨，大力发展宗教文化，努力创造和谐的舆论氛围，把宗教场所打造成爱国主义教育的好场地。目前，国公营村还坚持举办各种文化活动，比如禅茶会，丰富了村民的精神生活，使得村民家庭和谐、邻里和睦，向善行动有了显著效果。

同时，国公营村还把宗教与传统文化结合得非常紧密，每年都有夏令营或者冬令营，传播国学文化，深受周边家庭和孩子喜爱。更有边远地区和外国友人来这里体验学习，“观音国际文化节”等活动更是促进了中西文化交流。

2017 年开始，村委会进行全村垃圾不落地、垃圾分类收集整理，建设环保垃圾池等，成为高标准试点运行村。修缮残垣断壁，拆除违章建筑，从整体上改变村容村貌。

（**撰稿**：吴静　**摄影**：臧立贺）

戎官营村

绣球龙灯 舞颂盛世

□名村概述

戎官营村隶属清苑区孙村乡，位于孙村乡政府东偏北1.2公里处，保新公路横穿境内，距清苑城区12公里，距保定市中心12公里，距京广客运专线的保定东站3公里，该村对外联系的主要道路是保新公路，村庄建设用地主要位于保新公路以北，交通比较便利。

戎官营村的由来，有两种说法：一说是明代移民屯田而形成，因为华北地区以“营”为村名的，大多是驻军转民而形成。另一说是元末戎氏自今鹿泉上庄迁出在此定居建村，因其祖在朝为官，祖坟为官坟，“茔”与“营”同音，故称“戎官营”。现在村中戎姓大约占70%以上，所以，当地村民更愿意相信第二种说法，他们甚至还曾组团到上庄去寻根。

□非遗文化

【绣球龙灯】戎官营村的绣球龙灯，至今已有数百年的历史。绣球龙灯工艺独特，造型美观，是全国唯一的绣球组成的火龙连形，并且历代不衰。为使这一古老的文化艺术焕发生机，已被列为河北省第三批非物质文化遗产。

戎官营村绣球龙灯第一创始人戎轩（1553—1626），本村人，缜密构思，初步形成绣球龙灯的独特造型，把舞龙技艺与远古神话融为一体。绣球龙灯由龙头、龙身、龙尾三部组成，龙头、龙身、龙尾内各装有“三环套月”的灯烛，烛盘安装技术要求很高，要确保舞动时不能触碰外面的绸或纸。如今早已改进，可使用电控灯，制作起来比过去容易多了。戎官营村龙灯会完全是出于个人兴趣和爱好自发组织起来的，也像北方城乡各种花会一样。出会前会首总叫人事先磨好麦子面，蒸成馒头，豆腐粉条加肉片炖白菜，个个管饱，还带上晌午吃的。那时庄稼人日子过得很艰苦，天天吃粗粮，出会吃好饭，跟过年一样，热闹非凡。

经过了数百年的流传，绣球龙灯成为当地远近知名的民间技艺。20 世纪 50 年代初，应邀到保定演出过两次，从省府（今天的直隶总督署博物馆）门前，沿裕华路、新华路踏街到了保定车站。改革开放以后，广大村民走向富裕，扎根在群众中的民间文艺活动像老树很快便绽放了新花。绣球龙灯曾多次参加全国、省、市、县、区的大型庆典活动，并多次获得奖项，得到各级领导与民众的肯定和高度赞扬，精彩绝伦的表演艺术，享誉神州大地。1997 年，在保定市人民广场参加庆祝香港回归祖国大联欢活动；1999 年 9 月，在石家庄参加省首届民间艺术活动，荣获金奖；1999 年参加全国中国舞龙大赛，荣获银奖；1999 年 12 月 20 日，绣球龙灯在天安门广场参加庆澳门回归大联欢；2000 年正月，在北京参加龙潭杯全国中华优秀花会大赛；2000 年农历二月初二，在北京八达岭参加中国国际和平文化活动；2000 年 6—7 月，参加秦皇岛旅游节；2000 年 10 月，参加重庆全国舞龙大赛，荣获金奖。2006 年 11 月，参加河北省在邯郸举办的民间艺术节；2007 年 3 月，参加中央电视台在清西陵举办的《金大地》节目。

2012 年 2 月 6 日，绣球龙灯参加河北省正定举办的元宵节非物质文化遗产展演大会，演出后，中央电视台、人民日报（海外报）、河北日报、河北电视台、重庆电视台等多家媒体对绣球龙灯做过详细报道。2004 年，第七届北京国际科技博览会把绣球龙灯定为重点项目。2017 年 6 月 19 日，中央电视台《中国影像方志》节目组来到清苑，录制绣球龙灯节目。

【梆子剧团】戎官营梆子剧团始建于清咸丰十年，团长刘老发、戎老苓等组织，演出达30年之久，不知何因而中断。解放初期，又开始组团，先演小戏，随着剧团的扩大，剧目也日渐繁多，主要演传统戏。到20世纪60年代以后传统戏终止，改演现代戏。当时的村党支部非常重视剧团的发展，从职业剧团请来导演导戏，剧团的水平有了一个很大的发展，推出了剧目《红灯记》《沙家浜》《白毛女》《红色娘子军》等，深受观众的称赞。1999年10月，应清苑县迎澳门回归戏曲调研组的要求，参加了戏曲调研，荣获第二名。中央电视台《夕阳红》栏目组和保定电视台来村采访该剧团。改革开放后，演员有的离开了剧团，尽管如此，现在有戎占清组织每周日举行联欢演出，并有很多外村爱好者前来参与，戎官营梆子团始终保持了青春永不衰落的局面。

□文化遗存

【寺庙】戎官营人杰地灵，在几百年的历史长河中老先辈们给我们留下了供人敬奉的神仙住地庙宇。在旧社会，民众没有科学知识，如在生活中遇到变故和挫折，往往没有适合解决问题的办法，在没有办法的情况下，寻找精神寄托，为缓解心理压力，便去求神拜佛，祈求神明庇佑。当地庙宇，一是老张爷庙，坐落本村东北角，小河坑的北侧，庙宇一间，坐北朝南，老张爷的神像泥塑全身。二是雷公闪电风伯雨师庙，坐落本村东北角，庙宇内供奉着雷公、电母、风伯、雨师四位神仙，神像泥塑全身。这两座庙宇，都是供全体村民在干旱之年祈雨之用。三是三霄娘娘庙，坐落本村东北角，庙内供奉着云霄、琼霄、碧霄三位娘娘，又名三奶奶庙。三位奶奶的神像泥塑全身，她们采天地灵气、集日月精华，练就一身的武艺，还练成了三件宝贝，金蛟剪、混元金斗、缚龙索。她们主管人口繁衍，也叫送子奶奶，是人们祈求子孙的神灵。

【贞节牌坊】贞节牌坊是古代用来表彰女性的门楼，戎官营村立有两座贞节牌坊。一是李氏牌坊：戎官营村，戎守约妻有节，坚松柏石坊，清同治九年载。二是贾氏牌坊：戎官营村张笃会妻，年27岁，夫故时翁姑在堂，子金甫5岁，孝亲扶孤，孙鹏举人，苦节五十余年寿86岁，同治二十三年旌表。

□民间轶事

【金知了】戎官营村北有一座五道庙，庙的前头有一个丁字形大道，在丁字头处呈现了一个知了形象的土堆，好像是一个知了趴在此地，经多年的车轧水涮，土堆保持原样。听老人们讲“到夏季土堆有时发出吱吱的叫声，到冬天就没有了”，所以人们叫它金知了。

【金蛤蟆】在金知了的东南有一个大坑，常年积水，在大坑的北头处，有一土堆呈蛤蟆状，多年形状不变，有时它发出呱呱的叫声，声音清脆。人们多年来总结出一个经验：凡是听到这个金蛤蟆叫的年头，都会风调雨顺、五谷丰登。

【马莲道】宋朝辽宋交兵的时候，穆桂英挂帅出征，穆桂英能征善战，当穆桂英破阵胜利之际。她腹内疼痛，因她身怀六甲，将要生产，在众女将的保护下，离开了沙尘滚滚的战场。当她走到戎官营村的一条道（全是马莲称马莲道）的时候，婴儿已经降生，当时穆桂英双手是血，她在道边的马莲叶子上擦了擦带血的手，众将护送回朝。从此以后，马莲道上擦了血迹的马莲花瓣叶子由绿色变成了红色，故事在戎官营流传了多年。

□名村今貌

戎官营到20世纪70年代以后有了小型的企业，如有几个香油坊、粉坊、磨面加工坊、糖坊、小型运输企业。1977年村里办起了第一个制砖厂，1982年又建了第二个砖厂，这些企业都收到了很好的效益，给戎官营村经济作了一个示范。戎官营村的龙头企业保定元亨微晶石材有限公司，位于保新路北，拥有固定资产1600万元。公司是以生产新型绿色环保为主的高新技术建筑建材——微晶石，属国家“八五”期间推荐发展产品之一，是一种新型的高新技术产品，2003年顺利通过ISO9001国际质量管理体系认证。同兴农业科技有限公司占地面积300余亩，现已上盆销售的盆景10万余盆，在地苗木40余万株，是全国最大的果木盆景基地，在2003年廊坊农产品交易会上获得“精品盆景制作奖”，南京首届绿博会上获得“优秀奖”。金诺制香有限公司拥有一支高素质的管理、技术人员队伍和完善的检验检测方法，拥有气相色谱仪、精密PH计算仪、电光分析天平等化验检验设备16台，2007年通过了ISO9001-2000质量管理体系认证。

（**撰稿**：戎福安 戎兰柱 戎云鹏 **摄影**：戎云鹏）

魏村镇

千年古镇 人杰地灵

□名镇概述

魏村镇，位于清苑城区西15公里处，西北与满城区接壤，北通107国道，交通比较便利，辖区22个行政村，4个自然村，面积41平方公里，耕地面积2700公顷，人口40 392人，2009年农民人均纯收入4644元，是市委、市政府命名的“文明小城镇”。

传统工业包括制香、木器加工、电料生产、大鼓制造、工艺品制作、粉条加工等；主导产业为规模电料生产，厂家20余家，是华北地区电线电缆生产基地之一；有中国驰名商标的大型制香企业：河北古城香业集团股份有限公司，被誉为“中国香城”。

农业方面主要以传统的小麦、玉米种植为主，是农业部亩高产创建示范基地之一的粮食主产区。

□历史沿革

魏村是清苑西部重镇，具有两千多年的历史，春秋战国时期这里就有人居住，从西汉年间的广望故城直到今天，历史悠久，人文荟萃，商贾聚集，闻名遐迩。魏村地处华北平原，西有太行山脉作屏障，北连京广，南接地道战之乡冉庄，东临清苑县城。50年前魏村大街曾有几处古迹。街中心矗立高三丈三尺，宽三丈六尺贞节石牌坊，由汉白玉条石砌成，牌坊上有两个匾池，上池镌刻“圣旨”二字，是清道光皇帝为褒彰大学士史鳞魁之母而修建。这在当时北方村镇，算是一道靓丽的风景。大街西头有鼓楼，气势宏伟，蔚为壮观。鼓楼西面有两个匾池，上池有“魏村镇”三个大字，下池有“瑶池西望”

四个大字，酷似北京前门箭楼、鼓楼东面，匾池写“紫气东来”四个大字赫然醒目。

历史上魏村经历过多次战争，主要有以下几次重要的战役：公元 945 年 3 月 27 日，在魏村发生晋辽第二次大战（司马光著《资治通鉴》、范文澜著的《中国通史》记载）。1868 年 1 月，捻军血溅大魏村惨案（《魏村镇魏氏家族族谱》记载）。1900 年 8 月 19 日，八国联军进攻中国，英、法、德、意四国联军联合清军围剿义和团，血洗大魏村事件（《魏村郭氏家族族谱》、魏村丁氏家族《流年摭忆》记载）。1939 年 7 月 15 日，与日本侵略者的拼死战斗（魏村镇庄氏家史记载）。

□非遗文化

【清苑传统制香技艺】清苑当地流传着一句老话，“铜帮铁底金线河，香气缭绕冲九天。”其中的“香气缭绕冲九天”便是指清苑县的传统制香技艺。2012 年、2013 年，清苑传统制香技艺相继被评为保定市第三批、河北省第五批非物质文化遗产。

据介绍，清苑县制香技艺贯穿制香发展史，这不但得益于千年古县深厚的文化积淀，更与当地物产密切相关。清苑县域内榆树、杨树等可用于制香的植物丰富。清苑县传统制香中心魏村镇及周边的冉庄镇、阳城镇在历史上便是榆树皮加工、贩卖集散地。清苑县制香起初以民间传承为主，到了 19 世纪四五十年代，魏村杨家经营的“恒记香坊”脱颖而出，带动当地传统制香业盛极一时。从此，独特的制香工艺在杨家代代相传。

清苑传统制香工艺利用当地丰富的林木废弃物材料资源，将带有天然香味的芳香植物碾制成粉末与榆皮粉黏合，加水搅拌成面糊块状，经人工揉和，手工揉搓制成香条雏形，经手工制成球状、饼状、条状等各种形状。清苑传统制香技艺对香品品质的要求极高，从原辅料的选配到产品成型，要经过备料、和料、成型、晾晒、包装、窖藏等多道纯手工工序。各个环节之间紧密联系，对手工技术的要求极为严格，相关操作工人要有相当娴熟精湛的技艺，因此清苑香产品中凝结了大量的人力精细操作，使得清苑香品在国内和国际都享有盛名。

清宛制香技艺是用物理方法及生物工艺的手段对天然香料进行萃取，根据香的用途及香药的特点，综合考虑香的功效、香气特征、使用方法等多种因素，对原料加以炮制，通过独有专利配方，制作出型制不同的香品。香品种类繁多，有些香品是按照特定的配方、采用多种香料制成，有自己独特的名称，根据配方可划分为：灵虚香、灵馨香、宣和帷香等；根据外形特征划分为：原态香材、线香、棒香、贡香、盘香、塔香、香球、香饼、香丸、香粒、香粉、香膏、香汤、香囊、香枕等。采用传统制香技艺生产的香品品质细腻，易燃不垮，纤细柔韧不断折，清香淡雅无异味、手感细腻不粗糙，燃香绵延无断火。

□人物英才

魏村人杰地灵，历史名人众多。据史书记载，进士及第四人。明洪武礼部右侍郎刘知微，官至三品，曾奉使安南（今越南），宣王朝威德，安南臣服，事毕病逝，安南王银棺盛殓。归京，洪武帝痛失良臣，亲往拜祭，厚葬之。清代军门刘斗曾任两广总督，官至一品，幼寄居魏村，从魏村庞家书斋学成，进京考中进士。清代翰林院大学士史鳞魁，官至三品。清代进士杨耀林，曾任山东济宁府尹，后擢升山东候补道，官至三品。清代举人二人，一文一武，文者杨耀宗，武者郭老殿。国子监监生一人，魏显庸，官居督察院内阁中书。

至于现代，魏村更是人才辈出，这些人有的战争岁月参加革命，他们舍家为国，出生入死，为建立新中国做出贡献，其中魏村曾有五名延安抗大学员，有省部军级 3 人。李华，铁道部原副部长；韩伟中将，原北京军区副司令员兼参谋长；张建华少将，原沈阳军区空军副参谋长；杨道来，青海省建设厅原厅长；胡磊，原保定行署副专员；史锦水，原黑龙江军区二十三师师长；姚剑英、张虎林，原沈阳军区正师职大校军官；史更初，原六十三军师政委；史凤鸣，原酒泉地区行署副专员。

同时，魏村还涌现出不少科技文化界名人。著名女作家、教育家丁文女士，美国夏威夷大学教授、博士、著名生物学家杨金增，医学专家、教授史秀玲，法学教授杨亚佳，地球地理信息专业博士杨刚，河北大学美术学院教授、著名画家谭宝泉，北京大学医学博士杨志仙，中国医学科学院医学博士许晓青，首都医科大学医学博士刘冬，文化名人冯铸鑫，画家刘文顺等等，不一而足。

此外，魏村历来在教育战线上工作过的教师有 136 名，在医疗卫生事业上工作的医务人员有 125 人，在抗日战争、解放战争、抗美援朝战斗中牺牲

的革命烈士 36 名和 32 位荣誉军人。魏村有省、市、县级人大代表、政协委员 34 名，及建党以来的 351 名共产党员。

□名镇今貌

魏村平川沃野，物华天宝，但真正达到物阜民丰，仓丰廪实还是改革开放以后，党的改革开放政策，极大地解放了魏村的生产力，极大调动了人民群众的生产积极性。魏村和全国一样，经济社会发展取得长足进步，人民生活水平显著提高，村容村貌焕然一新。现在的魏村，三里多的长街，楼宇林立，店铺栉比，行人熙攘，百货琳琅，与城市的一个街市无异。

改革开放为魏村经济发展注入活力，乡镇企业如雨后春笋，迅猛发展。有制香业、电气设备、精密件铸造、冶金轧辊、电器电料、家具制造、农业合作社、奶牛养殖等企业上百家。其中以河北古城香业集团为代表，该公司是由董事长杨金庆先生从 1982 年筹建的一个蚊香小厂发展起来的。经过 30 多年的苦心经营，砥砺前行，如今成为全国制香行业规模最大，品种最齐全的龙头企业。为此，2009 年清苑县被国家授予中国香城荣誉称号，这是清苑人的骄傲，更是魏村人的骄傲。目前，该公司正着手策划以香文化为引领，集旅游、餐饮、娱乐为一体的园林小区，力争把魏村打造成北方特色小镇。

不忘初心、与时俱进，具有历史光荣传统和悠久文化底蕴的文明村镇——魏村，正沿着党的十九大指引的中国梦发展方向阔步发展前进！

（**撰稿**：冯铸鑫　**摄影**：冯铸鑫）

东闾村

宗教圣地 导链之乡

□名村概述

东闾村，位于清苑区城区东南20公里处。1997年成立村党委，下设四个街党支部，村两委班子健全，两委干部28名，党员181名。全村人口12 522人，2492户，耕地面积11 244亩。该村的主导产业为手拉葫芦生产及果树栽培。2016年，农民人均纯收入12 367元。

东闾村是全国闻名的天主教徒聚集地，信仰天主教的村民8765人（不包括18周岁以下的未成年人），占总人口的70%。东闾村天主教传播历史较长，信教人数多，在天主教界有着极其重要的地位，号称“中华圣母”所在地和中国北方天主教活动中心，素有“南有上海佘山，北有河北东闾”之称。

□宗教文化

1862年，全村2000余人中还没有一名天主教信徒。村里的分属2个家族：杨姓和蔡姓。杨姓较穷，他们听信占卜者的话，偷偷拆毁了水塘里属于蔡姓的佛塔。事情被蔡姓发现，将肇事的杨姓人扭送保定府府衙。杨姓人得到邻村信奉天主教的亲戚的指点，找到遣使会刘神父，要求加入天主教。他们得到了刘神父发给的教理书，认真钻研，为6个月后的洗礼做准备。蔡姓知道天主教徒可得到外国保护，也前去找到刘神父，钻研教理书。1863年春，刘神父来到东闾村，为大约50名杨姓人和蔡姓人施行了洗礼。此后，村里的多数居民都信奉了天主教。1874年，村里有103名天主教徒；1896年，东闾村已经有698名天主教徒。

1900年6月，义和团运动期间，有9000名附近地区的天主教徒来此避难。

当时东闾的本堂神父张芳济滞留北京，无法回来，由在此避难的蠡县高庄的王神父带领村民在村子周围挖掘了很宽的壕沟，里面插满了带刺的树枝，在壕沟内侧建造了防御工事。不久 4 万名义和团从姜庄撤围后转向东闾，扎营安寨，三面包围东闾，宣称将杀尽天主教徒。教徒们在外国传教士的带领下，使用洋人提供的火枪和铁炮，击退了义和团的 4 次进攻。

1901—1903 年，为了感谢圣母的庇护，遣使会神甫在东闾村建成了一座哥特式大教堂、一所修女院和几所学校，并且加固了村子周围的工事，建起了 4 座坚固的门楼，分别题名为“援助基督徒”“大卫塔”“圣米迦勒”和“圣路易王”。1915 年，东闾成为拥有 42 000 名教徒的总铎区的中心。1939 年，本村已经有 3500 名天主教徒。

义和团事变平息以后，东闾村成为华北地区著名的圣母朝圣地。附近的天主教徒开始流行对东闾圣母的敬礼。1924 年，教宗比约十一世委托宗座首位驻华代表刚恒毅总主教 (以后荣升枢机) 在上海召开第一届中国主教会议，其中的一项内容就是由全体与会主教献上“奉献中国于圣母诵”，将中国奉献于中华圣母，并且选定东闾村大教堂内供奉的圣母像作为标准中华圣母像。参加全国主教会议的保定教区主教满德贻返回教区后，商议把东闾圣堂辟为中华圣母朝圣地，通知全国各地教徒来东闾朝圣。

1928 年，保定教区代牧主教周济世得到刚恒毅总主教批准，派遣东闾本堂法籍戴牧灵神父去法国露德朝圣，并学习经验，

准备将东闾圣母发展成全国性朝圣地。1929 年 5 月，朝圣活动正式揭幕。自此每年 5 月，保定教区各村镇的天主教徒按预定计划每日轮流来东闾朝圣。后来，北京、天津、献县、安国等教区的主教、神父也纷纷带领教友前来东闾敬拜圣母。

1937 年，教宗比约十一世在审阅了宗座驻华代表蔡宁主教呈递的《东闾朝圣汇报书》及《申请书》之后，批准东闾为中国的国家朝圣地。5 月，蔡宁主教、周济世主教和易县监牧区马迪懦主教带领数千教徒前往东闾朝圣，并在东闾大教堂里，公布了教宗的圣谕。

1937 年，抗日战争全面爆发，日军迅速占领华北地区。1941 年，东闾教堂被日军烧毁。朝圣活动随之停止。1989 年 3 月 12 日，在东闾教堂被毁 48 年之后，在村北开始重建一座规模更大的新教堂，于 1992 年 5 月 1 日竣工。1992 年建成的教堂规模比以前更为雄伟。大堂长 66 米，宽 18 米，占地面积 1548 平方米，建筑风格为哥特式。钟楼两侧双塔对峙，高 43 米。顶部还覆盖有闪闪发光的金属片。该教堂可容纳 3000 余人，是中国最大的天主教堂之一。

教会规定每年 5 月第 2 个星期日（母亲节）的前一日是中华圣母的庆日。此庆日祈求圣母为中华民族转祷基督，祝福中华民族国泰民安。每年 5 月为朝圣季，全国教友前往朝圣的人络绎不绝，5 月 24 日的进教之佑圣母节则为朝圣的最高潮。

□名村发展

东闾村是清苑区人口最多的村庄，20 世纪 60 年代末期，东闾只有一个集体的小企业，对外加工翻新旧锉。20 世纪 70 年代初期，部分村民开始进行回收、维修、翻新手拉葫芦和锉的业务。东闾村地少人多，没有其他收入渠道，很多群众连温饱都不能解决。针对当时贫穷落后的状况，为发展经济，提高群众收入，村党支部对此项业务进行了支持。随着影响力逐步扩大，越来越多的村民也纷纷效仿做起了此项生意，该村导链行业雏形初步形成。

20 世纪 80 年代后期，随着改革开放政策不断深入人心，东闾村党支部

率先把原来的东闾锉厂更名为“保定市起重运输设备厂”，并筹资申办了国家级生产许可证。当时该厂主要以组装和维修为主，取得资质之后无偿为东闾村各私营企业开放使用，使全村生产能力和效率大幅提升。同时，村民自发走出去联系业务，销售人员很快遍及全国各大中小城市，影响力越来越大。至此，以手拉葫芦为主的产业链已基本形成，并向深度和广度扩展。

20 世纪 90 年代后期，为进一步发展东闾村的起重机械产业，原村党支部书记崔玉兴等人筹备组建了“华奥起重设备有限公司”，并开始在社会上招商引资、筑巢引凤。同时，与澳大利亚兄弟公司联手，取得国家级生产许可证，由此东闾村第二个国家级生产许可企业诞生。在广泛的政策宣传和政府引导之下，各私营企业的守法经营意识明显增强，纷纷开始注册商标，申办属于自己企业的生产许可证。至此，东闾村起重行业度过了“翻新”阶段，开始进入了规模化的生产销售时期。

目前，全村起重机械产业从业人员有 2000 多人，主要生产手拉葫芦、电动葫芦、吊索具、卸扣、起重滑车、单轨行车、多功能紧线器、永磁吸盘等系列起重机械。行业内各种生产企业达到 200 多家，其中投资规模超千万的有 30 多家，总投资额达到 15 多个亿，年产值达 30 多个亿。目前，已有 200 多家企业注册，80 多家企业取得了生产许可证，16 家企业取得出口许可证和 CE、GS 认证及欧盟认证。同时，建立了遍及全国各大中小城市的销售网络，并拥有 1000 多人的销售队伍，在全国三大五金批发交易市场中占据重要地位。

（**撰稿**：王东考 赵新房 **摄影**：王东考）

徐水区
XUSHUIQU

九省通衢 商贸重地

◎ 徐水作为有着4000多年历史的文明古县，素有“九省通衢、商贸重地”之称，是保定北区交通枢纽，南临保定主城区，3条高速公路、3条铁路，1条国道贯通，徐水区辖10镇4乡，304个行政村；1个城区办事处，16个社区，面积723平方公里，人口62万。

◎ 徐水在春秋时期属古燕地，战国时期，是燕赵会战前沿。西汉初期，始置北新城县，后建制屡易，先后有朔平、新城、新昌、遂城、安肃等名。宋时，为边陲城镇。明永乐二年，山西小兴州部分移民至此，境内人烟日稠。徐水一名始于民国二年，因县城南有徐河而得名。1937年，徐水县城沦陷为日军占领区，1948年7月20日，县城解放。同年8月，徐水县人民民主政府从西黑山村迁至县城。1958年9月21日，容城、安新两县及定兴县南部29个村并入徐水县。1960年12月9日和1962年3月27日，安新县、容城县从徐水分出，徐水县恢复原建制。2015年5月，保定市部分行政区划调整后，徐水撤县建区，成为保定市五区之一。

◎ 徐水历史悠久，新石器早期就有人类繁衍生息。南庄头古人类遗址、刘伶醉古烧锅遗址被列为全国重点文物保护单位，北里舞狮被定为国家非物质文化遗产。同时，我区是中华统一合符圣地，经国内权威专家考证，中华大一统的标志性事件——釜山合符，就发生在徐水区西部的釜山，釜山文化遗址公园建设被保定市列为历史文化遗产保护重要工程。

遂城镇

宋辽战场 边贸重镇

□名镇概述

遂城镇位于徐水城区西10公里处，南距保定市区20公里，北距首都北京120公里，地处京、津、保三角地带，徐大公路、大黄公路、荣乌高速、张石高速、瀑河贯穿全镇，交通便利。遂城镇辖31个行政村，1.2万户，5.1万人，耕地面积6.9万亩，镇域面积66.4平方公里。

遂城镇始建于春秋战国时期，是徐水区历史上最早的文明古镇，古称武遂、遂州。战国时期，燕在遂城建一城池，称武遂，为当时燕都外卫城池。隋开皇十八年，为遂城县县政府所在地。金天会七年，在遂城立州治名遂州，明洪武初降州为县。明洪武八年，并入安肃县。1958年9月设立遂城人民公社，1984年2月改为遂城镇，1996年与原广门乡合并成遂城镇。

□文化遗存

【燕长城遗址】位于遂城镇北，属燕南长城，建于公元前332—前311年，西自燕下都西南起，经徐水向容城方向延伸。燕长城为版筑夯土结构城墙，在城西村、张华村存有部分墙体夯土，其他地段地表已基本无痕迹。1982年，由河北省人民政府公布为省级文物保护单位。

【遂城遗址】位于遂城旧砖厂西北150米，文化层呈叠压状，南北长150米，东西宽16米，厚2米。坎崖断面可见灰层、灰坑、木炭、烧土、陶片等。采集的标本有盆、红顶钵、碗、罐、鬲等各式器物陶片及器耳、器足、石斧等。经实地及遗物考证，此遗址为仰韶、龙山、早商时期的居住地，并有少部分夏家店下层文化遗物。1993年，由河北省人民政府公布为省级文物保护单位。

【刘伶墓】位于徐水区城西10公里，遂城村西200米，张华村南300米处，徐大公路北50米。相传刘伶与张华相友善，不远千里来张华村访友，卒于此。刘伶墓坐北朝南，封土直径长约3米，高1米。据徐水县志记载为乾隆二十三年安肃县令谢昌言所重修，并建有酒德亭。酒德亭早年被毁，今碑记尚存，碑为大青石质地，高103厘米，宽68厘米，厚19.5厘米。碑座长83厘米，宽56厘米，厚25厘米。碑首线刻二龙戏珠纹饰，正中楷书“万古流芳”，碑阳楷书“重修刘伯伦墓重修酒德亭碑记”，碑文底下线刻睡莲花瓣。碑阴上首线刻云朵纹饰，正中楷书“碑阴题名”四字，镌刻捐资者姓氏。1982年，刘伶墓和张华墓由河北省人民政府公布为省级文物保护单位。

【大赤鲁遗址】位于大赤鲁村南50米的台地上，遗址被分割成若干块台地，断面可见文化层和灰坑，面积约为16 000平方米。出土的有鬲、盆、罐、石斧、石刀、纺轮、陶片等标本。较重要的是一件磨光黑陶折肩鬲，经河北大学历史系金家广认定，这件磨光黑陶折肩鬲为夏家店下层文化遗物。1988年，徐水县人民政府将其公布为第一批县级文物保护单位。

【大马各庄遗址】该遗址出土有完整的石器21件，陶鬲3件，陶尊4件，尺状骨器2件，在出土的陶片中能辨器形的有鼎、鬲、壶、尊、纺轮等，石器有石斧、石铲、耜、磨棒等。经实地考察和对遗物的考证，定为商、西周、战国遗址。1988年，徐水县人民政府将其公布为第一批县级文物保护单位。

【文村遗址】属于仰韶文化遗址，出土了较多的仰韶早期和先商时期遗物，典型器物有红顶钵、红顶盆、陶支架、支座、壶、瓶、鬲、盆、瓮、器盖等。

【古树名木】遂城镇广门村中有两株古槐树，一株位于广门村路旁，一株位于广门村小学校园内。据记载，两株古槐树有1100多年的历史，已列入县级文物保护。两株古槐树直径1米多，树高15米，其枝繁叶茂，遮天蔽日。虽历经沧桑，却依然苍劲挺拔、生机无限。

□非遗文化

【遂城古乐】有吵子会、南乐会等，主要分布在城北庄、小次良、谢坊、大次良等村。城北庄吵子会打的是龙虎旗，现存有“保定府安邑城北庄吵子会”会旗。据推算，年限在明、清年间，可谓历史悠久、源远流长。

遂城的吵子会具有冀中音乐的鲜明特色，一些传统曲目根据尺工谱，加之口传心授，存续至今，丰富了现代文化的内涵。特别是独到的吹奏打击乐，其声乐与动作的完美统一，听觉与视觉的尽情享受，强烈地穿透性与震撼力，无疑给观众留下深刻的印象，体现了古代音乐人的聪明才智和良好的文化素养。每逢重大节假日、庙会都有演出，表演精彩，群众喜闻乐见，深受广大村民欢迎。

□历史事件

【杨六郎冰城退敌】据史料记载，宋真宗年间，杨家将六郎杨延昭在遂城驻守边关，官至保州知州兼沿边都巡检史，成为前沿总帅，统兵数万，负责天津至太行山一线的边防，驻守遂城。辽国发兵 20 万犯境，这时候正值十月，天气突然变冷，六郎杨延昭见此情景，心生妙计，忙令军民汲水灌城，晚上往城墙上浇上一遍水，马上就结成一层冰，浇了一夜水结了一夜冰。到第二天早晨，那高大的城墙白闪闪、亮晶晶成了一道冰的长城，又坚又滑，不可攀登。辽兵冲到城下，前来登城，一登一出溜，一扑一打滑，有的好不容易爬到半城腰，一出溜又摔了下去。伏在城上的宋军趁机滚木礌石齐发，杀死杀伤辽兵不计其数。辽兵数日攻城不下，只好下令退兵。杨六郎趁机将城门大开，亲率大军冲杀出来，只杀得辽兵丢盔弃甲，狼狈而逃。这一仗，生擒辽兵上千，马匹数万，还获得了大批武器。因为这次攻战，杨六郎被宋真宗加官晋级为莫州刺史。

【羊山伏击战】翌年春，辽主萧太后又亲率十万大军南侵，以雪冰城受阻之耻。杨六郎得知辽军又来侵犯，趁辽军立足未稳时设下诱杀辽军之计。他将指挥营设在城西十里的羊山之上，插上宋军旗帜，诱敌军来攻。辽兵十万之众，见山上旌旗招展，杨字帅旗高挂，知是杨六郎的指挥大本营在山上。萧太后下令，将羊山团团围住，欲生擒杨六郎。山上山下双方正在对峙之时，杨六郎早已借遂城城墙底下通往釜山的运兵隧道，把大兵集结在敌后，突然包围了攻羊山的辽军，同时山上的宋军冲下山来，辽兵腹背受敌，顿时溃不成军。萧太后率残兵败将仓皇逃走。羊山之役，辽军大伤元气，宋收复遂城西大片土地，宋辽边界的战事暂息。遂城在抗辽战争中起了巨大作用，时有“铜梁门铁遂城”之美称。

□人物英才

【荆轲】（？—公元前 227），战国末期的刺客。原卫国人，卫国人叫他庆卿。游历燕国，燕国人叫他荆卿亦称荆叔。后定居在遂城西，定居处后人称荆轲故里。秦灭燕后，该村为防秦袭，改为赤鲁村，寓意荆轲有赤胆保燕之心而鲁莽也。荆轲好读书击剑，自定居遂城后，常去南易水畔舞剑抒志，登燕南长城而高歌。

公元前 227 年，荆轲带燕督亢地图和樊於期首级，前往秦国刺杀秦王嬴政。临行前，许多人在易水边为荆轲送行，场面十分悲壮。“风萧萧兮易水寒，壮士一去兮不复还”，这是荆轲在告别时所吟唱的诗句。荆轲来到秦国后，秦王在咸阳宫召见了他。荆轲在献燕督亢地图时，图穷匕见，刺秦王不中，被杀死。

【郑洛】（1530—1600）字禹秀，号范溪，明安肃遂城（今徐水遂城）人（《明史》有传）。曾祖郑臻，曾任浙江织染局大使；祖郑隆、父郑显均为兵部尚书。郑洛博览好学，少事寡母，以孝著名，明嘉靖三十五年中进士，授登州府推官。重审冤假错案，使冤屈昭雪，真凶获捕，深得民心。遂被皇帝诏为御史，专主纠察。万历二年，转任右佥都御史、兵部右侍郎。万历七年，鞑靼酋长俺答率部骚扰边城，掠夺贡市，民不聊生。郑洛命沿偏关经老牛湾至雁门500里防线修屯堡，建观敌台，敌军望而生怯，不敢妄犯，后俺答降服。郑洛戍边有功，被封为兵部尚书，万历十四年，诏为戎政尚书。

【张晋】（生卒年不详）字介锡，号蕃侯，清安肃（今徐水县）遂城人（《徐水县新志》有传）。清康熙四十二年中进士，康熙五十一年任安徽来安县令，时值久旱，虫灾奇重，民饥如焚。晋上奏赈灾，开仓放粮，数万人得救。为官七载，两袖清风，精心治理，邑内百姓安居乐业，呼为“真父母”。建生祠一座以示纪念。后拜户部清吏司主事，曾受理旗人与民争田案，秉公办案，伸张正义，冤民全家得救，深得民心，后病卒。

【张灼】（生卒年不详）字未克，号柳洲，清朝乾隆年间安肃（今徐水）遂城人（《徐水县新志》有传）。自幼家境贫寒，伏案苦读，寒暑无间。清乾隆四十六年中进士。因长于吏才复优于文学，初授户部主事，后任江苏徐州知府、江西督粮道、转河南妆光道兼按察使、两浙江南监运使。遇饥荒，请赈济民；捐资修缮保定考棚，考生称颂。后眼疾告归乡里。张灼工书善画，精通诗文，书似董米，画比沈周，所书褶扇及山水画，笔法深厚、雄浑，所绘“味泉图”“涛光图”，名人题咏“殆遍至今”，存于畿辅先哲祠。另著有《十获斋诗稿》集，选入畿辅诗传。

【张玠】（？—1805）号黎阁，清安肃（今徐水）遂城人（《徐水县新志》有传）。清乾隆四十二年拔贡，议授州同。乾隆四十七年代理云南腾冲刺史。时边境地区骚乱频繁，户撒土司勾结缅甸人仇杀土人，人心惶恐，民不聊生。玠只身驰抵关上，以德感化，缅人诚服，又驰往户撒抚慰边民，安辑土司，政声载道，功业焕然。张玠精通天文、地理、奇门、医卜，喜好书法。著有《古文辩体》《算法约编》《皇极经世备考》《揲尝演易备考》《藜阁诗钞》等，时为文学名宦。

□特色产业

目前，遂城镇形成了食品制酒、精密管件、包装物流、物探设备四大支柱产业。遂城酿酒历史悠久，得惠于遂城、张华村一带的天然香壤、地下甘泉水，以及传统的酿造工艺，改革开放的20世纪80年代酿酒业飞速发展，1991年达到鼎盛时期，全镇已建成制酒企业近70余家，年产白酒近万吨，300个品牌，曾为徐水的骨干行业。近年来，经规范治理，制酒业健康发展。现有制酒企业35家。2016年该镇全部财政收入完成5231万元，其中国税完成3531万元，地税完成1700万元。

近年来，遂城镇特色农业发展迅猛，占地1000余亩，投资3000万元，

年销售金额超亿元的凯年果树盆艺园是以果树盆景为专业，集产、供、销及良好的售后服务于一体的绿色生态产业。盆艺园有苹果、梨、海棠、葡萄、石榴、樱桃、桃、香蕉、李、杏等 10 余个果树盆景树种，百余个品种，年产量 20 万余盆，是目前国内颇具规模的北方专业果树盆景培育基地。

（**撰稿**：张新 **摄影**：雷永怀）

大王店镇

产城互动 汽车新城

□名镇概述

大王店镇位于徐水区西部，距城区 20 公里，镇政府驻地大王店东街。该镇东临遂城镇，西连义联庄乡，南与正村镇和满城区交界，北与东釜山乡接壤，总面积 67.8 平方公里。大王店镇辖 28 个行政村，区位交通优势明显，毗邻北京，紧靠雄安。2017 年 7 月入围第二批全国特色小镇名单。

大王店镇历史文化底蕴丰厚，因位于釜山之南，故又名釜阳镇，据史载，黄帝战蚩尤合符于此。东汉年间取名大王镇，清初该乡属西路，后归赤鲁社

管辖。民国三十一年属徐水第四区，1958 年建大王店公社，1984 年 5 月改称大王店乡，1996 年改为大王店镇，1996 年王庄乡并入大王店镇。大王店随徐水历史发展变迁均隶属于徐水。

大王店镇西北部为浅山丘陵区，东南部为平原，土质多轻壤土，肥沃。主产小麦、玉米等粮食作物，盛产各种蔬菜、草莓、西瓜、花生等。

□文化遗存

【东黑山遗址】位于东黑山村村南，南北长约 800 米，东西宽 1200 米，处于丘陵山地向平原的过渡地带。发掘面积 5200 平方米。主要文化内涵以战国、汉代为主。发现战国时期小城址一座，遗存有灰坑、灰沟、房址、井、墓葬等遗迹及各类遗物。西汉时期房子和火炕的发现是重要收获。其战国城址属于燕南长城外围的附属小城，是重要的军事设施，它的发现对研究战国时期同类遗存的性质、结构布局、建筑方法等有重要意义。汉代房址的发现为研究汉代的聚落形态研究提供了丰富的实物资料。2013 年 5 月，被国家文

物局公布为第七批全国重点文物保护单位。

【象山生物化石遗址】位于王庄西 1 公里象山南侧的小山包上。在凿洞取石后留下的断壁上，可见化石层厚 0.5—4 米，该遗址是 1986 年文物普查时发现的，采集的标本有哺乳纲、鸟纲、爬行纲三大类。专家们认为，由于地壳运动，裂隙淤塞，栖息在裂隙中的动物被迅速掩埋，年深日久形成了化石，形成年代为上更新世晚期至全新世早期，距今 1 万余年。

【北龙山遗址】位于北龙山村西北 30 米处，遗址面积为 58 500 平方米，文化层厚 1—2 米，遗物有商代的细绳纹鬲足、尊、钵、罐等，陶质以加砂褐陶、灰陶为主，该遗址为商、周、汉遗址。

【大王店遗址】在西街村西，遗址东西长 150 米，南北长 50 米，文化层厚 1—2 米。遗物有灰坑、兽骨、青砖、板瓦、筒瓦、罐等器物残片，陶质以灰陶、褐陶为主，战国、汉代时期居住遗址。

□非遗文化

【徐水南乐会】始于清朝嘉庆年间，主要分布在大王店西部各村。南乐会的主要乐器有大管、唢呐、笙、笛子、喇叭号、大鼓、二鼓、大锣、底胡、板胡、堂鼓、盆鼓、铙、镲等十几个种类。演奏时，由大管领奏，打击乐配音，一般使用 4 度和弦和 8 度和弦。乐谱原来使用古老的工尺谱，后来改用简谱。演奏形式上原来多以大齐奏单一旋律为主，后来逐步掌握了多声部转调乐曲的演奏。每逢春节和文化遗产日，都举行会演。目前，南乐会新会址正在筹建中，正在积极组织申报国家级非物质文化遗产。

□历史事件

东汉时，农民起义军张燕率10万之众占据大王店镇象山，与握有雄州的公孙瓒相呼应对抗袁绍，后被曹操收编。

北宋时期杨延昭派遣大将孟良在象山西头最高处亦建寨垒，瞭望辽军动向，境内凤凰山山势峭拔、高出群峰，昂头鼓翼形如鸣凤。

据史料记载，宋真宗年间，六郎杨延昭在遂城驻守边关，在大王店境内的羊山打了一场伏击战。萧太后为报遂城冰城败北之仇，纠集辽军十万之众，杨六郎设计大败辽军。

□人物英才

【邢云路】（1548—？）字士登，号泽宇，明朝安肃县龙山人（即今之北龙山村）。《畿辅通志》《徐水县新志》均有传。幼时聪慧，5岁时通读诗书，过目不忘。明万历四年，乡试中举，万历八年中进士。初任山西临汾县令，时逢大旱，百姓饥寒交迫，背井离乡。他奏报皇上，赈济灾民，并以工代赈，组织灾民开渠引水达数十里灌田抗旱，缓解旱情，让百姓回归故里从事农耕。曾主持兵部武选，力除考场弊病，时人誉为“镜中曹郎”。后晋升中州佥事，再晋升为陕西按察司副使，为官清廉，两袖清风，很得民心。

邢云路博学多才，精通天文、地理、历法，任职期间上书修改沿袭近300年的旧历法，其志未遂，后辞官。回乡后继续研究历法，推求古今，著有《古今律历法》72卷，有精辟独到的见解，并校正元代天文学家郭守敬之误。一生著书颇多，有《戊申立春考证》《庚戌冬至正讹》《太一书》《历元》《七政真教》等天文历法专著。

邢云路在未出仕之前在安肃县就颇有名气，安肃县的古迹、人物传记多请他的大手笔来撰写，如《张公去思碑记》等；对安肃县境内名胜古迹吟咏颇多，如《登黑山天宁台》《黄伯阳洞》《班姬山》等。死后，孙承宗撰写的《陕西按察使邢公墓志》详细叙述了邢云路清正的仕宦生涯。邢云路既是清官，还是学者、诗人，有诗集《泽宇集》存世。

【杨力生】（1911—1996）又名杨灿，徐水县大王店镇人。著名煤矿安全技术专家、瓦斯地质专家、教授、硕士生导师。1934年考入私立焦作工学院（现中国矿业大学）采矿冶金系学习。毕业后在四川省天府煤矿工作，后来到美国考察采矿技术，并留学宾夕法尼亚州立大学。1949年新中国成立后回国，先后在燃料化工部、煤炭工业部工作，长期从事煤矿安全技术工作，主编的《煤矿安全技术操作规程》对全国煤矿安全起了很大作用。此后，深入焦作等矿区，组织煤矿通风系统改造，推广煤矿通风安全经验，收到了显著效果。创立瓦斯地质学，组织全国瓦斯地质图编制工作，为中国煤矿安全事业做出了重要贡献。

□名镇今貌

大王店镇主导产业是汽车及零部件制造，长城汽车作为龙头企业，计划投入80亿元，用于汽车产业链布局，研发动力节能和纯电动车产品。2016年，长城品牌荣获“中国品牌价值汽车行业第一”等多项荣誉称号，2017年5月，“哈弗”品牌成功入选国家品牌计划。除长城汽车外，还引进了瑞典奥托立夫、英国迪安、德国博世、伟巴斯特及中船重工、上实交通等53家零部件企业，构建起研发、营销两端延伸的汽车产业集群。奥托立夫、博世、伟巴斯特均为世界五百强企业。同时大王店镇利用“互联网+”，打造智能网联汽车集群。

依托长城汽车、中船重工等龙头企业，带动了餐饮住宿、物流交通、特色农业、旅游服务等相关产业的蓬勃发展。2016年大王店镇财政收入19.4亿元，七年间增长近300倍，本地20到45岁农村劳动力的二、三产业就业率达到95%以上。汽车产业集群提供了3万多个就业岗位，就业人口达1.4万人，同时带动大小物流企业100余家。

在集约用地方面，大王店镇将六各庄等4个村连同相邻的正村镇2个村进行村庄改造，建设釜阳花园小区，定居1万余人，收储土地2.1万亩，置换建设用地3000亩，统一建设返迁房，节约建设用地2400亩。长城公司建设高环跑道，将跑道与厂区相融合，节约用地1700余亩。此外，大王店镇与长城公司合作共建，实现道路管网等市政基础设施，学校、医院等公共服务设施的资源共享。2015年，新增建设用地285亩，2016年新增2310亩。截至2020年，计划累计新增建设用地15 255亩。

大王店镇水、路、电、气、热、通讯等各项基础设施完备。镇域范围内，2座110 kV变电站，3座35 kV变电站，供电能力219 MW。日供水能力5万吨，日污水处理能力1.5万吨，生活污水处理率达68%。燃气设计管网年输气量6到8亿立方。热力蒸汽设计供应每小时445吨。建成高标准主干道路14条，里程67公里。光纤宽带实现镇域全覆盖。绿化基础较好，全镇绿化率达到35.5%。

公共服务设施方面。教育上，建有国际化九年一贯制学校一所，聘请新加坡教育专家任校长。医疗养老上，正在筹建一所三甲医院，将与北京301医院共建共管，确保镇域居民小病不出村、大病不出镇，积极构建社区养老体系。商业上，在釜阳花园小区建成釜阳商业街，建筑面积32 000平方米，进一步方便群众生产生活。结合基层组织阵地建设和美丽乡村建设等一系列工作的开展，居民生活环境焕然一新，村容村貌整洁有序，基础设施日益完善，村民生活水平不断提高，实现了生产发展、生活宽裕、乡风文明、村容整洁、管理民主的目标。

经济发展模式创新上，大王店镇着力以打造“产城互动示范区、体制机制创新区、低碳环保先行区、京津产业转移承接区”为目标，全面推动镇经济持续健康发展。采取“政府＋企业”的方式，建立起政府主导、企业参与、市场运作、互利双赢的管理机制。

（**撰稿**：雷永怀　**摄影**：袁晓昕）

北北里村

北狮之宗 名震华夏

□名村概述

北北里村位于河北省保定市徐水区东北 10 公里处。北邻定兴县，属于两地交界处，西邻 107 国道，南邻京港澳高速公路下道口，北距北京 120 公里，南距保定 30 公里，地理位置优越。全村辖 6 个村民小组，面积 2.6 平方公里，耕地 2300 亩，农民人均年纯收入 8050 元。津保高速铁路、南水北调天津线、西电东输工程横穿全村，方言为冀鲁官话保唐片，人口 1700 人，以汉族为主。属平原，地势西高东低。

北北里村，明永乐二年建村，因距离东史端镇境内的萍河一里而得名，1962 年为便于管理，把该村划分为“南北里”“北北里”两个行政村。

北北里村经济主要以传统农业种植为主，主要种植小麦玉米，温室大棚西红柿规模种植也一度成为村民发家致富之路，因所产西红柿口味微甜，并且是无公害蔬菜，赢得各地客商好评。其他副产业主要是经营轴承和舞狮两类。

□非遗文化

【徐水舞狮】徐水舞狮家喻户晓，素有“北狮之宗”的美誉。北北里村是国家级非物质文化遗产保护项目“徐水舞狮”的发源地。全村上至古稀老者，下到垂髫小童，人人披挂，个个练习，创造出许多绝活。“南狮佛山，北狮北里”，北北里村舞狮起源于1924年，兴盛于中华人民共和国成立初期。1925年组建狮舞艺术团。曾经连续三次参加国庆游行活动，受到了党和国家领导人刘少奇、周恩来的亲切接见，1953年慰问志愿军，还保留着贺龙元帅亲赠的锦旗。

狮子在中华各族人民心目中为瑞兽，象征着吉祥如意，舞狮则寄托着民众消灾除害、求吉纳福的美好意愿。徐水舞狮以其夸张的外形、逼真的表演、典型的地方特色、技艺的不断开拓创新和在表演中处于主导地位的技艺精湛的“引狮郎”为北方舞狮表演成功增加了神秘色彩，确切而恰到好处的表演得到观众的认可。徐水舞狮从扮演形式上有双人狮和单人狮之分，在表演形式上有“文狮”和“武狮”之分。文狮重在表现狮子的活泼神态和温顺嬉戏的性格，通过演员的肢体活动，表现狮子搔痒、打滚、抖毛、舔毛、弯弓、嘴爪、掏耳朵和打舒展等习惯性动作，感情细腻，憨态可掬。武狮则是技艺叫绝，通过“狮子出洞”“翻山越涧”“登山直立”“踩球过桥”和跳、转、腾、扑等动作，把狮子凶猛的各类动作表现得淋漓尽致、惟妙惟肖。徐水舞狮艺技主要表现在板凳、高桌、梅花桩、滚球板四门功课上，有托举、打滚、甩尾、翻、跳、多狮过桥等50多个难度较大的动作，显示了它的魅力。尤其是“五狮踩球过翘板”和梅花桩上“单腿旋转360度”的绝活，使人叹为观止。

改革开放以来，该村舞狮更是成绩斐然，足迹踏遍半个中国，并走出国门，到许多国家演出。1998年至1999

年访美演出长达 11 个月，在迪士尼乐园有了一席之地。1997 年，参加庆祝香港回归活动。2006 年被国务院公布“徐水狮舞”为第一批国家级非物质文化遗产，成为全国知名文化品牌。2008 年在北京奥运会各比赛场馆巡回演出，气势恢弘，技艺精彩绝伦，被誉为雄狮威武，誉满中华。

徐水北北里舞狮团的演员及其弟子遍布中国北方各省，并引出“无狮不北里”的佳话。北里舞狮技艺传承谱系脉络清晰，近百年来，舞狮传承已达十代，徐水舞狮第六代传承人王利忠，在继承原来的舞狮表演套路的基础上，大胆改革舞狮道具，进行舞狮技艺创新，使舞狮由原来呆板笨拙变为灵活，更加体现了狮子的勇猛威武，悉心培育了一代又一代舞狮新人，为舞狮的继承和发展做出了贡献。演员活跃在大江南北，使舞狮作为一种产业，带动了经济的发展，同时丰富了村民的文化生活，王利忠本人获第一批国家级“非物质文化遗产代表性传承人”称号。

徐水舞狮不仅是一种运动，更是一种文化。为了更好地传承徐水舞狮技艺和文化，徐水南北里小学成为徐水舞狮教育和训练基地，南北里和北北里村的学生得到了狮舞文化的长年浸润，学校将狮舞引进校园、引进课堂，培养了学生爱家乡的情感和团结协作、吃苦耐劳、积极向上的精神，提高了学生的综合素质。对于实施素质教育，弘扬民族精神，培养其热爱家乡之情具有深远的意义。

□名村今貌

目前村里从事舞狮这一行业的有100多人，以年轻人为主，每年平均演出多达200场。因为有时需要出席比较大的场合，所以村里正规演出团体只有一个，也就是村里人说的“大团”，“大团”下边分成几个小团。大团根据演出需要，能组织出几十头狮子共同表演的大场面；小团一般就是4—8头狮子，主要用于红白喜事，开业庆典等等。一年下来，每个演员都能挣几万元。看到舞狮能挣钱，吸引了不少年轻人参加到表演队伍中来。北北里村的“非遗”和别的“非遗”不同，因为北北里村把舞狮当作一项富民产业来抓，所以规模和档次逐年都在提升，想学舞狮的人也特别多。近两年南水北调中线工程和津保铁路从村北边穿过，村里公路整修，水利改造，东村外公路升级改造，也为村里的经济和村容村貌带来一定改观。

徐水舞狮在传承上求发展，在发展上求传承。时代在前进，社会在发展，价值观念也随之发生了巨大变化，北里舞狮紧跟着时代的脉搏跳动，凸显舞狮运动的民族特色，传承其传统文化价值，又与时俱进，开创了舞狮运动的新时代，谱写着徐水舞狮这颗璀璨民间艺术明珠的辉煌篇章。

（**撰稿**：李树德　**摄影**：牛亚军）

梁家营村

生态创艺 特色小镇

□名村概述

梁家营村位于保定市徐水区漕河镇西南部，人口 1018 人，253 户，村落面积 354 亩，耕地面积 1261 亩。村庄东距保定长城北大街 2 公里，南距保定北三环 1.5 公里，交通便利，区位优势明显。

据说宋辽争战时，宋兵在徐水附近驻扎七十二营，其中一营头目梁姓，后落居于此村，故称为梁家营。

□名村今貌

2016年，梁家营村结合“美丽乡村”建设，精心策划打造“梁家营生态创艺小镇”。按照美丽乡村建设要求，结合该村实际，镇村积极规划，坚持高站位、高标准、高要求，在按照“四美五改”要求，做好民居改造等12项专项行动的基础上，突出特色，打造亮点。梁家营生态创艺小镇以村庄为中心进行总体规划，分区布局建设各个特色版块，村内积极发展民宿、文化产业，村外建设华茂现代农业生态园，旨在打造保定近郊集农业种植、观光采摘、生态养生、艺术创作、民宿休闲、农耕体验、体育健身为一体的特色乡村文化、旅游综合体。大力发展美丽乡村旅游产业，以产业兴村富民，提升建设水平，为全镇美丽乡村建设树立标杆。经过一年的奋力建设，现在梁家营生态创艺小镇已具雏形。

村内通过美化升级改造，全村已实现污水及垃圾集中处理、天然气入户、厕所现代化改造。南北两个村口设立了独具特色的铁艺村标，修建了宽阔的入村景观大道。主街两旁的墙面进行粉刷、墙檐挂瓦、门楼改造，形成“粉墙黛瓦”的徽派建筑风格。打造多处街心游园，多条木制廊架小巷，全村街巷全部进行了硬化。村民中心已完成改扩建，总面积387平方米，功能更加齐全，服务更加完备。村民综合文化中心即将完工，包括百姓大舞台、美术馆、村史馆等，建成后将为村民及艺术家提供活动、娱乐、健身、演出、展览的场所。大力发展农宅合作社，打造高标准“民宿”。合作社民宿采取酒店统一服务及游客自助服务方式，按照星级酒店标准打造。另外合作社还与保定市多家艺术院团达成合作协议，把部分民宅打造成艺术创作工作室。目前民宿1号院——“村里”民宿酒店已经完工投入使用，2号院工程已经启动，其他将视情况陆续开工。

村外建设现代生态农业园，把全村1250亩耕地流转到园区，围绕村落分区布局建成蔬果采摘园、休闲垂钓园、农耕体验园、漕河“驴”文化主题餐厅及农家生态餐饮等多个版块，打造特色乡村旅游园区。现已建设完成精品葡萄园、苹果园、梨园、桃园、山楂园、樱桃园、枣树园200余亩，各种果树共计20万余棵，两个休闲垂钓园已投入使用。农产品科研中心主体工程已完成，正在进行内外部装修。有机果蔬大棚种植、绿色谷物杂粮种植、农家特色餐饮区及水电路基础设施建设正在实施。

如今梁家营已今非昔比，走进梁家营村，村南村北两个具有艺术气息的铁艺“梁家营”标识最先映入眼帘。夜间村北村标广场灯火通明，广场上跳舞的、唱戏的人群热闹非凡。入村景观大道让人眼前一亮，柏油马路宽阔平坦，

大道两侧安装了高标准路灯，栽种金叶榆、白蜡等景观树种，进行立体绿化。走入村内，“粉墙黛瓦”徽派建筑风格的民居，令人耳目一新。道路两侧白皙的墙面，采用墙绘的方法，将梁家营村的村规民约、社会主义核心价值观、讲文明树新风、传统民俗等内容用图文并茂充满艺术性的形式表现出来，充分体现出了梁家营生态创艺小镇的文化底蕴及社会主义和谐文明新农村的内涵。村内新打造的拥有亭台水榭、花草树木的 3 个街心游园景色宜人，令人流连忘返。在具有古典文化气息的木制廊架小巷内休息，乘凉的人们好不自在。村外现代农业园区内往来游客密集，大家在精品葡萄园里高兴地采摘、品尝、留影，大家都对好吃的葡萄交口称赞。

□发展愿景

【综合文化中心】重点打造的综合文化中心正在加紧建设，综合文化中心之前是一个村内排放雨水的集水坑，在 2016 年美丽乡村建设规划时，将其设计成了集美术展览、村史展示、文艺活动演出和会议婚丧宴会的一个宴会场所。该建筑风格为新中式，色调以灰白，木纹为主，村史馆的面积为 530 平方米，集中展示村史村情、历史变革、主要人物、村规民约、家风家训和发展规划等内容。大舞台的面积为 244 平方米，音响设施均按照正规剧场标准设计，观众席能容纳 1000 人观看演出，能容纳 400 多人的村民宴会。美术馆内为上下两层，展线为 200 米左右，能承接中型画展，为驻村及外界艺术家，提供一个展示作品的场所。剧场内设计了厨房、餐厅、化妆间和演员宿舍等，为承接大型演出提供了后勤保障和演出条件，在综合楼的东配楼二楼设置了书画活动室、舞蹈体育室和村民图书馆供村民使用。文化活动广场面积为 265 平方米，能容纳 650 人在广场上进行跳舞、锻炼等休闲活动。在广场的东北角，设置了 LED 大屏幕，作为播放各种村内信息的村内规划设施。目前，综合文化活动中心主体建筑已完工，正在进行内外部装修。

综合文化活动中心建成后，村委会联合文化公司在此开展各种各样的活动，如村规民约的普及宣传、梁家营善美人物评选、文明家庭评选、文体活动比赛、书画培训比赛、戏曲票友大赛、村民阅读知识竞赛活动、广场舞大赛等。作为特色旅游小镇的旅游项目，还会在每个周末利用文化中心举办彩色周末文艺演出活动，美术馆不定期举办各种书画展览展示活动，村史馆对外开放供村民及游客参观。随着“梁家营生态创艺小镇”的建设完成，各种文化活动也会在梁家营形成常态化，成为小镇旅游的一部分，成为丰富村民文化生活的一部分，而综合文化活动中心作为文化活动的场所作用重大。

【民宿及艺术家工作室】梁家营大力发展农宅合作社，打造高标准“民宿”。租用农户闲置民居，改造成民宿和艺术家工作室，将本地人文精神、古朴建筑和现代生活相融合，让每一所房子都有独特的面貌和个性，既保留

了历史印迹，又注入了新的现代生活气息。民宿房间具备空气能中央空调、现代家具、整体厨房、水电暖等设施，网络全覆盖。管理方式采取“农户 + 合作社 + 企业”的运转模式，由河北天保文化传媒有限公司进行管理。合作社民宿采取酒店统一服务及游客自助服务方式，按照星级酒店打造。合作社已与保定市青年美术家协会、河北工艺美术学校、保定直隶老调艺术研究院等艺术院团达成合作协议，把部分民宅打造成艺术工作室，为艺术家提供创作的空间。

未来发展设想通过三至五年的时间，实现全村农户加入农宅合作社，全部民宿按照星级酒店标准建设，主打“村里”品牌民宿，全社年产值达到 500 万元，实现全村家家有产业、人人有收入的目标。农宅合作社通过转变农业发展方式，与打造文化创艺相结合，与发展乡村旅游相结合，与美丽乡村建设、农业园区建设相结合，打造成为集休闲、养老、采摘、餐饮、观光、创艺于一体的京南地区独具特色、高知名度的乡村旅游小镇。

【现代农业园区】梁家营现代农业生态园依托保定华茂农业科技发展有限公司建设，发展特色乡村农业体验旅游，目前已初具规模，初步建成占地 400 亩的生态观光采摘园，其中精品葡萄园 50 亩、苹果园 100 亩，种植新奇特果树 20 万余棵，新建休闲垂钓园 22 000 平方米。有机果蔬大棚种植区、绿色谷物杂粮种植区、农家特色餐饮区建设及园区内道路、电、气、水等基础配套设施建设正在实施。农业园区项目规划占地 1500 亩，主要经营有机蔬菜种植、高档果品种植、文化休闲、私人订制开心农场、农家生态餐饮等。计划将村周围全部土地都流转到园区，以村庄为中心进行总体规划，村内积极发展餐饮住宿、文化娱乐、商贸服务业，村周围分区布局建成葡萄园、苹果园、樱桃园、有机蔬菜采摘园、垂钓园、农家体验园等各个特色版块，打造成集休闲、采摘、餐饮、观光、文化于一体的经典园区，建成园在村中住、人在景中居、业在乐中兴，宜居宜业，魅力无限的美丽乡村。

梁家营生态创艺小镇通过打造独具特色的民居建筑、高标准民宿、艺术创作室、村史馆、美术馆、百姓大舞台等文化符号，突出文化气息；通过村庄的硬化、美化、绿化、亮化、净化，展现美丽乡村魅力；通过农业生态园建设，突出发展以生态旅游、休闲观光、乡村特色文化为主的都市现代农业。小镇的发展模式是村内搞美化、村外搞产业，以美丽乡村创建带动现代农业产业园的发展，以现代农业产业园的发展作为美丽乡村建设的有力支撑，真正体现建设美丽乡村使百姓“安居”，建设产业园让村民“乐业”的美丽新农村内涵。

（**撰稿**：刘磊 张雪芳 **摄影**：刘磊 张雪芳）

白塔铺村

历史悠久 和谐塔乡

□名村概述

白塔铺村是建于唐朝贞观年间的古老村庄，面积5.82平方公里，全村2800余人，由于之前已建有白塔，故取村名为白塔铺。历史上，白塔铺村曾几易其名，如白塔村、北白塔村、白塔店等，都没离开白塔二字，可见白塔与村庄关系之紧密。千余年来，白塔铺村一直以丰厚的传统文化底蕴享誉四方。在村庄生产、生活的方方面面，都能感受到传统文化的魅力。

□文化遗存

【白塔】白塔矗立在被称为“九省通衢”古官道的东侧，高九丈九尺（30米），重檐七级八角。高大洁白的造型和特有的建筑风格，使之成为乡间一处亮丽景观。同时，由于塔内层层设有台阶，拾级而上，可环绕到达塔的顶层，透过窗口朝外望去，八面十里风光可尽收眼底。因此，登塔给人带来很大兴趣，尤其是“节节登高”“步步好运”的寓意和“登塔得福”“抠抠鼻子摸摸眼，大小病儿全都免”等民间信仰，对百姓产生了强大的吸引力。“登塔观光”已经成为人们日常生活中不可缺少的习俗，并逐渐形成了在乡域内有着重要影响的“登塔文化”。每逢节假日、集日、庙会乃至每一个农时节令，都是人们上塔的日子。尤其是正月十五“登塔节”，登塔活动形成高潮。塔乡乃至一二百里以外村庄的百姓都会赶来助兴，骑马骑驴的，乘车推车的，扶老携幼步行而来的，人人争相登塔观光祈福。此时，古官道上的来往行人和游客也都会被吸引到登塔活动中来，全村呈现出一派热闹欢腾的祥和景象。1947年，白塔毁于战乱。2013年，重修后的白塔，又回到了村民生活中来。每年正月十五“登塔节”到来，塔乡近万村民欢聚这里，尽享“登塔观光”乐趣，欢腾、祥和景象胜似当年。

【古官道】白塔铺南北永兴大街俗称“古官道”，这个古老的大街，是北京陆路通往南方的唯一通道，来往车辆、行人日夜川流不息。为给行人提供方便，白塔铺人志愿组织起不同形式的服务团队。他们在大街的南、北、中三个地方挖出三眼水井，并安装辘轳、水桶等提水工具，井旁放置了三具精致的饮马石槽。同时，还在每眼井旁栽种了几棵遮阴的白杨树。为了保障行人及财物安全，村中一些有武功的人，还昼夜轮流巡逻，维持秩序。因此，路上行人、车辆都愿在这里打尖歇息。白塔铺村的和谐与安宁，白塔铺人的善良与热情，给路上行人留下了难忘印象，因此，他们把这里作为自己的第二故乡，不少人还和白塔铺人结下深厚的友谊。今天，当年的饮马石槽仍然珍藏在“白塔文化苑”中。白塔铺村与社会的广泛接触与交流，不断为村民的生产、生活注入新的活力，从而促进了村庄建设的创新与发展。白塔铺村曾经是有名的“贡米之乡”“贡菜之乡”和当代的“西红柿之乡”。社会上曾经有过“一京（北京）、二卫（天津）、三白塔（铺）”的说法。

【状元桥】古官道大街的南端，有一座石桥，名为“状元桥”。据记载，明朝永乐年间，赴京赶考的书生赵博路过这里，当时这里还没有桥梁。因雨天道路泥泞，不慎跌入路旁河水中， 村中百姓见状纷纷前来救助。当他被

救上岸后，人和书籍、衣服都安然无恙。这事让他万分感动，于是当众许愿：如能高中，必在此处修桥一座，以示报答。一年后，得中状元并位居高官的赵博来到这里，修成此石桥。为纪念这一义举，百姓们将石桥命名为“状元桥”。状元修桥的消息传出后，塔乡百姓和古官道上的行人都争相前来，一睹“状元桥”的风采。路过此桥的莘莘学子，对此桥更是情有独钟，他们在桥畔抒发感想，体味桥的文化内涵，以求和赵博一样仕途顺利。于是，“状元桥”的故事传遍四面八方。今天，重修后的“状元桥”风采依旧，它在一如既往地守望着古老的官道。

□非遗文化

白塔铺村是传统的文化艺术之乡。古官道大街最南端的塔区，不仅是百姓登塔观光的圣地，同时也是文人墨客展示才华的“基地”。他们登塔观光之余，挥毫泼墨，吟诗作赋，留下了大量的诗文墨迹；而店铺林立的官道大街，则成为远近闻名的“艺术大街”。这里，每天都聚集着众多戏剧、曲艺、杂技、花会、书画等文娱团体和个人，仅风靡乡里的说书场就有十余家。受其影响，白塔铺村也逐渐发展起戏剧、民乐、花会等民间艺术组织，花会在兴盛时期，曾达到十几家。“白塔铺剧团”和“南乐圣会”还发展成为在乡域中小有名的艺术团体。

【白塔铺剧团】成立于清光绪三十三年，是集河北梆子、京剧、昆曲三种唱腔为一体的民间剧团。剧团成立初期，导演全是请来的高手，如享誉戏剧界的河北梆子“青衣”张风仙，“须生”易千红、马秀红、银娃娃，“花旦”银小佩，“武生”王小楼（名武生杨小楼师弟）、王山峰等，为剧团打下了坚实的艺术根基。因而几年后，一批掌握了精湛演艺的高徒脱颖而出。他们担起了导演和主演的重任，如男演员刘云鹏，是有名的“大青衣”，他既是演艺高手，又承担着导演重任，几十年来，经他导演和演出的剧目就有 100 多出，被誉为“乡下梅兰芳”。为了演戏，他终生蓄发，把一生献给了戏剧事业。

在剧团最活跃时期，全团演员达到 100 多人，每年为村民演戏 100 余场，同时，还受邀到周边几十个村庄以及东北三省、北京郊区、天津、石家庄等地演出，受到广泛赞赏。

【南乐圣会】成立于清嘉庆九年。200 余年来，乐队一直沿用传统的“工尺”曲谱演奏乐曲，这种曲调欢快明亮，既显古朴之风，又有大雅之韵。它的特点在于口口相传，200 余首曲目全凭演员熟记于心。因为“南乐圣会”深受百姓欢迎，所以人们都愿意进入乐队学艺，乐队兴旺时期，演员、学员有 200 人以上。除在村中演出外，乐队还不断到周围村庄交流演出。春节期间，从初一到十五，“南乐圣会”同几十支兄弟乐队轮流为百姓演出，使节日气氛更加浓厚。

□和谐文化

和谐成为白塔铺村宝贵的精神财富。踏入白塔铺村，人们总会发出这样的感叹：“这里不愧为和谐之乡！”的确，翻开村庄历史的每一页，无不记载着村民的团结与友善、村庄的和谐与文明。白塔铺村流传着这样一个令百姓永记心头的民间传说——“仙女修塔的故事”。故事讲到，很早以前，仙女姐妹二人难耐天宫寂寞，装扮成乞丐夫妇来到一个村庄“体察民情”，这个村的人勤劳、朴实、心地善良的品德给她们留下了深刻印象。因此，几年后，姐妹二人又来到这个村庄。不过，让她们吃惊的是，这里已成为一片汪洋。于是，姐妹二人决定在这里修座宝塔，镇住肆虐泛滥的洪水。当洁白漂亮的白塔建成后，这个村庄又获得了新生，而洪水再也没有泛滥过。为感念仙女和白塔，村中百姓为村庄取名“白塔村”。这个故事给白塔铺人以永远启迪：做人要“心地善良”。千百年来，白塔铺人一直遵循着这一“古训”。

在白塔铺村，还流传着这样一个让人们记忆犹新的故事：20世纪80年代，村民李洪润家八口人农药中毒，震动了全村。得到消息后，人们纷纷赶去救援，一辆辆拖拉机火速将一个个危重病人送往徐水县医院。虽然医院给了先治病后付款的特殊优待，然而沉重的医疗费用成为这个患难家庭无法克服的困难。当时的年代，虽然只需几千元，而作为一个家庭来说，也是天文数字。绝望之时，白塔铺村掀起了一场声势浩大的捐款救人活动。一时间，男女老少、大人小孩纷纷涌向村委会办公室。白塔铺村的大街小巷人来人往，就像年节一样热闹，就连学校的学生和老人也主动加入到捐款行列中来，有几位年逾八旬的老太太拄着拐杖一步一颤地来到捐款现场，在场的人无不为之动容。两天时间里，全村800多个家庭中，770个家庭以最少几角最多10元的款项共捐出善款6000余元。当6000余元现金交到县医院时，医生和医院领导全都惊奇地鼓起掌来。终于，五位病人从死亡线上被救了回来。这件事曾经在县城内引起轰动，《河北日报》等报刊还进行了报道。今天，白塔铺村依然保持着社会和谐的传统美德，这里，村庄美丽、家庭和睦、民风淳朴，成为深得社会赞誉的“美丽乡村”，自1985年至今，已先后四次被中共河北省委、河北省人民政府授予“文明村”荣誉称号。

□名村今貌

今天，白塔铺村的文化艺术事业，依然呈现着兴盛、繁荣景象。当年“白塔铺剧团”的演员虽大多年老，不能演出剧目，却仍然以自娱自乐的形式活跃村民生活，并在为剧团的新生而奔波。“南乐圣会”至今还活跃在村中的古老戏台上，每年春节，演员们仍然出会到几十个邻村，兄弟乐队也同样来白塔铺村演出，不断续写着传统乐曲的新篇章。今天，繁荣盛世开辟了农村文化生活的新天地，一个全民性的文化娱乐活动在白塔铺村兴起。这里建起了具有时代性的“白塔文化苑”和文化广场，设有文化展厅、灯光舞台、篮球和乒乓球场地、健身器材等设施，活跃着“九九太极队”“消闲娱乐沙龙”“绚丽年华舞蹈队”“喜乐年华舞蹈队”等多支文化娱乐队伍。文化广场上丰富多彩的文化生活，也吸引了周围几十个村庄的文娱组织加入进来。同时，为了使文化活动更好地为村民生产、生活服务，各文娱组织还自编自演了大量歌颂时代、反映美好生活的文艺节目。“白塔铺村之歌”等五首歌曲至今仍为村民所喜欢，其中一首获得了保定市文艺创作三等奖。“文化艺术之乡”展现出前所未有的活力。

（**撰稿**：刘顺常　**摄影**：刘顺常）

白沟新城

BAIGOUXINCHENG

商贸名城 购物天堂

◎ 白沟新城地处京津保三角腹地，2008 年 7 月 28 日由原高碑店市白沟镇和白洋淀温泉城开发区合并组建。2010 年 8 月获省委、省政府批复，9 月正式揭牌。辖区面积 64 平方公里，建成区面积 25 平方公里，常住人口 15 万人，流动人口 10—15 万人。

◎ 白沟新城交通优势明显。白沟新城距北京、天津 1 小时车程，距即将开工的首都二机场半小时车程。京石、大广、津保、廊涿等高速在白沟新城都有出入口；设有白沟站的保津高铁于 2015 年已通车，首都二机场的快轨将与保津高铁相连。四通八达的交通网络，进一步拉近了京、津与白沟新城的空间距离。

◎ 白沟新城产业基础雄厚。目前，白沟箱包产业已形成了从业人员达 150 万人的区域特色产业集群，拥有箱包企业近 4000 家，年产箱包 7.5 亿只，是全国最大的箱包产销基地。白沟已经形成了集箱包、服装、鞋帽、小商品等 14 个专业市场的大型综合商贸集群。2014 年，市场成交额完成 870 亿元，电子商务成交额达到 72 亿元。

白沟镇

北方商贸 箱包之都

□名镇概述

白沟镇位于冀中平原中部，总面积 54.5 平方公里，辖 33 个村，人口 13 万人。这里地处京、津、保三角腹地，北距北京 102 公里，东距天津 108 公里，南距保定 60 公里。为高碑店、雄县、容城、定兴 4 县交界之地。紧邻白洋淀、温泉城、野三坡等旅游胜地。津保高速、津保公路、津同公路、高雄公路于此交汇。

白沟西周时属并州，春秋战国时属燕。战国时，大约今之涿州东，跨今涿州、固安、高碑店等市、县界内，有一块地方名“督亢”，中有周长 50 余里的一片湿地名陂泽，这里支渠四通，富灌溉之利，为战国时著名的富饶之地。燕太子丹派荆轲献督亢地图，藏匕首于图中，谋刺秦王，所献之图就是这块地方地图。相传，这里曾有“五沟”，沟分五色，其一因多白芙蓉而名“白沟”，《水经注》记名为“白沟水”。可见，“白沟”一名最早是由“白沟水”而来。

□城镇定位

白沟的城镇定位，经过了改革开放 40 年的发展实践中不断探索、不断认识、几经修正，逐步确立的过程。

改革开放之初，根据白沟的传统优势，曾制定了“以商建镇，以商兴镇”的发展思路。1984 年，对白沟古镇街进行全面规划，在城镇规划原则中提出：“发挥优势、保持特色、合理布局、协调发展、区别缓急、量力建设，把白沟逐步建设成一个环境优美，生活舒适，技术先进，经济繁荣，农、工、商、

运并举和吸引力较强的现代化新型集镇。”

1992 年后，白沟的发展形势发生了巨大变化。一场波及全省上下的“白沟现象”大讨论，引发起空前的白沟开发热和投资热。1992 年，白沟镇政府和当时的新城县建委共同邀请国家建设部专家组对白沟市场建设、市政建设进行了总体规划，提出：“到 20 世纪末，逐步把白沟建成具有一定规模的农民商业城”。

1992 年 1 月 14 日，河北省《省长办公会议纪要》中对白沟的定位有这样的文字表述：“为了加快白沟的发展步伐，有些事情可以给点儿优惠政策，白沟镇的发展是一个商业中心，也可能形成一个小商业城市。”

2000 年 9 月 5 日，时任中共中央政治局常委、国家副主席的胡锦涛到白沟视察，对白沟的建设和发展做出重要指示。同年 10 月，在研究、落实胡锦涛同志的重要指示时，保定市政府提出：“把白沟建设成一个集购物、旅游、休闲、娱乐等多功能为一体的现代化城镇”的白沟城市发展定位。

2004 年 6 月 2 日，时任河北省委书记的白克明视察白沟时提出，要“把白沟打造成为中国北方第一大购物天堂”。不久，省长季允石在一次文字批示中提出白沟要建设成为“精品商城”。

2007 年 4 月，中国轻工业联合会和中国皮革协会授予白沟镇以“中国箱包之都”称号。同年 12 月，由中国世界贸易组织研究会、中国社会科学院城市发展与环境研究中心、全球品牌论坛主办的“品牌市场与商贸名城创建高峰论坛”，授予白沟“中国商贸名城”称号。

2010 年 9 月 16 日，举行“白沟新城”挂牌仪式。至此，“中国箱包之都”“京南商贸名城”“保东中心城市”就成为白沟发展定位的基本表述。

□产业发展

白沟以制作和销售箱包起家，今天白沟的箱包仍然方兴未艾，箱包是白沟镇最靓丽的一张经济名片。

20 世纪 70 年代，白沟高桥村各生产小队在抓农业生产的同时，开始搞集体副业，当时主要是做柳编、磨豆腐、开油坊。1971 年，该村第八生产队队长张国卿到北京大栅栏劝业场买回两捆过时的黑色人造革残次品开启坐套的生产加工。后来，规模越来越大，富裕了的村民决心干出更大的事业，他们想到了箱包。1973 年底，从北京买回了一个人造革制作的两根提带的黑色手提包，不断地拆开、研究、仿制。娴熟于人造革座套制作技术的巧手一仿既成，第一只白沟箱包就这样悄然问世。经过生产试销，效果非常的好，村民的经济收入也大大提高。富裕起来的八队没有独尝成功的果实，而是毫不保留地把制作技术与市场信息传给该村各生产队，最后发展到全村家家以此为业。1976 年，高桥村出现了白沟第一个箱包原料及五金饰件小市场。很快，白沟的箱包生产扩大到了周边乡镇。似乎须臾之间，涌现出一种“家家机器响，户户忙经商”的生动景象。

1992 年后，白沟箱包产业呈现迅猛发展之势，建起了一个庞大的生产基地，形成了几大配套专业市场，箱包产品达 20 大类、1000 多个花色品种，56 家规模企业、3000 多家个体加工企业、42 000 多家个体加工户，小规模、大群体，形成了相当规模的生产能力。到 20 世纪 90 年代末，白沟箱包年生产 1.2 亿只，产销量占到全国的 1/10，成为当时全国最大的箱包产销基地。白沟箱包在全国各大中城市有 280 个经销点，国内市场占有率 29%，“三北”市场占有率达 48%，73 家企业在俄罗斯、澳大利亚等 20 多个国家和地区设立了直销窗口，在巴布亚新几内亚建立了以生产、销售白沟箱包为主的跨国公司，白沟箱包集团生产的“玉兔”牌系列产品被评定为“中国公认名牌”，白沟箱包业被河北省政府确定为“全省十大区域特色产业”，白沟箱包市场被命名为“发展区域特色产业知名市场”，白沟市场位列“全国百强市场”之一。1999 年，白沟箱包业实现产值 30.72 亿元，完成销售收入 29.8 亿元，实现利润 3.6 亿元，上缴国家税金 4300 万元，出口创汇 310 万元。一批先富裕起来的白沟人，开始走出白沟，走向全国，走向世界。

白沟现有 5000 多家箱包门店、3 万多个经营摊位，300 多家规模企业，3000 多家个体加工企业，吸纳了 2 万多名务工人员。白沟箱包产业特有的“小作坊，大群体”的生产形式，带动起了周边的 5 个县市、500 多个自然村的 30 多万农民以之脱贫并走上富裕之路。

□非遗文化

【白沟泥人】白沟民间泥塑发端于清初。相传有一山东人素擅泥人捏制技艺，清初时因避兵燹、荒旱流落白沟，以捏泥人换钱糊口，后来白沟人纷纷仿效。至清末，白沟的南、北刘庄及辘轳把等村，几乎家家以此为业。古镇街干石桥段渐次形成独具特色的泥人市场，产品远销华北及东北各地。

白沟泥人的制作，凭借白沟河河底所淤之泥土。该泥土光洁细腻、韧而不粘，成为捏制泥人之上等材料。其制作工艺，有手捏、模印之分，先制素坯，后复底粉，再施彩绘，底部装有苇制口哨，吹之如鸟鸣声。白沟泥人，一般都造型古朴，色彩浓重，线条简约，构思大胆，强调神似形略，淳厚质朴，沉实平和，夸张变形，富于想象。具有浓郁的民族特色和淳厚的乡土气息。所塑内容多喜庆吉祥，大可近尺，小不盈寸，从戏曲人物、人生百态，到小猫小狗、花鸟虫鱼，俱形象逼真，意态纷呈。其中以“泥娃娃”和“戏出”最为典型。如“泥娃娃”中的“吉庆有余”，男女童一对，一抱鸡一抱鱼，或一骑鸡一骑鱼。“鸡”“鱼”取“吉庆有余”之意。又有“麒麟送子”“招财进宝”“五谷丰登”等，大者30厘米左右、小的十几厘米。“戏出”是指取材于戏剧人物的泥人，有单人、双人、三人之分。大的近60厘米，小的十几厘米。双人的如“梁祝”“天仙配”“双官诰”“孟良焦赞”“关羽周仓”“苏三起解”“小放牛”等等。“戏出”中还有一种“刀马人”是专供室内陈设的大型泥人，高近60厘米，左右相向，造型吸收了民间木版“门神”的特点，各骑骏马，手持兵器，陈设在堂屋迎门条案上座钟或中堂字画两侧。传说也有“辟邪”“除祟”“保家镇宅”之能。

还有一种更小的泥人，高约5厘米，也是模制彩绘，品种极多，男女老少，生旦净末，应有尽有。古今的神话传说、历史人物、农工商学兵，无所不包。或憨态可掬，或俏皮逗人，颇得儿童喜爱。辘轳把村则以捏制泥公鸡而闻名。泥公鸡造型简朴、色彩艳丽，成为华北地区泥玩具的代表作。2005年，中国美术馆专辟一展室，展出各类“鸡”的民间艺术，白沟辘轳把的泥公鸡陈列其间。

白沟泥人制作以北刘庄村人胡大学最负盛誉。他经过几十年于实践中的潜心研究，博采众长，形成了独特的泥人制作技法。其创作可谓心手相应，炉火纯青。其作品形神兼备，曲尽其妙，洒脱自如，浸润着一种令人震撼的拙朴之大美，堪称白沟泥人文化之一绝。白沟泥人，2005年列为省级非物质文化遗产。

□名镇今貌

进入21世纪后，白沟以建设“中国北方第一大购物天堂”和“中国北方商贸名城”为目标，启动了诸多重点工程建设，其中，白沟“十大现代商城”建设就是这时期的杰作。在“十大现代商城”建设的基础上，2010年之后，白沟又进行了市场设施全面扩大，先后又新增建设了“六大交易新城”，使白沟市场硬件建设有了更快更高层次的发展，市场规模进一步扩大。特别是在京津冀协同发展国家战略实施后，这些市场品质的大幅度提升，为承接北京非首都功能疏解的需要创造了条件。

【和道国际箱包交易中心】是和道国际总项目的核心项目，总投资30亿元，占地500亩，建筑面积50万平方米。2013年入城经营的商家12 000家，市场成交额260亿元，日客流量5万人。目前，是国内规模最大的单体专业市场。该中心内业态划分明确，经营范围30大类，3000多个花色品种，自主品牌1400多个。目前全国市场占有率达35%，北方市场占有率达65%，产品远销俄罗斯、美国、澳大利亚等130多个国家和地区。

【国际商贸城】河北省重点建设项目，总占地145亩，建筑面积45万平方米，总投资20亿元，由隆基泰和集团和白沟新城管委会联合打造，分两期工程建设。一期于2010年5月建成启动，为中国北方著名的小商品批发基地，建筑面积21万平方米，投资10亿元。二期为针织、服装专业批发市场，建筑面积24万平方米，投资10亿元，2013年5月投入运营，为中国北方著名的小商品、针织服装集散基地。商贸城积极引进电商、网购、旅游购物等新兴模式，商品辐射京、津、冀、黑、吉、辽、晋等地区，依托白洋淀、野三坡等旅游景点，成为京津保三角中枢的旅游购物新地标。商贸城现已全部正常运营，2014 年成交额 35 亿元。

【泰格建材城】项目由汇通修桥建设集团投资兴建，于 2013 年 6 月建成营业。项目占地 230 亩，建筑面积 38 万平方米，总投资 11.9 亿元。内设大型建材展售中心、基础建材主体商场、五金家电展示交易中心以及商品商贸平台、电子商务平台、金融服务平台，是集信息交流、人才交流、金融及商务办公于一体的综合性商贸城。

【新中天鞋帽城】项目规划占地 101.15 亩，建设用地 6.1 万平方米，建筑面积 18 万平方米，其中地上建筑面积 17 万平方米，包括商业 8.84 万平方米、公寓 8.23 万平方米，地下建筑面积 9200 平方米，并进行相应配套工程的建设。总投资 4.3 亿元。

【国际原辅料交易中心】位于和道国际的核心位置，北侧紧邻国际箱包交易中心。项目占地 630 亩，总建筑面积 63 万平方米，总投资逾 20 亿元，集交易、展示、贸易洽谈、商务办公、酒店公寓、信息交流等多功能于一体。其中商业门店建筑面积 20 万平方米。该中心将打造国际化、专业化、规模化的交易平台，引进行业协会和权威质监机构，汇聚国际、国内箱包辅料商家。汇聚采购商家，形成强大的产业集群效应。

【白沟北京大红门服装城】在京津冀协同发展的大背景下，经过白沟和道国际商贸有限公司积极与北京大红门服装批发市场对接洽谈，将北京大红门 13 家专业市场引入白沟，并于 2014 年 9 月 28 日正式启动白沟大红门国际服装城。白沟大红门国际服装城位于白沟的商业核心区。商城总建筑面积 30 万平方米，是承接北京大红门服装批发市场外溢的首个专业市场。目前已有 600 余家商户入驻，其中 70% 为原大红门经营商户。为延续“大红门”品牌的生命力，提升入驻商户的归属感，白沟大红门国际服装城继续保留“大红门”品牌的基本元素，在称谓设计、功能分布等方面与原有经营情况一脉相承。商城努力打造大红门品牌的现代化、专业性服务运营平台，推进大红门—白沟的顺利过渡与落地生根。

□发展愿景

2017 年 4 月 1 日，中共中央、国务院印发通知，决定设立河北雄安新区。雄安新区是以习近平同志为核心的党中央做出的一项重大的历史性战略选择，是千年大计、国家大事。白沟位于紧邻雄安新区的地理位置，将摆正位置，发挥优势，改革创新，服务新区。

跨越拼搏，是白沟人不懈追求的永恒主题和精神根脉。回顾历史，展望未来，再度扬帆起航，白沟名镇必将青春焕发。

（**撰稿**：费帅 刘盼）

定州市

DINGZHOUSHI

中山古都 魅力定州

◎ 定州市是河北省中部区域中心城市、河北省直管市，具有省辖市级社会经济管理权限。定州市地处太行山东麓，华北平原西缘，河北省中部偏西，自古就有“九州咽喉地，神京扼要区”之称。2013 年，定州市总面积 1275 平方公里，下辖 4 个街道、14 个镇、7 个乡。2015 年末，总人口 124.4 万人。

◎ 定州是中山古都，拥有 2600 多年的建城史，是三大主要历史文化之一“中山文化”的主要发祥传承地，是我国北方古代地域文明的摇篮之一，历史上曾作为一方政治、经济、文化中心，历经几千年的文明洗礼，逐步形成了独具特色的中山文化。定州是中山文化唯一一个没有出现过断代的城市，代表了中山文化的正统，是中山文化的发源地和历史上的中心区，是历朝历代中山地区的特指。从战国中山到西汉中山国，到三国两晋中山，再到宋金元中山府，最后到清、民国定州县衙大门上镌刻的“古中山国”，中山文化在定州历史上贯穿了两千 2000 多年。定州，2006 年被联合国地名组织命名为“千年古县”，是河北省“十大历史文化名城”之一。

◎ 定州文化灿烂，定州秧歌、鳌山灯、七巧舞、水兽灯舞、跑旱船等民间艺术丰富，子位吹歌被列为河北省非物质文化遗产。现存的定州古城形成于明清时期，其规模之宏大、建筑设施之完备当时在京畿之南首屈一指。现有全国重点文物保护单位开元寺塔、定州贡院、汉中山王墓、静志寺塔基地宫、净众院塔基地宫、大道观玉皇殿、晏阳初旧居 7 处；省级文物保护单位南城门、清真寺、北庄子汉墓石刻、文庙等古建筑、古墓葬、古遗址 15 处。

明月店镇

千年古镇 古道清风

□名镇概述

明月店镇位于定州市南偏西15公里。东与周村镇交界，西与开元镇交界，北与西城区交界，南与新乐市交界。辖31个行政村，镇域面积40平方公里，人口5.4万人。耕地2933公顷。

明月店为古驿道之驿站，连接定州、新乐、曲阳3县（市）。107国道、京广铁路纵贯南北，朔黄铁路、京港澳高速公路横穿东西，交通十分便利。

明月店村源于北宋时期，据道光二十年编纂的《直隶定州志》载，明月店镇“铺户六十四，铺伙二百五十。民户八十五，丁口五百九十二”。民国二十三年为定县第二自治区所辖。1947 年定县解放后该镇属第三区，1958 年是韩家洼人民公社的一个管理区，1961 年改称明月店人民公社，1982 年改为镇建制。1994 年撤销吴咬村乡，划入明月店镇。

北宋时，此地为交通要道旁一村落。村中店铺相连，南北客商络绎不绝。相传有一赴京赶考的举子夜宿客店，店主邀其为店铺题名。恰逢当晚天气晴朗，皓月当空。赴考举子触景生情，遂题名为明月店。后此举子考中进士，此店随之扬名，该村亦随之发展，成为远近闻名的明月店村。

□文化遗存

【陵北汉墓】位于明月店镇陵北村南 120 米，南距陵南村 200 米，西距陵北小学 260 米。现存封土，东西长 115 米，南北宽 80 米，高 22 米，占地 9200 平方米，曾出土铜饰件 3 件，现收藏于定州市博物馆内。1982 年在墓的东北角出土小石棺 1 件。此墓俗称“五黑坟”，封土夯土层厚约 20 至 30 厘米，夯土层内含鹅卵石、板瓦残片等，封土保存基本完整，封土上方西北角塌落成一圆坑直径约 6 米，深至墓顶约 8 米发现石券顶，坑中长有一对椿树为雌雄株。M137 号汉墓位于 M136 号的西侧，俗称“拖鞋岗”。 1995 年 4 月，河北省文物研究所对陵北 M137 号汉墓进行发掘清理工作，该墓为黄肠题凑墓。经清理，出土物有青铜椁轮 6 件、部分金箔饰及碎陶器残片。年代为西汉。

【武定二年彩绘玉像】1989 年在寨西店出土。彩绘玉像脸型清癯，眼睛微闭，眉细长，鼻高通于额际，耳下垂，戴宝冠。内着僧祇支，外披褒衣博带式尖领袈裟，大衣自两肩垂下交于腹部，下着褶裙，裙的两端呈锐角向外伸展，造型追求匀称的形式美。左手屈肘施印，右手弯肘托无畏印。裸足立于覆莲观台之上，莲台为半圆形。像的背面带有尖楣形背光，头的周围以花瓣纹，其他部分饰红彩及贴金火焰纹。背文、造像与后座为一块大理石雕刻而成，通体高 23.5 厘米，背光厚 2 厘米。其下为长方形台座，长 12.2 厘米，宽 9.3 厘米，厚 5 厘米。座背面刻有发愿文为：“武定二年十一月二十五日张利德敬造玉像

一区（躯）上□忘父母已身养□一时□佛”。

【古驿道】明月店镇现存的古驿道，始建于宋朝。当时按宽七丈二左右的标准建成，可以保证数辆马车相向而行。现仅宽 3—4 米，现存古官道。起点从现今定州市的南城门，经八角郎村、孟良桥，到明月店镇的二十里铺村、吴咬村、二十五里铺、明月店村、三十里城铺、西刘家庄村、大道庄村，直至现在的新乐市。明月店镇现存的明月驿，相传建于明代，俗称“藁尔”，清代乾隆皇帝几次西巡都通过此驿站。

该驿站在村东西两头建有对称的阁楼，分为两层，北侧设有登楼阶梯，底层是门洞及大门，二楼有壁画及神像，楼中间悬挂蓝底金字牌匾一块，上书“独站鳌头”四个大字，楼顶有古瓦、龙头、五兽等，据传还有金鸡报晓之说。东驿站的西侧路南建有戏楼一座，现已拆除。西驿站长年失修，于 20 世纪 60 年代倒塌。现明月店镇党委、镇政府多方募集资金实施了修东驿、建西驿工程，并于 2016 年 7 月 3 日通过省文物专家验收。

【清真寺】明月店镇的清真寺位于三十里铺村，始建于清代初期，距今已有 400 多年历史。占地 6 亩，房屋 9 间，分别是南北讲堂 8 间、大殿 1 间。清真寺为清早期建筑风格，分两层院落，原址在 20 世纪六七十年代被毁，1996 年重新整修，现有住寺阿訇 1 人，全镇回民每周五到寺内大礼拜。

【唐代寺院遗址】唐代寺院遗址位于明月店镇寨西店村。据传，唐天宝年间在寨西店建寺，宋时在寺内建塔，原址现为寨西店小学校址。1995 年在该址建校时，曾出土多尊佛像，部分佛像底座刻有天宝年号。现存该寺塔葫芦被完整地保存在学校的甬道中央。

【盆窑遗址】陶盆盆窑遗址位于明月店镇刘家店村东。300 年以前，科技尚未发达，制作工艺以手工为主。在民间，精美的工艺代代传承，手艺人以口传心授的方式延续手艺，刘家店烧制的陶器闻名于乡里，陶盆、陶缸、溜溜盆、鱼缸等烧制品精美耐用。随着时代的变革和科技的发展，刘家店的盆窑不再繁盛如前，但目前仍有烧制工匠传承这一手工技艺，现有于义杰、丁建祥、丁树增等人作为传承制作人接手了盆窑手艺。

【寨南古墓室】1990 年 4 月，寨南村村民在取土时发现圆形砖室墓，并交来瓷枕 1 件，定州市博物馆随即派人到实地进行了勘察。此墓在定州市西南 15 公里处、寨南村西南 100 米处的沙丘北部，墓室已被拆毁大部，残存墓基高 0.4 至 1.02 米。墓坐北朝南，直径为 2.76 米。墓门宽 0.73 米，高 0.8 米。墓室为砖砌平铺，北侧有棺床，经清理发现散乱骨架一具。出土定窑白釉印图案纹瓷枕 1 件，钧窑碗 1 件，铜簪 3 支，铁铧 1 件，铜钱 10 种 20 枚。根据墓葬遗物初步认定此墓为北宋中晚期墓葬，为研究北宋时期农业耕作技术及手工业发展状况提供了实物资料。

□古树名木

【明月古槐】在明月店古驿道旁，有一棵老槐树，四人才能抱拢，历尽千年不死，中空腐朽，人们口口相传“先有老槐树，后有明月店”。20 世纪 90 年代，雷电击中其中一枝，后此枝枯死，明月店人用水泥砖瓦将其撑起。

【夫妻树】明月店镇陵北汉墓穴里长有一雄一雌两株椿树。雄椿树紫黑色的树干挺拔洒脱，颇有阳刚之气，自墓穴里伸出的 30 多米高的树干，没有一处旁枝错节。雌椿树腰身纤细，亭亭玉立。两树恰似一对肩并肩、手拉手的恋人。人们俗称“夫妻树”。

□非遗文化

【解咬村皮影戏】古代称为灯影戏，是一种集绘画、雕刻、音乐、歌唱、表演于一体的综合性民俗艺术。明月店镇解咬村皮影戏历史悠久，剧目内容以宣扬儒家仁、义、礼、智、信的思想为主，结合定州方言表现出来，形成了浓郁的地域表演特色。解咬村皮影戏所唱曲目甚多，著名的有《三打白骨

精》《猪八戒背媳妇》《环保乡村行》《农村幸福快车》等等。

解咬村皮影戏的演员们大多是从少年时代即开始投身皮影艺术，非常酷爱这种职业生活。通过继承与创新，改革演出形式、演出内容、唱腔曲牌、莲藕造型、操纵方法、灯光布景、乐器伴奏、舞台结构等等，正以更精湛的表演技艺来展现它的艺术魅力。解咬村成立了定州市森康皮影艺术创作基地，解咬村皮影戏被列为省级非物质文化遗产。

【新宗熏肉】定州市新宗食品有限公司生产。新宗牌系列肉制品共有四大类（真空酱卤肉、冷鲜肉、火腿肠、散装酱卤肉），100 多个品种。通过 QS 国家食品生产许可证、国家质量体系认证和国际食品安全管理体系认证。先后获得“河北省第八届消费者信得过产品”和“河北省商贸名牌产品”称号，新宗商标被评为河北省著名商标，新宗熏肉被评为河北省名牌产品。新宗熏肉被列为省级非物质文化遗产。

□历史事件

【沟里惨案】1938 年 2 月 11 日，为控制平汉线，日军对沟里村进行了为期 11 天的大“扫荡”。日军的手段极其残忍，他们将村围住之后，见人就杀，见房就烧，残杀妇女儿童。全村 160 余户房屋均葬身于火海之中。从第二日起，日军开始进行每日两次的“扫荡”，共杀死村民 118 人，杀绝 8 户，重伤 12 人，1130 多间房屋全部被烧毁。

【十家疃歼灭战】是解放战争时期晋察冀野战军发动的保南战役的一部

分。1947 年 1 月 20 日保南战役展开，解放军攻占王京、望都县后，国民党军向南逃窜。24 日清晨敌人从新乐城出动，沿铁路向寨西店方向前进，午后进至十家疃，钻进了我军预先布下的“口袋”。我军立即向敌展开猛烈火力急袭，两侧的部队实施拦腰截击。敌人乱成一团，拼命死守十家疃，敌我双方展开逐院逐街的争夺战，经过 4 个多小时的激烈战斗，全歼敌 1 个团又 2 个营。为解放定县城扫平了障碍，1 月 27 日顺利解放定县城。

□人物英才

【张文辉】（1925—）1925 年出生于明月店镇张咬村，1944 年加入中国共产党，1945 年参加革命工作。参加工作后先在冀中区从事经济方面工作，后到山西省粮食公司工作。1949 年后进入中国人民大学对外贸易系外贸专业学习，毕业后一直从事对外贸易工作 35 年，曾任中华人民共和国对外经济贸易部高级经济师。1988 年离休。

【赵力田】（1920—）1920 年出生于明月店镇赵家洼村。毕业于西北大学地质系，1950 年参加工作，高级工程师，水文地质专家。其主要贡献为：1964 年，赵力田领导的地质部水文地质工程第二大队提交的“上海地面下沉攻关研究项目报告”被采纳，经上海市压缩用水措施的实施，迅速缓解了上海市地面下沉状况。1968 年，赵力田带队勘察发现一条长 20 公里的斜向构造带水源，为上海五大企业解决了工业用水难题。在援非期间，帮助桑给巴尔解决了居民生活用水问题，受到了桑给巴尔人民的赞扬。

（撰稿：韩振京 祝彦恒 何平均）

清风店镇

古道驿站 槐树飘香

□名镇概述

清风店镇位于定州市北部，南濒唐河，西临107国道，曲港高速贯穿该镇。镇政府驻地距市政府15公里。辖27个行政村，12 292户，50 174人。镇域面积52.6平方公里，耕地面积3408公顷。1996年，河北省委、省政府批准该镇为综合改革试点镇，2003年被省政府确定为改革发展重点镇。

清风店镇是古驿道上的重镇，定州自古就有"上有清风，下有明月"的说法。清风店建镇在明代以前。据道光二十年编纂的《直隶定州志》载，清风店镇"铺户七十六，铺伙五百五十，民户一百二十五，丁口五百八十九"。中华人民共和国成立后清风店镇属清风店区、清风店乡，清风店镇辖清东、清西、清南、清北4条街。1958年，清风店乡改称清风店管理区，属清风店人民公社（大公社）管辖。1961年清风店人民公社撤销，改称清风店区，清风店管理区改称清风店人民公社。1982 年，撤销清风店人民公社，改称清风店镇。1994 年，撤销席家庄乡，划入清风店镇。

□文化遗存

【古河道】约五六千年以前，在清风店镇一带已经有了人类生息繁衍。1985 年，从该镇的吴村发现一条古河道，古河道两侧有厚 0.3 至 1.5 米的古文化层，采集到经过磨制的石斧、石镰、石刀、石簇和纺锤、残骨匕首、蚌器等；生活器皿有硬质灰陶、磨光黑陶、夹砂粗褐陶（饰绳纹、篦纹）、鬲（饮具）、豆（炊具）、鼎足、盆、盂及残豆、鬲足、器耳、罐等。

【北齐二佛四菩萨像】1975 年清风店西南出土。二佛左右对称立于长方形座中间，形象和服饰基本一样。头戴宝冠，长脸，鼻高通于额际，眉细长，大耳下垂。上穿短袖圆领衫，下着褶裙。颈戴项链璎珞，璎珞结于腆腹之上。左边佛像左手弯肘持莲苞，右手曲肘提桃形物。肘搭飘带下垂至足部，裸足立于覆莲台之上。左右佛像呈对称式。佛两侧立对称双手合十的菩萨像，佛与菩萨之间用对称的莲花连接。佛高 67 厘米，菩萨高 51 厘米。下为长方形座，长 83 厘米，宽 32 厘米，高 30 厘米。座正面中间浮雕二力士手托博山炉。炉侧雕二狮，外侧各雕一菩萨。座两侧面浮雕持莲花供奉像。现存定州博物馆。

□传统文化

清风店镇的传统文化，主要是历史上留传下来的一些自娱性活动。主要有清西街的二鬼摔跤，清东街的舞狮、龙灯，南支合的旱船、群船、跑驴、架鼓等。每逢传统节日，由村委会或传承人组织演出，深受广大劳动人民的喜爱。

□历史事件

【清风店歼灭战】清风店战役是解放战争时期晋察冀野战军在地方武装和民兵的配合下，于 1947 年 10 月中下旬，在定州清风店一带进行的一次大规模运动歼灭战。

清风店战役，计歼敌第 3 军军部及军直工兵营、炮兵营、特务营、通讯营、辎重营、骑兵连、野战医院、剧社、青年团、第 7 师全部（包括师部及所辖 19、20、21 团）和第 16 军 22 师 66 团全部。总计生俘敌第 3 军中将军长罗历戎、中将副军长杨光钰、7 师少将师长李用章等以下 1.1 万余人，毙伤敌 2700 余人，连同保北阻击战，共歼敌 1.7 万余人。缴获各种火炮共计 72 门及大量武器弹药。击落击伤敌机各 1 架。

此次战役，是中国人民解放军转入战略反攻后取得的第一个大胜利，为解放石家庄乃至全华北创造了有利条件。

贺晋察冀军区歼蒋匪三军

南合村中晓日斜，频呼救命望京华。为援保定三军灭，错渡滹沱九月槎。卸甲成云归故里，离营从此不闻笳。请看塞上深秋月，朗照边区胜利花。

朱德 题

□人物英才

【王瑚】（1864—1933）字铁珊，清风店镇南支合村人。23岁中举人，30岁中进士，选翰林院庶吉士。清光绪二十一年，赴四川庆符任知县。临任前，写下自己的想法和决心：“百姓之生死，操于官吏。我辈官吏，要为贫民谋生计，才对得住社会。”光绪二十五年，调任灌县知县，要离开庆符时，庆符百姓在城外的路旁立了块高4尺、宽2尺的石碑，上刻“王铁珊长生禄位碑”。在灌县，王瑚写下“万分廉洁，只是小善，半点贪污，便是大恶”的座右铭，一如既往，惩治贪官。民国二年章太炎作为东三省筹边使，考察官吏政绩时，称王瑚为“循吏第一”。民国十五年，王瑚被任命为江苏省长，不久辞官居家，后被西北军冯玉祥聘为幕僚。民国二十二年，王瑚与世长辞，享年69岁。现仅存《王铁珊先生文集》《铁珊先生墨迹》。冯玉祥称他是“中国第一流清官”，并在泰山建五贤祠，把王瑚列为“五贤”之一。

【燕树棠】（1891—1984）字召亭，清风店镇北太平庄人。1914年毕业于北洋大学法律系，获法学学士学位。1915年官费留美，1920年获得耶鲁大学法学博士学位。1921年回国后，应北京大学校长蔡元培聘请，任北京大学法律学系教授、系主任，兼授清华大学法律课。1930年参加筹建武汉大学，并在该校和北京大学轮流授课。抗战爆发后去西南联大任教，兼任宪政实施协进会会员、监察院监察委员、国民参政会参议员、第一届司法院大法官、联合国教科文组织中国委员会第一届委员、中华民国法学会编辑委员等职。1949年拒绝去台湾。中华人民共和国成立后，任武汉大学法律系教授，湖北省政协委员。1984年2月20日，燕树棠先生病逝于湖北武汉。

【王国章】（1937—）清风店镇西市邑村人。1958年至1960年在河北农业大学学习。1958年8月加入中国共产党。1969年任外交部政治部科员、副处长。1980年9月至1984年1月任驻突尼斯使馆二秘、一秘。1984年6月至1987年7月任外交部纪委一秘、副司级检查员。1987年7月至1991年7月任外交部纪委副书记、常务副书记。1991年8月至1994年5月任新华社驻澳门分社副社长、澳门工委副书记。1994年5月至1996年12月任外交部部长助理、部党委委员。1997年1月至1997年5月任外交部纪委书记。1997年5月至1999年5月任外交部部党委委员、纪委书记、中央保密委员会委员，是中共十五届中纪委委员。1999年6月至2001年12月任驻朝鲜大使、中央保密委员会委员。十五大当选为中纪委委员。2004年退休。

【马祥】（1920—2007）清风店镇南支合村人。1938年2月加入中国共产党，同年7月参加革命工作。历任定北县委宣传部长、完县县委书记、安徽省宣城县委书记、沈阳市第24航空技校校长、国家航空第九研究所党委第一书记、核工业部九局副局长，中国人民解放军第九研究院党委常委兼副院长，航天部空间技术研究院党委常委、副院长兼机关党委书记等职。1943年，他领导的定唐县委给八路军输送两个整连的兵力。由他亲手组建的云彪支队“一手拿枪，一手拿镐”，在日军碉堡林立的游击区把战斗与大生产紧密结合起来，积极发展农业生产，保证粮食自给，同时多缴公粮，支持边区政府。1945年1月31日，毛泽东同志在《游击区也能够进行生产》一文中对此进行了表彰。1951年，马祥所在的宣城县掀起了抗美援朝、保家卫国运动高潮，3万青年踊跃报名参军，县委从中选了7000名青年赴朝参战，宣城县委因此而受到了上级的表扬。在航空工业局任职期间，马祥获得国防科工委一、二、三级金质奖章。

【罗宗贤】（1925—1968）清风店镇东王吕村人。1938年9月参加八路军。1942年4月加入中国共产党。作曲家，中国音协会员、理事。在参加革命的30年中，罗宗贤一共创作了大、中、小型歌剧（包括秧歌剧）20多部，电影乐曲1部，器乐曲1部，为话剧配音乐4部；创作了歌曲170多首。这些作品显示了罗宗贤不懈追求的足迹。歌剧《刘胡兰》选曲《数九寒天下大雪》（1948），以简约的民谣歌曲形式成功地塑造了英雄刘胡兰的艺术形象。歌剧《草原之歌》是中国音乐作品中“洋为中用”最早的代表作，它和梁寒光的《王贵与李香香》，代表了中华人民共和国成立初期中国民族新歌剧的一个流派；《阿诗玛》是中华人民共和国成立后的第一部音乐艺术片，它在音乐的处置上作了超前创新的探索，已经成为中国电影史上的经典之作。《英雄们战胜了大渡河》《桂花开放幸福来》《岩口滴水》和《马铃响来玉鸟唱》等都是脍炙人口的名曲，其中《岩口滴水》曾在维也纳第七届世界青

年联欢节上获抒情歌曲三等奖，并被选入全国的声乐教材。他的创作素材都是来自火热的战斗生活，在民族音乐的基础上有发展、有创新，深受广大群众的喜爱，至今不衰。2004 年夏，为了表彰他在音乐事业上的卓越成就，经贺敬之和孙家正提议，文化部为他出版了《罗宗贤音乐作品选集》。

【张怀瑞】（1921—）清风店镇吴村人。1938 年 1 月参加八路军，1939 年 1 月加入中国共产党。参加了清风店、石家庄、平津、太原、宁夏等战役及抗美援朝战争。曾任 64 军军长、沈阳军区副司令员兼旅大警备区司令员。

张怀瑞的突出贡献表现在解放银川的战役中。1949 年 9 月，《和平解决宁夏问题之协议》签字后，原国民党溃散官兵几万名在银川恣意闹事，造成银川市极大混乱，银川市民人心惶惶。时任 572 团团长的张怀瑞奉命率部发扬一不怕苦、二不怕死的精神，率先抵达银川，迅速控制局面，稳定了银川形势，粉碎了部分国民党溃兵破坏和平协议的阴谋。

（**撰稿：**韩振京 祝彦恒 何平均）

邢邑镇

千年古镇 文艺之乡

□名镇概述

邢邑镇位于定州市南部，镇政府驻地邢邑村，距市政府 25 公里。辖 13 个行政村，10 106 户，38 532 人。镇域总面积 48.08 平方公里。耕地面积 3.5 万亩。

邢邑古称苦陉，又叫“悬阳城”“玄阳城”。战国时期，属中山国。魏灭中山，归魏。魏太子击守中山，李悝为中山相，李悝曾责备苦陉令，要求为官者“不听窕言”“不受窕货”。中山复国后，又为赵所灭，苦陉归赵。秦时归巨鹿郡；汉初先属巨鹿，巨鹿析出中山郡后，属中山郡。汉景帝封刘胜为中山靖王，苦陉属中山国。东汉章帝北巡，改苦陉曰汉昌。三国时魏改汉昌曰魏昌。北齐时改魏昌为北陉。隋改称隋昌，唐改称唐昌。唐天宝元年改唐昌称陉邑，陉邑后演变为邢邑。邢邑在 2000 多年的封建社会发展中，多为县治所。北宋康定元年废陉邑，划入安熹。据道光二十年编纂的《直隶定州志》载，邢邑镇“民户三百八十一，丁口两千一百六十”，时属邢邑约大杨里。民国二十三年为定县第四自治区所辖。1947 年定县解放后属 12 区。1958 年是邢邑人民公社的一个管理区。1961 年改称邢邑人民公社。1984 年建邢邑镇。1994 年撤销西阳暮乡，划入邢邑镇。

□文化遗存

据清道光年间编纂的《直隶定州志》载邢邑约地图中，村北有旧城墙，村南有杜茂墓、赵熹墓，村东有斩莽岗，村内有天齐庙、变法寺、真武庙，现存文物古迹有杜茂墓（汉墓群，全国重点文物保护单位）、旧护城河遗址、

旧城墙遗址、晋察冀八中遗址（市文物保护单位）。

【三官庙】三官庙坐落在邢邑北街西胡同西口路北侧（现在的陈中兴家处）。占地面积有1亩之多，有3丈多高，四面有大陡坡，平顶，顶上有一间起脊的小庙，坐北朝南，里边有三员大将的塑像，附近的乡亲们每到初一、十五都会到庙里烧香、许愿。1942年，日寇侵占了邢邑后，在三官庙的西边筑起了中心大炮台，将庙拆掉，移平了大土台。

【药王庙】药王庙坐落在邢邑村官场的北端，现小学操场处，建有高大起脊的3间大瓦房，里边有药王孙思邈的画像。平时，来庙烧香、还愿、祭奠的人人山人海，都是祈求百病脱身。尤其是一到庙会上，成千上万的人家为了治病竟把烧香烧纸的灰尘带回家去治病。有的还把药王庙里的水当作圣水来饮用，他们说："一吃一喝百病消"。因而，方圆百里的乡亲们听说后，都来药王庙取药，喝圣水。

【邢邑古城】邢邑古城位于邢邑村村南1500米处，为战国城邑，汉代苦陉县旧城遗址。邢邑遗址面积15万平方米，南临古河道。原有夯土城墙和大沙丘，今已夷为耕地。1986年文物调查时地表散见泥质灰陶、粗褐陶，饰以绳纹，采集遗物有环底罐、豆把、鱼骨盆、平底灰陶碗等。

【邢邑墓群】属战国时代墓葬，位于邢邑村村南1000米处，面积2万平方米，南临木道沟，地势高于河滩1—2.5米。1986年文物调查时，地表

散见破碎灰陶，断面有裸露的土坑竖穴墓，曾出土环底罐、盆、豆等陶器。部分墓穴已遭严重破坏。

□非遗文化

【邢邑花会】邢邑花会为定州民间文化名品。邢邑镇是一个文化大镇，被河北省文化厅命名为“民间文化艺术之乡”。邢邑花会自清朝形成，距今已有200多年的历史。邢邑花会中的“炮打五只船”节目最具地域性、艺术性、民间性，深受群众喜爱。节目的内容表现的是刘备的夫人孙尚香坐船到东吴的过程和情景。船长5米，宽2.6米，共需要10人，5个坐船人，4个赶船人，

1 头毛驴和 1 个赶驴人。头船是牛茂明（孙夫人的仆人），里帮船是李瑞娥，外帮船是李瑞莲，后船是孙夫人。开始，先表演大连四（东、南、西、北）、小连四（东南、西南、东北、西北）8 个方位动作。三声炮响后大船自然分开，形成 4 只小船和 1 只小驴自由自在游走表演，动作有拨回头、走田格、走八字、金丝串蔓等。毛驴对着船走逆水，需经过开船、起锚、吊棚、左右晃船、拉推船等过程，唱调有小曲、码头调、河西调、茉莉花，旋律优美动听、朴素自然。表演 1 个小时左右，关键在 4 个开船的人，不但要起到引领作用，还要做“打飞脚”“打剪脚”等高难度动作，表演技术含量高、风格大方、风趣，适合群众口味。唱词文本通俗易懂，具有浓郁的生活气息，十分符合普通百姓的审美情趣。邢邑花会的代表性传承人有郭方成、黄海玲。邢邑花会已列入省级非物质文化遗产。

□历史事件

【魏昌之战】东晋永和八年，四月，魏冉闵克襄国，因游食常山、中山诸郡。前燕慕容儁遣慕容恪击冉闵，闵率军与燕战，军至安喜南（今定州东南），慕容恪引兵迎击，闵趋常山，恪追击于魏昌（今邢邑），闵与燕兵交战十次，皆胜。燕兵惮闵勇，设计诱闵军入平地而围歼，俘闵，送蓟，后又送龙城杀死。此战决定了冉魏灭亡。

【邢邑惨案】1942 年 5 月，日伪军在邢邑村杀害村民 18 人，制造了“邢邑惨案”。

□人物英才

【廉颇】（生卒年不详）中山苦陉人。赵惠文王十六年廉颇率赵军伐齐，长驱直入，大获全胜。此后廉颇率军征战，攻必取，守必固，威震列国，强秦虎视而不敢贸然攻

赵。赵惠文王与秦王渑池之会，蔺相如以“完璧归赵”之功，拜为上卿，位在廉颇之上。廉颇以为自己有攻城野战之功，不甘屈相如之下，数凌辱之。蔺相如以国家安危为重，不与计较。廉颇得知后深受感动，亲向相如负荆请罪。从此二人为刎颈之交。正因为廉颇、蔺相如团结一致，使赵国一度强盛，成为东方诸侯抗秦屏障。《汉书》称，“赵有廉颇马服，强秦不敢窥兵井陉”。司马迁《史记·廉颇蔺相如列传》说，“廉颇用与不用，实为赵国存亡所系”。

成语典故“将相和”“刎颈之交”“负荆请罪”“完璧归赵”皆与廉颇有关。

【甄洛】（183—221）中山无极人。建安初袁绍为次子袁熙纳甄洛为妻。建安九年曹操击败袁绍获甄洛，曹丕纳甄洛，生曹叡。黄初元年曹丕代汉称帝，立甄洛为后；黄初二年，甄后失宠，被文帝赐死。黄初七年，魏明帝曹叡追谥生母甄洛为文昭皇后。留有传世五言诗《塘上行》。

【刘琨】（271—318）字越石，中山魏昌人，西汉中山靖王刘胜后裔。刘琨少年以性格豪放闻名京师，为“二十四友”之一。年轻时与祖逖为至交好友，“常共被而眠，夜半闻鸡起舞”。二人互相激励，誓报效国家。后祖逖率兵北伐，刘琨得知祖逖为国建功立业，在给朋友的信中说“吾枕戈待旦，志枭逆虏，常恐祖生先吾着鞭”。晋初“八王之乱”后，刘琨大部时间在军旅率兵，其为并州刺史、都督并州诸军事时，匈奴围晋阳，城中将寡粮缺，刘琨乘月色登城楼，吹起胡笳，匈奴兵将闻声皆流涕唏嘘，思乡心切，撤围而去。318年，刘琨被晋权臣王敦陷害，被段匹磾杀死。刘琨志存高远，戎马一生，死非其所，壮志未酬。刘琨在文学上亦有很深影响。《文心雕龙》说，“刘琨雅壮而多风”。南宋爱国诗人陆游诗称“刘琨死后无奇士，独听荒鸡泪满衣”。刘琨与其父刘迈、其兄刘舆、其子刘群、侄刘演等皆一时名望。

【郎士元】（生卒年不详）字君胄，中山唐昌人（今邢邑），唐代宗大历年间“大历十才子”之一。天宝十五年登进士第，宝应元年任渭南（陕西省）县尉，后入朝为左拾遗、尚书员外郎等职，官至郢州刺史。工诗，与钱起齐名，时称“前有沈（佺期）宋（之问），后有钱（起）郎（士元）”，可见一时声望。其诗多为送别应酬之作，擅长五律，诗风娴雅、真切自然，为世所称。《新唐书·艺文志》录有诗1卷，《全唐诗》录存其诗70余首，编为1卷。著有《郎士元集》传于世。

【郭敬辉】（1916—1985）邢邑镇邢邑村人。1939年加入中国共产党，同年参加革命工作。水文地理学家。曾任中国科学院地理研究所副所长，撰写发表了多篇水文地理专著和论文，主要有《中国地表径流形成的自然地理因素》《黑龙江流域水文地理》《新疆水文地理》《川西北水文地理》。并主持了《中华人民共和国自然地图集》中水文图组的编审工作，普查了全国各地的水文地理状况。

【杨卫庆】（1927—）邢邑镇南王宿村人，1927年出生，1940年4月参加革命工作，1945年11月加入中国共产党。曾任中国人民解放军八一电影制片厂故事片室主任（正师级）。主要作品有《智取华山》《槐树庄》《碧海丹心》《抓壮丁》《雷锋》《解放石家庄》《风雨下钟山》《四渡赤水》《巍巍昆仑》等20余部故事片。还参与了大型音乐舞蹈史诗《东方红》的拍摄工作，曾任大型革命题材影片《大决战》的总制片主任。

（**撰稿：**韩振京 祝彦恒 何平均）

子位镇

民乐之乡 吹歌故里

□名镇概述

子位镇位于定州市东南，镇政府驻地距市政府 40 公里。东与安国市、深泽县交界，南与深泽县、无极县交界，西与李亲顾镇交界，北与西城乡交界。沙河、磁河分别从北部和南部流过。镇域面积 60 平方公里，耕地面积 4615 公顷。辖 12 个行政村，17 054 户，47 833 人。

据清道光二十年编纂的《直隶定州志》载，子位村有“民户五百七十一，铺户九，丁口七千二百八十八”，时为一大村，属子位约、子位里。据民国二十三年编纂的《定县志》载，子位时属定县第四自治区，1949年后属定县第十区。1953年建镇，属西丁村乡。1958年为西丁村人民公社的一个管理区。1961年改为子位人民公社，1982年改为子位乡，1994年撤销子位乡、北内堡乡，设立子位镇。

传说子位镇原名叫怀安乡，黄巾起义时为起义军的根据地，此地曾建有太平殿，殿内“黄天太平”旗下，正中是“天子宝座”，两旁摆放刀枪剑戟斧钺钩叉，传说是大贤良师张角施法的道场。当地百姓都尊张角是“真命天子”，以取“天子之位”之意将村名改称子位。张角教民布坛诵经，后黄巾起义虽然失败了，但是当年道场活动的仪式与尚义务勇的民情性格却传下来了。至今，该村的吹歌和武术，都是那个时候流传的产物。吹歌中的武曲是为将士在沙场鏖战助威，文曲是聚会、庆典、升帐、开坛之用。

□文化遗存

【商周文化遗存】该镇木佃村西发现有商周文化遗存，有大量商周时期陶片。为市级文物保护单位。

【张角墓】张角墓位于该镇七级村，为市级文物保护单位。

【地平井】地平井位于东内堡村西南，为市级文物保护单位。

【状元府遗址】状元府遗址位于子位村内，为市级文物保护单位。

【状元墓碑】邸状元墓碑位于子位村北，为市级文物保护单位。

□非遗文化

【子位吹歌】子位吹歌是冀中吹歌的典型代表，因发生发展的中心地在定州子位村而得名。它最早是由王氏家族传承的。1982 年，据 90 岁的吹歌传承人王成奎介绍，他家已传承六代，这样算来子位吹歌已有 200 余年的历史。20 世纪 40 年代，子位吹歌开始有大的发展，当时有个叫杨元亨的道士精通吹打技艺，来到子位村，教人们习练吹歌，子位吹歌开始由王家吹歌会向外姓辐射，出现西头吹歌会、车道吹歌会，总人数达到 200 余人。在春节等民间节日及民间红白喜事时演奏。中华人民共和国成立初期，子位吹歌发展到鼎盛时期，全村上到 70 岁老者，下至十来岁的娃娃，习练吹歌人数达千人。子位周边的寺底、寨里、内堡、李亲顾等村都成立了吹歌会。子位吹歌的老艺人应邀到附近的市、县传授吹歌艺术，最远传播至距子位镇 200 余里的白洋淀老河头。在这一时期有 20 多人被吸收入中央一级音乐团体，如笛子演奏家王铁锤、双簧管演奏家王小寿等。改革开放以后，子位吹歌又焕发了生机。1979 年，子位吹歌参加了中央电视台庆祝建国三十周年大型晚会。1986 年，中央电视台、中国唱片社录制出版了《子位吹歌》录音带。1995 年，参加了中央电视台《东西南北中》栏目举办的纪念抗战胜利五十周年专题晚会。1996 年，文化部命名子位镇为“中国民间音乐之乡”。2001 年，河北省文化厅授予张占民“河北省民间吹歌演奏家”称号。2006 年，在国家文联组织的全国山花奖吹奏展演比赛中，张占民又获“吹歌大王”称号，子位吹歌表演队获“特别优秀奖”。

【西丁村东路娃娃调】西丁村的东路娃娃调距今已有400多年历史，2012年列为市级非物质文化遗产，2016年列为省级非物质文化遗产。

□重要事件

【晋察冀军区成立】1947年6月2日，中共中央同意5月31日刘少奇、朱德“恢复晋察冀野战军建立军区后勤部的建议”，在原晋察冀野战军基础上，于1947年7月初在定县东内堡村正式成立晋察冀野战军。司令员杨得志，第一政委罗瑞卿（兼），第二政委杨成武，参谋长耿飚（兼），政治部主任潘自力（兼）。下辖二、三、四纵队，包括四、五、六、七、八、九、十、十一、十二旅及炮兵旅，共计12万人。

□人物英才

【邸飞虎】（1769—1819）又名邸允亭，字赐拜，子位村人。武状元。邸飞虎13岁弃文习武。清乾隆五十九年考取恩科第二名武举，次年考中第一名武进士，殿试钦点状元及第，以头等侍卫在乾清门行走3年。嘉庆四年特授广西提标后营游击，后又任中营参将、融怀营参将、浔州协副将。嘉庆十二年台湾发生动乱，邸飞虎奉调领提标兵赴台作战，即戎装启程，一路严饬，秋毫无犯，入广东界台战事动乱已平，奉调班师归任。嘉庆十四年实授广西平乐协副将。嘉庆十六年诰封武功将军，嘉庆二十年任郧阳镇总兵。嘉庆二十四年患病逝于黄州，道光四年入邸氏祖茔安葬。

【江潮】（1917—1996）子位镇子位村人。1940 年初加入中国共产党，同年参加八路军，抗美援朝时期曾任志愿军三十八军一一三师师长，回国后历任三十八军副军长、四川省军区副司令员、南京高级陆军学校副校长等职。1964 年晋升少将军衔。1996 年因病在南京逝世。

江潮最突出的战绩是抗美援朝第二次战役中的出色指挥。1950 年 11 月 24 日，第二次战役开始，中国人民志愿军第三十八军一举攻占了德川、宁远。敌军遭此沉重打击后，开始全面溃退。为了歼灭美军主力，11 月 27 日 11 时，已至德川的一一三师接到命令，要求于 28 日拂晓赶到三所里，“插得到、卡得死”，阻止敌人南逃北援。师长江潮指挥部队不与敌军纠缠，全速穿插，部队一夜行军 77 公里，比敌人早 5 分钟抢占了三所里这个咽喉要地，创造了世界战争史上中国军队的两条腿胜过美军汽车轮子的奇迹。

突然出现的一一三师震撼了美军，他们急忙调来飞机、坦克掩护自己突围，与拦在面前的一一三师三三八团展开激烈搏杀，战斗非常激烈，牺牲很大。师长江潮顶住了这种巨大的战场压力，没有调动三三七团增援，而是命令三三七团赶往三所里以西 40 多里的龙源里，因为那里也是敌军南逃退路之一。29 日 4 时，三三七团前卫一营赶到龙源里，又比敌军早到一步，抢先筑起了工事。一一三师牢牢卡住了三所里和龙源里，使得南逃的敌军和北上前来增援的敌军虽然相隔不到 1 公里，却始终无法会合。战斗一直打到 30 日晚上才结束，敌人始终无法突破三所里和龙源里。二次战役把不可一世的美军打回到“三八线”以南，中朝军队迅速收复平壤等地，粉碎了麦克阿瑟的“圣诞节攻势”，朝鲜战局也从此扭转。此次战役一一三师被誉为“飞虎师”，三十八军荣获“万岁军”称号，中国人民志愿军成为“最可爱的人”，江潮本人荣立二等功。

【刘健生】（1944—）子位镇子位村人，1944 年生，大学本科学历，曾任河北省政府副省长、政协副主席、党组副书记、中国共产党第十五次全国代表大会代表。出版作品有《岁月赋》《春秋赋》《时光赋》3 本诗集和《耕耘札记》文集。

【丁进攻】（1950—）子位镇西丁村人，1950 年生，1969 年参军，曾任国防部外事办副主任，少将军衔。曾率部参加对越自卫反击战，荣立二等功。军旅期间荣立二等功 2 次，三等功 3 次。

【王如海】（1946—）子位镇子位二村人，1946 年生，国家级非物质文化遗产子位吹歌代表性传承人。其父王成奎曾经和中央音乐学院的教授们一起研究子位吹歌曲谱，出版了由杨元亨等整理的子位吹歌曲集。王如海自幼跟着王成奎、王礼吉、刘礼栓、王木科学习笙演奏技艺。由他保存的子位吹歌的清代曲谱手抄本，虽经三百年仍完好无损，他还保存着历年子位吹歌的获奖证书和奖旗。

【张占民】（1963—）子位镇子位二村人，1963 年生，现任定州市红星子位吹歌艺术团团长，定州市子位吹歌艺术学校业务校长。2001 年被文化厅授予“河北省民间吹歌演奏家”称号；2006 年在全国山花奖吹奏展演比赛中荣获“吹歌大王”称号。经过多年的学习和刻苦努力，张占民系统传承了子位吹歌传统曲目，全面掌握了管子、唢呐的演奏技巧和艺术风格。他的演奏技巧娴熟，表演细腻，音色圆润，尤其对作品理解深刻，对不同地区、不同风格的作品有着独特的诠释能力。咔戏河北梆子《大登殿》和京剧《智斗》是他的保留曲目，他的演奏韵味丰富多变，模拟人声惟妙惟肖，受到界内人士和广大听众的一致好评。

（**撰稿：**韩振京 祝彦恒 何平均）

安新县

ANXINXIAN

华北明珠 京南水乡

◎ 安新县位于河北省中部，县境东与雄县、任丘相连；南与高阳接壤；西与清苑、徐水交界；北与容城毗邻。总面积 738. 6 平方公里。北距首都北京市 162 公里，西距保定市 45 公里，西南距石家庄 187 公里。

◎ 早在新石器时代，安新县即有人类生息繁衍。战国时，境内建有葛城、三台城、浑埿城，地处燕南赵北。安新县建置在沿革上较为复杂，现境的西南部于东汉末年建有依政县，唐置唐兴县，宋建顺安军，金建安州；东北部自金设渥城县，元代改名新安县。1914 年取安州、新安二地名各首字称安新县，抗战初期曾划为安新和新安二县。抗日战争胜利后又合为安新县。新中国成立后，1950 年安新县政府驻地从安州迁往新安城内。1958 年与徐水、容城合为徐水县，1961 年，复名安新县至今。全县设 9 镇 3 乡，共 12 个乡镇，207 个行政村，全县人口 393 113 人，有汉、满、蒙、回、壮等 15 个民族。

◎ 安新县自然风光秀丽，是中国北方著名的旅游胜地。因受历史上冀中凹陷和黄河改道及太行山东麓永定河、滹沱河冲积扇的影响，形成特殊形貌。西南北有冲积洼地平原，东有华北平原最大的淡水湖泊——白洋淀。白洋淀上承九河，下流入海，由大小不等的 143 个淀泊组成，百亩以上的大淀 99 个，总面积 366 平方公里，安新境内面积 312 平方公里，约占总面积的 85%。

◎ 近年来，安新县加大“旅游兴县”战略的实施，投入巨资相继修建了旅游专用码头、专线公路、明珠游乐广场、荷花大观园等游乐场所和设施，极大地丰富了白洋淀风景游、生态游、民俗游和文化游的硬件档次及内涵。2003 年孙犁纪念馆开馆，第十七届全国荷展在安新白洋淀荷花大观园举行，安新县白洋淀景区被评定为国家 5A 级景区。

安新镇

千年重镇 新安古城

□名镇概述

安新镇原名新安镇，1992 年 7 月改名为安新镇，是安新县历史最悠久的城镇之一。战国时为燕之浑埿城。金泰和四年于浑埿城建渥城县，属安州。八年移州治于渥城，称新安州，渥城为城郭。元至元二年州县俱废，改为新安镇，入归信县，四年割入容城，九年置新安县。清道光十二年废新安县并入安州。民国二年废州治，民国三年安州与新安合并称安新县。

安新镇位于保定市东偏北 45 公里处的白洋淀边，为安新县人民政府驻地。总面积 71.4 平方公里，人口 6.7 万人，辖 21 个行政村。镇重点行业为羽绒加工业。全镇羽绒加工业企业 97 家，产品有羽绒服、羽绒被、睡袋等。年产值 10 亿元，产品销往加拿大、韩国、日本等地。

□文化遗存

【留村仰韶文化遗址】遗址位于安新县城西 1 公里，留村北 300 米处，南距白洋淀北大堤 1.5 公里，遗址长宽约 200 米，地势原略高于四周，群众称之为“疙瘩顶”，因常年用土，现已挖平。遗址北部断崖上，暴露有 1.5 米的灰土层，地面上散存遗物有石器、鹿角、兽骨、蚌壳等。陶片以泥质红陶为主，其次为夹砂红褐陶、灰陶少量，未发现彩陶。陶器多为手制，纹饰有线纹、划纹、指剔纹，个别陶上有兰纹。有的陶器表面上施一层红色陶衣。器形以“红顶碗”为主。加有盆、瓶、缸等。该遗址为仰韶文化晚期遗址，并有部分龙山文化。1956 年，被定为省重点文物保护单位。

【魁星阁遗址】又名奎星阁，位于新安文庙（今安新县城内小南街县供销社大院内）东南隅，始建于明崇祯年间，构筑城墙上为台，取其照耀一方之意，原阁楼制为方，康熙四十六年，知县李立先改为八角二层，高南城楼尺余，雍正十二年楼基冲毁倒塌重修。魁星阁坐南朝北，阁正面上方，原有横匾一块，上题“魁星阁”三字。魁星阁为砖木结构，底座由青灰条石和青砖铺砌筑台，八角攒尖顶二层楼阁，聚台、楼、阁于一体，青砖碧瓦，飞檐斗拱，龙头吞脊走兽排列其上，别具风韵；底层由八根大柱与梁、枋相扣，起承重作用，四周围砌以青砖，砖墙表面粉以紫红，拱门北向，底层墙上开有八角橄榄形漏窗八扇，阁内设楼梯，二层楼面采用杉木企口接缝，四面围以花格隔扇窗，窗外四檐八角飞翘，灰瓦铺就。

魁星阁为明、清学宫或文庙组成部分之一，建筑辉煌雄伟。新安文庙，古称学宫，民国称孔庙，俗称圣人殿。在明、清两代办学中，培养了不少人才，在科举考试中多榜上有名。据乾隆《新安县志》载：明代中进士 6 名，清代进士 12 名，明代举人 26 名，清代举人 61 名。 1938 年秋，为阻止日本侵略军进攻，新安县抗日民主政府发动群众将城门楼拆除及降低城墙，魁星阁也不幸被一并拆除。

【关帝庙遗址】俗称老爷庙，位于新安县（今安新县城）小南街西半里许，进入申道街往南，今县物资局旧址。关帝庙为明清建筑，整座庙宇布局严整有序，分为二进院，有戏楼、庙门、正殿、东西配殿，禅室、钟鼓楼等建筑。关帝庙坐北朝南，庙门三间，庙门前有石狮一对。东北面与马神庙为邻，往东是火帝庙，进入庙门两侧有钟鼓楼各一间，穿过庙门往西朝北是大殿，为硬山式卷棚顶，面阔五间，前后有廊厦，殿内正中供奉泥塑关羽坐像，两侧有尊七尺高的站像，左为关平，右为周仓，大殿中间上置“关帝庙”匾额，两柱有联云：“华夏震神威裂土三分扶赤帝，中原雪国耻破金一战蹙朱仙。”

民国十七年，河北省教育厅制定乡村简易师范办法，通令各县立乡村师范学校，学制一般 3 年，急需师资者以准其举办 1 年或 2 年制的讲习班。按此规定，新安乡村师范于翌年在关帝庙举办。中华人民共和国成立初期，“拆大庙，建学校”和随着县城建设发展，关帝庙内泥塑像被拉倒，大部建筑被拆毁，现已无存。

【雁翎队打包运船遗址】在安新镇城东偏北 4.3 公里处，赵庄子村里和王家寨村东白洋淀内。1943 年 10 月 4 日，接到侦察兵赵波（小兵张嘎原型）报告，日军把天津运来和赵北口库存的军用物资等，分装在 40 多只包运船上准备运往保定，负责护航的伪河大队由 15 名日军和 100 多名伪军组成，凌晨从赵北口出发。于是区委计划把队伍埋伏在大清河北岸，赵庄子村西和

王家寨村东的苇丛中，前面的包运船放过由区委指挥的民兵解决，雁翎队三个排对付三船押运的伪军。六时许，三个排分头隐藏起船只，进入芦丛阵地。八点钟包运船开过来了，队长郑少臣一枪打掉敌人的岗哨。听到枪声，渔民水手们纷纷跳入水中，顷刻间，第一只船被一排强大的火力打得横了过来，郑少臣率突击组 5 只小船飞速冲过去，一阵手榴弹，十几个雁翎队员迅速跳上敌船，这样第一只船不到 5 分钟就结束了战斗。这时，队长郑少臣分派 1 只小船绕向敌后，前后夹击，敌人失去了水手，又断了后路，只得投降，另外一只船也乖乖竖起白旗。这次战斗活捉伪河防大队队长秦凤祥，在一条麻袋里抓住日军中队长初士加三郎，缴获手枪 2 支，手榴弹 8000 余枚，子弹 20000 余发，毛毯百余条，15 名日军被打死 10 名。此后，日军天津至保定运输线被彻底切断。

□人物英才

【李师儿】（1172—1209）女，金渥城（今安新镇）人。父李湘，母王盼儿，出身微贱。李湘获罪，全家投入宫籍监。金世宗大定末年，李师儿以“监户女”选入宫中，成为一名宫女。李师儿声音清脆、聪明伶俐、善解人意，便被选出接受宫教，金章宗即位后，李师儿被选入宫。明昌四年章宗封李师儿为昭容，次年进李师儿为淑妃。承安四年改立李师儿为元妃，实为六宫之主。

作为李师儿的家乡浑埿城，历代多为容城县属地，金章宗泰和四年改浑埿城为渥城县，隶属安州。八年州治由安州迁至渥城，仍辖高阳、葛城、渥城 3 县。渥城能升为安州州治，是由于李师儿祖居于此。当时，章宗不时随带元妃李师儿巡幸渥城，行猎于淀中，并在这里建行宫，名为“建春宫”，立午门，在东城角建“明昌鹅楼”专为观鹅之用。又于东南城墙上建“梳妆楼”，供元妃梳妆之用，自小南街到西水塘，皆为莲花池，西城下有观莲台。在城内西北建了“静聪寺”专为李师儿进香拜佛之用。渥城经章宗拓建，方圆九里，城高三丈，阔九尺，池深一丈，规模可观。

【高景】（1607—1681）字似斗，清直隶新安县留村人。今河北省安新县安新镇留村人。顺治二年举人，次年成进士，初授湖广道监察御史、巡按宣府、大同，因公事失误降职回籍，顺治五年创建文昌祠，主修《新安县志》八卷。六年，新安乡人数千起事，乘大水以舟船泊城外，高景尽心守御城池，出兵突然袭击，杀其首领，余众皆散。因镇压农民起义有功，于是高复官，补山东盐运司经历。不久提拔至京师任职，先后做过太常寺卿、通政使、兵部、刑部、户部侍郎，直至刑部尚书。后被人陷害，罢官而归。康熙二年，高景捐资重修明伦堂。五年创建义学。康熙十八年、十九年康熙两次巡历畿甸，水围白洋淀至新安。高景前往迎驾，受到康熙的慰劳，赏给他蟒裘、蟒袍，并赐《日讲四书解义》。二十年病故。御题“恩褒尚义”四字赐之，康熙二十一年祀乡贤。

【魏一鳌】（1613—1692）字莲陆，清直隶新安人。崇祯时举人，曾任

山西忻州知州。礼贤下士多施惠政。明末变乱之后，不愿为官，顺治二年乃从清初三大儒之一的孙奇逢求学。前后达 32 年，因此记录下来的与孙奇峰的答问最多。一鳌曾于保定城内建上谷王贤祠。康熙三十一年病故，死后入祀乡贤祠，著有《四书偶录》《诗经偶录》《北学编》《夏峰年谱》《雪亭梦语》《雪亭诗草》。时人对《雪亭梦语》评价甚高。

□名镇今貌

安新镇坐落于白洋淀畔，风景优美，物产丰富，历史上有静修书院、妃子妆台、忿寺晓钟、台城晚照、东堤烟柳、西淀风荷、鹅楼凌云、鸭圈印月等新安八景，清代康熙、乾隆皇帝曾多次来白洋淀巡游、水围，先后建有端村、圈头、赵北口、郭里口四座行宫。

1988 年白洋淀重新蓄水后，安新县旅游业蓬勃发展，接待游客从几万人发展到 1992 年的 82 万人次，旅游设施和管理得到逐步完善。2000 年 5 月份，安新县委、县政府倾力建设的白洋淀旅游码头和旅游路正式投入使用，以此为标志正式开启了安新旅游业的新篇章。码头坐西朝东，全长 317 米，宽 105 米，占地 91 亩，建有 60 个泊位，可同时停靠大小船只 700 余艘。2005 年白洋淀景区被列为全国红色旅游经典景区，2007 年被评为首批国家 5A 级旅游景区，2016 年，白洋淀景区接待游客 213 万人次，经济效益达 17 亿元。

2017 年 2 月 23 日，习近平总书记亲临安新视察，并做出了建设雄安新区的重大决策，这是安新人民和白洋淀人民的大喜事！我们相信在习近平总书记为核心的党中央领导下，安新镇人民一定会创造出更加美好的明天！

（**摄影**：刘贺来）

安州镇

燕南赵北 文化古镇

□古镇概说

安州镇位于白洋淀畔，七千年前就有人类聚居繁衍，古人定位她为“燕南垂、赵北际”，为“幽冀之奥区也”。在战国年代，赵国在此筑起一座城池，名曰“葛城”。相邻的燕国建起了三台城和浑暹城，三城鼎立，各展风采。葛城因地处濡水之北，又称之为“濡阳”。

东汉末年，葛城设依政县，唐代置武光县，后改名唐兴县，五代时又改名宜川县，宋建顺安军，金天会七年升为安州。多少年来为州、县治所。民国三年，安州与新安合并为安新县。中华人民共和国成立后，为新县人民政

府所在地，1950 年县政府由安州迁住新安镇（现安新镇）。

安州镇地处安新县城西南 10.6 公里处。全镇总面积 77.15 平方公里，水陆相间。全镇辖 28 个行政村，人口 3.9 万人。

□文化遗存

【安州古城墙】安州城古称“葛城”，建于战国时期，距今已有两千多年的历史。因地处九河之下多毁于水患。宋代名将杨延昭，为屯兵御辽，再筑土城。明代多次增修，万历中期以三合土、大砖修筑，池周五里三十步，高二丈五尺，池深一丈五尺，阔一丈。有四门瓮城，东曰熙皞，又曰望瀛；西曰保僖，又曰耀武；南曰咸和，又曰迎秀；北曰永清，又曰太平。南门至北门长五百四十九步，东门至西门长四百七十四步。清朝乾隆十二年，兵部尚书陈德华离职回籍，自请效力修葺该城，未竟，奉诏为左部御史，因命其侄陈筠代修。乾隆四十六年发帑重修，规模可观。民国二十七年，安州沦陷，日军在安州城修起了炮楼，实行灭绝人性的“三光政策”，安州人民处于水深火热之中。因军事需要，拆低城墙，只留一米半至两米高的城基，以防水患。1945 年 8 月 29 日，安州解放，在安州城内举行了庆祝大会。

【古秋风台遗址】遗址位于安州镇西北 1500 米，南易水入白洋淀河口地带，系战国时期荆轲刺秦王由水路上旱路燕太子丹与之分手之处。现存石碑“古秋风台”一座。原碑为汉白玉石，刻有荆轲事迹。清道光十六年，安州天宁寺住持源琇按原尺寸重刻。碑为青石料，高 1.95 米，宽 0.81 米，厚 0.16 米，碑阳刻“古秋风台”，阴刻立碑原因。

□古镇文化

安州的文化是开放而多元的，最突出的是重视教育。元代建有观光书院，明代建有正学书院，清代建有葛乡书院。历史上不乏寒门俗子通过读书实现鱼跃龙门的成功典范。从宋朝至清代，安州共有进士 39 名之多。其中，最具传奇色彩的是安州的陈鹤龄一家，“一状元六进士”。陈鹤龄潜心理学研究，著《莲窗制艺》家传户诵，官至顺天府教授，次子德华登雍正一甲第一名进士，官至礼部尚书，长子德荣、三子德正俱进士，官至藩臬。到了乾隆年间，陈德荣官至贵州的布政使，长子陈策乾隆丙辰进士，仲子陈筠乾隆辛未进士，三子陈筌乾隆壬申进士。两辈儿“三进士”。

安州镇文风淳厚，在文化的崇尚中，尤喜欢书法。清乙未翰林潘龄皋开创了“潘体”，有“南谭（谭延闿）北潘（潘龄皋）”之誉。在潘龄皋先生的影响下，安州一带乃至全国，出现了大量的潘体追随者，郭沫若、田蕴章兄弟等名家都深受潘龄皋的影响。安州镇是安新县第一个成立书画院的乡镇。安州的孙怀德先生在北京办有雁翎美校，影响甚广。华国锋是他的书友，张玉凤是他的学生。

安州圣人殿凉亭圣人殿即孔庙。建于清初，坐落在安州城内西街，坐北朝南，主要建筑有钟楼、大成殿、明伦堂、文昌阁。院中央四角凉亭建于民国初，是为重修文庙建的纪念亭。解放初，曾为县政府驻地，后改为学校，现仅存四角纪念亭。

□古镇精神

“燕赵自古多慷慨悲歌之士。” 公元前 227 年，濡阳城北，易水之滨，一曲慷慨而悲壮的歌划破了历史的沉寂：“风萧萧兮易水寒，壮士一去兮不复还！”荆轲告别了燕太子丹、高渐离等白衣送行、发上指冠的人群，掉头西行，踏上了直奔咸阳的路，去实现他侠肝义胆的抱负。

之后，刻有“古秋风台”四字的丰碑就在安州的城北、易水岸边矗立起来。自此，这种豪气冲天、以身殉国的精神在燕赵儿女的心中燃烧一代又一代。

民国十四年安州人民发起抗席苇捐斗争，迫使县长张声免去席苇捐，席民自愿捐款，在北城门内修建抗席苇税斗争胜利纪念碑亭一座。

抗日战争爆发后，这里的人民，在中国共产党的领导下，保家卫国，英勇抗击日本侵略者。

在解放战争中，安州响应“翻身农民踊跃参军入伍，卫国保家”的号召，掀起了“父送子、妻送郎”参军热潮，英勇支前。

安州城里的烈士塔，记录着为国保家的烈士 1887 名，是英雄的花名册，更是德育教育的丰碑。

□人物英才

【李原名】（生卒年不详），字资善，明直隶安州人。洪武十五年官任御史。二十年出使缅甸，归来后向朝廷报告其头目心怀奸诈，应严备边防，又揭发了明宗室靖江王行文用大理旧印为非法，均得到朱元璋首肯。升礼部尚书后，朝廷有关外国事务多向他咨询。高丽提出辽东文、高、和、定各州，都是高丽故土，请求归还，并准许他在铁岭派兵驻守，原名以为与高丽以鸭绿江为界，早已确定，拒绝了高丽的要求。凡有关明初祭祀典礼，诸人议论之后多由原名裁定。洪武二十三年以年老退休。

【房壮丽】（1555—1636）字威甫，号素中，明直隶安州人。万历十三年中举人，二十三年成进士。任山西襄陵知县七年，为政清廉，颇得当地人民好评。三十三年升礼部主事，三十五年考选湖广道监察御史，敢于向朝廷谏言，及巡按南畿，向朝廷推荐属官杨涟等十三人，后皆为名臣。天启元年任江西巡抚，破获一起串联明朝宗室谋反大案，消弭了一场灾难。不久升工部侍郎，河道总督。时黄河决口，他日夜在河堤督率河工，决口合龙时其身体疲惫不堪，乃告假回乡养病。天启六年复任史部侍郎，时魏忠贤专权，残害忠良，他不附从，闭门不问政事。七年秋天，崇祯即位，久闻其有清正之名，提拔为都检察院左都御史，协助崇祯剪除魏忠贤党羽。崇祯元年告老还乡。崇祯九年，清兵越长城侵掠畿辅，八月破安州，房壮丽被杀。著有《巡吴疏稿》《抚江疏稿》《总河疏稿》等。

【陈德荣】（1688—1747）字廷彦，号密山，清直隶安州人。康熙五十年中举，次年成进士，授官湖北枝江知县、贵州黔西知州、大定知府等职。乾隆四年代理贵州布政使，掌管一省民政、财政。《清史稿》记载，他在贵州兴蚕桑，为百世之利。此外，他还关心赈济孤寡，增加囚犯口粮，尤其关心教育，在苗族聚居地区设立义学 24 所。十一年任安徽布政使，次年卒于任所。道光五年纂入国史《循史传》。六年奉旨入祀乡贤祠。九年，贵州地方官吏应民人之请，奏准入祀贵州名宦祠。著有《知家轩文稿》《葵园诗集》《蚕桑要录》等。

【陈德华】（1696—1779）字云绰，号月溪，系陈德荣之二弟。雍正二年甲辰科，殿试一甲一名进士及第，照例授翰林院修撰。乾隆元年升詹事，充经筵讲官为上书房师傅，教习诸皇子读书，四年升任户部尚书。七年调任兵部尚书。后因事受到革职处分。至乾隆二十四年任礼部尚书，二十九年以病请求退休获准。三十六年，皇太后八旬大寿，德华曾为亲近大臣前往京师祝寿，参与香山宴游，乾隆命人作香山《九老图》，德华列于致仕九人之中。四十四年辞世，终年 83 岁。著有《月溪文稿》《葵锦堂诗集》。

【陈德正】（1701—1774）字醇叔，号葛城，陈德荣之三弟，雍正八年，中进士，先后任山西冀宁道、山东按察使、陕西按察使。后因事丢官回乡，一直在问津书院教书，因学问好，从学的人很多，著有《醇叔文稿》《葛城诗稿》《念堂诗话》。

【潘龄皋】（1867—1954）著名书法家。字颐山，一字小泉，号锡九，葛城居士，安新县安州镇西北村人。潘龄皋自幼入家塾就学，饱读诗书，又酷爱书法，天资聪颖，勤奋好学，同时在祖父潘祖望的指导下练出一笔好字。光绪七年考中秀才，二十年中举人，翌年中乙未科进士，选翰林院庶吉士。先后任知县、知州，后任甘肃布政使。入民国，任甘肃省财政厅厅长，1921 年 10 月代理甘肃省长，因不愿与贪官污吏同流合污，1922 年辞职还乡。

潘龄皋退居故里期间，娴静少言，深居简出，继续苦攻书法，在书法艺术上形成独特风格。其书法功底深厚，书艺超群，尤以行书见长。早年以赵体入门，后研习颜真卿、刘墉诸名家书法，并取百家之长熔于一炉，世有“潘体”之称。他的字在冀中、平津颇有名气。北平、天津出过他的十余种行书字帖。其中《胡大川幻想诗》《南濠诗话》《又一村诗话》等最为著名，流传最广。他的楷书《千字文》《百家姓》《阴骘文》《朱子治家格言》《楷书古文四篇》等，结构分明，耐人寻味，当时习楷书的人多以他的字帖为摹本。1954 年 6 月 13 日，潘龄皋病逝于北京府右街寓所，终年 87 岁。著有《哇鸣集》等。

（**摄影**：刘贺来）

三台镇

战国古城 北方鞋都

□名镇概述

安新县三台镇东邻大王、安新两镇，南连安州镇，西、南滨藻苲淀，分别与寨里乡和安州镇一水相连，北界容城县小里镇，面积 57.7 平方公里，辖 12 个行政村。1995 年建成安新县第一个小康镇。2000 年被列为河北省小城镇建设综合试点镇。

2001 年，三台镇建成鞋材专业市场。2002 年规划“北方鞋城”，建设张村制鞋工业区。2016 年，制鞋及相关企业 820 家，从业人员 85 000 人，年产鞋 3 亿双，年产值 105 亿元，各类商铺达 3500 余家，人均纯收入居全县首位，形成了以制鞋工业区、物流区、鞋材市场和商贸服务区的产业格局。

三台镇始建于战国时期，属燕地上谷郡容城，筑三台城，周围 5 里，为燕南边陲，军事重地。汉景帝元年，封东胡降王卢它父为亚谷侯驻守三台，因以三台又称“亚古城”。自东汉至隋初，三台为容城县治所驻地，按汉制，县署前设一“申明亭”作为“悬书读法”之所，今三台镇申明亭村村名源于此。

新王莽天凤五年，赤眉军至三台，乡人为躲避战乱筑寨防守，挖地道通往城外藏身，因此，三台又称“刘盆子寨”。三台城历经千余年，后毁于兵燹水患。乾隆《新安县志·古迹》载：“三台城在邑西二十里，《城冢记》云，燕赵分易水为界，筑三台城登降以耀武即此，汉因置县，城有五里，今遗址尚嶙嶙也。”

三台历史悠久，早在商周时期就有先民居住。千百年来，三台人守候一方热土繁衍生息。宋元后三台崇文尚武，尊师重教，人才辈出，文化底蕴深厚。亭台临流，古刹幽明。现有文物保护单位多处。

□文化遗存

【商周文化遗址】一处是三台镇申明亭遗址，当地人称“大寺坡”，面积为 32 528 平方米，最底层为灰土，向上依次为黄土层砖瓦混土层，发掘出土大量石器、陶器、骨器等文物，经专家鉴定属商周时期文化遗址。另一处是新庄窠遗址，面积 15 000 平方米，发掘出土大量石器、陶器、骨器及战国刀币铜戈等文物。经专家鉴定为龙山、商周文化遗址。

【春秋战国文化遗址】三台镇有战国文化遗址四

处，分别在狮子村、店上村、张村和王公堤村。各处遗址面积在 18 000 平方米左右，均有类似文物出土，经专家鉴定为春秋战国时期文化遗址。

【元代古寺】元代大德年间，净照和尚在三台申明亭村主持修建一座寺庙，名曰净业禅寺，辉煌时期占地达到 103 亩，香火兴盛。乾隆十八年《新安县志·寺观志》：“净业寺在三台村，城西十八里，即古三台城遗址。台势高耸，云烟四合，柏影参天，槐荫铺地，俨若祇园。邑令李公梦麟修方丈两亭。尹公从教修寺前两坊，东曰三台名胜，西曰四填乐土。侍郎濡阳吕雯记略：创始大德七年，净照长老所建。宣德六年乡民建佛殿三楹与四大天王殿。景泰七年，住持道润修东四僧房十间。成化五年，僧戒端偕张福、马升、李升建祖师二堂，构房五楹。为方丈增置田土，垣壁、圃园、钟鼓、炉罄焕然改观矣。”明代安新县太仓周南诗云：“殿壁曾题第一台，苍槐老榆吼风雷。僧房萧寂惟啼鸟，那见昙花历劫开。”民国时期毁坏。20 世纪 80 年代恢复建设，占地面积约 10 亩。

【明代砖塔】位于三台镇山西村，青砖石灰砌成，塔高七层 15 米，坐北朝南，塔基周长 12.8 米，内壁石碑环绕，刻有历代历次住持和修葺人姓名。塔额：五印浮屠。塔顶：三台文笔。塔内三层有壁画，自下而上依次为菩萨像、佛像、龙体盘绕。迎门佛龛置观音像。据塔碑文记载“浮屠古塔，名余乡有塔，不知创自何时。明洪武中，刘氏远祖德甫自兴州迁至山西村，世称为塔儿刘氏。至今又二百余年……”明朝万历年间，刘门之后刘兑率其两位父辈重新修建。自万历甲午年开始动工，至万历丙申年竣工。施工近 3 年时间。清朝康熙四十九年又复修。山西村明代砖塔历经 600 多年，现基本保存完好。

□钟灵毓秀

元代著名理学家、文学家刘因，号静修。一生安贫乐道，淡泊名利，屡召不仕，隐居三台治学授业长达 25 年。三台一时学风浓厚，声名远播。刘因辞世后七年，即元大德四年，其挚友梁志刚、弟子刘英等在刘因生前讲学之所修宜圣庙纪念，绘制刘因遗像，镌刻刘因语录。又在孔庙西侧建书院，以薪火相传。保定平章何暐、留守不答实里等官员捐助。元皇庆元年，朝廷赠匾“静修书院”。至元五年，邑令达鲁花赤不花袅、山长王朝佐增修两大堂。至元十五年，山长杜禹请示邑令刘得亨修建山门。明弘治十二年，新安知县周伦重修静修书院。此后，正德年间新安知县李升、嘉靖年间知县周冕、隆庆年间知县王德新及崇祯二年知县胡士栋均有修葺。

明万历年间，三台孝廉刘兑在家乡创建义学一处。时有正堂 5 间，东、西配房 3 排。仪门题“秉义做人”，牌坊题匾“三台义学”。三台义学立围墙、设影壁及厨房、仓库等。划拨土地 20 亩以周济学生。

据乾隆《新安县志》记载，明清以来，三台进士及第 12 人，中举 24 人。其中刘昭中成化十四年进士，官至南京刑部员外郎，清正廉洁。其子刘恺，中弘治三年进士，官至礼部尚书，功高名赫。其孙刘靖臣，中正德九年进士，官至大理寺正，两袖清风。其玄孙中隆庆元年举人，官至萧州兵备副使。中华人民共和国成立至今，有厅级干部 6 人，副高职以上 23 人。

（**摄影**：刘贺来）

端村镇

文化古镇 鱼米之乡

□名镇概述

端村镇位于白洋淀北岸、县域中部。东与圈头乡一水相连，南与刘李庄镇隔淀相望，西接同口镇和安州镇，北与安新镇临界。面积 71.9 平方公里。镇政府驻地东堤村，2003 年迁至河南村（赵端公路西侧）。北去县城 7.9 公里。1997 年建成小康镇。2008 年行政村 21 个，其中纯水区村 4 个。乡村人口 44 518 人，13 694 户。

端村镇交通便利，水、陆通达。早在民国时期，端村即是津保航道上的一大码头，临堤村庄可与淀区各村互航。2008 年有码头（渡口）11 个，客运船 96 只，货运船 130 只。除淀区村庄外实现村村通公路，往返北京、天津、石家庄长途客车 5 辆。

□历史沿革

根据《安新县志》记载，端村于明初年间形成，从湖北地区迁来的一支屯兵在白洋淀边屯田筑城，生息繁衍，形成了最早期的村落。当时的白洋淀扼守大清河水路要道，航船东去，可直达今天的天津塘沽，西北方向可沿府河到达保定府。明政局稳定后，特别是在朱棣迁都北京后，大清河及其沿线水陆交通逐渐繁忙，这里成为大清河漕运一站落脚点。有来自山西、山东、河南的人口流入。明洪武年间建制，当时称“段村”（村名来源不可考）。

清代康熙皇帝在位 60 年，几乎每年夏天都要到白洋淀巡幸、水围，并在段村建立水围行宫。乾隆皇帝也多次巡行段村行宫，并作诗慨叹：“万柳跋长堤，江乡景重题。谁知今赵北，大似向杭西。”因为段村“在水之端”，段村二字同调，读起来绕口，乾隆皇帝遂下令改“段村”为“端村”。

中华人民共和国成立后，保定地区历经行政区划改革，端村曾先后隶属于白洋县、新安县、安新县、徐水县（1959 年安新县与徐水县合并）、安新县（1961 年析出至今）。由于早先的市井繁华，端村曾在民国三十八年被称为端村市。

端村的漕运一直兴盛到 20 世纪 70 年代，几百年间，许多端村人从事船工漕运，走出了小村庄到保定、天津去闯荡、落户。至今清明时候回端村老家扫墓祭祖的天津人、保定人仍络绎不绝，他们的祖上都是从端村走漕运出去的。清同治年间发源于此的西河大鼓也沿大清河东去，先在天津，后在北京，逐渐繁荣兴盛，成为重要的曲艺艺术。20 世纪 70 年代由于大清河水运条件破坏，白洋淀不再和下游天津地区通船。端村不再船来客往。

□特色产业

端村镇为半水区镇，水域面积约占镇总面积的 50%，为渔业生产、禽牧养殖及航运提供有利条件。西北部为农产区，主要种植小麦、玉米和水稻。苇田 4900 亩，苇制品生产是该镇传统产业。民国时期，端村设有境内最大的苇席集市，关城村的大花席和垒头村的小边席驰名白洋淀，苇席收入是村民主要经济来源。

90 年代中后期，传统捕捞业转向水产品养殖。1990 年东、西李庄及寨南村、关城村、东淀头开始网箱、围栏养鱼，并尝试小面积养殖河蟹。1996 年渔业收入 1815 万元。2002 年寨南村、端村、关城等村开发野生莲藕种养，面积达 120 公顷，产值 900 万元。2008 年水产养殖面积 740 公顷，产值 6500 万元，渔业收入 3265 万元，比 1996 年增长 79%。

养鸭业由散养向规模养殖转变。1996 年养鸭 78 户，主要集中在东李庄、西李庄和关城一、二、三、四村。2008 年有 5 个畜禽专业化、规模化养殖公司，采取“公司 + 农户”的经营模式，带动养鸭户 150 多户，鸭存栏 36 万只。采用纳米孵化技术，年种鸭孵化能力达到 4000 万羽，销往河北及东北、西北、华东等地区。

食品加工是该镇特色行业，主要分布在端村 5 个街，个体企业 87 家，以制糖、糕点、肉食品加工为主，20 世纪 80 年代列为本县八大支柱产业之一。2008 年灌肠系列产品产量占全县 40%。

造船、网具生产为该镇传统行业，有百年历史。马家寨造船以品种多样、坚固耐用享誉华北，从业者占该村人口的 70%。改革开放后，每年到外地造船的工匠数百人。白洋淀造船厂成立十多年来，生产工艺和产品质量不断提高，生产的玻璃钢游船系列产品，远销华北及华南游区。马家寨、大淀头、西淀头、东淀头渔网编织由来已久，年编织约 2 万条计 40 万米，淀区使用的渔网具大都产自这几个村。1998 年，一种名为“地龙”的新式渔具在寨南村生产，由于销路好、利润可观，很快辐射到泥李庄、东淀头等村。2008 年，该镇有渔网具厂 2 个，年产量 70 万米，“地龙”年生产量 20 万只，渔网具产值 3000 万元，畅销沿海及内陆湖河地区。

东堤村和寨南村是本县最早规模生产芦苇工艺画的村庄之一，生产厂家、从业人员和销量居全县首位，杨炳军、刘永乐为行业领军人。2008 年，芦苇工艺画厂 11 家，年生产能力 12 万平方米，产值超亿元。

□人物英才

【马三峰】（生卒年不详）乳名马大河，生于清光绪年间，具体生卒年月不详。西河大鼓主要创始人。幼时随母亲改嫁由高阳县教台村到安新县端村。自幼天资聪颖，喜欢听书看戏，尤其爱听木板大鼓，每次村里请来艺人说书他都一场不落。母亲看他如此喜爱说书，就答应他拜当地有名的说书艺人田东文为师，学习木板大鼓。由于马大河勤学苦练，几年后基本掌握了木板大鼓表演方法，能熟练说唱几十个段子。在与师兄马瑞林搭档的前几年，他就表现出不凡的才气，说唱节奏控制恰当，情绪舒缓激变，或泼辣奔放，或妙趣横生，尽兴之处他如痴如醉，深得听众欢迎，人们送他绰号“马三疯子”。加之稳重深沉的师兄衬托，他们很快就在十里八乡小有名气。

马三峰不仅善说书，唢呐、板胡、二胡、三弦等乐器样样精通，还熟悉梆子戏、昆腔等地方戏。马三峰将他说唱使用的中三弦改为大三弦，把木板击节改为铁板击节，把木板大鼓单一板式改为头板、二板、三板多种形式。后来又在头板中增添了“一马三跳涧”和“紧五句”来丰富表演，二板中引用“双高”和“反腔”等花腔和曲牌，整体行腔吸收了戏曲和民歌唱调，使木板大鼓板式、唱腔耳目一新，大受听众欢迎，逐渐形成了西河大鼓说唱艺术雏形。

马三峰是最早进入京、津表演的说

唱艺人之一。20 世纪 30 年代《江湖丛谈》记载："平津等地唱大鼓书最早的是胡十、霍明亮和刘宝全、白云鹏，此外还有唱西河调的名人马三峰子。"《江湖丛谈》作者误把马三疯子的"疯"字写成"峰"，流传至今。当时江湖艺人有"南有何老凤，北有马三峰"之说。马三峰一生致力于说唱艺术，勇于改革创新木板大鼓的板式和唱腔，为形成西河大鼓这一脍炙人口、颇具表现力的崭新曲艺形式，起到关键性作用，被曲艺界尊为西河大鼓奠基人。其弟子朱大观、王振元等是民国时期西河大鼓名家，为继承和发展西河大鼓表演艺术做出了贡献。

【冯秉铨】（1910—1980）端村镇西堤村冯里庄人，中国电子学家、教育家。1930 年清华大学物理系毕业，后任岭南大学物理系助教。1932 年入燕京大学深造，1934 年获理学硕士学位。同年回岭南大学任讲师，后任副教授、物理系代主任。1940 年赴美国哈佛大学攻读博士学位。1943 年获博士学位后在该校任讲师、研究员。1946 年回国后，任岭南大学物理系、电机系教授、系主任、理工学院院务主任。1948 年任岭南大学教务长，1951 年兼物理系主任，1952 年任华南工学院筹委会委员、教授。1955 年任华南工学院第一任教务长。1962 年和 1979 年先后两度任华南工学院副院长。冯秉铨在广播发送技术、电声、水声等学科方面进行了许多开创性的研究工作。他发表的重要论文有 20 余篇。他的专著《电声学基础》《无线电发送设备》（上、下册）被用作全国通用教材。1965 年，编写出版重要著作《振荡理论》。他于 1975 年编写的《无线电广播发送设备近年来的发展》一书，曾获 1983 年世界通信年全国优秀通信科技图书一等奖。冯秉铨曾任中国电子学会副理事长兼线路与系统专业委员会主任委员、中国声学学会副理事长、中国物理学会理事、广东省电子学会理事长、广东省科学技术协会主席、广东省物理学会理事长等。冯秉铨曾被授予全国劳动模范称号。

【王余庆】（1879—1919） 字兰普，新安县（今安新县）端村镇人。父亲王鸿毅靠教书和行医为生计，母亲王氏温厚持家。夫妻生有五子，长子余庆，次子凯庆，三子麟庆，四子都庆，五子藩庆，五兄弟均在本村读私塾。清光绪三十年，余庆考入保定北洋陆军速成武备学堂二期步兵科，由于吃苦耐劳、训练刻苦认真，动作要领掌握准确，多次受到教官队表扬。三十二年毕业留任学兵长。三十四年任奉军连长，后经友人推荐任清政府驻乌苏里雅台办事处委员。民国三年随袁世凯部将王占元赴豫南"围剿"，先后任广东混成协步一标教练官、本协二等参谋、江南先锋队帮统。民国四年调江西任九江镇守使署一等参谋官、江西陆军第六混成旅步兵十二团参谋、团长。民国五年八月，被黎元洪任命为江西陆军步兵第二旅旅长，授陆军少将衔，授三等文虎章。民国七年委以江西九江镇守使，授陆军中将衔。是年底赴任途中病于赣州，民国八年一月病逝。2003 年 8 月，保定军校纪念馆为王余庆五兄弟制铜像镶在墙上，以示纪念。

郭里口村

水乡古村　淀里人家

□名村概述

郭里口村位于安新县县城以东7.5公里，白洋淀第二大淀——烧车淀中，北面、东面和容城、雄县水域相连，村东有公路与陆地相通。全村5200人，耕地2598亩，苇田2191亩，水面3万余亩。

据安新县地名办考证，宋政和年间，在此地驻防的水军中，有一李姓伙夫，人称“大锅李”，在此定居，取村名“锅李口”。宋史作“郭李口”，后演化为郭里口。该村1952年成立互助组，1956年建高级社。1958年从属端村公社，1961年从属王家寨人民公社，现属新安镇管辖。

自古以来，郭里口村民就依靠当地资源进行生产生活，部分人家以渔猎为生，部分人家兼营农耕和苇产品。郭里口村为革命老区，抗日战争时期属安新县第三区，村里的革命青年踊跃参加“雁翎队”、解放军、志愿军，与敌浴血奋战，支援前线，不惜牺牲宝贵的生命。1949年后在党和政府的领导下，村民努力发展生产，在改善生活方面取得了显著成绩。20世纪60年代成为水乡第一个自己发电照明、吃上深井自来水、街道水泥硬化的村庄。20世纪70年代提出“向水中要地、向洼地要粮”的口号，首批开垦荒地1300亩，成为率先实现粮食自足并上缴余粮的水区村。《保定日报》以《稻谷金黄鲜鱼肥》为题进行了通版报道。20世纪80年代，郭里口村以芦苇多、苇产品丰富驰名白洋淀，成为全县有名的富裕村。

□文化遗存

【郭里口行宫】古时村貌极似龟形，头东尾西，四脚俱全，头衔旭日，

尾摆长河，水路四通八达，为万寿无疆之征象。郭里口村北烧车淀，俗称大淀，是清代康熙、乾隆两位皇帝常来打水围的地方。清康熙四十四年，在村东建行宫一座内设朝堂、千岁宫、万岁宫，还有钓鱼台、御井等设施。康熙皇帝亲为行宫题匾“溪光玉带”。康熙五十六年二月，康熙皇帝巡幸郭里口行宫时，曾留下“草堂荒产蛤，茶井冷生鱼。一汲清凉水，高风味有余。”的诗句。乾隆皇帝也曾巡幸驻跸郭里口行宫。

为教化民众，还在行宫西侧修建寺庙一座，康熙皇帝亲为寺庙题匾“敕赐沛恩寺”。村中又相继修建了龙王、火神、五狱、三官、真武、土地等6座庙宇，成为白洋淀水乡庙宇最全的村落之一。每年农历四月十八日为村中庙会。清雍正年间，县官府给郭里口村寡居守节、奉老抚幼的车卢氏，在村街中心地带立了一座石牌坊，石坊横梁上镌刻“车卢氏贞节坊”。

□非遗文化

【郭里口音乐会】郭里口村的古音乐会是典型的非物质文化遗产项目，属于北乐范畴，由元代元曲演变而来，后经民间艺人和僧、道二教改编流传至今，已有数百年历史。音乐会有“文场”“武场”，文场曲谱沿用着古民乐的工尺谱，音符为“合、四、一、上、尺、工、凡、六、五、乙”，以管子领奏、其他乐器齐奏为演奏形式。现在还能演奏《三公造》《琵琶论》《耍孩儿》《浪淘沙》等60多首古曲。其乐声如泣如诉，缠绵委婉，非常动人。武场乐器有铙、镲、鼓、铛子等，主要作品有《开天钺》《七节》《长四板》等，铿锵有力，扣人心弦。音乐会经常在庙会、祭祀、庆典活动中出会，深

受乡民喜爱。2015 年 11 月，郭里口音乐会列入保定市非物质文化遗产名录，县相关部门正在为其申报进入省非物质文化遗产名录。现在的传承人代表名叫王立安。

【水上活路】白洋淀的水上活路非常复杂艰辛，男人们要熟练掌握抢泥（用罱子捞水底的泥做肥料）、套苇子（用长柄镰刀割生长在水中的芦苇）、打垡子（用直柄铁锨切取水底的土块）、夹大苇（把整理好的芦苇捆成捆）、苫苇垛（把苇捆堆放在一起苫好）等既有水乡特色又技术性很强的活路。女人则要求会织席、打箔、搓经子（搓绳子）、织渔网、编渔篮、织虾篓等精巧细致的活路，必须心灵手巧才能胜任。捕鱼方法有多人合作的集体捕鱼方法，如出汕、拉大网、拉绠等；也有夫妻船、父子船、弟兄船“打散河田”，如扣大罩、打网、下卡、下虾篓、下篮、下小密封；等等。猎户使用大抬杆（土火炮）轰击，用火枪射杀，划鸭子网捕获野生鸟禽。水乡人民的生产生活，可以说是“八仙过海，各显其能”。

□文体教育

郭里口村历来重视教育工作，举全村之力，不断改善办学条件。村内小学始建于民国年间，有教室 3 间，一至四年级复式班，教师 2 人。1954 年拆庙建郭里口小学，1970 年附设初中班，1975 年附设高中班。学校历经 3 次改建搬迁，于 1999 年 10 月迁入投资 170 万元新建的教学楼。新校园占地面积 9404 平方米，建筑面积 2734 平方米。2000 年小学、初中共计 22 个教学班，学生 622 人，教职工 45 人。根据上级指示，2005 年不再附设中学班。目前，全校小学生 381 名，分为 12 个教学班，共有教师 25 名。

郭里口学校教育、教学成绩显著，1954 年以来，已培养出本科、专科、中专毕业生 200 多名。尤其在培训游泳人才方面成绩突出。据《安新县志（1978—2008）》载述：1975 年，郭里口学校结合体育教学，利用自然水域进行游泳训练，为各级游泳队输送优秀运动员。1980 年被河北省体委确定为游泳培训点，1982 年被命名为河北省游泳传统项目学校，1984 年获评河北省传统项目学校先进集体。1985 年被国家体委、教委授予“全国体育传统项目学校”称号，荣获“霍英东体育基金奖”。1986 年 8 月，校代表队在全国

游泳之乡比赛中，夺得金牌 2 枚、银牌 5 枚、铜牌 5 枚，并获少年女子组团体总分第二名。1987 年，土生土长的游泳教练刘孟蛟在全国农民运动会游泳比赛中，获 50 米仰泳第一名、100 米仰泳第二名。同年 12 月，郭里口学校校长邓志庚作为全国先进群体代表、河北省观摩团成员参加第六届全运会，并获国家教委、体委颁发的“全国群众体育先进集体”银质奖牌。学校在白洋淀干涸期间仍坚持训练，举全村之力修建 25 米标准游泳池 1 座，获国家体委标准小游泳池二等奖，并获得“冠军摇篮”奖旗，多次承办地区、县级游泳比赛。该校游泳队先后参加市级以上游泳比赛 20 多次，从该校走出来的运动员遍布市、省、国家队。张锁林、邓立新、邓青松等优秀运动员，在全国运动会、国际邀请赛、亚运会中，获得骄人成绩。1987 年，时任国家体委主任李梦华视察了郭里口学校。

郭里口学校历来重视优秀教师队伍建设，据《安新县教育志》记载，自 1954 年始，已有 12 名优秀教师历任郭里口学校校长，其中李玉怀、张子清、许思融、周成全、李静海、李芳等，都是在全县选调的英才。邓志庚、赵常发、车学军、车俊生、王旱利、邓秋耕等历任校长都是本村土生土长的知识人才，更具搞好教育、服务桑梓的家乡观念和责任情怀。

□人物英才

【葛尧】（生卒年不详）安徽省萧县孙大庙寨村人。1938 年毕业于延安鲁迅艺术学院，1939 年任《晋察冀日报》编辑、七月剧社文学教员。与作曲家唐诃、葛文（田间夫人）等战友合作的作品被收入《抗日战争歌曲选集》。1945 年春，他到白洋淀解放区采风，准备创作“抗日斗争三部曲”，根据村里需要当了人民教师。1949 年，组织上分配他到天津一家报社工作，他怕学生们成了“没娘的孩子”，毅然留在郭里口。1954 年，教育局任命他当校长，他说：“我一生有两不当，一不当领导，二不当模范，还是考虑别人吧。”因为潜心工作，葛老师放弃了搞文学创作的初衷，一心扑在教学上，曾发明过用加法做减法的简便方法，被收入保定地区教育成果展。1959 年，任文化部副部长的老战友周扬，来白洋淀考察时派人接他会面，并垂问有何困难，葛老师写纸条回复：“没有困难，无由会面”。孙犁、唐诃、柳杞等老战友来访，葛老师从无卑微之感，更无所求。他的人生信条是：个人之命运，必与国家之荣为荣，以社会之安为安，恪尽职责，求得命运之善始善终。葛尧老师淡泊名利、埋头教书育人的情怀，成为每位教师的榜样，他的事迹被收入《安新县志（1978—2008）》。

□名村今貌

改革开放初期，大部分村民受传统的生活方式的束缚，在改革开放中缩手缩脚，蹚不开步子。但时代在前进，情况在变化。由于水区土地零散，不适应机械化耕作，农业生产难以形成规模。席、箔、苫等苇产品逐渐被新型材料取代，销路逐步萎缩，甚至到了无人问津的地步，以致苇田大面积撂荒。再由于白洋淀水面萎缩，水质恶化，渔业生产也不足以作为生活依托。捕杀野生鸟禽已被严令禁止，村民们在彷徨中求索生活门路。

近年来，部分村民依靠水乡人熟悉鱼性的长处，进入大、中城市搞水产生意。部分村民开办起微小企业、手工业作坊。有些人家利用临河近水之便，办起接待游客的农家院。也有量力而行，购置游艇、小木船进行水上运营。

雄安新区的建设给广大村民带来殷切期望，街谈巷议，人人关注着政策的出台实施，对未来充满了美好憧憬。

（**撰稿**：邓志庚　邓秋耕　**摄影**：邓志庚　邓秋耕）

容城县

RONGCHENGXIAN

服装之都 活力新城

◎ 容城位于京、津、保三角腹地，距北京、天津均为120公里，距保定50公里，县域面积314平方公里，辖5镇3乡、127个行政村，人口26万。自秦置县，历史悠久，文化底蕴深厚，元初著名学者刘因、明朝忠烈杨继盛、清初大儒孙奇逢被誉为“容城三贤”。

◎ 容城区位优势独特，具备完善的交通体系，保津城际铁路、保津高速公路贯穿全境，1小时可到达北京、天津。具有丰富的市场资源，紧临北京周边最大的小商品集散地——白沟，对容城商贸物流和加工业具有很强的拉动作用。具有丰富的旅游资源，紧临华北地区最大的湿地——白洋淀，境内有近万亩水域。容城县地处我国东部中低温地热田，地热资源丰富，具有储量大、可回灌等特点，拥有休闲旅游产业的良好发展基础。

◎ 近年来，容城县通过大力推进产业结构调整，产业转型升级步伐逐步加快，传统产业活力迸发，新兴产业蓬勃发展，形成了以服装业为主、四大支柱产业竞相发展的良好局面：一是服装特色产业。容城服装产业经过近40年发展，成为县域特色支柱产业。2006年，容城被中国纺织工业协会和中国服装协会评定为“中国男装名城”和全国纺织产业集群试点。2015年，服装业完成产值246.5亿元。二是机械制造、汽车零部件产业。拥有汽车照明、数控机床、食品机械、服装机械制造企业30余家。三是箱包、毛绒玩具产业。毛绒玩具产业蓬勃发展，全县加工户达到1170家，从业人员1万余人；箱包产品出口20多个国家和地区。四是食品加工产业。拥有食品生产企业45家。2015年，全县汽车灯具、食品加工、箱包、毛绒玩具等产业完成产值65亿元。

容城镇

三贤故里 千年古镇

□名镇概述

容城镇位于容城县中部偏西，为县政府所在地。1996 年乡镇合并，由原城关镇与东牛乡合并为容城镇。该镇东连大河镇，南邻安新县，西与南张镇、小里镇接壤，北与贾光乡、八于乡相依。津保公路、荣乌高速公路横贯全镇，交通便利，区位优势明显，是全县政治、经济、文化中心。全镇面积 60.5 平方公里，辖 24 个行政村，全镇总户数 17 268 户，总人口 69 164 人。

1993年至2005年，容城镇先后被河北省人民政府和保定市人民政府授予“河北百强乡镇”“保定十强乡镇”“小康镇”“发展乡镇企业十强乡镇”等称号。

改革开放后，容城镇利用自身区位、环境等优势，吸引工业项目落户。服装生产企业迅速发展，服装产业成为全镇经济主导产业。2010年，仅服装生产企业就达246家，从业人员30 000余人，其中年产值千万元以上企业20家，百万元以上企业150家。

□文化遗存

【上坡遗址】位于容城镇上坡村南，为新石器时代至商代遗址。面积约2000平方米。1981年至1982年5月，省、地、县三级文物工作者对上坡遗址进行了发掘。文化堆积层共分四层，从下至上依次为：磁山文化、仰韶文化、龙山文化和商文化。出土文物有陶器、石器和骨器500多件。磁山文化层出土有陶盂、支架、磨盘、磨棒等，器物形制和组合特征均与磁山文化遗址相同；仰韶文化层出土有彩陶钵和双耳褐陶罐；龙山文化层出土有折腹盆、蓝纹陶罐和双耳罐；商代文化层出土陶器有鬲、簋、豆、盆、纺轮、网坠，骨器有骨锥、刀、匕和鹿角锤，石器有刀镰、斧、凿、杵、磨盘、磨棒等。上坡遗址的发掘，把磁山文化的分布范围由豫北冀南扩大到保定以北地区，极具历史和考古价值。该遗址也是保定地区首次发掘的磁山文化层。1982年，上坡遗址被列为河北省文物保护单位。

【东牛遗址】位于容城镇东牛村南，面积3万平方米。从出土器物分析，应为新石器晚期（仰韶文化、龙山文化）遗址。1997年9月，省文物研究所对此遗址进行了部分发掘，发掘面积225平方米，出土了大量彩陶钵片、红陶罐陶片，资料全部由省文物保管所保存。1987年，东牛遗址被列为县级文物保护单位。

【白龙遗址】位于容城镇白龙村西400米处，面积约4万平方米，1985年11月6日文物普查时发现该遗址。1986年，北京大学历史系、河北省文物研究所试掘，出土陶鬲、陶豆、陶罐等器物。从器物形状、纹饰等方面看，其时代为龙山文化至商周时期。1987 年，白龙遗址被列为县级文物保护单位。

【午方遗址】位于容城镇午方村西，遗址面积 10 万平方米。1982 年和 1997 年省文物研究所试掘，发现此遗址分为三个文化层，即仰韶文化层、龙山文化层和商周文化层。出土器物有彩陶钵、彩陶碗、石斧、石刀、骨刀、骨剑、鹿角铲、鱼骨饰件等。1987 年 8 月，午方遗址被列为县级文物保护单位。

【北庄遗址】位于容城镇东牛北庄村东 300 米处，遗址面积 6 万平方米。1984 年春文物普查时发现，后经省文物部门多次勘察。1986 年秋，在遗址内发现很多遗物，有骨针、带坑窝石器和陶罐等。据采集标本分析，北庄遗址为新石器时代遗址，出土的袋足鬲为商周时代遗存。此处遗址延续时间长约 4000 多年。遗址面积较大，文化层深。1987 年 8 月，北庄遗址被列为县级文物保护单位。

【革命烈士纪念馆】为县级文物保护单位，位于上坡村西。始建于 1986 年。建筑布局大体为梯形，北侧为三角形，内有展厅 2 座、碑亭 3 座、北房 4 间，纪念抗日战争时期狼牙山五壮士中容城籍烈士胡德林、胡福才，高家壕战斗中牺牲的八路军烈士及 1926 年容城县建立中国共产党组织以来，在历次战斗中牺牲的革命烈士。

【烈士塔】为县级文物保护单位，位于县城内。始建于 1946 年，1966 年修复（重建）。建筑布局呈四边形，中间主体为纪念塔，四角建有纪念碑 4 座，分别纪念历次革命战争中牺牲的任风翙、文光斗、杨瑞森、孔德明等革命烈士。

【午方玉泉寺】午方玉泉寺始建于唐朝，唐高宗李治南巡曾驻跸此处，亲口封其为“玉井甘泉”，玉泉寺也因此而得名。“玉井甘泉”列为容城八景之一，载入民国八年版本的《容城县志》。玉泉寺占地 200 多亩，地域广阔，建筑宏伟，气势磅礴。寺内有释迦牟尼佛、十八罗汉、观音菩萨、关公、黄帝奶奶等多座庙宇和宫殿，石碑林立，苍柏挺拔。据碑文所载，玉泉寺在宋、明、清时期有过重修，后因战乱不息，寺院毁于兵灾。至今寺院的部分石碑还掩埋在村内两座小桥内。当年驮碑的石龟还完好地保存在一户农民家里。1978 年，容城文化馆的几位工作人员曾多次考古当年寺院的一座六棱碑，此碑现保存在晾马台的明月禅寺内。

【马庄蚕姑祠】容城镇马庄村有座蚕姑祠，始建于民国五年。20 世纪 60 年代被毁坏，2007 年由姜志博、王志卯、赵东连等人重新筹建。蚕姑祠占地面积约 0.5 亩，建有主殿 1 座、佛像 3 座、石碑 2 通。蚕姑祠供奉嫘祖，

相传黄帝元妃嫘祖是世界上蚕桑丝绸的伟大发明家，泽被中华，惠及全球，在中华和世界文明史上，写下了极其光辉灿烂的篇章，历来受到人民的尊崇。

【孙奇逢纪念馆】孙奇逢是容城三贤之一，清初北方大儒，北城村人。孙奇逢纪念馆是一座方正的民居式院落，坐落在北城村村北。纪念馆青砖青瓦，庄重肃穆。正南门楼古朴大方，进门后首先映入眼帘的是一座高达 4 米的汉白玉雕像，呈现孙奇逢晚年手捧书卷讲学的形象。雕像背后主体建筑为 5 开间瓦脊明廊仿古大殿，命名为“孝友堂”。堂内正中悬挂有孙奇逢画像，画像两侧张贴着其弟子汤斌题写的对联：“孔孟有真传千里促游立深雪，程朱得正印百年崇祀仰高风”。对联两侧对称挂有 18 块展板，详述了孙奇逢待孝、拒仕、著学的传奇人生。大院内东厢房 3 间，命名为“躬行实践”，堂内重点介绍孙奇逢在河南夏峰收徒讲学的事迹。

□人物英才

【孙奇逢】（1584—1675）字启泰，号钟元，别号夏峰先生，明清之际学者，与李颙、黄宗羲齐名，并称“清初三大儒”。

明万历十二年，孙奇逢出生于北城村，祖居贾家庄，其父孙丕振，是一位村学先生。幼时，父兄辈给予他良好的家庭教育。明万历二十八年中举，因不满明末政治腐败，积极营救东林党人，受世人赞扬。自明至清，被多次征召作官，均辞而不就，致力教授著述，为“清初三大儒”之一。著有《书

经近旨》《读易大旨》《理学宗传》等，收入《四库全书》。康熙十四年，孙奇逢逝于河南夏峰，葬于辉县之东原，从祀于百泉之文庙，夏峰、容城有专祠。著诗文集《夏峰先生集》及《畿辅人物考》《两大案录》等。

□民俗文化

【城内村龙灯会】城内村龙灯会始兴于民国初年，第一代创办人不详。抗战前，第二代会头为孙须儿，会众有逗球师李增瑞、孙闹四，鼓师孙云祥等共约 50 来人，当时为一条 26 把的大龙。中华人民共和国成立前到 2011 年，第三代会头为陈世凯、孙三辰，鼓师为孙宇、孙大乱、杨德林，逗球有孙宝忠等。1990 年之后，龙灯会增为 1 大 2 小共 3 条龙，会员规模有近百人。因舞龙需要力气，因此舞龙会员基本为 15—30 岁的年轻男子。1990 年之后，曾有一条小龙由女孩舞耍，活动了四五年。现皆为男性会员。2011 年由于县城拆迁，龙灯会停办。2012 年龙灯会复兴，第四代会头孙继平、邓小双、陈仲元组织活动，有鼓师梁永生、王文坡等会员近百人。城内村龙灯会每年

正月十三到十五在县城内各村间出会，偶赴友好村落出会；也受邀参加过邻近的晾马台庙会等。

【北城叉会】容城县北城村为民俗文化名村，是因为这里多年来盛行叉会。这里的舞叉文化有一百多年的历史，由当初小规模的舞叉交流逐渐演变成了现如今的盛会，不管是过大年还是度小节，都会有一批舞叉爱好者给大家带来精彩的表演。

钢叉舞原是杂技中的一个表演项目，后来随着表演技艺不断提高，人员不断扩大，舞叉动作不断丰富，逐步演变为一门独特的表演技艺。最可喜的是，村里的青少年也十分热爱这项传统文化，不断涌现出新一代舞叉佼佼者，虚心地向老一辈舞叉艺术家学习。

北城叉会文化得以传续，最重要的还是得益于县政府的重视和广泛宣传，让广大舞叉爱好者聚集此地，不断提高技艺。相信这里的叉会文化能得到很好的传承，让更多人爱上这里精彩绝伦的舞叉表演。

（**撰稿：**曹宏君　**摄影：**牛慧民）

晾马台镇

宋辽古镇 万象更新

□名镇概述

晾马台镇的前身是晾马台乡，2009 年撤乡设镇，位于容城县城东 15 公里处，西与八于乡、大河镇接壤，东南与平王乡为邻，东隔大清河与雄县相望，北隔南拒马河与高碑店市相毗，与白沟仅一桥之隔，津保公路、保津高速公路穿行而过，交通便利，地理位置优越。全镇面积 33.6 平方公里，辖 18 个行政村，共有 6287 户，总人口 26 443 人。

全镇地势平坦，农作物以小麦、玉米为主，经济作物占 10%。农田水利设施配套齐全，机械化水平较高，主要农作物良种覆盖率100%。2010年，耕地面积30 270亩，粮食总产量19 613吨，农业产值0.641亿元，农业总产值1.1亿元。

经过多年发展，晾马台镇商品经济日益繁荣活跃，形成了以白沟桥南市场为中心，毛绒玩具聚集区、服装劳动力聚集区、拉链产业聚集区共同发展的经济格局。2010年，全镇规模以上企业4家，其他中小企业200多家，总产值30多亿元，从业人员近万人。

□文化遗存

【南阳遗址】位于容城县城东14公里的晾马台镇南阳村南40米处，此处多年来被村民称为“城坡”，为东周时期遗存。其西、南、东三面均有古河道，即“南河”“后河”“东河”“西河子”。遗址东西长600米，南北宽700米，总面积42万平方米。文化层深0.3—1米。1981年，县文化局在南阳村征集到战国时期的铜鼎、铜壶、陶体、陶罐等。此外，这里还出土了铜镞、陶鼎、陶豆、燕国刀币等。在该处遗址范围内，征集到有铭文的“西宫”铜壶、“左征”铜壶盖、“燕王职”铜戈、内有“易市”字样的陶文等一批重要文物。这些器物都具有燕文化风格，具有重要的史学和文学价值。尤其是1984年出土的春秋时期钱币“尖首刀”，更为此遗址的断代提供了充分的依据。2006年5月，南阳遗址列为全国重点文物保护单位。

【晾马台遗址】位于晾马台村西北处，为商周时代遗址，原名为“工谢台”。商周时期的天子都到此拜天祭祀，祈祷风调雨顺、社稷平安。此地周围地势平坦，遗址处为一长方形台地，东西长约为150米，南北宽约有100米，总面积15 000平方米。台地比其他地表高出约有2—4米，文化层厚2—3米。1977年，省文物研究所在此进行调查时发现裸露的灰坑遗迹和遗物，其中以夹砂灰陶为主，饰文为粗绳纹，可辨器物有属于周文化的陶、鬲、豆等，还有牛、羊、猪、鹿等动物骨骼及鹿角。较完整的器物有燕式筒状两件麻光球形盖豆两件、陶罐一件、鱼梭镖及蚌刀各一件。1958年曾出土“燕王职”铜戈，现藏于河北省博物馆。现在的大殿及偏殿等建筑均为1993年以后重建。

【明月禅寺】晾马台上建有“明月禅寺”。最早的明月禅寺始建于唐代，当时由于佛教由西方的大量传入，大唐的人们都笃信佛教。尤其到了唐武则天时期，全国建了许多寺院，造了许多佛像，此时的中国佛教可以说到了鼎盛时期。而到了唐朝末年，许多佛教分支纷纷衰落，独有禅宗盛行。明月禅寺自然就成了弘宗演教、传扬佛法的主要场所。后来，到了五代时期，各地

诸侯割据，烽烟四起，寺庙第一次毁于兵灾。到了宋太祖立国时期，天下大治，社会稳定，明月禅寺才得以重建。然而好景不长，到了宋朝后期，金、元战乱，金兵北进中原腹地，明月禅寺第二次又遭破坏。直至明成化三年，明月禅寺才得以再次修复。清乾隆、嘉庆年间，明月禅寺被朝廷施以大规模修缮，大殿、藏经楼、偏殿等建筑一应俱全。此规模一直延续到中华人民共和国成立前夕，当时寺内曾有僧众数十人，其发展到了鼎盛时期。在 20 世纪 60 年代，晾马台上所有寺庙建筑被夷为平地。1993 年，在原址的基础上重新修复的一个大殿，由已故中国佛教协会会长赵朴初先生手书的“大雄宝殿”牌匾，高悬在飞檐正中。1996 年，寺院建成正式对游人开放。

【白沟晓渡】白沟河位于晾马台镇东北部，与晾马台镇紧紧相连。历史上白沟镇曾属容城县所辖，为当时的水陆码头，每日清晨，水运如织，一派繁忙景象。据《容城县志》载：“地当孔道，烟树苍茫，朝露未晞，竞渡绣错”。白沟晓渡为容城古八景之一。

【歪脖井】相传，宋朝时，白沟河是宋、辽的分界线。杨六郎曾奉旨镇守“三关”——雄县瓦桥关、霸州的益津关和永清的浴口关，抵御辽兵入侵。这年夏季的一天，六郎战败韩昌后带兵从此经过，怎奈人困马乏，饥渴难耐。士兵见高台上有一砖井，即刻告予主帅。怎奈千军万马从此井提水解渴，恰如杯水车薪。六郎情急之下晃动双臂，急用神力，双手一扳井壁弯曲，汩汩清水顺流而出。三军将士手捧瓢舀，喝了个痛快。从此，那口救命神井被当地百姓称为“歪脖井”。

□人物英才

【王书祥】（1903—1989）著名西河大鼓艺术家，生于河北容城县王家营村（隶属晾马台镇），自幼随父学唱西河大鼓，又得到师爷朱大官的指点，艺业大进，18 岁进京演出遂一炮走红，后辗转演出于天津、大连、沈阳、烟台等地。1937 年回到冀中农村，利用西河大鼓这一文艺形式宣传抗日救国。1949 年后在天津、北京、唐山、秦皇岛等地演出，1956 年参加秦皇岛曲艺队至终年。王书祥是“朱（大官）派”西河大鼓代表人物，他嗓音高亢嘹亮，唱腔灵活婉转，深受同行和观众的敬佩和爱戴。王书祥擅演的长篇书目有《三国》《封神榜》《七国》《月唐》《响马传》等，代表唱段有《凤仪亭》《借东风》《单刀会》《游西湖》《托钵》《孟姜女》《大西厢》《李白揭榜》《太白醉酒》等数十段。

1958 年，他创作并演唱的西河大鼓《龙王辞职》，参加了河北省曲艺会演，获得创作、表演、伴奏三个一等奖，并代表河北省参加了首届全国曲艺会演，大获成功。1960 年，他创作并演唱的西河大鼓《李文贵飞身锁巨龙》再次参加全国曲艺调演并获奖。1961 年被选为秦皇岛市第四届政协委员。20 世纪 60 年代，曲艺队解散，王书祥全家回到了容城县老家王家营，经常参加县里组织的文艺演出，并认真辅导年轻的西河大鼓爱好者。1982 年任河北区曲协副主席、顾问等职，1989 年因病辞世， 享年 87 岁。

【刘德芬】（1877—1950）字苾生，容城县南剧村人。前清末举人。幼年聪慧异常，从师郭寿祺（新城县人，字吉删，前清拨贡）读书，颇为勤苦，深得老师垂青，特加培养，终至学识精湛，一举成名，由秀才又中举人，成

为当时容城县几十年间的最高功名人士。

清朝末年，容城县筹办学校教育事业，创设劝学所，刘德芬应容城县正堂邀请，出任总董之职。上任后他邀集容城县知名人士，征求意见，悉心规划，将容城县正义书院停办，成立容城县最高学府一县高等小学堂，教习国文、算术、地理、历史、理科、体操等新课程。学生三年毕业后，可以投考外地中等学堂。同时在各村设立初等小学堂，城内设县立蒙养小学堂。学生接受启蒙教育四年，毕业后可以考入高等小学堂。当时学堂教习均由劝学所委派或各村学董聘请，双方协商进行。刘先生从事教育工作，日夜操劳，费尽心血，使全县教育事业初具规模。民国初年，辞去劝学所总董之职，改任县立高等小学堂汉文教习。刘德芬汉学知识非常渊博，远通经史子集，近知名人著作。

刘德芬爱好书法，造诣很深。

刘德芬早年中举，壮年任职教育，先后从教 20 余年，培育的学生成才者数不胜数。七七事变之后，全国抗日掀起高潮，刘德芬当时已近高龄，却有爱国、爱民族的新观念，毅然接受共产党的主张，做过许多宣传鼓动工作，对全县团结抗日发挥了积极作用。当时的县政府称他为“开明绅士”，他曾应邀参加进步人士大会。1950 年，先生无疾而终，享年 73 岁。

（**撰稿**：曹宏君　**摄影**：牛慧民）

沟市村

历史名村 刘因故里

□名村概述

沟市村是容城县最北部的一个自然村，距离县城 7.5 公里，南部紧挨城子村、北部紧邻南拒马河南岸，西邻定兴县西各庄村，气候温和，花团锦簇，地处要塞。沟市村地处拒马河畔，隶属贾光乡。虽说曾是穷乡僻壤的小乡村，却在元朝初年出了一个大名鼎鼎的饱学之士——刘因。刘因是元代重要的儒学代表人物，元初北方理学大家，为理学由宋到明的过渡起了重要的作用。刘因初为经学，以朱熹为宗，但又不严守朱熹门户，在天道观方面，将生生不息的变化归之于“气机”，主张“专务其静，不与物接，物我两忘”。他的“古无经史之分”之说，对后来章学诚“六经皆史”的观点产生过一定的影响。被其师砚弥坚先生评价为“经学贯通，文辞浩瀚，当为名儒。”

□人物英才

【刘因】（1249—1293）字梦吉，号静修，元初理学家、诗人。祖居容城县沟市村，世为儒家。

刘因出生于南宋淳祐九年。其父刘述自幼好学，尤善理学，精通六艺，曾在武邑做过县令。刘述41岁时生子刘因，不久丧妻，对幼子喜爱非常，自此专心教子。刘因自幼天资卓绝，3岁识字，6岁能诗，10岁能文。初习经学，后研究程颐、朱熹的理学。刘因的社会声望日益凸显，逐渐引起元朝皇帝的注意。至元十九年，太子真金，征刘因入朝，授承德郎、右赞善大夫职，让他教授近侍子弟。时间不长因继母病重而辞官归乡。后来，元世祖又征召他去做集贤学士，他以病坚辞不就。此后一直过着清贫生活，孝顺地赡养着继母。刘因42岁时，2岁的儿子因病夭亡，对他是个致命的打击。3年后，至元三十年病逝，葬于沟市村拒马河之侧。刘因死后，元世祖钦佩他的骨气，称他为“不召之臣”，谕赠翰林学士、资政大夫、上护军，追封“容城郡公”，谥“文靖”。

刘因理学上成就突出，继承并发扬了中国传统哲学中的唯物主义无神论和辩证思维传统。刘因还是个身体力行的教育家，一生授徒讲学，除在家乡设塾外，还曾设教于三台（今安新县三台），入易州做家庭教师，并一度被征聘入朝，侍从春坊（古称太子宫），教授皇家子弟。刘因在文学上的成就名冠“元初之首”。一生著有《四书精要》《易系辞说》等，后被收入《四库全书》。其广泛行世的《静修集》是诗文选集，其中收入各体诗词800余首，诗名冠元初诗坛。

□文化遗存

【贤冢洄澜】位于容城县贾光乡沟市村的拒马河畔。相传，当年洪水泛滥，独先贤刘因之墓未冲毁。据《容城县志》载：“刘静修先生墓，地拒马河南岸。河水冲决，地多圮坏，独此三面，萦洄无虞”。为容城古八景之一。

【刘因墓】容城古八景之一的“贤冢洄澜”地处容城县拒马河南岸，贾光乡沟市村村北，历史记载这里就是容城三贤中“不召之臣”刘因的墓地。

元至元三十年刘因病逝，门生故友将他安葬在容城沟市的祖坟里。元世祖钦佩他的骨气，称他为“不召之臣”。同时，还一度将刘因故里沟市村更名为尊贤庄，并且豁免全村的差徭。据《容城县志》载：“刘静修先生墓，地拒马河南岸。河水冲决，地多圮坏，独此三面，萦洄无虞”。意思就是当年洪水泛滥，独先贤刘因之墓未冲毁。

查历史记载得知，明朝天顺八年，大尹林景为刘因墓地修筑了围墙。180 多年后的明末天启年间，北城孙征君倡导绅士捐资在墓南边建起祠堂，内塑先生坐像，庭前种植松柏，门外竖立木牌坊。刘因墓与祠堂相邻，祠堂在东，大门楼上有“静修贤祠”匾额。墓在祠堂西，山门有匾额，题曰：“山高水长”。墓高 4—5 米，墓道两侧有石人、石马。祠墓合计占地十余亩，多座石碑掩映在百余棵松柏之中，甚为壮观。每年清明节，本县绅士们前来祭祀。民国时期刘因祠堂改为小学。

据了解，该祠与墓解放初期尚保存完好。20 世纪六七十年代，遭到破坏，刘因祠的前后两座大殿被拆除，多数石碑被损坏，有的被当作建房基石，遗迹荡然无存。50 多年以来，遗址上陆续建起民房，一条胡同前后数家院落占据了刘因祠堂和墓地的遗址。村内老人都能明确地指出当年祠堂和墓地的准确位置。县文物保管所原所长孙继安在 1984 年到沟市村进行文物调查时曾发现一幅刘因祠堂木刻楹联，上联是：后学甚纷纷，无人善解渡江赋；下联是：先生自浩浩，有道能高砥柱功。横批：学宗孔孟。何人撰写不详。本村一位刘姓老人还说，至今幸存的石碑只有两块，一块铺垫在一家的大门口，另一块埋在一家的院落地下。将来如能发掘整理，或许能保存一些有关刘因的历史文物。

□名人轶事

刘因是“容城三贤”中的头一位。在刘因出生前夜，其父刘述梦见一位神人骑着一匹白马，载着一个小儿来到他家，神人说：“好好养育这个孩子，定能成大器。”一觉梦醒之后，妻子果然生了一个又白又胖的儿子。刘述时年 41 岁，老来得子，非常高兴，想到梦境，就给儿子起名为“骃”（古书上指一种浅黑带白色的马），字梦骥（好马）。后改名“刘因”，字“梦吉”。

刘述的妻子是定兴人，姓杨，非常贤惠。夫妻俩尽心尽力地养育这个宝贝儿子，真是顶在头上怕摔了，含在嘴里怕化了。刘因 7 岁时，母亲杨氏突然暴病身亡，年幼的刘因失去了母亲，父亲刘述对他更是疼爱有加，自此专心教子。他常说“人生无子则已，有子必令读书。”每日精心教儿子读书、习字。

刘因幼年天资卓绝，在父亲的精心教导下，3 岁识书，日记千言，随目所见皆能称诵。6 岁能诗，8 岁书草书，观看者纷纷赞叹，10 岁就能写文章，落笔惊人，人称“小神童”。后来拜原南宋名儒砚弥坚先生为师，亲聆大师教诲，学业大进，初习经学，后研究程颐、朱熹的理学。刘因的声名日益显赫，许多经过保定的公卿使者，纷纷前来拜谒，地方官也主动前去拜访，不少有地位的人还请他给先人作传记、写碑铭。一些在职或退休的大官僚都愿请刘因去做家庭教师，教授公卿子弟，甚至西域贵族也以厚礼来聘。刘因成为元初北方有名的大学问家。

（**撰稿**：曹宏君　**摄影**：牛慧民）

北河照村

忠烈名村 杨公故里

□名村概述

北河照村地处拒马河南岸，隶属八于乡。明朝永乐年间，从口外小兴洲迁来一些移民，当时拒马河水不断泛滥成灾，河边人家为了驱避灾难、祈望平安，便在房前屋后悬挂铜镜，照耀河神，此村落就被称为河照村。后来河

照村出了名垂史册的忠烈之臣——杨继盛，赤心报国，刚正直言，勇斗权奸，舍生取义，铸就了忠烈千秋的硬汉形象。其后，杨氏后人传承“人生未了事，留于后人补”的遗训，在历次革命战争中都展现出了疾恶如仇、刚正果敢的性格。在抗日战争中，北河照村先后有24名英雄儿女浴血抗战，献出了宝贵的生命。

□文化遗存

【杨继盛祠堂】原杨继盛祠堂建于隆庆二年。杨继盛被杀12年后，隆庆皇帝遵先皇遗诏，为其平反昭雪，追赠杨继盛为中顺大夫、太常寺少卿，谥“忠愍”。遂容城、保定等地争相为杨继盛建祠。北河照的杨公祠，名“故里祠”，竣工年代应该是在万历八年以后。现有遗存的清嘉庆年间容城县衙所立的优免碑两座，其内容是：县衙每年为北河照村村民免征粮食、免差，并每年为故里祠提供香火钱15吊。由此可推断，故里祠的建成时间应在嘉庆之前。

当年的故里祠规模较大，建制规范，分为前殿、正殿、后殿三部分，全为瓦脊飞檐、回廊抱厦的殿庑式建筑。正殿东侧有房3间，名曰“思补堂”，是杨氏后人俸祠、接待访客，以及历次刻版印刷《杨忠愍公全集》之所。“思补堂”之命名，盖取继盛公“生前未了事，留与后人补”之意，继盛公诸多遗物，亦存放于其中。后殿供奉的是夫人张贞，妾刘氏、槐氏亦伴左右，两侧各有一女童侍奉。前殿两侧还有游廊山门，原故里祠为蓝砖灰瓦建筑，古朴庄重，每逢初一、十五，族人都会上香祭奠。1966年初，这所有200多年历史的故里祠被拆毁。现存杨公祠是1997年经杨氏后人及众多有识之士共同集资，恢复重建的主殿部分。因资金问题故里祠的原貌尚未完全恢复。

【烈士碑亭】北河照烈士碑亭矗立在故里祠南面，高高的基座上安放着一通3米多高的汉白玉石碑，石碑下面镌刻着“革命烈士永垂千古”八个大字。

碑后面镌刻着本村在抗日战争和解放战争中牺牲的24位烈士的姓名，其中包括杨瑞森、杨嘉森、杨全森等杨继盛后人19人。

□人物英才

【杨继盛】（1516—1555）字仲芳，号椒山。正德十一年生于容城县北河照村一个世代耕读之家，家境贫寒，自幼好学。嘉靖二十六年，杨继盛32岁时中进士，先任留都（南京）吏部主事之职，表现得干练有为。35岁调升京师，任兵部车架司员外郎。此间，因马市之争，杨继盛上书《请罢马市疏》，力言仇鸾“十不可”“五谬”，获罪被贬狄道（今甘肃临洮县）典史。初到狄道，他拿出自己的薪俸，买下超然台（传为当年老子飞升之地），修建超然书院。嘉靖三十一年，皇帝又重新起用杨继盛，一年四迁其官，历朝罕见。嘉靖三十二年正月，杨继盛上疏弹劾严嵩的《请诛贼臣疏》，历数严嵩专权误国的“十大罪”和“五奸”，对严嵩揽权贪贿、结党营私、独断朝纲、荼毒苍生的罪行，予以了有力揭露。当时，昏庸透顶的嘉靖皇帝看完奏疏，不但没能认真反思问题的严重，反而对杨继盛的措辞激烈深感不满，杨继盛又一次身陷冤狱。此间，他写成《自著年谱》，约11 000字，记述了他从幼年至就义前40年的曲折人生。嘉靖三十四年十月末，杨继盛被严党杀害于北京西市刑场，时年39岁。杨继盛被害12年后，隆庆皇帝朱载垕昭雪前代冤案，杨继盛被列为遭严嵩所害的8位谏臣之首，被赠“太常少卿”，谥号“忠愍”，建“旌忠祠”于保定。杨继盛为官期间，七易其职，六赴其任，五易其地，处处留下他刚正不阿、耿直廉明的美名。清高宗弘历（乾隆）亲为继盛画像题诗。《明史》有传。 著有《杨忠愍文集》《皇明经世文编》，辑有《杨椒山集》。王之春《椒生随笔》称杨继盛“文章为忠节所掩，甚至有人谓公不工诗，或谓公临刑诗二首已足千古，他作均可置之。余每读公诗集，中多清绝语句”。

【杨化昭】（1891—1951) 字德敷，容城北河照村人。杨继盛第十三世孙。曾先后就读于县高等小学、定兴姚村陆军小学、北京清河第一陆军中学。1912年入保定陆军军官学校第一期步兵科。毕业后入选袁世凯模范团第一期受训，未几任连长。江浙战争时任第二十四混成旅少将旅长，战后辞职。后应河北省政府省长孙岳之邀，出任省警务处处长兼天津市警察厅厅长。1928年任南京政府参谋部中将高参。中原大战后，蛰居北平（今北京）。

1937年抗日战争全面爆发后，日军侵占北平。日军驻北平之特务机关长渡边曾先后三次探访杨化昭，威逼利诱，劝其主持华北汉奸队伍。杨化昭不为日军利诱，更不肯做民族罪人，偕其老师程长发，秘密去天津，搭英轮经香港、广州到武汉避难，住在其学生张景华家中。这时中共地下党员梁蔼然、申伯纯与张景华等，同在鹿钟麟之军法执行总监部工作。杨化昭即与梁、申等同在张家吃住。同年秋，鹿钟麟调任河北省政府主席，兼冀察战区总司令。张、梁、申三人均随鹿到河北省敌后工作，杨化昭陪同其老师程长发到兰州，依靠其老友邓宝珊、拜襄华生活。直到抗日战争胜利后，返回天津。此时杨化昭之学生刘正鹏、张景华均在沈阳工作，邀杨化昭到沈阳作客。1951 年杨化昭在沈阳逝世。

【孔德明】（1918—）1918 年生于容城县北河照村一个贫苦的农民家庭。1938 年参加革命，曾历任容二区小队长、三十六大队小队长、容三区小队长。孔德明作战勇敢，屡立战功，经历了大小无数次战斗。在残酷的战争环境中，孔德明从不叫苦。他爱好文体活动，战斗之余常给战友讲笑话，表演几套拳法，驱走了战友身上的疲惫，增加了战地生活的乐趣。多年的戎马生涯，把孔德明磨炼得更加坚强了。战火中，他加入了中国共产党，由一个苦孩子成长为一名优秀的指挥员。1949 年在贾光战斗中牺牲。

【杨瑞森】（1912—）1912 年 4 月出生在北河照一个贫苦的农民家庭。母亲早年去世，兄妹 4 人依靠父亲种几亩薄田度日。生活的煎熬使杨瑞森从小就看到了世事的不平，养成了倔强、宁折不屈的性格。1938 年，北上工作团来到北河照村。杨瑞森光荣加入了中国共产党，在村里担任村副。1941 年，任县大队直属小队长，带领小队战士抗击日本侵略者，在一次战斗中不幸被俘，光荣牺牲。作为明代忠良杨继盛的后人，杨瑞森继承先祖遗训，为抗击日寇，拯救民族危亡于水火，威武不屈，壮烈殉国，为中华儿女谱写了一曲悲壮的赞歌。

（**撰稿**：曹宏君　**摄影**：牛慧民）

北城村

北方孔子 奇逢故里

□名村概述

北城村因地处县城之北而得名，地理位置优越，交通便利，全村人口4500多人，耕地5145亩，2016年人均收入达到8560元。全村以种植业、养殖业为主，也有人从事建筑业和服装加工业。北城村历史悠久，民风淳朴。建村历史可追溯到唐代，2006年挖掘出金元时期文化遗址一座。清初大儒孙奇逢就出生在本村。

北城人乐善好交，多年来与本县的李庄、朱庄、张庄、薛庄，安新县的张村，定兴县的佟高庄、南南蔡、北南蔡等村结为盟村，民间花会交流频繁。北城村叉会在历史上较有名气，几代人传承技艺，得到健康地发展。

现任村支两委班子注重精神文明建设，积极弘扬传统文化，为村民修建健身文化广场3座，组建文艺队3个，创办民办游泳池1座，幼儿园2家。全村街道实现了硬化、净化和亮化，户户通水、通电、通邮、通网。2010年，北城村获得“容城县文明村称号”。

□文化遗存

【北城塔】北城村西原有古塔一座，名为“北城塔”。7 层，高约 13 米，20 世纪 50 年代初拆除。

【孙奇逢纪念馆】纪念馆坐落在北城村村北。2014 年 7 月，容城镇筹措资金 100 多万元开始筹建。2015 年元月竣工。

孙奇逢纪念馆是一座方正的民居式院落，青砖青瓦、庄重肃穆，正南门楼古朴大方，门楣上悬挂木匾，“孙奇逢纪念馆”字迹苍劲。进门后首先映入眼帘的是一座高达 4 米的汉白玉雕像，呈现孙奇逢晚年手捧书卷讲学的形象。雕像背后主体建筑为 5 开间瓦脊明廊仿古大殿，命名为“孝友堂”。堂内正中悬挂有孙奇逢画像，画像两侧张贴着其弟子汤斌题写的对联：“孔孟有真传千里促游立深雪，程朱得正印百年崇祀仰高风”。对联两侧对称挂有 18 块展板，详述了孙奇逢待孝、拒仕、著学的传奇人生。大院内东厢房 3 间，命名为“躬行实践”，堂内重点介绍孙奇逢在河南夏峰收徒讲学的事迹。纪念馆后边建有“征君公园”，树木苍郁，花草烂漫，亭台掩映其中，为民众提供了良好的休闲场所。

□人物英才

【孙奇逢】（1584—1675）清初大儒，字启泰，号钟元，别号夏峰先生，明清之际学者，与李颙、黄宗羲齐名，并称“清初三大儒”。

明万历十二年，孙奇逢出生于北城村，祖居贾家庄（今贾光村），其父孙丕振，是一位村学先生。幼时，父兄辈给予他良好的家庭教育。明万历二十八年中举，因不满明末政治腐败，积极营救东林党人，受世人赞扬。明末，清军大兵逼近容城，孙奇逢反对异族侵入，毅然率领亲族乡党入城，抢筑坍塌的城墙，英勇抗击清兵。附近的县城均失陷，独容城未被清军攻破。但明朝大势已去，孙奇逢不得已而率部分族人避走易州（今易县）五公山隐居，教授族内及附近青年读书。1649 年，孙奇逢老家的田地被圈占，他带着全家南迁至辉县，在苏门山下百泉湖畔，继承苏门讲学之传统，办书院、立学社、开堂讲道、接引门生。1652 年，工部都水司主事马光裕敬佩孙奇逢的为人和学问，将自己在夏峰村的土地和房屋慷慨地赠送给他。从此，孙奇逢在夏峰村安身立命，著书立说，兴办百泉书院，广收生徒，讲学论道，直至终老。所以，又被称为“夏峰先生”。明清两代统治者，曾先后 11 次征召孙奇逢出仕做官，都遭到拒绝，孙奇逢被后人美誉为“征君”。

清康熙十四年四月二十一日，孙奇逢逝于河南夏峰。其年十月葬于辉县之东原，从祀于百泉之文庙，夏峰、容城有专祠。著有《书经近旨》《读易大旨》《理学宗传》等，收入《四库全书》。著诗文集《夏峰先生集》及《畿辅人物考》《两大案录》等。

【孙立雅】（1610—1680）字君建，号宏斋。容城北城村人，孙奇逢长子。幼年时读书聪颖过人。16岁时为邑诸生，过定兴江村时，鹿善继教授他《认理提纲》《传习录》，使他知道程朱陆王学问的异同。明亡后隐居不仕。孙奇逢迁至苏门，留下立雅在家守墓，他在篷户中淡泊如常，乡里人有什么疑难事都找他来决断，也有的走到近前就感到惭愧，打消了争执的念头。人们把他比作三国时期的管宁。他十多年不入城市，也没有拜谒过公门。地方官员只要过其门往往拜见座谈。清顺治十八年，推荐人才，部里的檄文一个接着一个，可是他坚辞不就。不久到苏门，学问日益深厚，所论关乎至理。学者赵坦（字宽夫）称他“有真性情，乃能为真学问”。孙奇逢去世后他哀伤欲绝，谨守礼节，并立六约：一先求做人，二当求自任，三不可长傲，四不可决裂，五不可自是，六作文不可抄袭。

【梁蔼然】（1910—1991）容城县北城村人，幼即聪颖，11岁考入县立高小读书，14岁毕业后即在北张村、大八于村初小任教。16岁投军（直系大名陆军十六混成旅第一团）当司书。不久部队改编为国民革命军，参加北伐。1928年，转投入爱国将领冯玉祥部暂编第一军第一师，任书记官、总司令部军政处科员。1930年，冯玉祥反蒋战争失败，他又返乡在野桥小学任教半年。1931年9月，投奔陕西民政厅主任秘书申伯纯（共产党员），任科员。1933年，随陕西省民政厅厅长李志刚到南京，任西安绥靖公署驻京办事处秘书，申伯纯任该署交际处处长。1936年，申调梁到交际处任总务科长。从此，梁在申的领导下，开始了秘密的革命活动，配合中

共地下党组织，为迎送、掩护革命同志和进步人士，做了许多工作，并为“西安事变”的和平解决，做出了贡献。1939 年，梁蔼然加入中国共产党。

抗战时期，梁曾任鹿钟麟的河北省政府主任秘书。1940—1947 年初，梁以多种身份作掩护，在重庆搞情报工作。1947 年 2 月，梁以保定绥靖署少将参议职务为掩护，在北平进行地下工作，卓有成效。9 月，因组织遭破坏而被捕，押在南京，在狱中进行了机智顽强的斗争，表现了一个共产党员的高贵品质。

1949 年 1 月，梁经党组织营救获释后，转香港到北平。不久便投入到建立人民政协的筹备工作中，历任全国政协秘书处处长、中央人民政府委员会办公厅秘书处处长、全国人大常委会办公厅秘书室主任。1980 年起，历任全国政协第五、六、七届委员，全国政协文史资料委员会副主任委员。1991 年逝世，终年 81 岁。

□大儒风范

孙奇逢在我国明清之际的学术史上有着特殊的地位。他是中华文化所称道的三不朽人物（即儒学推崇的三种人生：立德、立功、立言），将自“孔孟”以来的儒家文化发展到了其时代的最高高度。其以德望最重、辈分最高、年龄最老、学问最醇，被誉为学坛盟主，就其当时在思想文化领域的影响和地位而言，是超过了被我们现在熟知的顾炎武、黄宗羲、王夫之等大家的，有“北方孔子”之称。基于他的特殊地位，被列为《清史稿》儒林第一、《清儒学案》第一，黄宗羲《明儒学案》单独为其例学案。

“奇逢之学，原本象山、阳明，以慎独为宗，以体认天理为要，以日用伦常为实际。其治身务自刻厉，人无贤愚，苟问学，必开以性之所近，使自力于庸行。其与人无町畦，虽武夫悍卒，野夫牧竖，必以诚意接之。”——《清史稿》

“燕赵悲歌慷慨之风久湮，人谓自先生而再见。”——黄宗羲《明儒学案》

“奇逢行谊，不愧古人。其讲学参酌朱、陆之间，有体有用，亦有异于迂儒。故汤斌慕其为人，至解官以从之游。”——纪晓岚《四库全书总目》

“夏峰先生是一位有肝胆有气骨有才略的人。晚年加以学养，越发形成他的人格之尊严，所以感化力极大，屹然成为北学重镇。”——梁启超《近三百年学术史》

（撰稿：曹宏君　摄影：牛慧民）

大河村

服装先行 小康之村

□名村概述

大河村隶属河北省容城县大河镇，在县城正东 10 公里处。该村东与沙窝村、羊定村为邻，东南与郭村接壤，南边是大阳村，西南是东里村，西边是胡村，西北是东孙村，东北是南阳村。南去 5 公里是华北明珠白洋淀，往北 9 公里是中国北方经济重镇白沟。大河村区域面积 5300 多亩，其中村庄建设面积达 2000 亩，耕地 3300 多亩。全村人口 2700 多人，近 600 户，大小企业 50 多家，是远近闻名的服装专业村。全村拥有省级名牌产品 10 个，具有规模的企业 24 家，年产值超亿元的企业 2 家，年产值 5000 万元以上的企业 3 家，从业人员 5170 人，年产衬衫 3000 万件。2000 年，全村服装业完成产值 4.5 亿元，上缴税金 610 万元。该村是全县第一批小康村。

□文化遗存

【庙宇】旧时，大河村内有多座庙宇。三义庙供奉着刘备、关羽、张飞塑像。奶奶庙供奉着老奶奶塑像，庙很大，香火比较旺盛，求子者络绎不绝。还有土地庙、燕王庙、龙王庙、老爷庙、真武庙、药王庙等。解放初期全被拆毁。

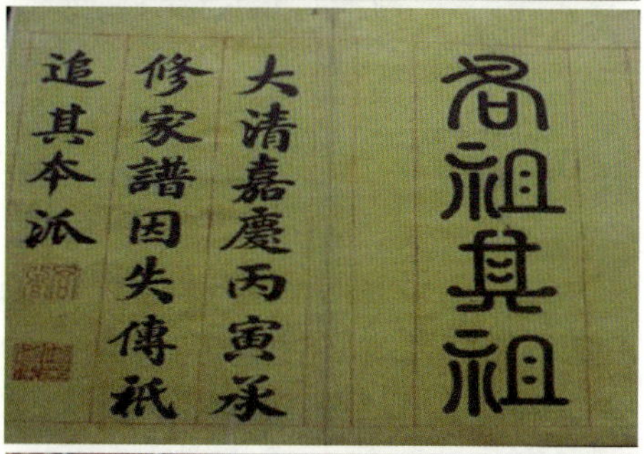

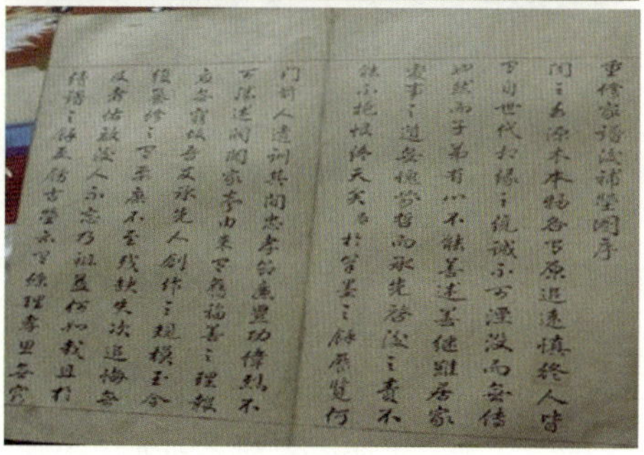

【何思墓】何思墓建于明隆庆年间，在 20 世纪 60 年代以前尚存。现遗址上仅存墓碑 2 座，其中一座断裂，在 2000 年进行了修补。2016 年，又从地下挖出散落各处的石碑墓牌多块，由何氏后人保存。

【何氏家谱】旧时，大河村各家族一般都有家谱，由族长或德高望重者保管，并代代相传。在每年的清明节，家族要续家谱，吃“清明会”。现今仅存《何氏家谱》，其他姓氏家谱失传。据何氏家谱记载，“何氏老茔在大河村正西路北，壬山丙向，永乐年以前葬过十余世，坟墓尚有。”也就是说，在公元 1200 年左右，大河村就有何氏一族，再往前无考。

《何氏家谱》现由何文库保存，共分 3 册，为《何氏谱——族》《何氏谱——本支》《何氏茔谱》。于清嘉庆十年由何廷樑重修，茔谱为新增。《何氏谱——族》有何门家谱序、宗谱目录、本支图、皇帝敕谕、敕赠、敕祭、诰命、敕封和人物传记等。《何氏谱——本支》有承修家谱序等。《何氏茔谱》有茔谱序、大宗小宗图、各祖茔图、茔地位置等。何氏家谱从明初其始祖记起，前后有 4 人编修，族人名录填写到民国后期，再后未续。

□人物英才

【何鲁】（1481—1543）字子谦，正德丙子登科，初授山西平阳府汾西县知县。嘉靖乙未朝见皇上。后再授陕西平凉府通判。皇帝敕赠随行郎户部署郎中主事。

【何思】（1508—1567）字慎之，号雄野，何鲁之子。仪状丰伟，凝重豁达而颖异绝人。18岁乙酉年以儒士得与宾兴，21岁戊子年举于乡，25岁壬辰年中进士。初任襄陵令，再入工部、户部，最后官至都察院右佥都御史，敕封承德郎，诰赠中宪大夫。戊申年，巡抚大同，赞理兵务。当时大同北临沙漠，常起战端。面对时局，他悉心督办防务，大力储备粮草，积极训练士卒。贼寇多次进犯，他精心安排，从容调度，打退强敌，使上下心服、军民拥戴，皇上闻之，赏赐颇丰。庚戌年，进京朝见皇上，赐给酒宴。辛亥年三月，咸宁侯仇鸾密遣家人与蒙古酋长俺答义子脱脱商议开马市，后来得到皇上允许。俺答率领部众到宁羌堡边外，向东南方向叩头谢恩，说话和礼节特别恭顺。何思起疑，认为俺答一向骄狂，一旦恭顺如此，必藏祸心，反复不测。他一边据实上奏，一边加强防备，安排应对。研究了开马市时敌人到宁羌堡的往来道路，便派徐洪带领兵马三千赶到那里，又派朱汉的兵马在左边作为呼应，以防意外变化。五月初四日，果然有青台吉部落三千余骑，以不及卖马为由突然进袭，见有防备，这才离去。二十六日，俺答又犯右卫城，诸将有怯意，坚守不想战。何思奋勇督军亲自前去策应，用忠义之言激励将士，终于击退敌人。俺答逃到大青山后面，再不敢犯境。如此数年，恪尽职守，思患预防，有如一日。壬子年三月，以屡开马市后敌情反复，兼权贵居中有所忌觊，遭到陷害，革任听勘。自此，闭门课子，淡然林泉。戊午年，李文彪叛乱，诸领不能制。八月，下诏起用何思，巡抚江西、福建、广东、湖广等地，提督军务。他边剿边抚，五年而平。同年，北方边塞告急，下诏巡抚宣府。何思接到命令，即刻兼程赶往，还未及安排部署，敌人就已犯境。仓促间有万余人涌向城池，守城军士闭门固守。何思斥责道："城是用来保护百姓的，怎能忍心抛弃他们。"盘问清楚后放入收留。他亲自巡视各城堡，整顿兵马，不断派出侦探标兵，随时掌握敌情变化，组织兵马四面掩杀，敌寇败走。

【何玉德】字彦贵，号槐堂，何思之子。明朝人，生卒年不详。曾授山东兖州府宁阳县知县、南京江西道监察御史等职。

□名村今貌

大河村原本是农业村，但由于受自然、土地、科技等各种因素影响，生

产水平发展缓慢，经济效益很难提高。1979 年 10 月，创建全县第一家由农民开办的集体服装厂——京容服装厂，开启了服装产业的先河。仅几年的时间，大河村及周边村就创办了几十家服装小厂。大河村从一个农业村发展成远近闻名的服装专业村，成为全国三大衬衫生产基地之一。在其后 30 多年的发展过程中，先后建立起来的服装企业达 100 多家，产品销往全国，并出口到东欧、南美、澳洲、中东、韩国、日本等几十个国家和地区。服装业的兴起推动了各项事业的全面发展，大河村曾一度成为“保定十强村”。

目前，大河服装工业园区初见端倪，已有十多家企业落户园区。投资 6000 万元的明珠印染厂，投资 1200 万元的华菱制衣有限公司扩建工程，投资 300 万元的华昕丽扩建工程，投资 500 万元的金百林整体搬迁工程已开工建设，大河服装工业园区完成投入 3 亿元以上。农业产业结构调整提上了重要议程，大河村组织 30 多个“种植大户”“科技示范户”5 次外出参观学习，开阔了视野，大力发展“两高一优”农业。未来的大河，是一条流金的河，一座充满时代色彩的新型小城镇；全国三大衬衫基地之一的大河，定会变得绚丽多姿。

（**撰稿**：曹宏君　**摄影**：牛慧民）

雄县

XIONGXIAN

京南畿辅 温泉之乡

◎ 雄县位于河北省中部京津保中心、雄安新区东部，北距北京 108 公里，东距天津 100 公里，西距保定 70 公里，西南距石家庄 175 公里。保津铁路横贯全县，荣乌高速、大广高速、国道津同公路纵横县境，交通便利。总面积 524 平方公里，辖 6 镇 3 乡 223 个行政村，总人口 39.4 万人。

◎ 雄县历史悠久。春秋时名易，燕桓侯迁都临易即为燕国中都。秦置易县，三国更名易城县，北魏复名易县。唐代置瓦桥关，后周显德六年世宗柴荣收复瓦桥关置雄州，宋政和三年，雄州赐名易郡。明洪武七年降雄州为雄县，虽隶属及辖域有变，但雄县之名沿用至今。宋辽时期雄县为边关要地，杨延昭在此驻守，建有古地道，遗址犹存，现为国家级文物保护单位。

◎ 雄县资源丰富。雄县地热资源丰厚，2006 年被中国矿业联合会命名为"中国温泉之乡"。矿泉水储量 4 亿立方米，是国家唯一 5 种微量元素达标的优质矿泉水。盛产石油、天然气，是华北油田主产区。雄县有白洋淀水域 18.3 平方公里，风景秀丽，水产丰富，是旅游度假胜地，现为 5A 级景区。在白洋淀温泉城建有旅游码头，年接待游客 100 万人次。

◎ 雄县民营经济发达，形成了塑料包装印刷、压延制革、乳胶制品、电器电缆四大支柱产业。2008 年，雄县被中国塑料工业协会命名为"中国塑料包装产业基地"，2013 年，雄县被中国包装产业联合会命名为"中国软包装产业基地"；压延制革产业占国内北方市场的 90%；乳胶产业占国内市场的 90% 以上，乳胶制品专业村大步村被誉为"中国气球第一村"。

雄州镇

边关重镇 非遗名城

□名镇概述

雄州镇坐落在雄县西南部，正北、东北、正东依次与本县之朱各庄、大营、昝岗、龙湾诸镇相连，南与任丘市接壤，西南隔白洋淀与安新相邻，西接容城县，距雄安新区中心区约 5 公里。雄州镇为雄县政府所在地，全镇面积 97.3 平方公里，耕地 63 839 亩，辖 45 个行政村，人口 75 646 人。全镇农业以小麦、玉米为主要作物，并形成了 3 个蔬菜专业村和 3 个果品专业村。工业以化工、塑料制品为主。镇政府设在艾西楼村。

雄州镇水资源丰富，白洋淀水、矿泉水、地热水“三水竞秀”。“华北明珠”白洋淀为 5A 级旅游景区。雄州镇位于白洋淀北岸，在白洋淀有 5 个半水村，占据白洋淀东北 18.3 平方公里的水域，温泉城旅游码头建在这里。近年随着“引黄济淀”“引江济淀”的实施和上游水源的治理，白洋淀水位上涨，水面宽阔，水质优良，物产丰富，四季有景，景随时移，春来淀水湛蓝，夏至荷花绽放，秋来芦苇泛金，冬至冰橇穿梭，不仅造福了淀区人民，也带动了旅游发展。大清河纵横全境，重新蓄水后，滋润了沿河两岸，依河而建的文昌、清河两个公园，环境优雅，景色宜人。雄县地热资源丰富，2006 年被中国矿业联合会命名为“中国温泉之乡”。雄州镇拥有得天独厚的地热资源，全镇到处都能打出地热水，具有五个突出特点：面积广、储量大、埋藏浅、温度高、水质优。地热供暖面积达到 450 万平方米。全镇各小区都实现了地热供暖，镇内多个村庄也采地热供暖，基本建成“无烟城”。近年采用回灌利用、灌采结合，基本实现了取热不取水，创建了“政府主导、企业参与、统一规划、采灌结合、惠及百姓”的“雄县模式”，在全国推广，并被国家能源局确定为“三新行动”首批试点县。

□文化遗存

【宋辽古地道】该地道位于雄县县城将台路东侧，原是高出地面一两米的方形土台，20 世纪 70 年代，邢村村民取土发现了古战道。整个地道皆为青砖券顶结构，由甬道和券室两部分构成。最大券室长 8 米，宽 3 米，高 3 米，甬道低处仅 0.6 米。其内部结构复杂，有翻板、翻眼、通气孔，壁上有放灯处。从功能分，有“引兵洞”“藏兵洞”“议事厅”“瞭敌洞”“迷魂洞”等。根据发现的宋辽时期的瓷片、瓦片、水缸、残兵器等，说明洞内设施俱全。这一永久的防御性地下军事工程，在中国乃至世界上都是十分罕见的，具有极其重要的历史、文化、军事价值，被誉为“地下长城”。2013 年，古地道被确定为国家级重点文物保护单位。

【瓦桥关遗址】瓦桥关于唐代设置，成为兵家必争之地。后周显德六年，柴世宗收复瓦桥关置雄州，雄名自此始。雄州设立之初即为宋辽边关重镇，靖难之役为主战场，义和团运动、抗日战争、解放战争，雄州均为重要战场。史料记载：瓦桥关坐落在雄州原瓦桥街上（今南关大街），门洞跨越街心，南面嵌有“雄关”两个大字，后当地亦称雄关。上有庙，南向祀文昌，北向祀火神。明朝光禄寺卿郭存谦重修，1946 年拆除。

【雄州古城墙】雄县古城墙始建于宋朝，是环绕全城的墙，高 11.7 米，宽 5 米，全长 4525 米。雄州城呈“凸”字形，北宽南窄，有三座城门：主门是东门和南门，西门较小。南门遗址在今温泉路南端，二铺街口北约二三十米处，大约在 1948 年拆除。城墙由南门向东至古城路，向北延伸至铃铛阁大街。再向北顺东关路延伸至文昌大街南侧约 50 米，再顺文昌大街向西至槐树街西 100 米。再由此向南，东折再向南，伸至三铺、第一小学西侧，继而向南转向东。20 世纪 60 年代尚有高高的土墩子。目前仅存温招院内一小段。

【西槐清真寺】西槐清真寺位于雄县西槐村内，建于明永乐二年，1986 年重修。该寺为四合院式建筑，大门坐南朝北，门悬匾额黑底金字“清真寺”。内有北房 6 间、东房 2 间、南房 4 间，西大殿是主要建筑，歇山起脊，飞檐斗拱，古朴典雅。近年大殿加装了玻璃门窗，重新装修粉饰，内部宽敞，高端大气，雍容华丽。是该村回族民众聚集、诵经、祈祷的场所。寺内驻有阿訇，周边省市的回族朋友、著名的阿訇也常来此参加活动。该寺是河北省省级重点文物保护单位。

【雄县南界碑】清光绪十四年立于十里铺村南与安新县赵北口村交界处。碑身为青石质料，上宽 71 厘米，下宽 66.6 厘米，厚 12.5 厘米，碑正面有三行字，中间为“雄县南界”，右上书“光绪拾肆年陆月榖旦”，左下署“知府用钜鹿知县署雄县事凌燮应石”。现仅存碑身。

【千年古村亚古城】亚古城村原位于县城东 1.5 公里处，现因城区扩展已纳入城区。西汉景帝四年匈奴王卢它降汉，受封亚谷侯于此，取名亚古村，村龄 2170 年，为雄县第一古村。

【燕长城】是战国时燕国与赵、齐、中山等国的边界长城，已有两千多年历史，现为白洋淀北岸防水堤。本镇境内长城堤全长 8.6 公里。

□非遗文化

【雄州古乐】亚古城音乐会成立于明永乐年间，清康熙年间进京演出得御赐龙旗 2 面、宫灯 4 盏。乾隆年间在鄚州庙会演出，技压群雄，获赠黄土地 6 亩、水井 1 眼。改革开放后该会会长史军平成为全县古乐界领军人物，带领会员刻苦钻研、勤学苦练，恢复了濒临失传的曲目，该古乐已成为国家级非物质文化遗产，史军平个人成为省级非物质文化遗产传承人。十里铺音乐会始于元代，曲调风格古朴典雅、高亢激昂。特点为正反调结合，三翻九转。1954 年，该会乐手曾随周恩来总理访问苏联，受到苏联国家领导人接见。2016 年，该会列为省级非物质文化遗产。古庄头音乐会、常庄音乐会同属北乐，成立于元明之际。曲调舒缓优雅，无比曼妙，已列为市级非物质文化遗产。

【雄州武术】阴阳八盘掌根据阴阳八卦之理，结合实战技击创编成内外兼修的内家拳法。讲究内修练气结丹，外修练形搏击，以达到先天辅后天、后天返先天的境界。第五代传人罗永山传于雄县。亚古城村刘乐民将其发扬光大。该拳术已列为省级非物质文化遗产。

岳氏散手又称八翻手，鹰手拳法。雄州镇亚古城村人陈志刚，六岁随外祖父习练岳氏散手，深得真髓，他搜集整理了岳氏散手拳谱，该拳术已列为省级非物质文化遗产。

雄县功夫跤、太极梅花螳螂拳、中国京跤等也各具特色，广泛传承，均已列入市级非物质文化遗产名录。根据刘乐民、郭跃进、潘向阳事迹拍摄的

电影《武痴》，在中央电视台播放。

□特色产业

【古玩市场】雄县古玩市场建于2004年，前身为发起于改革开放初期的张岗古玩市场。是年，县城建成将台路，县政府将古玩市场迁至将台路，以街代市，有商铺30多家，摊位百余个。环境的改善，促进了交易，加快了古玩市场的发展。2008年政府投资1200万元，建成了占地2亩、建筑面积5000平方米的古玩城，商铺达到了130余家，摊位达到了500多个，主要经营陶瓷、玉器、铜器、竹器、古旧家具、字画、书籍、现代工艺品等，市场辐射京、津、冀、鲁、豫、辽等省、市、区，收藏界名人马未都等多次来雄县鉴赏、采购和交易，市场年交易额逾亿元。

【包装基地】雄州镇包装印刷业起步于20世纪60年代，先后出现丝网印刷、吹膜、凹版印刷，90年代后加速发展。现印刷由丝印发展到柔印、凹印，由3色发展到10色，由手动套版发展到电子轴和无轴凹印；吹膜由平吹机发展到立吹机，由单层共挤发展到多层共挤；制袋由手工发展到机械热切、冷切，双边封、三边封，再到制立体袋、光盘袋；制版由手工腐蚀发展到布美兰版、电雕版、激光制版，形成了集物资供应、吹塑注塑、流延、制版、印刷、复合、制袋、产品销售、机械研制销售为一体的产业体系。产品达十几类上百种，市场覆盖全国，并远销亚洲、欧洲、美洲、非洲等地。雄县先后被命名为河北省包装装潢印刷基地、河北省区域特色产业基地、中国塑料包装产业基地和河北省轻工（塑料包装）产业名县。雄州镇是雄县塑料包装产业的集聚中心，有塑料包装企业2000多家，从业人员近万人，年产值80多亿元。

（撰稿：宋忠臣　摄影：吕凤霞）

昝岗镇

鹰爪祖庭 文化重镇

□名镇概述

昝岗镇位于雄县中部，南距县城 12 公里，北距北京 93 公里，东距天津 86 公里。总面积 46.4 平方公里，辖 29 个行政村，3.52 万人。大广高速纵贯境内，省道 043、雄霸公路、昝白公路纵横交错，交通便捷。文化底蕴深厚，宋辽时期这里是边关重地，孤庄头村发现了被称为“地下长城”的古地道。明清时期经济繁荣，曾与白沟、胜芳并列为“冀中三大古镇”。这里习武成风，文化昌盛，是鹰爪翻子拳的祖庭所在地，涌现出“小兵张嘎之父”徐光耀等一大批在全国有影响力的文化名人。这里是华北油田主产区，石油、天然气、地热资源丰富，以乳胶制品、塑料管材、座椅制造、黑陶等特色产业为支柱，产品享誉国内外。2003 年被河北省确定为“全省改革发展重点联系镇”，2005 年被国家发改委列为第一批“全国发展改革试点小城镇”，2009 年被中央文明委评为“全国先进村镇”，2008 年、2010 年、2012 年、2014 年、2016 年连续五届十年被河北省委、省政府评为“省级文明乡镇”，曾被河北省评为“河北省书法之乡”。

□文化遗存

【陈子正故居】位于昝岗镇李林庄村正中，据记载该故居始建于 1905 年，至今已有 112 年的历史。故居属典型的北方民居院落，四合院，外跨西、北两院，建筑格调为清末民初风格。经其后人多次修缮，故居房屋保存较为完整。故居占地约 860 平方米，共有房屋 11 间。其中正房 3 间，东、西配房各 3 间，北院东、西耳房各 1 间；另有外跨西、北两院。

据查，陈子正自 1878 年出生到 1910 年 32 岁去外地任武术教练之前，以及 1930 年 52 岁重回故里到 1933 年病故，他在这里前后住了有 35 年。陈子正在外地任武术教练的过程中，有过几次回家乡，也都是住在故居。现故居内存放有陈氏家谱及陈子正当年用过的生活用具、书、资料、来往信笺，还有他当年使用过的碌碡、坛子、小缸、石杠铃等，以及陈子正与武术界多位知名人士的合影、银牌、奖杯和友人赠予的水晶石镜等。

□非遗文化

【赵岗古乐】属于国家级非物质文化遗产雄县古乐的重要组成部分。始创于清乾隆年间，有 300 多年的历史。现传至七代，有会员 24 人，属于民

间自发性组织。传承道教曲组成，表现形式有唱颂和器乐演奏，记谱方式为工尺谱。2005 年中央音乐学院 9 名专家学者先后两次考察赵岗音乐会，同年 10 月赵岗村 22 名乐手登上中央音乐学院演播厅舞台，参加了中非国际音乐论坛演出。2013 年 5 月，赵岗古乐参加了在山东枣庄举办的“中国十艺节”展演，受到各界人士关注，展现了雄州古乐风采。

□红色文化

【梁神堂反击战及佐各庄惨案】1939 年 12 月 27 日，冀中军区二十七团在梁神堂村同 3000 名日伪军进行了一场殊死战斗，在短短 12 个小时的时间里，我军以伤亡 250 人的代价，赢得了毙伤日伪军 450 余人、击毁敌机 1 架、炸毁坦克 1 辆的重大胜利，创造了以少胜多、以弱胜强的光辉战例，沉重地打击了日寇的嚣张气焰。冀中军区司令员吕正操对这次战斗做了高度评价：梁神堂战斗“用正规战的方式，以弱胜强，以少胜多，在冀中来说还是一件创举”。12 月 29 日凌晨，在梁神堂村反击战中遭到惨重失败的日军恼羞成怒，像疯狗一样闯进了佐各庄村，对无辜群众进行了灭绝人性的大屠杀。全村干部群众临危不惧，誓死抗争。5 个村主任被刺刀挑死 4 个，3 个自卫队长被挑死 2 个，11 名村干部被杀害了 8 名，共杀害我无辜群众 47 名，烧毁房屋

110余间，制造了惨绝人寰的佐各庄惨案。

【火烧昝岗炮楼】1944年6月13日上午，冀中十分区司令员刘秉彦指挥攻打昝岗炮楼。王凤岗是华北地区罪大恶极的伪军头目，杀害我许多军政人员和群众，血债累累。昝岗炮楼是他的重要基地，由1个高10余米的母堡和4个子堡组成，全部是钢筋水泥建筑，结构坚固，守卫严密，对十分区的行动造成很大障碍。为拔掉这个钉子，十分区主力四十三地区队和二联县五十六大队、东进部队的一个大队投入战斗。首先以四十三地区队二大队化装成“伪军”，遭我追击，撤退至昝岗据点曹家大院壕外，结果被敌人发觉。用计不成，我军改用强攻。经过3天强攻，攻下敌人4个子堡，迫使敌人退守母堡。16日拂晓开始围攻敌人母堡，我军民一心在母堡下投放大量木柴，点燃木柴，碉堡周围成了一片火海，10余米高的母堡成了火海中的一个大烟筒，敌人在火攻面前缴枪投降。这次战斗毙伤伪军十余名，俘伪军中队长以下70余人，缴枪近百支，处决了罪大恶极的伪中队长盛治华。

【小芦昝地道战】1945年5月25日，日军六十七旅团富永大队400余人纠合雄县、容城伪军2000多人进攻我十分区司令部，途经小芦昝村时，遭十分区武委会的截击。日伪军集中武力包围了小芦昝村，从村西、村南向村内发炮进攻，分区武委会主任朱泽民带领干部、民兵与敌周旋，从村沿到村内，从房顶岗楼到屋内工事，一直战斗了3天，连续打退敌人5次冲锋，击毙日军联队长1名、中队长6名、日军40余名，伤60名。此次胜利为米家务保卫战的胜利奠定了坚实的基础。

□人物英才

【刘士俊】（生卒年不详）昝岗镇孤庄头村人。同治、光绪年间，北京城有四大武师，分别是太极杨露禅、八卦董海川、岳氏散手刘士俊和形意郭云深。刘士俊少年习武，练习岳氏散手，后得到少林僧道济、法成传授，技艺大成。刘士俊最精用大杆子，百战百胜，号称“大杆子刘”。曾多次助官府擒贼，并在北京神机营担任教官。弟子众多，较著名的有大枪刘德宽等。晚年教徒刘成友，一代国术大师陈子正是刘成友弟子。

【陈子正】（1878—1933）昝岗镇李林庄村人，我国近代著名爱国武术家、武术教育家、武术技击家、鹰手拳创始人、国术大师，得名“鹰爪王”“中国拳王”等。著有《拳术要义》《拳术摘要》《鹰手拳艺书》《鹰爪连拳五十路》《行拳十路》《论拳法十篇》等。北平模范军团以及东南亚南洋群岛均有陈子正任教的足迹。九一八事变后，陈子正看到山河破碎、国民受辱，忧愤万端，积郁成疾，于 1933 年 7 月 12 日逝世。其留下的鹰爪翻子拳为“国家级非物质文化遗产”。

【高振东】（1879—1960）昝岗镇高辛庄村人，少年拜形意拳大师程子和、马玉堂为师，深得形意拳之精髓。1928 年任民国中央国术馆“武当门长”、浙江省国术馆高等教习，与“千斤王”王子平试武结友，义结金兰，与武林巨匠孙禄堂、杨澄甫、刘百川、杜心伍、李景林等并称“武林泰斗”，在全国武术擂台赛后，江浙两省主席张人杰赠其银盾一块，书“夺得锦标”。高振东集形意、八卦、太乙于一身，授艺的足迹遍及大江南北，徒以千计。

【徐光耀】（1925—）昝岗镇段岗村人，当代作家。13 岁参加八路军，历任八路军一二〇师特务营战士、冀中军区警备旅政治部除奸科干事，解放军第二十兵团野战新华分社记者等职，经历了抗日战争和解放战争的洗礼。1983 年任河北省文联党组书记。其主要作品有：长篇小说《平原烈火》，中篇小说《四百生灵》，剧本《望日莲》《乡亲们呐》，短篇小说《小兵张嘎》《徐光耀小说选》，散文集《昨夜西风凋碧树》《忘不死的河》。

【王润身】（1924—2007）昝岗镇昝南村人，著名电影表演艺术家。1947 年参加革命，后在八一电影制片厂、长春电影制片厂担任电影演员。在电影《林海雪原》中扮演著名侦察英雄杨子荣而一举成名，其后还参演了《野火春风斗古城》《激战前夜》《北斗》《春眠不觉晓》《不该发生的故事》《黑太阳 731》《长空比翼》等电影以及电视剧《光荣街十号》《张学良将军》等。2007 年在吉林长春去世。

□名镇今貌

昝岗镇工商业发达，以乳胶制品、塑料管材、座椅制造、雄州黑陶等特色产业为支柱，产品享誉国内外，“红丝带”安全套成为国际知名品牌，被国家卫计委列为定点产品；“康迪”牌公共座椅远销海内外，荣获全国驰名商标，其公司是全国最大的座椅生产企业之一，为 2015 年 9 月 3 日阅兵式观礼台座椅专属供应商；塑料管材生产规模庞大，是中国北方最大的塑料管材生产基地之一；雄州黑陶历史悠久，“质地细腻、古朴典雅、色如墨玉、声如钟磬”，品种多达 460 多个，多次在全国工艺品展销会上获奖，产品远销美国、加拿大、日本、新加坡等十几个国家，成为中国传统手工艺制品的优秀代表。

随着雄安新区成立，昝岗镇这个独具特色的历史文化名镇，再次焕发了青春的活力。未来的昝岗镇，必将在河北名镇中，绽放出更加璀璨的光彩。

（撰稿：郭亚军　王福忠　摄影：吕凤霞）

龙湾镇

千年龙湾 文化名镇

□名镇概述

龙湾镇位于雄县东南部，距雄县县城6.6公里，面积106平方公里，人口5.4万，辖21个行政村。1996年，原龙湾乡与葛各庄乡合并为龙湾乡，2005年撤乡建镇，改为龙湾镇。龙湾镇是雄县经济较发达乡镇之一，农业基础设施完善，以小麦、玉米种植为主，工业以乳胶、塑料、刀具、电器等闻名，工业产值居雄县前列；镇域内交通便利，大广高速、保静公路交错纵横，出行通达。

龙湾历史悠久，龙湾之名始于北宋。明清以来，龙湾曾是雄县东路水陆交通要塞，雄州繁华之所在。历史虽已远去，繁华未成冷寂，龙湾留存的先贤遗风、历史传奇、近代名人、文化传承，至今闪耀夺目的光彩。

□名镇历史

龙湾镇辖 21 个村，部分始于北宋，具有悠久建村史。龙湾，明初建村，相传村名与乾隆泛舟大清河打水围有关；东狄头，古名狄夏台，后改台为头，为北宋东北边陲，澶渊之盟议和之地；大步村，与杨六郎驻军有关，初为“大姑村”，后改“姑”为“步”；道务村、马务头与宋辽榷场交易有关，各州征税之地称务，明朝嘉靖年间已称道务，马务头是马匹贸易税收之地。

1992 年出版的《雄县志》中，记载道务村西发现一处汉墓，表明公元 220 年以前龙湾一带已有人居住；《宋史・列传》记载宋辽在雄州一带的战斗经过，“（太平兴国）五年，契丹侵雄州，据龙湾堤。”这是龙湾一名的最早出处；《嘉靖雄乘》记载，明代雄县有二十九淀，在龙湾名浅淀，方圆三十里，旱则为民田，涝则为水乡。据《北道刊误志》记载，归信有张家、木场、三桥、双柳、大涡、七姑坦、红成、新坦八寨。红成即洪城，为宋归信八寨之一，处于宋辽战争的前沿；马务头于明洪武年间建河伯所，后于天顺年间裁撤，见证了明朝初期水道变化、灾害频繁的历史。《雄县新志・建置篇》记载，龙湾村有集市，为全县 9 个设有集市的村镇之一，主要是粮食和蔬菜市场。每年正月十四至十七日，为龙湾村火神庙庙会。考古发掘、历史文献表明，龙湾的历史悠久，历经岁月沧桑变迁。

□非遗文化

【龙湾戏曲】具有悠久的历史传承，在全国享有盛誉。早在 1918 年，龙湾的“孟嘉言”“荣庆和”及马务头的“仁和”等业余剧团就已成立。中华人民共和国成立初期，雄县业余剧团 62 个，其中闻名的就包括龙湾、道务等村剧团，尤其戏曲跟头享有盛誉。在浓烈的乡土戏曲艺术熏陶下，龙湾戏曲人才辈出。2011 年，《吉尼斯中国之夜》节目中，雄县龙湾武生出身的张子宜在一分钟内徒手侧空翻 45 个，创造了吉尼斯一分钟徒手侧空翻次数最多的纪录。

【葛各庄音乐会】是冀中北地区音乐会之一，属北乐，曲目多来自宫廷、佛、道、礼乐，保留曲目有《孔子叹颜回》《谱坛咒》《倒提金灯》《赶子》《桃军令》《尖四季》《塌四季》等大小 18 种，葛各庄古乐完整保存了古曲谱百首，

并完好保存民国二十二年大鼓以及笙、管、笛、箫和打击乐器多件，现葛各庄古乐被列为市级非物质文化遗产，是古代音乐活化石。

□人物英才

【袁鹤侪】（1879—1958）龙湾镇龙湾村人，宫廷太医。生于清末，历经清代、民国和中华人民共和国，在中医临床和中医理论方面多有建树，堪称杏林泰斗。袁鹤侪早年供职太医院随侍慈禧太后，因其德艺双馨，曾获光绪皇帝赏赐的“半副銮驾”，后转赠家乡。1949年后，袁鹤侪肩负开国领袖保健医生的使命，并任协和医院、北京医院中医顾问等职，后任中华医学会常务理事、全国政协委员等职。2011年，《北京市卫生志》《北京中医杂志》对袁鹤侪从医经历和学术成就做了详细的介绍。

【孙连仲】（1893—1990）字仿鲁，龙湾镇龙湾村人，国民革命军陆军二级上将，著名抗日将领，抗日战争时期因坚守台儿庄而闻名中外。1912年，孙连仲从军，在冯玉祥部历任排长、连长、营长、团长、旅长、师长等职。1927年，冯玉祥部编入国民革命军，孙连仲先后任第二集团军第二方面军总指挥、青海省政府主席、甘肃省政府主席、第二十六路军总指挥、第二集团军总司令。1938年，日板垣、矶谷两师团，进攻台儿庄一带，来势凶猛，大有一举重创中国军队之势。3月19日，孙连仲受命指挥部队东调，进驻台儿庄及其附近地区，构筑工事。孙连仲指挥军队坚决抵御，同时摸黑夜袭，消灭日寇，双方展开了激烈的拉锯战，最终，台儿庄战役以中国军队全胜而结束，史称台儿庄大捷。此役中，孙部武器虽劣，但官兵勇于作战、不怕牺牲的精神为世人称道。台儿庄战役后，孙连仲任第一战区、第五战区副司令长官，第六战区、第十一战区司令长官，河北省政府主席，曾受命在北平故宫太和殿主持接受华北日军投降仪式。解放战争后，孙移居台湾，曾任“总统府”国策顾问等职。

【胡荫樟】（1906—1989）龙湾镇道务人，民国初年入京华美院，师从吴镜汀、邱石冥等国画泰斗习画山水，毕业后留校任教，擅长山水，功底深厚，自成一家。原民国政要李宗仁先生欣赏其作品，多次邀其作画。中华人民共和国成立后，胡荫樟先后在中央美院、内蒙古师范学院执教多年，著名书法大师启功、中央美术学院原院长陶一青、中国美协原主席刘大为、内蒙古自治区美协原主席关和樟、著名画家白明等皆师从于胡荫樟。20 世纪 50 年代，胡自内蒙古返乡后，耕余培育桃李，受其真传的郭鼎安、张立佳、陈中兴等在国内山水画界一展才华，各领风骚。

【袁乃晨】（1919—2015）龙湾镇道务村人，中国电影导演，被称为中国电影译制片之父。1935 年在北平就读于知行实习学校，1938 年参加八路军，同年加入中国共产党。1946 年 6 月，调入东北电影制片厂（长春电影制片厂前身）。1952 年 11 月，任中央电影局翻译片组组长，主管全国翻译影片工作。在第一部译制片《普通一兵》中出任导演，在译制过程中，他开创性地运用了翻译影片“对口型”的译配方法，将“乌拉”翻译成“冲啊”，让影片更具戏剧张力和强烈的震撼力。2008 年，在金鸡百花电影节颁奖典礼上获得“终身成就奖”；2015 年，获中共中央、国务院办公厅颁发的“纪念抗日战争胜利 70 周年荣誉奖章”。

【刘凯】（1922—2014）龙湾镇道务村人。1938年7月，参加八路军冀中军区独立第一支队。1939年2月，调120师任见习参谋，参加了齐会歼灭战、陈庄歼灭战等战役。解放战争期间，任晋绥野战军司令部作战参谋，晋绥军区司令部通信科副科长、作战科副科长，华北野战军第一兵团作战科副科长，第一野战军第七军参谋处长，先后参加了大同战役、张家口战役、晋中战役、太原战役。1949年后，历任六十军司令部办公室主任、作教科科长，中国人民志愿军第三兵团司令部办公室主任、作教处处长。1955年被授予上校军衔。1985年任国防大学副校长。1987年任中央军委办公厅主任。1988年被授予中将军衔。曾获三级独立自由勋章、二级解放勋章，第六、第七届全国人大代表。

【李艺花】（1963—）龙湾镇道务村人，前中国国家队跳水队员。1981年7月，李艺花获第十一届世界大学生运动会女子跳板跳水冠军和跳台跳水亚军。1983年4月30日，李艺花在美国休斯敦第三届世界杯跳水赛女子跳板跳水赛中，技压群芳，勇夺冠军，是夺得此项冠军的第二个中国人。1985年，获得第四届世界杯男女混合冠军、女子团体冠军、女子跳板冠军。退役后，1990年，李艺花移居加拿大，从事跳水教练事业。2000年悉尼奥运会，其弟子蒙特米妮、艾米莉搭档获得了女子十米台亚军，李艺花被评为加拿大当年的最佳跳水教练。

□名镇今貌

近年来，龙湾镇在历史积淀中砥砺前行，挖掘提升历史文化资源，促进镇村面貌提升，取得了一系列的成绩。一是指导道务村建设胡荫樟绘画艺术馆，打造绘画艺术研究、交流的新平台，培养绘画艺术人才；二是鼓励推动葛各庄民间古乐薪火相传、交流提高、整理规范，使其焕发时代新生机；三是引导文学艺术者投身创作，当地涌现出一批文学爱好者，退休教师张贺明整理出版的《千年古龙湾》，乡土气息浓郁，历史资料翔实，是研究龙湾历史的资料。

龙湾，守护文化的信念从未动摇，科学发展的脚步从未停歇。在雄安新区创建的历史大潮中，牢牢把握文化脉搏，扣紧时代旋律，古老与激情将在龙湾这片热土上谱写出最美的乐章。

（**撰稿**：张剑波　**摄影**：王敏娟）

米家务镇

雄风古镇 红色基因

□名镇概述

米家务镇位于雄县东北部，镇政府设在米北庄村，距县城 16 公里，北距北京 100 公里，东距天津 100 公里，西距白洋淀 16 公里。米家务镇下辖 20 个行政村，人口 39 166 人，总面积 53.4 平方公里。交通便利，112 国道、保津高速、大广高速、白洋淀温泉城旅游路、保津高铁穿境而过。

米家务镇地热资源丰富。境内有石油资源，属华北油田主产区，有油井 61 眼。这里，因红色老区而知名冀中，因纸花之乡而名扬全国。

□名镇历史

宋熙宁年间，“澶渊之盟”结束了宋辽多年的战争，在雄霸一线设立榷场，此处为雄州官设谷物、米面贸易税收之地，故取名米家务，至今已有千余年历史。辖各村原属新城县，1940 年 5 月划入雄县，1953 年设七米乡，1958 年撤乡并入昝岗镇，1961 年设米家务公社，1984 年撤社复乡称米家务乡，1996 年原板家窝乡并入，2009 年 10 月撤乡建镇。

雄县第一个党支部在这里建立。1935 年，为宣传抗日，北京南下宣传团来到板家窝传播革命思想，宣传党的主张。当时板西学校校长胡子寿、教师王泽田、杨庄小学校长刘佩荣组织救亡联合会。1936 年 2 月 23 日，保属特委书记李箐玉到板家窝发展党组织，胡子寿、刘佩荣、王泽田加入中国共产党，并经保属特委批准，成立中共新城县第一个特别支部。1936 年 9 月，特别支部改建为中共新城县工作委员会，工委书记刘佩荣，组织委员胡子寿，宣传委员王泽田，机关设在米家务东大村，共有党员 18 人。从此，开始组

织民众宣传抗战、抗击日寇的活动。

□红色文化

【板家窝战斗】1939 年 1 月 14 日，八路军 120 师 3 支队在政治委员余秋里和队长贺炳炎的率领下，进驻雄县板家窝镇。16 日，驻新城白沟镇的 300 余日军、500 余伪军，兵分西、北两路包围了板家窝镇。八路军严阵以待。前沿阵地设在了桥头和吴洪波家大院，分别由一个加强班埋伏固守。在敌我战斗相持时，3 支队首长根据敌情和战况，迂回部队调来一个营，加上桥头阵地一挺机枪，组成了一支新的攻坚突击队，实施“拦腰冲杀，中间突破”的分割战术，很快摧毁了日伪军的火力防线，打得日伪军首尾不能相顾。此次战斗共击毙日军78人，击伤日伪军100余人，缴获轻重机枪6挺、迫击炮1门、长短枪65支、子弹数千发。板家窝战斗的胜利堪称120师3支队来到冀中后的初战大捷。

【米家务东大村地道战】1945年5月27日，新、雄、固、霸日伪军3000余人，包围了米家务，并占领了西大村、东大村、米北庄、米西庄4个村子。十分区政委旷伏兆在米南庄指挥领导机关人员和部分县大队队员及民兵，利用天、地、阴三通战术巧妙灵活地打击敌人。夜间十点钟，转移到外线牵制敌人的十分区司令员刘秉彦，指挥四十三区队和四联县大队一部和民兵对东大村之敌猛烈进攻，奇袭伪治安军十八团团部驻地卢家疙瘩。在对米西庄、米北庄、西大村增援之敌进行阻击的同时，分区作战参谋任子木带领民兵从地道潜入敌人聚集的染坊大院施放地雷，敌人伤亡惨重，敌兵驻地乱作一团，敌兵冲到大院门口，又被封锁门口的机关枪打回去。全村战斗速战速决，歼灭伪治安军十八团团部和一个营，毙敌209人，缴获步枪300支、子弹3000余发、战马1匹等军用物资。

【消灭王凤岗保一旅】1948年10月3日，国民党王凤岗部派一个营驻扎在板家窝村，十分区七十五团从霸州赶来攻打，王凤岗便使出他“打孤雁”的战术，派出其主力部队保安一旅围剿七十五团。敌人边打边撤，把七十五团引到大庄、小庄一带，双方展开了激烈的交战。七十五团把保一旅紧紧咬住。二十旅旅长刘秉彦早有准备并做好了部署，由他率领冀中第七纵队二十旅作为正面主攻，十九旅进至泗庄、南宫井一线，从西侧、南侧包围，二十一旅

从东侧、北侧包抄过来，将保一旅紧紧包围。我军采取一路突破、多路合围、内外夹击的战术，打得敌人溃不成军。经过3个多小时的激战，一举歼灭王凤岗保安一旅及土顽匪部，共毙伤俘敌2175人，缴获军用物资一批，扭转了十分区三角地带的战局。

【米家务烈士陵园】米家务烈士陵园，是河北省百个红色旅游基地之一、保定市爱国主义教育基地、雄县青少年法治教育基地。这里庄严肃穆，松柏常青，两名开国将军刘秉彦、旷伏兆长眠于此。抗日战争时期米家务是平、津、保抗日根据地三角中心地区。原十分区司令员刘秉彦将军（曾任河北省省委书记、省长、省人大常委会主任）、政委旷伏兆将军（曾任八机部部长、铁道部第一政委等职）曾带领和指挥十分区军民同日本帝国主义进行了不屈不挠的生死搏斗。在一次战斗中，分区参谋任子木负伤，晚上，和刘秉彦、旷伏兆住在一起，第二天早晨任子木去世。刘秉彦和旷伏兆二人商定死后也要埋葬在十分区。二人于1996年和1998年去世后，分别葬于米家务烈士陵园。

□人物英才

【李吉瑞】（1879—1938）字星府，号芝祺，米家务西大村人。幼年入史各庄小吉利科班学戏，专攻武生。后随班入津。出科后赴京参加玉成班，拜著名武生黄月山为师，同时师从陈福胜学老生戏。后返津入双顺和班，演武生戏兼演老生戏。主演武生戏《独木关》《落马湖》《巴骆和》《溪皇庄》及老生戏《秦琼卖马》《打渔杀家》《宫门带》等。1910年，李吉瑞再度返津，他喉嗓天赋至厚，演唱时声音洪亮、音节慷爽；表演上功架规范、精湛到位，成为天津风格武生中代表人物。法国百代公司曾为他的《独木关》《铜网阵》《刺巴杰》等剧目灌制唱片。李吉瑞热心慈善事业，民国时为西大村改造学校，捐赠全部桌椅教具。

【马殿元】（1900—1960）米家务东大村人，艺名马胜红。他11岁入德盛和科班学戏，出科后曾同宝盛和、华盛和组班并挑班演出，主唱文武老生，演出剧目有《清宫册》《假金牌》《观阵》《宁武关》等戏，活动在河北、内蒙古、东北一带。1958年应邀去天津市河北梆子剧院任教，他培养的学生有优秀的女须生吴大兴、高宝利。其子马春来和妻子郭治华（天津人，著名艺术家韩俊卿等人的学生）开办戏曲学校，所培养的学生遍布大江南北。

【胡子寿】（1911—1982）米家务镇板家窝人。1936年3月加入中国共产党，任中共新城县第一届“特别支部”书记。早年参加抗日战争。抗战胜利后，调内蒙古任财政厅厅长，后调工委任秘书长。胡子寿奉命筹办并印制发行“蒙钞”，建立起自上而下的银行系统，被任命为内蒙古人民银行行长。1947 年 5 月，内蒙古自治区政府成立后，胡子寿任内蒙古自治区财政部副部长兼银行行长。中华人民共和国成立后，先后担任华北局金融财政处处长，中国人民银行华北业务管理局副局长，一机部北京工业技术学校副校长、代校长，沈阳水泵厂副厂长等职。

【刘佩荣】（1917—1990) 米家务东大村人。刘佩荣 1936 年 2 月加入中国共产党并参加革命工作，历任新城县特支青委书记、中共新城县工委书记、县委书记。抗日战争时期，受党组织的派遣，到大清河争取、改造江东升部队，任冀中华北民众自卫军政治部组织科长、冀中六支队政治部主任。随后，该部改编为八路军一二〇师三支队八团，他任团政委，率部先后参加了莲子口战斗、冀南反击国民党顽固派斗争及举世闻名的百团大战。1940 年底，三支队改编为三五八旅第八团，刘佩荣任团政治处副主任、主任。1949 年后历任第七届全国政协委员、第四机械工业部副部长。

【李正冠】（生卒年不详）米家务镇蛮子营村人。1938 年 4 月加入中国共产党。中华人民共和国成立前历任河南省光明话剧团团长、部队教导员、县委宣传部长、组织部长、县委书记、地委常委、地委宣传部长、豫鄂边区宣传部教育科长。中华人民共和国成立后任华北人民革命大学组教科长、校部教研室主任，华北行政委员会资料室副主任、秘书处副处长、人事处副处长、机关党委宣传部长，中央城市建设部城市设计院副院长，民用建筑设计院院长，北京市建筑设计院院长、党委书记，北京市规划局第一副局长，北京师范大学总务长、出版社总编辑等职。

□名镇今貌

米家务镇是传统纸花行业的发源地，纸花制作始于明末清初，距今已有 400 多年的历史，产品分为 8 大类别，150 多个品种。米家务镇是全国最大的纸花生产原产地和集散地，纸花生产从业人员约 8500 人，从业户数近 2100 户。2002 年投资 1000 万元兴建的米家务镇纸花市场，是全国最大的纸花专业市场，年接待各地客商10.2万人，纸花畅销全国各地，年交易额达2.3亿元。

米家务镇是电线电缆、塑料管材的生产基地。以泰斗三星电线电缆有限公司、北京金龙电线电缆有限公司、天马远东特种线缆有限公司等规模企业为龙头，年产值占全镇民营企业的70%。塑料管材产品包括通信管材、建筑管材、排水管材等5大类17种。管材业为镇支柱产业。

（**撰稿**：周振成　**摄影**：吕凤霞）

双堂村

千年古村 底蕴深厚

□名村概述

双堂村位于雄县东部，距雄县县城 19 公里，是双堂乡人民政府所在地，清朝末期至民国时期为古镇。全村有 866 户，总人口 2636 人，总面积 4300 亩，耕地面积 3390 亩。

该村宋辽时期为边关重地，古战道穿村而过，宋朝在此屯兵设防。明洪武年间山西洪洞移民迁此落户。明弘治年间，村中建佛堂两座，取村名“双堂”，沿用至今。民国以前，该村为保定府新城县所辖。1949 年后，为雄县所辖。

该村交通便利，大广高速沿村西而过，雄霸公路穿村而行。农业以红薯、玉米、棉花、果树种植为主，工业有电线电缆、塑料制品、纸花加工、食品加工等。清康熙十四年《新城县志》就记载当地建有集市，交易活跃，物资供应充足，人民生活富饶。

□文化遗存

【双堂古战道】北宋时期双堂村为宋辽边境中段，宋将杨延昭曾在此率兵御辽。建有西起雄县，途经双堂村，东经霸州至永清，长达 65 公里的古地道。1996 年，本村村民王金成在院中挖红薯窖，发现古地道遗址。2006 年，中央电视台“走遍中国”栏目组对古地道遗址进行了拍摄报道。2017 年设立雄安新区后，国家文物部门在本村勘探，发现古地道在村中心广泛分布，已探出长约 400 余米，为东西走向，并建有大量分支，其规模宏大，超过雄县战道遗址。双堂古战道的发现，为深入研究宋辽边关历史提供了新的依据。

【古槐】双堂村植槐，相传与从洪洞大槐树下移民有关。村西后土娘娘

庙（百子庙）前曾有一棵古槐，干径数人合围，冠盖数丈，高大茂盛，树龄达 500 余年，毁于 1967 年。现村内仍有两棵百年古槐，一棵在胡章栋家，一棵在徐春辉家，均枝繁叶茂。

【曲龙河】双堂村原有一条曲龙河（也称龙王庙河）环绕村庄，河道于近年被村民们逐渐填平，但原址清晰可辨。现大街西头，原有水井两眼，谓之“龙眼”，井边有一大水塘，谓之“龙头”，水塘向东南延伸成曲折形状。曲龙河环绕大半个村庄，到文昌帝君庙止，谓龙身龙尾。中间南十字街口，原有汉白玉石桥一座，桥头有碑文铭记龙王庙的建造历史。

【千佛寺】双堂早年为镇，建有庙宇 10 余座，村民焚香祭神，祈求风调雨顺、幸福平安。庙宇有救苦殿、关帝庙、观音禅林、玉皇庙、龙王庙、后土娘娘庙（百子庙）、三官庙、老爷庙、文昌帝君庙、玉帝阁等。其中，最有代表性的是千佛寺。据民国《新城县志》记载：古铜观音像在双堂镇十字街路北观音禅林，有救苦殿，遗址尚存。明宣德年移此，成化年及弘治十八年有重修碑记。像高丈二尺，跏趺莲台上有小佛千尊，以千字文全本计其数，铜质细腻，雕镂精致，名曰“千佛寺”。该铜佛规制宏大，造型优美，堪称艺术瑰宝，享誉一方，可惜毁于中华人民共和国成立初期。

□非遗文化

【双堂村冰雹会】起源于明朝初年，距今已有六百多年历史。据传说：

明初战事稍息，天灾又频临人间。双堂人屡受雹灾之苦，村民祈求佛祖保佑，佛祖化为一白发老者来此指点迷津，告喻双堂村民可于正月十四至十六向佛祖烧香祈祷，燃放烟火，以制造并燃放盒子为中心项目，村民们如是而行，果然灵验。自此双堂本村及周边从未遭受冰雹之灾，故村民议定“冰雹会”，年复一年，代代相传。

冰雹会创建之初的目的单纯，只是想通过祭祀祈福，期盼风调雨顺，免受雹灾祸害。到后来，增添了合家幸福、婚姻美满、万事如意等吉祥内容。人们信佛与儒、释、道并存，庙堂相应而建，各种花会也应运而生，如盒子会、灯花会、吵子会、牌坊会、火伞会等各项花会相互交映。冰雹会集音乐、绘画、剪纸、戏曲、舞蹈等为一体，为广大群众喜闻乐见，逐渐形成了全村及周边数十村落百姓心目中的文化盛宴。独具地方特色的盒子成为该村的象征。设有总会，下设东、西、南、北四个分会。每年腊月三十聚会合议，会

头携有关人员祭祀冰雹神位、地藏王、观世音菩萨等。初八至十三是盒子组装、过街牌坊搭建期。正月十五、十六为集中燃放日，各街口牌坊辉映夺目，花灯锦簇，各家各户彻夜长明。村民把组装好的盒子悬挂于高处，等晚九时许，盒子开始燃放，巧妙的艺术造型，逼真的形象，趣味无穷的层层内容，吸引人们，登高翘足，啧啧称赞。

【双堂盒子】盒子又叫“花盒”“盒子戏”，是一种民间技艺，集编扎、造型、剪纸、彩绘、烟花制作等为一体，借鉴和吸收戏曲造型、提线木偶等艺术特点，逐渐形成了集礼花、戏剧人物造型于一体的烟花艺术——盒子戏。

据《清朝的杂技与游艺》记载，“盒子之制，大小方圆不一，大架式高悬，一盒三层，一层为‘天下太平’四大字；二层为鸽雀无数群飞，取放生之意；三层为四小儿击秧鼓唱秧歌，唱太平天子朝元日，五色云车驾六龙一首。每个盒中包含许多戏剧故事，人物花鸟无所不有。”

双堂“盒子”制作复杂，内容繁多，技艺精妙。“盒子”装的戏一层一层由牵线连在一起，以一根总药捻为引子，一层一层燃放。每个节目均按设计要求精心制作，盒子中最精彩的为满架葡萄、百子千孙和八挂九联灯。2010 年 5 月，双堂盒子制作技艺被列为保定市非物质文化遗产。

□人物英才

【钱治平】（生卒年不详）据《霸州志》记载："钱治平，清朝乾隆三十四年己丑科武状元。殿试一甲第一名，由一等侍卫授湖北黄州府参将"。道光戊戌年间《新城县旧志》中载到："钱治平"霸州人，寄居县东南双堂镇，乾隆戊子科武举，己丑科武状元，御前一等侍卫，湖南长沙府中营参将。

两份县志均记载钱治平曾于乾隆己丑科状元及第，并任御前一等侍卫，确证无疑。至于后任参将不一，可能任职时间前后有变。据钱治平嫡传后裔钱法祥介绍，先祖钱治平奇闻轶事颇多，为人佣耕时曾力举八百斤，扛独轮木车过河。殿试时，乾隆帝因取悦"钱治平"（有治国平天下之意）之名，而钦点头名，竞争对手蒋盘龙（盘附龙庭）落第。现在，状元府遗址门石尚存，据传有圣旨、衣物、盔甲、门狮埋于地下，有待出土。

【胡镇东】（生卒年不详）据民国二十四年《新城县志》记载：胡镇东，字骏声，双堂镇人，光绪年间岁贡生。精通医术，经常为慈禧太后诊病，民众为感其德高艺精，在其家为其挂匾。镇东自幼秉承家教，自 20 岁时跟随王岩学习医术，后归家侍养双亲，遂弃科举而专攻岐黄之术，博览精思，给人看病医效显著。光绪中期客游京师，以所学医术来往于公卿府邸，与太医院上下都很融洽，大家都推崇他，称为儒医。庚子年，户、工两部奉旨开办京师官医局，两部堂官均推荐他入局。光绪三十二年因为劳绩卓著，户部尚书张百熙、工部尚书陆润庠联名保举补缺，补任盐大使。宣统辛亥年，国事变更，回归故里。远近求医者接踵盈门，无论贫富贵贱，一视同仁，逢年过节有馈赠者，拒不收受，年 76 岁时卒于家中。其子清涛 20 岁时，任清太医院医士，继承其先人医业。

【王明】（1919—2002）1938 年参加工作，1942 年任县大队长、教导员，1955 年获授中校军衔，1958 年转入中科院地球物理研究所，任主任。

□地方特产

【双堂胡玉峰糕点】始于清末老字号"大有恒"，该品牌至今已传四代，特点是纯手工制作，卫生洁净，用料考究，配方独特，做工精细，品种繁多，

样式新颖，夹馅儿绿豆糕是其独创。该产品远销京、津、冀广大城乡，深受广大消费者喜爱。

（**撰稿**：王法旺　**摄影**：王法旺）

后记

“保定历史文化名城丛书”第一部《保定名村名镇》，经过一年多的努力，业已编出初稿，在即将交付出版社正式出版之际，有几句话还要做个交待。

我们以修志的姿态编写了这部《保定名村名镇》，目的是尊重历史，选取保定辖区内知名村镇的历史、现状和发展作为切入点进行保定市历史文化开掘；帮助更多的人深入了解保定厚重的人文历史积淀，认识保定这方热土的文化精粹。其中众多的名村、名镇拥有着丰富的历史遗存，蕴含着灿烂的民间文化，承载着各族人民的精神本质与气质，是我们保定文化的重要组成部分。

市人大常委会主要领导对出版此丛书极为重视，多次过问并做出重要指示。主管领导提出了具体要求，城建环保工委具体牵头负责，并邀请河北省新型智库·河北省文化产业发展研究中心（河北大学文化创意产业研究中心）组建以杜浩教授为组长的项目组进行